特殊教育理論與實務

第六版

林寶貴　策劃主編

王欣宜、王淑娟、吳亭芳
沈慶盈、林寶貴、邱滿艷
陳明聰、黃志雄、廖華芳
蔣明珊、簡明建　　　著

策劃主編簡介

林寶貴 教授

學歷
1. 1965 年台灣師範大學英語系畢業
2. 1970 年取得日本國立東京教育大學特殊教育研究所碩士學位
3. 1974 年美國 Clarke 聾校／Smith College 訪問研究
4. 1980 年取得日本國立筑波大學特殊教育哲學博士學位
5. 1984～1985 年日本國立東京學藝大學語言障礙研究所訪問研究

曾任
1. 彰化師範大學特殊教育學系、特殊教育研究所教授
   兼特殊教育學系、特殊教育中心主任
2. 台灣師範大學特殊教育學系、特殊教育研究所教授
   兼特殊教育學系、特殊教育研究所、特殊教育中心主任
3. 台灣特殊教育學會第十六屆理事長
4. 中華溝通障礙教育學會創會理事長
5. 台北護理健康大學聽語障礙研究所兼任教授
6. 第八屆亞太地區聽覺障礙教育會議主辦人
7. 台北市教育局特殊教育諮詢委員
8. 台北市聽、語障組鑑定安置委員
9. 台灣聽語學會雜誌編審顧問
10. 第一社會福利基金會創會董事、顧問
11. 南京特殊教育師範學院客座教授
12. 上海英華特殊教育師資培訓中心特聘教授
13. 中國教育學會特殊教育分會第六屆理事會顧問委員
14. 綏化學院特殊教育學院客座教授
15. 台灣聽語學會成立的推手、會員
16. 台灣手語翻譯協會成立的推手、會員
17. 教育部學術審查委員會委員
18. 教育部教育計畫小組研究員
19. 台北市龍江扶輪社 2006～2007 社長
20. 台灣駐日大使館新聞參事處研究員

現任
1. 台灣師範大學特殊教育學系退休教授
2. 中華溝通障礙教育學會榮譽理事長、顧問
3. 台灣第一社會福利基金會董事

作者簡介

王欣宜
◎第二、三章
學歷：台灣師範大學特殊教育學系博士
現職：台中教育大學特殊教育學系副教授

王淑娟
◎第二章
學歷：彰化師範大學特殊教育博士
現職：台中教育大學特殊教育學系副教授

吳亭芳
◎第五、十三、十四章
學歷：台灣師範大學特殊教育學系博士
現職：台灣師範大學特殊教育學系暨復健諮商研究所教授
　　　北基宜花金馬區身心障礙者職業重建服務資源中心主任

沈慶盈
◎第四、十五、十七章
學歷：美國聖路易市華盛頓大學社會工作學院哲學博士
現職：台灣師範大學社會工作學研究所副教授

林寶貴
◎序、第一、七、八章、封底、統整、修改、補充、校對
學歷：日本國立筑波大學特殊教育研究所哲學博士
現職：台灣師範大學特殊教育學系退休教授
　　　中華溝通障礙教育學會榮譽理事長、顧問
　　　台灣第一社會福利基金會董事

邱滿艷
◎第十六章
學歷：台灣師範大學特殊教育學系博士
現職：台灣師範大學復健諮商研究所退休副教授
　　　勞動部職業安全衛生署職業災害預防及職災勞工重建
　　　補助審查小組委員
　　　中國信託商業銀行第五屆公益彩券經銷商遴選委員會
　　　委員

陳明聰

◎第六、九、十二、十四章

學歷：台灣師範大學特殊教育學系博士

現職：嘉義大學特殊教育學系教授兼師範學院院長

黃志雄

◎第十二章

學歷：彰化師範大學特殊教育博士

現職：南華大學幼兒教育學系教授兼兒童發展與教育計畫
　　　辦公室執行長

廖華芳

◎第五章

學歷：台灣大學公共衛生研究所公共衛生碩士
　　　台灣大學復健醫學系（物理治療組）物理治療學士

現職：台灣 ICF 研究學會理事長
　　　衛生福利部身心障礙者權益推動小組委員
　　　台灣大學醫學院物理治療學系兼任副教授
　　　台灣兒童發展早期療育協會常務理事
　　　台灣兒童健康聯盟常務監事
　　　台灣物理治療學會監事
　　　台灣長期照顧物理治療學會監事
　　　世界衛生組織 ICF 教育者

蔣明珊

◎第四、十五、十七章

學歷：台灣師範大學特殊教育學系博士

現職：東華大學特殊教育學系副教授

簡明建

◎第十、十一章

學歷：台灣師範大學特殊教育學系博士候選人

現職：屏東縣鹽埔國中特教班退休教師

策劃主編序

　　特殊教育為一綜合性科學，其範圍涵蓋醫學、教育學、心理學、社會學、經濟學、法律學、認知科學等領域。隨著科技與資訊的進步，特殊教育在教學與研究方面的範疇非常廣泛，且變化日新月異，對關心特殊教育的教師、家長、初學者或一般研究者，入門書不足便成為一項困擾。本書出版的目的，即在提供關心者及愛好者認識與特殊教育相關的理論與實務。

　　由於特殊教育的發展迅速，不斷有新的理論或觀念出現，尤其台灣自 2013 年 1 月 23 日《特殊教育法》暨部分相關子法又再修訂頒布後，政府與民間對特殊教育的推動更是不遺餘力，使台灣的特殊教育呈現一片蓬勃的朝氣，特殊學生的教育需求及接受教育的服務品質，大為一般社會大眾及家長所關注。

　　有鑒於此，本系 1998 學年度入學的五位博士班研究生（陳明聰、蔣明珊、吳亭芳、簡明建、王欣宜老師，現都已畢業，並獲得博士學位，分別擔任各大學或各特殊教育學系／所要職）來自不同的教育背景，並各學有專長，願將他們多年來從事特殊教育或相關專業領域的心得及經驗與初學者共享，乃利用教學與研究之餘，各就所學或專長執筆為文，凡與目前特殊教育相關的重要理論或觀念，均盡量予以蒐集、網羅，以利讀者參考。另為充實本書的可看性與周延性，特別邀請廖華芳教授、沈慶盈博士、邱滿艷博士、黃志雄博士、王淑娟博士等多位學者專家惠賜鴻文，使本書增添不少光彩。

　　本書第六版修訂之際，多承心理出版社林副總兼總編的大力支持與鼓勵，廖華芳、沈慶盈、邱滿艷、黃志雄、王淑娟等五位教授再度慨然相助，及五位原博士班畢業同學的熱心參與，尤其吳亭芳主任的協調、聯繫，並提供最新的特殊教育統計年報、特殊教育法規等資料，備極辛勞；再版之際，又承蔡明伶老師、羅文吟老師費心協助更新第一章的表 1-3 至表 1-7，以及第七章、第八章最新的資料，在此一併表達由衷的敬意與謝意。

　　特殊教育的理論與實務包羅萬象，本人在本書第六版雖又將統計數據加以修改，更新法規、補充、統整、潤飾、校對，然疏漏、錯誤之處在所難免，尚祈學界先進、同道／同行不吝惠賜指正。

林寶貴　謹識於

台灣師範大學特殊教育學系研究室

2023 年 4 月 19 日

目次 CONTENTS

PART I　理論篇

第 1 章　特殊教育的發展與趨勢 —————————— 林寶貴　3

前言 ▪ 003

第一節　特殊教育的歷史發展 ▪ 003

第二節　特殊教育發展趨勢及未來展望 ▪ 018

問題討論 ▪ 034

參考文獻 ▪ 034

第 2 章　心理學 —————————— 王欣宜、王淑娟　37

前言 ▪ 037

第一節　行為論與特殊教育 ▪ 037

第二節　認知論與特殊教育 ▪ 047

第三節　人本理論與特殊教育 ▪ 057

第四節　神經心理學與特殊教育 ▪ 063

問題討論 ▪ 074

參考文獻 ▪ 074

第 3 章　教育學 —————————— 王欣宜　77

前言 ▪ 077

第一節　「教育」之目的及與特殊教育之關係 ▪ 077

第二節　教育行政與特殊教育 ▪ 083

第三節　教育哲學與特殊教育 ▪ 087

第四節　教育財政與特殊教育 ▪ 094

問題討論 ▪ 100

參考文獻 ▪ 101

第 4 章　社會學─────────────────── 沈慶盈、蔣明珊　*103*

前言 ▪ 103

第一節　社會學的內涵與發展 ▪ 104

第二節　社會學的主要理論學派 ▪ 112

第三節　社會學理論在教育與特殊教育的應用 ▪ 120

第四節　結語 ▪ 132

問題討論 ▪ 133

參考文獻 ▪ 133

第 5 章　醫療復健─────────────────── 廖華芳、吳亭芳　*139*

前言 ▪ 139

第一節　醫療復健簡介 ▪ 139

第二節　常見兒童與青少年慢性疾病或障礙簡介 ▪ 140

第三節　醫療復健常用之理論 ▪ 166

第四節　醫療復健服務內容 ▪ 176

問題討論 ▪ 185

參考文獻 ▪ 185

PART II　實務篇

第 6 章　特殊教育行政與法規───────────── 陳明聰　*197*

前言 ▪ 197

第一節　台灣特殊教育相關法規 ▪ 197

第二節　美國特殊教育相關法規 ▪ 210

第三節　台灣特殊教育行政 ▪ 220

第四節　結語 ▪ 227

問題討論 ▪ 228

參考文獻 ▪ 228

第 7 章　特殊教育學生的特質與特殊教育需求─────── 林寶貴　*231*

前言 ▪ 231

第一節　智能障礙學生的特質與特殊教育需求 ▪ 231

第二節　視覺障礙學生的特質與特殊教育需求 ▪ 238

第三節　聽覺障礙學生的特質與特殊教育需求 ▪ 241

第四節　語言障礙學生的特質與特殊教育需求 ▪ 249

第五節　肢體障礙學生的特質與特殊教育需求 ▪ 258

第六節　情緒行為障礙學生的特質與特殊教育需求 ▪ 263

第七節　學習障礙學生的特質與特殊教育需求 ▪ 266

第八節　多重障礙學生的特質與特殊教育需求 ▪ 271

第九節　自閉症學生的特質與特殊教育需求 ▪ 275

第十節　發展遲緩兒童的特質與特殊教育需求 ▪ 278

第十一節　資賦優異與特殊才能學生的特質與特殊教育需求 ▪ 281

問題討論 ▪ 286

參考文獻 ▪ 287

第 8 章　特殊教育學生的鑑定評量與安置 ———————— 林寶貴　*295*

前言 ▪ 295

第一節　鑑定評量與安置之基本概念 ▪ 295

第二節　智能障礙學生的鑑定評量與安置 ▪ 305

第三節　視覺障礙學生的鑑定評量與安置 ▪ 307

第四節　聽覺障礙學生的鑑定評量與安置 ▪ 312

第五節　語言障礙學生的鑑定評量與安置 ▪ 316

第六節　肢體障礙學生的鑑定評量與安置 ▪ 322

第七節　情緒行為障礙學生的鑑定評量與安置 ▪ 325

第八節　學習障礙學生的鑑定評量與安置 ▪ 327

第九節　多重障礙學生的鑑定評量與安置 ▪ 331

第十節　自閉症學生的鑑定評量與安置 ▪ 333

第十一節　發展遲緩兒童的鑑定評量與安置 ▪ 336

第十二節　資賦優異學生的鑑定評量與安置 ▪ 340

問題討論 ▪ 348

參考文獻 ▪ 348

第 9 章　個別化教育計畫 ──────────────────── 陳明聰　*353*

前言 ▪ 353

第一節　個別化教育計畫的基本概念及法律基礎 ▪ 354

第二節　個別化教育計畫的功能 ▪ 362

第三節　個別化教育計畫的擬定 ▪ 366

第四節　結語 ▪ 382

問題討論 ▪ 382

參考文獻 ▪ 382

第 10 章　特殊教育的課程與教學 ──────────── 簡明建　*387*

第一節　定義和特殊教育相關法規的規定 ▪ 387

第二節　特殊教育課程模式 ▪ 393

第三節　特殊教育教材及教具 ▪ 412

第四節　特殊教育教法 ▪ 417

問題討論 ▪ 437

參考文獻 ▪ 437

第 11 章　特殊教育的班級經營 ──────────── 簡明建　*445*

第一節　特殊教育的班級經營概論 ▪ 445

第二節　行政經營 ▪ 455

第三節　教學經營 ▪ 464

第四節　行為管理 ▪ 475

第五節　物理環境 ▪ 482

第六節　心理環境 ▪ 488

第七節　社區經營 ▪ 489

問題討論 ▪ 490

參考文獻 ▪ 490

第 12 章　親師合作與家庭支援 ──────────── 黃志雄、陳明聰　*495*

前言 ▪ 495

第一節　親師合作和家長參與的內涵 ▪ 496

第二節　親師合作和家長參與的重要性 ▪ 501

第三節　親師合作策略之應用 ▪ 506

第四節　結語 ▪ 527

問題討論 ▪ 528

參考文獻 ▪ 529

第 13 章　相關專業服務團隊 ———————————— 吳亭芳　*533*

前言 ▪ 533

第一節　台灣及國外專業團隊相關的法源依據 ▪ 534

第二節　相關專業團隊的定義及成員 ▪ 536

第三節　相關專業服務團隊提供服務的模式 ▪ 541

第四節　相關專業服務團隊整合的模式及實施流程 ▪ 543

第五節　相關專業服務運作的現況與困難 ▪ 548

第六節　相關專業服務運作的相關建議 ▪ 550

第七節　結語 ▪ 553

問題討論 ▪ 553

參考文獻 ▪ 553

第 14 章　輔助科技的應用 ———————————— 吳亭芳、陳明聰　*557*

前言 ▪ 557

第一節　輔助科技的定義及相關法案 ▪ 557

第二節　輔助科技服務模式與評估 ▪ 562

第三節　控制介面的選擇與應用 ▪ 567

第四節　擺位輔具的選擇與應用 ▪ 572

第五節　電腦相關輔具之應用 ▪ 575

第六節　輔助溝通系統之應用 ▪ 585

第七節　移行輔具 ▪ 587

第八節　生活相關之輔助科技 ▪ 589

第九節　感官類輔具 ▪ 594

第十節　輔助科技在特殊教育中的角色 ▪ 595

問題討論 ▪ 598

參考文獻 ▪ 598

第 15 章　早期療育 ─────────────── 蔣明珊、沈慶盈　*603*

前言 ▪ 603

第一節　早期療育的基本概念 ▪ 603

第二節　早期療育的發展 ▪ 608

第三節　早期療育的理論與模式 ▪ 613

第四節　台灣早期療育服務實施的概況 ▪ 623

第五節　早期療育的發展趨勢與挑戰 ▪ 627

問題討論 ▪ 631

參考文獻 ▪ 631

第 16 章　生涯與轉銜 ─────────────── 邱滿艷　*639*

第一節　生涯與生涯發展 ▪ 639

第二節　生涯發展理論 ▪ 641

第三節　生涯教育 ▪ 647

第四節　不同教育階段的生涯教育 ▪ 648

第五節　轉銜服務 ▪ 655

第六節　教育階段的轉銜服務 ▪ 657

第七節　（勞政機關主責的）就業轉銜服務 ▪ 662

第八節　全生涯的轉銜服務 ▪ 665

問題討論 ▪ 667

參考文獻 ▪ 668

第 17 章　特殊教育與社會工作 ─────────────── 沈慶盈、蔣明珊　*675*

前言 ▪ 675

第一節　特殊教育與社會工作的連結 ▪ 677

第二節　特殊教育與學校社會工作 ▪ 684

第三節　個案管理與倡議 ▪ 692

第四節　結語 ▪ 710

問題討論 ▪ 711

參考文獻 ▪ 711

PART I
理論篇

第 **1** 章

特殊教育的發展與趨勢

林寶貴

✽

前言

　　世界特殊教育的發展，從西元 1555 年西班牙開始聾教育以來，已有 468 年的歷史。台灣的特殊教育發展也有 132 年的歷史。本章將從回顧台灣過去特殊教育的歷史發展，進而介紹目前台灣特殊教育之現況，包括特殊兒童的人數統計與類型，以及近四十餘年來特殊學校（班）學生人數的變化，並藉由了解特殊教育發展的脈絡，再根據海內外學者的理念，及世界特殊教育發展潮流，考量本土的文化背景和社會需求，提出台灣特殊教育未來發展方向仍需努力的課題。

第一節　特殊教育的歷史發展

❤❤❤ 壹、西方特殊教育的發展

　　回顧西方身心障礙教育的發展史，當正式的學校教育已有二千多年的發展歷史之時，身心障礙教育才走過短短 468 年的歷史。身心障礙教育之所以發展較慢的因素，一般認為與社會大眾對身心障礙兒童及身心障礙者的態度有極大的關係。從西方特殊教育發展史可知，特殊兒童所受到的待遇，隨時代而不同。

美國特殊教育學者柯克等人（Kirk et al., 2009）認為，人們對特殊兒童的觀念及態度的轉變，大致可分為摒棄、漠視、救濟與教育四個階段（王文科，2004；何華國，2011；林寶山、李水源，2010；孟瑛如主編，2016）：

1. 摒棄：在基督教興起之前，古希臘、羅馬時代，特殊兒童常遭受忽視或拋棄，甚至不人道的待遇。

2. 漠視：在基督教興盛時期，特殊兒童仍為被漠視的一群，並未受到關注，但由於受到基督教精神的影響，他們獲得教會的保護或憐憫。

3. 救濟：在18、19世紀，養護機構及特殊學校興起，對特殊兒童提供隔離的教養。

4. 教育：20世紀中葉以後，特殊兒童逐漸被人們所接受，回歸主流運動興起，使他們得以進入正式學校接受特殊教育。到了20世紀末，融合教育的倡導，則試圖要讓所有的障礙兒童回到普通教育系統。

　　西方正式特殊教育的發展要溯源至18世紀末期，最早有系統地被教導的障礙者應推盲人與聾人。在1755年時，法國一位修道院院長雷裴（Charles-Michel de l'Épée）在巴黎創辦第一所聾校，採用手語法教導聾生；而蘇格蘭的布雷烏（Thomas Braidwood）以及德國的海尼克（Samuel Heinicke）則採用口語法教導聾生。至於盲人教育應首推法國教育家郝悠依（Valentin Haüy），於1784年在巴黎創辦第一所盲校，採凸字訓練盲人閱讀開始。該校一名畢業生柏萊爾（Louis Braille），設計了一套廣為盲生使用的觸讀法（tactile reading system）。在啟智教育方面，法國醫生依達（Jean Itard）在阿維隆（Aveyron）山區的森林發現一名狼童（取名 Victor）並施以教育訓練，其經驗對日後的特殊教育發展有深遠的影響，堪稱啟智教育史上最有貢獻的先驅者。此次教育試驗雖未成功，但在特殊教育領域皆肯定依達在這方面的貢獻（林寶貴，1994）。

　　最重要的是，由於依達的影響，促使了另一位特教先驅西根（Édouard Séguin）於1837年在巴黎開辦一所專收智障兒童的學校，這則是依達的間接貢獻。隨後西根應邀赴美演講，引起了美國各界對智障者教育的興趣。同時，歐美國家也相繼創辦了一些具有教育意義的庇護所或特殊學校，例如：1817年高立德（Thomas Hopkins Gallaudet）在美國為聾人設立的第一所「美國聾教育庇護所」（American Asylum for the Education and Instruction of the Deaf）（即今

美國聾校的前身）；1829 年在美國麻州設立的「新英格蘭盲人庇護所」（the New England Asylum for the Blind）（即今日的柏金斯盲校）；1832 年何威（Samuel Gridley Howe）興辦美國第一所盲人教養院；1848 年美國麻州設立第一所專收智障兒童的公立特殊學校；1860 年在德國創立為智障兒童專設的特殊班；1875 年美國克里夫蘭市開辦了第一個為智障兒童設立的特殊班。

　　在 19 世紀末期和 20 世紀初期，這些住宿式的庇護機構採取將殘障者隔離、保護的方式，使他們不會受到社會的傷害。20 世紀初期到中期仍大量增設特殊學校和特殊班，這種隔離式的環境便成了障礙兒童主要的安置型態。但是到了 1960 年代，由於歐洲興起人權運動，使大家開始注意到障礙者的人權問題。1968 年唐恩（Lloyd Dunn）發表質疑特殊班的價值觀點，對 1970 年代的回歸主流運動有深遠的影響。在此背景之下，北歐國家開始積極討論「正常化原則」（normalization principle），不但影響這些發展先進國家對障礙者的看法，更影響規劃和提供所有障礙者的教育、就業和社區生活服務的決策（王天苗，1994）。之後，則陸續有「正常化原則」（normalization）、「去機構化」（deinstitutionalization）、「回歸主流」（mainstreaming）、「統合」（integration）、「融合」（inclusion）等理念或運動的產生及倡導，更深刻影響日後特殊教育發展的趨勢及特殊兒童的教育安置方式。

　　上述教育思潮更影響歐美特殊教育法規之訂定，以美國為例，1973 年制定《復健法案》（Rehabilitation Act）、1975 年制定《障礙兒童教育法案》（Education for All Handicapped Children Act）、1978 年制定《資優教育法案》（Gifted and Talented Act），為特殊兒童接受教育奠定了法律的基礎。

●●●● 貳、日本特殊教育的發展

　　日本的特殊教育在亞洲國家中算是較為發達者（郭為藩，1989），在教養機構或特殊學校方面，明治 11 年（1878 年）設立的「京都盲啞院」，是日本第一所特殊學校。明治 20 年以後，盲、聾、啞學校陸續於各地設立，例如：明治 24 年（1891 年）於東京設立的「瀧乃川學園」，是一所專收智障兒童的教養機構；大正 5 年（1916 年）於神奈川縣茅崎市設置的白十字會林間學校，為最早具有養護學校組織雛型的學校；昭和 7 年（1932 年）所設立的「東京市立

光明學校」，為第一所以肢體障礙兒童為主要教育對象的學校；昭和 15 年（1940 年）大阪市設置的「思齊學校」，則是第一所為智障兒童所設立的公立特殊學校。

在法令方面，大正 12 年（1923 年）日本正式公布《盲校及聾啞學校令》，明定都道府縣有設立盲學校及聾啞學校的義務，盲聾教育才有了法令的依據，而原有的私立學校大都移交給地方政府接管，盲啞學校並分為盲校及聾啞學校，學生數亦較以前增加。昭和 16 年（1941 年），《日本國民學校令施行規則》第 53 條中明文規定「身體虛弱、精神薄弱（智弱）及其他身心異常兒童，如有特別養護必要者，得設置特殊之班級或學校」，將特殊教育對象更擴展至其他類別的學生（林寶貴編，2008）。

♥♥♥ 參、台灣特殊教育的發展

一、特教場所發展的脈絡

台灣地區的特殊教育當以台南啟聰學校的前身，在日據時代設立的台南盲啞學校為最早。該校創立於西元 1891 年 2 月，英國長老教會牧師甘為霖（William Campbell）在台南洪公祠設立「訓瞽堂」，招收盲人，教授聖經、點字、手工藝等科目。至 1900 年，改由台南慈惠院接辦，於台南市文昌祠內成立盲人教育部。1915 年獲得日本政府捐款及台南救濟院撥地一千七百餘坪，增建校舍，並增設聾生部，改稱為台南盲啞學校。1922 年改為公立，稱為州立台南盲啞學校。1945 年台灣光復，翌年 2 月，改為省立台南盲啞學校。1956 年於豐原鎮成立台南盲啞學校分部，1960 年 4 月該分部正式獨立，定名為省立豐原盲啞學校。1968 年實施盲聾分校措施，將台南盲啞學校之盲生與豐原盲啞學校的盲生，合併另行擇址於台中縣后里鄉新設省立台中啟明學校。而原有之台南盲啞學校則改制為省立台南啟聰學校，原省立豐原盲啞學校亦易名為省立台中啟聰學校，專收聾生。2000 年起所有省立啟聰、啟明、啟智及特殊學校，因精省改為啟聰、啟明、啟智特殊學校（周志岳，2011）。

另一所歷史悠久的特殊教育學校，即為台北市立啟聰學校的前身，在日據時代成立的台北盲啞學校。該校創立於 1917 年，係日本腸胃科醫師木村謹吾所

創辦，原設於台北市北門外，後遷於西門外。1928 年始改制為公立，稱為州立台北盲啞學校。1945 年台灣光復，易名為省立台北盲啞學校。1957 年筆者從台北女師畢業即自願進入該校服務時，該校校名仍稱為「省立台北盲啞學校」。1962 年 8 月，始改稱「省立台北盲聾學校」。1967 年 7 月，台北市升格為院轄市，又改名為「台北市立盲聾學校」。1975 年 8 月，盲生部另於台北市敦化北路 155 巷 76 號獨立設校，稱為「台北市立啟明學校」，而原校則改名為「台北市立啟聰學校」，專收聾生。從此台灣的盲聾教育才開始朝向各自獨立的發展方向邁進（林寶貴編，2009）。

1967 年，政府為配合九年國民教育的實施及積極推展民生主義社會福利的政策，政府又著手籌設以收容肢體障礙青少年為主要對象的「仁愛實驗學校」，並選擇彰化縣和美鎮為校址，於 1968 年 9 月正式招生上課。

私立特殊學校中，辦理立案手續的僅有「私立惠明盲童學校」。該校於1956 年由基督教兒童福利基金會所創立，原稱為盲童育幼院，初設於「台北盲啞學校」對面的一棟公寓二樓，免費收容適齡盲童；後因人數激增，原址不敷使用，於 1961 年初，自台北遷至現址台中縣大雅鄉。並於 1968 年 10 月起，改由西德惠明盲人福利會接辦，並援用現名「台中市惠明盲校」。

二、四十年來台灣特殊教育學校（班）學生人數的變化

茲就台灣地區各類特殊教育學校（班）學生人數，在 1980 學年度及 2021學年度之變化列表如表 1-1 至表 1-7 所示（教育部，1995；教育部特殊教育通報網，2022）。

表 1-1　1980 學年度台灣地區各類特殊教育學校概況表

校名	校長姓名	班級及學生數						教職員工數			成立時間	備考
		高職部		初中部		小學部		教師	職員	工友		
台北市立啟聰學校	張祥先	12班	146人	17班	247人	31班	386人	123	33	23	1917 年創辦 1975 年 8 月 1 日改為現名	
台北市立啟明學校	葉正孝	5	37	5	25	6	43	44	20	8	1975 年 8 月 1 日成立	
台灣省立台中啟聰學校	蘇清守	6	60	6	142	30	327	104	20	5	1956 年 12 月成立	
台灣省立台中啟明學校	陳昔榮	10	37	4	23	7	52	41	14	11	1968 年 8 月 1 日成立	
台灣省立台南啟聰學校	林三木	6	85	14	173	36	451	108	29	13	1891 年創辦 1968 年改為現名	
台灣省立彰化仁愛實驗學校	蔡錦松			11	140	6	59	36	34	11	1968 年 8 月 1 日成立	
台灣省台中縣私立惠明盲童學校	陳淑靜			3	24	10	71	23	10	5	1956 年創辦 1968 年 10 月改為現名	
高雄市私立啟英聾啞小學	姜思農					6	79	9	1	1	1951 年創立 1966 年立案	
台北市私立義光復健小學	胡李世美					8	77	7	3	1	1964 年創立	
台南市立啟智學校	鄭武俊					15	152	24	16	3	1976 年 12 月創校	
合計			365		774		1697					學生 2836

表 1-2　1980 學年度台灣地區國民中小學特殊兒童教育分類統計表

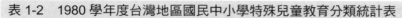

縣市別	資賦優異				視覺障礙				聽覺障礙				智能障礙				肢體障礙				合計班級數	合計學生數
	國中		小學		國中		小學		國中		小學		國中		小學		國中		小學			
	班級數	學生數	班級數	學生數	全盲學生數	弱視學生數	全盲學生數	弱視學生數	班級數	學生數	班級數	學生數	班級數	學生數	班級數	學生數	班級數	學生數	班級數	學生數		
台北市	2	69	18	552				31	2	35	8	52	69	845	57	581				37	156	2202
高雄市	6	156	13	336	1	1	4	40	3	25	3	29	7	60	26	275	4	46	6	73	68	1046
花蓮縣					2	4	2	21			2	16	3	39	9	169	1	12			15	265
宜蘭縣						4		11					3	41	8	90					11	146
基隆市						4	2	6			3	12	3	20	7	74	3	25	3	144	13	290
台北縣	2	68	7	222	1	5	2	19					3	35	10	104					22	456
桃園縣					1	12	2	74			3	34	2	17	11	131					16	271
新竹縣					1	3	1	17					3	39	11	119				32	14	212
苗栗縣						10	3	13					3	27	9	107					12	160
澎湖縣						2		8					3	35	6	59					9	104
台中縣	1	30	5	70	14	12	16	69			3	32	3	39	12	137					24	419
台中市	2	70	12	292	1	8	1	13					3	40	5	49					22	474
彰化縣	1	31	7	244		7	1	32			2	25	3	35	4	105					22	480
南投縣						8	2	20		1		2	3	32	13	106		13		19	14	203
雲林縣					2		7	27					3	46	11	119					14	201
嘉義縣					1	4	7	23			1	10	3	37	9	117					13	199
台南縣	2	48	12	145		8	5	20					6	65	10	112					30	403
高雄縣					1		4	24					3	24	7	70					10	143
屏東縣						10	7	30			3	29	3	29	9	104	4	55	4	49	23	313
台南市	2	62	14	325		4	2	11			2	17	3	37	7	57			1	2	29	517
台東縣						9	1	20					3	35	9	77	3	35	3	35	18	212
總計	18	534	88	2186	25	122	62	529	5	64	27	258	135	1577	250	2762	15	186	17	391	555	8716

表 1-3　2021 學年度特殊教育學校班級設置概況表

單位：（班）

班數　教育階段　縣市	一般學校									特殊教育學校					總計
	身心障礙類					資賦優異類				幼兒部	國小部	國中部	高中部	小計	
	學前	國民小學	國民中學	高中	小計	國民小學	國民中學	高中	小計						
新北市	87	450	184	88	809	38	42	32	112	0	0	2	30	32	953
台北市	50	352	160	82	644	76	24	78	178	45	25	29	65	165	987
桃園市	63	258	143	58	522	13	44	31	88	0	0	6	29	35	645
台中市	68	315	129	55	567	20	39	48	107	11	14	12	44	81	755
台南市	36	188	93	44	361	25	6	24	55	6	12	9	23	50	466
高雄市	83	339	152	82	656	43	79	30	152	5	14	15	39	73	881
宜蘭縣	22	73	34	15	144	4	7	18	29	0	0	2	9	11	184
新竹縣	22	82	43	14	161	4	9	3	16	0	6	3	12	21	198
苗栗縣	15	83	43	14	155	4	4	6	14	0	0	3	9	12	181
彰化縣	17	172	76	33	298	16	12	18	46	3	11	15	31	60	404
南投縣	9	56	41	21	127	4	5	12	21	0	3	3	7	13	161
雲林縣	9	114	58	22	203	1	1	10	12	2	6	4	9	21	236
嘉義縣	9	56	33	5	103	2	9	2	13	0	0	0	0	0	116
屏東縣	19	124	51	21	215	3	1	15	19	0	3	3	10	16	250
台東縣	17	47	27	9	100	1	1	3	5	0	3	3	6	12	117
花蓮縣	20	55	33	13	121	2	3	15	20	0	3	4	7	14	155
澎湖縣	4	19	9	5	37	1	2	9	12	0	0	0	0	0	49
基隆市	15	67	26	9	117	4	7	6	17	0	2	1	10	13	147
新竹市	11	67	33	17	128	7	10	18	35	0	0	0	0	0	163
嘉義市	9	38	14	11	72	1	13	21	35	1	6	5	11	23	130
金門縣	7	11	6	4	28	2	2	0	4	0	0	0	0	0	32
連江縣	1	2	2	1	6	0	0	0	0	0	0	0	0	0	6
總計	593	2,968	1,390	623	5,574	271	320	399	990	74	108	119	351	652	7,216

表 1-4　2021 學年度高中（含）以下學校特殊教育學生統計表（含特殊教育學校）

單位：（人）

類型別＼教育階段＼縣市	身心障礙類											資賦優異類				總計
	一般學校						特殊教育學校									
	學前	國民小學	國民中學	高中	大專院校	小計	幼兒部	國小部	國中部	高中部	小計	國民小學	國民中學	高中	小計	
新北市	4,199	7,996	4,328	3,008	2,305	21,836	0	0	1	258	259	1,287	1,949	654	3,890	25,985
台北市	2,364	4,764	2,558	2,867	2,853	15,406	95	79	89	327	590	2,298	2,614	2,395	7,307	23,303
桃園市	2,606	4,950	3,468	2,772	1,375	15,171	0	0	35	320	355	284	1,849	732	2,865	18,391
台中市	3,093	5,718	2,654	1,583	1,385	14,433	67	80	76	422	645	610	1,675	1,154	3,439	18,517
台南市	2,449	2,852	1,515	1,256	1,764	9,836	30	85	52	216	383	441	218	511	1,170	11,389
高雄市	2,985	5,806	3,009	2,197	1,347	15,344	7	82	113	298	500	881	2,134	642	3,657	19,501
宜蘭縣	519	793	506	408	198	2,424	0	0	18	73	91	73	145	323	541	3,056
新竹縣	660	1,491	930	602	236	3,919	0	47	33	114	194	240	345	33	618	4,731
苗栗縣	656	1,395	797	564	366	3,778	0	0	23	82	105	109	193	105	407	4,290
彰化縣	1,102	2,229	1,165	926	394	5,816	15	73	111	303	502	388	293	514	1,195	7,513
南投縣	293	1,178	637	415	169	2,692	0	29	23	62	114	33	115	198	346	3,152
雲林縣	696	1,490	1,015	851	310	4,362	14	38	32	98	182	50	255	255	560	5,104
嘉義縣	411	1,071	568	209	259	2,518	0	0	0	0	0	95	170	41	306	2,824
屏東縣	774	2,439	1,027	635	536	5,411	0	26	21	111	158	112	67	346	525	6,094
台東縣	396	692	369	280	93	1,830	0	20	29	53	102	20	34	44	98	2,030
花蓮縣	562	697	497	428	241	2,425	0	17	27	60	104	49	96	268	413	2,942
澎湖縣	51	218	91	80	48	488	0	0	0	0	0	37	36	47	12	608
基隆市	594	646	402	332	240	2,214	0	11	8	86	105	45	138	94	277	2,596
新竹市	755	1,415	869	820	466	4,325	0	0	0	0	0	160	253	503	916	5,241
嘉義市	397	694	323	473	134	2,021	4	49	47	105	205	28	438	556	1,022	3,248
金門縣	167	151	99	82	28	527	0	0	0	0	0	42	39	0	81	608
連江縣	13	22	13	18	0	66	0	0	0	0	0	3	9	0	12	78
總計	25,742	48,707	26,840	20,806	14,747	136,842	232	636	738	2,988	4,594	7,285	13,065	9,415	29,765	171,201

表 1-5　2021 學年度高中以下學校資賦優異學生統計表

單位：（人）

類型別　人數　縣市	一般智能資源班	學術性向 學術性向資優班	學術性向 學術性向資源班	學術性向 小計	藝術才能 美術班	藝術才能 音樂班	藝術才能 舞蹈班	藝術才能 美術資源班	藝術才能 音樂資源班	藝術才能 小計	創造能力 創造力資優班	創造能力 創造力資源班	創造能力 小計	不分類資優資源班	資優巡迴輔導	一般智能巡迴輔導班	資優特教方案	普通班（接受特教服務）	總計
新北市	859	132	1,191	1,323	249	184	66	-	-	499	-	-	-	108	-	-	1,101	-	3,890
台北市	1,904	1,250	1,383	2,633	327	243	128	-	-	698	-	-	-	-	2,072	-	-	-	7,307
桃園市	143	173	1,069	1,242	308	191	59	-	-	558	-	146	146	-	14	-	762	-	2,865
台中市	378	772	-	742	181	171	60	-	-	412	-	-	-	758	-	-	1,149	-	3,439
台南市	342	277	88	365	112	72	50	-	27	261	-	-	-	-	-	-	202	-	1,170
高雄市	757	87	1,190	1,277	216	252	60	65	32	625	-	-	-	732	-	-	265	1	3,657
宜蘭縣	59	215	35	250	62	22	24	-	-	108	-	-	-	69	16	-	39	-	541
新竹縣	123	-	274	274	-	-	33	-	-	33	-	-	-	22	-	-	166	-	618
苗栗縣	-	-	-	-	105	-	-	-	-	105	-	-	-	149	15	5	133	-	407
彰化縣	317	320	-	320	95	83	16	-	-	194	-	-	-	178	119	-	67	-	1,195
南投縣	30	123	-	123	28	45	-	-	-	73	-	-	-	101	-	-	19	-	346
雲林縣	-	171	43	214	79	5	-	-	-	84	-	-	-	14	-	-	248	-	560
嘉義縣	-	-	-	-	-	-	-	-	-	-	28	-	28	154	8	63	52	1	306
屏東縣	37	235	43	278	93	18	-	-	-	111	-	-	-	-	-	-	82	17	525
台東縣	14	-	20	20	44	-	-	-	-	44	-	-	-	-	-	-	20	-	98
花蓮縣	27	189	51	240	48	31	-	-	-	79	-	-	-	-	14	-	44	9	413
澎湖縣	9	-	2	2	30	15	2	-	-	47	-	-	-	24	-	-	38	-	120
基隆市	45	-	135	135	38	56	-	-	-	94	-	-	-	-	-	-	3	-	277
新竹市	158	237	253	590	90	76	-	-	-	166	-	-	-	-	-	-	2	-	916
嘉義市	26	339	438	777	87	78	52	-	-	217	-	-	-	-	-	-	2	-	1,022
金門縣	30	-	37	37	-	-	-	-	-	-	-	-	-	-	3	9	2	-	81
連江縣	-	-	-	-	-	-	-	-	-	-	-	-	-	-	-	-	12	-	12
總計	5,258	4,590	6,252	10,842	2,192	1,542	550	65	59	4,408	28	146	174	2,309	2,261	77	4,408	28	29,765

表 1-6　2021 學年度高中以下學校身心障礙學生統計表

單位：（人）

類型別 特教別 人數 縣市	身心障礙類														資賦優異類							總計
	智能障礙	視覺障礙	聽覺障礙	語言障礙	肢體障礙	腦性麻痺	身體病弱	情緒行為障礙	學習障礙	多重障礙	自閉症	發展遲緩	其他障礙	小計	一般智能	學術性向	藝術才能	創造能力	領導才能	其他特殊才能	小計	
新北市	2,560	74	543	690	194	484	277	1,652	5,323	326	3,928	3,614	125	19,790	1,227	2,053	610	-	-	-	3,890	23,680
台北市	658	128	480	67	122	430	157	1,251	3,236	191	4,215	1,919	289	13,143	2,218	4,253	836	-	-	-	7,307	20,450
桃園市	1,944	56	313	63	161	346	177	923	5,737	238	1,843	2,259	91	14,151	192	1,933	559	180	-	1	2,865	17,016
台中市	2,499	137	465	63	141	413	88	1,464	3,395	311	1,870	2,834	13	13,693	966	2,061	412	-	-	-	3,439	17,132
台南市	2,086	69	250	17	102	190	81	233	1,696	201	1,419	1,792	319	8,455	431	427	261	51	-	-	1,170	9,625
高雄市	2,481	74	297	150	167	270	369	415	4,746	277	2,026	2,609	616	14,497	805	2,175	627	22	19	9	3,657	18,154
宜蘭縣	388	18	79	20	21	86	24	162	664	34	382	420	19	2,317	74	359	108	-	-	-	541	2,858
新竹縣	760	15	102	42	23	88	40	377	1,435	68	347	559	21	3,877	240	345	33	-	-	-	618	4,495
苗栗縣	843	15	54	6	57	61	21	37	1,540	68	284	531	0	3,517	60	160	107	60	10	10	407	3,924
彰化縣	1,374	58	169	56	60	191	40	335	2,200	124	255	1,059	3	5,924	413	588	194	-	-	-	1,195	7,119
南投縣	620	8	47	19	35	52	13	139	1,281	34	148	238	3	2,637	51	222	73	-	-	-	346	2,983
雲林縣	742	13	78	4	34	68	22	185	1,988	51	349	618	82	4,234	51	425	84	-	-	-	560	4,794
嘉義縣	455	12	26	23	22	19	14	113	1,037	21	147	368	2	2,259	61	149	4	92	-	-	306	2,565
屏東縣	1,004	18	74	15	43	76	54	114	2,390	96	359	635	155	5,033	73	300	152	-	-	-	525	5,558
台東縣	439	6	17	6	14	47	0	59	685	59	119	362	6	1,839	20	34	44	-	-	-	98	1,937
花蓮縣	358	8	59	26	29	60	47	94	795	43	268	494	6	2,288	49	285	79	-	-	-	413	2,701
澎湖縣	67	2	9	9	2	12	1	14	194	9	73	41		440	26	26	47	11	10	-	120	560
基隆市	308	7	34	19	20	54	36	225	389	60	362	541	24	2,079	45	137	95	-	-	-	277	2,356
新竹市	371	13	99	9	29	57	37	221	1,788	60	483	675	17	3,859	161	589	166	-	-	-	916	4,775
嘉義市	344	16	49	9	35	51	37	95	820	79	240	314	3	2,092	28	777	217	-	-	-	1,022	3,114
金門縣	69	4	13	13	6	13	6	9	150	9	41	157	9	499	42	39	-	-	-	-	81	580
連江縣	5	0	1	0	0	2	0	3	36	1	5	13	0	66	3	9	-	-	-	-	12	78
總計	20,375	752	3,258	1,326	1,317	3,070	1,562	8,120	41,525	2,360	19,163	22,052	1,809	126,689	7,236	17,346	4,708	416	39	20	29,765	156,454

表 1-7　2021 學年度各縣（市）大專校院身心障礙學生統計表

單位：（人）

障別／人數／縣市	智能障礙	視覺障礙	聽覺障礙	語言障礙	肢體障礙	腦性麻痺	身體病弱	情緒行為障礙	學習障礙	多重障礙	自閉症	其他障礙	總計
新北市	161	117	133	13	154	62	39	287	705	29	586	19	2,305
台北市	96	115	226	13	205	123	83	380	721	31	811	49	2,853
桃園市	119	12	77	8	70	26	38	170	543	11	288	13	1,375
台中市	88	76	106	4	101	36	67	212	405	18	259	13	1,385
台南市	208	98	120	7	90	39	56	133	760	12	239	2	1,764
高雄市	108	42	88	4	113	46	98	132	430	17	264	5	1,347
宜蘭縣	12	3	4	2	10	4	11	31	46	3	72	0	198
新竹縣	30	2	6	1	4	8	7	18	128	1	31	0	236
苗栗縣	42	24	20	1	30	6	11	38	129	11	51	3	366
彰化縣	93	12	24	0	21	8	4	51	93	6	81	1	394
南投縣	33	4	7	0	6	4	3	19	55	2	35	0	169
雲林縣	45	1	50	0	18	21	4	31	81	4	55	0	310
嘉義縣	40	10	23	0	19	4	7	28	79	2	32	3	259
屏東縣	82	15	21	0	34	22	29	43	186	11	91	2	536
台東縣	7	2	4	0	5	3	0	4	45	2	21	0	93
花蓮縣	20	6	17	0	18	8	14	29	49	4	74	2	241
澎湖縣	0	1	2	1	4	4	0	4	18	1	13	0	48
基隆市	30	22	6	0	17	5	4	21	78	7	49	1	240
新竹市	23	16	28	2	33	8	29	51	100	7	166	3	466
嘉義市	22	4	19	0	15	2	8	11	29	2	20	2	134
金門縣	2	2	0	0	0	0	1	9	11	0	3	0	28
連江縣	0	0	0	0	0	0	0	0	0	0	0	0	0
總計	1,261	584	981	56	967	441	523	1,702	4,691	181	3,241	119	14,747

　　從表 1-1 至表 1-7 的特殊教育學校（班）及特殊教育學生人數統計表，可以看出四十餘年前與四十餘年後台灣地區各教育階段特殊教育學生接受特殊教育服務的學生數、班級數、學校數大幅成長與變化的軌跡。

　　特殊教育的場所，除盲、聾及肢體障礙特殊教育學校外，尚包括智能障礙、語言障礙、身體病弱、資賦優異及情緒或行為異常等類兒童的教育問題。國民政府自遷台後，便極力發展各級各類學校教育，特殊教育自不能例外。於

是自 1961 年開始，由台北市東門國民小學設立兒童心理衛生室，輔導及矯治情緒困擾兒童。1962 年，台北市中山國民小學試辦啟智班。1963 年，屏東縣仁愛國民小學設立肢體障礙特殊班，實施肢體障礙兒童教育。1964 年，復由台北市福星國民小學及陽明國民小學，試辦資賦優異兒童之教育輔導。1967 年開始，實施盲生就讀一般國民小學混合教育計畫。1975 年在高雄市福東國小首創語言障礙兒童教育計畫。1985 年，台北市立師專附屬實驗小學開始辦理自閉症兒童教育。1992 年，台北市西門國小亦開始辦理性格及行為異常兒童教育，茲整理成表 1-8 和表 1-9（教育部，1994，1999，2004，2009，2010，2011，2013，2015；教育部特殊教育通報網，2019，2020，2021，2022）。

表 1-8　特殊教育學校的發展

年代	記事	備註
1891	台南，訓瞽堂（英，牧師甘為霖），為今日台南大學附屬啟聰學校之前身。（1968 年盲聾分校）	2012 年 2 月 1 日起改隸台南大學
1917	台北，盲啞學校（日，木村謹吾）。（1975 年盲聾分校）	
1956	私立台中惠明盲校	
1968	台灣省教育廳設立彰化仁愛實驗學校，開始招收肢體傷殘兒童，2005 年改名為和美實驗學校	肢障學校
1976	台南市創立台南市立啟智學校，是台灣第一所為中重度智能不足兒童設立的特殊學校	智障學校
1982	高雄市成立啟智學校	啟智學校
1989	台北市成立啟智學校	啟智學校
1991	教育部研頒「發展與改進特殊教育五年計畫」擬增設九所啟智學校	
1992	桃園縣及花蓮縣各設啟智學校一所	
1998 以後	陸續設立宜蘭、基隆、苗栗、台中、雲林、楠梓、仁武、文山、新竹、屏東、台東、南投等特殊教育學校	

註：引自教育部（2015）。

表 1-9　普通學校特教班的發展

年代	記事	備註
1962	台北市中山國小首設啟智班	
1963	屏東縣仁愛國小首設肢障班	
1964	台北市福星、陽明國小試辦資優班	
1965	台北市國小大橋、雙園、中興三校增設啟智班	資優教育
1967	台灣省實施盲生混合教育計畫	盲生混合教育
1969	台北市永春國小始設肢障班	
1970	台灣省國小始設啟智班 台北市國中始設益智班 台北市民族國小首設美術資優班	
1973	國小資優教育第一階段實驗計畫 台北市福星國小成立音樂資優班	
1975	台北市新興國中首設啟聰資源班	聽障資源教育
1976	台灣省始設益智班	
1979	國中開設資優班第二階段實驗計畫	
1980	台北市河堤、劍潭國小設學障班	學障教育
1981	高雄市中正國小設舞蹈班	
1985	台北市立師專實小設情障班	情障教育
1986	台北市永樂國小設語障班 師大附中設高中數理資優班	語障教育 資優教育
1987 以後	各類特教班及資源班逐漸普及	

註：引自教育部（2011，頁 185-200）。

三、相關法規之制定

在法規及政策方面，早自 1968 年，政府即頒布《九年國民教育實施條例》，其中第 10 條規定：「對於體能殘缺、智能不足及天才兒童，應施以特殊教育，或予以適當就學機會。」教育部遂於 1970 年 10 月 17 日頒布《特殊教育推行辦法》乙種，並於 1974 年 7 月 3 日訂頒《特殊兒童鑑定及就學輔導標準》，1975 年 7 月 1 日復頒布《特殊學校教師登記辦法》，1979 年公布《國民教育法》，1984 年公布《特殊教育法》，1987 年公布《特殊教育法施行細則》及其相關子法，1997、2009、2013、2019 年再度修訂，頒布修正《特殊教育法》及

其相關子法，及 2013 年《身心障礙及資賦優異學生鑑定辦法》，使特殊教育的推行在法規和制度的建立上，更趨於完備。詳細內容請參閱本書第六章相關法規內容（林寶貴主編，2008，2014；教育部特殊教育通報網，2019）。

四、發展計畫與重要政策

近四十餘年來由於台灣經濟建設的豐碩成果，帶來社會的繁榮與進步，教育事業突飛猛進，身心障礙兒童的教育亦逐漸受到重視，除已積極確立特殊教育立法，建立特殊教育行政體系與制度外，並提出「加速特殊教育發展計畫」、「實施全國第二次特殊兒童普查」、「發展與改進特殊教育五年計畫」、「發展與改進特殊教育六年計畫」、「推動特殊教育學生鑑定安置及輔導工作指導計畫」、「推動身心障礙兒童接受第十年技藝教育」、「召開全國身心障礙教育及資優教育會議」、「發表身心障礙教育報告書」、「推展特殊適應體育」、「落實個別化教育計畫」、「修訂公布新特殊教育法、特殊教育法施行細則，及其相關子法」等一連串重要政策性措施。又為實施特殊教育「有教無類」、「因材施教」、「零拒絕」、「多元化、社區化、融合教育安置」的理念，並提高教育效果起見，對不同種類、不同程度、不同特性與不同特殊教育需求的特殊學生，不僅大量增班、設校，擴充硬體、無障礙校園環境等教育設施，更重視師資培育、鑑定安置、診斷評量、教育課程、教材教法、教育評鑑、生涯輔導、社會適應、職業適應、轉銜服務、家庭教育、早期療育等軟體方面的提升，並積極展開各種教育實驗、研究、推廣、輔導、服務等工作。使身心障礙及資賦優異國民，均能接受適性的特殊教育服務，充分發展身心潛能，培養健全人格，增進服務社會能力，以實現「人盡其才」、「才盡其用」的教育理想（林寶貴編，1999）。

其中最特別值得一提的是 1974～1975 年及 1990～1992 年舉辦的兩次全國特殊兒童普查：1974 年在教育部的支持下，台灣以兩年半的時間完成第一次全國特殊兒童普查，結果發現 6～12 歲的學齡兒童有 34,001 名。同時對查訪發現的這六類（智能障礙、肢體障礙、聽覺障礙、視覺障礙、身體病弱及多重障礙）疑似障礙兒童案例，分別予以醫學鑑定及心理評量，以確認並評定殘障等級，作為輔導就學、就醫、就業的參考依據。教育部復於 1990～1992 年又舉辦第二

次全國特殊兒童普查工作，了解全國 6～15 歲學齡兒童中，有 75,562 名具有十一類的身心障礙，乃進行追蹤輔導與推估他們的特殊教育需求（教育部，1993，1994）。

由上可知，四十餘年來，台灣政府對於特殊教育的改革，可以說不遺餘力。特殊教育就發展的階段而言，可謂已由植基期、萌芽期、實驗期，進入蓬勃發展的階段。

第二節　特殊教育發展趨勢及未來展望

❤❤❤ 壹、美國特殊教育發展趨勢

上述台灣特殊教育的發展，已進入蓬勃發展的成長期，在世界特殊教育的舞台上，已扮演了 130 多年的角色，其間深受特殊教育先進國家——美國特殊教育的影響。因此下面也讓我們概覽美國特殊教育的發展趨勢，希望台灣特殊教育的改革與發展，也能隨時與世界特殊教育的先進國家接軌（林寶貴主編，2009；孟瑛如主編，2016；陳麗如，2004；Center on Instruction at RMC Research Cooperation, 2008; Kirk et al., 2005/2011; Kirk et al., 2006; Ysseldyke et al., 2000, p. 109, 285-300）。

美國早期的特殊教育目標為適性教育。父母、專業人員、學生齊心努力朝向目標。支持團體從不同角度提出學校改革、完全融合、評量標準、障礙分類等議題，茲說明如下。

一、學校改革的特殊教育（special education in the context of school reform）

1980 年代以來，學校改革成為流行話題，最明顯影響特殊教育的改革是標準化本位教育及學校的選擇。

1. 標準化本位教育（standards-based education）：1997 年美國頒布《身心障礙者教育法修正案》（Individuals with Disabilities Education Act Amendments of 1997），規定身心障礙學生應成為學區及州的評量對象。

2. 選擇學校的改革（school-choice reform）：選擇學校的改革重點是讓特殊學生自由選擇上一般公立教育機構，及學區或跨學區指定的學校，或有科學、科技、表演藝術的明星學校，甚至提供消費券給學生上私立學校或在家教育；也可以有第二選擇再加上職場訓練。

二、教育安置（placement）

1. 完全融合（full inclusion）：不論障礙程度、健康／服務需求、學力程度如何，所有學生都能被安置在鄰近的一般學校，接受有支持性的特教服務，中國大陸稱之為「全納教育」。
2. 完全持續性的安置（full continuum of placements）：1997 年以來，美國《身心障礙者教育法案》（簡稱《IDEA 法案》）要求持續性的安置包括：(1)全時在普通班級受教；(2)部分時間在資源班級受教；(3)全時在自足式特殊班級受教；(4)在隔離式特殊學校受教；(5)在住宿制教養機構受教；(6)在家或在醫院受教。
3. 《IDEA 法案》也要求每一個學生應接受個別化的評量及安置。
4. 有些學生需要在更結構化或限定的環境受教。
5. 有些學生需要與一般同儕（朋輩）在最少限制的環境受教。

三、標籤與分類的問題（the name game）

1. 支持者認為標籤提供專家、研究者、家長、教師、行政人員為學生準備適性的教育、預算、服務。
2. 反對者認為標籤會給學生不良標記，教師及行政人員會降低對障礙學生的期待標準，惡性循環的結果，使學生程度愈來愈降低，愈來愈缺乏挑戰性。
3. 另外一個標籤問題是分類或不分類的問題。前者依 IDEA 分類，後者只稱為能力不足或發展性遲緩。不分類提供父母或教師在決定類型前做更多觀察和評量。有些障礙不易分類，需要專業判斷與客觀分析，也需要判斷障礙程度。

四、學習障礙（learning disability）

　　大部分的學生被標記為學習障礙，因為它最難被界定。有些人認為學習障

礙是不充分的教學環境；大部分地區認為學習障礙是學生的學業成就與預期的能力或智商之間產生落差。但並非所有地區都採用同樣測驗及同樣標準去評量學生的學業成就或能力，落差標準也不一致。

五、智能障礙（mental retardation）

智能障礙是指智力及適應能力比一般同儕低下，這種定義很曖昧，因為不同測驗可能測出不同智商。適應行為的評量也很主觀，很多低社經的兒童被評定為智能障礙。

六、情緒障礙（emotional disturbance）

情緒障礙或情緒困擾是指與他人的關係嚴重及長期產生困難。IDEA 界定情緒障礙學生不含社會不適應，而是不能與同儕或教師建立或維持令人滿意的關係。許多人推估情緒障礙的出現率在 6%～25%；但特殊教育的鑑定認為低於學校學生數的 1%。

七、自閉症（autism）

自閉症是一種廣泛性的發展障礙，出現率大約五百個兒童中有一人，3 歲以前就會發現。專家之間對定義的看法不一致，最主要的爭論議題是在亞斯伯格症與廣泛性發展障礙是否有緊密的相關症候。二者是不同的障礙或不同程度的自閉症，其成因及療育也有很大爭論。

在 2013 年美國精神醫學會（APA）出版的《精神疾病診斷與統計手冊》第五版（DSM-5）中，亞斯伯格症已與其他相關診斷被統一歸類至自閉症類群障礙症（Autism Spectrum Disorder）中，新版準則以社交溝通及互動缺損、侷限反覆的行為及興趣作為兩大核心診斷特質，並以需要支援的程度來區分患者症狀的嚴重程度。

八、注意力缺陷（ADD 及 ADHD）

包括粗心、健忘、手足侷促不安、話多等症狀。診斷 ADD/ADHD 的困難之處在於難以判斷這些症狀是否超過學生的年齡。有些專家認為 ADD/ADHD

並不存在，標籤只用於對偶爾呈現不當行為或不守規矩的學生。而且 IDEA 並未承認兩者是分開的類型，它們是歸類在其他健康障礙（OHI）內。許多人認為很多 ADD/ADHD 的孩子需要接受藥物治療。

九、資賦優異與特殊才能（gifts and talents）

資賦優異（含特殊才能）與身心障礙是相對的名詞。反對資優生與非資優生分開者，認為那是菁英崇拜主義，他們主張所有學生都應該在優秀、高度挑戰的環境下接受教育。在美國，有很多高加索及亞洲學生被鑑定為資優生，但很少美國的印第安、西班牙學生被鑑定為資優生。支持資優教育者認為這些學生需要接受資優教育，讓資優生在普通班上課或叫他們去教非資優的同儕（朋輩），會使他們失去學習動機。但要鑑定資優生也是不容易的，沒有一個定義放諸四海而皆準。美國 IDEA 也不承認資優的類型，他們認為鑑定資優生是地方政府的責任。

十、重度及多重障礙（severe and multiple disabilities）

鑑定重度及多重障礙學生比其他任何一類更不具確定性。重度及多重障礙學生愈來愈多，已經是特殊教育新的趨勢。科技與醫療的進步，使很多外傷及重大傷病者存活下來，但也增加特殊教育的需求。有些孩子需要支持性服務，尤其在普通班受教者。

十一、班級的新趨勢（trends in the classroom）

1. 早期介入（干預）與預防（early intervention and prevention）：許多學校已經知道早期介入（干預）、早期預防不僅對兒童有利，而且可以節省很多後來服務的成本。無論早期介入（干預）是以兒童為中心或教師導向，家長的角色最重要。
2. 科技（technology）：科技幫助學生克服以前障礙加之於他們的限制。電腦用眼睛轉動也可以上網際網路；人工電子耳（人工耳蝸）使聽障生聽到聲音；新型的義肢使身心障礙學生在社會及教室中行動更方便，也能參與更多活動。
3. 轉銜（transition）：1997 年頒布的《身心障礙者教育法修正案》（IDEA 修

正案），增加兩項與轉銜有關的法條：一是兒童早期介入（干預）計畫結束時，需要召開轉銜計畫會議；二是高中畢業進入大專或 14 歲以上準備就業時，需在個別化教育計畫（IEP）上，陳述轉銜的特殊服務。另外，從國中（初中）要進入高中職，或從自足式／限制環境進入非限制環境時，也需要擬定轉銜計畫。

十二、特教教師（special education teachers）

1. 特殊教育各領域的師資都有短缺現象。理由是進入師資培育系統的人本來就少，而且離職率高，例如：根據 1998 年美國教育部向國會提出特殊教育報告書的統計，1993～1994 年度需要 335,000 名特教教師，卻只有 18,250 名特教系畢業生，合格的特教教師只有 5.4%。替代的方案包括讓軍人接受暑期密集訓練來替代四年制的正規養成訓練。有些專家質疑這些代課教師或臨時教師的教學品質，因此如何留住合格特教教師是重要的課題。

2. 教師證照要不要分類，也是爭論的議題。支持分類者認為每一種障礙類型均不相同，因此教師也應該具有該領域的專長；支持不分類者認為教師應該會教導各類及各種能力的兒童。

3. 另外有一種趨勢是在高等教育以上，特殊教育教師與一般教育教師有融合的趨勢。贊成與反對師資培育結構的爭論，與教師證照分類或不分類的爭論類似，各方看法見仁見智。

十三、預算問題（funding issues）

特殊教育服務比一般教育需要更多的經費。1997 年《身心障礙者教育法修正案》公布時，美國聯邦政府承諾特殊教育經費增加 40%，可惜沒有實現諾言。這幾年來，聯邦政府在努力對各州增加一些預算。地方政府有時也會先把普通教育的經費挪給特殊教育使用，有時也會把分項的經費合併使用。支持者認為資源分享可使所有兒童接受更有效的教育；但反對者擔心這樣會使雙方面的權益消失，或降低特殊教育的服務品質。

在特殊教育經費方面，85% 用於人事費用，1996 至 2005 年間，推估美國 40% 的教育經費用於特殊教育服務上，平均一名特殊學生比一名普通學生的教

育經費花掉二倍至十倍，但 Scull 與 Winkler（2011）對此數據持保留態度，因為資料難以蒐集。Scull 與 Winkler 推估美國每年的特殊教育經費總額超過 1,100 億美元。

十四、身心障礙學生人數的變化（Scull & Winkler, 2011）

美國近幾十年來身心障礙學生人數，從 2004 至 2005 學年度達到最高峰，之後逐年下降；出現率從 13.8% 降到 13.1%，人數從 672 萬降到 648 萬人。比較 2000 學年度及 2010 學年度的人數變化，其中以特定型學習障礙（SLD）學生的人數下降最多，從 286 萬降到 243 萬人，出現率從 6.1% 降到 4.9%。各州下降率不等，從 4.9%～37.5%，下降的原因與各州的政策、預算和特教教師的人力有關。其他類的減縮分別為：智能障礙學生人數從 634,000 人降到 463,000 人，出現率從 1.3% 降到 0.9%；情緒障礙學生人數從 480,000 降到 407,000，出現率從 1.0% 降到 0.8%；自閉症學生人數從 93,000 大幅增為 378,000 人，目前出現率占 0.8%；其他身體障礙學生人數從 303,000 加倍增為 689,000 人，目前出現率占 1.4%；發展遲緩兒童人數從 213,000 增加為 368,000 人，出現率從 0.5% 增為 0.7%。其中以羅得島 2009～2010 年，特殊學生的鑑定率為最高，但接受特殊教育服務的學生人數只有 18%；另外，德州更是只占羅得島的一半，只有 9.1% 的學生接受特殊教育的服務（如表 1-10 所示）。

十五、特教教師與相關專業人員的變化（Scull & Winkler, 2011）

至於特教教師的人力方面，就全美來說，學校聘用特殊教育教師及相關專業人員，只占 80%。從 2000～2001 年，每千名特教學生與教師比從 117 人提升至 2008～2009 年的每千名特教學生與教師比增為 320 人。就各州來看，新罕布夏州是每千名特教學生有 320 名特教教師；而密西西比州則每千名特教學生只有 38 名特教教師。2001 年公立學校每千名特殊學生有 65 名特教教師，全美公立學校特教教師共有 412,000 人；2005～2006 年達到最高峰，每千名特殊學生有 70 名特教教師；2008～2009 年卻反而下降至每千名特殊學生只有 63 名特教教師，全部是 405,000 人。相關專業人員的人數則有上升的趨勢，十年來從 326,000 人增加到 430,000 人，亦即 2001 年每千名特殊學生有 66 名專業人員為

表 1-10　美國過去幾年來各類特殊教育學生人數統計

年度	2000-01	2001-02	2002-03	2003-04	2004-05	2005-06	2006-07	2007-08	2008-09	2009-10
自閉症	92,997	114,183	136,965	162,750	191,173	222,741	258,223	295,940	335,963	377,909
盲聾雙障	1490	1786	1771	1849	1835	1660	1533	1456	1831	1499
發展遲緩	212,856	242,084	283,209	304,975	331,582	338,910	332,867	357,739	353,441	367,514
情緒障礙／情緒困擾	479,716	483,156	485,464	488,757	488,652	476,550	463,715	441,802	419,747	406,864
聽覺障礙	77,472	77,606	78,183	78,513	79,359	79,208	79,665	78,979	78,316	78,491
智能障礙	623,536	616,201	602,165	592,864	577,569	555,666	533,939	499,845	478,275	462,783
多重障礙	130,529	136,386	138,443	139,508	140,102	140,838	142,018	138,134	130,429	130,759
肢體障礙	82,382	83,272	83,094	76,651	73,329	70,704	69,387	67,419	69,516	65,074
其他身體障礙	302,762	350,166	403,102	463,540	520,336	569,760	610,482	641,050	659,420	689,267
特定型學習障礙	2,859,999	2,861,107	2,848,483	2,831,217	2,798,305	2,735,248	2,665,374	2,573,028	2,476,152	2,430,716
言語或語言障礙	1,387,727	1,391,347	1,411,628	1,441,393	1,463,007	1,467,699	1,474,839	1,456,347	1,425,627	1,415,768
創傷性腦傷	15,640	21,658	22,346	23,404	23,986	24,266	24,061	24,202	25,075	24,867
視覺障礙	28,710	28,466	28,575	28,481	28,502	28,408	28,798	28,780	28,368	28,428
障礙學生總人數	6,295,816	6,407,418	6,523,428	6,633,902	6,718,619	6,712,605	6,686,361	6,605,695	6,483,372	6,480,540
全美學生總數	47,203,539	47,671,870	48,183,086	48,540,215	48,795,465	49,113,298	49,315,842	49,292,507	49,265,572	49,313,000
障礙學生占母群百分比	13.3	13.4	13.5	13.7	13.8	13.7	13.6	13.4	13.2	13.1

註：引自 Scull 與 Winkler（2011, p. 17）。

他們服務；2008～2009 年每千名特殊學生有 129 名特教教師及專業人員，比 2001 年每千名特殊學生聘用特教教師與專業人員增加 117 人（如圖 1-1～1-3 所示）。

十六、各類身心障礙定義的變化

根據 2011 年《美國聯邦法律》第 34 條對身心障礙的定義規定如下（Scull & Winkler, 2011）：

自閉症（autism）：係指一個兒童有明顯的發展性障礙，而影響語言及非語言的溝通與社會交往，甚至學業表現。其他特徵如重複性的活動、固著性的動作、抗拒環境或日常例行作息的改變、對感覺經驗有不尋常反應。這些特徵通常在 3 歲前即會出現。若一個孩子受到情緒障礙而影響其學業表現，則不適用此定義。

盲聾雙障（deaf-blindness）：係指視覺、聽覺雙重障礙，以致造成嚴重溝通困難、發展遲緩，單獨接受一種盲教育或聾教育，無法滿足其特殊教育需求。

發展遲緩（developmental delay）：係指 3 至 9 歲兒童經過適當診斷、評估後，證明在身體、認知、溝通、社交、情緒、適應發展上，有一種以上的障礙。

情緒障礙／情緒困擾（emotional disturbance）：係指有下列一項以上的特徵，且長期持續，明顯達到會影響學業表現的程度：
1. 無法從智能、感官、健康因素去解釋的學習障礙。
2. 無法與同儕（朋輩）或教師維持良好的人際關係。
3. 在正常環境下無法表現適當的行為或情緒。
4. 經常表現出不愉快或沮喪的心情。
5. 對人際或學校的事情感到害怕或有生理反應。

情緒障礙包括精神分裂症（現更名為思覺失調症），但不適用於社會不適應兒童，除非他有情緒上的困擾。

聽覺障礙（hearing impairment）：係指永久或暫時的聽力損失，明顯影響兒童的學業表現，但不包括聾的定義。

智能障礙（mental retardation）：係指一般的智慧功能顯著低落，同時在發展階段有明顯適應行為的障礙。

圖 1-1　美國過去幾年來特殊教育學生人數的變化

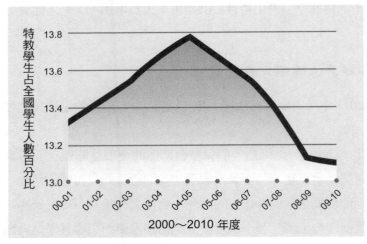

註：引自 Scull 與 Winkler（2011, p. 4）。

圖 1-2　美國各類特殊教育學生過去幾年來所占比率的變化

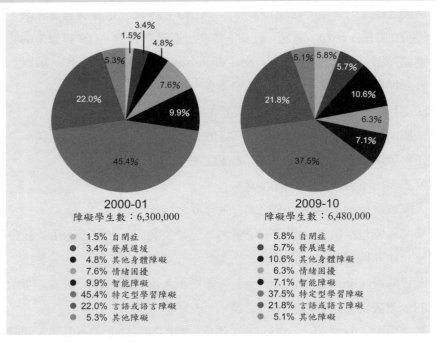

註：引自 Scull 與 Winkler（2011, p. 5）。

圖 1-3　美國過去幾年特殊教育師生比的變化

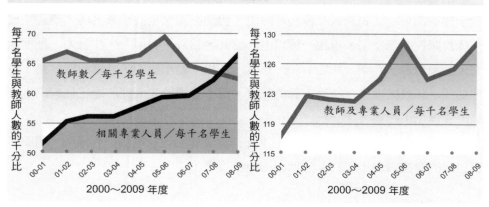

註：引自 Scull 與 Winkler（2011, p. 10）。

多重障礙（multiple disabilities）：係指同時兼具兩種以上障礙，他們的教育需求無法從單獨一種特殊教育的服務獲得滿足，但不包括盲聾雙障者。

肢體障礙（orthopedic impairment）：係指嚴重的肢體損傷而影響學業表現者，包括先天性不全或疾病所引起，例如：小兒麻痺、脊髓損傷、腦性麻痺、截肢、骨折、燒傷等。

其他身體障礙（other health impairment）：係指有限的精力與活力、或對教育環境刺激的警覺力不足，而明顯影響其學業表現，其原因係由下列因素所引起，例如：急性或慢性健康問題（如氣喘、注意力不集中、過動、節食、癲癇、心臟病、鉛中毒、血友病、白血病、腎炎、風濕熱、鐮狀細胞貧血、妥瑞氏症等）。

特定型學習障礙（specific learning disability）：係指在傾聽、思考、說、讀、寫、拼、算等語言理解過程，出現一種以上的障礙，其原因可能是知覺性損傷、腦傷、輕微腦功能低落、閱讀困難症或發展性失語症，但不包括由視覺障礙、聽覺障礙、動作障礙、智能障礙、情緒困擾或環境、文化、經濟不利因素所引起者。

言語或語言障礙（speech or language impairment）：係指一種溝通障礙，例如：口吃或迅吃、構音障礙、語言障礙或嗓音／聲音異常，明顯影響兒童的學業表現。

創傷性腦傷（traumatic brain injury）：係指腦部因身體受到外力傷害，導致全部或部分功能失調或社會心理障礙，明顯影響兒童的學業表現。無論開放性或封閉性頭部受傷，導致一種以上的認知、語言、記憶力、注意力、推理能力、抽象思考、判斷、問題解決、感覺、知覺、動作能力、社會心理行為、生理功能、訊息處理、言語等方面的障礙，但不適用於先天性、退化性或出生時腦部受傷所引起者。

視覺障礙（visual impairment）：係指視覺即使經過矯治仍有障礙，明顯影響兒童的學業表現，包括部分低視力與全盲者。

十七、結論（conclusion）

以上爭論或議題，只是美國特教當前所面臨問題中的一小部分而已，但學校改革、貼標籤與分類、融合教育（隨班就讀）、師資短缺、特教經費等問題，經常出現在美國報紙的頭條新聞。每一個事件往往有正反兩面，美國的特殊教育發展過程，可以提供台灣發展特殊教育的參考，我們也需要更努力，才能讓每一位特殊兒童可以更快樂的學習。

❤❤❤ 貳、台灣特殊教育未來展望

如前所述，這四十餘年來，台灣特殊教育在政府、學界、民間上下通力合作下，已從萌芽階段進入蓬勃發展階段，尤其1997、2009、2013、2018、2022年《特殊教育法》、《特殊教育法施行細則》（包括身心障礙教育或資賦優異教育方面），以及相關子法大幅修正、頒布後，無論在法令規章、行政組織、鑑定安置、相關專業服務、學前教育、家長參與、特殊族群及身心障礙／資賦優異、研究發展、國民（義務）教育階段後之高中（職）、大專教育、無障礙環境、科技輔具等方面，均有嶄新的格局。但徒法不足以自行，因此各級主管教育行政機關，應如何結合衛生醫療、社會福利、職業訓練、就業輔導、復健諮商、師資培育等單位，加上學校教師、家長、民間團體與專業團隊的分工合作，全方位運作，才能使《特殊教育法》的頒布真正落實在未來的實施及執行的層面上，這是目前所有關心台灣特殊教育發展的同道最關心的課題。展望今後台灣特殊教育的願景，必然仍在既有的基礎上，遵循《特殊教育法》的精神，

繼續擴充而更制度化。就目前而論，雖距離理想尚有成長的空間，下面從個人的角度，提出幾項未來有待發展的課題，期盼各位斯界先進、伙伴不吝指正（林寶貴主編，2008，2014）。

一、確立特殊教育目標

身心障礙教育的主要目標，在於使接受特殊教育者獲得生活上所必須的知識與技能，並達到獨立謀生、殘而不廢的目的。因此，學前與國小（小學）階段，應著重生活教育，中學階段應加強職業教育與轉銜輔導，以授給學生一技之長為目標。但目前特殊教育學生的就業範圍，仍侷限於傳統的幾種類科，亟須配合就業市場需求予以調整與擴大，並重視終身學習及整個生涯發展的輔導。

至於資賦優異教育的目標，在協助資賦優異學生運用其智慧，發揮潛能；提供適性的安置方式，俾能使資優學生有最佳的學習環境；配合資優學生學習需求，提供彈性化的課程及教材教法；提供資優學生挑戰性的學習內容，並能與能力相當的同儕（朋輩）相互切磋；結合教育及學術機構，運用社會資源，提供各種充實管道；培養資優學生自動學習的能力，俾能終身學習；提供資賦優異學生創作的機會，俾能從事生產與發明；促進資賦優異學生社會與情意的發展，培養健全的人格；協助資賦優異學生建立一生的職志，俾能有正確的人生目標；建立資賦優異學生之社會責任感與服務熱忱，進而貢獻社會。

特殊才能的教育目標，則在於早期發掘特殊才能的學生，施以計畫與系統之教育，俾能充分發展其潛能，以培植優秀特殊人才；增進對特殊才能之認識、演奏、創作或鑑賞等活動，以涵養學生高尚之美感情操及均衡的健全人格；倡導全民重視特殊才能的學習風氣，提升國民音樂、美術與舞蹈、戲劇、民俗活動、體育、科技等各方面的整體水平，奠定台灣人文、科技、文創建設之良好基礎。

二、全面掌握特殊學生

配合衛生、醫療、社政、戶政、勞政等單位之健康檢查、各類身心障礙和資賦優異學生的鑑定作業，以及通報系統的建立與連結，隨時更新特殊教育通報網絡，確實掌握特殊教育學生人數及其分布地區，以為規劃設立特教設施、

編列經費預算及培育師資、提供適性教育服務與合理教育資源分配之依據。

三、規劃適性特殊教育設施

各級教育行政機關應即依零拒絕、無障礙及最少限制之原則,考慮特殊教育學生就近就學之需求,規劃設立多元化、社區(小區)化的小班、小校教育設施,減少在家教育學生人數,尤其應優先廣為開辦學前及高中職融合特殊班、資源班,加強多管道宣傳,使家長及早送讀,奠定學校教育的學習基礎。

四、健全特殊教育行政組織

為配合特殊教育全盤計畫與整體發展,亟需於各級教育行政機關之中,設立特殊教育專責單位,專人專職從事特殊教育之規劃、執行與督導等工作。目前教育部雖已設有學生事務及特殊教育司,台北市及高雄市成立特殊教育科,各縣(市)成立特殊教育課,但正式的人員編制仍然有限,有待繼續努力爭取。各縣(市)鑑輔會、各大學院校特教中心、各縣(市)特教資源中心、特教輔導團與研究發展中心等單位,亦應有特教專職人員的組織與編制,以期有專業人力來推動、落實特殊教育的鑑定、安置、輔導、諮詢、推廣與研究發展等工作。

五、落實執行《特殊教育法》及相關子法

台灣地區新修訂、頒布的《特殊教育法》與《身心障礙者權益保障法》相關子法,分別於 2013、2019、2022 年已陸續修訂、公布,今後應努力的方向在於如何貫徹執行,使每位身心障礙與資賦優異學生無論在醫療、養護、就學及就業等方面,均能得到適性的發展與妥善的照顧。尤其要期待身心障礙教育向下延伸至 2 歲,向後延長至 12 年高中(職)階段,各級政府應依法定標準編列特殊教育經費預算(中央達 4.5%,地方達 5%的規定),積極培養特教及普教師資,執行各項特教工作,以期落實《特殊教育法》的精神。

六、加強特殊教育成效評鑑

加強特殊教育執行成果的評鑑是特殊教育發展的重要推手。為提升特殊教

育的服務品質，各級、各類特殊教育政策、發展計畫及執行成效，有必要按照《特殊教育法》的規定，定期加以檢討、訪視或評鑑，以評估、確認特殊教育目標、服務及教學品質是否達成，如何改進或提升。

七、調查師資與專業人員之需求，加強特教師資培育工作

特教師資為確保特教質量之關鍵因素。目前，台灣特教師資的質與量仍有所不足，尤其增列了「發展遲緩」、「情緒行為障礙」、「自閉症」、「腦性麻痺」，及「一般智能優異」、「學術性向優異」、「藝術才能優異」、「創造能力優異」、「領導才能優異」、「其他特殊才能優異」、「雙重殊異」等七類資賦優異教育對象，配合融合教育隨班就讀的趨勢，並強調學前教育、專業團隊及職業教育的重要性後，師資及專業人員的需求更為多樣化，應即檢討、規劃特教及普教師資培育制度，配合未來進用辦法及相關特教措施等，俾培育出最符合特教服務需求之優秀特教教師、普教教師、專業人員、助理人員與特教行政人員。

八、早期預防、早期篩檢、早期療育（干預）

重視優生保健，繼續定期實施特殊兒童普查，強化通報系統，加強家庭教育，辦理早期預防、早期檢查與早期療育（干預），讓所有身心障礙兒童都有接受教育或復健（康復）訓練的機會，都能享受適合其個別差異的鑑定、安置與服務，儘量減少隔離。

九、營造無障礙教育環境

台灣地區各級學校的特殊教育學生，在生活與學習時，常會受到有形無形的環境限制和發展窒礙、生活適應困難，應營造無障礙的教育環境（包括硬體設施與軟體設備），提供適切良好的教育情境，讓特殊兒童和一般兒童一樣，公平地獲得各項教育資源與社會福祉。

十、提升特殊教育服務的質與量

藉個別化教育計畫之落實、課程教材教法之改進、師資素質之提升、行政

與學術支持系統之加強、家庭教育之實施等，以提升特殊教育服務的質與量，達到因材施教與人盡其才的目的。

十一、特殊學校功能的發展與轉型

早期台灣特殊教育的發展以特殊教育學校為主流。近年來因醫學的進步，少子化使學齡兒童減少，各種資源班的設立，及融合教育趨勢的影響，特殊教育學校的學生人數驟減，尤以啟聰、啟明、啟智學校的學生為最。這幾類學校宜儘速配合社會的變遷與需求，重新討論學校師資、設備與功能，調整招生對象，改變教學方式與教育內容，鼓勵教師培養第二專長甚至多種專長，設置教學資源中心，提供社區（小區）內其他特殊班或普通班身心障礙學生巡迴輔導，或教材教具、輔具等相關服務措施之支持性功能。

十二、資賦優異教育與身心障礙教育兼顧

台灣《特殊教育法》明白揭示：特殊教育對象包括資賦優異學生及身心障礙學生兩大類。然而，身心障礙教育與資賦優異教育的發展是「並進不並重」，兩者在法令與政策的取向或經費的編列上，有重障礙輕資優的傾向，未來似應朝兼顧資優教育與障礙教育二者均衡發展的方向而努力。

十三、強化特殊教育學生的轉銜與生涯發展規劃

落實個別化教育計畫、專業團隊的服務、社區資源的利用，為每一個學生擬訂轉銜服務與生涯發展計畫，使每一個學生能按照自己的條件、障礙程度、學習能力，以及教育服務需求，順利從各階段的學校教育，進入就業機構或社區（小區），使其能獨立生活。

十四、加強人力資源的開發

藉身心障礙或資賦優異（含特殊才能）學生潛能之開發與有計畫地培養、彈性學制之實施、生涯教育之推展、特殊適應體育之倡導，與各種科技輔具之應用等，以開發雙重殊異學生的人力資源，發揚有教無類精神，實現人道社會的理想。

十五、加強家庭教育與支持性服務

藉辦理特殊教育學生家長修讀特殊教育課程，編訂家庭教育研習課程教材、家長手冊、參考資料等，提供家長各種諮詢、輔導策略、方法及社會資源，辦理各項家庭教育研習活動、專題講座、通俗講座等支持性服務，以增進家長教育身心障礙或資優子女的正確觀念與特教知能。

十六、加強研究、評鑑及學術交流

設立全國特殊教育研究發展中心及特教資源中心，舉辦台灣境外或境內特殊教育學術或實務研討會、考察活動，獎助出版特殊教育圖書、論文及學術性刊物，辦理各項特殊教育實驗、評鑑工作，積極舉辦或參與國際學術交流活動等，以提升台灣特殊教育教學與研究水平及國際學術地位。

十七、建立社會正確認知與支持態度

社會的認知與支持態度之建立，需經由正式或非正式的管道辦理，其方式包括由教育部修訂各級各類學校課程綱要（課程標準），使學生了解並關懷身心障礙及資賦優異學生；結合民間機構、團體辦理相關倡導活動，事業主管機關亦應基於權責加強倡導與推動，使特殊學生及家長能充分獲得教師、學校、行政系統及社會資源的支持與服務。

十八、強調專業團隊的合作

重度及多重障礙學生的服務需求多樣而複雜，光靠特教教師的專業，有時無法完全解決，必須要有醫師、物理／職能（作業）／語言／聽力治療、社會工作、臨床心理、職業輔導、定向行動、護理、復健諮商等相關專業人員及教師、助理、生活管理員、保育員的協助。這些專業人員不能本位主義，必須發揮團隊合作的精神，才能使障礙學生獲得必要及完善的服務。

十九、結合社政、醫療、勞政、衛生福利等資源

欲使特殊教育發揮多方面的效能，必須儘量地配合社會福利政策和衛生醫

療技術。故特殊教育的推展，不應僅囿於教育的問題，更應加強與社會福利機構、衛生醫療、勞政職訓、復健諮商等單位的聯繫，打破各自為政的觀念，讓彼此之間各就專業的範圍精誠合作，才能改善特殊教育學生就醫、就學、就養、就業各方面的問題。

問題討論

1. 試述歐美特殊教育的歷史發展。
2. 試述日本特殊教育的歷史發展。
3. 試述台灣特殊教育的發展沿革。
4. 試述美國特殊教育的發展趨勢。
5. 試述台灣特殊教育的發展課題。

參考文獻

❖ 中文部分

王天苗（1994）。啟智工作的省思：朝向人性化、本土化的發展。**特殊教育季刊**，50，5-14。

王文科（2004）。特殊教育的定義、發展與趨勢。載於王文科（編），**特殊教育通論**（頁 1-30）。五南。

何華國（2011）。**特殊兒童心理與教育**（第四版）。五南。

周志岳（2011）。**台南啟聰學校創校 120 週年紀念特刊**。台南啟聰學校。

林寶山、李水源（2010）。**特殊教育導論**（第三版）。五南。

林寶貴（1994）。**聽覺障礙兒童語言溝通法與語文教學法之研究**。教育部教育計畫小組。

林寶貴（編）（1999）。**中華民國特殊教育概況**。教育部特殊教育工作小組。

林寶貴（編）（2008）。**特殊教育理論與實務**（第二版）。心理。

林寶貴（主編）（2009）。**修訂版台灣特殊教育概況**。英華特殊教育師資培訓中心。

林寶貴（編）（2012）。**特殊教育理論與實務**（第三版）。心理。

林寶貴（主編）（2014）。**特殊教育理論與實務**（第四版第二刷）。心理。

孟瑛如（主編）（2016）。**特殊教育概論現況與趨勢**。心理。

教育部（1993）。**中華民國第二次特殊兒童普查報告**。教育部特殊兒童普查執行小組。

教育部（1994）。**啟智教育教師工作手冊**。台北師範學院特殊教育中心。

教育部（1995）。**中華民國身心障礙教育報告書：充分就學、適性發展**。作者。

教育部（1999）。**發展與改進特殊教育計畫：加強身心障礙學生教育**。作者。

教育部（2004）。**二○○四年度特殊教育統計年報**。作者。

教育部（2009，2012，2013）。**特殊教育法規選輯**。作者。

教育部（2010）。**二○一○年度特殊教育統計年報**。作者。

教育部（2011）。**台灣特殊教育百年史話**。作者。

教育部（2015）。**特殊教育統計年報**。作者。

教育部特殊教育通報網（2018，2019，2020，2021，2022）。**各縣市各階段特殊教育學生人數概況**。教育部。

郭為藩（1989）。**特殊兒童心理與教育**。文景。

陳麗如（2004）。**特殊教育論題與趨勢**。心理。

Kirk, S., Gallagher, J. J., Anastasiow, N. J., & Coleman, M. R.（2011）。**特殊教育概論**（第二版）（韓福榮、曹光文譯）。雙葉。（原著出版年：2005）

❖ 英文部分

Center on Instruction at RMC Research Cooperation. (2008). *About the special education strand.* http://www.cec.sped.org

Kirk, S., Gallagher, J. J., Anastasiow, N. J., & Coleman, M. R. (2006). *Educating exceptional children* (11th ed.). Wadsworth Publishing.

Kirk, S., Gallagher, J. J., Coleman, M. R., & Anastasiow, N. J. (2009). *Educating exceptional children* (12th ed.). Cengage Learning.

Scull, J., & Winkler, A. M. (2011). *Shifting trends in special education.* The Thomas B. Fordham Institute.

Ysseldyke, J. E., Algozzine, B., & Thurlow, M. L. (2000). *Critical issues in special education* (3rd ed.). Houghton Mifflin.

第 2 章

心理學

王欣宜、王淑娟

✽

前言

　　心理學是研究人類心智活動的科學，現代心理學的五大理論為行為論、精神分析論、人本論、認知論、生理科學觀。行為論強調個體的改變是刺激與反應間的聯結，現代偏重於學習、動機、社會行為與異常的研究及應用；精神分析論強調潛意識是影響行為的內在原因，主要應用於身心發展、動機與遺忘、人格發展、行為異常與心理治療等方面的研究；人本論強調個體自我實現的心理歷程，主要針對學習、動機、人格發展、諮商與輔導及心理治療方面進行研究；認知論則分為廣義與狹義兩部分，廣義是指對一般認知歷程的解釋，狹義是指對訊息處理的解釋，認知論主要偏重於學習、智力發展、情緒、心理治療等方面的研究；生理科學觀則以生理心理學和神經心理學的觀點來解釋個體的行為與心理歷程，研究重點主要是身心發展、學習、感覺、動機、情緒、行為異常等方面（張春興，1991）。在特殊教育領域較少提及精神分析學派，因此本章將簡略介紹其餘四項理論的內容並論述其與特殊教育的關係。

第一節　行為論與特殊教育

　　美國在 20 世紀初興起了行為主義，所提出的主張有二：一是行為是由刺激

而產生的反應,所以又稱為刺激—反應學習論(stimulus-response theory),如狗看到食物會流出唾液;二是個體所學到的行為是刺激—反應間關係的連結,如行人看到紅燈便會停止前進。行為主義所提倡的學習理論即稱為行為學習理論,其中對教育產生相當影響的三部分,分別是:(1)古典制約;(2)操作制約;(3)社會學習論。

♥♥♥ 壹、古典制約

一、古典制約的理論

古典制約(classical conditioning)是由俄國生理學家帕夫洛夫(Ivan Pavlov, 1849～1936)在 1903 年左右所提出的。他在研究狗的消化腺分泌時,將食物置於飢餓的狗面前,狗自然會分泌唾液,但在偶然間,帕夫洛夫卻發現,若狗聽到食物器皿的聲音或實驗人員的腳步聲,牠也會分泌唾液。帕夫洛夫進一步針對他的發現進行實驗,終於建立了古典制約學習理論。

在古典制約學習理論裡,狗看到食物就流出唾液,是不需經過學習的,因此將食物稱之為非制約刺激(unconditioned stimulus,簡稱 UCS),而將狗流唾液的反應稱之為非制約反應(unconditioned response,簡稱 UCR)。而狗所聽到的器皿聲或腳步聲,原是無意義的中性刺激,在不斷與食物接連出現之後,代替了食物,使狗產生分泌唾液的反應,這個原屬於中性的刺激,則稱為制約刺激(conditioned stimulus,簡稱 CS),而由這個中性刺激引起的反應,則稱為制約反應(conditioned response,簡稱 CR)。整個古典制約的學習歷程如圖2-1 所示。

帕夫洛夫的古典制約實驗,原本只用於動物的研究,但在 20 世紀初期,美國心理學家約翰·華森(John Watson, 1878～1958)不但將此理論用於解釋動物的學習,同時也用於行為學習,之後,行為主義在美國風行了 40 年之久(張春興,1994)。古典制約學習的特點在於制約刺激的取代,由制約刺激取代非制約刺激,這種模式只適用於解釋刺激取代的聯結式學習,不能解釋聯結式學習以外的其他事實,若要解釋個體的某一反應與某一特定的刺激之間能產生聯結,則是操作制約學習(張春興,1991)。

圖 2-1　古典制約的學習歷程

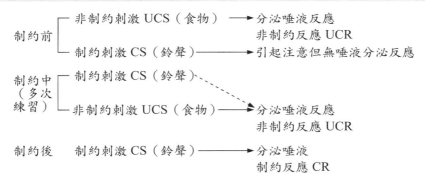

二、古典制約理論的行為法則

從帕夫洛夫到約翰‧華森的實驗研究當中，可以歸納出幾個行為法則。

(一) 增強作用與增強物

增強作用（reinforcement）是指影響反應─連結的強度之所有行動及過程，例如：在帕夫洛夫的實驗當中，在呈現制約刺激（鈴聲）之後，立即或稍後呈現食物，增強了之後的制約反應（流唾液）的出現頻率，這種在鈴聲之後呈現食物的行為即稱為增強作用，而食物因具有增強的作用，故稱之為增強物（reinforcer）。

(二) 類化刺激

以帕夫洛夫的實驗為例，若以類似的鈴聲作為制約刺激，也能引起狗流唾液的相同反應，這種現象就叫做類化刺激（stimulus generalization）。在真實世界中，主人每次叫狗吃飯的聲音都不盡相同，但都能引起狗跑來吃食物的相同反應，這也是因為狗將刺激加以類化。

(三) 辨別刺激

當個體對制約刺激形成制約反應之後，便不會對性質相似的刺激產生相同的反應，這便是辨別，例如：許多人猛一看到玩具蟑螂會嚇一跳，這是因為類化刺激，但是仔細一看，知道是假的，便消除了恐懼之心，這便是辨別刺激

（stimulus discrimination）。類化是區同，辨別是區異，兩者交互作用，才能構成精密的學習（張春興，1994）。

(四) 消弱與自然恢復

以帕夫洛夫的實驗為例，當非制約刺激（食物）與制約刺激（鈴聲）不再伴隨出現時，狗所學會的制約反應（流唾液），便漸漸的不再發生，這種情況便稱為消弱（extinction）。制約反應消弱的快慢，與制約刺激的性質及強度，都有密切的關係。而所謂的自然恢復（spontaneous recovery），是指若消弱現象出現，隔一段時間之後再對個體呈現制約刺激，仍會引發個體的制約反應。

(五) 次級增強作用與次級增強物

次級增強作用（secondary-order conditioning）是指，原來的制約刺激可以當作非制約刺激（UCS）用，再使它與另一個制約刺激相伴出現，則又可形成新的制約作用。當次級增強作用之後，也可形成更進一級的制約作用，就稱為高級制約作用（high-order conditioning）。我們日常生活中使用金錢來買食物吃，其實就是次級增強作用，因為原來是肚子餓（UCR）要吃食物（UCS），後來學會了用錢（CS）可以買到食物，於是當肚子餓時，用錢買食物吃，就可解決飢餓，這即是透過次級增強作用而學會的以金錢購買食物的行為。當然，用金錢購買其他東西，也屬於高級制約。

在次級增強作用當中，原本為非制約刺激的物質，因學習而產生了強化作用，則此物質就稱為次級增強物（secondary reinforcer）。在以上的例子中，金錢就是次級增強物。

♥♥♥ 貳、操作制約

一、桑代克的連結主義

美國心理學家桑代克（E. L. Thorndike, 1874～1949）根據對動物的行為實驗研究建立了行為學習理論，他的學習理論稱之為連結主義（connection-ism）。他和帕夫洛夫最大的不同，在於帕夫洛夫是使用制約作用的刺激—反應

連結讓動物學習行為，而桑代克卻是從動物多種反應中，選定其中所預期的反應而給予獎賞，從而增強預定反應的出現機會。桑代克根據他對貓所進行的迷籠（puzzle box）實驗，提出以下的學習理論。

(一) 嘗試錯誤學習

　　個體在一個問題情境中，會使用許多嘗試的行為企圖解決問題，剛開始錯誤反應多而正確反應少，後來逐漸正確反應多而錯誤反應少，最後才能產生正確無誤的反應來解決問題，因此桑代克稱此為嘗試錯誤學習（trial-and-error learning）。

(二) 學習的三大法則

　　桑代克從嘗試錯誤學習中，歸納出以下三大學習法則：

1. 效果律（law of effect）

　　是桑代克三大學習法則中最主要的。指的是，行為的反應結果決定下一次再出現這個反應的次數。如果出現了獎賞，該項行為就會被增強；如果行為的結果是被懲罰，那麼該行為就會被消弱。

2. 練習律（law of exercise）

　　刺激與反應之間的連結，會因為練習次數的多少，而產生強弱之分。

3. 準備律（law of readiness）

　　在個體的刺激—反應連結時，個體身心的準備狀態也是相當重要的。個體如果是在準備充分的情況下進行反應，而獲得滿足，有助於以後該項行為反應的再次出現。

二、斯金納的操作制約理論

　　現代行為主義大師斯金納（B. F. Skinner, 1904～1990），堅持區分古典制約與操作制約，他認為在古典制約當中，動物的行為是被制約刺激（CS）所引起的，例如：唾液的分泌是因外界東西所引起。斯金納堅持操作制約個體的行為是自內引發出來的，跟外界沒有什麼關係，甚至可視作是自願行為（Gleitman, 1994/1997），因此在古典制約中，個體在原本的行為當中已具備刺

激一反應的連結,而在操作制約當中則是針對個體自發的多種反應,實驗者選擇出想要的反應加以增強,從而建立刺激一反應的連結。斯金納的操作制約學習理論有以下幾方面:

(一) 效果律與增強作用

在斯金納的理論當中,他用增強取代桑代克的效果律的獎賞。在操作制約中,能使個體反應頻率增強的一切事物及行為,均稱為增強,增強又分為正增強與負增強。當個體表現某一行為之後,得到了酬賞,使個體又再度表現該行為,稱之為正增強作用(positive reinforcement),而該項酬賞則稱為正增強物(positive reinforcer)。

負增強是指當個體表現某一行為之後,其所厭惡的刺激將會終止,於是該項行為會再度出現,稱之為負增強作用(negative reinforcement),而該項個體所厭惡的刺激便是負增強物(negative reinforcer)。

(二) 增強的方式

是指在提供增強物的時間上,有不同的安排。增強方式主要有兩大類:立即增強(immediate reinforcement)與延宕增強(delayed reinforcement);連續增強(continuous reinforcement)與部分增強(partial reinforcement),如果細分,可分為以下四種(陳榮華,1991):

1. 固定比率增強方式(fixed-ratio schedule,簡稱 FR)

當個體固定做出了幾次反應之後,就給予增強,這種方式稱為固定比率增強方式。

2. 不固定比率增強方式(variable-ratio schedule,簡稱 VR)

指增強物的給予並不一定要個體固定做出幾次的反應,個體做出的反應也許三次,也許五次,就給予增強物。

3. 固定時距增強方式(fixed-interval schedule,簡稱 FI)

指個體做出反應後,經過固定的時間才給予增強。

4. 不固定時距增強方式(variable-interval schedule,簡稱 VI)

指個體在做出反應後,接受增強的間隔時間並不固定。

(三) 逐步漸進的行為學習

對於一些需要較多反應的行為，只有單一的刺激—反應連結是不夠的，所以斯金納又設計了逐步漸進法（successive approximation），用於需要一連串反應的行為學習。逐步漸進法即是行為的塑造（shaping），例如：教智能較低的小朋友洗手，可用此種方法，先將洗手的行為分成幾個步驟，再一步一步的教他，並在每一個過程達到目標之後，就給予增強，整個洗手的學習過程就是行為的塑造。除了以上所述之外，經操作制約學習到某種行為的反應，還是遵循了古典制約當中的類化、辨別、自然恢復、刺激增強等法則。

三、制約學習對特殊教育的啓示

相關教學法與電腦輔助教學

制約學習理論運用在特殊教育上有兩方面的啟示：編序教學（programmed instruction，簡稱 PI）與電腦輔助教學（computer-assissted instruction，簡稱 CAI）。所謂編序教學是指先了解學生的起點行為與終點行為，再將所要教學的單元，細分成許多細小的學習小單元，並按邏輯順序編列，在各小單元中都有一些步驟，每一個步驟都是一個概念的問題，每一個問題都有正確的答案，而第二單元是以第一單元為基礎。在學生回答問題之後就立即給予正確之解答，使學生獲得立即的回饋（feedback）。編序教學的原理應用於特殊教育教學上，衍生出的相關教學法如工作分析教學法（task analysis）與直接教學法（direct instruction），略述如下：

1. 工作分析教學法

本教學法是強調將一個目標動作依發生的邏輯順序，細分成數個獨立的動作或因素，使學生能在完成各種分解動作後，串連成目標動作。在教材或學習目標方面，細分成容易教會的更小單元，讓學習者按步驟循序漸進的學習。該教學法強調提升身心障礙學生的成就感，並讓教師發覺教學的困難，且觀察與體驗把行為當完整單位教導時無法得知的狀況。

2. 直接教學法

根據盧台華（1994）的論述，Engelmann 與 Becker 於 1969 年創立直接教學課程。本課程教導對象為學前至六年級的兒童及其他需要補救教學的中學生及障礙學生。該教學法強調：(1)這是一種教師應用組織精密、系統層次分明的教材教法（高度結構化），直接預防與補救學生學業及其他技能缺失的教學模式；(2)教師主導取向；(3)重視工作分析的編序教學的方式，系統化呈現教材；(4)重視教師的示範、引導、糾正錯誤、立即回饋與學生獨立學習；(5)是一套完整的課程、教學設計與評量的教學方式。

現今電腦普及，將編序教學以電腦呈現，就是電腦輔助教學，學生只要操作按鍵即可。現今許多特教教材都已進入 CAI 的階段，若加上相關電腦輔具的配合（如頭杖、特殊鍵盤……等），就能讓更多特殊學生有效的學習，並能讓學習較遲緩的學生根據自己的進度進行學習與反覆練習。

四、「行為改變技術」的應用

行為改變技術應用了許多行為學派的觀點，如增強物、增強作用、行為塑造、行為的類化與消弱等。對於身心障礙兒童的某些偏差或異常行為，都可使用刺激─反應的連結來矯正這些行為，甚至對於一些認知障礙的學生來說，刺激─反應的應用，再加上適當的增強物，就可使他們學習新的行為。

♥♥♥ 參、社會學習論

因為斯金納的理論無法完全解釋人類複雜的行為，於是班度拉（Albert Bandura, 1925～2021）提出了心理學上的社會學習論（social learning theory）。關於班度拉的理論，有以下幾方面。

一、學習是受個人、環境和行為三者的影響

班度拉在 1977 年的著作《社會學習論》（*Social Learning Theory*）當中提到，學習最主要是因個人、環境和行為三者的交互影響。其意是說，環境對人的學習有影響，人的學習同時受到個人對環境中人、事、物的認知的影響，但環境並非影響學習的單一因素，個人的行為並非完全是內在力量的驅使，也不

全然受制於外界，而且個人是行為改變的主宰者，有改變自己行為的潛在能力。

二、學習是由觀察及模仿所得

　　班度拉並不把增強作用視為刺激─反應連結的必要因素，他認為增強只是一種訊息而已。班度拉認為個體的學習除了本身親自的學習外，即使個體不能夠親身體會到行為後果的獎懲，但透過對別人相同或類似行為所得後果的觀察，他也能學到何時該表現該項行為，這就是觀察學習（observational learning）。而班度拉認為學習的另一個要素是模仿（modeling），是指個體對情境中的團體或他人學習行為的過程。而被模仿的對象則稱為楷模（model），楷模的特質可善可惡。而觀察學習的階段，根據班度拉（Bandura, 1977）的說法，共分為四個階段：

1. 注意階段（attention phase）：個體要能注意到刺激的重要特徵，才可能產生學習。
2. 保留階段（retention phase）：個體將所觀察到的行為，透過譯碼（decoding），將之轉譯為心像或語言符號，保留在長期記憶中。
3. 重現階段（reproduction phase）：指個體將長期記憶中所保留的觀察行為，以自己的行為表現出來。
4. 動機階段（motivation phase）：個體在重現階段觀察到的行為，後果若是受到獎賞，將有助於該行為日後的再出現；若行為的後果是遭到懲罰，就會減少個體以後出現該項行為的機會。

　　除以上的敘述之外，班度拉的理論有以下幾個重點（黃堅厚，1999）：

1. 個體可由觀察他人的表現而習得某種行為。經由觀察習得一項行為，節省許多錯誤的嘗試，可直接習得終極階段應有的表現。
2. 經過觀察習得一項行為，就節省了許多嘗試錯誤的歷程，直接習得最終階段應有的表現。只要觀察就有習得機會，不需任何增強作用。
3. 「楷模」行為的後果對觀察者會產生影響，但其影響不在觀察者行為的習得，而是在於觀察者行為的表現上，觀察者不但可以經由觀察習得「楷模」的行為，也能習得楷模的情緒反應，並對有關的事物或情境產生同樣的情緒反應。

班度拉稱這樣的歷程為「替代學習」（vicarious learning）。

4. 一個人對行為的後果，會受自己的經驗和觀察學習結果的影響，對行為的後果有一些預期。人的行為並非被動的由環境因素支配，而是有主動性，朝向某個目標的，除外在增強作用外，還有「自我增強」（self-reinforcement）作用。

5. 每個人對於行為有「自我標準」，會隨時調整自己的行為，也調整自己的期望。班度拉稱之為「自我調節作用」。

6. 在行為表現的過程中，當事人對其本身的認知是極為重要的一部分，也就是「自我觀念」，亦即當事人對自己各方面主觀的自我印象。一個人會選擇做什麼事，都要經「自我」的判斷，在一般狀況下，一個人不會做與自我觀念不相宜之事。

三、社會學習論對特殊教育的啓示

兒童經由對楷模的學習，得知行為結果的獎賞或懲罰，進而建立起對自我評價的標準，因此，教師或家長若想以自身作為學生學習的楷模時，應注意到對自身的期望不宜過高或過低，若家長或教師對自身期望過低，沒有成就感，學生容易習得渙散的精神；若家長或教師對自身期望過高，自己又達不到，則學生也會從楷模的身上習得挫敗感。

(一) 對資優兒童而言

若能提供給資優兒童適當的楷模，除了提供他良好的模仿對象以促進其學習成效，引導其適當之生涯發展外，也要能讓資優生建立「自我標準」，並引導資優生進行自我調節，以讓資優生能在現實的環境與自我期望之間取得平衡；同時也要養成資優生良好的自我觀念，以增強其自信心，並避免資優生做出一些不當的行為。除此之外，我們也能引領資優兒童從操作制約中的由他人增強方式，轉而成為自我增強的方式，讓學生在反省自己的行為之後，能作自我評定，因為這是養成學生自律一個相當重要的過程。

(二) 對身心障礙學生而言

　　社會學習理論的功用也是一樣，透過對楷模的學習，他們也能學會適當的行為，但也許會花比較多的時間，且適用於認知功能尚可的學生。父母或教師透過適當的行為表現，就能成為身心障礙兒童的楷模，培養其良好的行為。此外，我們也應重視身心障礙學生是否對本身產生負向的自我觀念，因而影響其學習的動機與情緒。

　　不論資優生或身心障礙學生，我們都應教導學生有「自我標準」，並隨時調整自己的行為與自己的期望，避免學生因為現實與自我期望的落差過大而產生負向的情緒與自我觀念。

第二節　認知論與特殊教育

　　有心理學家反對行為論學者將學習視為刺激與反應間的聯結理論。最先提出反對者即是完形心理學派的柯勒（Wolfgang Köhler, 1887～1967），他提出「頓悟」（insight）的學習理論。「頓悟」是指學習不必靠練習或經驗，只要個體能了解情境中各個刺激之間的相互關係，就會產生「頓悟」的情形。之後心理學家漸漸重視認知歷程的研究，研究的內涵包括記憶、理解、想像、思考等，60 年代以後，更受到電腦興起的影響，產生了「訊息處理論」。以下僅就皮亞傑（Piaget）、維高斯基（Vygotsky）的認知論及「訊息處理論」略做說明。

❤❤❤❤ 壹、皮亞傑的認知發展理論

一、皮亞傑的認知發展論（林美珍編著，1996；張春興，1994；Mayer, 1987/ 1991）

　　皮亞傑（J. Piaget, 1896～1980）是 20 世紀著名的心理學家，他對一個人由嬰幼兒到成人的認知發展歷程有一套完整的理論。他將兒童認知發展的階段分

為四期，依序是：感覺動作期（sensorimotor stage）、運思前期（preoperational stage）、具體運思期（concrete operational stage）、形式運思期（formal operational stage）。他的理論中有一些專門術語，是了解各期的發展特徵前所應知道的。

(一) 基模

嬰兒剛出生時，有許多反應是天生的，如吸吮、吞嚥等反射動作，這些身體的反射動作是他們用來認識世界的基本行為模式，當他們遇到新事物時，就用這些基本的行為模式去理解，而這種行為模式就稱之為基模（schema），例如：嬰兒拿到東西就先放到嘴中吸吮，是因為嬰兒有吸吮基模。等到嬰兒漸漸成長後，基模就會愈來愈複雜，甚至變成心理性的行為模式。因此也有人將基模稱之為認知基模。

(二) 組織

人類會將自己的行為及思考歷程全納入自己的心理架構，並以此心理架構和外在的世界互動。剛開始，如在嬰幼兒時期，這種架構較為簡單，隨年齡增長之後會愈趨複雜。而這種行為表現及思考歷程成為心理架構的過程，就稱為組織（organization），例如：嬰兒可用聽覺、視覺、觸覺等感官來發現一個發出音樂的玩具熊。

(三) 同化和調適

適應（adaptation）是指，一個人因其心理歷程受到限制，改變其基模的情形。而適應又分為同化與調適。同化（assilmilation）是指，一個人用其既有之基模去處理新遇到的事物，例如：兒童學會了紅花到花的基模，將來看見黃花，會知道黃花也是花的一種。調適（accommodation）是指，一個人若發現他的基模無法解釋新的事物，就必須調整自己原有的基模以適應新的事物，藉以達到目的的一種心理歷程。

(四）平衡

皮亞傑認為，上述的組織、同化和調適都是我們賴以與外界維持交互作用的心理歷程，這種交互作用的心理歷程可稱之為平衡（equilibrium）。當一個人能藉由同化或調適來學習新事物時，他的心理就會感到平衡，如果這種歷程無法得到滿足，就稱之為失衡（disequilibrium）。

二、認知發展的四個階段

（一）感覺動作期（0～2 歲）

在這階段的嬰幼兒，主要靠看、聽、移動、碰觸、嚐嚐看來感覺周遭的事物，他的認知基模是觸覺、聽覺、嗅覺等。有趣的是，當你將他面前的物體移開他的視線範圍時，他就會以為東西不見了，並不會去尋找。但到感覺動作期的末期，就會發展出「物體恆存」（object permanence）的概念，例如：球滾到桌下，他會將球找出來，而不再認為球不見了。

他們也從本能性的反射動作轉為有目的性的活動，例如：嬰兒一開始不管任何東西進到他嘴裡，他就開始吸吮，漸漸的，他能分辨餓的時候要吸吮奶瓶。

（二）運思前期（2～7 歲）

在此階段的兒童大約是幼兒園到上小學階段，他們的思考特徵有以下幾方面：

1. 自我中心

此時期的兒童認為別人與他所知覺到的事物是相同的，例如：皮亞傑（Piaget, 1965；引自 Mayer, 1987/1991）提到兒童們在玩遊戲時，不會去監視對方，也不會為自己的規則辯護，他們以自己的方式玩，以自己的觀點贏得勝利。

2. 不可逆性

此時期的兒童沒有邏輯順序，思維過程是不合邏輯的，例如問小明：「小明，你有弟弟嗎？」「有。」「叫什麼名字？」「毛毛。」「毛毛有哥哥嗎？」「沒有。」

3. 知覺集中

對於事物，兒童一次只能集中注意力於單一向度，如圖 2-2 所示。

圖 2-2　兒童知覺集中範例圖

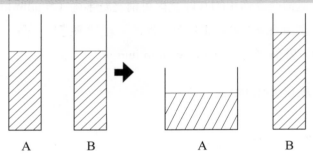

A　　　B　　　A　　　B

如圖所示，原有 A、B 兩杯容量相同的水，倒入不同的容器當中，何者的水多呢？此時期的兒童會回答 B 多，因為它水位較高。兒童只以高度來衡量水的多寡，而非體積的多少。

4. 具體

兒童只能思考具體出現的事物或與現在情境有關聯的對象。

(三) 具體運思期（7～11 歲）

在此時期的認知特徵有以下幾方面：

1. 具可逆性

此階段的兒童可用合乎邏輯的方式來操弄物體，能進行邏輯的思考。同時也會將物體按照屬性排序，已有序列化的觀念。

2. 去集中化

此時期的兒童已不再像運思前期的兒童，只憑事物的表徵去判斷，例如：圖 2-2 關於 A、B 兩杯水的問題，他們已經能夠回答若倒入不同形狀的杯子，容量還是一樣多。

3. 自我中心消失

兒童已採多方面的觀點來看事物。

4. 具備分類和包含的能力

兒童已能將事物按照屬性歸為一類，稱為分類（classification），而包含

（class inclusion）是指能夠區分一類事物的主類與次類，例如：兒童不會弄不清楚花和草，因為花和草是不同類的；兒童也能區分「黃狗和狗哪一種多？」

(四) 形式運思期（11 歲以後）

這時期的青少年認知發展已趨於成熟。此時期的思維特徵有以下幾點：

1. 具有假設─演繹（hypothetical-deductive reasoning）的能力

學生會根據問題提出假設，然後根據假設進行驗證，以得到最後的解答。例如問學生如何解決經濟危機，學生就會提出可行的辦法來討論。

2. 具抽象思考的能力

學生已能利用符號進行思考，也能利用抽象的命題來進行運思，例如：學生可針對「假如你是教育部長，要如何進行教育改革工作？」等命題加以回答。同樣的問題，對於小學生而言就太難了。

3. 進行系統性的思考

學生對於不同的變項能找出關聯性，及變項之間所有可能的組合，也就是具有組合推理的能力，例如：要求學生計算機率及排列組合的能力，都屬於此類。

三、皮亞傑理論對特殊教育的啓示

(一) 增加學生的基模

對於某些認知障礙的學生，其形成障礙的原因可能是文化刺激不足，所擁有的基模過少，因此應在教學中、學校或家庭環境中多提供文化刺激，增加學生的認知基模。擁有比較豐富的基模，學生在同化及調適方面的能力也會增進。

(二) 了解特殊學生的思考模式

對於一些認知功能有障礙（如智能障礙）的學生而言，其認知發展階段是受限的，即使功能較好的輕度智能障礙學生，在學科的學習上，即使生理年齡已經到達 11 歲以上，也許仍無法達到形式運思期，或僅僅進入簡單的形式運思期；而對於一些資優學生而言，也許他們的生理年齡尚未到達 11 歲，卻已具備形式運思的能力。因此，基於「因材施教」及注重「個別差異」的觀點，教師

應觀察學生位於何種認知發展階段，才能根據他們的思考方式設計出符合他們認知發展的教學方法。

(三) 發展符合特殊學生認知能力的教材教具

教師在對特殊學生進行教學時，應根據他們的認知發展，使用適當的教學策略，例如：在教導心智障礙者時，可能需要大量的實物教具，因為這些孩子可能處在運思前期或具體運思期，太多的抽象符號對他們而言，可能沒有意義。相反的，對於資優生而言，若他們提早進入形式運思的階段，教師應注意調整教材的深度與廣度，以增加資優生的學習興趣。

皮亞傑的理論雖然有其貢獻，但也有其限制之處，如太重視知識的認知而忽略了社會行為的發展；一些實徵研究指出，皮亞傑對認知年齡的劃分也和理論不盡相符。即使如此，皮亞傑的理論仍帶給我們許多教育方面的啟示，因為它讓我們注意到學生的認知能力不盡相同，教師應注意到學生的需求而擬定適合的教學內容與策略。

♥♥♥ 貳、維高斯基的社會認知論

蘇聯心理學家維高斯基（Vygotsky, 1896～1934）所提出的社會認知論，在他去世約 50 年之後，才受到西方心理學界的重視。維高斯基指出，認知的發展是因為兒童周遭的人與社會文化對他產生的影響所造成的；兒童的知識、觀念、態度和價值觀的發展，是與他人交互作用而產生的。他的理論有幾個特點：

一、語言影響認知發展

在維高斯基的理論當中，兒童個人中心語言（private speech）和語言的發展，對兒童有重要的影響；但他不同於皮亞傑的看法，並不認為兒童是以自己的觀點來看世界。維高斯基認為兒童在幼年期以自我為中心的語言，是兒童與自己溝通的一種方式，也藉由自我中心語言來指導自己的行為和思考。隨著年紀的增長，約莫到 5 至 7 歲，這樣的語言方式達於頂峰；約到 9 歲，這樣的語言方式就逐漸消失了。

二、成人和同儕的影響

　　兒童在不同的社會中成長，會有不同的認知發展，例如：東西方社會成長的兒童就會有不同的風俗習慣、宗教信仰等。因為成人以符合自己所處社會的規範來教育自己的下一代，並對他們有這樣的期望，久而久之，兒童會將這樣的信念加以內化，成為一個符合社會要求的個體。當然，同儕也會影響兒童的學習，因為周圍的友人都從事符合社會規範的行為，自然也會影響到兒童的認知發展。由維高斯基的這項觀點來看，我們只要能提供兒童良好的環境，將會有助於兒童的發展。

三、近側發展區與鷹架作用

　　所謂的近側發展區是指個體無法單獨解決問題，但卻可以在成人的指導下或藉由團體合作來解決問題，這兩者之間的差異區域，就叫做近側發展區（zone of proximal development，簡稱 ZPD，或稱為可能發展區），簡而言之，也就是自己實力能達到的水準與經由別人協助而達到的水準之間的差距。而鷹架作用（scaffolding）就是指他人所給予兒童的協助。維高斯基之所以提出這樣的看法是因為他認為學校的標準化測驗只能測出學生目前的能力，無法讓父母或教師知道應該如何幫助學生。近側發展區的提出可提醒父母或教師，經由成人或同儕的協助，可幫助兒童有更好的發展。

　　維高斯基的理論讓人對普通教育與特殊教育的融合更有信心。所謂的融合教育（inclusive education）就是希望身心障礙學生能和一般學生一樣，生活在相同的社會環境當中，享有相同的權利。對身心障礙兒童而言，雖然心智發展的速度不如一般兒童，但他們一樣有發展的潛能，讓他們處在有利於發展的社會環境，必能如維高斯基所言：近側發展區讓障礙兒童達到最佳的發展；相反的，若一直讓障礙兒童處在隔離的環境當中，對障礙兒童的發展，並沒什麼好處，更甚者，也許學會了障礙程度比他更嚴重的兒童之行為。

　　因此，父母、教師及同儕若能協助障礙兒童，就會使他們的認知有更好的發展。教學策略中「合作學習」的提出，正是維高斯基理論一個很好的印證。

合作學習強調異質性的分組，且認為個人在進行合作時，產生認知上的衝突，進而導致認知不平衡的現象，會激發個人認知上的發展（黃政傑、林佩璇，1996）。除此之外，維高斯基的理論對「動態評量」（dynamic assessment）亦有相當之貢獻，所謂的動態評量是指用一組或一項作業來進行個別評量或測試，在評量過程中，施測者藉由提示或提供互動並極具回應性的教學，誘發學生潛能的最佳表現或促進學生有意義的學習。「動態」的含義有二：一是指評量者與受試者之間有互動；另一是指著重在動態的認知歷程了解及認知功能持續變化情形（引自林淑莉，2004）。

對資優兒童而言，維高斯基的理論也同樣適用。合作學習與動態評量也可應用於資優生的教學上，若教師能了解學生的潛在能力，能訂定適當的教學計畫、選擇適當的教學策略，就能使學生的潛能得以發揮，例如：使用良師（mentor）典範制、結合社區相關資源（如請某領域的名人演講）、給予學生一份能激發潛能的獨特作業等。

●●● 參、訊息處理理論

一、訊息處理理論的內涵說明

訊息處理理論（information processing theory）的興起與電腦有很大的關係。訊息處理論認為人的心智就如同電腦般處理外界輸入的訊息，如輸入、編碼、儲存、檢索、解碼、輸出等功能。訊息處理理論的模式如圖 2-3 所示。

圖 2-3　訊息處理模式圖

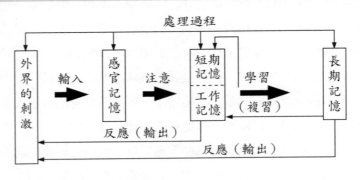

在訊息處理模式中的一些重要過程，茲敘述如下。

(一) 感官記憶

感官記憶（sensory memory）又稱為感官收錄（sensory register）。在外界環境中有許多刺激，當個體經由視覺、聽覺、觸覺、嗅覺等感覺器官接觸到這些刺激，會產生極短暫的記憶（通常不到 3 秒鐘）。若個體對外界的刺激加以注意，刺激就會形成短期記憶；若是個體對刺激不加以注意，那就會形成感官記憶的遺忘。

(二) 短期記憶

短期記憶（short-term memory）就如同電腦的工作空間或螢幕，刺激存在的時間也相當短，通常大約是 20 秒左右，如同我們看電話簿，快速的記一組友人號碼，然後打電話給友人，就是運用到短期記憶。短期記憶因具有處理訊息的功能，所以有工作記憶（working memory）的稱謂。如果我們將查到的友人電話默誦幾次後，就記住了，以後不需要翻閱電話簿，這就是短期記憶經由處理之後，變成長期記憶；如果打過一次電話之後，就不再加以注意，就變成了短期記憶的遺忘。

但短期記憶的運作功能有限，研究顯示，通常短期記憶的單位只有 7 個左右，範圍是介於 5 至 9 個單位之間，所以電話號碼、車牌號碼的數字大約也是介於這個範圍，這是因為短期記憶的記憶廣度（memory span）大約是如此。

(三) 長期記憶

短期記憶經由加工（如背誦、複習）之後，會轉換成長期記憶（long-term memory）。長期記憶就是經由良好學習而形成的永久記憶。通常長期記憶並不是以接收到的刺激之原來形式儲存，而是以經過所謂的編碼過程，轉換成其他的形式加以儲存，例如記友人的電話號碼，有時是用諧音，有時是利用前四位一個單位、後四位一個單位加以儲存到長期記憶中。因此心理學家指出，儲存在長期記憶中的訊息，通常分為兩類：一是情節記憶（episodic memory）；另一是語意記憶（semantic memory）。情節記憶是指個人對經驗的記憶，發生在

個體身上的任何經驗都屬之；語意記憶是指對一般知識的記憶，如事實、概念等（鄭麗玉，2005）。

二、訊息處理的心理運作

訊息處理的過程是相當複雜的，每個個體處理訊息的過程並不太相同，例如：在記憶句子時，有人是以整個句子為單位加以記憶，有人是以單字來記憶。在處理訊息的過程中，如前所述，進入長期記憶要經過編碼的過程，之前要經過輸入（input）、注意（attention）、儲存（storage），以後若要重新回憶事件，就要經過檢索（retrieval）、解碼（decoding）、輸出（output）的過程。所謂的輸入，是接觸到外界的訊息，而注意是對特定的刺激加以關心。在注意到刺激之後，要將刺激轉換成心理事件，就需經過編碼之後加以儲存。若要將長期記憶輸出，要先經過解碼，再加以檢索，最後以行為或語言的方式輸出，例如：教導學生國字時（輸入），要先引起他的注意，之後讓他們多唸幾次，或讓他們練習寫（編碼），使他們能夠記住所教的國字（儲存在長期記憶），之後考他字如何寫，就是要他檢索、解碼和輸出了。

三、訊息處理論對特殊教育的啟示

訊息處理論在心理學界日益受到重視，對於特殊學生，我們也希望藉由訊息處理論來了解一些學習有障礙的學生在訊息處理過程中所遭遇的困難，從而為他們找出解決或可用的學習策略，使他們更有效的學習。通常心智障礙的學生在認知方面會遭遇到以下的困難，針對這些困難，以訊息處理論為基礎，教師在教學上可採用一些方法，茲簡述如下。

(一) 注意力的缺陷與教學

有注意力障礙的學生，較難對所要學習的事物集中注意力，因此很難使他所要學的事物進入短期記憶和長期記憶，所以學業成就通常會比一般的兒童要差。如圖2-3所示，因為注意是訊息處理的前哨，所以教師應引起學生的動機，讓學生注意到老師要教的事物。因此針對學生的注意缺陷，我們應提供符合學生程度的教材，不應過易或過難，才較易維持學生的注意力。此外，對於一些

較低層次的技能（如認字、九九乘法等），應盡量讓學生達到「自動化」階段，讓學生有更多的注意力資源去處理更高層次的工作（鄭麗玉，2005）。

(二) 編碼的缺陷與教學

通常在學習方面有困難的學生，在為事件編碼方面也存在著困難。研究顯示，他們在未能有效的編碼時，例如：對於一些字的學習，通常只停留在記憶字的筆畫階段，而非注意整個字的字形。更有研究指出，學習困難的學生也較少使用到語意層次的處理。因此，教師若能將教材做有系統的組織（即編碼），既可幫助學生記憶，又可幫助學生提取知識，若能引導學生以自己的方式編碼，將更有助於記憶所學的事物。一般而言，記憶術是編碼理論的應用。

(三) 檢索的缺陷與教學

學習有困難的學生通常在長期記憶檢索方面較一般學生來得慢，這也許因為他們在檢索之前的過程原本就與一般學生有差異。編碼可幫助學生記憶，若在提取時，有相同或近似的線索，就容易讓學生提取長期記憶中的知識。

因此，教師應親自示範或教導學生以意義化的方式來學習知識，例如：教師可根據書本內容做組織架構圖、指導學生在書上重要的地方做記號等等，都是有意義的學習策略。

另外，後設認知（metacognition）也是訊息處理中重要的一環。所謂後設認知，是教導學生監控自己的學習策略，亦即學生要知道自己是如何學習的。教師若能教導學生各種學習策略（如記憶術、重點歸納、做摘要），學生就更能掌握自己的學習。這種學習方式，對於學習有障礙的學生更形重要，讓他們了解學習的弱點何在，以便找出方法將之克服，增進學習的效率。

第三節　人本理論與特殊教育

1950 年代的美國，行為論和精神分析心理學是最流行的兩大心理學派，但在此時，反對這兩大學派的新興勢力——人本心理學也在此時興起。人本論學

者認為，行為學派將人看成是不會思考的動物，而心理分析學派則將人看成是心理上有所殘缺。人本心理學號稱心理學界的「第三勢力」，所強調的是人的光明面——每個人都有自我成長與自我實現的慾望。有二位學者對人本心理學的發展有很深的影響，以下分別介紹之。

♥♥♥ 壹、馬斯洛的理論

人本心理學（humanistic psychology）對人類動機概念的看法和行為學派、心理分析學派有所不同。人本心理學認為人的動機是要朝向自我實現，而行為學派認為人的動機是要「酬賞」和「誘發」的，是因為生理上的需求得到滿足，因而保留該行為，因此行為學派強調增強原則；而心理分析論認為人的動機是一種驅力（drive），也是屬於原始性或生理性方面的。馬斯洛（Abraham H. Maslow, 1908～1970）是人本心理學的主要創始人。馬斯洛認為如果要了解「人」是什麼，就一定要先了解「匱乏需求」（deficiency needs，指生理需求）以外的動機。因為人類除了填飽肚子、口渴、性之外，騎馬奔馳、聽音樂、美妙的旅行等等都會使我們感到喜悅。

馬斯洛認為人有一個需求層次，各種需求之間有順序高低層次，只有在低層次的需求被滿足之後，才會追求更高層次的滿足，所謂「衣食足然後知榮辱」，就是這個意思。馬斯洛的需求層次表，如圖 2-4 所示。

馬斯洛所謂的：(1)生理需求：指個體為了生存而有的需求，如食物、性、氧氣、水等；(2)安全需求：指個體有免於恐懼的需求，如得到他人幫助、免於危險的需求；(3)歸屬與愛的需求：人都有希望被接納、被關愛，還有被鼓勵的需求；(4)自尊的需求：個體維護自尊的需求，如被尊重、被認同、被賞識；(5)知的需求：指個體對於不明白的事物有求知的需求，如追求知識、理解、閱讀等的需求；(6)美的需求：指欣賞美好事物的需求，如希望事物有對稱性、有結構、循自然法則的需求等；(7)自我實現的需求：個體均有其特殊潛力，是個體的一種內在需求，個體時時想要實踐這種需求，這就是自我實現。

馬斯洛將七個需求層次分為兩大類，較低的四層稱為「基本需求」（basic needs），較高的三層稱為「成長需求」（growth needs）。這兩大需求之間存在著交互作用，基本需求一旦獲得滿足後，需求的慾望就會減低，如一個人肚

圖 2-4　馬斯洛的需求層次圖

子餓，若吃飽了，這個需求就會消失；但是若基本需求尚未滿足，成長需求不可能出現。而另一方面，成長需求也引領著基本需求，人之所以生存，是為了能夠達到最頂層——自我實現，但是成長需求不像基本需求，會隨著獲得滿足而減弱慾望，相反的，成長需求的追求是無限的。但馬斯洛也提到一些例外，例如：有的藝術家寧願餓死，也不放棄美術創作；有些教徒寧願被處死，也不放棄傳道。但大體而言，馬斯洛的理論是符合一般大眾需求的。

♥♥♥ 貳、羅吉斯的理論

一、羅吉斯的生平及諮商理論（陳金定，1990；Corey, 1995/1996）

馬斯洛被尊稱為「人本心理學之父」，但羅吉斯（Carl R. Rogers, 1902～1987）卻是使人本心理學對教育產生最大影響的人，不僅如此，他還創立了個人中心治療法（person-centered therapy）。

羅吉斯生長在一個家教嚴格的家庭當中，雙親給他的教育是希望他能勤勉努力、遠離誘惑，因此，雖然家庭氣氛是溫暖而親密的，但羅吉斯的童年卻是

孤寂的，他並沒有很親密的友人，除了小學七年在同一所學校就讀外，此後一直到研究所畢業，從未在同一所學校待過三年以上。在中學時期，羅吉斯的家庭頻頻搬家，因此他也很難和朋友建立密切的關係，在此時，他覺得自己是個社交相當匱乏的人。

1919 年，在羅吉斯就讀威斯康辛大學農學院時，因為參加了一個小團體，而開始感受到有朋友的感覺。兩年後，他的志向從農業轉到宗教，最後在 1926 年進入哥倫比亞大學，轉入臨床心理學領域。在研究所時代，羅吉斯參加一個沒有領導者的研習課程，由同學們彼此討論，這樣的學習方式對他有很深的影響。當他在哥倫比亞大學教育學院就讀時，他發現，教師對學生的信任只會帶給學生好的影響。之後羅吉斯在紐約曼徹斯特的兒童中心工作，在那裡，他修正了許多治療方法並經歷了許多經驗。

有一次的經驗是羅吉斯輔導一位母親，和她晤談關於她孩子的行為，在歷經了約 12 次的晤談之後，雙方沒什麼進展，因而羅吉斯決定結束晤談，但母親隨即問他是否接受成人諮商的個案，羅吉斯接受了這個個案。於是該名母親坐下來談她與丈夫的關係，大部分的時間羅吉斯只是傾聽，但在幾次的晤談之後，該名母親的問題獲得解決。1940 年之後，羅吉斯進入俄亥俄大學，開始呈現心理治療的新觀點，從新觀點又悟出一個新的人生哲學，他發現：諮商員若能對當事人加以信任，當事人可以自己發掘並解決問題。

羅吉斯認為人性是積極向善的，他所抱持的信念是：人有能力、能自我引導，且能過著美好的生活。當諮商員能體會並表達出真誠、關懷、不帶批判色彩的態度時，當事人最能夠產生積極顯著的改變。

羅吉斯主張諮商員應具備三種人格特質，才能促成一種激勵成長（growth-promoting）的氣氛。這三種特質是：(1)一致性：包括真誠（genuineness）、真實（realness）；(2)無條件的積極關懷：包括接納與關懷；(3)正確的同理心：能夠深入一個人的內心世界，真正了解其感受的能力。羅吉斯的治療理論基礎在於諮商員所表現的全部態度與信念，諮商員與當事人完全展現他們積極的人性，並參與成長經驗的一種相互分享的旅程。

二、羅吉斯的教育觀

　　隨著羅吉斯理論的發展，他將其諮商理論帶入學校教育、親職教育及人際關係當中。他在 1969 年發表了《自由學習》（*Freedom to Learn*）一書，在 1983 年出版了修訂版（*Freedom to Learn for the 80's*）。書中所傳達的教育理念如下（引自林建平，1990）：

1. 信任的氣氛可增強學生的好奇心。
2. 教師、學生、行政人員均應參與學習事項的決定。
3. 應協助學生建立自信和自尊。
4. 應啟發學生興趣，引導學生成為終身學習者。
5. 發展教師促進學習的有效態度。
6. 幫助教師成長、發展，體驗師生互動是充滿樂趣的。
7. 使學生更深入的了解：快樂的生活來自內心，而非依賴外在資源。
8. 個人中心的學習模式，是希望教師對人際適應有安全感，也信任學生具有自我思考能力和自我學習能力，對別人也能加以信任。此學習模式的特性具有以下幾項特徵：
   (1) 教師是催化者，與學生、家長及有關人員共同負起教育過程中的責任。
   (2) 教師提供學習的資源：包括自己的經驗、社區的資源，並盡量開放團體以外的知識、經驗的來源。
   (3) 學生以個別或合作方式，發展自己的學習計畫，探索自己的學習興趣。
   (4) 提供一個促進學習的情境，此情境的氣氛是真實的、尊重的、了解的、整體的。
   (5) 重視學習的過程，成功的學習是學生對其想知道的知識，學會如何去學習，而非學得多少教師傳授的內容。
   (6) 學習程度和意義的評估主要在學習者身上。
   (7) 在促進成長的學習氣氛當中，學生所學的會比在傳統教室的收穫更深入、更快速、更廣闊的滲入學生的日常行為中。

　　個人中心模式對於教學的意義與學習的意義有其獨特之看法，羅吉斯認為教學的意義是：教師的任務是激勵學生的學習，並設法滿足學生的好奇心，增

強學生的學習。在教學當中，不容許教師出現權威和專橫的行為。羅吉斯強調學習是主動、內發的，而非外塑強求可得的，他認為教學應是以學生為中心，而非以教師為中心。

至於學習的意義，羅吉斯則是主張有意義的學習（meaningful learning or experiential learning）。所謂有意義的學習包括：(1)全人投入：整個人和情感均投入的學習經驗；(2)自動自發：出於內在的主動探索、發現、了解事物；(3)全面性：學習者的行為、態度、人格獲得全面的改善；(4)自我評估：自己評估自己的學習需求、學習目標是否完成；(5)有意義：學習能對學習產生意義，並納入學習者經驗系統。在有意義的學習當中，學生喜歡學習，他們能引導自己，從事獨立研究。至於教師促進學生學習所應有的特質，如下所述：

(一) 一致

包括真誠或真實。教師應表現真我，沒有任何矯飾與虛假，在學生面前行事自然，承認自己也有可能犯錯，不偽飾自己的情緒、情感。

(二) 無條件的積極關懷與接納

教師尊重學生的意見和情感，接納學生偶爾的冷漠、情緒不穩、錯誤等等。這是因為教師相信人性本善，以及對學生基本的信任。

(三) 同理心

教師應具備了解學生內在反應的能力，了解學生的學習過程。正確的同理心會使學生感到有人了解他的學習、他的為人，而不是批判學生，是要促使學生自我了解和成長。

♥♥♥ 參、人本理論對特殊教育的啟示

一、馬斯洛的理論與特殊教育

人本理論基本上是尊重每一個生命個體之所以為人的尊嚴。從馬斯洛的需求理論來看，即使是身心障礙者，他們除了生理與安全的基本需求之外，同樣

有歸屬與愛的需求，同樣希望被人尊重，甚至也希望最終能達到自我實現的境界，即使是重度障礙者也不例外，例如：有許多肢體癱瘓的人也希望自己能做點事，如利用電腦來寫書。因此，我們的國家愈注重特殊教育，除了給身心障礙者基本需求的滿足之外，也應注意他們的就學問題，提供他們足夠的機會繼續追求學問，培養一技之長，也要輔導他們順利就業，以獲得工作上的肯定以及經濟上的獨立。目前台灣對身心障礙者就業提供支持與服務，就是希望障礙者能藉由順利工作達成自我實現。

二、羅吉斯的理論與特殊教育

羅吉斯的理論則對身心障礙者的諮商與教育有著深遠的啟示，也適用於對障礙者的諮商，例如：在障礙者的「復健諮商」當中，羅吉斯的理論即常被使用。諮商員為障礙者提供一個完全接納、真誠一致的環境，同時也使用正確、深層的同理心，在這樣一個安全的氣氛當中，當事人能藉由真實的自我坦露，而解決自己的問題。當然，這種方式較適用於認知能力較佳的障礙者。

至於羅吉斯對學校教育的看法，對於資優生而言，實為一種重要的看法。我們訓練資優生獨立思考與獨立研究的能力，教師只站在一個輔導的地位，而非知識的權威擁有者，應教導學生探索資源、使用資源，為他們營造一個安全、尊重、接納的學習氣氛、環境，他們自然能有效的學習。

第四節　神經心理學與特殊教育

神經心理學（neuropsychology）是一門探討有關人類行為與大腦神經之間關係的新興科學，而專門研究兒童發展時期大腦神經系統之變化即是兒童神經心理學。其實兒童神經心理學已從臨床神經心理學範圍中細分出來成為一個次專業，且引起世人的重視與研究興趣。而造成兒童神經心理學快速成長的原因很多，可歸納出下列三點因素：

1. 雖然兒童神經心理學是一個新形成的專業領域，但是其基礎理論與心理發展學、小兒神經學、個人差異心理學、認知心理學及成人神經心理學有很大的

相關。所以其知識源自於這些科學，且有其他相關的科學如：新生兒學，對其核心理論概念的形成與成熟有很大的貢獻。

2. 由於美國《94-142 公法》的通過與推行，很多的研究轉向在探討各種神經發展遲緩及其所造成的障礙問題，例如：學習障礙、自閉症。兒童神經心理學家不但使我們對神經發展疾病的知識大為增加，同時也對詳細的教育計畫之發展有相當大的影響。

3. 兒童神經心理學的成長，使神經心理學的知識與評估技巧可以應用於有神經性及精神性疾病的兒童。由於醫學的發達，救回一些兒童的生命，但卻留下一些潛在的不利因子，影響腦部的發展，例如：早產兒、癌症。兒童的死亡率下降，但不健全的兒童卻相對增加，因此，這也增加神經心理方面的知識和專業，與將來直接教育這些兒童的特殊教育人員做溝通的必要性。

❤❤❤ 壹、腦與行為之間的關係

探討腦與行為之間關係的科學稱為神經心理學（梅錦榮，1991），了解這方面的知識可使我們對身心障礙者的障礙成因有更深一層的認識。近十幾年來，神經心理學蓬勃發展，尤其是關於神經發展與行為改變的相關研究更是不勝枚舉。腦的組織與功能會隨著個體發展的時期不同而有所不同，且腦與行為之間的關係亦會隨年齡成長而改變（王瑞富、史學貴，2004）。

❤❤❤ 貳、兒童神經心理學的歷史思潮

臨床神經心理學是一門應用科學，在關心及研究腦與行為之間的關係，雖然起源於 19 世紀臨床神經學，但兒童神經心理學這個名詞卻是較晚才出現。神經心理學發展的歷史，其時期分得很清楚，但有些時期是重疊的，其中可分為以下四個階段來說明；這些階段相似於成人神經心理學的發展特色，只是在時間上都比較慢。一般來說，這些階段的分層均著重在神經心理評量的特別概念模式及特別的技術。

第一階段

第一階段屬於單一測試方法（single-test approach）時期，主要是在 1940 年

代中期到 1960 年代中期之間。其主要的特徵是用一般且全面的方法（all-purpose
measures）來診斷腦傷者，這種方法是將腦傷當作一個整體來看，而不去管它
傷到的程度、範圍、位置或是病理的過程，也不管腦傷的結果會造成喪失抽象
能力、知覺動作技巧或是其他功能。它主要的目標就是要將腦傷的小朋友從正
常兒童中區分出來。

　　從這種論點來看，腦傷所造成的功能喪失並不重要，因為這階段有興趣的
只是把腦傷的個案全面區分出來。在這個階段常用的測驗工具有：班達視覺動
作 完 形 測 驗（Bender Visual Motor Gestalt Test）（Bender, 1938; Koppitz,
1964）、班頓視覺保留測驗（Benton Visual Retention Test）（Benton, 1963）及
Memory-for-Designs Test（Graham & Kendall, 1960）。這個階段就歷史的意義
來看，即為帶領心理學家開始關心、參與和推論腦部功能喪失領域的時期。

第二階段

　　第二階段屬於綜合測驗（test battery）階段，或稱特定受傷區域（lesion-
specification）階段。在這個階段，神經心理學家試著要將不同的腦傷再加以分
類，強調腦傷的變異性以區分腦功能缺損的性質與程度。因為沒有一個單一的
測驗可以達成這個目標，於是這個時期就強調使用綜合測驗。此時期代表性的
測驗是 Halstead-Reitan 神經心理綜合測驗（Halstead-Reitan Neuropsychological
Battery，簡稱 HRNB），該綜合測驗不僅可以有效區分腦傷的成人與正常成人
的不同，且可以合理的確定腦傷病人受傷的範圍、位置及受傷區域的特色。但
是這類綜合測驗運用於兒童身上就無法達到預期的效果，其原因為在兒童身上
缺乏明顯大腦分化的現象。運用神經心理測驗的表現想要試著去區分腦傷兒童
受傷的範圍或位置，仍是值得爭論的議題。

　　前兩個階段均屬於臨床神經心理學的靜態發展期，重點在於強調腦傷的偵
測及腦傷的位置，完全依實驗性質想要建立一個清楚的分數和原則而將腦傷分
類。這個時期一直延續至 1970 年代的中期。

第三階段

　　第三階段強調神經心理評量的角色應轉向腦傷對行為的影響。此階段的目

標在區分剩餘的能力與受損的能力，也就是區分功能上的優點與缺點。所關心的不只是損傷的範圍，更包括了缺陷的型態與導致損傷表現的因素。在此階段最重要的方向是探討學習障礙兒童神經心理的研究，從單一因子的研究發展到多變數的研究，並鑑別學習障礙的次類型。這個時期的重要性不只是因為神經心理評估的範圍擴大到可去定義症候群，更是因為此時期神經心理學的研究對象主要是放在兒童，且更進一步連接評估與治療。

雖然此階段的發展在神經心理評量的目標上有了轉移，但在測試工具的類型與方法上並沒有太大的改變，而現存的評量方法只能評估較大範圍的功能，並不能進一步詳細分析複雜缺陷的原因，這是此時期的限制。

第四階段

第四階段的神經心理學發展強調生態學的影響，延續第三階段所強調的功能，進一步加入評估發現與個人日常生活的功能相連接。障礙兒童的父母、特教教師及神經心理學家想知道的不只是小孩缺陷的描述，他們更迫切想知道這個小孩現有的日常生活功能及未來的潛能。所以在此階段強調的不只是詳細的描述，更是強調治療與環境的類型使兒童能達到最大的適應性功能。

Rourke（1995）認為，此階段是屬於神經心理學評量發展的動態期，其目標在評估個人目前所擁有的神經心理功能，以及其是否能勝任所處相關環境的要求。此時期的評估方向是以治療為導向的模式，根據此模式，行為的預測與治療計畫需以小孩腦部損傷及現存能力相互作用所產生的適應性行為為基礎。所以要評估的不只是腦與行為之間的關係，更需要去了解兒童現在及未來環境的要求。

兒童神經心理學的歷史發展是根據評估以及與評估相關的事物為論點。評估的目標從靜態所強調的腦傷診斷，移向神經心理的描述及功能缺失的分析，更進一步朝向強調神經心理與日常生活功能的相關性，神經心理學家也更繼續朝向生物—心理—社會架構（bio-psycho-social model）而努力。

●●● 參、兒童神經心理學對教育的貢獻與臨床應用

兒童神經心理學不斷的演進，有幾個主要的目標：

1. 幫助偵測腦部功能喪失以作為鑑別診斷的目的。

2. 對於已知道的腦傷對行為的影響，提供進一步詳細的說明。

3. 對於特別障礙的兒童，幫助其鑑定出主要功能喪失的向度。

4. 利用評估資料來幫助設計有效的治療策略。

5. 幫助評估兒童的進步及發展可能會遇到的危機。

6. 持續的評估，因發展會造成功能的改變，以作為介入的參考。

一、神經心理對教育的貢獻

　　由於了解腦與行為之間的關係，再加上 Luria 所提出的功能學說，目前我們對於閱讀、拼字、書寫及算術等基本學習能力的大腦功能系統，已有相當程度的了解。最具代表性的為 Wernicke-Geschwind 理論模式（Wernicke-Geschwind model）（梅錦榮，1991）。

　　Wernicke-Geschwind 理論模式立場中庸，其基本假說認為：語言功能所涉及的結構，包括：布洛卡（Broca）中樞、渥爾尼克（Wernicke）中樞、聯繫布洛卡中樞和渥爾尼克中樞的弓狀束、前中央和後中央的顏面中樞、角回、聽覺和視覺皮質等。布洛卡中樞協調說話時複雜的肌肉運動；渥爾尼克中樞負責將聽覺訊息轉換為有意義的單元、詞語或句子；而弓狀束則將這一前一後的語言中樞連接起來；腦皮質的面區部分主司說話時面部肌肉和舌頭的運動；角回則組合感覺訊息，將所接收的訊息如字母、詞語或字句，由視覺刺激轉換為聽覺形式，或由聽覺刺激轉換為視覺的形式。

　　上述各個腦結構在語言歷程中所扮演的角色，可總述如下：當個體聽到字句或詞語時，由原級聽覺中樞所輸入的聽覺訊息，為渥爾尼克中樞所接收。若個體要複述所接收的詞彙，則訊息由渥爾尼克中樞透過弓狀束送至布洛卡中樞，將聽覺訊息轉為發音的形式，再送到主管言語肌肉運動的運動區（顏面中樞）。若要拼字，則聽覺訊息會被送到角回轉換為視覺形式。另一方面，閱讀字句時，由原級視覺區輸入視覺訊息，經角回轉換為聽覺的形式進入渥爾尼克中樞。換言之，閱讀是以聽覺的形式進行，Wernicke 本人認為這是我們學習文字過程中的必然結果。他相信先天失聰者在學習閱讀時，其言語神經心理機制，是不包括渥爾尼克中樞的。

　　根據上述的理論模式，渥爾尼克中樞損傷者的說話乍聽之下很流利，且發音正確，但病人很難理解別人口頭的敘述或文字的記述，亦不能正確的複述或聽寫意義完整的句子。若只是布洛卡區受損，則患者只是發音模糊不準，說話斷續遲疑而有言語表達上的困難，但語言的理解能力卻是完好的。Wernicke-Geschwind 模式亦可解釋閱讀和書寫在神經學上的機制。理論上，閱讀和書寫都需靠角回從中協調整合。角回可說是視覺和聽覺的接合轉換站。視覺上的文字訊息，必須在角回轉換為聽覺的形式，閱讀時才有意義。換言之，閱讀時我們彷彿聽到自己的聲音。同樣的，在聽寫一個詞語時，也必須在角回將聽覺訊息轉換為視覺形式，書寫時好像已先看到自己所聽的。角回既有這種轉換的任務，其損傷必然使傷者在閱讀和聽寫方面有障礙。Wernicke-Geschwind 理論模式可說明聽覺理解、閱讀理解和複述等三種語言功能的機制和有關的皮質區域。

　　根據 Wernicke-Geschwind 理論模式，神經心理學家再將閱讀障礙分成幾個次類型，例如：(1)發展性表面閱讀障礙（developmental surface dyslexia），這種類型的閱讀障礙會受到影響，這可能是由於閱讀時語用的過程出了問題。就神經解剖的論點來說，就是與渥爾尼克區的通路被中斷；(2)發展性語音閱讀障礙（developmental phonological dyslexia），這種類型的閱讀障礙其特徵為不能運用音韻規則，這也許是圖形—聲音轉換上出了問題。就神經解剖的論點來說，是在角回上出了問題。

　　了解各種不同型態的障礙在神經解剖上的機轉，再加上神經影像檢查、電生理刺激及大體病理檢查的研究支持，可以就兒童基本學習能力（聽、說、讀、寫）的障礙，在進行特殊的治療介入時提供一些建議。

二、神經心理學在臨床上的應用

(一) 神經性疾病（neurological disorders）

　　有很多種小兒神經性疾病都需要神經心理的評估，包括：基因性問題〔透納氏症候群（Turner syndrome）〕；腦的結構異常（胼胝體發育不全、腦水腫）；外傷及各種神經病理過程，如缺氧、病毒及細菌性腦炎、中毒（一氧化碳中毒、鉛中毒）、代謝疾病、髓鞘脫失症（如多發性硬化症，MS）、神經肌

肉性疾病（如肌肉萎縮症）、腫瘤〔如神經管胚細胞瘤（medulloblastoma）、顱咽管瘤（craniopharyngioma）、小腦星細胞瘤（cerebellar astrocytoma）〕及腦血管意外。由於過去數十年來醫學相當發達，進步快速，其結果使得教師們必須要面對教導有神經性疾病的學生。

根據研究報告，我們已知道癲癇（seizure disorders）是屬於常見的兒童神經性疾病。對癲癇這種疾病的評估是很重要的，因為它不僅是一種在兒童身上很普遍看到的疾病，而且它經常成為慢性的潛在因子，持續影響兒童的生活（李瑟，2000）。癲癇發生在兒童身上並沒有什麼典型的特徵，且患有癲癇的兒童，其認知能力從很低到正常範圍都有可能。他們有較高的危險性可能成為學習障礙的孩子，甚至也有學者討論是否他們罹患心理疾病的機率比一般人更高。在癲癇兒童身上有這樣多變的因素，當然我們必須強調小心個別評估的重要性，及慎重考慮其在教育環境的治療計畫。

兒童的腦傷也是另外一種很普遍的神經性疾病，在 1990 年美國《IDEA 法案》中，也強調這是特殊教育一個重要的領域。當我們在評估此種兒童時要考慮很多因素，包括：受傷的本質有何特性、產生的過程、發生年紀、發病前的認知及情緒功能、受傷時昏迷的時間長短，以及受傷後恢復的速度。封閉性的腦傷比腦腫瘤或腦血管疾病較不具局部性，所以影響的功能範圍有很多種變化。

兒童和成人一樣，在受傷後六個月這段時間神經心理的症狀表現會很明顯，在受傷後一到兩年有一些會恢復。但神經心理的改變要花很長的時間去觀察，有時候也延長至五年。除了兒童一般的適應外，教育的功能也是我們必須去監督的重要領域。另外，腦傷兒童的社交─情緒適應，也是一個重要的評估向度，因為腦傷兒童有較高的危險性會發展成精神障礙。

有一些神經性疾病需要神經手術治療，例如：對嚴重的癲癇進行不分腦葉截除術或完全的大腦半球截除術。神經手術做得最多的是對水腦的兒童做插管分流的治療，但手術後也許會出現注意力、記憶及視覺動作功能困難等後遺症。再者，就是神經纖維擴張、神經傳導延遲、阻礙視丘皮質與邊緣結構之間的連接，而導致更多神經心理的症狀出現。

這些神經疾病的影響及其治療手法均需審慎依照個案的情況來評估；同時，後續的追蹤評估也是同等重要，因為兒童的腦功能尚未發展完全，也許在

後來的發展階段會出現。

(二) 系統疾病 (systemic illness)

任何的小兒疾病都有可能對兒童正在發展的神經系統產生負面的影響，包括：器官系統的缺陷（如肺炎、先天性心臟病、腎功能缺乏）、代謝方面的疾病（如血苯氨基丙酸過高、胺基酸代謝有缺陷、脂質短缺疾病、黏多醣症）、自體免疫系統的疾病（人類免疫缺乏病毒 HIV，俗稱愛滋病毒）及感染（腦膜炎、巨細胞病尿毒症、雷氏症候群）。關於這些兒童疾病所產生後續的神經心理症狀的證據已陸續出現。

例如：Holmes 與 Richman（1985）發現，必須依賴注射胰島素的糖尿病兒童，若在 7 歲或 7 歲以前發病，且病程維持在五年以上，則這些兒童很可能有閱讀及記憶上的困難，而且也傾向有較低的 IQ 分數（WISC-R）。但他們的低 IQ 表現，大多是由於反應時間較長，而不是有任何視覺空間的特殊缺陷。這相似的結果，後續也被許多研究者所證實。然而，我們也必須考慮其他因素的交互作用，例如：Rovet 等（1983）發現，3 歲以前發病的糖尿病兒童，女生會傾向有視覺動作上的困難，男生則不會。

另外，神經心理評估在兒童腫瘤學方面也扮演重要角色，例如：急性淋巴球白血症（ALL，俗稱血癌），大約占兒童惡性腫瘤的 35%，這些兒童中大約有 40% 可以痊癒，但在醫療期間必須接受一些顱內放射線的治療及化學治療，此種治療是屬於侵入性，會造成神經心理方面的缺陷，最有可能是造成兒童以後的學習障礙。

由於醫學的進步，大幅救治了患有嚴重兒童疾病的生命，但卻留下一些後續的神經心理症狀需要評估與進一步介入。神經心理學方面的評估與介入，可以作為這些兒童在醫學治療與接受教育之間一個有效的橋樑。

(三) 精神疾病 (psychiatric disorders)

有很充分的證據證明，在兒童時期若有腦部功能缺失〔如腦傷或所謂的輕微神經徵狀（soft neurological signs）〕，將來有很高的機率會得到精神疾病；而有意外腦傷的兒童也有高危險會有行為與情緒困擾的問題。然而在因腦傷而

患有精神疾病的兒童中，也有很高的比例患有神經心理障礙。另外，研究發現不論 IQ 因素、社經地位或是否曾患有腦傷，患有精神疾病的青少年男生與具有行為問題和神經心理缺陷有很大的相關性。

　　因此，在兒童時期若出現神經心理的缺陷將成為一個很好的指標，讓我們知道這個孩子屬於精神疾病高危險群，以及後續可能有行為與情緒的困擾，因而增加對特殊教育的需求。目前有些學者在研究神經心理的特徵與一些特殊精神疾病的相關性，例如：自閉症、注意力缺損、行為障礙與憂鬱症。

(四) 學習障礙（learning disabilities）

　　學習障礙被認為是中樞神經系統的障礙，而神經心理方面也在這個領域占一重要角色。神經心理評估可以知道這類障礙會有哪些向度的功能缺陷，以作為特殊教育計畫的參考。對於學習障礙，我們強調兒童真實生活的適應能力與生態環境的問題。關於學習障礙還有很多地方尚待研究，目前學者專家有較多了解的方向是症候群的定義、次類型的分析、發展的徵兆、可能的神經解剖、神經生理的因素，以及相關的治療方向。

　　至今，對於閱讀障礙的了解是認知神經科學最主要的貢獻之一，很多研究都強調音韻過程的缺陷（phonological processing deficits）是閱讀能力熟練與否的關鍵。另一貢獻是釐清對學習障礙的定義，主張不能用公式化的差異及IQ分數的高低來定義學習障礙，這些發現與主張對特殊教育界有很大的衝擊與影響，並會持續至下一世紀。

♥♥♡ 肆、未來方向

　　兒童神經心理學的發展於特殊教育的直接應用，有幾個方向仍需努力。

一、評估

　　未來應發展適合於教育場所的評估模式。傳統的教育心理模式包括智力測驗、學業成就測驗及視覺動作評估，這些評估未能得到個別的學習型態、需求及能力上的細微差異，這些評估模式在敏感度上仍需加強。未來，應發展教育評估的模式以描述個案的學習能力與行為，例如：以課程為基礎的評估策略。

除此之外，孩童的學習特性、環境變項（如學校、家庭）以及他們的互動特性等，在評估的過程也應該要考慮。因此，未來評估的方向應朝向了解兒童的優點與缺點，而不是傳統的教育心理評估，這樣可幫助我們在評估的過程中得到更大的生態效度。兒童的內因性與外因性變項均應包含在評估的過程中。

神經心理評估的發展同時也有助於推動神經發展的篩選，特別是學齡前的孩童，篩選工作可以幫助我們注意及預測將來有可能發生的學習問題及相關因子。這些評估策略應施行快速、價格便宜，且能得到大量的診斷與治療、轉介的建議。未來將神經心理的篩選評估工具應用於嬰幼兒，也是一個重要的方向。

二、評估與治療結合

如果評估策略被證明是有效的，那下一步應該將此評估策略朝向對未來的介入做相關的建議。雖然現在的 IQ 測驗可以將兒童依特殊教育的範圍而分類，卻很少提供介入的建議。使用神經心理方面的評估模式，應該可從這些評估資料中得到兒童主要的優點與缺點，進而提供指導策略與行為管理的指標，以及選擇心理治療的方法。神經心理評估再加上環境與教育的評估，可以提供很好的背景來發展特別的介入方式，並運用於教室環境中。

一個好的神經心理評估可以扮演一個重要的角色來幫助追蹤治療進步的情形，以及調整計畫的適切性（朱經明，1991）。很多專業致力於這方面的研究，但目前做到的仍很少。治療方法的選擇必須依賴理論基礎、個人經驗、臨床考量及可獲得的治療資源。雖然直接連接神經心理評估與治療是非常重要的關鍵，但目前很少研究可以達到此種目標。

三、對特殊教育的訓練

對特殊教育專家做相關的訓練，這些訓練不僅可以經由繼續教育的模式，更可以加入大學教育訓練的計畫之中。對教師、學校心理師、諮詢專家、學校社工，以及其他與學校相關的專家而言，具有神經心理方面的知識是絕對需要的，特別是有關學習、學習問題及學習與腦部功能的相關性等方面。這些知識的擴展有助於專業之間的溝通，並使教師們了解這些神經性損傷（腦傷）或神經發展障礙（學習障礙）的學生特性，進而能夠選擇適當的教學策略來促進學

習。特別是在現今強調融合教育及其他提供諮詢服務模式的政策下，對所有教育層級提供神經心理學方面的訓練是非常重要的。

四、科技

雖然神經心理學的科技無法對特殊教育做直接的貢獻，但科技進步與新的科技發明，可以讓我們更進一步了解腦的功能，例如：電腦斷層掃描（CT scan）、腦血管造影、氣腦造影、腦波儀、放射性同位素掃描、正電子斷層掃描、核磁共振腦及腦脊液檢查（朱經明，1991）。

例如：利用核磁共振腦像技術，Shaywitz 與 Shaywitz（1995）發現男、女生在發展聲韻處理能力（phonological processing ability）是經由不同腦的部位；以及很多研究發現閱讀障礙的個案，在神經解剖的位置上也有不同。這些發現不僅增加我們對學習障礙在神經學上的知識，同時也使我們對個體學習的不同、男女學習的不同，及可能的治療提供建議。

五、公共政策

由於神經心理學對很多學習問題的了解，促使美國《94-142 公法》及 IDEA 相關法案中，將外傷性腦傷加入指定的殘障範圍，並使這些孩子受到教育者的重視與得到應有的服務。

另外的例子是學習障礙，依據我國「身心障礙及資賦優異學生鑑定辦法」（教育部，2013）為學習障礙下的定義，認為學習障礙是一種神經性的障礙，而很多學者在美國國家衛生研究院（National Institute of Health）的經費支助下，朝這方向研究來尋求學習障礙是神經性障礙的證據。這些研究的發現，無疑地對特殊教育在下個十年如何發展有很多重要的影響，特別是在融合的政策下，更希望能對教師的訓練模式及其他與特殊教育相關的專業有更大的貢獻。

❤❤❤ 伍、結語

隨著兒童神經心理學的發展，對特殊教育的發展與做法會有些潛在的衝突與影響。了解腦與行為之間的關係及相關的研究發現、神經心理學發展的歷史思潮、神經心理學上所使用的評量工具與儀器測量，及其對特殊教育的貢獻與

臨床應用，可使我們更深入探討與應用兒童神經心理學在特殊教育的貢獻。回顧過去，展望未來，希望兒童神經心理學與特殊教育的關係能愈趨成熟。

問題討論

1. 現代心理學的五大理論為何？
2. 行為主義理論內涵為何？對特殊教育有何啟示？
3. 皮亞傑與維高斯基的理論為何？對特殊教育有何影響？
4. 羅吉斯的理論為何？對特殊教育有何啟示？
5. 從神經心理學的角度如何解釋個體為何會有閱讀障礙的產生？
6. 試說明神經心理學知識對身心障礙者輔導與療育之重要性。

參考文獻

❖ 中文部分

王瑞富、史學貴（2004）。**細說大腦：健康大腦新觀念**。水星文化。

朱經明（1991）。神經影像科學與特殊教育學生診斷。載於**特殊教育論文集9101**（頁 49-55）。台中師範學院。

李瑟（2000）。解開大腦神經之謎。**康健雜誌**，208-213。

林建平（1990）。羅吉斯的理念在教育上的應用。載於劉明秋等（著），**羅吉斯諮商理論初探**（頁 119-160）。天馬。

林美珍（編著）（1996）。**兒童認知發展**。心理。

林淑莉（2004）。促進中／重度智能障礙學生之社會技能的動態評量：從行為學派之操作典範的觀點出發。**特殊教育季刊**，93，1-11。

張春興（1991）。**現代心理學**。東華。

張春興（1994）。**教育心理學**。東華。

教育部（2013）。**身心障礙及資賦優異學生鑑定辦法**。

梅錦榮（1991）。**神經心理學**。桂冠。

陳金定（1990）。羅吉斯的人格理論。載於劉明秋等（著），**羅吉斯諮商理論**

初探（頁 23-49）。天馬。

陳榮華（1991）。行為改變技術。五南。

黃政傑、林佩璇（1996）。合作學習。五南。

黃堅厚（1999）。人格心理學。心理。

鄭麗玉（2005）。認知心理學。五南。

盧台華（1994）。直接教學法在智能不足教學成效上之探討。載於中華民國特
　　殊教育學會（主編），智能不足教育與輔導（頁 143-157）。心理。

Corey, G.（1996）。諮商與心理治療的理論與實務（第二版）（李茂興譯）。
　　揚智。（原著出版年：1995）

Gleitman, H.（1997）。心理學（洪蘭譯）。遠流。（原著出版年：1994）

Mayer, R. E.（1991）。教育心理學：認知取向（林清山譯）。遠流。（原著出
　　版年：1987）

❖ 英文部分

Bandura, A. (1977). *Social learning theory.* Prentice-Hall.

Bender, L. (1938). A visual motor Gestalt test and its clinical use. *Research Mono-graphs, American Orthopsychiatric Association, 3.* American Orthopsychiatric Association.

Benton, A. L. (1963). *The Revised Visual Retention Test: Clinical and experimental applications* (3rd ed.). Psychological Corporation. [Google Scholar]

Graham, F. K., & Kendall, B. S. (1960). Memory-for-Designs test: Revised general manual. *Perceptual and Motor Skills, 11,* 147-188.

Holmes, C., & Richman, L. (1985). Cognitive profiles of children with insulin-de-pendent diabetes. *Journal of Develop and Behavioral Pediatrics, 6,* 323-326.

Koppitz, E. M. (1962). Diagnosing brain damage in young children with the Bender Gestalt test. *Journal of Consulting Psychology, 26*(6), 541-546.

Rourke, B. P. (1995). *Syndrome of nonverbal learning disabilities: Neurodevelop-mental manifestations.* The Guilford Press.

Rovet, J., Gore, M., & Ehrlich, R. (1983). Intellectual and behavioral deficits associ-ated with early onset diabetes mellitus. *Diabetes, 32*(Supplement 1), 17.

Shaywitz, S. E., & Shaywitz, B. A. (1995). Dyslexia (specific reading disability). *Bio-logical Psychiatry, 57*(11), 1301-1309.

Wong, B. (Ed.) (2004). *Learning about learning disabilites* (3rd ed). Elsevier Academic Press.

第 3 章

教育學

王欣宜

✽

前言

　　特殊教育與普通教育有密不可分的關係，尤其當前特殊教育的發展趨勢是「融合」教育，意即無論特殊兒童的障礙程度如何，都需在「最少限制」的原則下，讓特殊學生能在普通教室中接受教育。但這並不是一個容易達成的目標，整個教育系統必須在基本思想、硬體設施、心理環境、課程教學等各方面做相當之調整，才能符合特殊學生學習之需求。此外，普通教育教師也必須具備特殊教育相關知能，而特殊教育教師也必須對普通教育的發展有相當了解，才能對特殊學生的學習產生最大的助益。因此不論對普通教育教師或特殊教育教師而言，具備「教育學」的基本理念是非常重要的，有了共通的理念，普通教育和特殊教育才能合作，進而有良好的融合教育。本章將從「教育學」中的教育目的、教育行政、教育哲學與教育經濟學四方面，探討普通教育與特殊教育的關係。

第一節　「教育」之目的及與特殊教育之關係

　　特殊教育發展至今雖有其獨特性，但與普通教育的根本教育目的是相同的。以下將就「教育目的」論述兩者之間的相關性與差異性。

❤❤❤ 壹、「教育」二字的意義

「教」，《說文解字》指：「上所施，下所效也」；「育」則是「養子使作善也」。兩字合起來的解釋，即是在上者以良好的榜樣供在下者模仿，使在下者也能表現出良好的行為。更深而言之，「教育」主要的意義在於協助個體健全成長、發展，教導個體正確及良好的知識、習慣、態度，使個體由幼稚趨於成熟，由不知不能、不善不行趨於能知善、能行善。由字面的意義可知，在中國，教育較傾向注入式，是由上而下的（王家通，1995；孫國華等，2006；蔡義雄，2000）。

在西洋方面，不論英文或法文，教育都是 education，該字可分解為由 e（出）和 ducare（引）組合而成，意思是「引出」，亦即指教育應該是用引導的方法將潛能開發出來。這個觀念是從蘇格拉底（Socrates, 470～399 B.C.）對教育的看法而來。所謂教育是有「接生」的隱喻意涵，就像產婆為產婦接生，是由內向外引出、發展，而非由外向內注入、訓練，蘇格拉底認為所有的真理、知識乃至於智慧，本來就都隱藏在兒童的心靈裡面，教師只要設法將其引導出來即可，不需由外面給他任何東西（王家通，1995；黃光雄，1991）。

❤❤❤ 貳、「教育」的本質性意義

綜合王家通（1995）、孫國華等（2006）的看法，教育的本質性意義是指教育的根本性質，只有具備下列這些性質，才能稱之為教育，否則就不能稱為教育，以下針對這些性質略做說明。

一、使人（people）成為人（person）的歷程或作用

教育的作用是使人成為人，人必須經過教育才能為人，從時間的觀點來看，是一段歷程；從功能的觀點而言，則是一種作用；經過一段歷程，發揮了作用，自然就能具備人的特質。換言之，即由生物人或自然人轉換為社會人的過程，是使每個人能遵守社會所賦予的社會規範、價值觀念等，進而適應社會，扮演社會中所取得或所承襲的社會角色。

二、教育是引人向善

中國的教育在於「明人倫」或修道，也就是培養一個以「聖」、「仁」為核心的人。而西方早期如蘇格拉底即提出「知即德」的教育理論，強調知識與道德是一體的兩面，也就是能知即能行的道德價值觀。總括中西方的看法，教育的目的須是好的、可欲的、有正面價值的。因此，若說「教育是經驗改造的歷程」，必須是往善的方向才是教育，往惡的方向改造就不是教育，而是「反教育」。

三、教育的規準

英國著名的教育哲學家皮德思（R. S. Peters, 1919～2011）曾提出教育三項規準，分別是：合價值性、合認知性、合自願性。若一種學習活動愈接近這三項規準，則愈接近教育的本質。茲簡要敘述如下：

1. 合價值性（worthwhileness）：教育必須是合理的、可欲的，並有正面價值性，任何一項教學活動，都必須具備這些性質，才能稱之為教育，或具有教育的意義。
2. 合認知性（cognitiveness）：意指任何一項教學活動，都必須讓學習者了解內容，而非只讓學生強記。舉例來說，若就學習學科而言，學習活動應讓學生了解內容與原理；若就規範、法令而言，應讓學習者知道規條的意義及為何如此規定的道理，並允許學生質疑與討論。
3. 合自願性（voluntariness）：教育過程應尊重學生的自由意志，不可違反學生的學習意願強迫灌輸，要在學習者自願的狀況下教育才能進行。

四、提供自我實現

教育的目的在於自我實現，使個體能發展自我潛能、自我成長，使個體達到「高峰經驗」，達成自我成長的喜悅。

五、注重文化繁衍

文化是人類價值的累積，歷經時代的驗證，與生活的精緻性有關。教育是

一種文化傳承的過程，且將文化的傳遞、繁衍與創新統整於實際活動，有助於人類的學習。

❤❤❤ 參、教育目的

根據孫國華等（2006）的整理，有關教育目的學說大概內容包括生活預備說、開展說、工作陶冶說，如下所述。

一、生活預備說

英國哲學家斯賓塞（H. Spencer, 1820～1903）認為，教育的目的在於給學生物質生活與精神生活之預備、判別知識價值標準，並以人生關係或人生活動為依歸。斯賓塞所提出之知識價值包括：(1)直接關於自我生存之活動，如保健、衛生、體育等課程；(2)間接關於自我生存的活動，如數學、物理、化學等；(3)與子女教養和薰陶目的有關的活動，如心理學、生物學；(4)與維持社會及政治關係有關的活動，如歷史、政治學、心理學等；(5)關於利用閒暇時間的活動，如音樂、美術、文學等。

二、開展說

代表人物為福祿貝爾（F. Froebel, 1782～1852）、康米紐斯（J. A. Comenius, 1592～1670）、裴斯塔洛齊（J. A. Pestalozzi, 1746～1827）。上述學者認為教育是一種開展的作用成果，是將人類的能力引向一個盡善盡美的理想精神，亦即依據人類原有的自我活動性，使內部潛能獲得適當發展。

三、工作陶冶說

代表人物為凱欣思泰納（G. M. Kerschensteiner, 1854～1932），認為教育的目的在培養適合國家及時代需要的有用國民。公民對於國家及其任務，應有相當的理解與見識，具有優越的經濟職業能力，品德高尚而能為國家服務。學校教育應達到職業陶冶或職業準備，職業陶冶道德化，希望職業是為了國家全體人民服務，而團體生活道德化，是貫徹其公民訓練的目的。

♥♥♥♥ 肆、普通教育與特殊教育的關係

　　教育的意義在特殊教育上也同樣適用，因為特殊教育亦是教育的一部分，對於身心障礙學生的教育目的，也是希望透過教育的歷程，讓特殊學生有良好的社會適應，使其成為社會的一份子。當然，教導特殊學生的教育內容也需符合教育的規準。在價值性方面，施於特殊學生的教學活動是具有正面價值的教學活動；在認知性方面，不論是對身心障礙或資賦優異的學生，同樣要注意學生能否理解所學的內容；在自願性方面，同樣要引發學生學習的意願；在教育的過程中要引導特殊學生向善。就心理學的觀點而言，特殊兒童一樣有自我實現、達到高峰經驗的需求，給予特殊兒童成就感是特殊教育需重視的。

　　再就教育目的而言，特殊教育的目的同樣是教導特殊學生為未來的生活做準備，例如：台灣的國民教育階段啟智學校（班）課程綱要（教育部，1997）的課程目標即敘明「針對智能障礙學生的潛能，培養德、智、體、群、美五育均衡發展的自立自主國民」。其課程欲達成的目標包括：(1)了解自我、鍛鍊強健體魄、養成良好生活習慣，以達到個人及家庭生活適應；(2)認識環境、適應社會變遷、養成互助合作精神，以達到學校及社區生活適應；(3)培養職業能力及服務人群熱誠，以達到職業準備及獨立生活適應。智能障礙學生的學習科目包括生活教育、社會適應、實用語文、實用數學、休閒教育、職業生活等領域。但隨著「融合教育」趨勢的發展，配合目前我國實施的「十二年國民基本教育特殊教育課程實施規範」，其中即很清楚的說明特殊教育課程秉持「通用設計」與「合理調整」之理念研訂身心障礙學生的課程，以學生在各領域學習功能的情形，針對十二年課綱總綱部定各領域的課程提供調整之原則，並規範應視需要再提供其所需的身心障礙相關之特殊需求領域課程與相關支持服務，以增進身心障礙學生和一般學生一起學習的機會。

　　對資優生的教育目的除了上述之外，更期望資優生能在國家、社會、文化面臨轉型之際，有足夠的人力資源可以扭轉乾坤、繼往開來，這是資優教育更高層次的教育目的（何華國，2000）。有關資優生的課程規劃，應考量其特質、性向、興趣、優勢能力、學習功能及特殊教育需求訂定個別輔導計畫，針對學習功能優異領域／科目進行課程調整，並視需要再提供資賦優異相關之特

殊需求領域課程與相關服務，以達致十二年課綱總綱提及的「適性揚才」教育目標。

　　關於特殊教育與普通教育課程和教學的異同，普通教育中的「同中無異」無法滿足個別學生的差異，而使特殊教育興起；而特殊教育與普通教育的並行，又造成「異中無同」，因此特殊教育的課程與教學方法應針對特殊學生（包括身心障礙與資優學生）的學習需求，在普通教育（包括課程與教學）方面做調整。根據教育部（2021）公布的「十二年國民基本教育特殊教育課程實施規範」指出，課程調整方法包括「加深」（是指加深各教育階段之各領域／科目的學習表現及學習內容的難度）、「加廣」（是指增加各教育階段之各領域／科目的學習表現及學習內容的廣度及多元性）、「濃縮」（是指將各教育階段之各領域／科目的學習表現及學習內容加以精鍊整合）、「簡化」（指降低各教育階段之各領域／科目的學習表現及學習內容的難度）、「減量」（為減少各教育階段之各領域／科目的學習表現及學習內容的部分內容）、「分解」（指將各教育階段之各領域／科目的學習表現及學習內容分解為數個小目標或學習內容，在不同的學習階段或雖在同一個學習階段但予以分段學習）、「替代」（指原來各教育階段之各領域／科目的學習表現及學習內容適用，但須以另一種方式達成）、「重整」（指將該教育階段或跨教育階段之各領域／科目的學習表現及學習內容重新詮釋或轉化成生活化或功能化的目標與學習內容）等七種方法，讓所有的特殊學生能參與普通教育，符合「融合」的潮流，並獲致教育成效。

　　更進一步言之，「就業」是特殊教育（特別是身心障礙者教育）的目的之一，因此在教育的過程中，要為特殊學生的就業做準備，正如凱欣思泰納所言，教育的目的是工作陶冶。對特殊學生而言，離開學校後除了就業，更積極的目標是要有良好的社區適應（adjustment to the community），所謂特殊學生的良好社區適應需包括三部分（Kirk et al., 1996/2001）：(1)尋求與維持有報酬工作的能力；(2)獨立生活的能力；(3)在社區內自由活動，不需別人協助的能力。我們期待即使障礙程度嚴重者都能盡可能的達到這些目標，甚至期待如果障礙者不能獨立工作，可以在庇護工場找到工作；如果障礙者無法獨立生活，可能就要待在有人監督管理的庇護團體中住宿。

由上述可知，特殊教育的目的與普通教育有共通之處，但為了適應特殊學生的「特殊性」，又有其相異之處，因此特殊教育不應獨立於普通教育之外。但就人類的身心特質而言，雖然團體中的個人間有許多相近之處，事實上確有個別差異的事實存在。普通學校因為教育資源的限制（如教育經費、人員、設施等），其教育內容多針對身心性質相近的學生而設計，為因應個別差異的存在，我們應重視這些特殊學生的教育權利。因此，就教育的觀點，我們必須了解這些有特殊教育需求學生的教育需要，並給予適當的教學輔導。

第二節　教育行政與特殊教育

教育行政雖然並非直接對特殊學生施教，但透過教育行政的領導與管理，能夠有效的達到教育目標，以下將就教育行政與特殊教育的關聯進行相關的說明。

❤❤❤ 壹、教育行政之意義與內涵

林三木（1993）認為，教育行政是「國家對教育的行政」，是一種「運用」的科學，研究的重點包括教育目的、教育計畫、教育組織、教育領導與教育評鑑等五大範圍。(1)教育目的：在於探討教育機關和學校行政的現象及實務，藉以使學校或社會之教育工作能以最經濟有效的原則達成國家所設定之教育目標；(2)教育計畫：是指為達成預定的教育目標而必須有所作為，因此教育行政應擬定妥適的計畫，規劃有次序的連續工作過程，明訂執行的進度與方法，以期達成既定之教育目標；(3)教育組織：是指規劃教育機關與學校系統，將教育所需之人力、財力、物力等資源發揮最大效用，以達成教育目標；(4)教育領導：是指在教育行政管理的過程中，為使各方的人力、物力資源做最有效的運用，必須透過激發、協調、溝通、視導等各種領導方法進行，使人員得以分工合作達成使命；(5)教育評鑑：目的是了解教育實施的過程、教學實際遭遇之困難及問題，藉以了解教育實施的進展與缺失，並尋求改進之意見。一般教育評鑑的項目大致有行政實施、經費運用、教學輔導、教材使用、教具研發、教學

研究、生活及職業生涯輔導內容,在實施教育計畫實施的過程中施以監測,可使執行成效更符合教育目標。

黃昆輝(1988)認為,「教育行政是教育人員在上級一部屬的階層組織中,透過計畫、組織、溝通、協調及評鑑等歷程,貢獻智慧、群策群力,為圖教育的進步所表現的種種行為」,其內涵略述如下:(1)教育行政是計畫、組織、溝通、協調及評鑑等不斷的過程。所謂計畫是指對應採取的措施做一原則性的決定;而組織是指為了執行原則性的決定,必須規劃執行決定的具體方案;溝通是指為建立教育人員對計畫要有共同的看法與了解,研討確定執行的要領,教育行政主管機關應與其部屬進行溝通;協調則是指在各單位及各成員共同執行計畫,除避免成員彼此之間的衝突外,更要促成各單位成員間相互合作;評鑑在於依據既定的計畫目標、實施進度及表現水準對實際執行情況做客觀的檢討,隨時修正,並管制計畫有效執行。(2)教育行政是一種社會系統,在社會系統中各種互相關聯元素交互作用,才是真正的教育行政。社會系統論者認為教育行政主管是教育行政組織的仲裁者,介於機構層面與個人層面之間,應隨時視情況需要加以調適與仲裁。其次,教育行政主管於決策過程中,宜特別了解、掌握並運用組織內部之全盤關係,行政運作才能順利。再者,在行政運作中,宜特別注意成員的交互反應,重視建立成員對目標與價值的共識,使成員內聚力得以增強。(3)教育行政是教育行政主管所表現的行為,其行為可概分為兩大類,一是將教育行政主管看做是行動的倡導者,二是將教育行政主管看做是行動的接受者。作為「行動的倡導者」,主管常用的影響他人行為的方式包括訓練、告知、支持、指導、介入、激勵、命令與設計。而作為「行動的接受者」,主管通常包括以下三方面的表示:一是「自我選擇的行動接受者」,該種行為方式完全出自於自願;二是「違反意志行動」的接受者,行政主管為情勢所逼,不得不違背自己的意志,聽從他人的意思;三是「無知的行動接受者」,主管有時完全昧於他人的意圖,而在全然無知的情況下,未能依照個人意志行事。

根據謝文全(2003)對教育行政的定義為:「政府為辦理教育而對教育人員與事務所做的領導與管理行為,其目的在經濟有效地達成教育目標」,而該定義具有五項要點:一是教育行政是一種領導與管理的行為,以合理的方式領導教育人員,並將教育事務加以處理的一種歷程;二是教育行政所領導與管理

的對象是教育人員與事務；三是教育行政的主要宗旨是在實現教育的目標，例如我們可以說，教育行政是在領導教育人員處理教育事務，以使學生成為健全公民；四是教育行政應兼具效果與效率：效果是指能達成預定目標，又稱為有效。效率是指最少的投入以獲得最大的產出，又稱為經濟。教育行政要達到培育健全國民的目標，也要兼顧最有效的資源使用；五是由政府或其授權者負責實施：教育行政必須有負責實施的專門機關，稱為教育行政機關，包括中央與地方教育行政機關，台灣中央教育行政機關稱為教育部，地方教育行政機關稱為教育局或教育處。

關於教育行政的特徵，綜合黃昆輝（2002）及謝文全（2003）的看法，包括：(1)是服務性質，而非以營利賺錢為目的。各級教育行政組織是公益組織，以服務全體民眾為目的；(2)履行社會培育各類人才的根本功能；(3)比起一般行政，教育行政較富學術性，因此教育行政也應以較學術化的方式來領導教育，以達成其任務；(4)顯明性高而易遭批評。教育行政處理的教育事務，與大眾相關性極高，因此行政作為容易遭受批評。再者，教育成效緩慢，不容易立即看到行政之成果，因此容易招致批評；(5)教育行政與一般行政亦有相同之處，如都具有科層體制、兼顧非正式組織、重視溝通歷程、注重決定歷程、皆利用科學原理與方法、注意發揮領導功能等特徵。

從以上簡短的論述可知，教育行政之存在是以教育人員和學生為服務對象，且為解決教育問題、培育人才與達到教育目標，因此必須設置相關教育行政組織以進行人力、物力資源的領導管理，並適時進行相關之評鑑，以確保解決教育問題、培育人才與達成既定之教育目標。

♥♥♥ 貳、教育行政與特殊教育之關聯與現況

林三木（1993）指出，特殊教育行政是指：「特殊教育人員在特殊教育情境中，解決特殊兒童與青少年的特殊教育問題所表現出來的行政行為」，再加上學者們對於教育行政意義與內涵的闡述，爰此，就特殊教育領域而言，特殊教育行政也有一樣的目的與功能，是為特殊兒童、學生提供特殊教育相關的行政服務，其教育行政目的同樣是為解決實施特殊教育所產生之問題、培育特殊教育人才及達到國家既定之特殊教育目標，且必須設置中央與地方特殊教育相

關行政單位，對於特殊教育的相關人力、物力資源加以領導管理與運用，必要時給予適當之評鑑，以修正相關施政之目標、政策與人力、物力資源之運用。

就台灣目前特殊教育行政機關的設置而言，在中央教育部方面，於2013年教育部組織改造之前，教育行政組織中設有「特殊教育小組」，其業務範圍包括：(1)特殊教育政策相關業務；(2)身心障礙學生教育業務；(3)資賦優異學生教育業務；(4)綜合性業務。在組織改造之後，於教育部成立「學生事務與特殊教育司」，其組織包括學生事務科、性別平等教育及學生輔導科、軍護人力科、校園安全防護科、全民國防教育科、特殊教育科，其中特殊教育科的業務包括：辦理全國特教經費的編列；校園無障礙環境之規劃、督導、改善及補助相關事宜；補助及督導民間辦理高等教育階段特殊教育活動業務；辦理特殊教育通報網相關業務；身心障礙者權利公約相關業務；委辦、補助及督導辦理大學特教中心委辦及補助相關事宜；大專校院階段特殊教育相關事宜……等。另外，國民及學前教育署設有「原住民族與少數族群及特殊教育組」主要負責高中以下（包含學前）特殊教育學生相關業務。

目前，台灣各地之地方特殊教育行政單位為地方教育局（處）之「特殊教育科」或與特殊教育相關的科別，除依據中央特殊教育行政機關所列之行政目的、業務內容外，有些單位更有其施政之特色與重點。以台北市教育局為例，其特教行政相關業務內容包括如辦理特殊教育學生之鑑定、安置、提供特殊教育相關服務（如課後照顧、交通車、獎助學金等）外，還包括研究的部分，例如：「身心障礙與資賦優異教育白皮書」之修訂，另外還要統籌台北市之融合教育的推行。台北市明確的將「融合教育」列為其特殊教育行政重點之一（台北市政府，2011）。

雖然特殊教育行政是以特殊學生為對象，但因為台灣大部分的特殊學生均在普通教育環境中接受教育，因此特殊教育行政也需要與普通教育行政合作並獲得其支持，方能達到推行「融合」之目的。特教行政與普教行政雖有共通之處，但也有其相異處，其相異處在於特教行政應加上推動特殊教育與普通教育融合之功能。關於此點的推行，台灣教育部受「身心障礙者權利公約」（CRPD）的影響，正努力推行融合教育，縣市政府也都很重視融合教育之推廣。融合教育是發展趨勢，特殊教育行政機關、政策、領導與管理等，都應將

「融合教育」列為特殊教育行政之重點，甚至應結合普通教育系統共同推動融合教育的發展。

第三節　教育哲學與特殊教育

　　教育哲學是個體對於教育的省思，黃建中曾言：「教育哲學為實踐哲學之一，乃從全體人生經驗上、全部民族文化上解釋整個教育歷程之意義與價值，批判整個教育活動之理論與實施；綜合各教育科學及其他相關科學之知識，以研究教育上之根本假定、概念及性質，而推求最高原理者也」（引自伍振鷟主編，1989），從本段論述中可見教育哲學在教育學術領域中的重要性。根據溫明麗（2008）指出，教育哲學的效用在協助教師解決學生自身所遭遇之困難，因為教育哲學會引導教師思辯問題之癥結，並思考如何解決。不論從教育學術或教師教學的觀點，教育哲學都有其在教育領域的重要角色。以下將就教育哲學的意義、內涵及重要性略做論述。

♥♥♥ 壹、教育哲學的內涵

一、哲學的內涵

　　「哲學」是指愛好智慧，是一種「愛知」的活動。陳迺臣（1994）認為哲學是探討事物乃至於人性、人生、世界、宇宙的本質，探討這些事情的真實情況，了解教育的真實情形。根據簡成熙（2004）的論述，哲學的範圍包括知識論、倫理學與形上學。

（一）知識論

　　知識論是探討知識性質的學問；關於知識的來源，則有「理性主義」（rationalism）與「經驗主義」（empiricism）。理性主義以笛卡兒（R. Descartes）為代表，他提出「我思，故我在」，強調思考懷疑是一切知識的基礎；希臘時代的蘇格拉底認為教育就是運用像產婆般的接生方法，將學生心中的知識

引導出來。不同於理性主義，經驗主義強調知識來自於感官經驗的累積，英國哲學家洛克（J. Locke）認為人的心靈像一塊白板一樣，有賴外在經驗的累積以豐富心靈。而美國教育哲學家奈勒（G. Kneller）將知識來源分為經驗（empirical knowledge）、天啟（revealed knowledge）、理性（rational knowledge）、權威（authoritative knowledge）及直觀（intuitive knowledge）。所謂經驗與理性的來源，即與經驗主義和理性主義相類似，而權威則如教科書、科學新知，經由「經驗」與「理性」的驗證，都構成了「權威」知識的一部分。

(二) 倫理學

倫理學又稱為「道德哲學」（moral philosophy），主要在探討道德的本質，例如：「善」是什麼？判斷善惡的標準為何？道德的原則是普遍的，還是相對的？西方的倫理學大致發展為「目的論」（teleological theory）和「義務論」（deontological theory），目的論認為某事之所以為善，是因為可以獲致另一項目的，如「善有善報」。其來源可溯至亞里斯多德，他認為人類靈魂追求德行，才可獲得幸福。目的論到 18 世紀以後的發展，逐漸以「效益論」（utilitarianism，亦稱功利主義）為主流，效益論主張某項行為的後果，若能帶給當事人或大多數人最大的利益即為善，道德的價值在於促進人類的福祉。

相對於效益論是符合現實的倫理規範標準，義務論卻認為道德不能建立在某種外在目的之上，道德是人類擺脫個人好惡、利害，純粹訴諸理性的「自律」行為。義務論的學者可以康德（I. Kant）為代表。康德認為，各種受制於情境、事實的判斷，反映的是事實的推理，無法作為道德判斷的最終基礎。例如，我們為障礙人士設置無障礙環境，這是障礙者的人權與尊嚴，並不符合效益論。而從康德以來所逐步發展之人權理念，同時具有義務論與效益論的價值，是西方民主政治的核心價值。

(三) 形上學

形上學（metaphysics）的字元意思是「物理學之上」，是指在各種物理變化的現象、原理之上，更有基礎的本質。所有形上學探索的內容，都屬於知識論的範圍，包括探究存有（being）或實體（reality）的本體論（ontology），以

及探索宇宙及其變化的宇宙論（cosmology），形上學所探索之本體論及宇宙論，正可反映人類心靈中對大自然奧秘探索的渴望。人類的種種問題，有時也會期待宇宙中神秘力量的安排，如康德在建立其理論基礎時，是預設其意志自由、靈魂不朽及上帝的存在；笛卡兒從懷疑開始，證明自我存在之後，也進一步論證上帝的存在。因此形上學不只是對事物的探究、對宇宙律則的追尋、對生命意義的探索，更是人類終極夢想之所依。人類對形上學的信念，反映了他對這個世界最基本的看法，對教育工作者而言，會影響到他對學生、社會，乃至對整個世界及人類命運的關懷。

二、哲學與教育的關係

根據陳迺臣（1994）的看法，哲學與教育的關係包括：

1. 哲學是外觀內省之學，敏於觀察者，對外觀察萬事萬物，觀察社會、人文，及觀察各種各樣可感受到的事物。教育是教導人類，而且所教育者也是人，所以教育這項工作與教育工作者，需觀察人成長之環境，要省察了解人的各種能力和需求，故教育需藉助哲學的力量。

2. 哲學是發現價值與賦予意義之學，不僅發現事實及描述事實，而且對人生各種現象做出價值判斷，分別給予不同的意義。在教育上，我們通常也會告訴學生分辨行為的善惡，分辨道德與不道德。另外，如對知識的正確與否、對生活的態度良好與否，在哲學裡都會做出判斷，而這些判斷也正是教育的內涵所最需要的。

3. 哲學是語文概念、思想概念澄清之學，透過思維的理則、思辯的規準，哲學引導人類思想進行思考，增進人與人的溝通及交互影響，促使人際和諧與思想觀念之融通。而這也是教育之目標，在教育上我們希望受教者會思考、會說、會寫、會溝通、能理解，教導者必須教得清楚正確，這也需要思考與表達。許多教育問題的產生、教育績效之所以不彰、教育上有許多美意無法讓人信服或推展，原因固然很多，但其中的原因之一正是文字的混淆不清、思想理路的糾結，因此正本清源之道在於釐清教育的重要語言及概念，而這也是英美教育分析哲學家之主張。

4. 哲學是愛知的活動，是愛知之學，是追求真理與智慧；教育的目的也是追求

真理並具有智慧，且能終身學習。而真理即是人生實相，了解人生真理，知道人生實相，才不會行不應當行之事。而智慧是應用知識解決自己和別人的困難，並且引領人生的方向。真理與智慧是哲學，也是教育的目標，但哲學與教育不同處，在於教育是教導者有智慧之後，還要教導別人也懂真理及有智慧。

♥♥♥ 貳、教育哲學的重要性

哲學是愛智慧之學，而智慧的主體與教育的主體都是「人」，因此教育哲學有其功能和價值。按照陳迺臣（1997）及溫明麗（2008）看法，教育哲學的重要性有三：

一、幫助教師在教學時，引導學生對人性、人生、世事性質深刻的了解

例如：在教導兒童作文時，除造詞、造句、文章結構、文章主題的知識、文字運用技巧等教學外，還包括教師對兒童心理與發展的了解、美學的認識及判斷，以及對學生的「人格感化」與「潛移默化」等，因此教學當中，除包括心理學、教學法、語文專門知識之外，還包括哲學，而哲學即是對人性、人生世事的認識與了解。

在品德教學方面，教師之所以有資格教導兒童品德，必須先對品德的性質有真正的了解，這包含了道德原理、各項美德的定義與功用、美德與人生的關係。要了解這些問題，需經過哲學的研究、思索與反省，教師若無法對品德有真正的認識與了解，就無法教導學生。因此，教師需了解人性，因為品德教育主要是針對人性存善去惡，故教師需仔細觀察人類行為，從個別現象中找出共通之處，再由共通的人性中看見個別差異，是需要在自己的觀念思想中磨練，在日常生活的接觸中去修正，這就需要依賴哲學。

二、為教育點燃方向明燈，也是自我省思的重要指標

教育哲學家不同於教育政治家，教育政治家重視教育政策的成效，但教育哲學家需考量教育的目的和本質，也必須重視教學活動、教師和學生的生活是

否因改革而更好，例如：歐洲啟蒙運動之前，教育多為貴族的專利，但啟蒙運動卻促使教育普及，並開始降低學生受教年齡。我們必須思考的是，普及教育目前雖然是時代的趨勢，但不應變成普遍的平庸或齊頭式的平等，否則教育「知即德」的理念將因重量輕質的錯誤理念和政策而蕩然無存。

三、是「知即德」之人文教育的回歸

道德是價值觀的依據，也隱含著行為的準則。道德行為是教育活動的主軸，雖然人類的行為以及價值判斷是否適切，會受限於環境的因素，但根本上道德的判斷仍為關鍵。要做適當的判斷，質疑和分析的能力是不可少的。而哲學的特色之一即是質疑和分析，因此教育除教導學生讀寫算的基礎並漸進發展其思考判斷的理性抉擇能力外，也增強其對社會、文化，乃至於人性的深入探索和理解，並適切地對不當的權力提出質疑，以免被宰制。因此教育哲學的重要目的是為了使教育活動的進行更適切、更明智，讓人生更幸福美滿。

♥♥♥♥ 參、教育哲學與特殊教育之關聯
——教育哲學對特殊教育本質與目的之影響

教育哲學對於特殊教育的重要性，在於其啟示人類社會探究特殊教育目的與本質的看法。台灣對特殊教育的目的與本質的看法，深受歐美從隔離到融合發展趨勢的影響，以下簡述歐美對於特殊教育本質與目的的改變歷程。

在 16 世紀之前，一般人認為障礙兒童是邪靈附身，因此用極其殘忍的方式加以迫害、折磨；16、17 世紀時則基於宗教觀點，障礙兒童獲得保護與憐憫；到了 18 世紀，由於人權主義興起，障礙兒童較好的對待是被關在家裡或在住宿機構終其一生（立法院，1997）。直到 1799 年後，法國醫師依達（Itard）以個別化而系統性的感官訓練，教導一個阿維隆野孩子（The Wild Boy of Aveyron），對日後特殊教育的發展產生重大的影響，世界各國陸續創辦了特殊教育的養護機構或學校班級（何華國，1987）。當時這些庇護所、養護機構等雖為障礙者提供了生存和接受教育的場所，但因受達爾文「物競天擇、適者生存」理論的影響，那時大眾的教育理念是在「保護」他們，是為他們能終老教養院的生活適應做準備，而非讓他們有良好的社會適應（Scheerenberger, 1983；

引自立法院，1997）。

到了 20 世紀時，西方國家對優生運動的熱度逐漸消退，開始大量的設立特殊學校，但當時的障礙學生仍在隔離的教育環境中學習。到了 50 及 60 年代，大量的設立特殊班，這也成為障礙學生的主要教育安置型態。

美國於 1975 年通過《殘障兒童教育法案》（Education for All Handicapped Children Act，即《94-142 公法》），該法案有兩個重點：一是確保 3～21 歲全體殘障兒童接受免費的、合適的公立教育，不能將特殊兒童排除於學校教育之外；二是國家有義務提供個別化教育計畫以符合每個障礙兒童的需求。《94-142 公法》中更明白敘述，障礙兒童與青少年需在「最少限制環境」（least restrictive environment）或最正常可行的環境中接受教育。該法在 1986 年修正，特別將 0 至 3 歲兒童列為服務對象，此即為《99-457 公法》。接著又在 1990 年修訂並易名為《身心障礙者教育法案》（Individuals with Disabilities Education Act，簡稱《IDEA 法案》），並在 1997 年再次修訂（引自王文科，2000）。最近一次則在 2004 年又重新修正為《身心障礙者教育促進法案》（Individuals with Disabilities Education Improvement Act of 2004）。

在 1975 年「最少限制環境」被提出後，對特殊學生回歸普通教育的權益影響深遠。所謂最少限制環境，就是指我們日常生活的空間，即屬於特殊兒童的最少限制環境。而「回歸主流」（mainstreaming）則是最早實踐「最少限制環境」而做的努力。「回歸主流」著眼於特殊學生離校之後最終仍須回到社會，因此主張與普通學生的統合需從學校生活開始，才能幫助這些學生適應日後的社會生活。雖然回歸主流主張讓特殊學生回到普通班就讀，但最主要是指學習能力、學習特質合適的學生才能回到普通班就讀，因此回歸主流的學生大部分是輕度障礙的學生（引自鍾素香，2000）。

關於「融合」的發展，在 60 年代北歐地區積極討論的「正常化原則」，大大的影響了先進國家對障礙者的態度，也影響到關於障礙者的教育、就業和社區服務的政策。當初「正常化原則」僅是針對智障者而言，但影響層面卻包括所有障礙者。聯合國在 1975 年提出《障礙者權利宣言》，揭示了所有障礙者都具有上天賦予的人性尊嚴和同等權利；1981 年被定為「國際殘障年」，更以「機會均等與全面參與」（equality and full participation）為主題，呼籲世界各

國考量障礙者的教育、工作與社會參與的平等權利，並在無障礙、零拒絕的環境下達到實質的社會融合（引自立法院，1997）。為了讓各國政府貫徹機會均等與全面參與，聯合國在 1993 年會員大會中通過《障礙者機會均等實施準則》（Standard Rules on the Equalization of Opportunities for Persons with Disabilities），其中提到：各國政府必須承諾障礙兒童、青少年和成人能在融合環境下接受初等、中等和高等教育的平等機會。融合國際（Inclusion International）組織在 1995 年，以「每個人都有教育權」（Education for All）和「融合教育」（Inclusive Education）作為 1995 到 1998 年倡導的重點，呼籲世界各國政府不但要保障障礙兒童的教育權，更要全力支持讓所有兒童在「普通教育系統」內接受教育（引自立法院，1997）。

　　教育哲學的價值在於引導我們去思考特殊教育的本質與目的為何，舉例而言，從效益論與義務論的論辯來看，最終以人權理論為平衡點，兼具了義務論與效益論的價值，因此，尊重障礙人士便成為 20 世紀 80 年代後特殊教育發展的核心價值。台灣的特殊教育發展亦深受西方價值觀的影響，目前主流趨勢亦是「融合」教育，台灣在 2022 學年度約有 89% 的特殊生都安置於普通教育環境中〔按教育部全國特教通報網 2022 年 10 月 20 日的資料顯示，高中職（含以下）身心障礙學生共有 118,629 人，安置在普通教育環境中共 105,431 人〕，因此不論普通教育學者或特殊教育學者，都應時時思考特殊教育的本質與目的為何？如何使特殊教育的教學活動進行得更適切？以符應特殊教育學生的教育需求及促進普通教育與特殊教育的融合。

　　再者，如過去理性主義與經驗主義的觀點，也會影響我們對特殊學生教學觀點的選擇，例如：針對資優的學生，我們鼓勵學生獨立思考、引導研究、發現與歸納……等，即有理性主義的影子，而針對認知功能受損學生，我們提到多感官的學習，也受經驗主義的影響。雖然特殊教育領域很少特別強調教育哲學的觀點及論述與特殊教育的關係，但特殊教育的根本概念、假定與性質都深受教育哲學的影響。因此當特殊教育人員遭遇到教學困難與自身遇到困難時，透過教育哲學以思辨問題的癥結並思考解決方法，實為重要。更進一步而言，教師如何思考與表達，亦同樣影響特殊教育的教學成效，因此從教育哲學觀點出發，思考如何教導特殊學生，並帶領學生追求真理與智慧，亦是教育哲學對

特殊教育的重要影響。

　　身為特殊教育工作者，我們除思索並建構自己的教育哲學之外，當要實施教育哲學理念時，則需如簡成熙（2002）所言，必須思考自己的哲學觀與服務所在地的哲學立場是否具一致性，特別是特殊教育注重的是多元文化，因為特殊學生有不同的障礙類別、程度、是否為新住民子女、學生的社經地位、家長是否同為身心障礙者、學校氛圍對於障礙學生的接受程度……等，都是身為特教工作者所必須思考的。通常，如果個人教育哲學觀與工作所在地的哲學觀一致是最理想的情形，許多特教工作者要努力的是一方面滿足服務學校的目標，而又不違背個人教育理念，這並非容易的工作，但對特教工作者而言，卻值得努力。

　　雖然教育哲學對決定特殊教育的本質與目的有重要的影響，但特教工作者也必須體認，教育哲學只是掌握幾個主要教育歷程的基本因素之一，因為特殊教育實務同時也受當時的政治、經濟、就業市場等相關因素影響，因此身為特殊教育工作者，應在社會脈絡中做出明智的抉擇並為其負責。在教育決策過程中，教育哲學應是主要、但非唯一的考量，在特殊教育人員的專業訓練中，除教育哲學外，若能再有教育社會學、教育心理學、教育經濟學等相關介紹，將更有助於特教工作者建立及實踐教育理念。對一個教育工作者更重要的是，哲學建構是一個永不停止的歷程，身為特教工作者，必須不斷汲取新知，隨著知識與教學經驗的拓展，必須隨時發展自己的教育哲學，並將它視為一種需要永遠不斷從事的歷程。

第四節　教育財政與特殊教育

　　身為教育人員，對於充分且合理的教育經費是充滿期待的，因為適當的教育經費可以讓教育制度更完善，且提供人民足夠的學習機會與環境。但因為教育經費屬於公共預算，因此和其他如國防經費、交通、醫療等政府需支出之公共經費形成競爭，而一個國家有多少教育預算，則取決於政府政治運作協商與利益之折衝（林天祐等，2004）。以下將就教育財政的意義、重要性與如何有

效分配經費的原則做論述。

♥♥♥ 壹、教育財政的意義、內涵與重要性

一、教育財政學的意義

　　教育財政學的意義，根據林文達（1986）的看法，教育財政是研究在社會整體、和諧發展情況下，有效配合教學與財政策略，以實踐教育與財政目標的一種系統化科學。而蓋浙生（1989，1999）則更進一步說道：「是應用財政學的理論與原則，研究在國家整體、協和發展情況下，如何有效籌措、分配與使用教育上既得的資源，以實踐教育目標，促進各級教育均衡發展，以及教育對於社會進步及公平原則所產生的短期與長期影響的一種系統科學。」

二、教育財政的內涵

　　教育財政學所探究的內涵，包括以下幾方面：

1. 教育經費的籌措、分配與支用問題：為達成教育目標，政府確實有提供穩定財源之必要，所以教育經費多以稅收支應。在分配與支用方面，應注重合理有效的分配與運用，而屬於義務教育的國民教育部分經費應以穩定為主。

2. 教育需求與教育成本問題：教育發展如何調適國家與個人需求，並顧及供需之間的平衡需要進行研究，因為教育需求量的擴充及素質的提高，均會使教育成本增加。如何降低成本或尋求成本支用的合理性，是教育財政應探求之議題。

3. 財稅結構與教育經費：教育經費的籌措主要來自於稅收，而經費使用的原則是統籌統支，因此財政結構會影響到經費的多寡。教育財政研究重點之一在於如何使租稅徵收達到公平、合理的目的，並維持教育穩定的發展。

4. 教育對於個人所得及財富重分配的問題：在允許私有財產的社會中，如何避免「貧者愈貧，富者愈富」的現象，其解決之道包括，其一，加速資本形成以創造更多的財富，其二是透過公共政策的種種措施，達成財富重分配的效果。教育發展即為公共政策之一，如何配合財政目標以使所得做一合理分配，是教育財政研究的重點之一。

5. 教育財務管理問題：教育財務管理是指將教育財務資料和資源用科學管理的方法加以系統的處理及運用。財務資料處理包括記錄、整理、彙編、審理及報告等程序，目的在保障教育財務管理的妥切性，而教育資源則包括教育系統內可資運用的人力、財力、物力、時間和空間。如何處理財務資料及有效的運用資源，是教育財政研究之範圍。

三、教育財政的重要性

教育財政的重要性在於解決教育上相關經費的實際問題，而根據蓋浙生（1999）所言，其重要性包括以下幾方面：

1. 使教育資源做有效的分配與運用：當學生單位成本提高與物價上升，教育投資自然增加，這樣的趨勢會引起政府財政單位的重視，認為教育資源非常有限，應該對既有的資源做有效的分配與運用，以期兼顧教育的「質」與「量」。

2. 建立財經人員與教育工作者之共識：政府施政有其優先順序，財政預算也不可能無限制擴充，因此政府自有其取捨，但不應忽視教育投資對國家之深遠影響。而教育是國家整體發展之一部分，因所獲經費預算有限，在既得資源下，如何提高經費使用效率，使各級教育能夠均衡發展，也必須是考慮的重點。教育財政則必須整合財政與教育的觀點，彼此建立共識，以求能將國家發展與教育投資得到某種平衡。

3. 促使教育財的支出更有效率：而效率標準包括：(1)經濟效率：考慮學習者的個別差異，對受教者而言，除義務教育外，教育經費的支出應考慮每個人邊際生產力（marginal productivity）的大小，如果投入的邊際成本（marginal cost）不夠使個人邊際生產力增加，則不應該繼續投資；(2)技術效率：指的是透過經費運用程序、組織結構及管理技術的改變，使產出的水準提高，亦即可以用等量的教育經費培養出更好的學生；(3)投入效率：指教育經費支出後一定要能維持既定水準的產出，否則就不應繼續增加，以免浪費。

4. 減少貧富差距：一個國家透過財政政策，可以縮短貧富差距及所得的不均等，通常都是透過提供民眾公共財貨或勞務的過程中，將所得及財富由所有者轉移至貧窮者，移轉的方式主要可分為租稅移轉、現金移轉與類別移轉。不論

何種移轉，只能濟一時之貧，而無法創造出永久財富，但是卻能透過教育措施，如辦理公立學校（租稅移轉效果）讓貧窮者有入學機會，或給予貧窮者各種就學補助（現金移轉效果），不僅有助於教育機會均等的實踐，亦可達成所得重分配效果。

5. 加速社會全面發展：國家整體發展包括政治、經濟、財政、教育、文化、軍事各層面，雖然教育與財政只是其中的一部分，但兩者之間相互的配合，對於社會加速發展與進步有相當程度之影響力。教育財政不僅促使財政部門提供穩定而合理的教育財，以財政策略配合教育目標的實現，而且可以透過教育功能，加速財政功能的實踐，促進社會全面發展。

●●● 貳、教育財政的分配原則

教育財政的公平性與適足性經常被拿來當作經費分配的概念。公平性又可分為水平公平、垂直公平與代間公平，以下針對三者進行略述（林文達，1986；詹盛如，2008；蓋浙生，1999）：

1. 水平公平（horizontal equity）：指的是每個人、家庭及地區，取其相同特性而給予相同的待遇。指在同一稅賦下，相同特性的學生，可獲得同等的經費支援，例如兩位中學生，就讀同樣的課程，他們所接受的經費多寡應該是一致的，否則即違反水平公平的原則。在討論教育的投入（input）時，同一類別的學生即可根據此概念，獲得相同的經費支援。但如果就產出（output）而言，水平公平則不太適當，因為同一類別的學生，很難要求他們有同樣的成就表現。

2. 垂直公平（vertical equity）：指的是對每個人、家庭及地區，根據其不同特性而給予不同的待遇，使每一個人能充分發揮潛能。亦即指財富不同的個人、家庭及地區，依其財富多寡或租稅負擔的能力，增減其負擔教育經費的稅率，所以垂直公平是將個別差異納入考量，具有補償不足的意義在內。如一般學生、弱勢學生、特殊需求學生，所獲得的教育支援是不相同的，即所謂的「積極性差別待遇」（positive discrimination），後兩類的學生應獲得更多的協助支持（林文達，1986；詹盛如，2008；蓋浙生，1999）。

3. 代間公平（intergeneration equity）：教育經費負擔是由上一代及下一代共同

分擔。根據水平公平，兩代應付一樣的費用；若依垂直公平，下一代應負擔較大比例的經費。但事實上，教育經費多由上一代支出。基於代間公平，上下兩代實有公平分擔教育經費之必要，因為按理下一代接受教育後，應是未來財富較多的一代，但教育經費多由父母支出，實在不公平。但代間原則在實際執行時，所遭遇之困難是不容易有明確之措施標準。

4. 教育財政的適足性（adequacy）：這個概念於 1990 年被提出，不僅明確訂定何謂「合理教育」，並計算達到這個教育目標所需要的基準經費，也是對垂直公平概念的進一步深入探討，例如：對於身心障礙學生，政府會基於「積極性差別待遇」的理念，使這些學生的單位預算高於普通學生。所謂適足性是指「大多數學生都得到足以達成高標準教育成就的基本經費額度」，目的是為改變過去只重投入數量，而忽略產出之困境。陳麗珠（2006）將適足性的基本內涵歸納成三個面向：(1)必須賦予學生充分教育資源；(2)資源隨學區、學校、學生不同的特質有所調整；(3)必須訂定個別學生所欲達成的教育成就標準或學習目標（引自詹盛如，2008）。適足性的概念是將教育經費與學生學業成就連結，不只是滿足學生學習的基本需求，而是要更進一步期待各種不同程度的學生，在學習表現的產出都能達到預定的成果，並發揮其潛能（張良丞等，2010；詹盛如，2008）。相較於水平公平與垂直公平，適足性的概念更重視學生的學習成果產出，希望透過一定的成就水準以決定所需投入的資源，同時決定一定數量的經費是否「適足」。張良丞等（2010）針對台北市國民小學經費適足性進行研究，發現學校規模、經費運用效率會影響適足性，學校規模愈小，所需的適足性經費也就愈高；該研究也發現未達適足性經費的原因可能是經費不足，或是經費運用效率不彰所致。

關於教育經費分配公式的設計與評鑑的準則，按照許添明（2003）的看法，共有以下八項，這些原則對於特殊教育的財政經費設計也有參考價值：

1. 充足與效能（adequacy and effective）：效能是由組織達成其目標的程度來判定，也就是經費分配公式所計算出來的每位學生教育經費必須反映出各項資源的成本，使學校與學生達到預期的教育品質及教育目標（所謂教育目標，包括政府規定的課程標準或學生學習成就表現）。

2. 效率（efficiency）：效率是指組織能成功的管理產出（output）與投入成本（cost of input）之間的關係。值得注意的是，如果學校能夠操控公式的變項，就可能使資源分配效率不彰，但這個方面是否適用於特殊學生，目前不得而知。

3. 公平（equity）：各方面對「公平」的解讀有所不同，特別是經費分配公式只是一種工具，在反映各種成本的差異。

4. 真實準確（integrity）公式所需要的資訊不應讓學校容易操弄，而是要真實準確。例如，如果學生成就測驗低者可獲得經費補助，可能會使學校凸顯學習低成就的學生以獲得經費補助。

5. 行政成本（administrative cost）：公式內容應簡單明瞭，能經年使用，或減少統計運算的開銷，才能減低行政成本。

6. 績效責任與透明公開（accountability and transparency）：公式內容應該透明公開，決策者、學校、家長、社區等相關成員都能了解其內涵，如此做才能鼓勵各方人員加入決策，促使撥款部門與校方負起經營學校的責任。

7. 地區自主（local democracy）：應讓各地區有自主及參與決策的空間，也就是讓公式有適當的彈性，使各地區能依照當地特殊的情境，擁有若干自主決策的機會。

8. 因時因地制宜（sensitivity to local conditions）：公式應該隨各地的需求，因時因地制宜，做適當的調整。

　　以上八個原則雖是公式設計的原則，但也可作為經費分配的原則。特殊教育的經費分配目前台灣並無太多的研究，卻也可以這八個原則為基礎，作為經費分配的原則或設計特教財政經費公式與評鑑的參考。

●●●● 參、特殊教育財政補助

　　台灣在 2009 年修訂之《特殊教育法》中，明令規定特殊教育經費預算，在中央政府不得低於當年教育主管預算 4.5%，在地方不得低於當年度教育主管預算 5%。毛連塭（1998）曾提到，特殊教育的對象異質性相當高，除智力的差別外，其他感官、知覺、學習能力等均有極大之差異，因此對於特殊教育學生的經費，不宜以學生人頭數作為經費補助之基準。

　　陳碧玉（2008）的研究曾引用相關學者的理論，提到對於弱勢族群的經費補助可分為權重模式與範疇模式。她進一步指出，權重模式不但能精確計算出各個學區所需要的額外經費數額，更能結合各種水平公平的計算公式，以了解整體的經費分配公平水準。基於身心障礙者的障礙類別與等級各不相同，如何促使政府對於身心障礙者做出最適當的補助，是值得深思的問題。而該篇研究則是針對聽覺障礙學生進行經費權重計算，其研究結果顯示，若一般學生所需經費為 1，則一般學生、輕度聽障生、中度聽障生、重度聽障生的權重比值為 1：1.1：1.93：2.67，若一般學生需要 100,000 元，則每位輕度聽障生需 110,000 元，中度聽障生則需 193,000 元，重度聽障生則需 267,000 元。

　　台灣相關教育財政進行的研究非常少，可見台灣對於特殊教育財政以法令的規範為主，但教育財政中所提及的水平公平、垂直公平、適足性等，在特教領域都未見相關研究。目前教育現場顯示，當政府在計算資源班學生的需求時，有時會將經費併入普通班，例如在計算「班班有電腦」時，會認為資源班非一個正式的班級而被忽略，這時資源班的經費來源就需依賴學校分配；而有時資源班的特教經費會被獨立計算，顯現出資源班在教育財政地位上的不穩定性，這是未來所必須重視的一個現象。

問題討論 ✳

1. 「教育的目的」為何？普通教育對於教育目的的看法對特殊教育產生何種影響？
2. 教育行政的內涵為何？
3. 教育哲學對特殊教育教師有何影響？
4. 請敘述特殊教育由隔離到融合的演變歷程。
5. 請敘述教育財政分配的原則。

 參 考 文 獻

王文科（2000）。特殊教育的定義、發展與趨勢，載於許天威、徐享良、張勝成（主編），**特殊教育通論**（頁 1-38）。五南。

王家通（1995）。**教育導論**。麗文。

毛連塭（1998）。**特殊教育行政**。五南。

台北市政府（2011）。**特殊教育科組織與執掌**。http://www.edunet.taipei.gov.tw/public/Data/151211173471.pdf

立法院（1997）。**特殊教育法修正草案評估報告**。作者。

伍振鷟（主編）（1989）。**教育哲學**。師大書苑。

何華國（1987）。**特殊兒童心理與教育**。五南。

何華國（2000）。**特殊兒童心理與教育**（第三版）。五南。

林三木（1993）。**特殊教育行政**。五南。

林天祐、王博弘、吳玉明、陳政宏、劉惠玲、劉宜容、王玉麟、許傳德、高家斌、簡賢昌（2004）。**教育政治學**。心理。

林文達（1986）。**教育財政學**。三民。

孫國華、施宏彬、林乃慧（2006）。**教育學導論**。麗文。

張良丞、王保進、許添明（2010）。以學生學業成就評估國民小學教育經費適足性：以台北市為例。**教育與心理研究，33**（4），109-136。

教育部（1997）。**國民教育階段啟智學校（班）課程綱要**。作者。

教育部（2021）。**十二年國民基本教育特殊教育課程實施規範**。作者。

陳迺臣（1994）。**教育哲學**。心理。

陳迺臣（1997）。**教育哲學導論：人文、民主與教育**。心理。

陳碧玉（2008）。啟聰教育經費補助公平性初探，**教師之友，49**（4），85-91。

許添明（2003）。**教育財政制度新論**。高等教育。

黃光雄（1991）。**教育概論**。師大書苑。

黃昆輝（1988）。**教育行政學**。東華。

黃昆輝（2002）。**教育行政學**。東華。

溫明麗（2008）。**教育哲學：本土教育哲學的建構**。三民。

詹盛如（2008）。台灣教育經費的現況分析，**教育資料集刊，40**，1-25。

蓋浙生（1989）。**教育財政學**。東華。

蓋浙生（1999）。**教育財政與教育發展**。師大書苑。

蔡義雄（2000）。教育的本質。載於陳迺臣（主編），**教育導論**（頁 1-54），心理。

謝文全（2003）。**教育行政學**。高等教育。

鍾素香（2000）。美國對「限制最少環境」理念的發展與實踐。**中山大學社會科學季刊**，2（1），143-153。

簡成熙（2002）。**教育哲學導論**。五南。

簡成熙（2004）。**教育哲學：理念、專題與實務**。高等教育。

Kirk, S. A., Gallagher, J. J., & Anastasiow, N. J.（2001）。**特殊教育概論**（黃裕惠、佘曉珍譯）。雙葉。（原著出版年：1996）

第 **4** 章

社會學

沈慶盈、蔣明珊

✳

前言

　　在人類群居形成社會之後，每一個人的一生幾乎皆無法脫離社會文化的影響，發展遲緩兒童與身心障礙者也不例外。因此，如要開發特殊教育需求學生的潛能，自然要了解社會對發展遲緩兒童與身心障礙學生及其家庭的影響，以能滿足他們的需求。事實上，特殊教育為了達成其專業目的，從不同的專業領域，包括教育學、醫學、心理學及社會學等學科，借用其知識與理論來建構自己的知識體系，只不過在實務上，社會學似乎不如其他領域來得受重視。Tomlinson（1982）就指出，當前特殊教育的主流觀點（dominant perspective）可被描述為醫療的、心理的、行政的和教育的，尤其是處方教育的（prescriptive-educational）；在實務的運作上，特殊教育並未受到太多社會學理論觀點的影響。而即使時至今日，此種情況在台灣似乎沒有太大的改變，張恆豪（2007）即認為，特殊教育領域的學者通常從生物醫學的觀點來定義身心障礙學生的特殊需求，而忽略了「特殊需求」是一種社會建構過程，亦無視於身心障礙的社會文化意涵。影響所及，特殊教育教師亦很少會從社會學理論的角度來思考身心障礙學生的問題與需求。Tomlinson（1982）認為，我們有必要從較廣的社會、歷史及政治的觀點，來了解影響特殊教育的政策、實務與過程。社會學分析能用來解讀特殊教育體系的結構、運作過程與社會關係，促進更適當的實務模式的發展。特殊教育相關人員應具備社會學的敏感度，使提供的服務能超越

個人,進入他們所處的社會。因此本文的重點在介紹社會學的一些重要理論觀點及其對特殊教育相關議題的看法。第一節將簡單介紹社會學的內涵及其在台灣的發展,第二節介紹社會學理論中對於教育相關議題探討較多的理論觀點,第三節探討不同理論在教育及特殊教育相關議題的應用。

第一節 社會學的內涵與發展

♥♥♥ 壹、社會學的性質

社會學是一門有系統地研究社會關係或人與人之間互動的科學(蔡文輝,1991;謝高橋,1982)。人是社會的動物,所有的人每天從起床到就寢的各種行為,幾乎都受到社會文化的影響,而這些影響是從小到大,不斷透過家庭、學校、職場等各種社會機構的規範與人際互動,應用讚許、獎勵及處罰等各種方法來灌輸給我們,於是我們在成長的過程學到在不同的場所與情境該如何表現、有哪些規範應遵守、要如何與人相處及互動。社會學家認為個人的行為會受到團體規範及社會結構的影響,因此社會關係與互動歷程存在有一定的模式,而不是因人而異或隨機發生的。社會學的研究即在尋找不同情境下的互動形式及其背後的社會層面的影響因素。換言之,社會學所研究的就是「個人與社會脈絡之間的關係」,也就是試圖將個人的生活經驗與整體社會結構和型態加以連結,這就是社會學家所謂的「社會學的想像」(sociological imagination)(王振寰,2021)。

整體而言,社會學是從社會層面來分析與解釋人類行為與互動關係,這是社會學與心理學、政治學、經濟學、人類學、社會心理學等其他社會科學即使研究領域重疊,但彼此仍有所不同的地方。例如失業問題,社會學家所考量的不是個人的能力問題,而是整體社會結構與經濟條件的影響,畢竟能力相同的人由於外在經濟條件與本身社會關係的不同,其發展可能會有很大的差異。

社會學用科學的方法和理論去研究社會生活的各種現實與狀況。由於社會生活所包含的面向很廣,從家庭、團體、組織、社區、城市、市場、政黨、政

府、國家，到全球的社會趨勢與潮流等；內涵亦十分複雜，例如：社會關係與人際網絡、社會化、社會控制、社會變遷、社會階層與社會流動、社會制度與社會運動等，使得社會學的研究範圍非常龐雜。因此，一般人當然不容易了解何為社會學。為統整社會學的研究範圍與主題，詹火生（1992）將社會學的研究範圍依研究現象的性質、研究目標及研究內容三項指標來加以分類：

1. 依研究現象的性質可區分為社會靜學與社會動學兩類。社會靜學主要研究家庭結構、團體組織、科層體制等社會結構與社會制度之間的相互關係。社會動學則研究社會發展的法則與互動過程，如合作、競爭、衝突與社會變遷等。特殊教育相關的社會學研究在此兩類中皆可發現。

2. 依研究目標可區分為理論社會學與應用社會學兩類。理論社會學試圖從社會事實中發現群體生活的原理原則，如古典社會學理論、現代社會學理論、批判社會學、女性主義、後現代主義等。應用社會學則是根據理論來探究現實生活，以了解、預測及改善社會，如福利社會學、障礙社會學、醫療社會學、教育社會學等。特殊教育相關的社會學研究主要是屬於應用社會學的範疇，但相關研究不多，並未成為一個次領域。

3. 依研究內容可分為普通社會學及特殊社會學兩種。普通社會學是敘述社會研究的方法及社會現象的一般原理法則，包括社會學史、社會學方法論及社會學理論。特殊社會學則是研究社會某一特定層面的現象或問題，可進一步細分為：(1)社會問題與社會病理學；(2)社區研究、鄉村社會學、都市社會學及工業社會學；(3)家庭、婚姻及社會制度；(4)種族及民族關係；(5)人口學、人文區位學及區域社會學（詹火生，1992，頁 6）。特殊教育相關的社會學研究如要歸類的話，應屬於特殊社會學的範疇，不過特殊教育在社會學亦並未受到太多重視。

　　王振寰（2021）則認為，不同的社會學領域可以依其研究主題的範圍，區分為微視社會學（microsociology）及鉅視（宏觀）社會學（macrosociology）兩類。微視社會學主要觀察小範圍或不同單位間的互動，研究範圍包括社會化、溝通、團體動力及社會網絡等。就特殊教育而論，相關的研究主題可能包含特殊學校、特殊班、資源班及融合班等不同單位間或單位內的行政人員、普通班教師、特殊教育教師、特殊學生、普通班學生、家長及其他專業人員間的合作

或衝突關係。鉅視社會學的分析單位則主要為國家或社會整體，研究範圍則包括經濟和階層結構、社會整體變遷和社會制度等。特殊教育相關的研究主題則可能包括特殊教育的制度、體制結構、文化與課程結構，及特教教師的專業意識與地位等。

♥♥♥ 貳、社會學的發展

一、社會學的起源

　　社會學的起源與 18 世紀的工業革命及法國大革命有很密切的關係（詹火生，1992）。工業革命所導致的生產結構與生產關係的改變，及法國大革命所造成的社會動盪，使歐洲的哲學家開始尋求解決社會問題與重建社會秩序的原則與方法，因而促成社會學的發展。此外，一門學科的出現必須立基於先前的思想及知識來源，而不會是突然憑空出現；至於影響社會學觀點誕生的知識背景包括批判理性主義、人道主義、實證主義及意識型態等四種（謝高橋，1982）。

　　「社會學」這個名詞是由孔德（Auguste Comte）所創造出來的。孔德強調科學性的實證取向，他主張歷史事實與社會現象具有共同的法則，所以可以科學方式來處理。他的主要貢獻是試圖使用自然科學的研究方法來探討社會現象，結果促使社會科學脫離人文藝術領域而獨立，因而被尊稱為社會學之父。除了孔德之外，早期對社會學的發展有貢獻的學者還包括史賓塞（Herbert Spencer）、涂爾幹（Émile Durkheim）、馬克思（Karl Marx）及韋伯（Max Weber）等人（王振寰，2021；詹火生，1992；蔡文輝，1991；謝高橋，1982），一般稱他們為「古典的社會學家」。

　　史賓塞與孔德一樣將科學視為獲得知識的唯一理性途徑，他把達爾文的演化論觀點應用於社會各層面，探討親族、宗教、政府等社會制度的演化。此種強調以經驗、實證和科學方法來探究社會現象的方法學被稱為實證主義。涂爾幹是針對特定的社會問題（如自殺），進行科學研究的先驅。他提出社會集體意識的概念，並以社會分工論來說明社會從簡單、同質的機械連帶（mechanical solidarity）轉變為複雜、相互依賴的有機連帶（organic solidarity）的型

態。他對社會學的主要貢獻是使社會學發展成一門正式的學術性學科（蔡文輝，1991）。馬克思認為社會學理論的目的在於實踐（praxis）以改變社會（王振寰，2021），他對於社會階級結構的強調則影響到社會學衝突理論的建構與發展（詹火生，1992）。而韋伯則不僅拓展了社會學的研究領域，更奠定社會學方法論的基礎。他的主要貢獻包括提出「理想型態」（ideal type）的概念來分析社會行動，重視宗教因素對資本主義經濟發展的影響，及釐清科層制度的概念與區分權威的不同類型等（詹火生，1992）。社會學在 19 世紀末期從歐洲傳入美國才開始發揚光大，在下一節將有更多的介紹。

二、社會學在台灣的發展

社會學在台灣的發展可以分三個時期（王振寰，2021）。第一個時期是在 1950 年代到 1970 年代初期，台灣的社會學系剛開始設立的階段。這個時期的教學和研究人員主要是跟隨國民黨政府撤退來台的社會學和社會工作人員，使得這時期的社會學與社會工作不分。此外，由於大陸的主流社會學家大多沒有來台灣，加上政治因素對於教材選擇的干擾，造成這時期的學生無法接受完整的社會學教育，也使台灣社會學的發展與大陸社會學的發展關係不大。

第二個時期是從 1970 年代中期到 1990 年代初期，此時期台灣的社會學系開始設立研究所，並開始區分社會學組與社會工作組，各自分組招生。此時期的社會學者已是在台灣成長並接受社會學教育，其後才留學歐美接受完整的社會學訓練。這些學者陸續回台任教後，因覺得對於西方社會的了解遠勝於對台灣社會的了解，便以社會科學的方法來研究中國社會，而在 1970 年代中期到 1980 年代中期，形成「社會學中國化」的學術運動，企圖將中國文化的特色融入社會科學的研究。1980 年代中期之後，台灣的社會學發展有了更重大的轉變。由於更多在台灣出生成長的留學生回國，進入各大學和研究機構，加上政治社會環境的轉變，使政府對學術的壓制愈來愈小，促使台灣社會可以成為研究的主體。因此，學術空間的擴大使得許多西方的社會學理論和取向在這個時期被引進台灣，同時社會學在台灣的本土化亦加速進行，出現了許多實證研究。

1990 年代以後，台灣社會學的發展進入了第三個時期，此時許多新大學及社會學相關系所不斷增設，系所名稱也更加多元化，如社會福利、社會政策、

社會發展、資訊社會等，不過大部分集中在社會福利而非社會學方面。在此時期，台灣社會學的研究及教學人員已有相當程度的成長，研究的領域也發展到相當專業化。

　　瞿海源（1995）則將社會學在台灣的發展分為四個時期。在草創時期，由於政府懷疑社會學是社會主義而反對社會學系的設立。後來即使台灣大學及其他幾個大學設立了社會學系，但由於社會學在政治上不被當權者所接受而受到輕視，教育部又將學術取向的社會學和實務取向的社會工作放在同一個系，因而影響到社會學和社會工作兩個學術領域的發展。因此早期社會學的發展是非常艱難地慘淡經營。到了 1970 年代末期，社會學的發展進到第三期。由於在美國取得博士學位的社會學者陸續回國，使得社會學者的人數快速累積而形成一個充滿活力的學術社群，台灣社會學的發展終於有了突破性的進展，有關社會學的研究領域也有很大的擴展，包括：人口、家庭、社會階層、社會流動、族群關係、都市、鄉村、經濟社會學、政治社會學、中產階級、勞工與勞動過程、農業與農民、社會組織、企業組織、宗教、兩性、社會變遷與發展、歷史社會學、文化社會學、社會問題和理論研究等。第四個時期則是從 1990 年中期之後開展，葉秀珍、陳寬政（1998）整理台灣 109 位社會學者所出版的期刊專書論文，將其合併為人口與區位研究、社會組織與社會階層、家庭與婦女研究、政治經濟與社會變遷、社會理論與社會思想、社會心理學、社會福利、文化與宗教，及其他等九項專長或領域，但彼此間有相當的重疊性。

　　劉阿榮（2004）指出，社會學發展的主要特色有三項：(1)社會學與現代社會密不可分；(2)社會學與本土（在地）化相結合；(3)社會學與其他學科的關係更加密切。換句話說，社會學的研究主題會隨時代而變遷，研究題材與內容會以當地的生活為主，且愈來愈強調跨專業與學科領域的整合。藍佩嘉（2021）則認為社會學者不應只寫華麗詞藻和晦澀文句的學術論文，應該花費一些心力發展公共社會學，嘗試接觸更廣泛的社會大眾以傳遞更多的觀點。台灣社會學會所經營的「巷仔口社會學」網站主要就由社會科學學者發表文章，推廣社會學知識，讓社會大眾可以聽到更多元的聲音，也許這會是未來社會學在台灣的發展趨勢。

三、教育社會學在台灣的發展

　　教育社會學是社會學的分支中，與教育的關係較為密切的一支。教育社會學誕生於 19 世紀末 20 世紀初，且自 1970 年代以後，相關研究的進展在歐美十分迅速，並已成為社會科學研究的重要領域之一。教育社會學知識體系的發展，除了社會學家將教育當作一種社會制度進行研究外，還包含教育學家對教育體系的批判及對教育與社會互動的研究。

　　教育社會學主要將教育視為一種社會現象和社會系統，研究它與其他社會系統之間的關係。主要的研究內容包括：(1)教育與社會結構的關係：教育與經濟發展、政治、社會階層化、社會變遷與文化的關係；(2)教育與社會化過程的關係：探討教育在個人社會化過程中的功能，並對相關的角色結構進行分析；(3)學校與社會的關係：學校與外界環境，如家長與社會的關係等；(4)學校本身的結構和組織。

　　但由上述台灣社會學的研究領域並未列出「教育社會學」項目，可知教育社會學仍舊不是台灣社會學的主要研究領域之一。張建成（2001）指出，台灣的教育社會學向來受到社會學家的漠視，他將教育社會學在台灣的發展分為三個階段：

1. 第一個階段：1960 年代的萌芽期，此時期的台灣教育社會學主要是基於師資培育機構之教學需要，重點在於整理美國、日本及過去大陸時期的文獻資料，缺乏穩固的學理及研究基礎。

2. 第二個階段：自 1970 年至 1980 年代中期的奠基期。在此時期，教育社會學的學科架構大致確定，例如：林清江（1970；引自張建成，2001）認為教育社會學的研究領域主要為社會過程與教育、社會結構與教育、社會變遷與教育、學校的社會結構及其與社區的關係、教學社會學等五項，至於班級教學、課程及評量等教育知識社會學的議題則未受到關注。此外，這個時期的研究取向受到政治環境的影響，主要是以結構功能論的和諧觀點及科學實證主義的思維為主導，實際的研究議題集中在教育機會均等、教育階層化、教師地位與角色、學生文化、師生關係等主題（李錦旭、張建成，1999）。

3. 第三個階段：自 1980 年代中期之後，隨著台灣政治的解嚴開放及社會運動的

風起雲湧，教育社會學研究也邁入了開展期。此時期在理論、方法論及研究主題等方面，都有加深、加廣的趨勢，結構功能論不再是唯一的主導理論，各種不同的理論，像新馬克思主義、女性主義、後現代主義、再製論、抗拒論、批判理論、戲劇論等學說，幾乎皆有人撰文介紹與討論。此外，實證社會學、詮釋社會學與批判社會學等不同方法論的觀點，亦皆有學者實際運用於研究之中。而且，專業學術團體及學術期刊也已正式出現。不過，台灣的教育社會學與西方國家比較起來，還未擺脫邊陲的地位，且仍為過多的引用與移植及過多的結構功能論色彩所苦，還有很多地方亟待開拓。

至於特殊教育的範疇比教育更為狹窄，在教育社會學受到忽視的狀況下，可推知台灣有關特殊教育的社會學研究更是缺乏。此外，台灣社會學家亦習慣將特殊人口群的問題歸為「社會問題與社會福利」的範疇，往往認為身心障礙議題與社會學似乎沒有直接的關聯，而忽略對於身心障礙人口的研究與理論分析，因此在台灣社會學的發展過程中，有關身心障礙概念的研究與討論非常稀少與薄弱（王國羽，2005）。至於特殊教育本身則往往從醫療與發展的角度，來理解身心障礙學生的問題與需求，致使台灣特殊教育教師及相關專業人員，往往不會從社會學的角度來思考身心障礙學生的需求。可喜的是，近年來台灣特殊教育領域運用社會學觀點進行的實證研究開始出現，期待未來能持續發展。

●●● 參、社會學理論的多元視角與分類

理論（theory）是一套邏輯地連結在一起的概念或陳述，一組用以組織和解釋社會現象的架構或觀點（perspective）。社會理論可以濃縮並組織關於社會的知識，使人較易思考與了解社會的運作。應用理論來理解社會現象將有助於我們了解人類行為的模式及預測結果，聚焦於個人及社會的互動歷程，類化及區辨經驗，並能影響社會政策的制訂，及指出未來的研究方向。

由於社會非常複雜，不同的學者因此各自採納不同的理論觀點來解釋及了解社會。西方社會學的理論隨著各時代的關注議題、哲學思想和經驗累積而發展，向來是相當多元的。如今經過一百多年，已建構出許多眾說紛紜，甚至南轅北轍的理論，例如：功能論者用社會結構來解釋社會現象；符號互動論者著重於探討人們如何理解別人；馬克思主義者或新馬克思主義者，則以階級鬥爭

來解讀社會狀況。這些理論非常繁雜，且每個理論各有其能適用的範圍與解釋的社會現象，為了增進對於社會學理論的了解，我們可以將理論加以統整與分類。

　　Neuman（2000/2002）將社會科學的方法論或研究取向分為實證社會科學、詮釋社會科學及批判社會科學三類。實證社會科學是應用最廣的主流取向，它以追求精確的法則為目標，認為社會實體是真實的、穩定的，研究者必須避免主觀的評價。服膺實證主義的社會學理論主要有結構功能論及交換理論。詮釋社會科學則認為人類社會有獨特的意義、符號、規則、道德規範及價值，且人具有自由意志並會賦予自己行為主觀的意義，因此無法用自然科學的方法來理解，而必須透過參與觀察及實地研究來詮釋社會行動的動機、過程與後果間的意義關聯。遵循詮釋取向觀點的社會學理論主要有建構主義及符號互動論。批判社會科學則試圖融合「法則」與「表意」兩種取向（Neuman, 2000/2002）。批判社會科學相信社會真實存在，但認為它會因社會、政治、文化等因素的形塑而改變，造成社會真實改變的力量來自於社會關係或制度的緊張、衝突或矛盾。批判社會科學的研究取向常會令人聯想到的社會學理論有衝突理論、女性主義及批判理論。

　　理論學派的分類亦可依照年代、國家別、理論主題或主要概念、對社會的定義及主要代表學者等不同原則來進行。其中以理論主題或主要概念的分類方式最為普遍，如功能學派、衝突學派、交換學派、符號互動學派、女性主義、後現代主義等。此種分類方法的優點是可將複雜的社會學理論濃縮成幾大家，有助於研究者得到一個較完整的理論架構的概念（蔡文輝，1991）。值得注意的是，不同學者歸屬於同一學派主要是因其重視相同的主題，並不代表其在理論觀點上具有共識，有些甚至有很大的分歧（顧忠華，1999），因此不可誤以為同一學派具有同質性的觀點。本章下一節將介紹社會學的重要理論派別，不過限於篇幅，在此僅介紹結構功能學派、衝突學派、符號互動學派及後現代主義四個對教育著墨較多的理論觀點。

第二節 社會學的主要理論學派

　　社會學家對相同的社會事件可能會有不同的關注焦點或解釋，進而形成不同的理論觀點。結構功能論（structural functionalism，或稱和諧理論學派）、衝突論（conflict theories）與符號互動論（symbolic interaction，或翻譯成象徵互動，又稱解釋論學派）是社會學的三大理論學派，而後現代主義（postmodernism）已是當前流行的一種思潮，也是對現代主義社會、文化的反映，這些理論也是教育社會學的主要理論基礎。此外，陳添球（1999，頁 153）指出：「社會學理論」與「教育社會學理論」在「教育社會學」中總是交融應用。因此本節直接介紹相關理論觀點，不區分兩者。

♥♥♥ 壹、結構功能論的觀點

　　結構功能論學派是最早發展，且至今仍居於重要地位的社會學理論觀點之一。此學派的目標是小心、客觀地檢驗社會現象以發現社會行為的一般法則。結構功能論著重於探討大規模的社會結構、社會制度、社會結構與社會制度間的相互關係，及他們對行動者的強制效果（Ritzer, 2002/2004），換言之，結構功能論者所主要探究的問題，在於社會系統的不同部分如何相互聯繫及如何對社會做出貢獻，也在於探討社會如何將人安置在階層體系的適當位置，並強調道德共識在維持社會穩定和秩序的重要性。結構功能論者從功能的角度來探討社會結構，將社會視為一個有組織的有機結構體，所有在此結構內的各機構（部門），對於整體社會的生存皆具有特定的正向功能，彼此的功能與運作並不互相衝突，成員間具有和諧（consensus）與相互依賴（interdependent）的關係及同質的特性。

　　早期結構功能論的發展主要是受到孔德、史賓塞和涂爾幹等人的影響。其共同點是他們皆採納涂爾幹的「整體論的社會圖像」（Baert, 1998/2007），以整體社會為研究對象。至於將結構功能論發揚光大的則主要是美國的派深思（Talcott Parsons）與莫頓（Robert Merton）。派深思致力於建構能夠解釋所有

人類行為的巨型理論，他認為互相關聯的功能會構成一個功能體系。莫頓則認為團體、組織、社會和文化皆是結構功能分析的重點，分析對象則是特定社會結構與過程的因果關係。不過莫頓認為各部門的所有社會功能不一定全是正向的，有可能是正向、負向（反功能）或無關（邱澤奇，2020）。此外，功能也有可能是顯性的（有意達成的正向結果）、隱性的（無意圖下達成的正向結果）或非預期的後果（意料之外的結果）。

在教育社會學方面，涂爾幹最早運用結構功能論的觀點來探究教育的功能。他認為教育的主要功能是對新生代進行社會化，使其變成社會的一份子，不再以自我為中心（謝高橋，2004），以維繫社會生存。派深思則運用社會學的觀點分析學校班級體系的主要功能，他認為透過「社會化」與「選擇」的功能，「學校可以為社會培養具有共同價值與信念，以及適當工作能力的人才，進而促進社會的統整與發展」（陳奎憙，2007，頁 24）。

結構功能論屬於鉅觀的大理論，它傾向於研究鉅觀的社會結構，並建立一套概括性的理論論述來解釋整個社會行動。一般而言，結構功能論者著重社會結構及其功能對其他結構的影響與重要性，藉由結構與結構之間的關係論述來解釋社會。結構是指一種有組織及持續的社會關係（如教育系統）。功能則是指幫助某一特定系統適應或調適後可觀察到的結果。此理論認為人們日常生活中的行動是受到存在於社會結構中的價值規範所約束，因此人們如何去詮釋社會結構中的價值規範是不重要的，重要的是社會結構中的價值規範如何期待人們的行動（陳迪暉，2001）。結構功能論者強調既有社會結構的合法化和合理化，認為社會是穩定和諧的，不易有所變遷。此外，社會為了能夠發揮功能，它需要安置每個人在社會結構中的適當位置。而較高的位置對社會生存較重要，需由較有能力的個體負責，因此社會需提供較多且足夠的報償，以激勵其達成該位置的使命。

結構功能論強調社會各部門各司其職，運用有秩序的社會階層來描述社會結構，並提出功能互惠原則來解釋社會的運作。這些觀點有助於社會穩定，亦是此學派的優點。不過社會結構可能不只有一種功能，某種功能也不見得只有一種結構才能展現，因此結構與功能的關係是很複雜的，不見得完全符合結構功能論者的解釋，使得結構功能論受到很多的批判，主要包括：(1)使已占據特

權位置的人更永久存在；(2)階層化在未來並非一定必須存在；(3)不同位置對社會的重要性不一定有所不同；(4)倒果為因的目的論（teleological）；(5)強調社會文化的整合力量，而忽略衝突與分解力量。由於這些缺失，結構功能學派沒落了一陣子，但在 20 世紀 80 年代以後，有一些學者試圖融合功能學派與其他學派的觀點，而發展出所謂的新功能主義（Neofunctionalism），使結構功能學派得到復興。

♥♥♥ 貳、衝突論的觀點

　　結構功能學派從功能的角度探討社會結構，強調均衡、和諧、一致、秩序與穩定等概念。但是真實世界並不見得如此平靜，因此在 1960 年代末期有一些學者質疑此種觀點，他們批評結構功能論將社會發展的現狀視為無可避免的結果，並給予合理化的解釋，而忽視其發展的過程及人類活動中的權力關係。此派學者否定同質的觀點，認為社會經常面臨衝突的情境，因而強調對立、衝突、變遷和破壞（張德永，2002）。如今衝突論可說是功能論外最有影響力的一種社會學理論。

　　姜添輝（2000）認為，衝突論者深受馬克思思想所影響，故被稱為馬克思主義（Marxism）；因其以衝突（conflict）、控制（control）、支配（domination）的觀點來解釋社會現象，故又稱衝突論（conflict theories）；而由於馬克思及其後的追隨者皆採取激進的革命手段與批判立場，所以又名左派批判論（radical/critical approach）。宋林飛（2003）則將衝突理論與批判理論分開，認為衝突理論主要是受到齊穆爾（Georg Simmel）及韋伯的影響，受馬克思的影響不大；批判理論才真正受到馬克思的影響。不過在教育社會學領域的衝突理論，主要受到馬克思主義的啟發。

　　衝突論的代表人物是考舍（Lewis Coser），他認為衝突具有五種功能：(1)對社會與群體具有內部整合的功能；(2)對社會與群體具有穩定的功能；(3)對新群體與社會的形成具有促進的功能；(4)對新規範和制度的建立具有激發功能；(5)衝突是一個社會中重要的平衡機制（宋林飛，2003）。而「社會合法性的撤銷」是社會衝突的主要原因，當人們對社會的現有制度或稀少資源的分配方式之合法性愈產生懷疑或缺乏信心，他們就愈有可能起來鬥爭，而且相對剝奪比

絕對剝奪更可能引起不公平感（宋林飛，2003；張德永，2002）。

　　達倫道夫（Ralf Dahrendorf）的社會衝突模式認為衝突是社會變遷的動力。社會組織的所有單位皆在不斷的變遷，只要有社會生活就會有變遷，因此社會衝突及其所引起的變遷是正常現象。當社會組織彼此連結不變時，並不是因其具有共識，而是基於權力不平等造成某一方對另一方的統治與壓抑，而此種壓抑力量就是產生衝突的動力，因此，只要有劃分階級的社會結構存在，就一定有衝突產生（宋林飛，2003）。

　　從衝突論的觀點來探討教育功能的理論很多，其共通的觀點是認為教育的功能是「再製」，也就是產生階級不平等的機制（陳添球，1999）。如今以再製的概念來批判教育與學校已是教育社會學的重要研究領域，如包爾斯（Samuel Bowles）與金帝斯（Herbert Gintis）提出社會再製（social reproduction）理論，他們主要探討資本主義經濟制度與學校教育之間的關係（陳明和、郭靜芳，2004），認為教育的實施不僅是社會不平等的再製機制，且為社會階級之間的不平等尋求合理的藉口，以維繫資本主義的存在（陳奎憙，2007）。布爾迪厄（Bourdieu, 1973；引自蘇峰山，2005）的文化再製（cultural reproduction）觀點探討文化在再製過程所扮演的角色，此觀點認為教育透過文化再製的過程複製社會結構中的階級關係，其運作機制除了在熟悉文化專斷家庭成長的學生因具備較豐富的文化資本（cultural capital），而容易在學業上獲得成功之外，劣勢階級的學生也會將其較差的教育機會合理化，而自我排除在較高的教育系統之外。華勒（Willard Waller）則採取衝突論的觀點來研究學校的文化，他將學校的師生關係視為一種制度化的支配—從屬關係，教師會運用命令、處罰、管理、生氣、成績等進行社會控制，但沒有完全有效的方法，師生間的對立與衝突會一直存在（謝高橋，2004）。

　　雖然衝突學派有許多不同的分支，基本上皆強調社會結構的不和諧、衝突與對立，及其對個人的不當對待。此學派雖然解釋了社會變遷，但也遭受到許多批判，包括：(1)此學派所認為的產業是由個別資本家所擁有或控制，與現今社會環境並不相符；(2)此學派過度強調主宰者及從屬者之間的緊張關係，忽略了其他歷史和社會因素，及社會中存在的穩定與維持的力量；(3)此學派過度重視社會力量而忽略個人層面，導致其忽略立即性的個人需求，且無法兼顧不同

利益團體的差異；(4)此學派較像一種意識型態，而非理論，因其難以用實證方法檢證其效果，且缺乏統整的觀點與行動策略。

❤❤❤ 參、符號互動論的觀點

符號互動論起源於 20 世紀中期，其主要在探究人與人之間面對面的互動過程，以及引起或改變這些活動與過程的主觀反應。此派學者認為人與人之間是以有意義的符號（symbol），如語言、手勢、表情等作為進行互動與溝通的媒介（陳迪暉，2001；蔡東鐘，1999）。換言之，符號互動論是一種偏重微觀、個人及反實證的主觀社會學，與結構功能論和衝突論兩大學派所採取的鉅視觀點不同。符號互動論認為所有組織、文化，和群體中的人們皆持續地透過互動解釋他們周遭的世界，而他們對情境的解釋和定義進而決定了他們的行動，因此「社會結構是許許多多的個人理解與行動的結果，社會過程是人把主觀的意義賦予客體並做出反應的過程」（宋林飛，2003，頁 242）。個人的行為會直接或間接影響社會結構，個人亦會受到社會結構的影響，而持續修正自己的言行（胡永崇，1993）。

陳迪暉（2001）指出，符號互動論早期源於芝加哥學派，其中以米德（George Mead）的貢獻最大。米德提出自我（self）、姿勢、符號、概化他人（generalized other）等概念，奠定符號互動論的基礎。布魯默（Herbert Blumer）則在 1950 年代將符號互動論發揚光大。「符號互動」一詞源於布魯默的《人與社會》（*Man and Society*）一書，他將符號互動定義為：「兒童如何由人們或團體所共有的象徵及理解系統中學習和認知」（蔡東鐘，1999）。

符號互動論的基本觀點為：(1)符號是社會互動的媒介；(2)人們透過對符號的定義與理解進行互動與溝通；(3)符號互動包含行動者積極創造的過程；(4)符號互動創造、維持與改變社會組織、結構與制度（宋林飛，2003）。此學派認為社會是一個動態的實體，社會的運作展現在人們的日常生活，而不是存在於社會系統的鉅視結構中。由於人們在日常生活的過程具有某種程度的自主性存在，此種自主性讓人能夠解釋其自己或他人行動所具備的意義，這些意義是從人們與他人互動過程所累積的經驗中認知而來的。人們會主動地藉由與他人的互動而解釋與創造其經驗的意義，因此分析一個人的社會行動必須包含其對情

境意義的認知與解釋。個體行為深受經驗與情境的影響，因此，在某種情境下，不同的人對相同事件會有不同的看法；同樣地，同一個人在不同的情境下，對相同的事件亦可能有不同的看法（蔡東鐘，1999）。此外，符號互動論傾向於將人際關係視為一種衝突的情境，在此情境中互動的個體皆有各自的目標，因此會採取各種不同策略以使他人接受自己對情境的定義（蔡東鐘，1999）。

　　符號互動論之分支包括高夫曼（Erving Goffman）的劇場理論、貝克（Howard Becker）的標籤理論，及俗民方法論等。高夫曼的劇場理論（dramaturgical theory）運用戲劇與舞台的比喻，來分析與研究個人的日常行為。他認為社會是一個戲劇舞台，每個人皆是演員，「社會體系」則是劇作家，人的社會行動會受到社會體系對各種社會角色規範的限制，因此會表現合於劇情的行為，而其目的則是在他人心目中塑造一個自己所希望的印象，亦即人會透過進行印象整飾或管理來展現自己的理想化形象。

　　貝克的標籤理論（labeling theory）則認為偏差行為並不是絕對的，而是相對的。行為只有在經過社會確認及標記（尤其是公開地貼上標籤）之後，才會被歸為偏差行為（胡永崇，1993）。換句話說，世界上並無所謂的「偏差行為」，而是經過社會，尤其是具有控制能力的機構加以界定之後，某種特定行為才成為偏差行為。而被貼上標籤之人，會以此標籤作為他最有力的角色，並以符合該角色的行為與他人互動，結果則進一步被人排擠，反而影響到自己的自我形象。標籤理論對於了解學校教育的日常過程，及其對不平等情境的製造與維繫有重要貢獻，例如：教師依據學生的性別、族群及階級等類別，會影響教師對學生的期望，進而影響學生對自己的看法。

　　在教育社會學領域，符號互動論者強調師生思想及行為中的「自主性」及「主動性」，師生能某種程度地決定自己的角色，進而「創造」出彼此的互動過程與型態。此學派重視人們對於日常活動所賦予的「意義」，並強調「互動與磋商」的重要性。布雷克里治與杭特（Blackledge & Hunt, 1985；引自陳奎憙，2007，頁34）分析師生關係的模式來說明師生互動的過程如下：

1. 教師由「自我觀念」和「對學生的認識」來決定教室組織規則與教學內容。
2. 學生亦由「自我觀念」和「對教師的認識」來「解釋」教師所決定之教室組織規則及教學內容的意義。

3. 學生根據其所「解釋」的結果產生「反應」。

4. 教師「解釋」學生反應的意義。

5. 教師進一步認識學生或修正之前決定的教室組織規則及教學內容。

對符號互動論者而言，其關注的焦點在於行動者與這個世界的互動，因此主張行動者與這個世界均是動態的過程，而非靜態的結構。符號互動論的貢獻為其在實證與批判取向中開創一個新的觀點。它認為沒有客觀的結構能自外於個人經驗，社會生活是個人與他人互動所建構起來的，因此強調人群機構在社會改變過程中所扮演的角色。至於符號互動論受到的批判包括它缺乏完整的理論系統、過於重視個體的互動，及過分強調主觀因素、忽略機構的功能或社會結構的因素等（蔡東鐘，1999）。

●●●● 肆、後現代理論的觀點

理性與創新是現代社會進步的基礎，而隨著後工業社會來臨，現代化理論所強調的一致與穩定的理性結構受到挑戰，各種社會政治運動和反文化在 1960 年代於西方社會蔓延，到了 1970、80 年代，社會經濟與文化更是發生劇烈變化，許多人感受到了社會文化的矛盾，甚至斷裂，便對現代主義的普遍理性與統一規範等信念提出質疑，認為進入了後現代社會。至於什麼是「後現代」？多數的後代思想家並不願意下定義，因為定義本身所用的標準，如客觀、合理等，正是後現代主義思想家所要否定與排除的（宋林飛，2003）。基本上，後現代主要是針對現代社會的黑暗面或弊端加以批判、質疑與否定，其所批判的是由主體的膨脹所發展出來的「權力的膨脹」，也就是權力的絕對化；所質疑的是表象（如購物），也就是要呈現真實（如欲望）；所否定的是現代的「理性」成分，不再談主體的意義、客觀的知識等各種後設的大理論（沈清松，1993）。

既然後現代社會的歷史傳承與文化型態皆跟以往不同，自然需要新的概念架構與理論模式來探討解讀，有關後現代社會理論的發展亦隨之成為熱門的議題。後現代理論是指「不同於現代理論的一種思維方式，也可以說是解釋後現代性的理論嘗試」（宋林飛，2003，頁 466）。一般而言，現代理論依循理性主義，探討普同真理，後現代理論則尊崇透視主義和相對主義，認為所有發現

皆會受到歷史和語言的限制，只能呈現部分真實，因此鼓吹不一致性、多元性和片斷性等。楊生平（2020）認為後現代理論的主要取向為：(1)以內在性取代客觀性，(2)以不確定性替代確定性，(3)以過程性取代結果性。宋林飛（2003）則指出後現代理論具備：(1)反對整體化，(2)反對單一的理論視角，(3)重視話語分析，(4)否定建立客觀的社會學的可能性等傾向。

　　傅柯（Michel Foucault）是後現代理論的先驅，他認為後現代主義是對現代主義的批判與反思。傅柯的論著主要是對於支配與壓制的反抗，他從歷史中被定義為反常、變態的現象著手，並以話語分析作為解構現代性的突破口，通過對日常話語風格的分析，藉以發現存在於知識和傳統中不平等的社會關係（宋林飛，2003）。在其著作《規訓與懲罰：監獄的誕生》一書中，他從控制人的技術著手，認為在一社會中，人們受控制與限制的情況是很普遍的，也就是所謂的規訓社會（disciplinary society），人們在隨時可能受到監視的狀況下，結果會自己控制自己，並制止自己從事那些如果被發現就可能受懲罰的行動（Ritzer, 2002/2004）。而現代社會因為更新、更有效的規訓規則與方式被創造出來，並存在各種環境中，如監控設備，因此懲罰反而更加普遍，人們沒有過得比較人道和自由。

　　後現代主義的教育社會學觀點認為整個社會文化都存在著典範轉移的問題，因此除了要了解社會文化的新知識與理念外，更要了解其對教育思維與目的所造成的影響。傅柯的「知識—權力」理論對教育也有很大的貢獻。他認為知識是一種社會資本，權力與知識的關係不是單向的，而是互為構成要素，甚至權力就是知識，因為所謂真實的知識是由社會權力團體所定義及控制的（宋林飛，2003）。依照這種觀點，一些社會制度或機構（如教育機構），會透過知識體系對人們進行壓迫與控制。因此，後現代理論質疑任何權威的標準或教條的合法性，主張宰制團體不僅控制了知識的管道，也控制了判斷知識價值與合法性的標準，只有當其他團體的標準也擁有同樣權力時才能自由對話（DeMarrais & LeCompte, 1998/2007）。傅柯的觀點催化了現代主義教育的轉向。李歐塔（Jean-François Lyotard）則針對總體性、一元論和決定論等提出挑戰，主張多元、奇異、片斷。他認為知識本質的轉變導致傳統權威客觀知識的合法化危機，必須瓦解設定單一標準的「後設敘事」（meta-narratives）型態，尊重

不同學科、論述間的差異，亦即各種小型敘事都應有同等的發言權。反映在教育的涵義上，教育內容也不應是唯一、絕對的，且不需拘泥於傳統，而是應依個別社會文化的情境來訂定（林淑如，2011）。

後現代理論強調差異性、不穩定性和多元性，提升了社會對差異的包容，對於解構權力與消除社會不平等有重要貢獻，然而也有其限制之處。Drew（2023）認為後現代理論過於迅速拒絕現代主義的科學理性，畢竟科學方法在某些自然科學領域有接近真實的可能性，因此後現代理論可作為分析的鏡頭，不能奉為指導我們生活或思考的規則手冊。林淑如（2011）指出後現代理論對於後設敘事的反對，主張各種論述皆平等可能又造就另一種絕對價值。而反對普同與共識雖能提升我們對差異的敏感性，但過度強調差異可能會犧牲了共通性、連續性與有效性（林淑如，2011），而且過度重視個體的自主性及對他人的關懷，也可能容易遇到無反省性、不負責任又無限擴大自我欲望的個體。換言之，後現代理論促進人類對多元文化的重視和思考方式的改變，但其仍未建立完整的理論觀點，還有待持續發展建構。

第三節　社會學理論在教育與特殊教育的應用

♥♥♥ 壹、社會學理論在教育的應用

一、結構功能學派對教育的看法

結構功能學派認定人群間的關係是和諧的，彼此互相依賴且會表現具功能性的社會行為，因此，每項社會制度或結構皆有其功能。例如，貧窮的功能，在經濟面可使有人執行「骯髒的工作」（dirty work）；在社會面能提供階級測量的基準，確認社會的主導規範，並提供有錢人表現利他與獲得滿足的機會；在文化面則形成次文化的研究題材；在政治面則可降低政治參與，使政治體系穩定（宋林飛，2003）。陳添球（1999）認為，結構功能論的觀點可應用於對制度型式（如學校教育制度）、對特殊集合體（如社會、家庭或學校）或對角

色類型進行結構功能分析。

　　針對教育體系而言，現代教育體系的興起主要是受到工業社會發展的影響。後來由於國家介入，使得教育快速普及，在 1948 年發表的《世界人權宣言》開始把教育列為基本的人權項目之一，並明訂：「人人都有受教育的權利，教育至少在初級及基礎階段應為免費。初級教育應為強迫性質。技術及職業教育應充分提供，高等教育以公平擇才方式提供平等入學機會」（引自羊憶蓉，1999，頁 329），使得受教育甚至變成了一項公民義務。因此，從結構功能論的角度來看，教育的最主要目的在於透過社會機構對人進行社會化，使人能透過接受教育的歷程而成為社會結構中的一份子，進而消除因人口增加、工業化與都市化所可能造成的混亂。至於教育制度的功能則包含社會化功能、選擇功能、保護功能、政治功能、宗教功能、經濟功能、文化功能及階級合法化功能等。

　　台灣的教育制度一直受到政府的強力控制，教育行政體系的運作屬於高度的中央集權，課程內容則有泛政治化和泛道德化的傾向，即使在解除戒嚴之後，教育的改革仍然十分有限（羊憶蓉，1999）。即使是九年一貫課程的改革，主要仍是由政府主導與決定，並利用立法或行政命令來進行課程革新的規劃與推動（吳裕聖、卯靜儒，2004），因此台灣教育制度具有維持整體社會穩定的功能。此外，教育也是重要的培育和選拔人才的工具（羊憶蓉，1999）。學校的層級結構使人所獲得的文憑或學歷，具體地象徵了個人的知識與能力水準，因此教育程度被用來作為限制候選人才的一項資格標準。對個人而言，依自身能力所獲得的學業表現與教育程度，則是個人職業選擇與升遷的工具。另一方面，學校的課程除了傳授知識與技能外，學生也從學校生活中的同儕相處、師生互動、教室文化、校內儀式（如上下課敬禮、升旗早操……）等潛在課程（hidden curriculum）學習社會的共同生活規範和價值觀，所以學校有「文化傳遞」的功能（羊憶蓉，1999），能影響學生的人格及行為。

　　在學校組織結構方面，學校各部門的結構依功能性質則可分為諮詢、發展及後勤等，各司其職。在角色方面，則有校長、教官、校護、導師、科任教師、特教教師等，例如陳添球（1999）指出，導師角色的功能包括：直接影響全班學生、落實與執行教訓輔政策及其相關工作、提供學生做人或人格發展的楷模，

及實施全人教育。

二、衝突學派對教育的看法

結構功能論者認為學校教育是弭平不同社會階層的人教育機會不均的機制，但衝突論者則認為學校是再製社會不平等的機構（鄭淵全，1997）。早期的教育研究常將學生學習的不利因素歸咎於個人或家庭因素，如沒有足夠的成就動機、缺乏足夠的教育資源、父母親不重視教育且較少參與子女的教育等，但衝突學者試圖運用社會階級的分類方式來解釋學業成就的差異，並將其視為人類社會的不平等現象之一。

如今運用從衝突論發展的「再製」概念來批判教育與學校已是教育社會學的重要研究領域。衝突論者認為教育主要是採用合法化與社會化的手段達成再製的目標（張德永，2002），合法化是教導人們因為教育程度差異而獲得不同的階級安置與資源是合法的，使人接受其所處的地位；社會化則是教導適合資本主義或有利掌權階級的紀律、能力、價值、信仰等。由於資源分配的不平等，掌握資源者的子女可獲得較多、較好的教育，在未來也就更容易獲得特權，成為特權階級，並透過教育代代相傳。勞動階級的下一代則往往處於不利的學習位置，使得大多數這類的學童無法取得高等學歷，而僅能從事勞動工作（吳迅榮，2001；謝志龍，2014；Lareau, 2000）。此外，掌握資源者會運用其強大的政治與經濟勢力來干涉教育的內涵與運作，除了限制知識的傳授範圍外，教育所傳遞的價值觀也是有利於掌權階級，其目的在於培育順從的學生，並學習如何達成掌權者所交付的任務。

以學校課程與教學為例，學校的課程設計反映了統治階層的文化與價值觀，因此包含統治階層所認可的知識，及蘊含於知識中的合法化意識型態。社會中上階層的子女之所以比較容易成功，是因為他們的家庭文化與學校文化存在著較高的相似性及連續性。在教學過程所使用的語言與傳遞的價值觀也是中上階層子女自幼嫻熟的。在評量方面，傳統的評量內容大部分是依據統治階層的文化編製，而評量所使用的語言或是文字，也是以中上階層所使用的語言、文字為主，評量的結果也是依據中上階級的文化標準建立常模，以評斷學生的智力、性向等各方面的表現（蔡文山，2004），如此結果當然對弱勢族群的學

生不公平。

三、符號互動學派對教育的看法

　　符號互動論在教育的應用主要是以學校與班級／教室的實際生活為對象，用情境、脈絡、文化等觀點來解釋學校與班級中的互動過程，例如：同儕學生、師生、教師和行政人員等之間的互動，以便了解教育過程對個人的影響。陳明和與郭靜芳（2004）及王瑞壎（2002）皆應用了符號互動論來探討學校的組織文化中各種人、事、物的互動現象。他們認為符號互動論的觀點可以提供組織成員察覺人、事、物間微妙的互動。

　　學校是社會化的一個主要場所。符號互動論者認為社會化的概念所具有的性質包括（王秋絨，1987，頁 30；引自蔡東鐘，1999）：

1. 社會化是由互動的個人形成的動態實體，個人的社會化本質是一種社會化者（教師）與被社會化者（學生）相互影響的雙向過程。

2. 個人在社會化過程中具有主動的地位，由於個人行為是依據個人對符號的主觀解釋，而非對他人行動的直接反應，故個人具有接受、拒絕或修正他人行為影響的作用。

3. 個人社會化的主要內涵包括習得系統的意義與發展健全自我。

　　依據符號互動論的觀點，學校運用教學、獎懲、認同與模仿等方式促使學生社會化，不過學生不見得是完全被動接受，而是會透過主觀的解釋來決定是接受、修正或拒絕。因此學校不能強制要求學生遵守規範，而應增進學生角色取替的能力，使學生透過互動過程學習社會所認可的符號系統之意義，建立共同的情境定義。

　　在師生關係方面，符號互動論者認為，教師在教學過程中會藉由各種符號將其所想要傳達的知識與理念提供給學生；學生也會經由各種符號與教師互動。這種互動過程對教學有二個啟示（陳奎憙，1987；引自蔡東鐘，1999）：(1)教師應避免對學生加以標籤化;(2)師生的社會關係，即班級情境，並無法由教師所掌控，而是師生彼此磋商的結果。因此教師應檢討自己所產生的各種符號是否對學生造成負面的標籤效果，而對任何師生間的緊張與衝突關係，亦應反省自己是否運用了錯誤的符號，而使學生對教師的行為產生誤解（蔡東鐘，

1999）。此外，從劇場理論的觀點，校長、主任、教師的台前行為需要運用「專業知能」加以整飾，因此，教育人員應進行各項進修與專業學習，以拉近應具備的能力和被演出的規範、價值與行為之間的距離（陳添球，1999）。

四、後現代理論對教育的看法

隨著現代教育體制的發展，教育組織的普及性愈來愈高，專業分化愈來愈細，標準化的課程、一致性的教學、統一性的考試等，使教育體制愈來愈無法滿足個人的學習與發展需求（張文軍，1998）。後現代理論否定霸權主導的「後設敘事」及所謂的「客觀真理」，質疑標準化的知識產製，強調權力／知識的相對性和不穩定性，因此，主張以學習者為中心，重視個人選擇與參與，不再強調學生的全面發展，而是多元發展符合學生特質的片面目標等（張茂源、吳金香，2006；蔡文山，2003），引發現代教育的變革。

當前，尊重學生的多元、差異與自主已是後現代教育的主流意見（簡成熙，2003）。有關後現代理論對教育的影響，Saleh El-Baz（2017）認為主要展現在四個面向：(1)影響教師工作的性質，使學生能依據他們自己的信念去建立自我知識；(2)影響學生，使學生依賴自己去獲得知識，也改變了師生關係；(3)影響學校課程，使其與學生的需求更加相關，並增強學生自我探索的能力；(4)影響教學方法，著重鼓勵學生的創造力和自我探索。蔡文山（2003）則認為無論是在教育目的、課程、教學媒體、教育行政，甚至教師角色上，皆會有質與量的改變。在教育目標方面應更多元化，且教師在教育過程中應創造多元對話的情境，協助學生進行批判和反思，學習民主討論與公共參與能力；在課程方面應包容各種人文學科及文化課程，內容講求多元、平衡與人文精神，且課程目標是可自由變動的；教師本身也必須調適新的角色，了解並尊重學生的立場，以和學生能有效溝通；在教學方面則須考量不同背景學生的個別差異，運用創新與多元的教學策略；而教育行政科層體制的運作也需適度調整，以適應環境的變化（蔡文山，2003）。

近二、三十年來，台灣教育歷經鬆綁、去中心化、多元發展、包容差異、校本方案、增強權能等變革，具有許多後現代的特性與觀點（潘志民主編，2013），「九年一貫課程」打破不同學科的分界，「多元入學方案」解構一試

定終生的限制，「學校本位課程」多少接受後現代對知識權力的詮釋，「兩性平權教育」等也不再以知識為教學重點（簡成熙，2003）。不過後現代理論在教育的應用亦不是一帆風順，李崗（2014）認為有四點危機需要面對：「1. 後現代反系統、反理論，無法為教育的實施提供適當的指導與策略；2. 後現代否定理性自律的主體，教師與學生的角色與目標將混淆不明；3. 後現代強調知識的政治社會涵義，往往使得家長、教師、課程制訂相關人士之間爭論不休；4. 後現代缺乏價值共識，侈言教育簡直就是緣木求魚。」

❤❤❤ 貳、社會學理論在身心障礙與特殊教育的應用

一、障礙的社會學觀點

人們對於身心障礙者及特殊兒童的態度歷經一段時期的演變，從早期的摒棄排斥，到 17 世紀對不適生存者的漠視，18、19 世紀慈善性質的救濟安養，一直到近幾十年人道思想才轉變為重視特殊兒童的教育與福利（黃志成、王麗美，2000）。早期身心障礙者所遭遇的問題被視為偶發的個人悲劇，身心障礙研究則是以疾病與醫療復健為主，目的在於預防產生身心障礙人口及提供較佳的復健治療（王國羽，2003）。社會學有關身心障礙概念的發展早期也是從醫療社會學出發，探討醫學在社會整合與控制的功能及病人的社會角色（張恆豪，2007；張嘉文，2010）。

就結構功能論的觀點來解釋社會對身心障礙者態度的演變，早期社會是以「正常」的觀點來要求身心障礙者儘快脫離病人的角色，如果無法復原則被認定為一種偏差，或不具備適當的功能，因此可以從社會中加以排除或漠視。隨著慈善觀點的發展，身心障礙者被安置在與社會隔離的救濟院，此時身心障礙的社會功能主要在於提供有錢人表現慈善與獲得滿足的機會。到了身心障礙福利發展的階段，身心障礙福利結構的功能包括：(1)提供政府施行慈善政策的機會，表現國家對於人權的重視；(2)預防及減少身心障礙者的產生，以減少社會福利預算的支出；(3)協助身心障礙者適應社會生活，增進家庭及社會安定；(4)使身心障礙者亦能人盡其才，創造經濟效益（黃志成、王麗美，2000）。

從衝突論，尤其是新馬克思主義的觀點來看，身心障礙者遭受到社會排除

的對待，是因為資本主義對於統一規格的勞動力的需求，而刻意將身心障礙者從工作場所排除的結果，其後果則是造成身心障礙者被邊緣化（張恆豪，2007），例如張恆豪（2007）從文獻中發現，早期因工作而傷殘的鐵路工人被視為有經驗的象徵，會受到尊重；但隨著科學管理的發展，工傷的人被視為不遵守規則與破壞規範的人，只能在療養院終老。勞動部於 2019 年「台灣地區身心障礙者勞動狀況調查」的結果顯示，15 歲以上之身心障礙者有 1,128,822 人（不含植物人及現役軍人、監管人口與失蹤人口），其中就業者只有 214,924 人，占 19.04%；失業者 1,9018 人，占 1.7%；但非勞動力則高達 894,880 人，占 79.3%（勞動部，2020）。可見有將近八成的身心障礙者將自己排除在勞動就業人力之外，這可能就是社會的不公平透過「再製」過程所導致的結果。

　　在 1960 年代開始有社會學家從符號互動論的觀點檢討偏差行為的社會建構過程，並將其應用於檢視身心障礙經驗，例如：Nagi（1965）從社會學角色理論的概念討論身心障礙過程，他認為從身心障礙者與他人的互動過程可以了解社會對正常人的規範價值，因此身心障礙經驗是因身心障礙者的能力無法符合或滿足社會的角色期待，此種社會對角色能力的期待與身心障礙者角色功能無法發揮的限制建構出個體的障礙（引自王國羽，2003）。換句話說，身心障礙者是否認為自己的障礙是社會造成的，會隨社會文化情境而不同，而不是其身體損傷所直接造成的結果（張恆豪，2007）。McHatton 與 Correa（2005）探討來自墨西哥與波多黎各特殊需求孩童的單親媽媽對於歧視之觀點，結果發現她們與專家的互動是她們受到歧視的最大來源之一。這些單親媽媽與專家的互動經驗為：在正式診斷前，她們的直覺被忽視，及被認為是反應過度；診斷結果使她們感到挫折，而嘗試尋求援助時，許多專家只是安撫，無人真正傾聽。而當她們欲證明小孩能做到比期望的更多時，又易招來服務提供者質疑的眼光。

　　由於體認身心障礙者所受到的隔離與壓迫，在 1970 年代產生了障礙的社會模式（social model of disabilities）（吳秀照，2005）。隨著障礙者權利運動的發展與障礙研究的增多，障礙的社會模式也逐漸受到重視。障礙研究主要是從障礙者主體與受壓迫經驗出發（林駿杰、張恆豪，2020），挑戰過去的醫學和心理學的專業霸權觀點，發展出著重社會環境對於身心障礙群體所造成限制的社會模式（Oliver & Sapey, 1999/2004）。社會模式認為身心障礙是外在社會環

境與制度對障礙者所造成的妨礙和限制，身心障礙者必須能夠參與任何足以影響他們生活的決策，社會也必須能夠提供適合身心障礙者的工作與生活環境（吳秀照，2005；Ralston & Ho, 2010）。

　　社會模式採取將社會障礙與生理損傷視為對立的二元觀點，忽視身體經驗不僅無法體認障礙者的生活限制，且忽略不同類別障礙者間的需求差異（林駿杰、張恆豪，2020），而將身心障礙經驗視為一個群體的「特殊的社會經驗」（王國羽，2003；黃文慧，2014），可能會強化身心障礙者與眾不同的印象，反而可能造成他們與其他人口群的隔閡，妨礙他們融入社會。社會模式雖然受到許多社會學者的批評，但其提供一種新的批判現代社會的視野，將障礙問題從個人轉移至社會結構層次，不僅促成世界各國先後制定障礙者反歧視法，更影響聯合國《身心障礙者權利公約》（The Convention on the Rights of Persons with Disabilities，簡稱CRPD）的內涵（林駿杰、張恆豪，2020）。近年來的適應體育（adapted physical education）發展即是一個例子。為了使障礙者能參與運動，應該因應身心障礙者的身心特質與不同需求，開立個別化的運動處方，調整運動器材、方式與環境。

　　《身心障礙者權利公約》引入了新的歧視定義，也促使障礙的人權模式的發展。障礙的人權模式改善了社會模式的缺點，其不同主張為：(1)不採取社會障礙與生理損傷二元對立的觀點；(2)不只反歧視，還包含社會、經濟和文化權等；(3)損傷應被視為人類的多元差異；(4)認知到不同障礙群體的多種歧視和身分認同；(5)可使預防政策具有人權的敏感性；(6)除了指出障礙與貧窮的相關，還提供改變的路徑（Degener, 2016）。

二、特殊教育與社會學

(一) 對特殊教育的看法

　　世界各國特殊教育的發展歷程可概分為三個階段：第一階段是以生理缺陷嚴重的聾、盲、啞教育為主，設立隔離形式的特殊教育學校；第二階段則擴大對象到在教育上需要特別協助的輕度智能不足、語言障礙、情緒困擾及身體病弱等學生；第三階段則開始整合原來分途發展的特殊教育與普通教育（黃志成、

王麗美，2000）。Winzer（1993；引自張恆豪，2007）將身心障礙者的教育機會分為五個階段：(1)安置在大型機構或家中，沒有教育機會；(2)接受機構式教養而與社會隔離；(3)特殊教育立法以保障身心障礙者受教權；(4)特殊教育的專業化；(5)特殊教育班級與融合教育。Tawney 與 Gast（1984/1994）則將當代特殊教育的發展分為三個時期：1960 年代是特殊教育課程急劇擴充的時期，開始針對不同障別研發原本未受重視的特殊教育課程；1970 年代是為少數民族兒童爭取權利的行動時期，此時期強調最少限制環境、禁止歧視性的測驗、個別化教育課程與教學策略，及家長參與等；1980 年代則是搖擺不定的時期，教學的重心在於特殊性的教學計畫與教學過程，但因經費不足、課程設計困難、家長不願參與教學過程、重度障礙學生教育經費過高等，使未來特殊教育的方向還未能確定。這些歷史發展顯示，社會對於特殊需求兒童的對待是從孤立、隔離到整合。

隨著障礙研究的興起，有些學者開始應用不同的社會學觀點來檢視特殊教育。Tomlinson（1982）指出，早期特殊教育的社會學傳統，主要是採取結構功能論的觀點，關注社會的秩序與動態平衡。從結構功能論的觀點來解釋，早期特殊教育的功能在於讓有錢人能表現慈善行為，及實施社會排除以維持社會安定。二次戰後到 1960 年代，特殊教育仍然是功能考量，亦即協助身心障礙兒童找到他們在社會中的適當位置，只是目標改為發展特殊兒童的能力以創造經濟效益，進而減少依賴人口與社會負擔。此時因為原有的特殊教育體系及課程結構無法達成上述目標，因此不管是特殊教育體系及課程結構皆進一步分化，發展出不同的安置型態與不同障別的課程架構，使特殊教育的功能更加完整。

不過，從衝突論的觀點來看，特殊教育亦是再製社會不平等的機制之一。資本主義需要擁有閱讀能力及受過教育的工人，而不能達到資本主義要求的學生就被排除在普通教育體系之外，成為特殊教育的服務對象。此種將可能干擾學校教學的小孩從普通教育系統隔離的做法，實際上就是進行社會控制的手段。只是特殊教育將其社會排除（social exclusion）的意識型態，巧妙地運用幫助特殊需求學童的藉口加以掩蓋而已（張恆豪，2007）。過去的研究就發現，身心障礙學生一旦進入特殊教育體系，往往就會被認為沒有工作能力，畢業後不是失業，就是只能從事次級勞力市場的工作（Carrier, 1986；引自張恆豪，

2007）。此外，從專業壟斷的角度來看，特殊教育發展不同的安置型態與障別課程，只是因為有更多的專業人員介入，不同專業的人為了運用專業權威來掌控資源，因此建構出愈來愈多的特殊需求。此種結果實際上是一群人以合法與看似合理的方式來壓迫另一群被區分出來的人。至於用以鑑定特殊教育需求學生的鑑定工具，如智力測驗，則是使不平等合法化的機制（Tomlinson, 1982）。

　　Tomlinson（1982）亦指出，社會階級、種族和性別皆會影響特殊教育學生的分類。特殊教育班級及學生人數在 1960 年代急速增加，但卻呈現出弱勢群體學生的人數比例過高的問題。美國許多研究指出，有過高比例的有色人種及低社經階層學生被納入特殊教育體系（Skiba et al., 2006），例如：Ogata 等（2006；引自張恆豪，2007）的研究發現，夏威夷有 12% 的學齡兒童在特殊教育系統，然而夏威夷的原住民卻有高達 38% 的學齡兒童被鑑定為特殊需求學生。黃隆興等（2010）則發現，國小資優生的文化資本較普通生高，且以家庭社經背景及部分文化資本層面對資優生與普通生的區別預測率約 70.96%。以上這些結果可說是印證了衝突論對於社會不平等的觀點。

　　在現實上，隨著 1970 年代西方障礙者權利運動的興起，弱勢族群的權益逐漸受到重視。特殊教育體系在 1970 年代的發展，如最少限制環境、禁止歧視性的測驗、個別化教育方案及家長參與等皆受到障礙運動發展、人力資源開發的需要及法令保障三股力量的影響（吳武典，1987；引自曹愛蘭、柯平順，1996），但受社會學家及社會學理論的影響不大。Dunn（1968；引自 Tawney & Gast, 1984/1994）指出，從兒童的觀點來看，1960 年代大部分的特殊教育皆是過時而毫無必要的措施，因此有必要改變兒童的教育型態。Dunn 的大聲疾呼引起美國特殊教育的改革，並在 1970 年代引發身心障礙學生的家長提出人權問題的訴訟。他們的訴求包括身心障礙學生平等受教育的機會、採用不受歧視的測驗、避免少數民族與非英語系子女安置在特殊班、改革特殊教育方案以滿足兒童需求、家長參與任何影響其子女的決定，及提供足夠經費以實施適性教育（Tawney & Gast, 1984/1994）。家長的運動促成 1975 年美國的《殘障兒童教育法案》（Education for All Handicapped Children Act of 1975）通過。該法案保障障礙者使用公共設施、教育和被雇用的權利。此種發展提供證據支持衝突論的觀點，亦即意識的覺醒及集體行動可造成社會的變遷。

　　後現代理論的包容差異與多元等特性及對邏輯探究和科學的批判，不可避免的也影響了特殊教育。Allan（1996）認為傅柯對醫學、紀律和懲罰的分析有助於研究特殊教育需求兒童受到規訓的經歷，而其著作提供了分析官方、學校和課堂對於特殊教育需求話語的方法，對特殊教育的研究具有重要意義。Sasso（2001）則認為後現代理論的觀點應用在特殊教育是不合理且有風險的。特殊教育中後現代主義／解構主義的文章主張唯有對特殊教育系統全面修訂才有可能解決身心障礙者的壓迫，讓身心障礙者的觀點受到平等重視，而融合教育就是他們支持的一種做法，但其真正目的則是廢除特殊教育，解構障礙科學的認知權威和規範能力（Sasso, 2001）。

(二) 對融合教育的看法

　　在特殊教育學生的安置上，由於特殊教育法令對身心障礙學生教育權的保障，及回歸主流、融合教育等理念的推展，使得愈來愈多的身心障礙學生得以進入普通學校就讀（李重毅，2005；郭又方等，2016）。不過融合教育的研究並未發現一致的正向成效，因此在特殊教育領域引發一場論戰。從功能論的觀點來看，社會結構的分化是必然的結果，教育系統既然分成普通教育及特殊教育兩部分，必然是為了使其各自的功能發揮到最大，以促進社會的進步，如果貿然加以整合則違反了社會進化的法則與過程，結果必然影響整個教育系統的和諧運作及其與其他系統的關係，阻礙教育功能的達成。不過此論點忽略了特殊教育本就獨立發展，並非從普通教育分化而來。

　　從衝突論的觀點來看，社會結構只要有分化就會有壓迫，而特殊需求學生與普通學生的隔離就是受到壓迫的結果。特殊教育需求學生只有在完全融合的環境下受教育，才是受到公平的對待。不過，目前融合教育的狀況是，特殊教育成為學校內的第二主流系統，有獨特的分類架構、特殊測驗與評量、特殊的方案與教室安置、特殊訓練的教師、獨立的財源及特別的教學方法與課程，此種趨勢與一般融合教育的理念是相矛盾的（Lupart, 1999）。特殊教育體系與普通教育體系的結合，如果只是被視為資源、管理與課程設計的技術問題（Slee, 1997），任由地方教育單位在財務及立法的限制下，自行決定如何提供及結合特殊教育相關服務，卻沒有改變整體教育結構的話，則壓迫的狀況不會消除，

融合教育也必然失敗。可惜的是，許多教師與學校覺得他們並沒有足夠的準備去滿足經濟弱勢與特殊教育學生的需求，尤其班級經營更是一個具挑戰性的議題（Skiba et al., 2006）。

符號互動論強調人際間的互動，它在特殊教育的應用則主要圍繞在標籤的作用與影響。特殊教育的汙名與對障礙汙名的認知可能會影響到身心障礙學生的自我認同與社會關係（黃文慧，2005）。維高斯基（Vygotsky）從社會脈絡的觀點來理解障礙，他認為一個小孩如果受到障礙影響，不是因為他發展遲緩，而是他有不同的發展進程，因此我們必須用對待一般小孩的方式來與障礙學生互動（張恆豪，2007）。從障礙社會模型的觀點，特殊教育需求學生的問題不是其身體的損傷，而是社會給他的限制。因此，特殊教育的主要目的是在消除次級（社會文化的）障礙，不是著重在障礙學生的身心損傷，而應發展他們的長處。換言之，學校教師必須處理的不是障礙學生的生物醫學問題，而是障礙所造成的社會結果，亦即應教導障礙學生如何與他人互動。而要達成此目標，讓障礙學生接受融合教育，使他們及早適應正常的社會環境，也讓其他正常學生能適應他們的存在，進而預防標籤效應，應是較佳的策略。不過，研究發現，身心障礙學生對於標籤往往有又愛又恨的矛盾心態，因為標籤具有正面及負面的意義。正面的意義是指，只要學生貼上特殊教育的標籤就具有獲得社會資源與福利的資格；負面的意義則是指障礙的標籤可能造成身心障礙學生在學校被歧視、排擠、孤立。

倡導融合教育的人已了解學校必須進行必要的改變，以確保愈來愈多元的學生皆能成功學習（Lupart, 1999）。Banks（1994；引自蔡文山，2004）主張一個良好的教育改革策略應將學校視為一個社會體系，而學校整體環境的改革（total school environment reform）應包括：「(1)學校的政策以及權利的結構與運用要能消除種族偏見與歧視，反映多元文化的價值；(2)學校的文化與潛在課程應反映民族及文化的多樣性，並將之合法化；(3)學校教職人員應具備尊重不同民族文化的素養；(4)學校正式課程與教學科目要能提供適當的各民族文化教育與學習的機會；(5)教材的編製要呈現不同民族與文化團體對概念、議題與問題的觀點；(6)教學型態與策略採用對不同民族學生最有效的方式進行；(7)各民族語言在學校裡應視為等同價值且同時蘊育；(8)評鑑與測驗的程序要能促進社

會階層與民族間的平等；(9)提供跨文化的諮商方案；(10)促進社區對學校教育的參與及投入，以免學校文化及教學與社區及家庭脫節」（頁131）。Banks 認為，透過整體教育環境的改革才能有效消除歧視，降低弱勢群體學生被孤立的狀態，達成教育機會均等的目標，這些改革策略也適用在身心障礙學生。張恆豪（2007）則採用障礙的互惠模型或普同概念，建議融合教育的實施不應區分愈來愈多的特殊需要，而是應該從根本改變教學設計與方法，使身心障礙學生與一般學生都能在融合班中正常的學習。

第四節　結語

Corbett 與 Nowich（1997）指出，特殊教育的社會學觀點主要有兩股勢力：一是針對特殊教育系統與較大的社會結構的關係進行社會經濟分析；另一則是障礙運動及其對特殊教育與融合教育相關議題的影響。然而在台灣，特殊教育科系雖有社會學理論基礎的課程，但有關障礙社會學或特殊教育社會學的相關研究實在仍然乏善可陳，特教教師在教學實務上運用社會學觀點來理解學生需求的亦甚為罕見。既然台灣特殊教育的學術界與實務界對於社會學理論的忽略由來已久，社會學理論在特殊教育應用的本土化發展可說非常缺乏，連帶影響到特殊教育的制度建構與教育內容，及社會大眾對特殊需求學生及身心障礙者權益的重視與認同。

特殊教育的理論應是一種實踐理論，亦即應建立在實務工作之上，符合各地區共享的價值、信念、制度及相關事務。在目前台灣制訂身心障礙及特殊教育法令所採取的觀點，已從個人模式轉向社會模式，例如：2007 年修訂的《身心障礙者權益保障法》對於身心障礙者的分類，已從偏重醫療疾病的診斷類別，轉向重視身體系統構造或功能損傷對活動及社會參與的影響。因此，特殊教育教師亦應該能夠應用社會學的理論知識於其教育實務工作中。

此外，由於過去特殊教育的教學方法與學術研究皆主要依賴西方的理論與方法，當前西方重視人本與倡導的理論趨勢，不可避免的又全盤移植進入台灣的學術與實務界，特教界亦開始提倡身心障礙學生的增強權能（empowerment）

與自決（self-determination），但這些概念與中國傳統文化重視群體與和諧的價值是否能夠融合？台灣目前特殊教育的實際運作狀況仍是被個人或醫療模式所主導，特殊教育教師在長期習慣採用醫療模式觀點與特殊需求學生互動的狀況之下，他（她）們是否能接納增強權能模式對於特殊需求學生有無限潛能的假定？又是否能將這些概念適當融入教學活動之中？是否能為特殊需求學生及其家庭的權益進行倡導？凡此種種皆有必要加以檢驗，因此皆有必要強化社會學理論在特殊教育的研究與實務應用。基本上，筆者認為台灣特殊教育社會學及障礙社會學在未來有極大的發展空間，加上近年提倡教師進行行動研究，因此希望在未來能夠有更多從社會學理論的觀點進行的特殊教育相關研究。

問題討論

1. 請簡單介紹結構功能論的基本概念，並說明其在特殊教育的應用或可能的研究議題。
2. 請簡單介紹衝突論的基本概念，並說明其在特殊教育的應用或可能的研究議題。
3. 請簡單介紹符號互動論的基本概念，並說明其在特殊教育的應用或可能的研究議題。
4. 請比較結構功能論及衝突論對特殊教育的可能看法，並說明你自己的意見。
5. 身心障礙學生及其家長可能受到哪些壓迫或不平等對待？請從社會學理論的觀點提出解釋。

參考文獻

❖ 中文部分

王振寰（2021）。社會學是什麼？載於陳志柔、林國明（主編），**社會學與台灣社會**（頁 3-22）。巨流。

王國羽（2003）。**身心障礙研究概念的演進：論障礙風險的普同特質**。2003 台

灣社會學會年會暨研討會。http://www.sinica.edu.tw/~tsa/old/2003meeting/112903_1.pdf

王國羽（2005）。缺了一角的台灣社會研究：障礙經驗的社會學討論。2005台灣社會學會年會暨研討會：社會學與台灣社會的反思。

王瑞壎（2002）。從符號互動論的觀點探討學校組織文化。台東師院學報，13，61-90。

羊憶蓉（1999）。教育。載於王振寰、瞿海源（主編），社會學與台灣社會（頁323-353）。巨流。

邱澤奇（2020）。社會學是什麼？。北京大學。

吳秀照（2005）。從理論到實踐：身心障礙者就業服務的理論與實務之探討。社區發展季刊，112，104-117。

吳迅榮（2001）。家長參與學校教育的角色。基礎教育學報，10(2)/11(1)，13-32。

吳裕聖、卯靜儒（2004）。權力與課程改革：權力社會學的分析觀點。載於中華民國課程與教學學會（主編），課程與教學研究之發展與前瞻（頁139-159）。高等教育。

宋林飛（2003）。社會學理論。五南。

李重毅（2005）。特教教師在學校團隊合作中應扮演的角色及能力需求。特殊教育季刊，95，16-20。

李崗（2014）。後現代的教育危機？——尼采教師圖像的啟示。人社東華，4。journal. ndhu.edu.tw/後現代的教育危機？—尼采教師圖像的啟示——李/

李錦旭、張建成（1999）。台灣教育社會學研究的回顧與前瞻。載於台灣師範大學教育學系教育部國家講座（主編），教育科學的國際化與本土化（頁283-345）。揚智。

林淑如（2011）。李歐塔後現代思想及其教育意涵探究。教育科學期刊，10（1），105-123。

林駿杰、張恆豪（2020）。什麼是障礙研究？英美的理論發展、建制化與台灣本土化歷程。人文及社會科學集刊，32（4），645-691。

沈清松（1993）。從現代到後現代。哲學雜誌，4，4-25。

姜添輝（2000）。社會階級的意義與要素及其在教育研究的運用性與原則。台南師範學院國研所集刊，6，115-148。

胡永崇（1993）。標記理論與特殊教育。特教園丁，8（3），1-6。

張文軍（1998）。**後現代教育**。揚智。

張茂源、吳金香（2006）。後現代主義與友善校園。**學校行政**，46，159-171。

張建成（2001）。**台灣教育社會學研究的評析及其在教育學程「教育社會學」教學上應用**。教育部顧問室專題研究計畫。

張恆豪（2007）。特殊教育與障礙社會學：一個理論的反省。**教育與社會研究**，13，71-93。

張德永（2002）。學校社區化的社會學理論基礎。**教育資料集刊**，27，11-33。

張嘉文（2010）。台灣校長對特殊教育需求定義的觀點之社會學研究。**特殊教育研究學刊**，35（2），1-27。

郭又方、林坤燦、曾米嵐（2016）。臺灣融合教育的實施與展望。**東華特教**，56，1-9。

曹愛蘭、柯平順（1996）。**身心障礙義務教育之問題與對策**。行政院教育改革審議委員會。

陳明和、郭靜芳（2004）。符號互動論與學校組織文化。**屏東師院學報**，20，65-104。

陳奎憙（2007）。**教育社會學**（增訂三版）。三民。

陳迪暉（2001）。俗民方法論、結構功能論、符號互動論與現象社會學論述立場之分野。**網路社會學通訊期刊**，16。http://mail.nhu.edu.tw/~society/e-j/16/16-3.htm

陳添球（1999）。**教育社會學：知識使用取向**。復文。

楊生平（2020）。**後現代主義哲學論**。中國人民大學。

楊巧玲（2021）。重思學習障礙之定義與鑑定：一個特殊教育社會學的觀點。**教育研究集刊**，67（3），1-42。

勞動部（2020）。**108 年身心障礙者勞動狀況調查新聞稿**。https://statdb.mol.gov.tw/html/svy08/0841menu.htm

葉秀珍、陳寬政（1998）。社會學與社會工作學術研究的現況與發展。**臺灣社會學刊**，21，21-57。

黃文慧（2005）。標籤與雙重特殊學生。**特殊教育季刊**，94，26-36。

黃文慧（2014）。淺論障礙的社會模式。**特殊教育季刊**。130，35-42。

黃志成、王麗美（2000）。**身心障礙者的福利服務：本土化的福利服務**。亞太圖書。

黃隆興、張德勝、王采薇（2010）。國小資優生與普通生家庭社經背景及文化

資本之比較研究。**教育與多元文化研究期刊**，2，59-94。

黃源協（2003）。身心障礙福利的發展趨勢與內涵：國際觀點分析。**社區發展季刊**，104，342-360。

詹火生（1992）。緒論。載於詹火生、陳小紅、陳東升、龐建國、吳淑瓊（合著），**社會學概論**（頁 1-22）。匯華。

潘志民（主編）（2013）。**後現代教育與發展**。高等教育。

劉阿榮（2004）。**社會學與現代社會**。大學校院通識教育巡迴講座，93 學年度社會學領域講座：社會學的新視野。http://www.ncu.edu.tw/~jimmyjue/lge/program2/p204/8a.pdf

蔡文山（2003）。後現代主義思潮對台灣當前課程改革的影響與啟示。**台中師院學報**，17（2），113-130。

蔡文山（2004）。從教育機會均等的觀點省思台灣原住民學生的教育現況與展望。**教育社會與研究**，6，109-144。

蔡文輝（1991）。**社會學**。三民書局。

蔡東鐘（1999）。符號互動論在教育上的應用之探討。**國教之聲**，32（4），33-45。

鄭淵全（1997）。社經地位、能力、學校教育過程與國小學生學業成就之關係：功能典範與衝突典範之探究（未出版之博士論文）。高雄師範大學。

謝高橋（1982）。**社會學**。巨流。

謝高橋（2004）。**教育社會學**。五南。

謝志龍（2014）。家長參與對國中學生教育成就之影響：社會資本的觀點。**臺灣教育社會學研究**，14（1），93-134。

簡成熙（2003）。創新教學的哲學省思——從分析到後現代。**教育研究集刊**，49（3），143-171。

瞿海源（1995）。**社會學發展的學術與社會意義**。1995 年 5 月 30 日於朱家驊先生誕辰紀念會講稿。http://www.sinica.edu.tw/as/weekly/84/533/03.txt

藍佩嘉（2021）。**我們為何需要社會學？給年輕社會學者的七個問答**。2021 年國際社會學會（ISA）第四屆社會學論壇發表之預錄短講。https://opinion.cw.com.tw/blog/profile/441/article/10769

蘇峰山（2005）。象徵暴力與文化再製——布爾迪厄之反思。載於蘇峰山（編），**意識、權力與教育：教育社會學理論導讀**（二版）（頁 111-139）。南華大學教育社會學研究所。

顧忠華（1999）。社會學的理論與方法。載於王振寰、瞿海源（主編），社會學與台灣社會（頁 29-57）。巨流。

Baert, P.（2007）。二十世紀社會理論導讀（林翰譯）。風雲論壇。（原著出版年：1998）

DeMarrais, K. B., & LeCompte, M. D.（2007）。教育的社會學分析：學校運作之道（林郡雯譯）。學富文化。（原著出版年：1998）

Neuman, W. L.（2002）。當代社會研究法：質化與量化途徑（王佳煌、潘中道等譯）。學富文化。（原著出版年：2000）

Oliver, M., & Sapey, B.（2004）。失能、障礙、殘障：身心障礙者社會工作的省思（葉琇姍、陳汝君譯）。心理。（原著出版年：1999）

Ritzer, G.（2004）。當代社會學理論：精簡本（楊淑嬌譯）。巨流。（原著出版年：2002）

Tawney, J. W., & Gast, D. L.（1994）。單一受試研究法（杜正治譯）。心理。（原著出版年：1984）

❖ 英文部分

Allan, J. (1996) Foucault and special educational needs: A 'box of tools' for analysing children's experiences of mainstreaming. *Disability & Society, 11*(2), 219-234. https://doi.org/10.1080/09687599650023245

Corbett, J., & Norwich, B. (1997). Special needs and client rights: The changing social and political context of special educational research. *British Educational Research Journal, 23*(3), 379-389.

Degener, T. (2016). Disability in a human rights context. *Laws, 5*(3), 1-24.

Drew, C. (2023). *Postmodernism in sociology: Definition, terms & critique*. Helpful Professor. https://helpfulprofessor.com/postmodernism-in-sociology/

Lareau, A. (2000). *Home advantage: Social class and parental intervention in elementary education*. Rowman & Little.

Lupart, J. (1999). *Inching toward inclusion: The excellence/equity dilemma in our schools*. Commissioned papers submitted for the February 1999 PCERA Symposium. Retrieved from http://www.cmec.ca/stats/pcera/compaper/98-41en.pdf. 2008/05/26

McHatton, P. A., & Correa, V. (2005). Stigma and discrimination: Perspectives from

Mexcian and Puerto Rican mothers of children with special needs. *Topics in Early Childhood Special Education, 25*(3), 131-142.

Ralston, D. C., & Ho, J. (2010). Introduction: Philosophical reflections on disability. In D. C. Ralston & J. Ho (Eds.), *Philosophical reflections on disability* (pp. 1-18). Springer.

Saleh El-Baz, M. B. M. (2017). Post modernity theory and its educational applications in school fields. *Journal of Education and Practice, 8*(13), 79-84.

Sasso, G. M. (2001). The retreat from inquiry and knowledge in special education. *Journal of Special Education, 34*(4), 178-193. https://doi.org/10.1177/0022466 90103400401

Skiba, R., Simmons, A., Ritter, S., Kohler, K., Henderson, K., & Wu, T. (2006). The context of minority disproportionality: Practicer perspective on special education referrance. *Teachers College Record, 108*(7), 1424-1459.

Slee, R. (1997). Imported or important theory? Sociology interrogations of disablement and special education. *British Journal of Sociology of Education, 18*(3), 407-419.

Tomlinson, S. (1982). *A sociology of special education*. Routledge & Kegan Paul.

第 5 章

醫療復健

廖華芳、吳亭芳

✽

前言

　　本章主要針對特殊教育相關人員介紹醫療復健的定義、對象、理論和常用服務內容。在特殊教育系統中，醫療復健專業服務的對象，包括身體各系統常見的功能障礙疾患；醫療復健常用之理論，包括傳統與現代之各項生物、心理與社會理論；常用的醫療復健服務內容，涵蓋治療性運動、感覺統合、任務取向之功能訓練、輔助科技服務、日常生活自理訓練等。期待藉此增進學校系統中專業團隊之合作與功能。

第一節　醫療復健簡介

　　復健（rehabilitation）乃是拉丁文 habil「能」（able）之義，「re」是「再」的意思，所以「復健」就是「使再能」（make able again）的意思。相似字包括再建（reconstruction）、重建（reconditioning）、再教育（reeducation），以及復原照顧（convalescent care）。對失能的人（生理或解剖構造損傷或受到環境限制的個人），藉由醫療、功能代償及環境改造，使其剩餘功能充分發揮，以達到生理、心理、家庭、社會及職業潛能發揮至極致，盡量獨立不依賴他人，或部分獨立，即稱為復健（Kottke & Lehmann, 1990）。

　　而復健醫學（rehabilitation medicine）指的是生理疾患的醫療處置，也有人稱復健醫學為「物理及復健醫學」（physical and rehabilitation medicine，簡稱 PRM）。Rusk 將復健醫學稱為「第三醫學」或「第三期醫療照護」（the third phase of medical care），以相對於預防醫學的第一醫學與急性醫學的第二醫學（Kottke & Lehmann, 1990）。復健治療（rehabilitation therapy）在台灣常指於醫院復健醫學部提供之治療，除復健科醫師外，其成員包括物理治療師（physical therapist）、職能治療師（occupational therapist）、語言治療師（speech therapist）、復健護理師（rehabilitation nurse）、義肢／輔具裝置師（prosthetist / orthotist）、復健心理師（rehabilitation psychologist）、復健社會工作師（rehabilitation social worker），以及就業諮詢師（vocational counselor）等。

　　然復健領域除醫學場域外，尚包括職業復健諮商、心理復健、輔具科技、精神復健（又稱社會心理復健）、社區復健等，甚至廣義之復健也包括特殊教育。本章醫療復健指在學校特殊教育系統中，為特殊教育學生提供之醫療專業服務。這個團隊人員之多寡，視不同病情、不同障礙情況而有所不同。各相關專業人員的介紹可參見本書第十三章相關專業服務團隊，有更詳盡的介紹。

第二節　常見兒童與青少年慢性疾病或障礙簡介

　　有關身心障礙者的定義與類別，在《特殊教育法》與《身心障礙者權益保障法》二者並不相同。與年齡小於 6 歲之發展遲緩兒童類別（病因學、發展領域）也有所不同。2021 年修正公布之《身心障礙者權益保障法》第 5 條規定，身心障礙者之定義為：指下列各款身體系統構造或功能，有損傷或不全導致顯著偏離或喪失，影響其活動與參與社會生活，經醫事、社會工作、特殊教育與職業輔導評量等相關專業人員組成之專業團隊鑑定及評估，領有身心障礙證明者：

1. 神經系統構造及精神、心智功能。
2. 眼、耳及相關構造與感官功能及疼痛。
3. 涉及聲音與言語構造及其功能。

4. 循環、造血、免疫與呼吸系統構造及其功能。

5. 消化、新陳代謝與內分泌系統相關構造及其功能。

6. 泌尿與生殖系統相關構造及其功能。

7. 神經、肌肉、骨骼之移動相關構造及其功能。

8. 皮膚與相關構造及其功能。

　　表 5-1 為《身心障礙者權益保障法》定義的身心障礙類別與《特殊教育法》中特殊需求兒童之比較。內政部為核發身心障礙證明，委請衛生單位進行身心障礙鑑定，以作為身心障礙需求評估與社會福利措施提供之依據。根據《身心障礙及資賦優異學生鑑定辦法》第 2 條：「身心障礙學生之鑑定，應採多元評量，依學生個別狀況採取標準化評量、直接觀察、晤談、醫學檢查等方式，或參考身心障礙手冊（證明）記載蒐集個案資料，綜合研判之。」所以身心障礙學生之鑑定可參考《身心障礙者權益保障法》所核發之「身心障礙證明」。身心障礙鑑定係從健康與社會福利觀點考量，特殊教育學生之鑑定則由教育觀點

表 5-1　身心障礙類別在《特殊教育法》與《身心障礙者權益保障法》之比較

《特殊教育法》	《身心障礙者權益保障法》	ICF 編碼
智能障礙	神經系統構造及精神、心智功能障礙	bs1
視覺障礙	眼、耳及相關構造與感官功能及疼痛障礙	bs2
聽覺障礙	眼、耳及相關構造與感官功能及疼痛障礙	bs2
語言障礙	涉及聲音與言語構造及其功能障礙	bs3
肢體障礙	神經、肌肉、骨骼之移動相關構造及其功能障礙	bs7
腦性麻痺	神經系統構造及精神、心智功能障礙 神經、肌肉、骨骼之移動相關構造及其功能障礙	b176、b7 與 s1
身體病弱	循環、造血、免疫與呼吸系統構造及其障礙 消化、新陳代謝與內分泌系統相關構造及其功能障礙	bs4-5
情緒障礙	神經系統構造及精神、心智功能障礙	b1
多重障礙	多系統障礙	bs1-8
學習障礙	神經系統構造及精神、心智功能障礙	bs1
自閉症	神經系統構造及精神、心智功能障礙	bs1
發展遲緩	多系統障礙	b1-8
其他	皮膚與相關構造及其功能障礙 泌尿與生殖系統相關構造及其功能障礙	bs6、8

著手，並且強調「早期發現，早期介入」；換言之，當障礙程度尚未非常嚴重，但會影響學習時，就需要特殊教育的協助。基於這種理念，特殊教育學童的鑑定標準與身心障礙等級標準不同（張蓓莉主編，1999；教育部，2019；衛生福利部，2021）。以下將依身權法對身心障礙的八大分類，來介紹常見的兒童暨青少年障礙。

♥♥♥ 壹、神經系統構造及精神、心智功能障礙

一、智能障礙

　　「美國智能與發展障礙協會」（American Association on Intellectual and Developmental Disabilities）提出智能障礙的定義如下：智能障礙是指在智力和適應行為上有顯著之限制而表現出的一種障礙，所謂的適應行為指的是概念（conceptual）、社會（social）和應用（practical）三方面的技能，且智能障礙發生於 22 歲之前。智力包含：「推理」、「計畫」、「解決問題」、「抽象思考」、「複雜觀念理解」、「快速學習」，及「從經驗中學習」的能力。可透過標準化智力測驗來了解智力表現。若個案智力測驗得分低於「負兩個標準差」（-2SD），就代表個案的智商為 70 或者是更低，就會診斷為智能障礙。適應行為，即在日常生活中使用的「概念」、「社會」和「應用」技能，如適應行為有缺陷，則需要額外的協助，才能參與家庭及社區生活。適應行為量表則是測量個體在上述三個面向之表現（American Association on Intellectual and Developmental Disabilities, 2022）。

　　智能障礙可根據以下幾種角度分類：

1. 嚴重度（severity）：依據智力及適應技能程度區分，一般依據智力測驗分數及適應性行為量表可分成輕度、中度、重度和極重度。輕度者表現能力較高，極重度為程度最低。

2. 醫學描述（medical descriptor）：依據生物學上的病因分類，如胎兒酒精症；染色體異常，如唐氏症（Down syndrome）、脆弱 X 症候群（fragile X syndrome）及威廉氏症候群（Williams syndrome）；代謝異常、感染等。亦可使用國際疾病分類第 11 版（ICD-11）診斷碼。

　　唐氏症是由染色體異常而引起，以擁有 47 個染色體為大多數，係 22 對染色體，另加三個第 21 對染色體。智商大致屬輕中度智能障礙（智商 35～70）（American Academy of Pediatrics, Committee on Genetics, 2001）。一般很容易從個體外表認出，尤其臉部特徵類似蒙古人種，例如臉部平坦，眼瞼摺疊向內（epicanthal fold）（Pueschel, 1990）。唐氏症者的身心特徵如下：外表異狀，如面部圓而扁平、耳朵較低、鼻樑低、舌突出、唇厚口小、頸短而粗、手紋獮猴線（俗稱斷掌）、臍脫出、斜眼、水晶體不透明、睫毛稀而短、性器官不正常、手短而軟厚、小指向內彎曲、四肢短小、皮膚鬆弛、腳趾短而差距大。其身體內部異常，如 40%～50% 有先天心臟病（心房或心室中膈缺陷）、常罹患肺炎、75% 有聽力障礙、50%～70% 有內耳炎、60% 有眼科疾病、50%～70% 有阻塞性睡眠呼吸停止、胸腺不正常、15% 有甲狀腺疾患、牙齒異樣、上顎發育不全、鼻根及鼻孔未發育完全、腎上腺發育不完全等現象。20% 的唐氏症兒童有第一、第二頸椎不穩定（atlantoaxial instability）的情形，此外尚有眼球震顫、低張力及韌帶鬆弛的現象，後者會造成日後扁平足（pes planus）、髖骨不穩定，與脊柱側彎的現象（American Academy of Pediatrics, Committee on Genetics, 2001; Cremers et al., 1993）。此外，腦容量（尤其小腦與腦神經突觸）較一般兒童小，且有視覺缺損（Wu et al., 2008）、肌力較弱、姿勢反應的發展較遲緩等問題（Shumway-Cook & Woollacott, 1985）。

　　脆弱 X 症候群是常見 X 染色體性聯遺傳所造成的智能障礙疾病，由於男性僅有一個 X 染色體，因此好發於男性。男性盛行率為萬分之四至萬分之八，女性則較低，為萬分之二至萬分之六。脆弱 X 症候群的個案除了智能障礙外，外觀特徵為臉長、耳大、下巴大、扁平足、關節易過度伸展，還有僧帽瓣脫垂、青春期後男性巨睪症等。除了智能障礙影響外，其日常生活功能、社交技巧及溝通能力亦常有失能情形，常出現鸚鵡式模仿語言、重複語句，無法進行有效溝通，也常被診斷為自閉症（Rogers, 2010）。

二、情緒行為障礙

　　根據台灣《身心障礙及資賦優異學生鑑定辦法》第 9 條：「情緒行為障礙，指長期情緒或行為表現顯著異常，嚴重影響學校適應者；其障礙非因智能、感

官或健康等因素直接造成之結果。前項情緒行為障礙之症狀，包括精神性疾患、情感性疾患、畏懼性疾患、焦慮性疾患、注意力缺陷過動症、或有其他持續性之情緒或行為問題者」（教育部，2013），其鑑定基準如下：

1. 情緒或行為表現顯著異於其同年齡或社會文化之常態者，得參考精神科醫師之診斷認定之。
2. 除學校外，在家庭、社區、社會或任一情境中顯現適應困難。
3. 在學業、社會、人際、生活等適應有顯著困難，且經評估後確定一般教育所提供之介入，仍難獲得有效改善。

根據美國2004年《身心障礙者教育促進法案》（Individuals with Disabilities Education Improvement Act of 2004），情緒困擾（emotional disturbance）是指：「持續一段時間呈現下列一種或一種以上的特質，其特質明顯的影響教育表現、無法學習，以及不能以智能、知能和健康因素去解釋。包括：無法與同儕或教師建立、維持滿意的人際關係；在常態的環境中有不適當的行為或情緒；普遍充滿不快樂或憂鬱，以及在與個人或學校問題上，發展性身體症狀或害怕。」（U.S. Department of Education, 2004）

三、學習障礙

根據台灣《身心障礙及資賦優異學生鑑定辦法》第10條，將學習障礙學生定義為：「統稱神經心理功能異常而顯現出注意、記憶、理解、知覺、知覺動作、推理等能力有問題，致在聽、說、讀、寫或算等學習上有顯著困難者；其障礙並非因感官、智能、情緒等障礙因素或文化刺激不足、教學不當等環境因素所直接造成之結果」（教育部，2013），其鑑定標準如下：

1. 智力正常或正常程度以上；
2. 個人內在能力有顯著差異；
3. 聽覺理解、口語表達、識字、閱讀理解、書寫、數學運算等學習表現有顯著困難，且經確定一般教育所提供之介入，仍難有效改善。

「學習障礙」是一個異質性大的群體，其定義與鑑定標準仍無統一說法，而對於其成因之看法也不一致。不過各項學習障礙定義對於其共同認定之條件為「學習困難」。一般而言，現存學習障礙的各項定義，大多包含以下幾項共

同要素（Lerner & Kline, 2006）：

1. 中樞神經系統功能失常：許多學習障礙的定義直接或間接主張學習障礙和腦功能失常相關。

2. 心理歷程缺陷：學習障礙者於不同心智歷程的處理能力上，顯現不同的優缺點與強弱勢。這種能力發展不一致的現象，被列為學習障礙的診斷認定標準。

3. 學業與學習困難：表現在聽、說、讀、寫、算、思考能力、動作技能、非語言學習等各方面的能力。

4. 潛能與成就之間的差距：過往的學習障礙定義均包括學習潛能與學業成就之間有所差異之現象，這種差距可能是一個或多個領域。

5. 排他因素：許多定義均說明學習障礙並非由於感官、情緒、文化不利和教學不當等因素所造成。

四、泛自閉症障礙症候群

　　根據台灣《身心障礙及資賦優異學生鑑定辦法》第 12 條：「自閉症，指因神經心理功能異常而顯現出溝通、社會互動、行為及興趣表現上有嚴重問題，致在學習及生活適應上有顯著困難者。前項所定自閉症，其鑑定基準依下列各款規定：一、顯著社會互動及溝通困難。二、表現出固定而有限之行為模式及興趣。」（教育部，2013）

　　泛自閉症障礙症候群（autism spectrum disorders，簡稱 ASD）是指由特定徵狀組合而成的發展與行為症狀（Augustyn & von Hahn, 2011）。根據 DSM-5（American Psychiatric Association, 2013），泛自閉症障礙症候群（autism spectrum disorder）之診斷準則如下。

(一) 在任何情境下，社會溝通及社會互動上的障礙，不考慮一般性的發展遲緩

1. 社會—情緒互動缺損。
2. 社交用的非語言溝通行為缺損。
3. 發展及維持人際關係的能力缺損。

(二) 侷限、反覆、固定僵化的行為、興趣和活動 (四項至少有二項)

1. 刻板或重複的動作、物品使用，或語言。
2. 堅持常規，或儀式化的使用語言或非語言行為。
3. 侷限或固著的興趣，其強度及焦點異常。
4. 對感覺刺激的輸入反應過度或反應不足，或對環境中的感覺刺激有異常的興趣。

(三) 症狀必須出現在童年早期

(四) 症狀造成個案在社交、職能表現及其他功能性上的缺損

　　依據 DSM-5 將上述社交溝通以及侷限的興趣和重複性的行為此兩大主要特徵，針對個案症狀的嚴重程度來進行分級，其分級如下：

1. 程度三：需要非常大量的協助。
2. 程度二：需要大量的協助。
3. 程度一：需要協助。

五、腦性麻痺

　　根據台灣《身心障礙及資賦優異學生鑑定辦法》第 7 條之 1，將腦性麻痺（cerebral palsy，簡稱 CP）定義為：「指腦部發育中受到非進行性、非暫時性之腦部損傷而顯現出動作及姿勢發展有問題，或伴隨感覺、知覺、認知、溝通、學習、記憶及注意力等神經心理障礙，致在活動及生活上有顯著困難者。」（教育部，2013）

　　美國專家學者對 CP 的定義：「因發展中嬰幼兒腦部發生非進行性的干擾，而造成知覺、行為及癲癇等問題。其中動作及姿勢的問題，主要就是不正常的動作行為（不正常的動作控制反應），包含許多不正常的動作和姿勢型態、動作協調及肌肉張力的調節」（Bax et al., 2005），其分類方式包含動作異常、其他相關的損傷等，如根據動作異常形式分類之痙攣型（spastic type）、動作不良型（dyskinetic type）、協調不良型（ataxic type）；根據身體受損部位分類之

半身麻痺（hemiplegia）、雙邊麻痺（diplegia）、四肢麻痺（quadriplegia）。痙攣型占所有 CP 患者 76%～87%（廖華芳主編，2021a）。CP 兒童的功能性障礙分類包括粗動作、精細動作、語言和飲食等方面，這類功能性分類多數可以連結到預後推估，有助於臨床決策。根據「粗動作功能分類系統」（Gross Motor Function Classification System，簡稱 GMFCS），其嚴重度可分五級，如 6 歲以上，可於室內、外行走及上下樓梯無功能性限制，在更高級的粗動作表現（跑跳能力）受限，屬 GMFCS 階級 I；即使使用輔助科技的幫助，其移動能力仍然嚴重受限，屬階級 V（廖華芳主編，2021a）。精細動作分類根據「徒手能力分類系統」（Manual Ability Classification System，簡稱 MACS）等；溝通分類根據「功能性溝通分類系統」（Functional Communication Classification System，簡稱 FCCS）等；進食功能根據飲食能力分類系統（Eating and Drinking Ability Classification System for Individuals with Cerebral Palsy，簡稱 EDACS），也都分五級（廖華芳主編，2021a）。

　　在先進國家（如歐美地區），CP 盛行率約為 1.5～3.3/1000。其動作問題包括：動作發展遲緩或停滯、異常動作與姿勢、行走功能受限、動作與姿勢控制能力缺損、缺乏移動之動機、肌肉張力異常、神經肌肉組織協調能力差、肌力與肌耐力不足等（廖華芳主編，2021a）。根據統計，75%～90% 以上的 CP 兒童有三種以上的身體損傷與功能障礙，因此屬多重障礙。腦性麻痺兒童常見的併發症包括：視覺障礙（14 %～60%）、同側偏盲（半身麻痺者約 20%）、智能障礙（20%～60%，常見於四肢麻痺與僵直型）、癲癇（25%～45%）、溝通障礙（50%～70%）等（廖華芳主編，2021a）。

　　筆者參考 Wilson Howle 對 CP 兒童治療指引（Wilson Howle, 1999），建議如下：

1. 治療目標應符合在特定時間範圍內的特殊需求。
2. 治療目標由家長及專業團隊成員共同設定，且以功能性具體目標的語法來陳述。6 歲以上的兒童應讓他參與治療目標的設定。
3. 治療方法和技術隨兒童的年齡、功能獨立的需求，及功能和動作障礙而改變。
4. 應提供家屬、教師關於兒童的問題和處理的資訊，同時確定他們能夠了解並

吸收這些資訊。

5. 建議家屬、教師之訓練活動盡可能地務實。

6. 治療應與兒童在生長及發展上所需的功能相呼應。

7. 治療要了解兒童的能力，應被設計為運用兒童的長處。

8. 感知覺處理整合於動作活動中。

9. 設計治療著重兒童主動的行為表現。

10. 遊戲要融入治療當中，以提供動機和功能性目的，並加強和引導動作反應。

11. 盡可能由兒童自己啟動動作。

12. 治療包括動作計畫和解決動作問題。

13. 重複練習在動作學習中是重要的要素。

14. 在單一治療時段中，從兒童最能夠做到的姿勢與動作，漸進到最有挑戰性的姿勢與動作。

15. 為鼓勵兒童努力參與治療，環境布置極具影響力。

16. 個別治療時間是設計用來評估此時間內的治療效果，了解兒童與照顧者之問題，教導訓練方法，而平時訓練應盡量在團體活動或融入日常生活活動中進行。

17. 專業治療需與其他相關醫療及教育目標和活動相互協調。

　　Morgan 等人根據系統文獻整理 0～2 歲 CP 幼兒的臨床介入指引（Morgan et al., 2021），指出三個最佳執業原則是：(1)在診斷幼兒符合有 CP 高風險後，要立即轉介進行早期介入服務，不要等確診 CP 再轉介；(2)強調照顧者的能力建構，以提升親子依附關係；(3)在介入開始時鼓勵照顧者參與目標設定。當幼兒被懷疑有 CP 時，經由滿足家長對早期介入服務的需求且提供適當的早期介入服務，可在幼兒神經系統的可塑期階段改善其發展；不要因等待確診，而浪費寶貴的可塑期階段。針對動作的訓練，建議功能導向，強調藉由具體可達成的功能性或參與性目標，讓家長支持兒童，經由日常生活有趣的反覆練習，在遊戲當中，兒童有動機去克服神經動作損傷，並且得到豐富的多樣性之學習機會和成功經驗。

六、創傷性腦傷

　　創傷性腦傷（traumatic brain injury，簡稱 TBI）定義為外力或機械力撞擊頭部所產生的大腦傷害（Both, 2008）。墜落、車禍、槍傷、毆打、虐待等暴力因素，或從事運動或休閒活動之頭部意外撞擊，可能造成大腦傷害。除了大腦直接受撞擊而造成腦傷外，腦傷之後續症狀的演變（如腦水腫），也可能會使大腦組織造成次級傷害。台灣地區事故傷害的死亡率 2020 年居十大死因之第六位，其中頭部外傷占事故傷害之一半左右。在 1997 年以前，台灣地區之頭部外傷發生率、死亡率及嚴重度位居世界高位，主要的原因為高機車使用率與低安全帽配戴率，但在施行安全帽配戴等交通規則之後，情況便逐漸改善。全球的頭部外傷發生率，每年大約十萬人當中有 132～430 人，而死亡率則十萬人中有 9～32 個人（邱文達等，2003）。根據「葛拉斯可昏迷指數」（Glascow coma scale，簡稱 GCS），可將頭部外傷分為輕度、中度、重度。GCS 包括 E4（eyes）、M6（motor）、V5（verbal），E 是睜眼反應（eye opening），由無反應（1 分）至自發性睜眼（4 分）；M 是運動反應（motor response），由無（癱軟）（1 分）至服從指示（6 分）；V 是最佳語言反應（verbal response），由無（1 分）至清楚流利的談話（5 分）。分數範圍為 3～15 分，GCS ≦ 8 分為重度，9～12 分為中度，≧ 13 分為輕度；如 E2V3M4 即 GCS 為 9 分，屬中度頭部外傷（Evans, 2011; Schutzman, 2023）。75%～95% 的 TBI 都屬於輕度。TBI 症狀可能由意識混淆（confusion）、記憶缺失（amnesia）至重度多重障礙（Evans, 2011; Schutzman, 2023）。

　　TBI 兒童常見身體功能損傷（impairments）項目包括：認知損傷、意識喪失、頭痛、失憶、行為狀態改變（behavior state change）、癲癇、視知覺缺損、肌肉張力缺損、肌力減低、關節活動度受限、協調不良、平衡缺損、步態異常、姿勢不對稱，及動作計畫（motor planning）不良（Both, 2008; Kerkering & Phillips, 2000）。身體構造損傷包括：頭骨骨折、大腦水腫、頭皮血腫、顱內高壓（Vavilala & Tasker, 2011）。活動與參與受限為：聽從指令的能力不佳、對於環境的注意力下降、粗動作與運動功能下降、活動力下降、學校課業活動表現較差（Kerkering & Phillips, 2000）。因此，部分兒童移動或生活自理需要協

助，有社會孤立現象及參與同儕遊戲活動有障礙（Kerkering & Phillips, 2000）。

　　TBI 復健介入可分生物醫療取向或神經心理取向（Kade & Fletcher-Janzen, 2009），或依國際健康功能與身心障礙分類系統——兒童及青少年版（ICF-CY）之生物心理社會模式。後兩者都強調個案與家庭主動參與治療，專業人員為諮詢者之角色（Kade & Fletcher-Janzen, 2009）。此外，要特別注意，因兒童之發展尚未完成，其介入方法應與成人不同，須考慮其發展階段。受虐而導致頭部外傷應該被通報到兒童保護系統（Proctor, 2011）。對於兒童之介入目標是重回遊戲或重回學校（Kade & Fletcher-Janzen, 2009），而心理社會功能與其重回學校有密切關聯。

七、脊髓損傷

　　脊髓損傷（spinal cord injury，簡稱 SCI）是指脊髓的創傷，造成不同程度的運動及（或）感覺功能喪失。脊髓位於背部的脊柱內，平時受脊椎保護，若有意外，如車禍、由高處跌落就會受傷。外傷性的原因以車禍居多（約占50%），其次為高處跌落、運動傷害等。在美國，創傷性脊髓損傷每年發生率（incidence rate）為百萬分之四十。2005 年，全美有 25 萬個脊髓損傷個案（Abrams & Wakasa, 2011）。脊髓損傷的嚴重度或造成身體機能的殘障程度和受傷的位置以及受傷的完全性有關係，完全性損傷係指神經組成全部破壞，神經功能完全喪失；不完全性損傷係指神經組織沒有完全破壞，身體自受傷的區域以下尚有部分的神經功能存在。分為：四肢癱瘓（quadriplegia）、四肢輕癱（quadriparesis）、下肢癱瘓（paraplegia）、下肢輕癱（paraparesis）。愈是高位脊髓的損傷造成身體的機能喪失愈嚴重。高位頸部脊髓完全性損傷會造成四肢癱瘓，若胸腰部脊髓不完全損傷會造成下肢輕癱。其臨床症狀除感覺動作損傷，如肌力與感覺缺失、痙攣（spasticity）、中樞疼痛（central pain）之外，尚有姿勢性的低血壓（postural hypotension）、自主神經反射失調（autonomic dysreflexia）、冠狀心血管病、呼吸功能障礙、神經性膀胱功能異常（neurogenic bladder）、泌尿道感染（urinary tract infection）、腎功能不全、性功能障礙、大小便功能障礙、骨質疏鬆、異位性骨化（heterotopic ossification）、肌肉骨骼

併發症、褥瘡（pressure sore）、精神障礙、功能缺失等（Abrams & Wakasa, 2011）。

八、臂神經叢損傷

臂神經叢是由人體的第五、六、七、八對頸椎神經及第一對胸椎神經所構成的複雜神經叢。臂神經叢損傷（brachial plexus injury）屬周邊神經損傷，臨床症狀是肌肉無力、肌肉萎縮及感覺缺失（Bromberg, 2011）。會合併霍納氏症候群（Horner's syndrome）：交感神經 T1 損傷、輕微眼瞼下垂、瞳孔縮小、同側顏面紅潮、不流汗。出生體重超過 4,500 公克的新生兒有臂神經損傷的機率較一般出生體重兒高很多（Mandy, 2011）。依受損部位分：(1)上臂型（Erb's palsy）主要受損在 C5-6；(2)下臂型（Klumpke's palsy）主要受損在 C7-T1。依神經受損程度分：(1)完全斷裂（complete rupture）；(2)部分斷裂，又稱軸突損斷（axonotmesis）（神經髓鞘仍完整但軸突斷裂）；(3)暫時性損傷，又稱神經性失用（neuropraxia）（廖華芳主編，2021a）。

九、發展性協調障礙

發展性協調障礙（developmental coordination disorder，簡稱 DCD）診斷之必要條件為：動作協調能力顯著低於同年齡兒童，這些缺失明顯影響到學業成績或是日常生活活動，且未有以下醫學診斷，如腦性麻痺、偏癱，或肌肉失養症，並不符合廣泛性發展障礙標準。若是這類兒童合併有智能障礙，則運動障礙程度常遠高於智能障礙。他們在臨床上常見的活動限制為：上肢雙側協調性差，如無法有技巧使用鉛筆、剪刀、蠟筆等勞作工具；粗大動作能力差，不會接球，玩躲避球時常被打到，容易碰撞物品，學不會騎腳踏車等難度略高的新技巧，常常跌倒，不會單腳平衡、跳躍（廖華芳主編，2021a）。此外，DCD 兒童常合併有注意力缺陷過動症或（及）學習障礙。

DCD 的動作介入方法根據其切入面向大致上可分為二大類：過程導向（process-oriented）與任務導向（task-oriented）。過程導向主要是針對可能造成動作障礙的身體功能因素（ICF 代碼 b）進行介入；任務導向則是直接針對兒童的行動（action）進行介入，包括活動與參與（ICF 代碼 d）（廖華芳主編，

2021a）。

十、脊柱裂

脊柱裂（spina bifida）又稱脊髓發育不良（myelodysplasia）。脊髓發育不良為神經管缺陷（neural tube defect）中最常見，是脊髓的任何部分在發育時有缺陷（Hinderer et al., 2000）。嬰兒在一出生時，背上如有突出的囊狀物中包含有脊髓膜與脊髓，即可被診斷為脊柱裂。通常發生於腰椎（廖華芳主編，2021a）。

其動作障礙依脊柱缺損的位置，及神經和脊髓受損的範圍，而有動作障礙程度上的差異（廖華芳主編，2021a），可能完全癱瘓，也可能部分癱瘓。出生時即存在的肌無力是永久性的，通常不會惡化，若在成長過程中下肢動作能力惡化、大小便功能退步、進行性脊柱側彎或疼痛，必須盡快檢查，可能為脊髓繫鏈（tethered spinal cord）的先兆（Bowman, 2011）。脊髓繫鏈是指脊柱裂兒童脊柱生長快速，但是脊髓會在脊柱裂受損處沾黏固定，無法如一般兒童向上滑動，因此拉扯到脊髓，造成脊髓神經細胞新陳代謝改變及缺氧，進而產生神經肌肉病變；倘若未在早期進行治療，會進一步造成永久性的神經損傷，大多建議以手術處理（Tappit-Emas, 1999）。除動作障礙外，尚有脊柱變形、肢體變形、骨質疏鬆、異常肌肉張力、感覺異常或喪失與水腦。有些兒童宜注意智能障礙或學習障礙、行為問題、乳膠過敏（latex allergy）等問題。

十一、神經肌肉疾病

神經肌肉障礙（neuromuscular disorders）是運動神經元單位（motor unit），包括：運動神經元（脊髓前角細胞、周圍神經）、神經肌肉交接處與肌肉的任何部分病變所引起（Behrman & Kliegman, 1987/1999; Stuberg, 2000）。神經肌肉障礙會有功能退化現象，需要介入。神經肌肉障礙分兩大類：肌營養不良症候群（muscular dystrophy，簡稱 MD），與脊髓性肌萎縮症候群（spinal muscular atrophy，簡稱 SMA）。

肌營養不良症候群（MD）為一種遺傳性、進行性的肌肉退化疾病，肌肉細胞會不斷變性壞死，被脂肪細胞及纖維組織所取代（Stuberg, 2000），可概

略分為九類，其中裘馨氏肌肉失養症較嚴重。裘馨氏肌肉失養症（Duchenne muscular dystrophy，簡稱 DMD）因缺少一種稱為營養失調啡（dystrophin）的大型蛋白質所引起，發生率約 3,500 個活產男兒中有一個，屬於性聯隱性遺傳疾病，病程演進快；病童可能伴有肥胖現象及輕度智障。DMD通常在 1 至 4 歲間發病，最多為 3 歲。開始時只是輕微肌肉無力，父母不會發現；逐漸走路愈笨拙，易跌倒、上下樓梯困難，父母才會注意。其肌力退化為對稱性，先是骨盆與髖部肌肉，其次為肩胛處肌肉，再逐漸擴及其他部位。約 10 歲左右喪失行走能力；約 20 歲後，因呼吸肌衰弱或呼吸系統併發症而去世；若呼吸功能維護不錯，則可能延到較大年齡才因心肌衰竭而去世（Florence, 1999）。利用「運動」來作為 DMD 之治療方法頗受爭議，但是運動過度及完全不動都是錯誤（Stuberg, 2000）。

　　脊髓性肌萎縮症候群（SMA）為脊髓前角細胞受損，因此造成肌肉萎縮及無力，主要分為四型。主要病理變化是前角細胞進行性退化，可於子宮內或之後的任何時間開始發病，病程進展可快可慢。基因缺陷主要為第五對染色體（Stuberg, 2000）。

十二、抽搐痙攣性疾患

　　抽搐痙攣性疾患（seizure disorders，簡稱抽痙）為一種先天性或後天性的腦部慢性病變，由於腦細胞過度放電而引起反覆發作，同時呈現出多樣的症狀（黃立同，2003）。根據文獻報告，抽痙的盛行率 0.6%，發生率大約 3‰～7‰，其中 90% 都在 20 歲以前發病。25% 之發展障礙兒童有抽痙問題。約 3% 一般兒童發生過發熱性抽痙與高燒（Long & Toscano, 2002）。

　　抽痙種類繁多，治療與預後也不盡相同，因此應由醫師詳細檢查，並給予藥物控制。一般而言，若抽痙兒童可按醫囑規定服藥，約 50% 可滿意控制；25% 可顯著減少發作次數；15%～20% 發作次數略為減少，但未達理想狀況；僅有 5%～10% 無法控制，甚或惡化者（Behrman & Kliegman, 1987/1999）。早期的癲癇控制、癲癇發作的年齡較早，及無腦部損傷等因素和預後較好有關（Wilfong, 2023）。台灣之研究顯示發熱性抽痙兒童不會有行為及學業成績改變（Chang et al., 2000）。

十三、注意力缺陷／過動症

注意力缺陷／過動症（attention deficit/hyperactivity disorder，簡稱ADHD）於《身心障礙及資賦優異學生鑑定辦法》第9條中屬於情緒行為障礙。其鑑定基準包括：(1)情緒或行為表現顯著異於其同年齡或社會文化之常態者，得參考精神科醫師之診斷認定之；(2)除學校外，在家庭、社區、社會或任一情境中顯現適應困難；(3)在學業、社會、人際、生活等適應有顯著困難，且經評估後確定一般教育所提供之介入，仍難獲得有效改善（教育部，2013）。

ADHD 會有不專心或（及）過動、衝動的行為問題，並造成適應功能下降，常有發展問題，且持續至少半年（宋維村，2004）。根據美國《精神疾病診斷與統計手冊》（第五版）（DSM-5; American Psychiatric Association, 2013），其診斷根據下述幾個重點：

(一) 1. 或 2. 有一成立：

1. 下列注意力缺失的症狀有六項（或更多）：

注意力缺失（inattention）

(1) 經常無法密切注意細節，或經常粗心犯錯。

(2) 在工作或遊戲活動時經常不易維持注意力。

(3) 經常不專心傾聽別人說話。

(4) 經常無法完成教師或父母交辦事項（並非由於對立行為或不了解指示）。

(5) 工作及活動經常缺乏組織能力。

(6) 經常逃避、不喜歡或拒絕參與需全神貫注的工作（如學校作業）。

(7) 經常遺失工作或遊戲所需的東西（如：玩具、書、文具等）。

(8) 經常容易被外界刺激所吸引（分心）。

(9) 容易忘記每日常規活動，需大人時常提醒。

2. 下列過動—易衝動的症狀有六項（或更多）：

過動（hyperactivity）

(1) 經常手忙腳亂或坐時扭動不安。

(2) 在應該好好坐在座位上的場合，時常離開座位。

(3) 在教室或活動場合中不適宜地跑、跳或爬高（在青少年或成人可僅限於主

觀感覺到不能安靜）。

(4) 經常無法安靜地參與遊戲或從事休閒活動。

(5) 不停地動來動去，像發動的馬達。

(6) 經常話很多。

易衝動（impulsivity）

(7) 經常在別人問題未說完時即搶先回答。

(8) 經常無法輪流等待。

(9) 經常中斷或干擾他人（如插嘴或打斷別人的遊戲）。

(二) 有些過動—易衝動或注意力缺失症狀在 7 歲以前即出現。

(三) 上述症狀存在於兩種或兩種以上的場合（如在學校或工作場所及在家中）。

(四) 必須有明確證據顯示妨礙社會、學業或職業功能。

(五) 此症狀非僅發生於一種廣泛性發展性疾患、思覺失調症或其他精神性疾患的病程中，也無法以其他精神疾患做更佳解釋。

(六) 17 歲（含）以上，只要符合不專注（inattention）或過動及衝動（hyperactivity and impulsivity）。

ADHD 在國外學齡階段的盛行率約在 3%～5%，男性多於女性（Kutcher et al., 2004）。在台灣小學學童的盛行率約為 9.9%（Wang et al., 1993）或 7%～12%（劉昱志等，2006）。

ADHD 若未接受治療，雖然隨著年紀增長，過動的情況會好轉或趨於不明顯，但注意力不足的問題則可能持續到青春期，甚至成人。如果沒有接受治療，過動兒有 75% 會出現情緒障礙，可能影響成年後的抗壓性；據統計，約有 3% ADHD 的人成年後會殘留不守時、衝動或做事拖延、容易有憂鬱、邊緣人格等，因此，早期介入很重要。

目前常採用的 ADHD 治療方法包括行為治療、藥物治療與運動治療。目前的臨床指引建議 4～6 歲年幼兒童的 ADHD 首選療法為非藥物治療，6 歲以後則可採用藥物治療與非藥物治療並行的綜合治療，對於 4 歲以下兒童目前則仍無充足證據支持診斷或治療 ADHD（廖華芳主編，2021a；Missiuna et al., 2006）。

十四、肌萎縮性側柱硬化症

肌萎縮性側柱硬化症（amyotrophic lateral sclerosis，簡稱 ALS），又稱漸凍人、魯蓋瑞氏症（Lou Gehrig's disease）（Elman et al., 2011），是一種嚴重的漸進性運動神經元疾病。運動神經元疾病是指脊髓、腦幹及大腦運動皮質運動神經細胞（神經元）進行性退化，而引起四肢肌肉、呼吸與吞嚥或舌肌出現進行性萎縮無力症狀。這種肌肉無力、日漸萎縮的疾病，會在二至十年內慢慢地蔓延至全身各部位，最後連呼吸的力量也會慢慢減弱，也就是說，患者會在意識清楚的狀況下，感受生命逐漸消逝。最明顯的 ALS 的標誌為合併上運動神經元與下運動神經元的症狀（Elman et al., 2011）。ALS 在歐洲及北美盛行率約 10 萬人有 2.7～7.7 人（Maragakis & Galvez-Jimenez, 2011）。

♥♥♥ 貳、眼、耳及相關構造與感官功能障礙及疼痛

一、視覺障礙

視覺障礙者並非完全看不見，就廣泛定義而言，舉凡全盲、弱視及視覺功能有所缺損，皆可統稱為視覺障礙者；法規所定義之視覺障礙者，其界定標準乃指優眼視力值而言（兩眼做比較，視力較佳的那隻眼睛稱之為優眼）。根據台灣衛生福利部（2022）修正發布的《身心障礙者鑑定作業辦法》之附表二甲「身體功能及構造之類別、鑑定向度、程度分級與基準」的第二類「眼、耳及相關構造與感官功能及疼痛」中，視覺功能等級分為輕度、中度、重度，其標準如下：

1. 輕度（障礙程度 1 分）：(1)矯正後兩眼視力均看不到 0.3，或矯正後優眼視力為 0.3，另眼視力小於 0.1（不含）時，或矯正後優眼視力 0.4，另眼視力小於 0.05（不含）者；(2)兩眼視野各為 20 度以內者；(3)優眼自動視野計中心 30 度程式檢查，平均缺損大於 10dB（不含）者。

2. 中度（障礙程度 2 分）：(1)矯正後兩眼視力均看不到 0.1 時，或矯正後優眼視力為 0.1，另眼視力小於 0.05（不含）者；(2)優眼自動視野計中心 30 度程式檢查，平均缺損大於 15dB（不含）者。

3. 重度（障礙程度 3 分）：(1)矯正後兩眼視力均看不到 0.01（或矯正後小於 50 公分辨指數）者；(2)優眼自動視野計中心 30 度程式檢查，平均缺損大於 20 dB（不含）者。

　　根據《身心障礙及資賦優異學生鑑定辦法》第 4 條所規定，視覺障礙者指「由於先天或後天原因，導致視覺器官之構造缺損，或機能發生部分或全部之障礙，經矯正後對事物之視覺辨認仍有困難者」（教育部，2013），其鑑定標準如下：

1. 視力經最佳矯正後，依萬國式視力表所測定優眼視力未達 0.3 或視野在 20 度以內者。

2. 無法以前款視力表測定時，以其他方式測定後認定者。

二、聽覺障礙

　　聽覺障礙係指由於先天或後天原因，導致聽覺器官之構造缺損或機能永久性缺損。根據台灣衛生福利部（2022）修正發布的《身心障礙者鑑定作業辦法》之附表二甲「身體功能及構造之類別、鑑定向度、程度分級與基準」的第二類「眼、耳及相關構造與感官功能及疼痛」中，聽覺功能等級分為輕度、中度、重度，其標準如下：

1. 輕度：(1) 6 歲以上：雙耳整體障礙比率介於 45.0% 至 70.0%，或一耳聽力閾值超過 90 分貝（含）以上，且另一耳聽力閾值超過 48 分貝（含）以上者。如無法取得純音聽力閾值者，以 ABR 聽力閾值作為純音聽力閾值計算；(2) 未滿 6 歲：雙耳整體障礙比率介於 22.5% 至 70.0%，如無法取得純音聽力閾值者，以 ABR 聽力閾值作為純音聽力閾值計算。6 歲以上不適用本項基準。

2. 中度：雙耳整體障礙比率介於 70.1% 至 90.0%，如無法取得純音聽力閾值者，以 ABR 聽力閾值作為純音聽力閾值計算。

3. 重度：雙耳整體障礙比率大於等於 90.1%，如無法取得純音聽力閾值者，以 ABR 聽力閾值作為純音聽力閾值計算。

　　「身心障礙鑑定標準」在醫學觀點上多著重在聽力損失程度，而功能性觀點則以聽力損失影響學生說話能力與語言發展為區隔，《特殊教育法》則以功能性的觀點來定義聽覺障礙（林寶貴，1994）。根據《身心障礙及資賦優異學

生鑑定辦法》第 5 條定義聽覺障礙，指「由於聽覺器官之構造缺損或功能異常，致以聽覺參與活動之能力受到限制者」（教育部，2013），其鑑定基準如下：

1. 接受行為式純音聽力檢查後，其優耳之 500 赫、1,000 赫、2,000 赫聽閾平均值，6 歲以下達 21 分貝以上者；7 歲以上達 25 分貝以上。
2. 聽力無法以前款行為式純音聽力測定時，以聽覺電生理檢查方式測定後認定。

　　特殊教育將聽力損失 20 分貝即納入服務對象，是功能性上的考量，因聽力損失在 15 分貝到 20 分貝之間，還能正常地偵測到聲音，但聽力損失達 20 分貝以上，將需要聽力治療及語言治療的介入（Camey & Moeller, 1998）。

三、感覺統合障礙

　　感覺統合是指個體接收感覺訊息後，經神經系統組織並反應，以達成功能性行為的過程。根據感覺統合理論，「感覺統合障礙」是指大腦對於外來的感覺刺激，包括：觸覺、前庭覺、本體覺、視覺、聽覺等無法有效的整合，造成感覺調節失調或動作運用障礙，以至於功能性的行為表現不佳（Parham & Mailoux, 2019）。

　　「感覺統合障礙」主要分為兩種類型：一為感覺調節失調；另一為動作運用障礙。Dunn 根據個體對感覺刺激的反應閾值以及所產生的行為，將感覺調節失調分為四種行為模式，包括：低登錄、感覺尋求、感覺敏感、感覺逃避。低登錄及感覺尋求的個體對感覺刺激的反應閾值較高，因此對外來的刺激輸入沒有反應，或是不斷的尋求感覺刺激，以滿足大腦需求。常見的外顯行為包括：喜歡不斷的轉圈圈，或是喜歡頭下腳上的活動。感覺敏感及感覺逃避的個體對感覺刺激的反應閾值較低，因此對外來的感覺刺激顯得過度敏感，容易感到不舒服、嫌惡或是想要逃離。最常見的就是不喜歡被碰觸，不喜歡洗臉、洗頭等觸覺防禦現象，或某些孩童會出現害怕移動、害怕腳離開地面等重力不安全感行為（Lane, 2020）。

　　動作運用則是指由認知引導動作的一個神經運作過程，動作運用障礙的孩子可能會出現動作笨拙、身體兩側不協調、動作姿勢控制不好，以及動作計畫不佳而導致學習新動作有困難等（Parham & Mailoux, 2019）。動作運用障礙可分為不同類型，包括：視覺型（visuo dyspraxia）、軀體型（somato dyspraxia）、語言型（language-based dyspraxia），以及意念型動作運用障礙（ideational dyspraxia）。視覺型動作運用障礙的孩子可能視知覺不佳或是對於使用視覺訊息去計劃或組織動作有困難，例如：在雜亂的環境中找到想要的物品有困難，或是仿畫或仿寫有困難；軀體型動作運用障礙的孩子是在學習新的動作技巧及整合動作有困難，因此他們通常手部操作技巧笨拙，或是動作的節奏及順序不佳，例如：常在球類活動中接不到球、學不會騎腳踏車等；語言型動作運用障礙的孩子是在口語指令或提示下做出動作有困難，例如：玩「老師說」的遊戲有困難，無法根據「老師說：用右手摸左邊耳朵」的指令做出正確動作；意念型動作運用障礙的孩子由於缺乏動作執行的概念，因此可能起始動作有困難，通常需要仰賴別人的想法或解決方式。他們無法從過去的動作經驗形成心智圖像，因此很難記住曾經有的動作經驗，以至於無法形成新動作的概念，因此他們的動作經常重複，較難產出新的動作模式（Roley et al., 2020）。

♥♥♥ 參、涉及聲音與言語構造及其功能障礙

語言障礙

　　根據台灣衛生福利部（2022）修正發布的《身心障礙者鑑定作業辦法》之附表二甲「身體功能及構造之類別、鑑定向度、程度分級與基準」的第一類「神經系統構造及精神、心智功能」中，與語言障礙相關功能包括「b16700 口語理解功能」、「b16710 口語表達功能」，以及第二類「眼、耳及相關構造與感官功能及疼痛」中之「嗓音功能」、「構音功能」、「言語功能的流暢與節律」。各障礙等級分類如下：

(一) 口語理解功能

1. 輕度：可以聽懂簡單是非問題與指令，亦可理解部分簡單生活對話；對較複雜的語句則無法完全理解。
2. 中度：經常需要協助，才能聽懂日常生活中的簡單對話、指令或與自身相關的簡單詞彙。
3. 重度：完全無法理解口語訊息。

(二) 口語表達功能

1. 輕度：說話時經常因語句簡短不完整、詞不達意等問題，以致只有熟悉者才能了解其意思，對日常溝通造成明顯限制。
2. 中度：口語表達有顯著困難，以致熟悉者也僅能了解其部分意思，常需大量協助才能達成簡單生活溝通。
3. 重度：幾乎完全無法口語表達或所說的別人完全聽不懂。

(三) 嗓音功能

1. 輕度：發出的嗓音音質不佳，包括沙啞、鼻音過重、氣息聲、音調過低或過高，大部分時間影響溝通對象的辨識。
2. 重度：無法發出嗓音。

(四) 構音功能

1. 輕度：構音明顯偏差，大部分時間影響溝通對象的理解。
2. 重度：構音嚴重偏差，使溝通對象完全無法理解。

(五) 言語功能的流暢與節律

1. 輕度：說話的流暢度或韻律明顯異常，大部分時間造成溝通困擾。
2. 重度：說話的流暢度或韻律明顯異常，幾乎完全無法與人口語溝通。

依據台灣《身心障礙及資賦優異學生鑑定辦法》第 6 條，語言障礙指「語言理解或語言表達能力與同年齡者相較，有顯著偏差或低落現象，造成溝通困難者」（教育部，2013），其狀況及鑑定標準如下：

1. 構音障礙：語音有省略、替代、添加、歪曲、聲調錯誤或含糊不清等現象。
2. 嗓音異常：說話之音質、音調、音量或共鳴與個人之性別或年齡不相稱等現象。
3. 語暢異常：說話之節律有明顯且不自主之重複、延長、中斷，首語難發或急促不清等現象者。

4. 語言發展異常：語言之語形、語法、語意或語用異常，致語言理解或語言表達較同年齡者有顯著偏差或低落。

♥♥♥ 肆、涉及內臟構造及其功能障礙

《特殊教育法》第 3 條第 7 款所稱身體病弱，在《身心障礙及資賦優異學生鑑定辦法》第 8 條「指罹患疾病，體能衰弱，需要長期療養，且影響學習活動者」（教育部，2013）。以下分別說明之。

一、糖尿病

糖尿病（diabetes mellitus，簡稱 DM）並不是一種單一疾病，而是一群會引起高血糖（hyperglycemia）疾病的集合。1997 年美國糖尿病學會將糖尿病分為四大類型：(1)第一型糖尿病（type 1 diabetes），此型的致病原因是胰臟的β細胞完全被破壞，導致胰島素的完全缺乏，病人必須依賴胰島素才能維生。在台灣，此型約占糖尿病患者 5～10％；(2)第二型糖尿病（type 2 diabetes），大多數糖尿病患者屬於此型，約占 80%，通常發生在 40 歲以上的人，主要的病理缺陷是胰島素抗拒性（細胞的胰島素受體對胰島素的敏感度降低）或胰島素分泌不足；(3)其他特有病因型糖尿病（other specific types）；(4)妊娠糖尿病（gestational DM）（Munshi, 2011）。

二、癌症

癌症（cancer）病發始於身體細胞轉變成癌細胞，癌細胞快速地成長與分化，大量的癌細胞族群會形成腫瘤，而耗用正常細胞所需要的營養和氧氣。腫瘤可能是良性的或惡性的，良性腫瘤並不會擴散出去；惡性的腫瘤則生長快速，且會擴散到其他的身體組織中。癌症會影響所有的年齡層，但以老年人居多。想進一步了解癌症，可至網頁（如 https://www.kfsyscc.org/中的「成果與知識」）查詢。

惡性腫瘤治療的原則取決於惡性腫瘤的類型、分期和散布的程度。目標也可分為治癒性、保守性和支持性療法。抗癌治療包括外科切除、放射線治療、化學治療，或三種療法合併使用（Behrman & Kliegman, 1987/1999），其目的

是藉由殺死癌細胞以避免它們擴散。放射線治療或化學治療兩者也都會傷害正常的細胞組織，其常見的副作用包括：噁心、腹瀉及掉頭髮的現象（Grubbs & Blasband, 2004/2007），還有嘔吐、焦躁、沮喪、感染等問題。因此，癌症兒童除了肉體的疼痛與不適外，尚有經濟與心理沉重的負擔。對治療師與教師而言，需了解與忍受這類兒童不穩的情緒，並能讓同儕了解癌症並不會傳染，教導他們如何去接納癌症的病童，及早防範，以免癌症兒童受到無謂的傷害（吳淑美，1989，頁 200-220）。

三、囊狀纖維化

囊狀纖維化（cystic fibrosis）在歐美國家是一種常見的兒童致死性肺部疾患，在東方國家則較少見，為一種自體隱性遺傳疾病。囊狀纖維化主要侵犯外分泌系統及上皮細胞，吸收和分泌的特性都會受到影響。特徵為異常黏稠的分泌液，造成肺、肝、胰臟管道阻塞。由於氣管黏膜所分泌的黏液通常有過濾空氣中灰塵與細菌的作用，若黏液太黏稠，就無法有效率的流動並過濾髒東西，同時，黏稠的黏液也會阻塞住小氣管，造成肺泡，無法交換新鮮氣體，肺葉會塌扁，因此會有肺炎、支氣管炎等問題，後期則會演化到支氣管擴張、肺氣腫等（Behrman & Kliegman, 1987/1999）。近年來由於抗生素、物理治療、肺功能檢查已逐漸使此病童的平均壽命增加（吳英黛，2003）。有些個案壽命已至少進入 50 歲年齡層（Dodge et al., 2007）。

四、先天性心臟病

先天性心臟病（congenital heart disease）造成的原因目前尚不十分清楚，可能是由於基因異常所造成，例如：唐氏症、透納氏症候群（Turner syndrome）等（Howell, 2000）。

先天性心臟病一般分為兩類，發紺性與非發紺性：

1. 發紺性先天性心臟病，例如：法洛氏四重症（TOF）、大動脈轉位等，其右心房、心室壓力較左側高，而且兩邊間有通道，因此靜脈血會回流到左側動脈血，造成動脈血中氧氣濃度降低，因此容易造成嘴唇及指甲發紫或發黑等嚴重缺氧現象，甚至會引起呼吸困難、氣喘、抽筋及死亡。發紺性兒童另一

常見症狀是手指或腳趾末端變粗，看起來像杵子，因此稱為「杵狀趾」。

2. 非發紺性先天性心臟病兒童則沒有動、靜脈血管互通或僅由動脈血流到靜脈血，因此不會造成全身動脈血缺氧現象，例如：心房中膈缺損、開放性動脈導管、主動脈弓窄縮等。

　　先天性心臟病有的需開刀矯治，有些則在長大後自然癒合，然而藥物治療仍然十分重要（吳英黛，2003）。心臟病兒童由於心臟受損程度不一，他們活動受限程度也不一樣，通常可經由運動測試，了解其最大運動量，再根據測試結果，由醫師及治療師給予活動或體能訓練之建議。活動或運動量目前均以基礎代謝耗氧量（MET）來表示，如對一個 70 公斤的人而言，其行使一般辦公室工作、洗衣服、玩牌、騎摩托車等活動，運動量大約為 1.5～2MET。跑步（每小時 9 公里）、騎腳踏車（每小時 21 公里）、籃球、滑雪、鏟土等活動，運動量則高達 6～7MET。若無經運動測試，大人必須學著去觀察兒童開始有呼吸困難的徵狀，由此去估計兒童可能的運動量極限，而稍加控制（吳英黛，2003）。

♥♥♥ 伍、神經、肌肉、骨骼之移動相關構造及其功能障礙

　　肌肉骨骼系統慢性疾病或障礙主要處理的臨床問題以軟體組織及骨骼系統，及（或）其相互關係之障礙為主。《特殊教育法》第 3 條第 5 款所稱肢體障礙，在《身心障礙及資賦優異學生鑑定辦法》第 7 條「指上肢、下肢或軀幹之機能有部分或全部障礙，致影響參與學習活動者」（教育部，2013）。

一、關節置換

　　關節置換（joint replacement）指將已磨損破壞的關節面切除，如同裝牙套一般，植入人工關節，使其恢復正常平滑的關節面，以減少疼痛及促進關節動作及功能。目前它已應用於治療肩關節、肘關節、腕關節、指間關節、髖關節、膝關節及踝關節等疾患，而以「全髖關節置換手術」（total hip arthroplasty）、「全膝關節置換手術」（total knee arthroplasty）最常見（Erens & Thornhill, 2011）。

二、截肢

　　截肢（amputation）係因為肢體先天或後天缺損；上肢截肢的原因以外傷最多（如被機器切斷及高壓電傷），而下肢截肢以糖尿病併發症、周邊血管病變及車禍外傷居多。上肢截肢可分成肘上截肢與肘下截肢；下肢截肢可分膝上截肢與膝下截肢等。通常在截肢後物理治療的計畫要立刻進行，以維持肌肉力量，避免關節攣縮。個案穿了下肢義肢後要接受步態訓練及行走功能訓練，永久性義肢必須在殘肢周徑完全縮小（shrinkage）及穩定後才給予。

三、關節炎

　　關節炎（arthritis）可分為退化性關節炎（osteoarthritis）和風濕性關節炎（rheumatoid arthritis，簡稱RA）。兒童與青少年關節炎以風濕性關節炎為主。

四、發展性髖部發育障礙

　　發展性髖部發育障礙（developmental dysplasia of the hip，簡稱DDH），為指股骨頭與髖臼間有不正常之排列關係。此名詞用以廣泛涵蓋關節不正常發展導致嬰兒或幼童時期髖關節異常，也用以取代先天性髖部發育障礙（congenital dysplasia of the hip）。盛行率約1‰。DDH問題兒童開始行走後，單側DDH會有特倫現象（Trendelenberg's sign），雙側DDH會有鴨步式步態（waddling gait）。此外，長大後容易有關節炎、疼痛、肌力、動作與姿勢問題（廖華芳主編，2021a）。

五、先天性多關節硬化症

　　先天性多關節硬化症（arthrogryposis multiplex congenita，簡稱 AMC）為一種非進行性症狀，常因神經或（及）肌肉損傷（基因或環境），在胎兒早期缺少動作導致全身多處關節攣縮，一出生即呈現症狀之症候群。臨床可分三型：(1)肢體末端關節攣縮或肌發育不全，無神經病變；(2)肢體外尚有其他身體受損；(3)合併中樞神經損傷型。第三型較嚴重，通常於嬰兒時期就會死亡，因此存活者以前兩型居多。第一型又可分末端型（distal arthrogryposis）與肌發育不

全（amyoplasia），其症狀與預後有些不同（廖華芳主編，2021a）。

六、成骨不全症

成骨不全症（osteogenesis imperfecta，簡稱 OI），又稱骨脆弱症（brittle bone disease），俗稱玻璃娃娃，大部分為自體顯性遺傳之膠原代謝疾病，影響身體中含有第一型膠原質的組織，其中骨骼系統的臨床症狀最明顯。骨中哈氏系統（Harversian system）受損，因此容易骨折。可依病因、嚴重度及臨床症狀分七種類型。骨骼脆弱的程度，小自輕微的骨質疏鬆，大到懷孕中子宮內胎兒骨折，甚而致死。由於骨骼脆弱，兒童在日常生活中經常骨折，並產生骨骼變形。嚴重度與骨折發生的年齡有關，愈早發生骨折者愈嚴重。最嚴重者在胎兒時期即有骨折產生；中等嚴重者，在兒童早期發生；而最輕度者，通常在兒童後期才發生。OI 發生率為在每 20,000 名活產兒中會有一個，男女比例相同（廖華芳主編，2021a）。

❤❤❤ 陸、皮膚與相關構造及其功能障礙

主要為皮膚系統慢性疾病或障礙。

燒傷

燒傷（burn）的原因可為：熱液燙傷、火焰傷、化學傷、電傷、爆炸傷、接觸性灼傷、放射線灼傷等；依損傷深度分：一度、淺二度、深二度、三度。一度僅表皮外層損傷，未傷及真皮層，皮膚局部紅熱腫脹、劇痛、敏感；淺二度傷及表皮和真皮上三分之一，皮膚紅腫、有水泡產生、表皮破損、表面濕亮、劇烈疼痛和灼熱感、對冷空氣敏感；深二度傷及真皮深部，皮膚呈現淡粉紅色，表皮脫離，白色大水泡，因為神經末梢部分受損，疼痛較淺二度要輕；三度傷及整層皮膚及皮下組織，呈皮革狀黑色焦痂或蒼白，或有流液現象，由於神經末梢被破壞了，一般反而較不會劇痛。

第三節 醫療復健常用之理論

♥♥♥ 壹、國際健康功能與身心障礙分類系統

世界衛生組織（World Health Organization，簡稱 WHO）於 2001 年與 2007 年分別提出「國際健康功能與身心障礙分類系統」（International Classification of Functioning, Disability and Health，簡稱 ICF）（WHO, 2001）與「國際健康功能與身心障礙分類系統——兒童及青少年版」（International Classification of Functioning, Disability and Health—Children and Youth Version，簡稱 ICF-CY）（WHO, 2007），為跨醫療、教育和社會領域通用之科學分類系統，除健康情形（health condition）外，ICF 模式運用三個構面來描述健康狀況，並統一給予中性名稱，使其能配合運用於所有人，達到促進健康之目的；此三構面分別為：身體功能與構造（body function and structures）、活動（activities）及參與（participation）。健康情形以「國際疾病分類系統第十版」（International Classification of Diseases–10th edition，簡稱 ICD-10）之編碼來表示；身體功能是指身體各系統之生理功能，包括智力、感官等心理方面；身體構造指身體各系統之解剖構造，包括器官、肢體等；活動是指一個人執行的行動或任務（person-level task）；參與指在生活的情境中參與活動之功能。

ICF 之架構是一結合醫療模式和社會模式的生物心理社會模式（biopsycho-social model），將健康及健康相關的因子做分類，除了身體功能和構造、活動和參與之外，更將環境和個人因素納入，強調健康狀況是疾病和情境因素（環境和個人因素）間交互作用的結果，並從正向的觀點描述個人的健康狀況，所以 ICF 適合描述特殊需求者之功能與其環境因素。此外，ICF 強調活動和參與之重要性，認為活動和參與障礙會受生理與環境各因素影響，並非固定，所以評估與介入應包括各構面；另一方面，各構面間會相互影響，身體功能損傷不一定是造成活動能力受限之原因，兩者不一定是上下階層關係，環境亦是影響活動和參與之重要因素，所以介入時，如能經由環境改善，促進參與程度，也

可增進身體功能或健康情形，如藉由幫身心障礙者安排合適之游泳等休閒活動，其健康體適能也會增加。

　　根據《身心障礙者權益保障法》，台灣身心障礙鑑定新制採行 ICF 精神，由醫療團隊評估身體功能與構造以及活動與參與面向。因此，廖華芳等參考「兒童與家庭追蹤調查表」（Bedell, 2011）設計適用於 6～18 歲兒童與青少年之「身心障礙鑑定功能量表兒童版」，目前發展至 10.0 版（FUNDES 10.0 兒童版）。FUNDES 10.0 兒童版包括下列領域：領域 h 健康概況與輔具；領域 t 直接施測；領域 1 居家生活參與（頻率和獨立各 6 題）；領域 2 參與鄰里及社區之活動（各 4 題）；領域 3 學校生活參與（各 5 題）；領域 4 家庭及社區生活參與（各 4 題）。領域 1～4 每一題均涵蓋頻率面向（即參與頻率）、獨立面向（即參與獨立性）及輔具（廖華芳主編，2021b）。

　　台灣推動以 ICF 為基礎的身心障礙鑑定需求評估與福利服務輸送已有十多年，目的是促進特殊需求者的社會參與和融入社會（劉燦宏等主編，2022）。除了鑑定評估外，目前運用「基於國際健康功能與身心障礙分類系統的協力問題解決」（ICF-based collaborative problem solving，簡稱 ICF-CPS）模式（廖華芳等，2021，2023；Liao et al., 2018），結合「我的優勢卡」（My Ability ID Card）的資訊，以促進特殊需求兒童及家長的參與。ICF-CPS 模式包括可雙向進行的四個步驟：「界定問題」、「問題解釋」、「目標設定」、「介入策略」，可由優勢卡中的兒童優勢或需求項目引導出想要改善之兒童參與狀況，一起討論出提升參與的有利因素和阻礙因素，接著設定具體可測量的參與性目標，且提出可行的介入方法或策略。此模式對兒童和家庭的成效已有實證（廖華芳等，2021，2022；Björck-Åkesson, 2018）。廖華芳等並以一位腦性麻痺青少年為例，來說明功能量表評估結果、如何轉換及計算障礙分數、障礙分數之意義與解釋，與運用功能量表評估結果來協助臨床決策，以增進學生之活動及參與（廖華芳等，2013）。

❤❤❤ 貳、個案處理模式

　　美國物理治療學會指出，物理治療執業的程序可根據「個案處理模式」，由評估、評量、診斷、預後、介入至最後成果之監控等幾個步驟。此六個階段

非單向流程，而是決策進行中反覆提出臨床問題或假說、蒐集資料，並分析驗證之雙向流程。各階段說明如下：

1. 第一階段「檢查或測試」（examination or test）：又稱評估（assessment），包括病史蒐集、擷取病歷資料、晤談、觀察與施測等方法，為客觀之資料蒐集與陳述，如人口學資料、診斷、病史、家庭需求、活動與參與情形、關節活動度角度、肌肉力量、反射有無等。正確且客觀之資訊蒐集將有助於第二與第三階段之進行。此階段也可以使用一些篩檢測試，找出個案可能的問題，以作為諮詢或轉介其他專業之參考。

2. 第二階段「評量」（evaluation）：為一個歸納與演繹的過程。除將蒐集之資料做一整理，了解個案疾病、功能表現（身體功能、活動、參與）與環境之互動影響，也對評估資訊做臨床決策的反覆驗證過程；即將第一階段之客觀資訊做假說，再回第一階段進行測試，再次驗證與修改假說，而得到之專業判斷。如關節活動度受限程度、動作發展遲緩程度、肌力不足程度等，或分析造成某一活動受限之身體功能因素或環境因素等。評量過程除提供物理治療診斷參考外，也是轉介、諮詢與預後的參考。

3. 第三階段「物理治療診斷」（diagnosis）：即將評量的結果做整理歸納，給予功能性診斷，判斷造成功能障礙的可能原因，並據以了解個案之可能預後，尋求有效介入策略之參考。根據美國物理治療學會之「個案處理模式」中，「物理治療診斷」即依檢查與評量結果給予個案一個特定之「較佳執業類型」（preferred practice pattern）名稱（American Physical Therapy Association, 2003）。

4. 第四階段「預後」（prognosis）：包括治療計畫之擬定。判斷在未來某一段時間內個案可能進步至何功能，並據此設定治療目標，及達成目標所使用之治療或介入方式，預計介入期間及治療頻率。

5. 第五階段「介入」（intervention），為實際執行物理治療計畫。於治療過程中，物理治療師要不斷執行非正式再評估，以了解病患之進步是否如預期，需否修改介入的內容或治療目標，需否尋求其他專業人員之協助。介入方式分三大類：(1)溝通協調、文書紀錄、諮詢；(2)教導（instruction），又稱間接治療；(3)處置性介入（procedural intervention），又稱直接治療。而在處

置性介入中乃包括九大項目，即：治療性運動，生活自理與家務處理之功能性訓練，工作、社會活動、休閒之整合或重整合功能性訓練，操作治療技術，輔助科技，氣道清潔，皮膚修護與保護，治療性電學儀器，及物理因子與機械性儀器等。

6. 第六階段「成果評量」（outcome evaluation）：最後一個階段主要是評量介入後的成果，個案的病理變化、身體生理或解剖方面、功能限制、社會參與障礙、發展之限制或誘發因子之改變、社會資源之運用、兒童與其家人之生活品質或滿意度等，都是成果評量的指標（American Physical Therapy Association, 2003）。此階段也可以說是評估或再評估，主要為評估治療成效；若個案達到預定治療目標，則此療程即可結束；否則，須重複修正目標或介入方法，直到成功為止。

♥♥♥ 參、動態系統理論

動態系統理論（dynamical systems theory）是由俄國的生理學家伯恩斯坦（Nikolai Bernstein, 1896～1966）於 1967 年所提出的理論。該理論主要根基於物理化學之混沌（chaos）理論，強調動作由多系統控制，且系統隨時間持續改變（Thelen & Smith, 1998），強調個體、任務與環境間隨時互相影響而改變，因此稱之為動態模式，一種似無規律的運動，但其規律卻可用方程式來描述。

一、動態系統的原則

動態系統之原則如下（Thelen & Smith, 1998）：

1. 生物體的各個系統及各系統之間變動的複雜性：生物體系統不僅有不同層次表現，且系統間的互動為非線性的、非同質性的；此外，生物體系統屬於開放性系統（open system），也就是需要隨時與外界環境互動並隨之應變。

2. 自我組織之系統（self-organizing systems）：意指個體會自行壓縮自由度，以自由度最低的動作型態形成協調性結構（coordinative structure）以達成任務。各個系統彼此合作互動，自我重組形成動作型態，並非由一個系統指揮其他系統，沒有上下之分。因此，生物體中並沒有既存的動作程式（motor program）。

3. 動態穩定與吸引子：在各種狀況下系統會偏好某一個或某些穩定的行為狀況，這個穩定的行為型態，即所謂的吸引子（attractors）。有些吸引子相對較為穩定，有些則相對較不穩定。

4. 行為型態改變的主要因素為控制參數：環境因素、工作任務與個體本身次系統變化都會影響並改變行為型態。影響型態改變的主要因素稱為控制參數（control parameter），例如：速度之於馬跑步型態的變化，地心引力之於太空人移動型態的影響。

5. 浮動與轉變：即使是高吸引子狀況，個體行為型態仍具動態浮動特性，即變異性。當控制參數超過某一範圍，個體之行為型態會改變；在型態轉換階段中，會呈現高變異性。

二、動態系統理論之模式

臨床使用動態系統理論之模式包括「生態任務分析模式」（ecological task analysis model，簡稱 ETA 模式）（Burton & Davis, 1996）、「個人—環境—職能模式」（person-environment-occupation model，簡稱 PEO 模式）（Law et al., 1996; Palisano et al., 2004）、「以家庭為中心的功能性治療」（family-centered functional therapy）（Law et al., 1998）、「人—活動—輔助科技模式」（human activity assistive technology model，簡稱 HAAT 模式）（Farmer, 2003）。

「個人—環境—職能模式」是由 Law 及其同僚提出，此模式的三個主要概念為個人、環境和職能。個人在不同生涯階段扮演各種不同的重要角色；環境包括文化、社會、經濟，以及物理等個人以外影響個人經驗的因素；職能是個人在生活中自主從事的功能性活動，職能的表現則是個人、環境和職能三者交互作用下的結果。若三者協調一致，則職能的表現較佳，若互為不同方向，則影響職能表現。這個模式可以用作分析的工具，找出個人、環境、職能中促進或阻礙職能表現的因素，而介入的處遇可以藉由改善阻礙因素，來增進職能表現（Case-Smith et al., 2010）。

「生態任務分析模式」是在 1991 年由 Davis 與 Burton 所提出，應用動態系統與相關理論於動作發展的評估與介入。此模式的優勢在於：(1)它是源於動作發展與動作控制理論；(2)連結任務要求（task requirement）、環境狀況（environmental conditions）和表現特質（performance characteristics）；(3)可以應用在功能上（Burton & Davis, 1996）。主要有四個步驟（Burton & Davis, 1996）：

1. 在物理與社會環境中建立任務目標（task goals）。
2. 給予個案動作策略的選擇。
3. 操弄表現者、環境及任務的變項。
4. 提供指導。

　　「以家庭為中心的功能治療」為整合以家庭為中心之理念及動態系統理論而成，強調與兒童家人共同制訂有意義且具功能性目標之介入模式（Law et al., 1998）。其主要重點如下（Law et al., 1998）：

1. 療育目標著重功能性任務之表現，而非改善機能損傷或達成某個發展里程碑。可依據家人之優先次序，治療師與家人討論並確認二至三項功能性任務作為療育目標任務。
2. 找出改變的好時機。在兒童嘗試執行新任務或用新方法去完成一項舊任務時，就是訓練此任務之最好時機，協助兒童使其有動機完成它；父母通常最知道何時是改變的好時機。
3. 找出並改善功能性任務之主要限制因子及有利因子，此限制因子可能來自兒童、環境或任務本身。可改變的限制因子（constraint factor）也可列為介入之目標，將介入之目標活動或任務融入日常生活常規中。通常先以改善環境或任務之限制因子優於改善兒童本身之限制因子，因前者較容易改善。
4. 鼓勵反覆練習，並在多種環境中有機會練習。

　　「人—活動—輔助科技模式」是 Cook 與 Polgar（2020）修改 Bailey 的人類表現模式（human performance model）而成的，強調考量情境（context）、人（human）、活動（activity）以及輔助科技（assistive technology）四個因素。HAAT 模式定義所謂輔助科技系統，是指個人在一特定情境下，利用輔助科技設備完成應執行的活動。此模式充分反映了活動與環境的特質會影響人的表現。HAAT 模式強調四個因素是互相影響的，因此評估結果是指某特殊情境下，個人、活動與輔助科技的整合。詳細說明可參閱本書第十四章〈輔助科技的應用〉。

♥♥♥ 肆、動作學習相關理論

學習是指個體在與環境交互作用的過程中獲得經驗，或由此引起個體傾向與能力變化的過程。動作學習（motor learning），是指個體經由練習或經驗而產生動作能力上的永久改變過程。「限制導引之動作治療系統」（constraint induced movement therapy，簡稱 CIMT）、虛擬實境（virtual reality，簡稱 VR）與遠距復健（telerehabilitation，簡稱 tele-rehab）等為動作學習理論之運用。

動作學習的相關理論與動作控制理論部分重疊，本節僅介紹「動作學習分期說」。

「動作學習分期說」的主要內容，是將學習的過程依目的及所達成之學習成效分成三期（Fitts & Posner, 1967）。第一期是語言—認知期（verbal-cognitive phase），就是了解所欲學習之動作的目的、動作的要求、如何達成等；第二期是動作期（motor phase），又稱連結期（associative phase），在這一段時間中，學習者嘗試用不同的動作方式，並了解不同的動作方式可以達到什麼效果。因此第二期的動作學習目標就是嘗試不同方式以找出最佳的動作策略，然後重複地練習，直到有相當穩定的動作表現，使得這個動作變成類似於半自動化，接著就進入第三期，即自動化期（autonomous phase）（胡名霞，2003，頁65-80；Larin, 2006）。不同期其教導策略應有所不同。

教導策略會因學習階段、情境、動作任務之類別與複雜度、動作任務之執行時間與學習目標之不同而變化（Larin, 2006）。教導者宜注意以下各變項：

1. 情境：可引發動機與吸引個案興趣之環境安排非常重要，而符合個案基本需求之情境可容易建立良好的習慣，學習中要持續偵測個案與環境之互動情形（Larin, 2006），並加以調整。

2. 動機與先備知識：於學習新任務之前，應確認個案具有動機與先備知識（prior knowledge）。增加學習動機之方法為：個案知覺此任務有用且有意義，有得到滿足之經驗、鼓勵自我挑戰，且具創造性行為（Larin, 2006）。創造性行為（creative behavior）為增加學習動機之好方法（Larin, 2006）。

3. 教導：教導可以是口語或非口語。於複雜之動作執行前，教導非常重要，要用適合個案之方式提供，確定其了解這些訊息。於動作執行中，可先讓個案

自行嘗試錯誤，不要一直糾正，然適當的提示與身體協助也可減少個案之挫折；口語或非口語提示交替使用，也有助於兩邊半腦之交流，增加動作學習（Larin, 2006）。

4. 觀察性學習：參考社會學習理論，注重注意歷程（attentional process）、保留的歷程（retentional process）、動作重現歷程（motor reproduction process）、動機歷程（motivation process）。

5. 有目的的任務：有目的的任務為目標導向、對個案有意義、主動開始與結束、自我調整過程之動作任務（Larin, 2006）。有目的的任務之動作表現與動作學習較好。

6. 動作覺之心像練習（kinesthetic mental practice）：身體與心像練習都是動作學習策略。心像練習又稱為心智彩排（cognitive rehearsal）或想像練習（imaginary practice），可在動作執行前或後進行幾分鐘，有助於動作學習（Larin, 2006）。

7. 身體練習效果之影響因素：動作學習主要經由身體練習，動作任務類別不同，其訊息處理過程不同，教導重點也不同。通常動作任務可分為連續性任務（continuous task，如走路）、連串性任務（serial task，如穿衣）與個別任務（discrete task，如丟球）；根據環境變動與否又可分為開放性任務（open task，如在公園內走路）與閉鎖性任務（closed task，如在治療室內走路）；根據複雜程度可分為複雜任務（complex task，如跳芭蕾舞）與簡單任務（simple task，如由椅子上站起）（Larin, 2006）。

❤❤❤ 伍、成熟理論

成熟理論（maturation theory）由葛塞爾（Arnold Gesell, 1880～1961）提出，認為兒童身心發展變化是受有機體內部，即生物基因、固有程式所控制。並引用 Magnus 於 1920 年代所提出之階層模式（hierarchical model），認為「中樞神經之成熟由下至上，表現於嬰兒反射之發展」。葛塞爾與湯普森（Thompson）所做的雙胞胎爬梯、堆積木、學詞彙等研究結果顯示，經過訓練雖能稍提早某些發展行為的出現，但未經訓練的雙胞胎之一，在他們認為已達可以執行某種任務的年齡，僅需少許訓練，就立即趕上。因此認為身體內部有一個固定

時間表，提早訓練的效益只是短暫的。成熟理論於早期介入之延伸應用包括：一般發展診斷測量所使用之發展評估常模、反射評估、感覺動作誘發技術。由此衍發出之感覺動作誘發治療系統，包括：玻巴斯系統（Bobath system）、路德系統（Rood system）、本體神經肌肉誘發系統（proprioceptive neuromuscular facilitation，簡稱 PNF）、波以塔系統（Vojta system）及費—多門—得拉卡得系統（Fay-Doman-Delacato system）（廖華芳主編，2021a）。

❤❤❤ 陸、社會認知理論

維高斯基（Vygotsky）之社會認知理論又稱「文化歷史理論」（cultural-historical theory）或「社會文化歷史理論」，主張認知發展受社會環境的影響，於社會文化情境中，兒童在和父母、教師、同儕的社會互動中，發展了認知技巧（Shaffer, 2002）。認為個體的思想形式或心智技能並非天生，而是社會文化所塑造，其發展絕對和他所處社會的價值、信念、心智工具（如語言）有關（Vygotsky, 1978）。

「社會認知理論」有兩個重要的中心概念：近側發展區（zone of proximal development，簡稱 ZPD）和鷹架（scaffolding）。近側發展區的定義是：孩童實際能力和活動所需能力間的差距，且其可經由有效的支持和教學來學會的技巧區間（Shaffer, 2002）。維高斯基認為兒童的發展有兩個層次：一個是本身原就具有，為「實際的發展層次」（real level of development）；另一個是必須經由成人或高能力同儕的引導才能運作的層次，為「潛在的發展層次」（potential level of development），在這兩個層次之間，存有一塊可以努力發展的區域，即ZPD。教育最重要的功能和任務就在引導兒童不斷地拓展他們的 ZPD，父母或教師提供稍具挑戰性的活動並適度引導，即可促進發展（Tharp & Gallimore, 1988）。

「鷹架」指的是一種社會互動的形式，或引導性的參與（guided participation），指成人與兒童的對話內容有意義、有組織，以刺激和引導孩童思考，使其心理能力往上增長；或在日常生活中，當兒童遇到更艱難的任務而無法獨立完成時，成人提供教導或引導（Rogoff, 1990）。關於維高斯基社會認知理論之詳細內容，可參閱本書第二章〈心理學〉。

❤❤❤❤ 柒、正向行為支持

　　因應人權運動的進展，學者開始倡導以非嫌惡刺激取代嫌惡刺激的方式來處理身心障礙者之行為問題，Horner 等學者便提出「正向行為支持」（positive behavioral support，簡稱 PBS）（陳佩玉、蔡淑妃，2017）的概念。正向行為支持是以應用行為分析（applied behavior analysis，簡稱 ABA）為基礎所形成的支持系統，旨在以有研究根據的評量方式與介入策略，建立個體具功能性的行為以及預防行為問題的產生，並依據數據資料決定維持執行或改善現有方案，以確認學生或教師是否需進一步的介入或支持（洪儷瑜等主編，2018；陳佩玉、蔡淑妃，2017）。

　　正向行為支持根據支持的實施方式共分為三個層次：第一層次為提供所有學生預防性支持；第二層次為提供適應困難的高風險學生特定支持；第三層次為提供有長期適應困難和高度需求學生個別化和密集的支持（洪儷瑜等主編，2018）。在第一層次中，為讓校園的所有學生在各種情境下都能獲得支持，學校應建立正向且明確的全校性規範，發展全校性增強系統，讓教職員皆能精確施行；教導學生適切的社會技能，並能適當的安排學校和教室的環境，以增加學生適切行為出現的頻率（洪儷瑜等主編，2018；唐榮昌、王怡閔，2014）。第二層次則是當學生對第一層次介入沒有反應，且持續在不同情境中出現高風險行為時，教師可以利用小組模式，提供更密集的介入方式以改善學生的行為，例如：社會技巧訓練團體。但若學生對第二層次的介入仍沒有反應，且其行為問題需要密集和個別化的支持時，則進入第三層次的支持。此時，學校會針對學生的需求組成個別化行為支持團隊，團隊成員會先針對學生的行為問題進行功能評量，確定學生的行為目的後，發展符合學生的個別化和正向的行為支持計畫。行為支持團隊成員皆需受過培訓，以便能實施行為支持計畫，以及監控實施結果，並能依據執行情形適時調整支持計畫（洪儷瑜等主編，2018）。

第四節 醫療復健服務內容

　　醫療復健團隊對於特殊教育學生之服務主要是參與團隊評估、協助個別化教育方案擬定，並與特教教師或班級教師合作，以增加孩子參與教育活動之功能。專業人員的評估與分析能力非常重要，才能了解學生於學校參與的有利或有害因素，並提供適當之建議。由於特殊教育學生主要生活場域在學校與家庭，而專業團隊服務成員到校服務的時間有限，因此對於一般特殊教育學生，常採諮詢或教導的間接療育方式與監測，也就是提供該生教師必要的資訊，以及協助教師執行學生所需要的療育活動。然對於某些學童，如手術治療後或在學習某一種新功能需要某種專業技巧時，這時仍需要專業人員的直接治療。以下簡介醫療復健專業人員於特殊教育系統常用的訓練方法。

♥♥♥ 壹、治療性運動

　　治療性運動（therapeutic exercise），指用於增加身體功能健康狀況的一些活動，可能是主動、被動或給予阻力來進行，包括：有氧性體適能及恢復體適能運動（aerobic capacity/endurance conditioning or reconditioning）、平衡協調及靈敏度訓練（balance, coordination, and agility training）、身體力學及姿勢穩定度（body mechanics and postural stabilization）、柔軟度運動（flexibility exercise）、步態及行走訓練（gait and locomotion training）、神經動作發展訓練（neuromotor developmental training）、放鬆運動（relaxation），以及肌力、爆發力及肌耐力訓練（strength, power, and endurance training for muscles）等。

　　肌力訓練（strength training）為增加肌肉全力收縮時所能產生的最大力量；爆發力訓練（power training）則為增加肌肉在短時間內所能產生的最大力量，是肌力和速度的共同作用能力；肌耐力訓練（endurance training）為增加肌肉在一定負荷下所能反覆的次數，因訓練目的與個案能力不同，訓練內容也不同（Kisner & Colby, 1996）。阻力運動（resistance exercise）則泛指於運動時給予阻力（Kisner & Colby, 1996）。理想的肌力訓練計畫須考慮強度（intensity）、

訓練之動作型態、訓練之標的肌肉（target muscle）等變數。強度包含阻力量、重複次數（次／節）、節數（節／天）（Faigenbaum, Kraeme et al., 1996; Faigenbaum, Zaichkowsky et al., 1993; Kraemer et al., 1989）。肌力訓練常採用漸進性阻力運動（progressive resistance training，簡稱 PRE），即每隔一段時間根據個案之最大肌力增加阻力量，使肌肉抵抗阻力的能力持續增加（Webb, 1990）。

　　肌肉收縮型態可區分為：等長收縮（isometric contraction）、等張收縮（isotonic contraction）、等速收縮（isokinetic contraction）。運動型態可區分為：開放鏈運動（open kinetic chain exercise）與閉鎖鏈運動（closed kinetic chain exercise）。開放鏈運動為肢體近端固定而遠端關節活動的運動，如踢球；閉鎖鏈運動為肢體遠端固定而近端關節活動的運動，通常肢體的遠端關節需承受重力或外來阻力，如伏地挺身（Belyea & Greenberger, 2006）。肌耐力運動（endurance exercise）則以訓練有氧耐力（aerobic capacity）為主。

　　平衡控制（balance control）包括靜態與動態平衡（static and dynamic balance）。

　　為防止肢體障礙兒童關節硬化，治療師會教導教師或家長在家或在校執行關節被動運動，進行關節被動運動應在兒童之角度範圍緩慢平順執行，每個動作在其完全角度停留約 6 至 10 秒。一般非高張力兒童一天 10～20 下即可，高張力兒童則視張力強度，一天需 20～40 下。

❤❤❤ 貳、感覺統合

　　感覺統合理論（sensory integration）是 Ayer 博士為解決兒童的感覺統合障礙，以神經生理及發展理論為基礎，所發展出個別化的職能治療介入方法（Parham & Mailoux, 2019）。

一、治療師的角色

　　感覺統合治療的過程可視為是孩子與成人之間在進行的一種特別遊戲，成人在過程中提供促進孩子各種感覺訊息處理的機會，而治療師在這過程是扮演成人玩伴的角色，應掌握遊戲的三個成分，包括孩子的內在動機（inner drive）、內在控制（inner control），以及在遊戲中的自由度（freedom）。一

般來說，有技巧的治療師至少具有以下三個特質（Bundy & Hacker, 2020）：

1. 能正確地讀到孩子的線索，且能夠以不錯的技巧回應。

2. 能給予明確且適切的提示，引導孩子在遊戲中反應。

3. 能與孩子平等的遊戲，不是全權支配遊戲的進行。

二、介入方法

針對兒童感覺統合異常，治療師常提供下列的介入方法（Case-Smith et al., 2010）：

1. 提供感覺機會：治療師提供各種不同感覺讓兒童去體驗，例如：觸覺、前庭覺、本體覺，或是綜合各種感覺。

2. 提供「合適」挑戰：提供適合兒童並能促進其動作的活動，協助兒童發展動作技巧。

3. 提供兒童選擇活動並引導自我整合能力：治療師可以讓兒童自己選擇活動，並引導兒童整合自我行為、自我決定及動作計畫等能力。

4. 創造遊戲情境：治療師必須創造讓兒童能享受在其中的遊戲環境。

5. 協助兒童達到成功經驗：治療師必須調整活動並協助兒童參與活動，以體驗成功的經驗。

6. 確保身體安全：治療師必須在治療過程中，提供保護性器材以確保兒童在安全環境下接受治療。

7. 建立治療性的關係：治療師給予兒童努力、正向的回饋，並建立兒童對治療師的信任。

♥♥♥ 參、任務取向之功能訓練

特定性任務分析（task-specific analysis）由 Burton 等提出，又稱為生態任務分析（ecological task analysis），分三步驟：第一步驟先選取主要任務，即個案在他所處情境下與動作有關的任務，比如說在行進中解決前面有障礙物所採取的行動，如跳過或繞過等；第二步驟為個案所使用的動作技巧及形態，跳過是兩腳同時先蹲後跳或是兩腳分開用一腳跨步跳過去；第三步驟為分析動作技巧的神經動作成分，如平衡、肌力、柔軟度及動機等。第二及第三步驟只有在

個案執行任務不足時才要進一步分析（Wilson, 2005）。這三個步驟可稱為任務
—動作—神經動作（task-movement-neuromotor）三階段。此模式亦可用來作為
介入之參考。比如在行進中處理障礙物的任務有困難時，如果因個案身體功能
因素之限制，且該限制為永久性，則補償方式與策略即為主要的訓練方式；若
身體功能之限制因素為暫時，且動作效率可精進，則用訓練方式。如因障礙物
太高，兒童肌力不足，而顯示出個案的動作笨拙，則先將障礙物降低，讓兒童
反覆練習，俟呈現較協調的動作，再增加障礙物的高度（Wilson, 2005）。

　　一般連串任務所進行之工作分析（task analysis）可簡單將任務依進行次序
分成幾個單元，工作單元依兒童之嚴重度由多至少，愈輕度者單元愈少。以兒
童自己進食為例，將重度兒童自己進食的過程分解成很多小步驟，接著去觀察
兒童在此活動中主要困難處與需協助之程度，再據以為訓練之參考。「自己用
湯匙舀碗中食物吃」之工作分析如下：

1. 確定食物的方向，並看著它。

2. 看著湯匙。

3. 伸出手要拿（reach）湯匙。

4. 手碰（touch）湯匙。

5. 手抓（grasp）湯匙。

6. 舉起（lift）湯匙。

7. 拿著湯匙移動到碗處。

8. 將湯匙放入碗中，對準食物調整湯匙方向。

9. 能舀起食物來。

10. 舉起內有食物之湯匙。

11. 將湯匙送到嘴邊。

12. 張開嘴。

13. 將湯匙放入口中。

14. 用嘴唇含入食物。

15. 閉上嘴唇。

16. 咀嚼食物。

17. 吞嚥食物。

18. 將湯匙放回碗處。

♥♥♥ 肆、輔助科技服務

輔助科技服務包括評估、選用或檢查輔具合適度以及教導或訓練個案使用輔助器具，以增進個案功能，包括：適應性器具（adaptive device）、協助性器具（assistive device）、裝具（orthotic device）、義肢（prothetic device）、支持性器具（supportive device）等。欲藉由輔助科技提升或維持功能，或防止次發性併發症，或減少協助程度之兒童，皆是輔助科技服務之對象。根據台灣標準 CNS 15390，輔具分類與術語（即是國際輔具分類標準 ISO 9999），輔具分類系統分成三個層次，分別為「大類」、「次類」以及「細類」。每一大類、次類或細類皆有一個代碼及一個標題（李淑貞主編，2022）。

輔具應用於特殊兒童注意要點為（Wilson-Howle, 1999）：
1. 應經由輔具專業團隊人員之評估、建議與指導使用。
2. 避免過度使用。過度使用輔具會剝奪兒童與別人自然互動，妨礙其進一步學習或發展；過度使用靜態輔具可能使兒童之發展遲滯，也可能造成骨骼系統併發症。
3. 應隨兒童生長、發展與功能之改變而調整輔具之尺寸、附件與種類。
4. 應與療育合併使用，輔具絕對不能取代治療。
5. 輔具的應用能否成功，在於家人或照顧者與兒童對此輔具能否接受，輔具之使用是否造成照顧者太大負擔，兒童使用過程中能否得到樂趣與成就感。
6. 為顧及兒童自我形象之發展，輔具宜美觀、不突兀；若一般兒童用具即可達成療育的目的，就不需要使用特殊輔具。

♥♥♥ 伍、日常生活自理訓練

日常生活活動通常包括基本的自我照顧和工具性日常生活活動。基本自我照顧包括：如廁、沐浴清潔、進食、穿衣等；而工具性日常生活活動則包括整理家務、出外交通、購物活動等（Shepherd, 2010）。

一、治療師的考量

在介入日常生活自理訓練時，治療師必須針對個案的需求、功能及所在情境來訓練，首先宜思考下列問題：

1. 什麼是對個案有用及有意義的日常生活活動？
2. 什麼是個案或家屬偏好的日常生活活動訓練？
3. 我提供的日常生活訓練是恰當的嗎？
4. 我提供的日常生活訓練是符合個案期望嗎？
5. 什麼是個案日常生活訓練的替代方案？（例如：修改活動或使用輔具等。）
6. 接受這個日常生活訓練是否能改善個案健康、安全或是社區參與呢？
7. 個案的文化背景是否會影響個案接受日常生活訓練？（例如：男性個案拒絕接受烹飪訓練。）

二、改善策略

治療師在針對日常生活訓練常以下列幾種策略或方法來改善（Shepherd, 2010）：

1. 誘發或促進的策略（promote or create）：提供個案各種機會來學會日常生活活動。例如：無法使用右手扣釦子的個案，可以提供大釦子或有釦子的袋子來練習手指功能，讓他學會扣釦子。
2. 建立、恢復及維持的策略（establish, restore and maintain）：利用特定的活動來訓練個案所欠缺執行日常生活活動的動作。例如：無法使用右手扣釦子的個案，便在日常生活活動中提供手功能及扣釦子的相關活動，像是運用黏土來建立手部的肌力及協調能力。
3. 調整或代償的策略（modify/adapt）：改變日常生活活動的要求，或是以環境代償來增進或改善個案的功能表現。例如：無法使用右手扣釦子的個案，可以穿已經扣好的較大衣服，只需直接套上衣物；或是使用輔具讓個案可以扣釦子；或使用特殊釦子，讓個案易抓取／觸摸；或使用魔鬼氈。
4. 預防及教育的策略（prevention/education）：教育個案如何扣釦子並預防失敗。

♥♥♥ 陸、操作治療技術

操作治療技術（manual therapy techniques），指用於身體軟體組織或關節的一些徒手操作技術，包括：徒手淋巴引流技術（manual lymphatic drainage）、按摩（massage）、整動及操作技術（mobilization/manipulation）、被動關節活動度技術（passive range of motion）、徒手牽拉（manual traction）等。

關節整動術與軟組織按摩不一樣，針對個案的主要問題是關節的活動度過大或過小、是否僵硬，再根據關節面的解剖及檢查結果而施力在關節上。操作手法是快速振動或給一個持續的壓力，以增加關節活動度（Belyea & Greenberger, 2006）。

♥♥♥ 柒、認知與行為處理

認知行為治療（cognitive behavior therapy，簡稱 CBT）是以行為學習理論和認知心理學為主要的理論基礎，其基本假設是生理、想法、情緒和行為是互相影響的，改變其中一部分，其餘的部分也會跟著改變；而認知行為治療著重在改變負向的自動化思考，及改變與問題有關的行為模式（陳婉真、吳國慶，2006；Cuijpers et al., 2008）。

治療者在運用認知行為治療時，需考量兒童在社會生態（ecological）、發展學的需要，調整兒童環境及互動關係。認知行為治療過程是透過教導兒童如何自我管理（self-regulation）自己的行為和修正內在語言（self-talk），來增進良好的規範性行為，並教導兒童問題解決技巧、憤怒挫折管理、持續度及社會技巧（Braswell & Bloomquist, 1991）。認知行為治療方式如下（Braswell & Bloomquist, 1991）：

1. 自我指導法：訓練兒童使用自我引導語言，透過對自己說話引導自己的行為，來達到自我管理、自我控制、自我做計畫、解決問題等技巧。
2. 問題解決能力：訓練兒童辨別情境問題，藉由觀察、尋找環境和內在線索、思考各種解決問題的可能方式、考量各種方法利弊，及思考自己和他人的感受後，最後選擇一種方法來解決問題並檢視結果。
3. 歸因的再訓練：訓練兒童重新調整對整個事件結果的解釋，並強調努力價值。

4. 壓力免疫訓練（stress inoculation training）：增進兒童對壓力和情緒的察覺，並發展不同的因應方式來面對壓力，再應用團體訓練來增進兒童的學習及人際技巧。

●●●● 捌、溝通功能訓練

溝通功能訓練係指教導個案學習以適當或替代的溝通方式，來取代不適當的溝通行為，其過程包括分析個案的不適當溝通行為，及教導或提示適當的溝通行為，讓個案能透過此方式來表達其需求及情緒（Durand & Merges, 2001; O'Neill & Sweetland-Baker, 2001）。

溝通方式可分為口語及非口語。口語是最普遍的方式；非口語溝通則包括：聲音、手勢、表情、實物、圖片等。只要能有效溝通，任何口語或非口語，抑或是多種方式混合都是必要的溝通方式（Downing, 1999/2002）。溝通訓練模式及教學方式如下：

1. 口語溝通訓練：口語教學是最直接的語言學習，主要透過聲音及字彙模仿而學習，但是大多數的口語訓練，只在訓練情境產生效果，類化和維持的效果不佳。口語溝通訓練對於障礙程度較輕的兒童成效較佳（林寶貴，1994）。

2. 手語／口語並用溝通的訓練：因為口語溝通訓練對中重度障礙者類化到生活情境的效果有限，故建議可將手語及口語並用的訓練方式應用於中、重度的身心障礙者。

3. 擴大及替代性溝通訓練：擴大及替代性溝通訓練（augmentative and alternative communication，簡稱 AAC）包含擴大性溝通及替代性溝通。擴大性溝通，指運用輔助性溝通系統讓重度障礙者將其殘餘溝通能力做有效的發揮（Reichle & Sigafoos, 1991）。替代性溝通，指應用非口語方式，包括符號及動作的溝通方式；符號溝通又分為象徵性符號（如照片、商標、文字等）和實體符號（如具體物、縮小實物、部分實物等）。AAC 是藉由符號、輔具、策略及技術，來增進個案的溝通能力系統。「符號」指利用視覺、聽覺、觸覺等方法來表達概念；「輔具」指應用裝置或設計來傳送及接受溝通訊息，例如：溝通板、電腦等；「策略」是指個案透過自我學習或教導學習的方法，例如：角色扮演、刺激塑造（stimulus shaping）、刺激褪除（stimulus fad-

ing）等；「技術」則指傳送訊息的方式，例如：直線掃描、行列掃描等（莊妙芬，1996；Mustonen et al., 1991）。

♥♥♥ 玖、中重度肢體障礙大兒童之轉位技巧

對於長期需要幫忙之中重度肢體障礙大兒童（6 歲以上兒童）抬高移位的教師與家長，建議遵照下述轉位的原則，不僅可以防止協助者腰部受傷，亦可使轉位更省力、更安全：

1. 轉位時必須謹慎，不能匆忙。
2. 在轉位之前，若兒童可以了解，一定先告訴兒童要幫他做什麼事，教導他如何配合。
3. 教師或家長本身需對所要使用之轉位手法相當熟悉，以免造成傷害。
4. 在協助轉位時，教師或家長必須注意保持背部挺直、骨盤後傾之姿勢，使用臀部與膝部力量做出抬高的動作。
5. 在轉位之前，需將兒童抬高離開支持面，以免造成擦傷。
6. 若有兩人以上同時負責抬高轉位的動作，則必須一人喊口令，大家行動一致，才不會造成意外。
7. 對於一個已會自行翻身、爬行之兒童，應鼓勵他自行移位，不要習慣性將他抱來抱去。
8. 告訴所有照顧兒童的人，使用相同的轉位或攜抱方法。
9. 當兒童有進步時，家長要與兒童的物理治療師接洽，以確定使用的是正確的方法。

♥♥♥ 拾、重度肢體障礙學童之擺位原則

重度肢體障礙之擺位原則如下：

1. 必須選擇幾種適合兒童的擺位姿勢，並經常更換。
2. 對於極重度兒童，若他完全無法移動身軀，則最好每半個鐘頭就更換一次擺位姿勢。
3. 與輔具團隊聯絡，了解最適合兒童之擺位姿勢與不良的擺位姿勢。
4. 確定所選的擺位姿勢是兒童覺得安全且高興的姿勢，否則他若一直擔心自己

會跌倒，上課時便無法專心。

5. 所選的擺位姿勢應該能幫助兒童課堂上的活動進行得更順利。

6. 通常兒童的身體在良好擺位姿勢下應該是對稱的；若有明顯側彎或不對稱，需考慮改變姿勢，或添加擺位輔助用具。

7. 不要只將兒童擺在某一姿勢，必須同時有適當的玩具或活動。如果兒童經常會將玩具丟落，則考慮某些固定玩具或輔助玩具。

問題討論

1. 試說明復健之定義與其對失能者之服務目標。
2. 試說明神經系統構造及精神、心智功能障礙者之常見疾病與其問題。
3. 試說明眼、耳及相關構造與感官功能障礙之常見疾病與其問題。
4. 試說明語言障礙之障礙等級分類。
5. 試討論如何運用「國際健康功能與身心障礙分類系統──兒童及青少年版」與個案處理模式之概念於特殊教育上。
6. 醫療復健專業人員於特殊教育系統常用的訓練方法有哪些？

 參考文獻

❖ 中文部分

吳英黛（2003）。呼吸循環系統物理治療學（第四版）。金名。

吳淑美（1989）。病弱兒的教養。時報。

宋維村（2004）。過動症。載於中華民國兒童保健協會（編著），幼兒疾病 Q ＆ A 寶典（頁 324-325）。信誼基金會。

李淑貞（主編）（2022）。基礎輔具評估與實務應用。禾楓。

林寶貴（1994）。聽學障礙教育與復健。五南。

邱文達、施養性、林烈生、李良雄、洪慶章、施純仁（2003）。台灣地區神經外傷學研究現況。載於邱浩彰、朱迺欣（主編），台灣神經學研究資料集

（頁 342-349）。台灣神經醫學會。

洪儷瑜、鳳華、何美慧、張蓓莉、翁素珍（主編）（2018）。**特殊教育學生的正向行為支持**。心理。

胡名霞（2003）。**動作控制與動作學習**（修訂版）。金名。

唐榮昌、王怡閔（2014）。淺談全校性正向行為支持的理念與實施。**雲嘉特教期刊**，19，1-5。

張蓓莉（主編）（1999）。**身心障礙及資賦優異學生鑑定基準說明手冊**。教育部特殊教育工作小組委託，台灣師範大學特殊教育學系編印。

教育部（2013）。**身心障礙及資賦優異學生鑑定辦法**。2013 年 9 月 2 日修正發布。

教育部（2019）。**特殊教育法**。2019 年 4 月 24 日修正公布。

莊妙芬（1996）。擴大溝通系統與替代性溝通。載於曾進興（主編），**語言病理學基礎**（第二卷）（頁 411-431）。心理。

陳婉真、吳國慶（2006）。焦慮處理訓練團體之有效性評估。**中華心理衛生學刊**，19（2），149-176。

陳佩玉、蔡淑妃（2017）。正向行為支持的發展趨勢：2008～2017。**中華民國特殊教育學會年刊**，163-184。

黃立同（2003）。癲癇。載於邱浩彰、朱迺欣（主編），**台灣神經學研究資料集**（頁 174-176）。台灣神經醫學會。

廖華芳（主編）（2021a）。**兒童物理治療學**（第四版）。禾楓。

廖華芳（主編）（2021b）。**身心障礙鑑定功能量表 10.0 版操作手冊**。衛生福利部委託勞務計畫。社團法人台灣國際健康功能與身心障礙分類系統（ICF）研究學會暨台北醫學大學。

廖華芳、黃靄雯、孫世恒、蘇慧菁、楊美華、潘懿玲、陳順隆、McWilliam, R. A.（2022）。作息本位模式及在臺灣推廣簡介。**物理治療**，47（3），196-216。

廖華芳、潘懿玲、曾頌惠、汪佩蓉、盧璐、孫世恆、蘇芳柳、卓碧金（2021）。以家庭為中心的早期介入成效：運用基於 ICF 的協力問題解決模式。**物理治療**，46（4），219-238。

廖華芳、顏瑞隆、潘懿玲、雷游秀華、楊麗珍、盧明、……Veronica Schiariti（2023）。兒童「我的優勢卡」簡介與台灣推動的經驗。**物理治療**，48（1）。

廖華芳、嚴嘉楓、黃靄雯、劉燦宏、張本聖、吳亭芳、……張光華（2013）。身心障礙鑑定功能量表之簡介與運用。台灣醫學，17（3），317-331。

劉昱志、劉士愷、商志雍、林健禾、杜長齡、高淑芬（2006）。注意力缺陷過動症中文版 Swanson, Nolan, and Pelham, Version IV（SNAP-IV）量表之常模及信效度。台灣精神醫學，20（4），290-304。

劉燦宏、廖華芳、紀彣宙、嚴嘉楓、邱浩彰（主編）（2022）。建立第一個基於 ICF 的身心障礙評估系統：台灣朝向全國融合性服務的 15 年旅程。台灣 ICF 研究學會。

衛生福利部（2021）。身心障礙者權益保障法。2021 年 1 月 20 日修正公布。

衛生福利部（2022）。身心障礙者鑑定作業辦法。2022 年 9 月 20 日修正發布。

Behrman, R. E., & Kliegman, R. M.（1999）。Nelson 簡明小兒科學（彭純芝總編輯）。合記。（原著出版年：1987）

Downing, J. E.（2002）。教導重度障礙學生溝通技能：融合教育實務（曾進興譯）。心理。（原著出版年：1999）

Grubbs, P. A., & Blasband, B. A.（2007）。長期照護概論（林青蓉譯）。五南。（原著出版年：2004）

❖ 英文部分

Abrams, G. M., & Wakasa, M. (2011). *Chronic complications of spinal cord injury and disease*. https://reurl.cc/qZobmg

American Academy of Pediatrics, Committee on Genetics. (2001). Health supervision for children with Down syndrome. *Pediatrics, 107,* 442-449.

American Association on Intellectual and Developmental Disabilities. (2022). *Defining criteria for intellectual disability*. https://www.aaidd.org/intellectual-disability/definition

American Physical Therapy Association. (2003). Guide to physical therapist practice (2nd ed. Revised). *Physical Therapy, 83,* 81-593.

American Psychiatric Association. (2013). *Diagnostic and statistical manual of mental disorders* (5th ed.) (DSM-5). Author.

Augustyn, M. L., & von Hahn, E. (2011). *Patient education: Autism spectrum disorder (Beyond the Basics)*. https://reurl.cc/28NAgv

Bax, M., Goldstein, M., Rosenbaum, P., Leviton, A., Paneth, N., Dan, B., ...Executive

Committee for the Definition of Cerebral Palsy. (2005). Proposed definition and classification of cerebral palsy. *Developmental Medicine and Child Neurology, 47*(8), 571-576.

Bedell, G. (2011). *The Child and Family Follow-up Survey (CFFS): Administration and scoring guidelines*. Department of Occupational Therapy, Tufts University.

Belyea, B. C., & Greenberger, H. B. (2006). Physical therapy for musculoskeletal conditions. In M. A. Pagliarulo (Ed.), *Introduction to physical therapy* (3rd ed.) (pp. 187-227). CV Mosby.

Björck-Åkesson, E. (2018). The ICF-CY and collaborative problem solving in inclusive early child education and care. In S. Castro & O. Palikara (Eds.), *An emerging approach for education and care: Implementing a world-wide classification of functioning and disability* (pp. 134-146). Routledge.

Both, A. (2008). Traumatic injury to the central nervous system: Brain injury. In J. S. Tecklin (Ed.), *Pediatric physical therapy* (4th ed.) (pp. 281-309). Lippincott Williams & Wilkins.

Bowman, R. M. (2011). Myelomeningocele (spina bifida): Management and outcome. https://reurl.cc/GXQRxv

Braswell, L., & Bloomquist, M. L. (1991). *Cognitive-behavioral therapy with ADHD children: Child, family, and school interventions*. The Guilford Press.

Bromberg, M. B. (2011). *Brachial plexus syndromes*. https://reurl.cc/MX9m0L

Bundy, A. C., & Hacker, C. (2020). The art of therapy. In A. C. Bundy & S. J. Lane (Eds.), *Sensory integration: Theory and practice* (3rd ed.) (pp. 286-299). F. A. Davis.

Burton, A. W., & Davis, W. E. (1996). Ecological task analysis: Utilizing intrinsic measures in research and practice. *Human Movement Science, 15,* 285-314.

Camey, A. E., & Moeller, M. P. (1998). Treatment efficacy: Hearing loss in children. *Journal of Speech, Language, and Hearing Research, 41,* S61-S84.

Case-Smith, J., Law, M., Missiuna, C., Pollock, N., & Stewart, D. (2010). Foundations for occupational therapy practice with children. In J. Case-Smith & J. C. O'Brien (Eds.), *Occupational therapy for children* (6th ed.) (pp. 22-55). Mosby Elsevier.

Chang, Y. C., Guo, N. W., Huang, C. C.,Wang, S. T., & Tsai, J. J. (2000). Neurocognitive attention and behavior outcome of school-age children with a history of febrile convulsion: A population study. *Epilepsia, 41,* 412-420.

Cook, A. M., & Polgar, M. J. (2020). *Assistive technologies: Principles and practice* (5th ed.). Elsevier/Mosby.

Cremers, M. J., Bol, E., de Roos, F., & van Gijn, J. (1993). Risk of sports activities in children with Down's Syndrome and atlantoaxial instability. *Lancet, 342*(8870), 511-514.

Cuijpers, P., van Straten, A., & Anderson, G. (2008). Internet-administerred cognitive behavior therapy for health problems: A systematic review. *Journal of Behavioral Medicine, 31*(2), 169-177.

Dodge, J. A., Lewis, P. A., Stanton, M., & Wilsher, J. (2007). Cystic fibrosis mortality and survival in the UK: 1947-2003. *European Respiratory Journal, 29*(3), 522-526.

Durand, V. M., & Merges, E. (2001). Functional communication training: A contemporary behavior analytic intervention for problem behaviors. *Focus on Autism & Other Developmental Disabilities, 16,* 110-121.

Elman, L. B., McCluskey, L., & Quinn, C. (2011). *Clinical features of amyotrophic lateral sclerosis and other forms of motor neuron disease.* https://reurl.cc/nZyby2

Erens, G. A., & Thornhill, T. S. (2011). Total hip arthroplasty. In UpToDate, D. S. Basow (Ed.), *UpToDate,* Waltham, MA.

Evans, R. W. (2011). Concussion and mild traumatic brain injury. In D. S. Basow (Ed.), *UpToDate.* UpToDate.

Faigenbaum, A. D., Kraeme, W. J., & Cahill, B. (1996). Youth resistance training: Position statement paper and literature review. *Strength Conditioning, 18,* 62-75.

Faigenbaum, A. D., Zaichkowsky, L. D., Westcott, W. L., Micheli, L. J., & Fehlandt, A. F. (1993). The effects of a twice-a-week strength training program on children. *Pediatric Exercise Science, 5,* 339-346.

Farmer, S. E. (2003). Key factors in the development of lower limb co-ordination: Implications for the acquisition of walking in children with cerebral palsy. *Disability and Rehabilitation, 25*(14), 807-816.

Fitts, P. M., & Posner, M. I. (1967). *Human performance.* Brooks/Cole.

Florence, J. M. (1999). Neuromuscular disorders in childhood and physical therapy intervention. In J. S. Tecklin (Ed.), *Pediatric physical therapy* (3rd ed.) (pp. 223-246). Lippincott Williams & Wilkins.

Hinderer, K. A., Hinderer, S. R., & Shurtleff, D. B. (2000). Myelodysplasia. In S. K. Campbell, D. W. Vander Linden, & R. J. Palisano (Eds.), *Physical therapy for children* (2nd ed.) (pp. 621-670). WB Saunders.

Howell, B. A. (2000). Thoracic surgery. In S. K. Campbell, D. W. Vander Linden, & R. J. Palisano (Eds.), *Physical therapy for children* (2nd ed.) (pp. 786-812). WB Saunders.

Kade, H. D., & Fletcher-Janzen, E. (2009). Brain injury rehabilitation of children and youth: Neurodevelopmental perspectives. In C. R. Reynolds & E. Fletcher-Janzen (Eds.), *Handbook of clinical child neuropsychology* (3rd ed.) (pp. 459-503). Springer Science.

Kerkering, G. A., & Phillips, W. E. (2000). Brain injuries: Traumatic brain injuries, near-drowning, and brain tumors. In S. K. Campbell, D. W. Vander Linden, & R. J. Palisano (Eds.), *Physical therapy for children* (2nd ed.) (pp. 597-615). WB Saunders.

Kisner, C., & Colby, L. A. (1996). *Therapeutic exercise: Foundations and techniques* (3rd ed.) (pp. 56-110, 237-331). F. A. Davis.

Kottke, F. J., & Lehmann, J. F. (Eds.) (1990). *Krusen's handbook of physical medicine and rehabilitation*. WB Saunders.

Kraemer, W. J., Fry, A., Frykman, P. N., & Conroy, B. (1989). Resistance training and youth. *Pediatric Exercise Science, 1,* 336-350.

Kutcher, S., Aman, M., Brooks, S. J., Buitelaar, J., van Daalen, E., Fegert, J., & Tyano, S. (2004). International consensus statement on attention-deficit/hyperactivity disorder (ADHD) and disruptive behaviour disorders (DBDs): Clinical implications and treatment practice suggestions. *European Neuropsychopharmacology, 14*(1), 11-28.

Lane, S. J. (2020). Structure and function of the sensory systems. In A. C. Bundy & S. J. Lane (Eds.), *Sensory integration: Theory and practice* (3rd ed.) (pp. 58-109). Davis.

Larin, H. M. (2006). Motor learning: Theories and strategies for the practitioner. In S. K. Campbell, R. J. Palisano, & D. W. Vander Linden (Eds.), *Physical therapy for children* (3rd ed.) (pp. 131-160). WB Saunders.

Law, M., Cooper, B. A., Strong, S., Stewart, D., Rigby, P., & Letts, L. (1996). The Person-Environment-Occupation Model: A transactive approach to occupational performance. *Canada Journal of Occupational Therapy, 63,* 9-23.

Law, M., Darrah, J., Pollock, N. et al. (1998). Family-centred functional therapy for children with cerebral palsy: An emerging practice model. *Physical & Occupational Therapy in Pediatrics, 18,* 83-102.

Lerner, J. W., & Kline, F. (2006). *Learning disabilities and related disorders: Characteristics and teaching strategies* (10th ed.). Houghton Mifflin.

Liao, H. F., Hwang, A. W., Kang, L. J., Liao, Y. T., Granlund, M., & Simeonsson, R. J. (2018). The development of the FUNDES-Child and its implications for the education of Taiwanese children. In S. Castro & O. Palikara (Eds.), *An emerging approach for education and care: Implementing a world-wide classification of functioning and disability* (pp. 85-111). Routledge.

Long, T., & Toscano, K. (2002). *Handbook of pediatric physical therapy* (2nd ed.) (pp. 35-44, 63-64). Lippincott William & Wilkins.

Mandy, G. T. (2011). *Large for gestational age newborn.* https://reurl.cc/VR7Z9R

Maragakis, N. J., & Galvez-Jimenez, N. (2011). *Epidemiology and pathogenesis of amyotrophic lateral sclerosis.* https://reurl.cc/qZobQp

Missiuna, C., Rivard, L., & Bartlett, D. (2006). Exploring assessment tools and the target of intervention for children with developmental coordination disorder. *Physical & Occupational Therapy in Pediatrics, 26*(1-2), 71-89.

Morgan, C., Fetters, L., Adde, L., Badawi, N., Bancale, A., Boyd, R. N., ... Novak, I. (2021). Early intervention for children aged 0 to 2 years with or at high risk of cerebral palsy: International clinical practice guideline based on systematic reviews. *JAMA Pediatrics, 175*(8), 846-858.

Munshi, M. (2011). *Treatment of type 2 diabetes mellitus in the older patient.* https://reurl.cc/eWnbj7

Mustonen, T., Locke, P., Reichle, J., Solbrack, M., & Lindgren, A. (1991). An overview of augmentative and alternative communication systems. In J. Reichle, J. York, & J. Sigafoos (Eds.), *Implementing augmentative and alternative communication: Strategies for learners with severe disabilities* (pp. 1-37). Paul H.

Brookes.

O'Neill, R. E., & Sweetland-Baker, M. (2001). Brief report: An assessment of stimulus gerneralization and contingency effects in functional communication training with two students with autism. *Journal of Autism and Developmental Disorders, 31*(2), 235-240.

Palisano, R. J., Snider, L. M., & Orlin, M. N. (2004). Recent advances in physical and occupational therapy for children with cerebral palsy. *Seminars in Pediatric Neurology, 11,* 66-77.

Parham, L. D., & Mailoux, Z. (2019). Sensory integration. In J. C. O'Brien & H. Kuhaneck (Eds.), *Occupational therapy for children and adolescents* (8th ed.) (pp. 516-549). Mosby Elsevier.

Proctor, M. R. (2011). *Intracranial subdural hematoma in children: Clinical features, evaluation, and management.* https://reurl.cc/RO8lqg

Pueschel, S. M. (1990). *A parent's guide to Down syndrome*. Paul H. Brookes.

Reichle, J., & Sigafoos, J. (1991). Estblishing spontaneity and generalization. In J. Reichle, J. York, & J. Sigafoos (Eds.), *Implementing augmentative and alternative communication: Strategies for learners with severe disabilities* (pp. 157-171). Paul H. Brookes.

Rogers, S. L. (2010). Common conditions that influence children's participation. In J. Case-Smith & J. C. O'Brien (Eds.), *Occupational therapy for children* (6th ed.) (pp. 84-105). Mosby Elsevier.

Rogoff, B. (1990). *Apprenticeship in thinking: Cognitive development in social context*. Oxford University Press.

Roley, S. S., Schaaf, R. C., Baltazar-Mori, A. (2020). Ayres sensory integration® frame of reference. In P. Kramer, J. Hinojosa, & T-H. Hoew (Eds.), *Frames of reference for pediatric occupational therapy* (4th ed.) (pp. 87-153). Wolters Kluwer.

Schutzman, S. (2023). *Minor head trauma in infants and children: Management*. Post TW, ed. UpToDate. http://www.uptodate.com

Shaffer, D. R. (2002). *Developmental psychology childhood and adolescence* (6th ed.). Wadsworth/Thomas Learning.

Shepherd, J. (2010). Activities of daily living. In J. Case-Smith & J. C. O'Brien (Eds.), *Occupational therapy for children* (6th ed.) (pp. 474-517). Mosby Elsevier.

Shumway-Cook, A., & Woollacott, M. H. (1985). Dynamics of postural control in the child with Down syndrome. *Physical Therapy, 65,* 1315-1322.

Stuberg, W. (2000). Muscular dystrophy and spinal muscular atrophy. In S. K. Campbell, D. W. Vander Linden, & R. J. Palisano (Eds.), *Physical therapy for children* (2nd ed.) (pp. 339-369). WB Saunders.

Tappit-Emas, E. (1999). Spina bifida. In J. S. Tecklin (Ed.), *Pediatric physical therapy* (pp. 163-222). Lippincott Williams & Wilkins.

Tharp, R. G., & Gallimore, R. (1988). *Rousing minds to life.* Cambridge University Press.

Thelen, E., & Smith, L. B. (1998). *A dynamic systems approach to the development of cognition and action.* MIT Press/ Bradford Book.

U.S. Department of Education. (2004). Individuals with Disabilities Education Act. http://idea.ed.gov

Vavilala, M. S., & Tasker, R. C. (2011). *Severe traumatic brain injury (TBI) in children: Initial evaluation and management.* https://reurl.cc/zrojOV

Vygotsky, L. S. (1978). *Mind and society: The development of higher psychological processes.* Harvard University Press.

Wang,Y. C., Chong, M. Y., Chou, W. J., & Yang, J. L. (1993). Prevalence of attention deficit hyperactivity disorder in primary school children in Taiwan. *Journal of Formosa Medical Association, 92,* 133-138.

Webb, D. R. (1990). Strength training in children and adolescents. *Sports Medicine, 37,* 1187-1210.

Wilfong, A. (2023). *Epilepsy in children: Comorbidities, complications, and outcomes.* Post TW, ed. UpToDate. http://www.uptodate.com

Wilson-Howle, J. M. (1999). Cerebral palsy. In S. K. Campbell (Ed.), *Decision making in pediatric neurologic physical therapy* (pp. 23-83). Churchill Livingstone.

Wilson, P. H. (2005). Practitioner review: Approaches to assessment and treatment of children with DCD: An evaluative review. *Journal of Child Psychology and Psychiatry, 46*(8), 806-823.

World Health Organization. (2001). *International classification of functioning, disability and health.* Author.

World Health Organization. (2007). *International classification of functioning, dis-*

ability and health: Children and youth version: ICF-CY. Author.

Wu, J., Ulrich, D. A., Looper, J., Tiernan, C. W., & Angulo-Barroso, R. M. (2008). Strategy adoption and locomotor adjustment in obstacle clearance of newly walking toddlers with Down syndrome after different treadmill interventions. *Experimental Brain Research, 186*(2), 261-272.

PART II
實務篇

第 6 章

特殊教育行政與法規

陳明聰

✳

前言

　　法律是民主國家政府施政的重要依據，也是推動各項政策的保障，在實務上，行政體系則是落實法令規定的實踐者。法律的保障對特殊教育的發展更為重要，美國的身心障礙兒童之所以能接受如此完善的特殊教育及相關服務，而學校之所以願意提供障礙學生合適的服務與環境，完全是依法行事。特殊教育的發展雖然受到人權思想的影響，但法律卻是實現這些均等思想的保障。

　　特殊教育相關法規的訂頒，不但保障特殊兒童的教育機會，更是政府擬定特殊教育政策的重要依據，推動相關行政業務的原動力，是以特殊教育工作者實在有必要了解特殊教育的相關法規。本章將分別介紹台灣和美國的特殊教育相關法規，並說明台灣特殊教育行政的運作情形，讓特殊教育工作者能了解重要法規和行政概況。

第一節　台灣特殊教育相關法規

　　雖然台灣很早就開始實施特殊教育，但特殊教育的立法工作卻發展甚遲。在台灣，英國牧師甘為霖於 1891 年就在台南設立「訓瞽堂」，但即使是到了1960 年代初期，台北市中山國小開辦啟智班後，仍未有相關的立法。台灣從

1984 年訂定《特殊教育法》後才有較完善的法律依據，迄今經過 1997 年和 2009 年兩次大幅的修訂，目前最新為 2019 年修訂。根據《中央法規標準法》（2004）的規定，除了《憲法》外，法規分成「法律」和「命令」兩種，前者需經立法院通過，由總統公布；而後者則由主管行政機構公布即可。在台灣許多具體的規範多由「命令」為之。以下分別從《特殊教育法》立法的過程說明台灣《特殊教育法》及相關法規的重要內容。

♥♥♥ 壹、1984 年《特殊教育法》公布以前

台灣早在 1947 年公布之《憲法》第 21 條即規定：「人民有受國民教育之權利與義務」，第 159 條也揭示：「國民受教育之機會一律均等。」所以，只要是中華民國的國民就有接受國民教育的權利，而且這也是一種義務。雖然《憲法》條文的精神就包括了特殊兒童的受教權，不過真正論及特殊兒童之教育問題的法律條文，則要等到 20 年後的《九年國民教育實施條例》。

台灣最早的特殊教育法律依據是《九年國民教育實施條例》第 10 條之規定：「對於體能殘缺、智能不足及天才兒童應施以特殊教育或予適當就學機會」，此條文明訂對特殊兒童施以特殊教育或予以適當就學機會（趙幼勤，1982）。接著教育部在 1970 年 10 月訂頒《特殊教育推行辦法》，此法在 1977 年進行修正；1974 年 7 月訂頒《特殊兒童鑑定及就學輔導標準》，1974 年 11 月修正；1975 年訂頒《特殊學校教師登記辦法》，1979 年加以修正。這些是此時期主要的三個法規，各項特殊教育工作的推動，均以此為依據。以下分別說明之。

一、《特殊教育推行辦法》

此辦法中，將特殊教育的服務對象、教育安置型態、課程及入學年齡等事項均予以規定。

(一) 服務對象

本推行辦法在 1970 年時規定的服務對象有：智能不足者、視覺障礙者、聽覺障礙者、言語障礙者、肢體殘障者、身體病弱者、性格或行為異常者等七類

（王天苗，1997），到 1977 年修正時，增加了學習障礙者和資賦優異者兩類，成為九類。

(二) 教育安置型態

特殊教育學生之教育安置型態包括：普通班、特殊班、特殊學校，以及其他適當場所。

(三) 課程

本辦法規定特殊教育課程與教材應保持彈性，其課程綱要由教育部定之。

(四) 入學年齡

特殊學生入學年齡規定如下：
1. 幼稚部為 3 足歲至 6 足歲。
2. 國民小學部為 6 足歲至 12 足歲。
3. 國民中學部為 12 足歲至 20 足歲。
4. 高級職業部為 15 足歲至 24 足歲。
5. 專科部：年齡不限。

二、《特殊兒童鑑定及就學輔導標準》

本標準分六章，分別是總則、聽覺障礙、視覺障礙、智能不足、肢體障礙及附則。在總則中明示各縣市應設特殊兒童鑑定及就學輔導委員會，以利實施本標準。

本標準只列聽覺障礙、視覺障礙、智能不足、肢體障礙等四種障礙的鑑定標準及輔導原則，對推行辦法中的其他障礙並未規範。

三、《特殊學校教師登記辦法》

本法共 18 條，規範智能不足、視覺障礙、聽覺障礙、言語障礙、肢體殘障、身體病弱、性格或行為異常、學習障礙和資賦優異等類教師的登記。對特殊教育教師的資格採雙重資格的認定，也就是除了特殊教育系所畢業者以外，

均要求須具有普通教育教師資格再修習特殊教育 16 個學分。

此外，由於特殊教育為普通教育的一環，所以像 1973 年訂頒的《兒童福利法》及其施行細則，1979 年公布的《高級中學法》、《國民教育法》，1980 年訂頒的《殘障福利法》及其施行細則，均與特殊教育關係甚為密切（杜源芳，1982）。其中以《國民教育法》第 14 條規定「國民教育階段，對於資賦優異、體能殘缺、智能不足、性格或行為異常學生，應施以特殊教育或技藝訓練；其辦法由教育部訂之」，以及《高級中學法》第 8 條「對於資賦優異學生，應予特別輔導，並縮短優異學科之修業年限」，確定政府有提供特殊兒童適當教育的義務。

另外，1989 年公布的《強迫入學條例》中，規範國民教育階段之身心障礙學生入學的權利與義務，但同時亦允許重度智能不足者免強迫入學，以及經由學生父母或監護人向當地強迫入學委員會申請同意後，送請特殊教育機構施教，或在家自行教育。如此有些彈性但卻與強迫入學精神相違背的條文，不但開啟身心障礙學生在家自行教育的法源，也引發不少對在家自行教育是否違憲的爭議（林寶山，1987；郭春在，1987）。

從上述可知，在本時期，雖然政府已開始推動特殊教育的工作，但尚未對特殊教育特別立法，而是以相關的行政命令來作為實施特殊教育的基礎，且各辦法彼此之間的配合度亦不甚理想。

♥♥♥ 貳、 1984 年《特殊教育法》公布後

一、 《特殊教育法》

由於法規是行政推動政策的重要依歸，所以在關心特殊教育的人士倡議下，教育部於 1981 年 3 月成立特殊教育法起草小組，並聘請前教育部長郭為藩博士為召集人（陳榮華，1985）。幾經討論，《特殊教育法》終於在 1984 年由立法院通過，至此，特殊教育有了較明確與周延的法律依據。《特殊教育法》包括總則、資賦優異教育、身心障礙教育以及附則等四章，全文共 25 條。

本法的服務對象包括資賦優異中的一般能力優異、學術性向優異、特殊才能優異等三類；至於身心障礙則包括智能不足、視覺障礙、聽覺障礙、語言障

礙、肢體障礙、身體病弱、性格異常、行為異常、學習障礙、多重障礙、其他
顯著障礙等 11 類。唯將資賦優異與身心障礙並列為特殊教育對象的立法，在先
進國家並不多見。

　　1984 年頒布的《特殊教育法》是政府推動特殊教育最重要的依據，但條文
多屬宣示性質，所以隨著《特殊教育法》的公布，教育部研修的相關子法也陸
續公布實施。這些子法包括 1986 年的《特殊教育課程教材教法實施辦法》；
1987 年的《特殊教育法施行細則》、《特殊教育設施設置標準》、《私立特殊
學校（班）獎助辦法》，以及《特殊教育教師登記及專業人員進用辦法》；
1988 年的《特殊教育學生入學年齡修業年限及保送甄試升學辦法》；1992 年公
布的《語言障礙、身體病弱、性格異常、學習障礙暨多重障礙學生鑑定及就學
輔導標準》。

　　1994 年公布的《師資培育法》對特殊教育師資有了重要的影響，至此，特
殊教育教師必須分類別、分教育階段來培育。1993 年公布的「中、重度智障及
其他障礙學生接受第十年技藝教育實施要點」以及 1994 年公布的「1994 學年
度教育部試辦特殊教育實驗班計畫」則為國中畢業之身心障礙學生開啟另一扇
就學的管道。而這些法規也成為台灣在 1987 年至 1997 年十餘年間，特殊教育
工作的重要依據。

二、《特殊教育法施行細則》

　　1987 年公布的《特殊教育法施行細則》中對特殊教育法有一些重要的補充
規定，如：

1. 規定各類特殊班的名稱，智能不足類稱啟智，視覺障礙類稱啟明，聽覺障礙
類稱啟聰，學習障礙類稱啟學，語言障礙類稱啟聲，身體病弱類稱啟健，肢
體障礙類及多重障礙類稱啟仁。

2. 制訂資賦優異、智能不足、視覺障礙、聽覺障礙、肢體障礙等類別的鑑定標
準。

3. 明定依障礙程度的輕、中、重應有不同的教育安置，對重度的智能不足與肢
體障礙學生，以安置於特殊教育學校，或醫療及社會福利機構附設之特殊教
育班就學，或在家自行教育為主，把《強迫入學條例》中的規定予以法制化。

4.條列出所謂的教育輔助器材,包括點字書刊或其他必要的教育輔助器材。

從 1984 年到 1997 年間,特殊教育開始走向單獨立法,逐漸與普通教育的相關立法分開,而且相關的《殘障福利法》、《兒童福利法》、《少年福利法》、《精神衛生法》等,在本時期亦有修正或新頒布,使得特殊教育的推展更有依據與方向(王天苗,1997)。

♥♥♥ 參、1997 年新修訂《特殊教育法》公布後

由於特殊教育思潮進步與台灣政治和教育環境的改變,進入 1980 年代以後,特殊教育改革的呼聲四起。而修正《特殊教育法》以符合特殊教育的精神以及時代的需要也是改革的重點,當時不但教育部著手修正《特殊教育法》,民間團體亦起草民間版本的《特殊教育法》(王天苗,1997)。

期間,台灣教育部為因應特殊教育發展潮流,在 1995 年以「充分就學、適性發展,創造特殊教育新紀元」為主題召開「全國身心障礙教育會議」,廣泛邀請學者專家、教育行政人員、老師、家長共同針對八子題進行研討,這八個子題分別是:特殊教育行政、特殊教育學制、身心障礙教育師資、身心障礙教育課程、身心障礙學生鑑定及安置、身心障礙學生潛能發展、身心障礙學生家長參與、身心障礙教育支援系統。此次會議結果由教育部彙編成《全國身心障礙教育會議實錄》(教育部,1995a),並將此結果邀請學者專家編纂成《中華民國身心障礙教育報告書》(教育部,1995b)。為使資優學生亦能發揮其潛能,教育部亦在 1996 年以「因材施教、充分發展,培育新世紀人才」為主題召開「全國資優教育會議」,該會議亦以八個議題進行探討:資優教育行政與體制、資優教育師資、弱勢族群資優教育、特殊才能資優教育、資優學生鑑定與安置、資優學生輔導與追蹤、資優教育課程與教學、資優教育支援系統(含家長參與)。結果亦彙編成《全國資優教育會議實錄》(高雄師範大學特殊教育中心,1996)。此外,行政院教育改革審議委員會所提出的諮議報告書中,亦對身心障礙教育有許多著墨。這些政策的宣示提供立法明確的修正方向。新修訂的《特殊教育法》亦經立法院三讀通過,由總統在 1997 年 5 月公布。2001年因應精省而修正部分條文內容,2004 年則新增第 31 之 1 條條文。新修訂的《特殊教育法》全文共 33 條。

1997 年修訂之《特殊教育法》，主要有以下幾項重點。

一、在條文結構上打破以往分章呈現的方式

本法已不再分成總綱、資賦優異教育、身心障礙教育以及附則等四章，而是直接以條文的方式呈現。

二、雖然優障並列，但以身心障礙教育為主

雖然在修法的過程，有人認為應該將資優教育排除在《特殊教育法》之外，另外訂定《資優教育法》，但最後仍保留原來資優與障礙教育並存的特色，唯原本《特殊教育法》中資賦優異教育的條文，在本法只剩 3 條。所以《特殊教育法》仍以障礙學生之教育為主，且條文中也明示「地方政府編列經費應優先辦理身心障礙學生教育」。

三、增修特殊教育對象

資優部分增加領導才能、創造力兩類，並將特殊才能分為藝術才能與其他特殊才能，成為六類，即一般智能、學術性向、藝術才能、創造力、領導才能和其他特殊才能。

障礙類別增加自閉症、發展遲緩兩類，將性格異常、行為異常合併為嚴重情緒障礙，並且把智能不足改為智能障礙，成為 12 類。

四、擴大服務對象

自本法公布 6 年內，身心障礙教育要向下延伸至 3 歲，並對失學的身心障礙國民實施免費的成人教育。

五、以最少限制為原則安置學生，提供就讀普通班身心障礙學生輔導

在滿足學生學習需求下，以最少限制的環境安置，而且基本上，特教學生以就近入學為原則。並要求各級主管教育行政機關應結合特殊教育機構及專業人員，提供普通學校輔導特殊教育學生之有關評量、教學及行政支援服務。而在學前部分，則強調身心障礙學生應與普通兒童一起就學為原則。此外，為使

普通班老師得以兼顧身心障礙學生及其他學生之需要，身心障礙學生就讀之普通班應減少班級學生人數。

六、特殊教育學校設置朝社區化

特殊教育學校（班）之設立，應力求普及，以小班、小校為原則，並朝社區化方向發展。而且少年矯正學校、社會福利機構及醫療機構亦可以附設特殊教育班。依 2006 年《特殊教育設施及人員設置標準》規定，特殊教育學校班級學生人數，學前幼稚園階段為 10 人、國小階段為 12 人、國中和高中職階段為 15 人。而在 2008 年修正的條文則減為幼稚園階段為 8 人、國小階段為 10 人、國中階段為 12 人，高中職階段則維持 15 人。

七、個別化教育計畫的法制化

雖然個別化教育計畫的精神很早就被引進台灣的特殊教育界，但直到本法修訂通過，才正式將個別化教育計畫法制化，成為每一位身心障礙兒童接受特殊教育與相關服務的保障。

八、提供相關服務

本法中所列相關服務包括：(1)教育補助，如在國民教育階段者給予教科書及教育輔助器材；就讀學前教育機構者，給予教育補助費；國民教育階段以上者，給予獎助金或教育補助費。(2)交通補助，政府免費提供無法自行上下學之國民教育階段學生交通工具，未能提供者，補助交通費。(3)考試服務。(4)教育輔助器材以及相關支持服務，如無障礙環境、錄音、報讀、點字、復健醫療、家庭支援等（吳武典，1998）。

九、保障父母參與

藉由本法保障父母參與障礙子女教育的權利，包括參與個別化教育計畫、參與學校家長會、參與學生的教育安置以及申訴的權利。

十、增設專責單位或人員辦理特殊教育

　　過去台灣並無專責的特殊教育行政單位，而是由相關行政人員兼辦特殊教育業務。本法通過後，明示政府要設專責單位，特殊教育業務承辦人員與特殊教育學校之主管人員應優先任用相關專業人員。

十一、明定鑑輔會的組織與工作

　　鑑定安置輔導委員會雖已運作多年，但在過去的《特殊教育法》並未規範其職責，本法則明白規定主管教育行政機關應設特殊教育學生鑑定及就學輔導委員會，聘請衛生及有關機關代表、相關專業人員及學生家長代表為委員，處理有關鑑定、安置及輔導事宜。具體工作包括：議決鑑定、安置及輔導之實施方法與程序；建議專業團隊及特殊教育資源中心應遴聘之專業人員；評估特殊教育工作績效；執行鑑定、安置及輔導工作；其他有關特殊教育鑑定、安置及輔導事項。

十二、明定特教經費比例突破中央補助地方人事費用限制

　　本法明定特殊教育經費應從寬編列，在中央政府不得少於當年度教育主管預算 3%，地方政府則不得低於 5%。且中央政府還可以視情況補助地方人事以及業務經費，以辦理身心障礙教育。

十三、強調專業團隊

　　特殊教育需要不同專業領域的專業人員共同合作，方能提供較為完善的服務。所以，本法規定集合臨床醫學、教育、社會福利、就業服務等專業，共同提供身心障礙兒童課業輔導、生活、就業轉銜以及早期療育工作。

十四、建立通報系統，掌握受教對象

　　政府要每年定期舉辦特殊教育學生狀況調查及教育安置需求，出版統計年報，以為規劃特殊教育相關政策的基本依據。據此，教育部設置了特殊教育通報網（網址：www.set.edu.tw），並出版年度特殊教育統計年報，以掌握受教對

象以及政府每年的具體作為。

十五、建立彈性學制

因應特殊教育學生的學習需求，提供彈性的修業規定。對身心障礙學生而言，在國民教育階段，因身心發展狀況及學習需要，得經該主管教育行政機關核定延長修業年限，並以延長 2 年為原則。另外，為提供充分且多元就學管道，並訂有身心障礙學生 12 年就學安置計畫。

對資賦優異學生而言，則得降低入學年齡或縮短修業年限；縮短修業年限之資賦優異學生，其學籍、畢業資格及升學，比照應屆畢業學生辦理。

十六、重視弱勢族群之資優

對於身心障礙及社經文化地位不利之資賦優異學生，應加強鑑定與輔導。

十七、鼓勵民間辦理特殊教育

各階段之特殊教育，除由政府辦理外，並鼓勵或委託民間辦理。主管教育行政機關對民間辦理特殊教育應優予獎助。

十八、特殊教育工作人員專業化與廣義化

為提升特殊教育品質，特殊教育工作人員除特殊教育教師外，並包括相關專業人員和助理人員。特殊教育教師的資格由《師資培育法》規範，而相關專業人員和助理人員則由《特殊教育相關專業人員及助理人員遴用辦法》加以規範。至於在資賦優異教學部分，則可聘任具特殊專才者為特約指導教師。

十九、定期實施評鑑工作

依法每兩年至少要實施一次特殊教育評鑑。各教育階段特殊教育之評鑑，由該主管教育行政機關辦理；直轄市及縣（市）主管教育行政機關辦理特殊教育之績效，則由中央主管教育行政機關辦理。

二十、公立特殊教育學校設施彈性使用

　　為使公立特殊教育學校各項場地設備能充分運用，第 31 之 1 條特別規範公立特殊教育學校之場地、設施與設備提供他人使用、委託經營、獎勵民間參與，與學生重補修、辦理招生、甄選、實習、實施推廣教育等所獲之收入及其相關支出，應設置專帳以代收代付方式執行，其賸餘款並得滾存作為改善學校基本設施或充實教學設備之用，不受《預算法》第 13 條、《國有財產法》第 7 條及地方公有財產管理相關規定之限制。

♥♥♥ 肆、2009 年新修訂《特殊教育法》公布後

　　2009 年《特殊教育法》再次修訂，並依修訂結果修訂或新訂相關子法（教育部，2009）。為因應台灣特殊教育發展，2013 年、2014 年和 2019 年進行部分條文修正。此次修訂的重要內容包括以下幾項。

一、條文回復章節結構

　　此次《特殊教育法》分成四章，分別為總則、特殊教育之實施、特殊教育支持系統、附則，其中特殊教育之實施一章包括：通則、身心障礙教育和資賦優異教育三節。

二、以需求界定特殊教育學生身分

　　此次對身心障礙和資賦優異之界定，除保留個人特質外，均加上「經專業評估及鑑定具學習特殊需求」的條件，而且資賦優異部分和身心障礙一樣，也加上「須特殊教育及相關服務措施之協助者」。從需求的觀點來界定此兩類學生的資格。

三、增加腦性麻痺類學生

　　2009 年《特殊教育法》將嚴重情緒障礙改為情緒行為障礙；2013 年則再增加腦性麻痺類，讓身心障礙類型從原本 12 類增為 13 類。

四、向上延伸到高等教育

除配合幼兒園招收對象，要求身心障礙之特殊教育自 2 歲開始外，也把高等教育列為特殊教育實施的階段。此部分除反映目前已有超過一萬名身心障礙者就讀高等教育的事實，亦展現台灣企圖讓身心障礙學生和資賦優異學生均能充分發展其潛能的決心。

2013 年進一步規範高等教育提供身心障礙學生服務之規定，整體包括：高等教育階段學校應訂定特殊教育方案，並得設專責單位及專責人員；要為學生訂定個別化支持計畫，訂定時應邀請相關教學人員、身心障礙學生或家長參與；學校得成立特殊教育推行委員會，並應有身心障礙學生或家長代表參與。

五、提供個別化的服務

除了身心障礙學生依法享有個別化教育計畫的保障，資賦優異學生亦有個別輔導計畫，以提供適性的特殊教育及相關服務。此外，本法規定高級中等以下學校可設立集中式特殊教育班、分散式資源班和巡迴輔導班，未設特殊教育班之學校亦可申請特殊教育方案；高等教育階段亦以特殊教育方案辦理特殊教育。

六、提高特殊教育經費比例

本法提高中央政府特殊教育經費編列比例，從過去不得低於當年度主管教育經費的 3%，提高到 4.5%。

七、支援和支持服務對象擴及非學校型態學生

2014 年修訂的《特殊教育法》把各級主管機關應提供學校有關評量、教學及行政等支援服務，擴大適用於經主管機關許可在家及機構實施非學校型態實驗教育之身心障礙學生；同時，這些學生亦能享有教育輔助器材、適性教材、學習及生活人力協助、復健服務和家庭支持服務等支持服務。

八、明訂申訴的管道

　　《特殊教育法》規定，對學生鑑定、安置及輔導有爭議，學生或其監護人、法定代理人，得向主管機關提起申訴；對學生學習、輔導、支持服務及其他學習權益事項受損時，則向學校提出申訴。

　　基於該法，《特殊教育學生申訴服務辦法》規定，除各級主管機關和特殊教育學校應設特殊教育學生申訴評議會，各級學校應在原有學生申訴評議委員會中，增聘特殊教育學者專家、特殊教育家長團體代表，或其他特殊教育專業人員擔任委員。

九、明訂特殊教育學校優先招收對象

　　除持續要求特殊教育學校應以小班、小校為原則外，該法要求特殊教育學校以招收重度及多重障礙學生為優先，啟聰學校以招收聽覺障礙學生為主，啟明學校以招收視覺障礙學生為主。

十、強調特殊教育支持系統

　　特殊教育支持系統為該法之第三章，強調透過有效整合資源，協助特殊教育的推動和落實。該法並要求各級主管機關建立特殊教育行政支持網絡。

十一、強化學校特殊教育推行委員會的功能

　　除要求高級中等以下各教育階段學校應成立特殊教育推行委員會（簡稱特推會）外，亦要求各級主管機關要訂定其組成和運作辦法。在相關子法中亦加入特推會的要求，如《特殊教育課程教材教法及評量方式實施辦法》，即要求特殊教育課程和定期評量的調整措施，要經學校特推會審議。

十二、調整定期評鑑的時間

　　該法規定主管機關對高級中等以下各教育階段學校辦理特殊教育之成效評鑑，及教育部對直轄市及縣市辦理特殊教育之績效，應至少每四年辦理一次評鑑。

　　此外，《身心障礙者權益保障法》亦有許多對身心障礙者教育的規範。該法的前身分別稱為《殘障福利法》和《身心障礙者保護法》。2007 年修訂的《身心障礙者權益保障法》，更凸顯對身心障礙者權益的保障，內容也擴增為：總則、保健醫療權益、教育權益、就業權益、支持服務、經濟安全、保護服務、罰則和附則等九章，共 109 條。其中關於教育權益的保障方面，除了重視提供身心障礙者相關的教育補助，提供相關支持服務外，亦重申對身心障礙者受教權的保障，明白指出各級學校不得因學生的障礙類別、程度或尚未設置特殊班（學校）而拒絕其入學。

第二節　美國特殊教育相關法規

　　基本上，美國的特殊教育是以身心障礙教育為核心，此點也反映在立法上。美國國會在 1975 年整合了各州與聯邦的相關法案，通過的《殘障兒童教育法案》（Education for All Handicapped Children Act，簡稱 EAHCA），是美國近代重要特殊教育法案。《殘障兒童教育法案》在 1983 年、1986 年進行修訂，接著在 1990 年修訂時則改名為《身心障礙者教育法案》（Individuals with Disabilities Education Act，簡稱 IDEA），並在 1997 年和 2004 年分別修正之。除了障礙教育法案外，重要的相關法律尚包括《美國障礙者法案》（Americans with Disabilities Act，簡稱 ADA），與《復健法案》的第 504 條款（Section 504 of the Rehabilitation Act of 1973）（Ysseldyke & Algozzine, 1995），2000 年之後美國特殊教育的發展則受《中小學教育法》（No Child Left Behind Act，簡稱 NCLB）的影響很大。以下分別簡述這些法案的重要內容。

♥♥♥ 壹、《殘障兒童教育法案》

　　《殘障兒童教育法案》是美國保障身心障礙兒童能接受免費且合適之公立教育（free appropriate public education，簡稱 FAPE）的開始（Ysseldyke & Algozzine, 1995）。該法是在 1975 年為美國第 94 屆國會通過的第 142 號法案，所以也叫做《94-142 公法》。

　　《94-142 公法》是障礙學生教育的重大改革，其服務對象為身心障礙且需要特殊教育及相關服務之 3～21 歲學生，依其障礙不同分成：智障、聽障、全聾、口語或語言障礙、視障、全盲、嚴重情緒困擾、肢體障礙、身體病弱或有學習障礙的兒童。

　　《94-142 公法》的目標在（Ysseldyke & Algozzine, 1995）：

1. 確保所有的障礙兒童都能擁有免費而合適之公立教育（FAPE）。
2. 確保障礙兒童及其父母的權利。
3. 協助州和地方提供障礙兒童的教育。
4. 評量及確保障礙兒童的教育成果。

　　本法重要的內涵為以下六大基本要項（Yell et al., 1998; Ysseldyke & Algozzine, 1995）。

一、免費且合適之公立教育

　　免費且合適之公立教育是《94-142 公法》最重要且最基本的原則，也是歷年來美國身心障礙教育的根本精神。免費是本法最重要的精神，只要是合乎資格的障礙學生，即可享有免費的特殊教育及相關服務。所謂合適的教育並沒有固定的標準，完全視教育的實施能否滿足學生的需求，而保障學生接受合適的教育則是每位學生的個別化教育計畫。至於公立教育則是保障障礙孩子有權與其他孩子一樣，進入公立學校接受教育。

二、非歧視的評量──合適的評量

　　所謂非歧視的評量（nondiscriminatory assessment）亦即是保障學生可以接受公平的評量，學生不會因為其語言、種族而對其評量結果有不良的影響，進而造成錯誤的鑑定、分類與接受不適當的教育。

　　公平評量的原則包括：

1. 在接受特殊教育安置前，應對學生的需求進行全面性與個別化的評量（full and individual evaluation）。
2. 測驗必須以學生的母語或學生的溝通模式來施測。
3. 測驗必須對特定的目的有效度。

4. 測驗必須由受過訓練的人員遵循一定的程序來施測。

5. 測驗或其他評量材料，必須與特定的教育需求有關，而非只是為了得到一個 IQ 分數而已。

6. 對於感官或表達能力有缺損的（impaired）學生而言，測驗的結果必須能反映其性向或成就，而非其缺陷。

7. 特殊教育的安置不能由單一的程序所決定，需要使用兩種以上的測驗。

8. 特殊教育安置的評量必須由多專業的團隊（multidisciplinary team）來實施，團隊中至少應包括一名教師或其他對學生可能之障礙領域了解的專家。

9. 評量必須涵蓋所有相關的領域，包括健康、視覺、聽覺、行為、智力、行動能力、學業表現以及語言。

三、最少限制的環境

所謂最少限制的環境（least restrictive environment），是政府應確保身心障礙學生能盡可能的與普通學生一起接受教育，也就是說，身心障礙學生以就讀普通班級為原則，唯有當學生的障礙程度嚴重到連使用輔助器材與服務也無法適應普通班的學習時，方可安置於普通班以外的場所來接受教育。

四、個別化教育計畫

個別化教育計畫（individualized educational program，簡稱 IEP）是實現適性教育的手段，也是本法的重要核心。本法規定應該為每一位身心障礙學生擬定個別化教育計畫，其中特殊教育與相關服務的提供是其重點。所謂的特殊教育是指「為滿足障礙兒童需求而特別設計的、不需父母或監護人付費的教學，包括課堂內的教學、體育課教學、到家教學，以及在醫院和教養院的教學」。而相關服務則是指為了使學生能從特殊教育中受益之必要的交通、發展性、矯治性及支援性服務，其項目包括交通、語言治療、聽力檢查、物理治療、職能治療、休閒服務、早期篩檢及鑑定、心理評估諮詢、學校保健服務、家長諮詢及親職教育（王天苗，1997；周天賜，1994）。

五、父母參與（parental involvement）

在本法中有關父母的權利包括（Dettmer et al., 1993）：

1. 父母參與個別化教育計畫（IEP）的發展、認可以及評鑑。
2. 所有給父母的通知都要以父母使用的語言為主。
3. 父母參與子女的進步評量、安置決定、方案的評鑑。
4. 父母有權查閱子女的紀錄。
5. 父母可以用「法律保障程序」解決與學校不一致的意見。
6. 教育相關服務的項目，包括父母所應獲得的諮詢與訓練。

本法特別重視父母的參與，除了顯示對父母權利的保障外，更強調能藉此促進親師的合作。

六、法律保障程序

所謂的法律保障程序（due process），是指父母享有被告知的權利、同意權、要求獨立的教育評量權、參與個別化教育計畫及同意權、檢閱學生資料權、申訴權，並讓學校、學生及家長均能參與教育決定，以保障學生教育決定過程的公平性。

本法中除了強調保障學生受教權的條文外，為了讓各州能順利推動身心障礙教育，在本法中也明定只要各州能提出完整的障礙兒童教育計畫，則聯邦政府就依各州身心障礙學生人數給予各州經費補助，並要求這些經費中的 75% 要直接補助地方教育主管機關（local education agencies，簡稱 LEA）。雖然聯邦政府以經費補助來協助各州辦理障礙教育，但各州不得以不接受經費補助的理由，而拒絕實施《94-142 公法》（Yell et al., 1998）。

所以，藉由《94-142 公法》的執行，為美國 3～21 歲身心障礙兒童提供三大保證：零拒絕（Zero Reject）、個別化教育計畫及最少限制的環境（吳武典，1998）。也就是說，不管是哪種障礙類型，障礙程度是輕度、中度還是極重度，都能藉由個別化教育計畫，盡可能的被安置在普通的教育環境中接受合適的教育。

❤❤❤ 貳、《1983 年殘障兒童教育法修正案》

此法案要求各州每年都要提供障礙畢業生的資料，並調查高中階段障礙學生進入轉銜階段的需求（王天苗，1997）。

❤❤❤ 參、《1986 年殘障兒童教育法修正案》

《1986 年殘障兒童教育法修正案》（Education for All Handicapped Children Act Amendments of 1986,《99-457 公法》）的內容主要將服務對象向下延伸至 0 歲，提供經費鼓勵各州從出生開始就提供早期療育（early intervention），並要求各州在 1990 至 1991 年以前，提供所有 2 至 5 歲的障礙兒童免費且合適的教育（王天苗，1997；Yell et al., 1998）。在提供 0 至 3 歲兒童早期療育的計畫中，各學區要以跨專業合作的方式為各個障礙幼兒的家庭擬定「個別化家庭服務計畫」（individualized family service plan，簡稱 IFSP）（Ysseldyke & Algozzine, 1995）。

❤❤❤ 肆、《身心障礙者教育法案》

本法最大的改變在（王天苗，1997；Ysseldyke & Algozzine, 1995）：

1. 改變服務對象的稱呼。從 1975 年開始使用的「殘障兒童」（handicapped children），從此改為「身心障礙者」（individuals with disabilities）。
2. 增加兩類障礙類型，分別為自閉症及外傷性腦傷。
3. 增加轉銜服務，以協助學生能順利進入中學畢業後的生活，規定學校最晚要在學生 16 歲以前為其擬定個別化轉銜計畫（individualized transition plan，簡稱 ITP）。
4. 增加相關服務的項目：社工服務和復健諮商。
5. 提供障礙學生輔助科技的設備與相關的訓練服務。

❤❤❤ 伍、《身心障礙者教育法修正案》

此次的《身心障礙者教育法修正案》（Individuals with Disabilities Education Act Amendments of 1997,《105-17 公法》），當時被視為是自 1975 年以來最重

要的修正案（Yell & Shriner, 1997）。過去二十幾年來，由於《94-142公法》的推行，使得障礙兒童多能接受免費且合適的公立教育，但卻也發現一些缺失，例如：對障礙學生的期望低落，過分強調符合法定要求的書面作業而忽略教學、學習以及學生的成就（Yell & Shriner, 1997）。因此，此次修正案即以改進障礙學生的學習成就為重點（Yell et al., 1998）。

一、主要內容

本法的主要內容包括四個部分：

1. A 部分：介紹本法的基本內容，包括名詞的界定。
2. B 部分：詳細指出各州在接受聯邦政府補助下應該要執行的事務，包括州教育當局、地方教育當局的責任；特殊教育的服務；評量、學生資格、個別化教育計畫、安置以及法律保障程序。
3. C 部分：界定嬰幼兒的服務。
4. D 部分：關於支援方案，如研究、人員培育、資訊傳播、科技發展等。

二、目的

本法的目的在（The Council for Exceptional Children, 1998）：

1. 讓專業人員（尤其是教師）有更多的影響力與彈性；學校行政人員和決策者能以較少的經費來辦理障礙教育。
2. 增進父母參與子女教育的相關決定。
3. 讓學校變得更安全。
4. 強調如何給予身心障礙學生最佳的教育而非書面作業。
5. 強化學校服務障礙學生的能力。

而且本法更期望透過下列方式提升特殊教育的效能：

1. 對學生保持高度期望，並確保其能盡可能的接觸普通教育課程。
2. 強化父母角色，確保其能有意義的參與孩子在學校和在家的學習。
3. 與其他教育改革合作，使特殊兒童受益。
4. 提供就讀普通班之障礙學生適性的特殊教育、相關服務、協助與支持。

5. 支持專業人員的專業發展。

6. 提供全校性、轉介前的介入，以減少為了學生的學習需求，而給予障礙標記的動機。

7. 著重教學與學習事務，減少不必要的書面作業。

三、主要特色

　　由於受到教育改革的影響，本法修法的焦點在於如何提升身心障礙學生的學習成就；相較於過去的法案可以發現，1997 年的 IDEA 修正案至少有 29 處的不同（吳武典，1998）。而其主要的特色包括（吳武典，1998；The Council for Exceptional Children, 1998; Yell & Shriner, 1997）：

1. 修改發展遲緩兒童適用年齡為 3 至 9 歲。

2. 納入在成人監獄服刑的身心障礙學生。

3. 評量注重發展性與功能性資料，強調如何參與普通課程的資訊。

4. 定期重新評量，至少每三年一次，以既有資料為主，減少不必要的評量。

5. 強調以學生學習需求為主的最少限制環境安置原則。

6. 個別化教育計畫強調與普通教育的連結，規範更周詳：普通教育教師的參與；障礙學生如何參與普通教育；重視學生的優點、語言及溝通的需求；至少和普通教育一樣，定期向家長報告學生的學習情形。

7. 轉銜服務年齡由 16 歲降至 14 歲，並重視嬰幼兒與學前的轉銜。

8. 強調參與全州暨學區的成就評量，並提供另類評量。

9. 重視學校安全維護，對非因障礙因素而產生的公共危險行為（攜搶、毒品），可在 IEP 小組決定下，依一般學生處理原則處理（停學或退學）。若是轉移至中途學校（interim alternative education setting，簡稱 IAES），則 IEP 必須持續並為其擬定行為處理計畫。

10. 建立學生成就目標與指標。

11. 強調學校本位的革新，透過全校人員參與計畫、執行與評鑑，確保障礙兒童的特殊教育與相關服務的落實，並使一般學生獲益。

12. 強調落實相關服務，並使一般學生獲益。本法也將定向行動服務（orientation and mobility service）增列為相關服務的項目。

13. 在法律保障程序中，特別強調調解程序（mediation）的建立。

14. 更改聯邦對地方經費補助公式，兼顧人口數與貧窮程度。聯邦的補助經費計算方式為 3～21 歲兒童的人口數占 85%，再加上 3～21 歲兒童人口中屬於貧窮的人口數占 15%。

15. 加強各服務部門間跨部會的協調，以統整服務的內容與經費的負擔，發揮資源整合的功能。

16. 建立父母資源中心，提供父母成長與訓練。

17. 加強專業人員的培育與進修，重視研究發展。

18. 重視民間參與，成立公辦民營的特許學校（charter school）。

19. 重視各項資訊的蒐集以為決策參考：人口數、學生的表現、輟學率、師資需求。

♥♥♥ 陸、《中小學教育法》

《中小學教育法》（簡稱 NCLB，或譯為《不讓任何孩子落後法案》）是美國自 1965 年 Elementary and Secondary Education Act 以來，最重要的聯邦教育法案。核心重點在改善全美學生的學業成就，尤其是在閱讀和數學上（Yell et al., 2006），因此要求各州要建立具有挑戰性的學業標準（academic standard），而且要求所有學生，包括身心障礙學生都應達到所訂的標準。

在課程上要求要有高品質的課程；在落實上強調要有高品質的師資，並要求在專業進修上，能學習教導特殊需求學生的方法，且採用實證本位的教學措施（evidence-based practices）。此外，改善學生因閱讀困難可能造成的學障現象，NCLB 提供「閱讀優先方案」（Reading First Program）（Karger, 2005）。

在評量和績效方面，NCLB 強調各州要實施高品質的學生年度學業評量，藉以了解學生的學習成就表現，達成州自訂成就標準的情形，當然包括身心障礙學生也要參加，並得視學生需求，提供調整措施（Karger, 2005）。

♥♥♥ 柒、《身心障礙者教育促進法案》

《身心障礙者教育促進法案》（Individuals with Disabilities Education Improvement Act of 2004，簡稱 IDEA 2004）在 2004 年 12 月公布，並於 2006 年

8 月公告相關的實施規定（regulations）。2004 年的 IDEA 受到前述 NCLB 的影響甚鉅，此外也受到兩份報告的影響，分別是「A New Era: Revitalizing Special Education for Children and Their Families」和「Rethinking Special Education for a New Century」（Yell et al., 2006）。因此，2004 年的 IDEA 特別強調身心障礙生的成果。根據學者們的整理（Karger, 2005; Yell et al., 2006），2004 年 IDEA 的主要改變包括以下幾項。

一、讓 IDEA 與 NCLB 密切合作，具體做法就是要求

1. 高品質的特殊教育教師：具體要求包括至少要大學畢業，具全州性的特殊教育教師證照，具核心學科專長能力。至於助理人員（paraprofessional）依 NCLB 的規定，則只能在教師的直接督導下，提供教學協助而已。
2. 身心障礙學生必須參與全州性的成就評量：身心障礙學生也要像普通學生一樣，要有一份年度進步報告（adequate yearly progress report），使用年級程度的成就標準（grade-level achievement standards）。而學區必須提供必要的考試調整，而且只有少數的學生可以使用替代性成就標準（alternative achievement standards）。
3. 特殊教育的服務基於實證研究結果：在 IDEA 中使用了同儕審核研究（peer-reviewed research）的名詞，也就是說，特殊教育教師所提供的服務措施，必須是有實證研究基礎的。

二、改變鑑定的要求

其重要的改變包括：
1. 在接到鑑定申請後 60 天內，要完成身心障礙資格鑑定。
2. 學障資格鑑定的改變。州教育單位不能要求學區使用差距標準（discrepancy formula）來決定學生是否為學障。相反的，建議使用反應介入模式（response-to-intervention mode）。

三、IEP 的內容和實施的改變

1. 在內容部分，強調目前學業成就水準（academic achievement）和功能性表現

（functional performance）；取消短期目標（bench-marks/short-term objectives）的要求；所提供的特殊教育服務必須是基於有同儕審核研究的結果；轉銜服務的年齡為 16 歲，但各州仍可維持在 14 歲。

2. 在發展過程部分，主要期望能減少書面作業。主要的改變包括：不必要的成員不用參加 IEP 會議；若已有 IEP，父母可以同意 IEP 小組成員直接修正 IEP 而不用再開會；可以使用不同方式開 IEP 會議，並把相關會議合併舉行；在學年中轉學，原 IEP 仍適用；允許 15 個州在父母同意下，發展三年以下的多年期 IEP。

其他的改變則包括：簡化把身心障礙生因違反安全規定而暫時安置到學校外其他場所的流程；彈性使用經費，可以混合聯邦經費（最高 15%）和其他經費，用來提供給有需要但卻未能被鑑定為身心障礙的學生，額外的學業與行為支持。

♥♥♥ 捌、《美國障礙者法案》

1990 年通過的《美國障礙者法案》（簡稱 ADA）被視為是自 1964 年的《民權法案》（Civil Rights Act）以來，美國最重要的人權法案（Galvin & Wobschall, 1996），本立法旨在實踐反歧視（antidiscrimination）的精神，以及確保所有的身心障礙者都能均等的使用（access）一般人所能使用之事物的機會（Feldblum, 1993）。

本法有兩個重要名詞：一是做合理的調整（reasonable accommodation），主要是用在工作上，其調整包括環境上的可及性（physical accessibility）、工作的重組（restructuring job）、調整工作表（modifying work schedule）、提供個人協助（personal assistants）、調整設備、考試或訓練教材（modifying equipment, exams or training materials）。另一個是公共調整（public accommodation），主要在各項公共服務方面，包括政策、實務、程序的調整（modify policies, practices, procedures）；提供輔助性協助與服務（provide auxiliary aids and services）；讓環境是可及的（make physical access）（Feldblum, 1993）。由於《特殊教育法》只規範到高中教育階段，高等教育階段的服務則受到本法的規範；因此也促使高等教育校園為營造無障礙學習環境而努力。

第三節 台灣特殊教育行政

特殊教育行政是落實特殊教育法規的力量，以下就特殊教育行政組織、特殊教育師資、特殊教育經費以及特殊教育評鑑等方面加以說明。

❤❤❤ 壹、特殊教育行政組織

特殊教育行政組織，可以再分成教育行政和學校行政兩個層面來看。以下分別說明之。

一、教育行政體系

在教育行政體制上，過去台灣分中央、省（市）及地方三級，主管教育行政機關，中央為教育部，省（市）為教育廳（局），地方為縣市政府。唯精省之後，台灣省教育廳改制為教育部中部辦公室，形成兩級制的運作型態。2013年配合政府組織再造，中部辦公室再改為國民及學前教育署，更進一步實踐了兩級制的教育行政體系。早期特殊教育業務在教育部是分散由各司負責，在地方政府也是由各縣（市）教育局各科（課）負責。在 1997 年修訂《特殊教育法》通過後，才有專責單位來負責特殊教育的業務。

教育部設有「特殊教育工作小組」，在縣市教育局則設有特殊教育科（課）。而原台灣省教育廳改隸為教育部中部辦公室後，第一科仍負責特殊教育業務，負責北高兩市以外特殊教育學校和高中職的特殊教育業務。

2013 年教育部組織再造後，特殊教育工作小組與軍訓處和訓委會合併為學生事務與特殊教育司，負責特殊教育政策和高等教育階段的特殊教育；原教育部中部辦公室負責特殊教育業務的第一科則改成國民及學前教育署的原住民族與少數族群及特殊教育組的特殊教育科負責，負責高級中等以下學校與幼兒園特殊教育事務的規劃、執行及督導。關於學前特殊教育業務之後則由學前教育組的學前特殊教育科負責。

地方政府包括五個直轄市和 18 個縣市，其主管教育行政之機關為直轄市政

府和縣（市）政府。至 2007 年底，除少數縣市（如連江縣、金門縣）外，均設有特殊教育主管科。其中，台北市政府教育局特殊教育科於 1998 年 7 月成立，下設教學與輔導、鑑定與安置兩股，是修訂《特殊教育法》公布以後，最先設置特殊教育專責單位的地方教育行政機關。除了正式行政組織以外，各級政府亦依法成立各項委員會，以期讓特殊教育的業務推動更為周全，例如：教育部的「特殊教育諮詢委員會」、地方教育局（處）的「申訴委員會」，以及扮演鑑定安置輔導重要角色的「特殊教育學生鑑定及就學輔導會」。此外，也設置特殊教育資源中心或特殊教育輔導團，以協助推動特殊教育工作。

2013 年配合高中教育階段和高等教育階段的發展，教育部依《特殊教育法》規定，設置「特殊教育學生鑑定及就學輔導會」並成立分區工作小組，負責高中和高等教育階段特殊教育學生的鑑定安置輔導工作。

二、學校行政系統

特殊教育的學制可以分成特殊教育學校和一般學校兩類，在行政部分可以從特殊教育學校（班）的類型和學校行政組織兩部分來看。

(一) 特殊教育學校（班）的類型

依 2009 年《特殊教育法》規定，希望能朝每一縣市均至少有一特殊教育學校或分校（班）而努力。至 2022 年為止，台灣目前有特殊教育學校 28 所，其中只有一所為私立惠明盲校，其餘均為公立學校。肢障類的仁愛實驗學校已在 2005 年 8 月更名為「和美實驗學校」，並開始招收普通高中學生。除了啟聰學校和啟明學校外，均改為特殊教育學校。此外，其中也有兩所是大學的附屬學校，分別是：國立台南大學附屬啟聰學校和國立台東大學附屬特殊教育學校。

此外，依 2009 年《特殊教育法》的規定，高級中等以下學校可以設集中式特殊教育班、分散式資源班、巡迴輔導班（含在家教育班）以及辦理特殊教育方案，但資賦優異類在國民教育階段則採分散式資源班、巡迴輔導班及特殊教育方案辦理。受此新規定的影響，許多國民教育階段藝術才能類資優班紛紛改成藝術才能班，也造成資優學生人數近年來呈現減少的現象。

(二) 學校行政組織

　　學校行政組織可以從特殊教育學校和一般學校之行政組織分別觀之。在特殊教育學校部分，依《特殊教育學校設立變更停辦合併及人員編制標準》（教育部，2019）之規定，身心障礙特殊教育學校得同時設置幼兒部、國小部、國中部及高職部等學部。在行政組織上，依規定可設置：

1. 教務處：設教學、註冊、設備、圖書、出版等組。
2. 學生事務處：設訓育、生活教育、體育、衛生、住宿等組。
3. 總務處：設文書、事務、出納等組。
4. 實習輔導處：設實習、就業輔導等組。
5. 研究發展處：設資訊、研究、推廣、輔具等組。
6. 輔導室：設輔導、復健等組。

　　但依學校規模，而有不同的編制，6班以下設二處及二組；7～12班設三處（室）及九組；13～24班設四處（室）及12組；25班以上設五處（室）及15組。

　　在組織編制的人員類型方面，則包括：校長、教師、專任行政人員、教師助理員、住宿生管理員、特殊教育相關專業人員等。其中教師編制，幼兒園及國小部，每班置教師2人；國中部、高中部、高職部，每班置教師3人。導師部分，幼兒部、國小部和國中部，每班置導師2人；高中部及高職部每班置1位導師。班級學生人數部分，幼兒部每班不得超過8人、國小部每班不得超過10人、國中部每班不得超過12人、高中部及高職部每班不得超過15人。

　　高級中等以下學校部分，根據《高級中等以下學校特殊教育班班級及專責單位設置與人員進用辦法》（教育部，2020）規定，班級學生人數，身心障礙集中式特殊教育班同特殊教育學校規定，分散式資源班和巡迴輔導班則依各級主管機關之規定；資賦優異集中式特殊教育班每班不得超過30人，分散式資源班和巡迴輔導班則依各級主管機關之規定。身心障礙教育和資賦優異教育班教師員額編制與特殊教育學校同一學部相同。導師部分，幼兒園、國民小學及國民中學集中式身心障礙特殊教育班每班置導師2人，高級中等學校每班置1人；集中式資賦優異特殊教育班每班置導師1人；分散式資源班及巡迴輔導班由各

級主管機關視實際需要，每班得置 1 位導師。學校應視其特殊教育班級數及學生人數設組負責特殊教育業務。

❤❤❤ 貳、特殊教育師資

隨著台灣特殊教育學校（班）的設置，特殊教育教師人數也逐年增加，而且合格率也逐年提升。在 1998 學年度，高中職以下一般學校身心障礙類教師有 60,859 人，合格率為 61%；資賦優異教育類教師有 2,441 人，合格率為 30%（教育部，1999）。2001 學年度，高中職以下一般學校身心障礙類教師有 7,846 人，合格率為 61%；資賦優異教育類教師有 2,952 人，合格率為 17%（教育部，2002）。2011 學年度，身心障礙類教師有 11,482 人，合格率為 91%，資賦優異類教師有 2,657 人 合格率為 28%（教育部，2012a）。2020 學年度，身心障礙類教師有 13,091 人，合格率為 92%，資賦優異類教師有 1,887 人，合格率為 41%（教育部，2021）。由於資賦優異班級也會聘請一般科目合格教師，因此資賦優異類教師合格率偏低，以 2020 學年為例，一般合格教師比例高達 55%。

特殊教育教師的來源，在 1994 年《師資培育法》通過之前，主要由各師範院校以公費方式培育，加上各師範院校所開設的特殊教育學分班、學士後特殊教育學分班的補充方式（林寶貴，2000）。在《師資培育法》公布實施後，師資培育進入多元培育的時代，除原有師範院校之外，亦開放其他一般大學申請設定師資培育系所和學程。特殊教育教師的培育也是如此，2016 年台灣共有 13 校設有特殊教育師資培育系所。其中有三所大學的特殊教育學系培育中等特殊教育師資，九所大學的特殊教育學系培育小學的特殊教育師資。中原大學特殊教育學系則同時培育學前、國小和中等教育階段的師資。

另有部分設有特殊教育學系之師培大學開設學前教育階段身心障礙教育類學程。此外，根據 2019 年修正之《師資培育法》規定，特殊教育類師資生在取得修習所規定之普通課程、專門課程和教育專業課程學分後，先通過教師資格檢定考試，才能參加半年的教育實習課程，實習成績及格者，始可獲得教師證書。

為了讓在職之特殊教育教師能持續進修專業課程，而且因應融合教育安置的趨勢，教育部和各縣市政府均辦理各項特殊教育在職進修課程，各特殊教育

師培大學的特殊教育學系，也紛紛開設碩士班或在職進修專班，以提升特殊教育教師專業知能。

❤❤❤ 參、特殊教育經費

經費是實踐特殊教育措施的重要力量，以確保特殊教育相關措施能確實推動。1997 年公布的《特殊教育法》即規定：「各級政府應按年從寬編列特殊教育預算，在中央政府不得低於當年度教育主管預算 3%，在地方政府不得低於當年度教育主管預算 5%。」（第 30 條）有了法令的規定之後，特殊教育占各級政府年度預算的百分比也逐年增加，以符合規定。教育部在 1998 年的特殊教育經費為新台幣 3,419,188,000 元，占教育部總預算的 2.88%（教育部，1999）；2001 年為新台幣 5,876,244,000 元，占教育部總預算的 3.84%（教育部，2002）；到 2006 年更增加為新台幣 6,360,085,000 元，占教育部總預算的 4.30%（教育部，2007）。

2009 年《特殊教育法》進一步要求中央政府特教經費要達 4.5%，根據《特殊教育統計年報》（教育部，2012a）顯示，2011 年度教育部主管預算為新台幣 1,925 億 8,288 萬 8 千元，其中特殊教育經費總額為新台幣 88 億 8,774 萬 9 千元，占總預算 4.62%。特殊教育預算中，身心障礙教育為新台幣 87 億 9,569 萬元，占 98.96%，資賦優異教育為新台幣 9,205 萬 9 千元，占 1.04%。2021 年度教育部主管預算為新台幣 2,573 億 1,824 萬 7 千元，其中特殊教育經費總額為新台幣 118 億 3,349 萬 9 千元，占總預算 4.60%。特殊教育預算中，身心障礙教育為新台幣 114 億 523 萬元，占 96.38%；資賦優異教育為新台幣 4 億 2,826 萬 9 千元，占 3.62%。

各直轄市和縣市政府的自編特殊教育經費所占比例，也是逐年在增加。各縣市在 1998 年平均只有 1.97%，達法定 5% 以上規定之縣市只有六個；2001 年時，各縣市平均為 2.10%，達法定 5% 以上規定之縣市也只有六個；但到 2006 年則平均已達 5.87%，其中有 20 個縣市已超過規定的 5%。2011 年度直轄市、縣市特殊教育預算總經費約為新台幣 290 億元，占全國各縣市教育預算總額 6.07%，超過法定 5% 標準。其中以台東縣（12.88%）最高，其次為嘉義市（7.05%），僅澎湖縣（4.56%）和連江縣（3.45%）未達法定預算比例。到了

2021 年時，直轄市、縣市特殊教育預算總經費約為新台幣 326 億，各縣市均達 5% 以上，平均為 6.96%。其中有八個縣市超過 6%。

♥♥♥ 肆、特殊教育評鑑

當教育持續投入許多人力與經費之後，績效的評估成為了解投入之資源是否達到預期效果的方式。因此，為能了解特殊教育辦理的成效，英美等國早已利用績效評鑑方式，了解其特殊教育的成效（張金淑，2007）。美國在 NCLB 和 2004 年的 IDEA 中更把身心障礙學生的學業成就，視為重要的評鑑項目之一（Karger, 2005）。

台灣雖早從 1980 年代即以「評鑑」、「訪視」和「輔導」等名義進行多次的評鑑工作（何美燕，2005），但真正從專案性、重點性的實施，轉為定期性且制度化的評鑑，則是在 1997 年《特殊教育法》修正通過後，才賦予教育部對縣市政府、縣市政府對學校至少兩年評鑑一次的依據。教育部也自 2002 年開始，每兩年對縣市政府實施特殊教育行政績效評鑑，並給予績優縣市獎勵，2009 年起則改為每三年一次。迄今於 2002 年、2004 年、2006 年、2008 年、2011 年、2014 年、2017 年和 2021 年共進行八次的評鑑。

評鑑從過程來看，可以分為形成性評鑑和總結性評鑑；從評鑑者的角色可以分成內部評鑑和外部評鑑。但目前台灣實施的評鑑方式，多屬外部的總結性評鑑。至於內部的形成性評鑑，則較屬各校內部準備正式評鑑的過程。以下就評鑑的項目和評鑑進行的方式說明之。

一、評鑑的項目

進行評鑑之前需預選重要的評鑑項目，或是所謂的績效指標，作為判斷所蒐集之資料是否符合原訂標準的依據。檢視教育部對縣市政府特殊教育行政績效評鑑的「評鑑項目」，2002 年和 2004 年均分為行政組織、鑑定與安置、課程與教學、人力資源、支援與轉銜、經費運用等六類（張金淑，2007）。2006 年分指定領域和自選領域，前者為人力資源和資優教育行政，後者為縣市從其他四個領域中自選一項，但該項需為非該領域前三名者。至於 2008 年評鑑，則以追蹤 2006 年評鑑改進情形為主（張蓓莉，2009）。

　　各類所包括的重要評鑑項目整理如表 6-1 所示。至於各縣市對學校所進行的評鑑工作，其評鑑項目也多參考教育部的項目加以調整，雖然各縣市的重點不一，但仍不外乎表 6-1 所整理的項目。

表 6-1　教育部和縣市政府辦理特殊教育評鑑之評鑑項目

評鑑項目類別	教育部評鑑項目	縣市政府常見評鑑項目
行政組織	• 特殊教育專責單位之設置與運作 • 研訂特殊教育相關法令與計畫 • 對所轄學校辦理特殊教育之督導與評鑑	• 特殊教育推行委員會的組織與運作 • 家長會組織 • 處室協調 • 資源班排課
鑑定與安置	• 特殊教育學生之鑑定計畫 • 鑑定人員之培訓及運用 • 特殊教育安置輔導及安置評估	• 擬定校內篩選的流程與時程 • 校內安置會議的運作 • 特殊教育學生的通報
課程與教學	• 督導各類身心障礙教育班及資優班之課程教學 • 身心障礙學生個別化教育計畫之執行 • 特殊教育教材資料之編輯	• 個別化教育計畫的擬定與執行 • 教材教具的蒐集與自編 • 教師間的合作——普通班、專業人員 • 學生輔導 • 適性的評量方式 • 教學與課程的調整
人力資源	• 特殊教育教師與教師助理員的聘用 • 相關專業人員的服務 • 普通班教師特殊教育通識研習 • 特殊教育教師進修活動 • 優良特殊教育教師甄選及表揚	• 專任特殊教師資格與進修情形 • 教學助理人員的資格與進修情形 • 行政人員的特殊教育進修活動 • 普通班教師的特殊教育進修活動
支援與轉銜	• 家庭支援服務 • 社區資源之運用 • 無障礙學習環境 • 專業團隊服務 • 轉銜服務之規劃與通報	• 轉銜服務 • 家庭支援服務 • 社區資源運用 • 相關服務
經費運用	• 特殊教育經費之編列與執行 • 教育部補助款之使用情形 • 經費使用之監督及查核	• 專款專用 • 設備管理與運用 • 特教場地位置與空間

二、評鑑進行的方式

目前台灣評鑑進行的方式，多由外部人士組成評鑑小組的方式進行。在教育部對地方政府的評鑑部分，評鑑委員由特殊教育學者及身心障礙團體家長代表組成；在縣市政府對學校的評鑑部分，評鑑委員則包括特殊教育學者、教育局行政人員、學校行政人員及身心障礙團體家長代表。

評鑑的進行，多由受評鑑單位先進行自評，再將自評表送給評鑑單位彙整後交給評鑑委員進行評鑑。至於評鑑委員蒐集資料的方式可分成兩種：一是書面資料評鑑；二是現場訪視評鑑。在執行上，有的只採書面資料評鑑方式，就是要求受評鑑單位把評鑑相關資料送到指定場所，讓評鑑委員現場評鑑，並詢問受評單位人員相關問題。有的是同時採書面資料評鑑和現場訪視評鑑，此方式又可分成一階段實施和兩階段實施兩種。所謂一階段是指由評鑑委員直接到受評單位，審閱資料並到相關場所進行實地訪視，或參觀教學，及與學生和家長座談。而兩階段則先進行書面資料集中評鑑，再擇期進行現場訪視。

在 2011 年《高級中等以下學校特殊教育評鑑辦法》（教育部，2011）和 2012 年《直轄市及縣（市）主管機關辦理特殊教育績效評鑑辦法》公布後（教育部，2012b），對評鑑的項目和辦理方式則有明確的規定。在教育部對高級中等以下學校之特殊教育班評鑑項目包括行政資源、課程教學、學生輔導、轉銜服務及績效表現等。而對直轄市及縣（市）的績效評鑑項目則包括：行政組織、鑑定與安置、課程與教學、特殊教育資源、支援與轉銜、經費編列與運用等。

第四節　結語

法律是行政的基本，透過本章的介紹，可以讓特教工作者更了解美國以及台灣特殊教育立法的發展。在特殊教育與普通教育分離立法的前提下，台灣與美國皆希望能在最少限制的環境中保障身心障礙學生的學習權益。而行政是實踐立法理念的具體作為，本章說明了台灣特殊教育行政組織、師資、經費與評鑑，據此亦可以了解目前台灣辦理特殊教育的發展與進步概況。

　　從西元 2000 年以來美國立法的焦點可以發現，在重視教育績效的前提下，身心障礙教育也逐漸整合進入普通教育的系統，利用客觀的標準來檢視身心障礙教育辦理的績效。如此的改革，固然可以讓教育工作者不要低估對身心障礙學生的學習期望；不過，學業成績表現是衡量身心障礙教育辦理績效的唯一或重要指標嗎？這是值得吾人再深思的課題。

問題討論 ✳

1. 2009 年新修訂的《特殊教育法》中關於學校受理申訴的規定，會對學校行政造成什麼樣的影響呢？
2. 美國《身心障礙者教育法案》規範高中以前的身心障礙教育，台灣則把高等教育和成人教育也一併納入《特殊教育法》中，此二不同規定，反映出何種不同的思維呢？
3. 特殊教育行政因教育部組織再造而有很大的改變，請上網查找目前教育部負責特殊教育行政工作的單位及其職掌為何？

 參考文獻

❖ 中文部分

王天苗（1997）。**特殊教育法修正草案評估報告**。立法院立法諮詢中心。
中央法規標準法（2004）。2004 年 5 月 19 日修正公布。
何美燕（2005）。**國民中小學特殊教育教師和行政人員後設評鑑知覺之研究**（未出版之碩士論文）。台北市立教育大學。
吳武典（1998）。教育改革與特殊教育。**教育資料集刊**，23，197-220。
杜源芳（1982）。近三十年來我國特殊教育行政組織與法規。**教育資料集刊**，7，129-152。
周天賜（1994）。特殊教育相關服務的問題與趨勢。**特殊教育季刊**，53，1-7。
林寶山（1987）。我國特殊教育發展的難題：兼評「特殊教育法施行細則」。**特殊教育季刊**，23，8-9。

林寶貴（2000）。特殊教育行政。載於林寶貴（主編），**特殊教育理論與實務**（頁 245-290）。心理。

高雄師範大學特殊教育中心（1996）。**全國資優教育會議實錄**。作者。

張金淑（2007）。中央對地方特殊教育行政績效評鑑之評析。**教育研究與發展期刊**，33（3），165-192。

張蓓莉（2009）。「97 年教育部對地方政府特殊教育績效評鑑」工作報告。載於中華民國特殊教育學會（主編），**中華民國特殊教育學會年刊：成長與茁壯**（頁 343-358）。中華民國特殊教育學會。

教育部（1995a）。**全國身心障礙教育會議實錄**。作者。

教育部（1995b）。**中華民國身心障礙教育報告書：充分就學、適性發展**。作者。

教育部（1999）。**1999 年度特殊教育統計年報**。作者。

教育部（2002）。**2002 年度特殊教育統計年報**。作者。

教育部（2007）。**2007 年度特殊教育統計年報**。作者。

教育部（2009）。**特殊教育法**。2009 年 11 月 18 日修正發布。

教育部（2011）。**高級中等以下學校特殊教育評鑑辦法**。2011 年 5 月 16 日訂定發布。

教育部（2012a）。**2012 年度特殊教育統計年報**。作者。

教育部（2012b）。**直轄市及縣（市）主管機關辦理特殊教育績效評鑑辦法**。2012 年 7 月 12 日訂定發布。

教育部（2019）。**特殊教育學校設立變更停辦合併及人員編制標準**。2019 年 5 月 8 日修正發布。

教育部（2020）。**高級中等以下學校特殊教育班班級及專責單位設置與人員進用辦法**。2020 年 6 月 28 日修正發布。

教育部（2021）。**2021 年度特殊教育統計年報**。作者。

郭春在（1987）。特殊教育法施行則之疑義與說明。**特殊教育季刊**，23，3-7。

陳榮華（1985）。為貫徹特殊教育法令而加油。**教師研習簡訊**，14，11-14。

趙幼勤（1982）。近三十年來台灣省特殊教育之實施及其展望。**教育資料集刊**，7，249-272。

❖ 英文部分

Dettmer, P., Thurston, L. P., & Dyck, N. (1993). *Consultation, collaboration and team-*

work for students with special needs. Allyn & Bacon.

Feldblum, C. R. (1993). Antidiscrimination reguirements of ADA. In L. O. Gostin & H. A. Beyer (Eds.), *Implementing the American with Disabilities Act*. Paul H. Brookes.

Galvin, J. G., & Wobschall, R. A. (1996). Assistive technology-related legislation and policies. In J. C. Galvin & M. J. Scherer (Eds.), *Evaluating, selecting, and using appropriate assistive technology*. Aspen.

Karger, J. (2005). What IDEA and NCLB suggest about curriculum access for students with disabilities. In H. R. Rose, A. Meyer, & H. Chuck (Eds.), *The universally designed classroom*. Harvard Education Press.

The Council for Exceptional Children. (1998). *IDEA 1997: Let's make it work.*

Yell, M. L., Rogers, D., & Rogers, E. L. (1998). The legal history of special education: What a long, strange trip it's been! *Remedial and Special Education, 19*(4), 219-228.

Yell, M. L., & Shriner, J. G. (1997). The IDEA amendments of 1997: Implications for special and general education teachers, administrators, and teacher trainers. *Focus on Exceptional Children, 30*(1), 1-20.

Yell, M. L., Shriner, J. G., & Katsiyannis, A. (2006). Individuals with Disabilities Education Improvement Act of 2004 and IDEA Regulations of 2006: Implications for educators, administrators, and teacher trainers. *Focus on Exceptional Children, 39*(1), 1-24.

Ysseldyke, J. E., & Algozzine, B. (1995). *Special education: A practical approach for teachers* (3rd ed.). Hounghton Mifflin.

第 **7** 章

特殊教育學生的特質與特殊教育需求

林寶貴

前言

本章根據教育部（2019）修訂公布之《特殊教育法》第 3 條所稱：「身心障礙，指因生理或心理之障礙，經專業評估及鑑定具學習特殊需求，須特殊教育及相關服務措施之協助者」及第 4 條所稱：「資賦優異，指有卓越潛能或傑出表現，經專業評估及鑑定具學習特殊需求，須特殊教育及相關服務措施之協助者」的規定，介紹各類身心障礙與資賦優異、特殊才能學生的身心特質，並針對各類特殊教育學生因不同的障礙或優異類別、不同的障礙或優異程度、不同的個別差異等所需要的特殊教育需求、特殊服務或課程調整等方面，分 11 節加以討論。

第一節　智能障礙學生的特質與特殊教育需求

♥♥♥ 壹、智能障礙學生的特質

智能障礙者是一群異質性很大的群體，每個學生的特質不盡相同，但有一共同點就是與智能發展有關的差異。林惠芬（2007）從學習特徵、語言發展特徵、身體特徵及職業適應特徵四方面，歸納智能障礙學生的特徵如表 7-1 所示：

表 7-1　整理自林惠芬（2007）智能障礙學生的特徵

學習特徵	1. 注意力短暫、不集中、選擇性注意 2. 不會有效使用學習策略 3. 短期記憶有困難，長期記憶與常人相似 4. 遷移類化能力較差，無法將舊經驗應用於類似情況 5. 認知發展與抽象思考能力有限 6. 學習動機較弱或被動，依賴別人解決問題
語言發展特徵	1. 語言發展速度較慢 2. 構音異常比率高 3. 口語發展遲緩 4. 無法與其他人溝通
身體特徵	1. 體重、身高、骨骼成熟度比同年齡兒童慢 2. 常伴隨腦性麻痺（腦癱）、痙攣或感官障礙 3. 知動技能發展遲緩 4. 智障程度愈重，身體協調表現愈受影響
職業適應特徵	1. 輕度智障學生能從事半技術性或非技術性工作 2. 中度智障學生在督導下能從事非技術性工作 3. 重度智障學生常需仰賴他人的照顧

註：引自林惠芬（2007）。

　　韓福榮、曹光文（Kirk et al., 2005/2011）的譯書中指出，智能或發展障礙學生的特徵，主要包括訊息處理能力、認知處理能力、習得與使用語言的能力，及情緒發展四方面（參見表 7-2）：

表 7-2　整理自 Kirk 等（2005/2011）智能發展障礙兒童特徵

訊息處理能力	1. 學業表現較同年齡兒童遲緩二至五年級，尤其是語言學習相關科目 2. 腦中樞處理歷程會出現問題 3. 接受刺激的記憶、推理、評估的分類過程特別困難 4. 短期記憶、判斷力欠佳 5. 接受、處理、表達、決策的執行功能欠佳 6. 無法專注於刺激的相關事物 7. 整體資訊（信息）處理系統受限
認知處理能力	1. 智障（智弱）兒童發展順序與一般兒童相似，只是發展較遲緩 2. 運用有效問題解決策略能力較低

（續下頁）

習得與使用 語言能力	1. 智障兒童的語言發展歷程與一般兒童相同，只是發展的速度較慢 2. 唐氏症兒童語言障礙較一般智障兒童更明顯（Yoder & Warren, 2004） 3. 威廉氏症兒童的表現又優於同智能程度的兒童（Fowler, 1998）
情緒發展	1. 情緒表達與社交技巧能力有障礙 2. 無法判斷虛假荒謬的情境，容易受愚弄（Greenspan, 1999） 3. 不會採用社交策略來解決問題（Crain, 1980）

註：引自 Kirk 等（2005/2011）。

　　另外，林寶貴、邱上真（1983）在進行智能障礙兒童語言能力的研究時，發現：449 名 6～12 歲的普通學生與 1,715 名智能障礙學生比較的結果，智能障礙兒童的語言能力與同年齡之普通兒童相較，有明顯的落後；智能障礙兒童的語言能力與智力有密切的關係，亦即智商愈高者語言能力亦愈高。

　　林寶貴（1985a）對全台灣公私立啟智學校、啟智機構、啟智班、益智班 5～22 歲 1,320 名智能障礙學生，進行語言障礙與構音能力之研究時，發現：智能愈低，語言障礙（語言理解、語言表達、構音異常、聲音／嗓音異常、語言發展遲緩、口吃、無語言等）的情形愈為嚴重，印證了許多學者指出智商與語言發展成正相關的結論。

　　林寶貴等（1992）在進行智能障礙兒童語言障礙之調查研究時，發現：1,140 名 7～15 歲智能障礙兒童之語言理解、口語表達及語言發展能力，皆比普通兒童遲緩，15 歲智能障礙兒童尚不及 7 歲普通兒童的語言發展能力。

　　林寶貴、李旭原（1993）在進行智能障礙兒童語言發展能力研究時，發現：379 名 3 至 8 歲智能障礙兒童的語言發展、語言理解、口語表達等能力，均顯著比同年齡的普通兒童能力低落，8 歲組的智能障礙兒童語言發展，尚不如 3 歲普通兒童的語言發展程度。

　　林寶貴、張昇鵬（1994）在進行智能障礙兒童普通推理能力結構的研究時，發現：379 名 8 歲組的智能障礙兒童，其普通推理能力尚低於 838 名 3 歲組的普通兒童，兩者之間的能力相差五個年齡組之多。

　　林寶貴、邱上真於 1994 年對全台的智能障礙兒童進行語言能力研究時，發現：2,738 名 6～16 歲智能障礙學生的打招呼、回答、指示、要求、發問、傳話、畫冊、童話、電視、電話、戲劇表演、經驗發表、會話、說話遊戲等各分

測驗及全測驗的平均得分，16 歲的智能障礙學生尚低於 6 歲的普通生（見林寶貴，1994）。

林寶貴、張小芬（1998）在進行國中智能障礙學生語文能力及其相關因素之研究時，發現：國一至國三 297 名智能障礙學生中，啟智班國三、國二學生的語文各項分測驗能力及全測驗分數，只有普通班小一的程度，落後六到八個年級；啟智學校國中部學生的語文各項分測驗能力及全測驗分數，均不及普通班小一的程度，落後程度達到七至九個年級；啟智班表現較佳的專長為選詞與字形辨別，啟智學校則以注音（拼音）、字形辨別、選詞表現較佳，而兩類智能障礙學生各項語文能力均以重組的表現最差，差距達到 8、9 歲以上。

❤❤❤ 貳、特殊教育需求

智能障礙者之教育與輔導需求，可依其智障（智弱）程度的嚴重性或需要支持系統的程度而定。障礙程度愈輕者，其教育重點會較偏重於學科技能的培養和建立；而智障（智弱）程度愈重者，教育重點較著重於生活自理能力的建立，以及在社區（小區）裡能有獨立自主之生活能力。針對上述智能障礙兒童的學習特徵，DSM-5（鄧明昱，2013）以及 Kirk 等（2006）指出，智能障礙兒童的特殊教育需求，可以從調整學習環境、調整課程、調整教學策略、利用輔助科技等四方面，提供特殊教育的服務。

一、調整學習環境

(一) 最少限制的環境

台灣自 1962 年在台北市中山國小設立啟智班以來，學齡階段的智能障礙學生大部分都在啟智班、啟智學校或特殊教育學校，接受適當的特殊教育。

目前在回歸主流、最少限制環境以及融合教育理念的影響下，智能障礙學生的教育安置也有明顯的改變。目前輕度智能障礙者的教育安置以普通班或資源班為主，特殊班以中度或重度學生為主，而啟智／培智學校以重度或極重度為主。重度無法至學校接受教育者，政府提供在家教育（送教上門）及安置於教養機構。

　　提供理想的學習環境，就是要讓學生在最少限制的環境下接受教育，包括相關人員特教知能的充實和支援／支持系統的完備，都是不可或缺的必備條件（Ysseldyke et al., 2000）。

(二) 個別化教育計畫

　　台灣自 1997 年修訂《特殊教育法》後，即規定學校應為每一個特殊教育學生，擬訂一份適合每一個學生所需要的個別化教育計畫（簡稱 IEP），智能障礙兒童當然也不例外。這個目的是要增加專業人員與父母間的合作，並確保兒童所接受的特殊教育方案都是經過縝密的考量。提供特殊兒童教育計畫不是要將兒童的缺陷和障礙當成焦點，而是要將兒童的發展程度與個別優勢放入教育計畫中，藉此給予其最有效的教育介入（干預）。

(三) 資源教師

　　僅僅將特殊兒童安置在普通教育環境下，而不提供額外的協助，勢必造成教育的失敗循環。藉由資源教師或巡迴輔導教師可協助普通教育課程的內容有：
1. 建構特殊兒童所需要的支持網絡。
2. 提供普通班教師所需要的服務資源。
3. 扮演團隊教師的重要角色：資源教師或巡迴輔導教師的關鍵工作在於提供教育服務的支援，而非給予過度的保護；資源教師或巡迴輔導教師是普通班教師的人力支援，而非為特殊學生提供服務的個別指導教師。

(四) 資源教室

　　資源教室是提供輕度或中度特殊學生與特殊教育教師共同相處的機會，有助於處理干擾原班級學習表現的特定學習問題。資源班的學生人數應少於普通班學生人數，才能讓資源班教師有時間對智能障礙兒童進行個別或小團體教學。

(五) 特殊學校或特殊班級

　　智能障礙程度愈重的兒童，愈需要特殊的學習環境，並使用不同的教材進行教學與學習。在這樣的班級內，有受過專業訓練的特教教師採取小團體教學，

學前或國小的學生人數不超過 8 人，國中／高中／高職不超過 15 人，所提供的特別課程內容可以包含個人儀容整理、安全、基本閱讀技巧等。

二、調整課程

調整課業難易度

為增進智能障礙學生的學習適應，特殊學校應容許教師可以視學生不同的障礙程度，調整課業的難易度。尤其在下列四領域，實施區辨性教學（differentiated instruction）（Kirk et al., 2005/2011）：

1. 學業準備技能：對學前與小學兒童，著重基本閱讀、算數、書寫能力的培養。
2. 溝通與語言發展：學生能練習使用語言溝通需求與表達意見，以增進記憶力及問題解決技巧。
3. 社會適應：教導自我照顧及居家生活技能，學前階段教導分享及禮儀，中學階段教導裝扮、性教育與社交技巧等。
4. 職前教育及工作學習技巧：透過基本職業教育建立良好的工作習慣（如守時、遵從指令、工作參與及團隊合作等），中學的技職教育課程焦點，集中在生涯教育。

三、調整教學策略

多年來特教教師常藉由學習理論，幫助智能障礙學生學習建設性的行為、連結觀念或記憶事件，常見的教學策略如下（Kirk et al., 2006）。

(一) 鷹架與交互教學法

智能障礙兒童的特殊學習問題需要特殊的教學策略，鷹架與交互教學法就是兩個特殊的教學策略。鷹架教學（scaffolding teaching）是由教師先示範應有的行為，然後引導學生完全理解，教師才慢慢減少協助，讓學生內化知識並能自行運作。

交互教學（reciprocal teaching）是由一小群學生與教師針對特定主題輪流帶領討論，透過提問（questioning）、澄清（clarifying）、摘要（summarizing）、預測（predicting）等四個方式交互進行，讓學生變成積極的學習者。

(二) 培養內在動機

一般認為智障兒童受到外在動機的誘發多於內在動機的鼓舞，但也有人認為具有內在動機的兒童，做事會比較認真並且比較持久，因此從小就灌輸與增進智障（智弱）兒童的內在動機很重要。

(三) 團隊合作學習

目前有許多特殊學生融入普通班級內（隨班就讀），因而教師需要發展能夠整合特殊學生與其他學生團隊合作學習的教學策略。在進行團隊合作學習時，教師會先指定作業並且規定由小組（通常 4 至 6 位兒童）互助合作完成，教師亦可分派小組成員承擔不同的作業責任，或要求組內每位兒童扮演特定的角色（Johnson & Johnson, 1991）。

(四) 精熟技能

許多特教教師深信智障（智弱）學生不應只以認知學習或課業為重，應該熟練社交、溝通技巧、工作技能等適應行為，並學習如何與他人合作，完成建設性事務，以取代侵犯他人或擅離座位等破壞性或不利的社會互動行為。協助學生發展自信也是教師的重要教學目標。

四、利用輔助科技

快速發展的輔助科技可以應用在特殊教育，幫助特殊兒童的學習。輔助科技可分兩大類：支持性輔具（assistive technology）能幫助兒童獲得學習所需的資訊（信息）；教學輔具（instructional technology）能幫助兒童學習。

(一) 支持性輔具

個別化教育計畫的特徵之一，是能納入支持性輔具、設備或系統產品，以因應特殊兒童在發展上的個別需求。應用支持性輔具可以協助行動、溝通與教學，如低科技的溝通板、輔助課本、繪本、立體圖畫書、動畫／漫畫書，及高

科技的電腦化視覺系統，或數位式語音溝通擴音設備等。

(二) 教學輔具

　　教室內有許多可應用在智能障礙學生的教學輔具，如電腦、模擬功能與問題解決的軟體（軟件），可以運用在閱讀與算術課程的操作訓練與實作練習。另外，結合圖文、聲光與動畫的超媒體能因應個別需求，協助學生將概念與思考加以連結。

視覺障礙學生的特質與特殊教育需求

♥♥♥ 壹、視覺障礙學生的特質

　　視覺障礙學生與同年齡兒童相較，在認知、語言、動作和社會發展上有遲滯的現象。然而每個視障兒童的發展和特徵有相當大的異質性。5 歲之前失明者，對視覺影像的保存較有限，被視為先天性視障。隨著年齡的增長，盲童漸能以「學習經驗」彌補發展上的遲緩，「認知角色」逐漸取代「知覺功能」，因此成年盲人除視力障礙外，其他特徵與明眼人少有差異。

　　萬明美（2007）認為，在(1)動作發展方面：嬰兒期最初幾個月，視障兒學習頭部控制、直坐、翻滾方面，與一般嬰兒並無顯著差異；往後幾個月，當孩子開始由靜止狀態移轉成動態的行動技能時，視障兒就顯然較同年齡兒童落後；(2)認知發展方面：全盲的孩子難有具體的顏色概念、空間距離及空間關係。先天性盲童的概念發展較困難；(3)社會發展方面：社會學習極依賴視覺模仿，當視障孩子喪失視覺時，社交能力即受到限制，因而造成孤立、誤解、負面態度、消極的自我概念；(4)語言發展方面：當視障兒童視覺線索與社交經驗漸受影響時，其語言模式就會產生差異，如顏色或無法觸及之物，很難正確描述；對情境中概念的形成過於依賴他人語文的轉述，有時並未實際的了解，因而說出的話語往往會有「語意不合」的現象。

　　Kirk 等（2006）指出，早期的教育工作者認為視障兒童的智能，除顏色與

三度空間（3D）外，其他能力不會受到嚴重的影響，但現今研究者的觀點認為，兒童的智力是學齡前早期發展所累積的經驗，當視覺缺損時，也會阻礙認知的發展；語言發展方面，視障兒童的語言概念，不是從閱讀或視覺輸入而習得，故較不能理解集合名詞，對字義的理解及拓展與類化詞彙的意義，也容易受到限制；感覺補償方面，早期的學者認為視覺有缺陷，則其他感覺會因大量使用而自動增強，後來的研究結果發現這是錯誤的觀念；在社會適應方面，視覺障礙並非必然造成社會適應的問題，但行動力受限及連帶造成的經驗侷限，使某些視障兒童明顯呈現被動與依賴的現象，又因為欠缺獨立行動的能力，視障學生常花較多時間在講電話、聊天、從事靜態活動或獨處。

很多人認為視覺障礙不會阻礙日常語言的使用或溝通能力，但是林寶貴、張宏治（1987）調查全台公私立啟明學校小學一年級至國中（初中）三年級，及在台北市國中（初中）、小學混合教育走讀的視障學生，6～21 歲全部在籍男女生共 341 名，結果發現：視障學生的語言障礙情形比想像中嚴重，視障學生在構音障礙（占 78.01%）、嗓音／聲音異常（17.01%）、多重障礙（14.66%）、語言理解能力差（12.02%）、耳語聽解能力差（12.02%）等五項所占的比例較高，可見視障學生的語言障礙，以構音障礙最為嚴重。

❤❤❤ 貳、特殊教育需求

杞昭安（2004）認為，視障教育的特點和其他障礙類型最大的不同，應可以點字（盲文）、定向行動、按摩及盲用電腦等四種課程為代表。

一、點字（盲文）課程

視覺障礙學生中，除了弱視（低視力）學生使用大字體課本外，其餘均以點字（盲文）圖書為資訊（信息）獲取的主要來源，因此點字（盲文）之學習乃全盲學生首要的課題。點字（盲文）是由六個點字細胞組合而成，其名稱由上而下，由左而右，分成 1、2、3 點和 4、5、6 點。點字（盲文）依類別區分為國語（漢語）點字（盲文）記號、英文點字（盲文）符號、音樂點字（盲文）符號、聶美茲數學與科學點字（盲文）符號等。

二、定向行動課程

「定向行動」課程是盲人的重要課題之一，視障教育工作者有必要為視障者提供良好的定向，及明確有效的行動策略，指導視障者了解個人與環境的相互關係，知道其位置所在，且知道如何利用輔助器材（手杖）或導盲犬，安全有效的自一地走動到另一地。

三、按摩課程

視覺障礙者所從事之行業以按摩最多，故啟明學校多開設按摩課程，讓視障學生學習按摩技能。

四、盲用電腦課程

視覺障礙學生多會利用寒暑假到淡江大學、啟明學校或視障協會學習盲用電腦。視覺障礙學生將電腦應用在學業上寫報告、檢索資料、寫信、記筆記，也應用電腦了解各種職業的相關訊息（信息）：自製點字名片、校對、文書處理、列印資料、取得他人資料檔以轉譯成點字（盲文）、整理與編輯資料、製作教材、讀電子報、記帳等；應用在休閒方面：上網查資料、通信、聊天討論、聽音樂、交友等。

五、其他特殊需求與服務

在接受基本能力測驗時，需要將一般的試題放大 1.5 倍以上，以供弱視學生作答，也可能必須將試題翻譯成點字（盲文）試卷，供全盲學生閱讀；平時所使用的課本要製作大字體或點字（盲文）教材。參加一般的考試，時間要延長 20 分鐘。學習輔具需要放大鏡、擴視機、盲用電腦、導盲鼠、大眼睛、個人電腦、筆記型電腦、掃描軟體（軟件）、語音筆、蝙蝠語音系統等科技輔具。

聽覺障礙學生的特質與特殊教育需求

♥♥♥ 壹、聽覺障礙學生的特質

　　聽覺障礙是指由於先天或後天原因導致聽覺器官（外耳、中耳、內耳、聽覺神經、聽覺中樞）的構造缺損，聽覺功能因此受到部分或全部的影響，以致個人無法經由聽覺清楚的辨識或聽取外界各種聲音的訊息（信息）。聽覺障礙可依聽力損失程度分為輕度、中度、重度與全聾四種程度。至於各種程度的劃分，教育界的分法（輕度：25～40 分貝，中度：41～70 分貝，重度：71～90分貝，全聾：91 分貝以上）、耳鼻喉科學界的分法（輕度：25～40 分貝，中度：41～60 分貝，重度：61～90 分貝，全聾：91 分貝以上）、社會福利單位等也各有適合其需要的分法。行政院衛生署（2008）公布的殘障等級中規定，優耳聽力損失在 55～69 分貝者，稱為輕度聽覺障礙；優耳聽力損失在 70～89分貝者，稱為中度聽覺障礙；優耳聽力損失在 90 分貝以上者，稱為極重度聽覺障礙。由於聽力損失程度與學生的學業成就表現沒有顯著相關，所以自 1997 年以後，教育界不再以聽力損失程度考慮學習需求，因此就不再訂定程度劃分的標準（林寶貴主編，1999）。

　　吳姝華（2004）指出，聽覺障礙包括單側耳聽障（unilateral）和雙耳聽障（bilateral），茲分述如下：

1. 單側耳聽障

　　僅一耳的聽閾在 25 分貝以下，另一耳的聽閾等於或大於 60 分貝者。單耳聽障者其聽覺功能尚稱正常，僅對聲音的方位／方向感產生問題。

2. 雙耳聽障

　　輕度及中度聽覺障礙學生（20～65 分貝）大都能有效地運用助聽器與人溝通；重度聽覺障礙學生（65～95 分貝）通常需要訓練他們配戴助聽器與有效地運用殘存聽力，學習讀唇／讀話（看唇／看話）或手語（sign language）；極重度聽覺障礙者，係指兩耳聽力損失均在 95 分貝以上者，亦常採用助聽輔具，

及依賴手語和讀唇／讀話（看唇／看話）與人溝通。

根據 2013 年修訂的《身心障礙及資賦優異學生鑑定辦法》第 5 條之規定：「所稱聽覺障礙，指由於聽覺器官之構造缺損或功能異常，致以聽覺參與活動之能力受到限制者。

前項所定聽覺障礙，其鑑定基準依下列各款規定之一：

(1) 接受行為式純音聽力檢查後，其優耳之 500 赫、1000 赫、2000 赫聽閾平均值，6 歲以下達 21 分貝以上者；7 歲以上達 25 分貝以上。

(2) 聽力無法以前款行為式純音聽力測定時，以聽覺電生理檢查方式測定後認定。」

蕭金土（2007）認為，聽覺障礙學生在幼兒階段，其發展上的差異不大。唯隨著年齡的增長，他們在語言理解和應用上，會呈現日漸落後的現象，結果也可能導致在認知、學業、社會和情緒等發展上，造成遲緩的現象。

林寶貴等人自 1980 年代至 2010 年代，在三十多年來的實證研究中，發現聽障學生最明顯的特質，可分為下列認知、語言、行為三方面。

一、認知發展方面

林寶貴、張小芬（1988）在建立 1,381 名 6～15 歲聽障學生的「瑞文氏彩色圖形補充測驗」及「瑞文氏黑白圖形補充測驗」的常模時，發現各年級聽障學生的比較、推理、思考能力等平均成績均顯著低於 12,735 名普通的健聽學生。

一般人認為聽障兒童大部分擁有正常的智力，其認知能力也沒有不足或異常，但林寶貴、張小芬（1989）在修訂 6～15 歲 1,425 名聽障兒童「柯氏方塊組合能力測驗」常模時，發現：小一至小三 360 名的聽障學生與一般學生各年級的操作性認知平均分數，聽障學生的表現均顯著落後於一般健聽學生；啟聰班學生優於啟聰學校學生。

林寶貴、錡寶香（1989a）在建立國中聽障學生「高級瑞文氏圖形補充測驗」的常模時，發現：674 名國一至國三學生各年級比較、推理、思考能力的平均成績，均低於普通健聽學生；啟聰班學生優於啟聰學校學生。

林寶貴等（1995）在重建「台灣學前兒童哥倫比亞心理成熟量表」的常模

時，發現：839 名 3 至 6 歲的普通兒童與 253 名聽障兒童、169 名語言障礙兒童、179 名智能障礙兒童的普通推理（形狀、顏色、數量、概念、空間關係、名稱、機能功用等）能力時，發現他們的能力依次為：普通兒童＞語障兒童＞聽障兒童＞智障兒童。5 歲組聽障兒童的平均數尚不及 3 歲組的普通兒童。

　　林寶貴、杞昭安（1996）在建立「兒童認知發展能力測驗」之常模時，發現：3～12 歲 878 名普通兒童與 241 名聽障兒童的圖形辨別、圖形關係、圖形系列等分測驗及全測驗得分，均有顯著差異。

　　林寶貴、李如鵬等（2009）在編訂國小二年級至國中三年級 851 名聽障學生及 1,692 名普通學生的「學齡階段數學能力測驗」時，發現：在不同年級、性別、教育安置型態、配戴輔具、溝通方式、父母教育程度等不同背景的因素上，聽障學生與健聽學生的數學能力有顯著的差異。初級數學全測驗的平均得分，三年級聽障生顯著低於同樣三年級的普通生；中級數學全測驗的平均得分，六年級聽障生顯著低於四年級的普通生；高級數學全測驗的平均得分，九年級的聽障生顯著低於七年級的普通生。

二、語言發展方面

　　林寶貴（1985b）對全台聽障兒童進行語言障礙與構音能力之研究時，發現：1,330 名台灣小一至國三的聽障學生中，均有明顯的構音障礙、聲音／嗓音異常、語言發展遲緩，且障礙程度，啟聰學校大於啟聰班，啟聰班又大於普通班健聽學生。

　　林寶貴、李真賢（1987）對全台聽障學生進行語文能力研究時，發現：啟聰學校國中部學生的各項語文能力，只相當於普通國小的 1.5 年級，高職部只相當於普通國小 2.2 年級的程度；啟聰班國小四至六年級學生則相當於普通國小的 2.3 年級，啟聰班國中各年級相當於普通國小學生 3.9 年級的程度。

　　林寶貴、錡寶香（1989b）再度對全台國中聽障生語文能力進行研究時，發現：啟聰學校國中三年級學生語文成績，尚低於普通國小健聽學生二年級；國三啟聰班學生，低於普通國小四年級的程度。

　　林寶貴等（1989）對全台學前聽障兒童進行詞彙理解能力研究時，發現：3 至 6 歲 268 名學前聽障兒童的詞彙理解能力，落後於普通兒童二至四個年級，

習得的詞彙以名詞占多數，動詞及形容詞很少。

　　林寶貴、錡寶香（1991）進一步對 308 名啟聰學校高職學生的語文與數學能力進行研究時，又發現：啟聰學校高三學生國語（漢語）文能力尚不及普通國小二年級程度，他們最強的項目為圖配字，其次為字形義辨別、選詞、閱讀理解、重組、找贅字，中文拼音最弱；高三學生數學能力尚不及普通國小五年級程度。

　　林寶貴等（1993）對聽障兒童語言發展能力又進行研究時，發現：51 名 8 歲聽障兒童的語言發展、語言理解、口語表達、構音、語暢、語調、聲音／嗓音等各項能力，尚不及普通學前 3 歲兒童的發展程度。

　　林寶貴、林美秀（1994）在比較 3 至 6 歲的 839 名學前普通兒童與 254 名學前聽障兒童、180 名智障兒童、179 名語障兒童的語言發展能力時，發現他們的語言理解、口語表達、語言發展能力，依次為：普通兒童＞語障兒童＞聽障兒童＞智障兒童。

　　林寶貴、黃玉枝（1997）在進行全台聽障學生的國語文（普通話）能力及錯誤類型的研究時，再度發現：國中階段啟聰學校或啟聰班學生的國語文（普通話）能力相當於普通國小二、三年級程度，且在小三以後進步漸趨緩慢。進一步分析其錯誤類型時，發現：啟聰班學生注音（拼音）能力最強，啟聰學校學生選詞最強，兩組學生均以重組表現最差；注音（拼音）的錯誤較多為：偏旁相似或破音字；啟聰學校學生出現替代音及聲調錯誤；詞彙分測驗的錯誤在成語及抽象詞彙的理解；選詞分測驗的主要錯誤也是在成語；字形分測驗的錯誤在相似字或相似音的取代；文意分測驗方面，在摘要文章大意有困難；語法分析方面，在刪字詞、詞性辨別、標點符號、語尾字詞、連接詞、重組句子等方面，都有困難。

　　2002 年林寶貴指導宣崇慧進行 4 歲半至 6 歲半 30 名聽障生與 31 名健聽生的讀寫發展與口語發展能力之研究時，發現：健聽兒童的口語發展能力顯著優於聽障兒童；聽障生整體的讀寫發展能力低於普通健聽兒童；閱讀能力及圖書／文字概念，也明顯低於健聽兒童。影響讀寫發展能力的因素主要為：性別、年齡、認知發展能力、口語發展能力、父母學歷、聽障程度等（見宣崇慧、林寶貴，2002）。

　　林寶貴、錡寶香（2002a）分析聽障學生的口語述說能力研究時，又發現：在語意評量方面，68 名國小三年級及六年級聽障學生的總詞彙數、相異詞彙數、成語數皆顯著低於 65 名一般兒童；在語法方面，聽障生的總共句子、連接詞、平均句長、直接引句等顯著低於一般兒童，只有簡單句高於普通健聽兒童；進一步進行錯誤分析時發現：聽障學生的錯誤詞彙、總共錯誤句、平均錯誤句、詞序顛倒、子句顛倒、前後子句混淆不清、代名詞應用錯誤等，皆高於普通健聽學生。

　　2005 年林寶貴指導楊雅惠進行聽障生手語敘事能力研究，在分析啟聰學校高中職部學生與普通學校高中職學生手語敘事與故事寫作能力的比較時，發現：聽障學生到高中職階段，在敘述故事的表達時，手語詞彙的使用量仍然不足，只有三成聽障學生有不錯的故事重述能力；一半學生在敘述故事時，具有故事結構能力；四分之一的學生故事敘事內容鬆散，結構要素之間無相關連結，主角之間的關係、事情如何發生、採取什麼行動解決問題、結果如何，均看不出故事發展的脈絡及因果關係（見楊雅惠、林寶貴，2005）。

　　林寶貴、黃玉枝等（2009）在編訂國小二年級至國中三年級 851 名聽障學生及 1,692 名普通學生的「學齡階段語文能力測驗」時，發現：在不同年級、性別、教育安置型態、配戴助聽輔具、溝通方式、父母教育程度等不同背景的因素上，聽障學生與健聽學生的國語文（中文）能力有顯著的差異。初級國語文（中文）全測驗的平均得分，國小三年級聽障生顯著低於國小二年級的普通生；中級國語文（中文）全測驗的平均得分，國小六年級聽障生顯著低於國小四年級的普通生；高級國語文（中文）全測驗的平均得分，國中三年級聽障生顯著低於國中一年級的普通生。

　　從 1999 至 2010 年之間，吳哲民與林寶貴等人追蹤台灣 251 位聽障兒童在林口長庚醫院接受人工電子耳（或稱人工耳蝸，以下同）植入手術。經過十多年來用心的追蹤大多數植入人工電子耳小朋友的結果，發現他們從當初用手語比手畫腳，到後來植入人工電子耳以後，開啟了聽、說和與外界溝通的橋樑。從一般幼兒園到小學的正常班級，到處都看得到植入電子耳的小朋友有機會和正常健聽兒一樣上課、唱歌、畫畫、說故事、學鋼琴、演奏樂器、參加演講比賽，有些甚至在演講比賽中名列前茅。在 2011 年吳哲民、林寶貴等人發表的研

究成果中顯示，聽損孩童整體的聽能、語言表達和閱讀能力都不輸給同年級的其他健聽兒童（見吳哲民、林寶貴等，2011）。

其中追蹤 2000 年至 2002 年在長庚醫院接受人工電子耳手術時，年齡低於 3 歲的幾位聽損兒童，五年後的聽能和語音清晰度表現，發現他們的聽能持續在增進，語音也愈來愈清晰。在聽能方面，一年後可區辨語音，三年後達到可與熟悉的人通電話，而五年前他們語音的發音清晰度為不清晰。手術後兩年曾接觸過聽損兒童的人，認為兒童整體的語音變清晰了，三年後一般人都認為兒童的發音是清晰的。五年後有 81% 的聽障兒童聽能表現達到最高等級，81% 的兒童語音清晰度也達到最清晰的等級。所以研究的結論是：早期植入人工電子耳的兒童，在長期聽能和語言方面都有不錯的表現。

另外，語言測試的結果分別有 75.7% 及 71.8% 學齡兒童的接收性詞彙辨識和語言發展的分數，與正常健聽兒童相同。中文的年級認字與閱讀理解的測試結果為 77% 及 82%，且閱讀理解與語言發展有顯著的相關。影響語言發展之相關因素，包括植入時的年齡大小和對句子聽知覺分數的高低；至於影響閱讀理解之相關因素，則為術前殘餘的聽力及對句子聽知覺分數的高低。整體而言，經過六年的追蹤，植入人工電子耳之學齡聽障兒童的整體語言和閱讀理解能力，與正常健聽兒童相當。

2011 年，台北林口長庚醫院耳鼻喉部吳哲民、林寶貴等，再度長期的追蹤 35 位學語前重度及極重度聽損兒童植入人工電子耳後學業成就（語文及數學能力）的表現，並與海內外研究結果做比較。進一步分析影響台灣配戴人工電子耳兒童學業成就結果之相關因素（如性別、配戴左右耳側、植入年齡、配戴人工電子耳、助聽器時間的長短、單字和字句的聽知覺等）時，發現與智商分數有關。研究方法是利用這 35 位年齡大於 7 歲且配戴電子耳超過五年之學齡兒童，回門診時接受林寶貴等（2009）所編訂的「語文能力測驗」及「數學能力測驗」，研究結果發現植入電子耳兒童的語文成績平均為 48.6，數學成績平均為 50.3。有 85.7%、82.9% 的聽障兒童語文、數學成績優於正常兒童。語文成績與植入年齡、母親教育程度等有相關；數學成績與智力測驗的語言理解有關，然而個體間的差異頗大。

三、行為問題方面

林寶貴、錡寶香（1993）在進行高職階段聽障學生制控信念與自我概念之研究時，發現：三所啟聰學校 102 名高一至高三學生自我概念低於聽力正常同儕（朋輩），制控信念較正常同儕（朋輩）外控。

翁素珍等（2006）比較學前和學齡的聽障非違抗、聽障違抗與一般違抗兒童，在溝通能力與互動行為之差異，以了解聽障兒童之聽力與溝通互動能力的關係時，發現：聽障兒童的語言溝通能力隨年齡的改變而有所不同，學前聽障兒童的語言溝通能力明顯低於同年齡的一般兒童；但國小聽障兒童與同年齡的一般兒童之差異則不明顯；學前聽障兒童明顯較常使用非語言溝通方式，負向行為也較多。

從以上筆者等人的實證性調查研究結果，可以發現聽覺障礙影響語言發展最大，有時還會影響認知、推理或行為等問題。

❤❤❤ 貳、特殊教育需求

張蓓莉（2004）認為，聽障學生的特殊教育需求，可以從調整課程與教材內容、改變教學與評量方式、多元溝通模式、提供助聽輔具、手語翻譯服務、巡迴輔導服務等方面去協助他們。

Kirk 等（2006）則指出，聽障學生的特殊教育需求，可以從下列幾方面著手。

一、調整學習環境

（一）家長參與早期介入／早期干預

嬰兒是從生活周遭所看到的臉部表情、嘴唇與頭部的移動、手勢、碰觸及口語、聲音等管道而學習溝通，但全聾和重聽兒童，則要其父母與其子女愈早建立有效的溝通愈好。全聾兒童最好的早期介入／早期干預方案是在嬰幼兒階段，加強教導家長能夠運用有效的策略教導全聾兒童。因此，早期介入／早期干預方案特別強調家長教導兒童溝通系統時，應扮演的主要角色。

(二) 融合或隔離

　　早期台灣的啟聰教育以啟聰學校為主流，在全盛時期一所啟聰學校學生多達一千多名。1960 年代以後開始有啟聰班出現，目前大部分聽障學生選擇安置在普通班，對入學後的學業成就、語言、溝通或社會適應較有幫助。但是無論哪一種教育安置型態，都各有優劣，應該視聽障兒童的障礙程度、學習能力、教育需求而定。

(三) 多專業團隊

　　聽力損失兒童會面臨到各式各樣的問題，需要專業團隊安排一個綜合性的復健與康復治療方案，由臨床聽力師仔細評估其聽力損失、生理與功能的特質；語言治療師就聽力損失兒童的潛能協助其讀唇／讀話（看唇／看話）與口語的發展；特殊教育教師則就其發展訂定個別化教育計畫與系統的課程，並協助普通班教師了解其教育需求。對於嚴重聽障兒童的教育課程需要隨時調整，教學必須適合學生的需求，也包含特定形式的手語翻譯。

二、調整課程與教學策略

　　為增進聽障學生的學業成就與溝通能力，Moores（1996）認為應加強以下訓練：

1. 課程內容：在小學階段，聽障教育的主要任務是發展閱讀、書寫、算術、科學與社交等技能。
2. 閱讀訓練：運用特殊閱讀策略達到多元閱讀的目的。閱讀教學是指全語言教學法，包含引導閱讀、語言經驗法、支持閱讀、分享閱讀與寫日記，這些教學法包含由下而上（字義、音素與音節）與由上而下（語文理解與字意理解）的技巧。「全字法」（whole word method）是另一種教導閱讀的方式。認識其熟悉的人或事物，再教導音素，最後學習整個詞彙。將實物或人的圖片搭配單字一起呈現，有助聽障兒童理解與學習。
3. 認知策略：使學生利用此策略解決在選擇、調整、監控自己學習的問題。
4. 特殊方案：對有學習潛力的聽障學生應實施加速學習的訓練。

5. 個別指導：對重度聽障學生即使無法採用一對一的個別化教學方式，至少宜實施小團體或小組的教學。

6. 家長協同方案：也可以規劃家長的成長課程作為課後輔導的學習內容。

三、多元溝通模式

透過將口語（oral）與聽覺（aural）方法的結合，使綜合溝通法及聽覺口語法（auditory-oral method）成為教室內最常見的溝通方式。聾人屬於雙語言及雙文化的使用者，既有聾人文化也有主流生活的社會文化；聾人也屬於雙語言，既能使用手語系統，也能使用主流社會、生活、文化的語言進行說與寫，我們應該尊重他們對溝通方式的選擇。

四、輔助科技的利用

科技的進步，使聽障者在生活輔具方面，如警示系統、助聽器、人工電子耳、語音轉換文字系統（手機簡訊、智慧型手機、電傳打字機、聲文轉換機、傳真機等電信通訊設備、電信通訊轉譯服務等）；以及在科技輔助教學方面如：電腦設備、視頻、多媒體程式、手語辭典、文字轉換指文字手語圖像、網際網路、遠距教學／線上教學、視訊會議，可以提供聽障學生促進日常生活、學習、溝通、求職、就業、社會適應等各方面的資訊（信息）服務。

第四節 語言障礙學生的特質與特殊教育需求

♥♥♥ 壹、語言障礙學生的特質

一、外顯特徵

各類語言障礙兒童的外顯特徵，可能具有下列一種或一種以上的異常現象（林寶貴，2009）。

(一) 構音異常

包括聲符、韻符與聲調的語音發音錯誤，常見的構音異常可分為下列六種特徵：

1. 添加音：在正確的語音上有添加的現象，例如把「一ㄚ˙ㄗ」說成「ㄉ一ㄚ˙ㄗ」。
2. 省略音：聲符或韻符被省掉，造成不正確的語音，如「ㄒ一ㄝˋ˙ㄒ一ㄝ」說成「一ㄝˋ˙一ㄝ」。
3. 替代音：一個字的韻符或聲符被另一個韻符或聲符所取代，造成不正確的語音，如「ㄐ一ㄢˇㄅㄠ」說成「ㄐ一ㄢˇㄍㄠ」。
4. 歪曲音：語音接近正確的發音，但聽起來不完全正確。
5. 聲調錯誤：如國語（普通話）的四聲運用錯誤。
6. 整體性的語音不清：如唇顎裂、聽覺障礙、腦性麻痺（腦癱）等類兒童的咬字整體不清晰，但無確定的錯誤構音類型。

(二) 嗓音／聲音異常

常見的嗓音／聲音異常可分下列四種：

1. 音質異常：發音的音質不良、粗嘎、氣息聲、沙啞、失聲、習慣性硬起聲、假聲帶發聲異常、複聲、喉音、喉部緊音、嗓音使用過度或不足、耳語聲、發聲斷裂、痙攣性發聲異常、尖銳聲、顫抖聲、聲音中斷、聲音疲乏無力、聲音沙啞等。
2. 音調異常：習慣性音調過低或過高、音調範圍太狹、音高斷裂、在特殊狀況下，其音調過高或過低。
3. 音量異常：嗓音在一定的距離內太大聲或太微弱，使人震耳欲聾或聽不到。
4. 共鳴異常：鼻音過重或鼻音不足。

(三) 語暢異常

所謂語暢異常係指說話急促不清，說話時或想說話時，把語句開始的某些語音或音節重複、延長或結巴，造成首語難發、連發、延長或中斷的現象，俗

稱口吃。其特徵為：

1. 重複語音達三次以上，且連續如此，例如：我我我們要出去玩。
2. 延長語音如：我——們要出去玩。
3. 中斷所說的詞句或添加特定的語音或字詞，例如：我們……要去……看電影。
4. 首語難發：第一句話最難開口，如鯁在喉。
5. 急促不清，或說話太快，如迅吃。
6. 除前述特徵外，口吃者常會避免談話不流暢而產生搖首頓足、皺眉、掙扎等身體動作或逃避行為。

(四) 語言發展異常

語言發展有下列一種或多種情形：語言發展起步的年齡較晚，或發展的速度較慢，或發展的程度較正常兒童低落。其特徵為：

1. 語形異常：有字形辨認不清或混淆等現象。
2. 語法異常：說話句型、結構簡單，有顛倒、混淆或省略等不合語法的現象。
3. 語意異常：詞不達意，或無法理解說話者的含意。
4. 語用異常：說話不合溝通的情境或措詞不當。
5. 語彙異常：語彙少，甚至沒有語彙。

二、語言發展特徵

兒童的語言是否有障礙或異常，也可以依據其語言發展情形而判斷。如果在發展過程出現以下情形，父母或教師宜提高警覺，及早請教專家、語言治療師或特教教師：

1. 幼兒至兩歲仍未開口說任何話語。
2. 3 歲以後，大部分的語音仍含糊不清難以令人理解。
3. 發音能力比正常的發展時序晚一年以上。
4. 3 歲以後仍有許多語首聲母省略的現象。
5. 迄至 3 歲仍不會說句子。
6. 幼兒說話時大多使用韻母，很少使用聲母。

7. 5 歲以後仍以簡單的語音替代困難的語音。

8. 5 歲時，語句的結構仍有明顯的錯誤。

9. 在任何年齡層，尚有說話困窘、侷促的現象。

10. 5 歲以後說話仍不流利，甚至沒有語言。

11. 7 歲以後，某些語音仍有省略、歪曲、替代的現象。

12. 說話的語音單調無變化，音量過大或過小或音質極差。

13. 說話的音調與兒童的年齡或性別不符。

14. 有顯著的鼻音過重或缺鼻音的現象。

15. 在一連串說話時有混淆、顛倒或簡略的現象。

16. 5 歲以後，說話仍有不正常的節律、速度或語調出現。

三、認知

　　語言是認知處理或思考所必須使用的中介符號，很多研究者指出，語言障礙學生的認知能力或多或少都會受到語言能力的影響。他們在智力測驗上的表現較差，尤其是在語文智力測驗上。相反的，很多智能障礙的學生也或多或少有語言障礙。究竟是語言障礙造成認知障礙？或認知困難造成語言障礙？則未有定論。

四、行為表現

　　語言障礙兒童也可能有其他的行為表現。Van Riper（1992）認為，語言障礙兒童對同伴的排斥、嘲笑往往會表現攻擊性、退縮、仇恨或焦慮，同時也發現精神神經症患者也常有說話失常的現象。Johnson（2006）則認為，語言障礙常影響人際關係，造成挫折感、自卑感與人格發展交互影響，不僅相互循環，而且互相累積加劇。Berry 與 Eisenson 也發現，語言障礙者常表現不被社會歡迎的人格特質，此種現象隨年齡增長而增加其不適應的程度（引自林寶貴主編，1999）。兒童語言發展遲緩受父母過度保護、拒絕、漠不關心、不耐煩、焦慮等態度的影響也很大。當兒童感覺父母的不良適應態度時，便不願向父母認同，因此無法發展語言能力，甚至表現下列行為特質：(1)消極抵抗；(2)自我否定；(3)自我隔離；(4)依賴年長者、動物或無生物；(5)情緒不穩等。

五、學習特質

　　語言雖是人類特有的能力，但卻不是天賦的本能，它是經後天的模仿學習而來的，兒童利用語言作為求學與做事的一把鑰匙。語言一旦發生障礙，則以語言文字為基礎的抽象化、概念化之思考／思維作用就會變得拙劣而低落，人際間的語意溝通將變得窒礙難行，一連串的抽象思考、邏輯推理與判斷等能力，也就難以形成，心智功能的健全運用基礎，可能因而瓦解。語言障礙兒童最常出現閱讀與書寫的困難，因此語言有缺陷的兒童，不僅在語文學習上有困難，而且會影響到其他各科的學習與學業成就。

六、身體特徵

　　語言或溝通障礙的兒童，不一定像視障、肢障、唇顎裂、腦性麻痺（腦癱）、唐氏症或其他顏面傷殘的身心障礙者，有明顯外觀上的問題，所以常被教師或家長忽略，也容易與聽障、自閉症（孤獨症）、學障、智障（智弱）等類兒童混淆。

♥♥♥ 貳、特殊教育需求

一、課程設計原則

　　兒童的語言障礙類型甚多，問題亦各不相同，但在提供特殊教育的方案中，語言矯治的課程設計應包括下列幾方面（林寶貴主編，2008）：

1. 醫療優先：各類語言障礙若為器質性因素所引起，或需經過治療加以診治者，應先請相關醫生、復健（康復）、語言、聽能或心理等專業人員加以診治，如唇顎裂個案可先進行口蓋整型手術，聽障個案先配戴助聽器或人工電子耳，腦性麻痺（腦癱）個案，先進行醫學復健（康復）等，再施予語言訓練或特殊教育課程。

2. 親職教育：強調父母參與和合作的重要性。父母的語言模式、管教態度、生活習慣、文化刺激及接納態度，均會影響兒童的語言發展與語言矯治。所以，語障兒童之父母應接受定期或不定期的親職教育，尤其在學前階段，家長是

兒童最好的語言復健／康復訓練師，家庭是最佳的語言復健／康復訓練場所。

3. 口腔動作訓練：包括雙唇、舌頭、下顎的動作訓練，呼吸與發聲的協調，輪替動作與整體口腔動作的訓練。

4. 構音訓練：包括辨音訓練、單音訓練、語詞、短句、短文、會話、兒歌、童話、故事、朗誦等活動的訓練。

5. 認知能力與語言理解能力訓練：認知課程設計，包括指認物品、分類與歸納概念，及聽指令做動作等訓練。

6. 口語表達能力訓練：包括流暢度訓練、正確發聲訓練、音聲衛教、語彙與短句之拓展、仿說、看圖／繪本說故事、重述故事、自由說故事、敘事能力及溝通互動等訓練。

7. 語文訓練：對於語言發展遲緩、自閉症及聽覺障礙、智能障礙之個案，尚應加強語彙／詞彙、閱讀、書寫、非語言溝通之訓練等。

8. 行為矯治與心理治療：對於有情緒障礙、行為異常、過動、畏縮等類兒童，應利用行為改變技術或遊戲治療、音樂治療、韻律治療、舞蹈治療、戲劇治療、美術／藝術治療、書法治療、動物治療等策略，施以心理輔導或行為輔導。

9. 個別指導與團體輔導：對於語言障礙之個案，可施予個別治療以矯正其缺陷；也可以利用團體輔導方式，來提升兒童語言能力，拓展人際關係，學習社會行為，增加學習動機，減少心理壓力等。

10. 以功能性語言訓練為重點：身心障礙兒童的語言訓練，以日常生活最迫切需要及最實用的語言內容為重點，尤其與生命安全有關的語彙或符號、信號、標誌等應列為優先學習的重點。

二、教學上的配合措施

既然語言障礙會影響兒童的學習、生活、社會適應、人格發展、人際關係、情緒發展等各方面的發展與適應，學校的教師可在教學上採取下列的因應措施來幫助語言障礙兒童。

(一) 對構音異常兒童

教師宜提供正確的語音發音模式：利用圖卡、字卡、注音（拼音）符號卡、語言學習機、發音部位模型、鏡子、錄音機等教材教具，實施辨音訓練與構音訓練；利用個別指導或團體輔導，進行語音訓練（語訓）；訓練過程應盡量寓教於樂，利用仿說、遊戲、比賽、舞台劇、角色扮演、歌唱、猜謎、朗讀、文字接龍等活動，製造愉快的學習氣氛、學習情境，在實際生活經驗中，讓兒童隨時隨地、自然而然、耳濡目染地學會正確的發音。

(二) 對聲音／嗓音異常兒童

教師可指導兒童一般的發聲原理及音聲衛教，指導兒童如何使用聲帶的正確方法。使兒童了解不必要的太大聲，或太興奮的叫喊聲等，對聲帶有不良的影響；也可以利用錄音機實施判斷適當的音調、音量、音質之聽覺訓練，用以矯正自己的嗓音；對較小的兒童可利用行為改變技術或增強原理，鼓勵兒童用悅耳的聲音／嗓音說話。

(三) 對語暢異常兒童

教師需要認識口吃兒童的特徵，設法消除兒童精神壓力的根源，利用「減敏法」，讓兒童先在合唱、齊唱、共同朗讀、角色扮演、舞台劇、對玩偶說話等壓力較小的情境中練習說話，然後逐漸將所依賴共同朗讀或合唱的情境除去，最後不藉助輔具或他人的陪同而能單獨流利的說話。教師應鼓勵和支持口吃兒童，也鼓勵其他的同學接納口吃兒童，使口吃學生嘗到說話的愉快和成功的經驗，鼓勵兒童培養其他方面的專長及興趣等，都是建立信心的心理輔導策略。

(四) 對語言發展異常兒童

原則上教師宜注意語言學習的環境，使語言發展異常兒童被班上的同學所接納。製造和諧融洽的教室氣氛，不讓語障兒童在團體生活中受到壓力，也就是教導班上同學不嘲笑其幼稚的語言或構音異常。製造語言發展遲緩兒童想要說話的環境，利用電話、玩偶、錄音、捉迷藏遊戲等活動，引導兒童說話。透

過團體活動或生活經驗，實施語言基本訓練，以增進語障兒童與玩伴之間交流及說話的機會。語言訓練（語訓康復）教室可設置沙箱、水槽、語言觀察室、遊戲室、各種玩具、電話玩具、玩偶、積木、黏土、錄放音設備、語言學習機、溝通板、電視機、多媒體動畫等軟、硬體設備，以刺激兒童說話的動機。定期檢討學習的環境、兒童的語言行為與教師的教學，才能保證兒童的進步與教學績效。利用有系統的語言矯治（康復）模式：(1)隨機教學模式：在各科教學或日常生活中，隨時隨地鼓勵兒童使用語言以獲得他所需要的事物，讓他知道語言的重要性；(2)溝通互動模式：教師要扮演催化者的角色，利用說話或動作激發兒童溝通的反應或動機，也就是利用不同的增強與回饋（反饋），幫助兒童說得更多、更好；(3)情境（情景）教學模式：教師可利用自然情境（情景）產生的對話，或設計各種模擬情境（情景），將目標語或溝通行為融入溝通互動過程，訓練兒童練習各種情境（情景）的應對與表達方法。另外，對於認知功能較高的學生，也應教導他們如何使用語言符號，以組織訊息（信息）、提取訊息（信息）、比較訊息（信息）的特徵，也就是訓練閱讀與書寫或寫作的能力。

三、特殊需求與服務

語言障礙兒童除了溝通上的不方便之外，在日常生活當中還要忍受許多外在的困難，如父母師長的態度、與人互動、個人適應、外在環境的問題等，需要接受特殊的協助。茲分別說明於下：

(一) 父母的態度

當父母被告知孩子有語言上的問題時，常常不能接受，有的父母感到很焦慮，有的忽略腦部功能的重要性，以為語言有問題帶去醫院剪剪舌繫帶就會正常，有的被告知兒童有聽覺障礙需要配戴助聽輔具時，就會問：「要戴多久？」「不好看！」「人家會笑！」「面子問題」等；有時家長會給兒童壓力，如對孩子說：「你講話啊！不講就不理你！」造成不愉快的親子關係；有時家長對治療效果沒有耐性，會說：「為什麼治療這麼久還不好？」有些迷信不願接受正當的醫學檢查、治療及教育安置，而寧願求神問卜，耽誤早期發現、

早期療育（康復）的良機，這些不正確的觀念不但對兒童不利，有時反而有害。因此有語言障礙兒童的家庭，家長需要有正確的認識與態度。

(二) 與人互動的問題

語言障礙兒童若話講不清楚、書念不好的時候，可能同學會譏笑他，或不跟他一起玩，若再加上功課不好，可能連教師也不接納，就會造成個人適應與學校適應方面的問題。因此班上如有語言障礙的同學，同學與教師都需要有支持與包容的心態。

(三)外在環境的配合

語言障礙兒童也需要周遭人的協助與配合，如提供良好的語言學習環境、語言刺激、語言模範，發展客觀的語言鑑定、評量工具及非語文智力測驗等。尤其父母、兄姊、師長、醫院與學校語訓教師、語言治療師等整個教育的大環境應該重視兒童的語言教育，語言治療或復健／康復才可能有效果。但今天我們的語言障礙兒童仍常常碰到整個社會所存在的一些有形無形的障礙，例如：醫院語言治療師非常不足，各地區尚未建立醫療網來培訓專業人員；學校語訓教師更為缺乏；學校、醫院和家長未充分協調與配合；早期療育也未受到重視與普及等，皆是目前語言障礙兒童遭遇到的困難與問題。

因此語言障礙兒童除需要接受必要的語言或說話、構音、聲音、語暢等方面的評量、矯治或復健／康復訓練外，對有情緒障礙、行為異常、過動、畏縮、自卑等兒童，也需要給予心理輔導或行為輔導；對各科學習困難兒童需要給予課業補救教學；對認知、心智功能較差兒童需要給予認知訓練；對知覺動作困難者需要給予知動訓練；同時需要促進其人際交往與互動關係，並改善語言學習環境等全方位的服務措施。

第五節 肢體障礙學生的特質與特殊教育需求

♥♥♥ 壹、肢體障礙學生的特質

肢體障礙兒童有許多不同的差異，大部分肢體障礙都會影響身體某特定系統，使兒童在動作技能上有所限制。許天威（2004）將肢體障礙分為下列四大類（參見表 7-3）。

表 7-3　整理自許天威（2004）肢體障礙學生的特質

神經系統異常	腦性麻痺（腦癱）	痙攣型、手足徐動型、運動失調型、僵直型、震顫型。
	脊髓灰質炎	俗稱小兒麻痺症，是由於濾過性病毒侵犯脊髓之灰質部分而傷及神經細胞。
	痙攣異態	通稱癲癇（epilepsy），有大發作與小發作兩種症狀。
	多發性神經硬化症	肌肉無力、四肢痙攣、步態不穩、動作震顫，常伴有視覺或其他感官的併發症。
肌肉骨骼畸形	畸形足	先天性足部肌肉骨骼畸形，腳躑無法正常著地。
	脊柱側彎	脊椎骨畸形使身體扭曲無法維持正常的身體中線。
	幼年變形性軟骨炎	幼年因血液循環障礙致令成長中的骨端組織敗壞，阻止骨骼生長，成骨後變成扁平的畸形，在關節處不能正常接合，造成體格畸形。
	成骨不全	俗稱脆骨，骨頭容易脆裂變形。
	幼年性風濕性關節炎	3 歲至青少年期的關節炎患者。
	骨髓炎	大部分是葡萄球菌侵襲骨髓引起急性炎症。
	漸進性肌炎萎縮	肌肉退化、萎縮，初期不易覺察，後來逐漸步行不穩，肌肉無力。
	截肢	四肢某部分短缺的骨骼異態。

（續下頁）

先天性畸形及其他疾患	先天性心臟畸形	連接心臟的肺血管缺損、心瓣或心壁缺損，造成心臟功能失常。
	先天性髖關節脫臼	新生兒髖關節發育異常，股骨不能與骨盆關節接合，造成行動異態。
	脊柱裂	神經纖維和脊柱內髓質溢出成胞囊狀，導致下肢癱瘓及相關器官功能缺陷，如大小便失禁。
腦外傷	腦部硬膜外血腫	意外傷害產生持久性肢障。
	硬膜下血腫	
	腦震盪	

註：引自許天威（2004）。

　　Bigge 等（2004）把特殊生理與健康狀況的兒童歸類為肢體障礙或身體病弱，並將其特徵分為下列兩類（參見表 7-4）：

表 7-4　Bigge 等（2004）對肢體障礙或身體病弱的分類

肢體障礙	神經系統損傷	感覺動作失調、腦性麻痺、癲癇、神經管缺陷（脊柱裂、腦脊髓膜炎、先天無腦無脊髓的畸形）、肌肉骨骼異態（肌肉萎縮、關節炎、小兒麻痺症）。
身體病弱	心血管疾病	（常見的身體病弱症狀，不再細述。）
	纖維囊腫	
	青少年早發型糖尿病	
	兒童期癌症	
	B 型肝炎	
	心肺方面疾病	
	腦部外傷	
	與健康相關其他病狀	

註：引自 Bigge 等（2004）。

♥♥♥ 貳、特殊教育需求

　　針對肢體障礙及身體病弱兒童的特殊生理與健康狀況特徵，徐享良（2007）認為可以從加強語言溝通（如構音、嗓音、說話、造句用語等語言矯

治與訓練），訓練生活自理能力、充實生活經驗、加強生計教育、加強休閒活動與教育、調適學校科目與課程、學習生活經驗等。

　　林寶貴（1986）在進行台灣區公私立特殊教育與教養機構內，4～22歲173名腦性麻痺（腦癱）學生的語言障礙與構音能力之研究時，發現：(1)腦性麻痺（腦癱）學生的障礙類型以痙攣型最多（47.40%），其次為顫動型（28.32%）、運動失調型（8.67%）、僵直型（6.36%）、混合型（5.78%）等；(2)腦性麻痺（腦癱）學生的智商以可教育性為最多（53.18%），可訓練性其次（42.20%）；(3)男、女生語言障礙均甚為嚴重，其中以構音障礙為最（83.24%），其次為語言發展遲緩（57.23%）、嗓音異常（46.24%）、口吃（26.59%），並伴隨智能障礙、重聽、口蓋裂等多重障礙；(4)男、女生之間在語言障礙類型上，無顯著差異；(5)男生的智商程度與語言障礙類型達顯著差異；女生智商程度與語言障礙類型未達顯著差異；(6)腦性麻痺（腦癱）程度或智商程度愈嚴重者，構音正確度愈低，但男、女生構音能力未達顯著差異水準；(7)腦性麻痺（腦癱）學生與智能障礙學生、聽覺障礙學生的語言障礙類型與障礙發生率的趨勢相似，三類學生均有共同的語言與說話的缺陷，尤其以構音障礙、語言發展遲緩、聲音／嗓音異常、節律異常較為嚴重；(8)在構音正確度方面，依次為：啟智班＞啟聰班＞啟智機構＞腦性麻痺＞啟聰學校學生，故對腦性麻痺（腦癱）學生應多加強語言矯治與康復訓練。

　　林寶貴、林美秀（1994）在進行學齡腦性麻痺（腦癱）兒童語言障礙及其相關研究時，發現：6～13歲181名腦性麻痺（腦癱）兒童各年齡組之語言發展；語言理解及口語表達能力，隨著年齡的增長而增加，但均較同年齡普通兒童遲緩，故對腦性麻痺（腦癱）學生也同樣需要多加強語言矯治與訓練。

　　林寶貴、黃稜珺（1994）在腦性麻痺（腦癱）兒童認知推理能力及其相關因素之研究中，發現：500名6歲至10歲普通兒童與181名同樣6歲至10歲腦性麻痺（腦癱）兒童的各項普通推理理解能力相較後，後者顯著比前者低。10歲的腦性麻痺（腦癱）兒童之普通推理能力，甚至不及6歲之普通兒童，故特教教師也應加強腦性麻痺（腦癱）兒童的認知推理能力。

　　學業課程與學科技能對於肢體障礙兒童不會造成任何問題，然而經常生病或手術，無法上學而缺課，就需要給予特別協助才能趕上課程進度。Lidz

（2003）認為，不是所有兒童都需要相同數量或相同程度的調整，必須以兒童肢體能力與個人需求而定，相關服務都需要整合四個重要領域，包括：溝通、教材與教法的互動性、體育課程，及緊急醫療程序。

　　Kirk 等（2006）認為，可以從下列四方面提供肢體障礙與身體病弱兒童的特殊教育服務。

一、學習環境調整

1. 融合教育的環境：讓學生在最少限制的環境下，教育學生和提供必要的服務，讓學生能成功完成學校生活。
2. 專業合作：專業合作是融合教育計畫及普通學校中，執行教育安置的重要關鍵。
3. 緊急醫療程序：教師、治療師與其他學校人員應該了解肢體障礙者的情況，必要時應該給予限制的活動，以及用藥與急救程序。
4. 調整教材與教室設備：許多肢體障礙學生在使用一般教材與教室設備時會遇到困難，所以應考量學生的需求，調整教材的分量、難易度與教室的設備。
5. 設施的可及性：為使肢體障礙學生能在最少限制的環境活動，學校建築應便利學生的進出，各類公共建築必須提供應有的設施，出入口加上殘障坡道，兩層樓以上建築應設置電梯，廁所必須有殘障輔助的設施等。

二、調整課程

　　針對肢體障礙兒童的特殊需求，學校需調整的課程有：動作技能與行動、自我照顧、社交和情緒調適等三方面。

（一）動作技能與行動能力

　　需要教導的姿勢與技巧應包括下列幾項：
1. 發展頭部與軀幹控制，維持垂直坐姿。
2. 發展操作有關的手臂和精細動作技能。
3. 發展站立或平衡，以協助步行。
4. 發展操控輪椅所需的技能。

(二) 自我照顧的技能

包括吃飯、如廁、穿衣、整理儀容、自我處理醫療照護行為。

(三) 社交和情緒的調整

教師若能增進肢體障礙兒童的社交與情緒調適，就能強化其對障礙狀況的了解，重視生活品質，以及增加控制感。

三、調整教學策略

1. 增加對障礙狀況的了解：肢體障礙兒童的教師應該盡可能學習有關疾病的起因、治療、病狀診斷及教育意涵，才能與兒童的父母合作，幫助學生了解與其障礙相關的知識。
2. 重視生活品質：教師可以運用同班同學表現興趣與關懷，幫助肢體障礙兒童增進其生活品質。
3. 增加控制感：讓肢體障礙學生列出生活中認為無法控制的部分，就更能了解自己的能力所在。
4. 鼓勵適當的體育教學：鼓勵肢體障礙兒童盡量參與適應體育、休閒或遊戲活動，練習駕駛等活動，才能以車代步。

四、利用輔助科技

1. 輔助溝通系統：有些腦性麻痺（腦癱）或肢體障礙學生無法表達出可令人理解的口語，或無法清楚書寫，而需要藉由輔助溝通系統。
2. 學生需要使用發出說話的溝通板與電子設備：最常使用的輔具是有合成語音輸出的輔助溝通系統。
3. 書寫輔具系統：書寫溝通的各種輔助和擴大及替代性設備，可適用於肌肉萎縮的肢體障礙學生。

第六節 情緒行為障礙學生的特質與特殊教育需求

❤❤❤ 壹、情緒行為障礙學生的特質

洪儷瑜（2004）將「情緒與行為障礙」的定義歸納出以下六項主要的內涵：

1. 主要問題在行為或情緒反應顯著異常。
2. 問題的嚴重程度需要長期而明顯，且經普通教育之一般輔導無顯著成效者。
3. 問題異常性之鑑定以年齡發展、文化之常態為標準。
4. 問題結果需導致妨礙學習，或對學校教育成效有負面之影響者，且會出現在學校以外之情境。
5. 問題的成因需要排除適應困難、非智力、感官或健康等因素直接影響者。
6. 服務對象包括兒童精神醫學所診斷的患者。

教育部（2009）公布的「情緒與行為障礙」所指的對象，即《特殊教育法》所謂的「因心理之顯著障礙，致需特殊教育和相關特殊教育服務措施之協助者」，在行為或情緒有嚴重適應困難者。

教育部（2013）公布的《身心障礙及資賦優異學生鑑定辦法》第9條：「所稱情緒行為障礙，指長期情緒或行為表現顯著異常，嚴重影響學校適應者；其障礙非因智能、感官或健康等因素直接造成之結果。

前項情緒行為障礙之症狀，包括精神性疾患、情感性疾患、畏懼性疾患、焦慮性疾患、注意力缺陷過動症，或有其他持續性之情緒或行為問題者。

第一項所定情緒行為障礙，其鑑定基準依下列各款規定：

1. 情緒或行為表現顯著異於其同年齡或社會文化之常態者，得參考精神科醫師之診斷認定之。
2. 除學校外，在家庭、社區、社會或任一情境中顯現適應困難。
3. 在學業、社會、人際、生活等適應有顯著困難，且經評估後確定一般教育所提供之介入，仍難獲得有效改善。」

Kirk等（2005/2011）指出，兒童的情緒與行為障礙並不容易定義'。但大部分定義採取：兒童有行為障礙或有嚴重情緒困擾，並且顯現「不適齡行為」而導致社會衝突、不快樂與學業失敗的結果。

Schaeffer 等（2003）將情緒障礙與行為問題兒童分為：慣性高攻擊型（chronic high aggressive，兒童一進入學校就極具攻擊性）、漸增攻擊型（increasing aggressive，在學校期間漸漸變成具攻擊性，並逐年增加攻擊性）、中度攻擊型（moderate aggressive）、無攻擊型（nonaggressive）四種類型。

Kirk等（2006）指出，遺傳證據顯示，某些兒童有過動、注意力、衝動、嬰兒期自閉症、素行不良、校園暴力、課業表現差等問題。嚴重行為問題者也會有藥物、酒精、香菸濫用、自殺、焦慮、退縮、內向、注意力缺陷過動症（ADHD）等行為。

❤❤❤ 貳、特殊教育需求

針對上述情緒與行為障礙學生的特徵，洪儷瑜（2004）認為，這些學生有下列幾方面特殊教育需求：

1. 學科方面：多數情障與行為問題學生會有學業低成就的問題，需要學科方面的補救教學。
2. 心理與休閒輔導方面：需要提供輔導活動、團體活動、休閒技能訓練、課外活動等課程。
3. 適應行為訓練方面：社會適應行為的訓練更是此類特殊教育之重點，包括溝通技巧、情緒管理、衝突處理、參與團體行為、自我管理等。
4. 職業陶冶與教育方面：對情緒與行為障礙學生施以職業陶冶或教育課程，除可培養其工作之興趣、適當的態度與就業能力外，職業教育也常可發揮工作治療的效果。

Kirk等（2005/2011）的書中指出，情緒與行為障礙兒童在轉介後，可以提供下列幾方面的特殊教育服務。

一、調整學習環境

針對學生障礙情況與需要，安置在普通班、資源班、特殊班或特殊學校等

最少限制的環境，遇到學生發生立即危機時，必須盡速果斷的處理；立即危機結束後，必須追溯事件爆發原因，利用相關專業人員及資源教師，協助普通班教師支持特殊需求兒童。

二、調整教學策略（施顯烒，2004）

(一) 精熟教學技術

1. 準備適當的課程結構與可預測課程。
2. 藉由適當的稱讚與有系統性的回應問題，建構正向的師生關係。
3. 運用結構化教學，促進學生參與學業。

(二) 認知策略導向

　　又稱為自我監控、自我指導、自我控制、自我增強。這些技巧可增加學生自我覺察，去除不當行為，鼓勵獲得建設性行為。

(三) 學生行為契約

　　能幫助師生共同確定需要改變的重點與範圍，內容包括：
1. 確認特定目標行為。
2. 問題行為對於自己和他人的影響。
3. 出現適當行為能夠得到的獎賞。
4. 出現不適當行為的後果。

(四) 發展社交技巧

　　Nelson（2003）指出，可以透過示範、角色扮演、給予回饋、類化與維持等活動，發展社交技巧。

(五) 預防社會問題

　　情緒與行為障礙兒童，甚至是來自高風險家庭與社區兒童，在未滿 8 歲前，就應給予家長親職訓練與兒童社交技巧訓練，才能產生正面介入效果。

(六) 個別兒童的需求

情緒與行為障礙兒童的處理，必須根據個別需求來決定，很難一概而論。

(七) 隔離

1. 隔離（time-out）：是將違反教室規則的兒童，暫時隔離在教室特定區域或其他空間，並指導兒童在覺得能自我控制時可以回到課堂。
2. 省思策略（think-time strategy）：當兒童出現問題行為時，就會被送到預先認定的省思區，交給協同教師處理，讓學生有省思自己未來表現的時間。
3. 拘禁隔離（seclusionary time-out）：是將個體強制留在某處直到獲得教師的允許才能離開。隔離應當成提升正向行為的工具，而不是作為處罰的工具。

三、利用輔助科技

對於情緒與行為障礙兒童，或有長期社會互動問題病史，或對教師批評、矯正與回饋欠缺回應的兒童，電腦能成為很有用的學習工具；主要是電腦能提供這類兒童具體的神經反應目標。過動或是注意力缺陷過動症的兒童通常很難專心，使用電腦時必須要有相當的專注力才能獲得想要的結果。從編序電腦軟體所提供的系統化概念學習，能給這類兒童些許認知概念或自我約束，例如：透過大富翁類遊戲，加強社交技巧發展，包括學習社交禮貌、上學或工作時的憤怒控制、適當與不適當的碰觸、良好運動員精神等。

第七節　學習障礙學生的特質與特殊教育需求

♥♥♥ 壹、學習障礙學生的特質

學習障礙的特徵非常廣泛，包括知覺、動作、社會情緒、後設認知、記憶及注意力等問題。周台傑（2007）指出，最常見的十種學習障礙特徵是：

1. 活動過多。
2. 知覺缺陷。
3. 情緒不穩（emotional lability）。
4. 一般協調能力缺陷（general coordination deficits）。
5. 注意力缺陷（注意力短暫、分心、固執）。
6. 衝動。
7. 記憶缺陷。
8. 特殊學業問題（說、讀、寫、算等方面）。
9. 空間方向、時間管理及事物關係等能力不佳。
10. 不會使用適當的學習策略。

　　多年來，學習障礙的研究者習慣將上述這些特徵分為兩種取向：一為發展性學習障礙（developmental learning disabilities），又稱神經心理學習障礙，它的問題包括注意力、記憶、思考及使用語言的問題（Stanton-Chapman et al., 2001）；另一種為學業成就性學習障礙（academic achievement learning disabilities），包括聽、讀、拼字、書寫或算術的困難（Lyon, 1999）。

　　Kirk 等（2006）認為，發展性學習障礙的原因可分為下列幾種：

1. 生物性及遺傳因素。
2. 知覺動作問題。
3. 視覺處理歷程缺損。
4. 聽覺處理歷程缺損。
5. 記憶力缺損。
6. 注意力缺陷及過動。

　　Kirk 等（2005/2011）歸納學業成就性學習障礙的問題，可分為下列數種：

1. 語言障礙：指聽、說、讀、寫、語音控制、文字辨識、拼字等方面的困難。
2. 閱讀障礙：Lerner（2000, 2003）認為約 80% 的學習障礙兒童有文字辨識或閱讀理解的困難。
3. 書寫障礙：指在動作操作控制困難、書寫潦草、或寫作上的困難。
4. 拼字障礙：是學習障礙兒童最容易被察覺到的困難。
5. 算術障礙：又稱失算症（dyscalcula），指在數學思考及算術技巧上有選擇性

的失能。

6. 認知策略與執行功能缺損：某些學習障礙兒童無法發展與使用認知策略來解決問題。

7. 社交問題：Cosden 等（2002）指出，學習障礙兒童因為社交技巧較差、低自尊、低自我概念等特質，容易被同學拒絕或忽視。

另外，林寶貴、錡寶香（2002b）在研發「兒童口語理解測驗」時，發現 30 名國小五、六年級資源班學障學生，接受「兒童口語理解測驗」後，在聽覺記憶、語法理解、語意判斷、短文理解等四個分測驗及全測驗的得分，均顯著落後於普通班學生。

林寶貴、錡寶香（2002c）在研發「中文閱讀理解測驗」時，發現 30 名國小五、六年級資源班的學障學生，接受「中文閱讀理解測驗」後，在注音（漢語拼音）、詞彙、選詞、字形、文意、語法分析、重組等各分測驗及全測驗的得分，均顯著落後於普通班學生。

林寶貴、錡寶香（2003）在研發「國小兒童書寫語言測驗」時，發現 29 名國小五、六年級資源班的學障學生，接受「國小兒童書寫語言測驗」後，在聽寫、句子結合、筆劃加減、漢字填寫、造句等各分測驗及全測驗的得分，均顯著落後於普通班學生。

❤❤❤ 貳、特殊教育需求

學習障礙既然是一個異質性的團體，每一個學習障礙兒童的特殊需求自然不盡相同。大部分的學習障礙兒童受限於語文的習得與運用，亦即大多數的學障孩子，往往在文字的讀、寫、人際關係上有困難，學業表現差。通常在國小階段會透過資源班的課程設計，實施讀、寫、算的補救教學，縮短學習障礙學生與其同儕（朋輩）的學業能力差距。尤其在低年級階段，注音符號（漢語拼音）、基本國字（漢字）與閱讀技巧是學習障礙學生課程的重點。國中階段除了基本讀、寫、算之外，教學重點會加入學習策略、社交技巧與自我探索等課程，並且強調升學輔導與生涯規劃，協助學障學生克服語文或數理方面的劣勢，尋找適合其發展的學科與領域。

　　王華沛（2004）指出，近年來因為多元智能理念的推廣，對於學習障礙學生的課程內容，也逐步擺脫以彌補缺陷為主軸的補救教學，而改以超越自我為中心的課程規劃。他認為可以從營造有利的學習環境、利用多感官的學習、教導學習策略、對學障兒童的接納等四方面，來彌補學習障礙學生的劣勢管道。

一、調整學習環境

　　Crockett 與 Kauffman（1998）認為，學習障礙學生在普通班級能學習較好的人際互動，而資源班則較有助於學習。幼兒園及小學的普通班級對教育學習障礙兒童較有成功的可能，但是國、高中教師可能有較多壓力必須按照課程內容進行教學，且學校文化也是課程內容導向。因此，他們建議可採行個別指導、一對一教學並提供特殊教學安排，最常使用的就是協同教學模式（collaborative model）。

二、調整課程與教學內容

　　疑似學習障礙學生的學前課程與一般幼兒園的課程並無顯著差別，二者間最主要的差異在於，針對正常兒童，呈現方式著重直接、提供優勢與弱勢支持；而對於學習障礙兒童，則是給予其充足時間以完成活動，還需經常重複與練習。即使到國中與高中階段，有些學生仍未具備足夠的基本能力以因應英、數、理等學科的學習，大部分的學習障礙學生需要適合其年齡的發展課程方案，目前台灣的資源班或自足式特教班教師，均能為學障學生設計適合他們的學年及學期教育目標。

　　另一種方法是修改教科書呈現內容的方式，透過標示重要訊息（信息）的重點，或給予問題的引導及總結摘要的方式，幫助學障學生學習閱讀的技巧（Hallahan et al., 1999）。

三、調整教學策略

(一) 應用行為分析

　　Kavale 與 Forness（2000）指出，應用行為分析（applied behavior analysis，

簡稱 ABA）幫助學障學生是有效的策略，其步驟如下：

1. 詳述每一步驟的策略。

2. 過程中，每一個步驟都必須完全學會且能熟悉。

3. 對於學生錯誤的糾正，在策略上必須正確，且在學習過程上也必須精確。

4. 逐漸地消除教師的指導，並朝著學生能獨立完成的方向進行。

5. 提供一系列的範例，給予充分的系統化練習。

6. 不斷地複習學習的概念。

(二) 認知策略教學

有很多傳統的教學策略可以用來幫助學障學生學習新的知識，最常使用的如發問、解釋段落意義、互動式教學、策略介入（干預）模式（strategies intervention model，簡稱 SIM）（Deshler et al., 1996）。開始時，由教師選擇一種或多種策略，接著遵循以下步驟進行：

1. 進行前試，使學生對學習策略感到興趣。

2. 描述策略，並舉出實例以利學生應用。

3. 示範策略，並要學生大聲說出操作過程。

4. 練習策略，要求學生將思考內容說出來。

5. 適時提供回饋（反饋）。

6. 教導類化，展示如何將此策略應用在其他不同的問題上。

(三) 記憶術的輔助

記憶術是一種有效的教學策略，將難以記憶的事物，導入易於聯想的型態，也就是以一種輔助、文字接龍或押韻等，來幫助學生進行單字、詞彙或概念的記憶（Myers & Hammill, 1982）。

(四) 合作練習

這種教學策略已在本章第一節智能障礙學生的特殊教育需求中提過，不再重複。

(五) 精熟學習

同（四）合作練習說明。

四、利用教學輔助科技

本章第一節提到利用科技輔具可以幫助智能障礙學生課業的學習。同樣地，運用電腦軟體（軟件）也可以增進學習障礙學生的讀寫能力、文字辨識、文書處理、文本的理解；利用圖示、動畫、影像（錄像）、語音、字典、辭典、百科全書、文法及拼字檢查軟體等，也能幫助學習障礙學生在閱讀、書寫及其他學科的學習。

第八節　多重障礙學生的特質與特殊教育需求

♥♥♥ 壹、多重障礙學生的特質

多重障礙學生由於伴隨障礙的種類相當多，障礙情形也各有不同，因此，其身心特質很難有一致性的描述。孫淑柔（2004）歸納大多數多重障礙學生的身心特質如下。

一、社會行為

多障學生在社會行為的表現上常有過與不及的現象。例如，有些多障學生會在不當的時間、地點擁抱陌生人，或見到陌生人就興奮的尖叫。相對的，有些多障學生卻顯得退縮，對別人的招呼沒有反應，甚至沒有覺察到環境中有他人的存在。

二、溝通技巧

大多數的多障學生（如視聽雙障，自閉症兼智障等）都有語言障礙的現象，包括構音異常、嗓音／聲音異常、語言發展遲緩，形成溝通的困難。有些

嚴重者（如腦性麻痺、智能障礙兼肢體障礙者）甚至無口語能力，必須藉助手語、溝通輔具（如溝通板）才能與他人進行溝通。

三、自理能力

多障學生在飲食、穿著、如廁以及儀容整理的能力上有明顯的困難。例如，有些腦性麻痺（腦癱）學生會顯現咀嚼、吞嚥的困難，因此，在進食時需要家長、教師或保育人員餵食。此外，也有許多多重障礙學生無法自理大小便，甚至由於溝通的困難無法表達其需求，以至於需要整天包尿布。

四、行動以及使用交通工具的能力

由於多障學生大多伴隨肢體障礙，或因視覺障礙造成行動上的困難，因此，他們大都依賴助行器、柺杖或輪椅來移動。在使用交通工具的能力上，由於認知能力的限制，在閱讀時刻表、路線圖、站牌等有所困難，因而無法有效運用大眾運輸工具。

五、學業能力

多障學生大多具有認知的困難（如以智能障礙為主的多重障礙），因此，在讀、寫、算等傳統學科的學習方面有明顯的障礙。例如，無法讀寫自己和家人的姓名、電話、地址、交通標誌、便利商店、超級市場／大賣場的物品名稱，或是無法正確計算金錢等，造成日常生活上的困難。

六、職業能力

由於多障學生大多兼具認知或肢體上的障礙，在需要基本讀寫能力或動作能力的工作（如打字、清潔、包裝等）上可能會受到限制。再加上長期的挫折或失敗的經驗，也可能造成多障學生的工作態度不佳，例如：工作的持續力差，無法遵從工作指示，拒絕與同伴合作，以及經常無故遲到、缺席等，這些都是造成多障學生職業能力表現不佳的主要原因。

❤❤❤ 貳、特殊教育需求

　　針對上述多重障礙學生多樣化的類型與伴隨的複雜性特徵，孫淑柔（2004）歸納多重障礙學生的特殊教育需求如下。

一、課程編製原則

　　由於多種障礙的伴隨出現，常會造成其身心發展上的限制，而障礙的情況愈嚴重，障礙的種類愈多，其發展上的限制也就愈大。因此在課程編製上，可分為「發展性課程」以及「功能性課程」二種。所謂「發展性課程」強調人類是依照發展階段的預期順序成長或發展的，每個階段是另一個較高階段的先備條件，因此，在設定教學目標時，主要依據學生身心發展的順序來加以選擇；但由於學習材料和日常生活環境無關，較易造成類化的困難。另一方面，「功能性課程」則是指在選擇教學目標時，宜考量兒童本身的能力，以及在適應環境上的獨特需求來設計課程，因此，其課程設計較易符合兒童個別能力的差異，較能增進其適應環境的能力。

二、課程重點

　　為增進多重障礙學生適應環境的能力，其課程重點可分為溝通能力、動作能力、自理能力、功能性學業能力、職業能力，以及休閒能力等。

(一) 溝通能力

　　溝通方式主要可分為口語、手語、文字等三種方式，但因大多數的多重障礙學生（如腦性麻痺、視聽雙障等）在認知能力、口腔精細動作或使用口語模式有困難，因此，在教學時必須注意以下五個原則：
1. 選擇適合的溝通方式。
2. 依學生個別需求訂定教學目標。
3. 選擇符合其生活經驗的教材，並在實際的生活情境（情景）中進行。
4. 教師、專業人員與家長共同進行教學。
5. 加強溝通輔具的配合運用。

(二) 動作能力

由於動作技能的發展是兒童學習其他技能的基礎，再加上多重障礙學生多半伴隨肢體障礙，因此，動作能力的教學更顯重要。動作能力的教學可再分成粗大動作、精細動作、輔具使用三大部分。其中粗大動作主要強調身體的移動和控制能力，如頭部的控制、移位功能以及平衡等；精細動作則是強調手部的基本動作以及操作物體的精確性及穩定性；輔具使用則是指助行器、柺杖、輪椅等移位輔具之使用。

(三) 自理能力

自理能力與多障學生能否在環境中獨立有密切的關係，同時更能增進其融入普通班和社區的機會。一般而言，自理能力的教學範圍包括飲食、穿著、如廁、清潔與衛生等四部分。教師在教學時可根據學生日常行為的表現，以及自理能力檢核表，了解學生目前的能力以及對環境的需求，訂定教學目標，並利用工作分析法分析教學步驟，以便於實施教學。

(四) 功能性學業能力

所謂功能性學業能力是指學生在學校所學習的各項技能，如讀、寫、算等，必須與其日常生活相關，有助於解決日常生活所遭遇的問題。因此，為增進多障學生適應環境的能力，教師在選擇傳統讀寫算等學科的目標時，應注重其功能性。

(五) 職業能力

由於每個多重障礙學生的障礙情形不同，個別差異也大，因此在國中階段應加強其動作能力、溝通能力、功能性學業能力等職前技能，以及準時出勤、獨立工作、主動負責，及注意安全等工作態度的訓練。

(六) 休閒能力

多重障礙學生由於無法妥善規劃休閒生活，因此對多障學生而言，教師應

根據每位學生的興趣、能力及需求，訂定適當的休閒活動教學目標，並請家長共同參與，使學生能具備從事休閒活動的能力。

❤❤❤ 參、其他特殊服務需求

此外，多重障礙學生由於同時伴隨多種障礙的出現，在課程設計上光靠特教教師一人之力，可能無法完成，因此從早期介入（干預）、個別化教育計畫的設計到教學的實施，都需要家長與相關專業人員，以團隊合作的方式共同進行。此外，Turnbull 與 Turnbull（1991）指出，為幫助多障學生的學習困難，也需要調整學習環境（最少限制的環境）、客觀地評量他們的優弱點，接受融合的公立教育，適當的個別化教育計畫與教學策略，以及科技輔具的利用等，以幫助多重障礙學生增進課業的學習與社會的適應。

第九節　自閉症學生的特質與特殊教育需求

❤❤❤ 壹、自閉症學生的特質

鳳華（2007）歸納自閉症學生的行為特徵，分為社會發展、語言發展、固著性行為的發展特性，及行為特徵等四方面。

Twachtman-Cullen（2000）指出，自閉症兒童基本發展障礙的指標之一，是缺乏理解別人想法及感受能力的心智理論（theory of mind）。一般兒童在 4 歲時，就能發展出對他人行為的理解、預測、塑造的心智能力，但自閉症兒童卻無法從他人的角度去思考或感受。

Yirmiya 等（1998）指出，自閉症兒童有心智能力發展過程的缺陷，不僅較正常兒童差，甚至比有心智能力發展過程缺陷的智能障礙兒童更差。

Kanner（1943）及 Grandin（1995）指出，有些自閉症兒童對感官刺激過度敏感，其共同特徵是對環境噪音、燈光有高度敏感，這似乎顯示自閉症導致個體喪失調節音量的能力，使得環境噪音的衝擊如同可怕的聲音。感官刺激會擴大到觸覺，有些自閉症兒童對身體碰觸或疼痛很敏感，表現脾氣暴躁、無動於

衷、自我刺激、破壞、固著於例行儀式、不願改變等不適當行為，不能發展正常或適當的遊戲行為等，引起家人或社區的反感。

Schopler 等（1998）指出，有些自閉症兒童（如亞斯伯格症）的課業表現高於班級的平均值，尤其是在算數能力方面，但社交能力低落，在班級內常常出現幼稚行為，人際關係也較差，對結交朋友與維持友誼方面，不善長也不在乎；但有時具有超乎常人的天賦異稟，如繪畫、音樂、機械式背誦、數學計算能力等。

林寶貴、曹純瓊（1996）在進行高雄市 6～13 歲國小（小學）自閉症兒童語言能力調查研究時發現：3 至 6 歲自閉症兒童出現始語的年齡，明顯較普通兒童遲緩；26 名 6～13 歲自閉症兒童各年齡組無論在語言發展、語言理解及口語表達能力方面，皆較同年齡普通兒童低落，尤其是 7、9、10 歲組，達顯著差異；自閉症兒童在口語表達的自動說故事方面，以主語敘述簡句的句型最多，各類句型之比率與普通兒童在量及種類的比率上，皆比較貧弱。因此語言與溝通是自閉症兒童的主要問題。

●●● 貳、特殊教育需求

針對上述自閉症學生的學習、認知、語言溝通、人際互動、特殊行為等特質，張正芬（2004）認為：自閉症系列障礙學生雖在病程、行為特質、智力高低、預後良窳各有不同，但因都有社會性、溝通及行為興趣方面輕重不一的障礙，因此除一般教育目標外，應將主要障礙的改善列為首要的目標，並致力於增進獨立、自主、穩定的生活能力。

Kirk 等（2005/2011）的書中指出，自閉症兒童的特殊教育需求，首要在幫助其建立「功能性溝通系統」（functional communication system）；其次，需要學習與其他兒童間互動的基本社會技巧（basic social skills）。

Kirk 等（2006）則提出調整課程、調整教學策略、利用輔助科技等三方面的特殊教育服務需求。

一、調整課程

(一) 學前教育階段

Lord（2001）指出，開始的最基本步驟，可採取應用行為分析（ABA）技巧，透過將單字與實物連結，當兒童能正確辨認並唸出單字時，就給予及時的獎勵，以此建立其溝通能力的基礎。其後，可布置各種溝通情境引發與兒童互動或教學的事項，教師或兒童家長就順著兒童的溝通意向、模仿、解釋等方法，因應兒童行為而引導溝通與學習。

(二) 學齡教育階段

在學的自閉症兒童必然會有個別化教育計畫，並由多專業團隊成員為其建構完整計畫，特殊教育教師則應為其擬訂非常明顯的教育目標，實施內容具階層化結構，並重複練習。同時，也需要得到教學支援，及必要的諮詢。

二、調整教學策略

(一) 結構式與例行工作

Mesibov（1999）指出，自閉症兒童經常難以因應缺乏組織的教室環境，而顯得焦慮不安，因此，調整策略就需要給予結構式教學（structured teaching），讓他在具結構與順序的情境下循序學習，才能使課業有所進步；教師給的功課也要以清楚且可預測的方式呈現。

(二) 增進社會化

McConnell（2000）歸納五個增進社會化技巧的策略如下：

1. 生態多元化：是指改變物理環境或是調整活動、課程表或透過結構設計，增加自閉症兒童的社會互動。

2. 附屬技能介入：附屬技能介入能幫助自閉症兒童與正常同儕（朋輩）的互動接觸，藉由啟發社會互動過程，賦予自閉症兒童更高的社交能力，並能從互

動中的回饋（反饋）得到增強。

3. 兒童特定技巧的介入（干預）：是指運用通常的指導介入、直接指導式社會技巧訓練及各種類化式促進技巧，增進社交問題的解決能力。

4. 同儕（朋輩）介入程序：教師教導自閉症兒童同儕了解如何與自閉症兒童互動的方法，是藉由同儕社交行為的改變，導引自閉症兒童社交互動的改變。

5. 綜合介入：是指包含上述兩種（或以上）的介入方式，有些針對社交技巧進行訓練，有些給予提示教導，在自由遊戲給予增強，增進自閉症兒童與正常同儕（朋輩）的互動交流。

三、利用輔助科技

　　溝通能力對自閉症兒童是重要的學習，在兒童尚未發展出口語與可接受的語言之前，希望兒童能表達生活慣用的事物，可藉由多樣化的設備（輔助溝通系統），來增進兒童的溝通技巧（Mirenda & Erickson, 2000），例如：利用「圖片交換溝通系統」（picture exchange communication system，簡稱 PECS），或使用自然手語、圖片、語音輸出溝通輔助器、電腦數位合成語音組合、滑鼠、鍵盤等設備，幫助兒童選出文字的數位合成語音。這些科技輔具都是要透過設定的圖片與預設程式，來幫助學生有系統的操作，以減少自閉症兒童的困擾行為。

第十節　發展遲緩兒童的特質與特殊教育需求

♥♥♥ 壹、發展遲緩兒童的特質

　　發展遲緩之特殊兒童，係指認知發展、生理發展、語言及溝通發展、心理社會發展或生活自理技能等方面的異常，或可預期會有發展異常之情形，而需要接受早期療育服務之未滿 6 歲的特殊兒童。所謂「發展」指的是個體在成長的過程中，各項器官與心智能力的進步現象；「遲緩」是指與同年齡者有明顯落後的現象。「發展遲緩」並未包含「發展障礙」，發展遲緩兒童專指介於一

般孩子與障礙（殘疾）孩子之間者，且泛指所有非一般發展現象者。當發展遲緩兒童屆齡 6 歲仍有明顯的發展落後時，教育或醫療人員需清楚定義與診斷其障礙，並予以一特定障礙類別。未滿 6 歲學齡前的兒童，神經系統及肌肉骨骼功能會隨著年齡增加而增長、成熟，這些功能可能因產前、產中或產後腦神經或肌肉神經、生理疾病、心理社會環境等因素，而造成不同程度的落後現象，以致在認知發展、動作發展、生理發展、語言或溝通發展、心理社會發展或生活自理方面，較同年齡孩子遲緩、不協調或異常，即可能為發展遲緩（Kirk et al., 1997）。

❤❤❤ 貳、特殊教育需求

Smith 與 Rapport（1999）指出，發展遲緩兒童的教育需求，應以幼兒所需的服務為優先考量，亦應配合家庭的需求，安排適當的安置環境。因此發展遲緩幼兒接受療育（康復訓練）的方式有：醫療到府（送醫上門）服務、到特殊教育班、特殊教育學校就讀、幼兒園就讀、接受門診治療、住院治療等。發展遲緩兒童安置的型態有：自足式特殊班、特殊教育學校、分散式資源班、巡迴輔導、普通班隨班就讀接受特殊教育服務等五大型態。在決定發展遲緩兒童的安置型態時，胡純（2004）認為需要把握下列原則。

一、最少限制環境

對於發展遲緩兒童而言，最少限制的環境除了物理條件的開放與適切之外，家長或主要照顧者、教師、醫療及社會工作人員，均需了解特殊幼兒，並樂意協助其發展，盡力去除影響生活的不良因素。

二、家長參與

在學前及接受早期療育（康復）階段，特殊教育教師應針對發展遲緩幼兒及其家庭，擬訂個別化家庭服務計畫，提供家庭全面的支持與服務，並給予家長參與的機會。

三、專業團隊的服務

　　早期療育應透過專業團隊的合作過程，對發展遲緩兒童提供適當的醫學照顧、教導方法、教育計畫與社會福利服務等。通常專業團隊成員包括：家長、特殊教育教師、醫師、護理人員、心理師、社會工作師、物理治療師、職能（作業）治療師、幼教教師等，提供全方位完整的療育（康復）服務。以教師為主，或以社工師為個案管理員的運作模式，加強專業間的相互了解，透過充分合作，才能讓有限的人力資源做最大的貢獻。

四、積極提升早期療育的品質並加強宣導

　　為達到「早期治療、及早跟上、早日融合」的目標，專業合格師資之培養與規劃，及發展遲緩兒童早期療育（早期干預）的品質與普及度之提升，是目前發展遲緩兒童教育最迫切需要的課題。儘管根據內政部戶政司（2011）的資料顯示，從 2000 年起，台灣每年接獲通報轉介及接受個案管理療育服務的發展遲緩兒童人數有逐年增多之趨勢，截至 2010 年底，接受個案管理服務的發展遲緩兒童人數高達 33,193 人，比 2000 年的 6,552 人，增加了約四倍的人數。但是根據世界衛生組織之研究推估，發展遲緩兒童發生率約占母群兒童人口數的 6% 至 8%（黃美涓，2002），而 2010 年底，台灣 0 至 6 歲的學齡前兒童為 1,391,454 人（內政部戶政司，2011），以發生率來推估，則台灣應該約有 83,487 至 111,316 名孩子為潛在的疑似發展遲緩兒童，可見實際的通報與潛在需要早期療育服務的人數，仍有很大的落差，因此早期療育的宣導和通報量仍有待加強（蔣明珊、沈慶盈，2012）。

 資賦優異與特殊才能學生的特質與
特殊教育需求

❤❤❤ 壹、資賦優異與特殊才能學生的特質

2019 年《特殊教育法》（教育部，2019）修正第 4 條所稱資賦優異，係指「有卓越潛能或傑出表現，經專業評估及鑑定具學習特殊需求，須特殊教育及相關服務措施之協助者；其分類如下：(1)一般智能資賦優異；(2)學術性向資賦優異；(3)藝術才能資賦優異；(4)創造能力資賦優異；(5)領導能力資賦優異；(6)其他特殊才能資賦優異。」

郭靜姿（2004）認為，資優學生（含資賦優異與特殊才能學生）在(1)認知方面的特質：學習快、記憶強、觀察微、善理解、知識豐、思想奇、疑問多、策略靈；(2)情意方面的特質：理想多、期望高、自信強、要完美、喜冒險、易堅持、樂獨立、少順從；(3)生理方面的特質：精力旺、作息繁、感覺銳、風格異。他們具有豐厚的學習潛能、要求完美的傾向與旺盛的精力。

早在 1985 年，美國多元智慧理論專家 Howard Gardner 就提出他對資優生應具有的一系列特殊能力，並需要提供特殊教育服務需求的看法。他指的資優學生多元認知的特質如下（Gardner, 1985）：

一、語言能力優異方面

1. 應用口語與書寫語言表達能力優異。
2. 記憶力強。
3. 問題解決能力強。
4. 對老問題尋求新答案的能力強。

二、數學邏輯能力優異方面

1. 利用技術法與計算法幫助演繹與歸納、推理的能力強。

2. 具有數學家、物理學家的特質。

三、空間概念優異方面

1. 應用記數法、空間定位、構形的優勢於圖形認知與設計方面的能力很強。
2. 具有建築師、航海員、飛行員、探險家、雕塑家、機械工程師等特質。

四、肢體運動優異方面

1. 應用身體的全部或部分從事一項主題或時尚作品的表現能力強。
2. 具有舞蹈家、體育家、外科醫師的特質。

五、音樂優異方面

1. 辨識音調能力強。
2. 對韻律、旋律與和聲作曲的特徵、音色、音質等方面的敏感度強。
3. 聽出音樂的主題、樂旨、主旋律的能力強。
4. 能成為演奏或作曲的作家。
5. 具有音樂家的特質。

六、人際關係優異方面

1. 能洞悉他人的行動與動機。
2. 能扮演一個知識的生產者。
3. 具有教師、治療師、政治家、推銷員的特質。

七、洞悉個人的能力方面

1. 能理解自己的情緒、情感、動機、認知的優勢、風格等各方面的能力。
2. 具有無所不知的特質。

　　Harrison 與 Coleman（2004）觀察到資賦優異學生早期即具有一些特質，如表 7-5 所示。

表 7-5　整理自 Harrison 與 Coleman（2004）資賦優異學生早期具有之特質

容易學習	1. 擁有很多資訊（信息）。 2. 能比其他人更快完成作業。
表現高階的技能	1. 可以說出或複製故事，甚至連細節都能說得很清楚。 2. 理解進階的數字概念。
表現好奇心與創造力	1. 提問、探索、試驗。 2. 運用新的或不一樣的方法，將無關的想法與資料統整在一起。
有強烈的興趣	1. 為某些興趣，可以放棄自我的原則。 2. 同儕（朋輩）可能認為他是個「專家」。
表現高階的推理與問題解決能力	1. 敏銳的觀察者，能立即的描述其他人的錯誤。 2. 提供許多不同的方法來解決問題。
表現空間能力	1. 能理解事情運作的原因和過程。 2. 展現出許多藝術方面的獨特才能。 3. 能創造遊戲。
高動機	1. 自我開啟，不要求指示。 2. 具有獨立性，喜歡獨自完成事情。
表現社會覺知力	1. 能夠觀察出別人的觀點。 2. 表現出強烈的正義感。
表現領導才能	1. 能接受和完成責任。 2. 能影響他人。

註：引自 Harrison 與 Coleman（2004）。

貳、特殊教育需求

　　針對上述資賦優異（超常）與特殊才能學生的學習能力優異、學習快速，及學習方式與學習風格均有其偏好，郭靜姿（2004）認為，需要適合其能力、速度、方式、風格的安置方式及教材教法，以滿足其學習需求。她提出可以從彈性化的教育安置方式、特殊的教材教法、加強思考能力與研究能力之訓練、加強資優教育（超常教育）師資之專業訓練、開放社教及學術機構充分支援資賦優異教育、規劃長期的追蹤研究、加強資優生的生涯輔導、重視弱勢族群的資優教育等八方面的特殊教育需求，有待學校及相關單位提供全方位的服務給這些資優（超常）學生。

　　Gallagher（1985）及 Kirk 等（2006）提出可以從學習環境的調整、課程調整、教學策略的調整、輔助科技的利用等四方面，提供資賦優異與特殊才能學生的特殊教育服務。

一、學習環境的調整

(一) 彈性的進度

　　使學生加速晉級或使學生對教材精熟並能充分掌握教材內容。當學生顯現發展超越的特徵時，無論在幼兒園或大學階段，都可以考慮讓其提早跳級進入下一個學習階段。

(二) 分組

　　這項策略是讓資賦優異學生聚在一起學習，使其彼此設定學習進度，讓有相似能力者相互刺激。透過特殊班、資源班或叢集分組、參加中心（重點）學校的特定學科領域課程等，吸引有興趣的學生能有更突出的表現。

(三) 加速學習

　　Stanley（1996）提出六個加速學習的方式：

1. 提早入學（early school admission）：允許智力與社交能力發展成熟的兒童提早進入幼兒園就讀。
2. 跳級（skipping grades）：學生可以跳過教育階段的一個學期或一個年級，但這種加速方式的主要問題是學生可能會有適應方面的問題。
3. 縮短年限（telescoping grades）：學生以較少的時間完成預定學習的教材。
4. 進階預修（advanced placement）：當學生在中學時，就可以選修大學課程，以縮短在中學的學習時間。
5. 高中及大學雙主修（dual enrollment in high school and college）：當學生一讀完中學時，便可進入大學就讀。
6. 提早進入大學（early college admission）：資賦優異學生在 13～15 歲時就能進入大學就讀。

二、調整課程

1. 有效的教育方案：許多教育實作方案，例如：問題解決、問題發現與微電腦使用，均可以讓學生獲益，而加速學習方案與高階課程，特別能讓資賦優異學生獲益。

2. 濃縮課程：當學生具備該有的基本技能知識，並且能夠應用這些知識時，就應該容許學生學習其他領域。

3. 加速與充實課程內容：課程內容加速（content acceleration）是將傳統課程進行加速，過程中是讓兒童能夠精熟愈來愈複雜的觀念；而課程內容充實（content enrichment）是藉由延伸學習教材或指定作業，讓學生能對學習議題有深入的了解。

4. 內容精緻化（content sophistication）：對資賦優異兒童而言，在於挑戰其運用高層次思考能力來增進理解事物的能力，找出同年齡兒童所無法理解或看不出差異的事物，鼓勵資賦優異兒童了解重要的抽象科學規則與概念，或運用共通原則至各種情境中。

5. 課程內容創新：提供與標準課程不同的知識。

三、調整教學策略

(一) 問題本位學習

　　有些特殊策略能應用於幫助學生學習搜尋知識，並且從中衍生出問題解決的方法，這種以問題本位學習（problem-based learning）的內容如下：

1. 給學生一個缺乏結構的問題。
2. 讓學生能從處理問題中獲益。
3. 教師扮演後設認知的導引者（metacognitive coach），而不是資訊（信息）的提供者。

(二) 創造力

　　Simonton（1999）提出可以增進創造力的策略如下：

1. 從大範圍的關注點，提供導向共通點的基礎。
2. 能接受創新的經驗，並以此激發創造力。
3. 能夠同時進行多個彼此間無相關事物的思考。
4. 認知與行為富有彈性，容許採納無例可循的方式來研究事物。
5. 允許學生獨立自主的思考空間。

(三) 調整時間

　　學生一年在學校的時間約為兩百天，學生在有限的時間學習所需要的知識和技巧；學習能力較佳的學生，在相同的時間內可以精熟更多知識與技巧，面對這樣的學習差異，教師必須適當地調整資優（超常）生學習的時間。

四、利用輔助科技

　　教育科技的快速發展，使得大量堆積如山的知識變得更容易取得，每一位學生均可以從電腦、網路或智慧型手機中，獲得許多知識及更具挑戰性的作業，對資賦優異學生更是有利。可以幫助教師從直接教學（direct instruction）轉變為指導教學（instructional coach），幫助學生分辨網路所搜尋的資訊（信息）正確與否。遠距教學或視訊教學對於偏遠地區的資賦優異學生也會有很大的幫助，可以透過互動視訊學習到許多複雜的概念。

問題討論

1. 試述智能障礙學生的特殊教育需求。
2. 試述視覺障礙學生的特殊教育需求。
3. 試述聽覺障礙學生的特殊教育需求。
4. 試述語言障礙學生的特殊教育需求。
5. 試述肢體障礙、腦性麻痺與身體病弱學生的特殊教育需求。
6. 試述情緒行為障礙學生的特殊教育需求。
7. 試述學習障礙學生的特殊教育需求。
8. 試述多重障礙學生的特殊教育需求。

9. 試述自閉症學生的特殊教育需求。

10. 試述發展遲緩兒童的特殊教育需求。

11. 試述資賦優異與特殊才能學生的特殊教育需求。

 參考文獻

❖ 中文部分

內政部戶政司（2011）。**人口年齡結構重要指標**。http://www.ris.gov.tw/version96/
　　population_01.html

王華沛（2004）。學習障礙教育。載於林寶貴（1999）主編，郭靜姿（2004）
　　修訂，**中華民國特殊教育概況**。教育部特殊教育工作小組。

行政院衛生署（2008）。**身心障礙等級**。作者。

杞昭安（2004）。視覺障礙教育。載於林寶貴（1999）主編，郭靜姿（2004）
　　修訂，**中華民國特殊教育概況**。教育部特殊教育工作小組。

吳姝華（2004）。聽力損失者的語言障礙。載於林寶貴（策畫主編），**溝通障
　　礙：理論與實務**（頁 149-182）。心理。

吳哲民、林寶貴等（2011）。**人工電子耳植入後聽語復健中期成效追蹤報告**。
　　林口長庚醫院耳鼻喉部。

林惠芬（2007）。智能障礙者的特徵。載於許天威、徐享良、張勝成（主
　　編），**新特殊教育通論**（第二版）。五南。

林寶貴（1985a）。智能不足兒童語言障礙與構音能力之研究。**教育學院學報**，
　　10，15-53。

林寶貴（1985b）。聽覺障礙兒童語言障礙與構音能力之研究。**特殊教育研究學
　　刊**，1，141-164。

林寶貴（1986）。腦性麻痺學生語言障礙與構音能力之研究。**特殊教育學報**，
　　1，29-70。

林寶貴（1994）。**語言障礙與矯治**。五南。

林寶貴（主編）（1999）。**中華民國特殊教育概況**。教育部特殊教育工作小
　　組。

林寶貴（2008）。溝通障礙與療育。載於林寶貴（主編），**特殊教育理論與實**

務（第二版）。台北：心理。

林寶貴（2009）。語言障礙教育。載於林寶貴（主編），**修訂版台灣特殊教育概況**。上海：英華特殊教育師資培訓中心。

林寶貴（2012）。溝通障礙與療育。載於林寶貴（主編），**特殊教育理論與實務**（第三版）。台北：心理。

林寶貴、杞昭安（1996）。兒童認知發展能力測驗之編製及相關研究。**特殊教育研究學刊，14**，1-20。

林寶貴、李真賢（1987）。聽覺障礙學生國語文能力之研究。**教育學院學報，12**，1-29。

林寶貴、李旭原（1993）。**智能障礙兒童語言發展能力及其相關因素之研究**。台灣師範大學特殊教育研究所。

林寶貴、李如鵬、黃玉枝（2009）。**學齡階段數學能力測驗指導手冊**。教育部特殊教育工作小組。

林寶貴、吳純純、林美秀（1995）。台灣區兒童普通推理能力及其相關因素之研究。**特殊教育學刊，11**，1-18。

林寶貴、林美秀（1994）。學前兒童語言障礙評量表之編訂及其相關研究。**特殊教育研究學刊，10**，259-281。

林寶貴、邱上真（1983）。我國智能不足兒童語言能力研究。**教育學院學報，8**，197-228。

林寶貴、邱上真、陳怡佐（1989）。**學前聽覺障礙兒童詞彙理解能力與有關因素之研究**。教育部社會教育司。

林寶貴、黃玉枝（1997）。聽障學生國語文能力及錯誤類型之分析。**特殊教育研究學刊，15**，109-129。

林寶貴、黃稜珺（1994）。**腦性麻痺兒童認知推理能力及其相關因素之研究**。台灣師範大學特殊教育研究所。

林寶貴、黃玉枝、李如鵬（2009）。**學齡階段國語文能力測驗指導手冊**。教育部特殊教育工作小組。

林寶貴、黃玉枝、張正芬（1992）。台灣區智能不足學童語言障礙之調查研究。**聽語會刊，8**，13-43。

林寶貴、曹純瓊（1996）。高雄市國小階段自閉症兒童語言能力調查研究。**聽語會刊，12**，46-61。

林寶貴、張小芬（1988）。聽覺障礙學生瑞文氏非文字推理測驗常模之建立及

其相關研究。**特殊教育學報**，3，29-67。

林寶貴、張小芬（1989）。國小階段聽障兒童柯氏方塊組合能力測驗之修訂及其相關研究。**特殊教育學報**，4，69-109。

林寶貴、張小芬（1998）。國中智障學生國語文能力及其相關因素之研究。**特殊教育研究學刊**，16，87-108。

林寶貴、張宏治（1987）。視覺障礙學生語言障礙與構音能力之研究。**特殊教育學報**，2，57-84。

林寶貴、張昇鵬（1994）。智能障礙兒童普通推理能力結構及其相關因素之研究。**特殊教育研究學刊**，10，143-169。

林寶貴、張勝成、呂淑如（1993）。**聽覺障礙兒童語言發展能力及相關因素之研究**。教育部社會教育司。

林寶貴、錡寶香（1989a）。聽覺障礙學生高級瑞文氏圖形補充測驗常模之建立及其相關研究。**特殊教育學報**，4，111-146。

林寶貴、錡寶香（1989b）。**聽障學生國語文能力測驗之編製及其相關因素之研究**。台灣教育學院特殊教育研究所。

林寶貴、錡寶香（1991）。高職階段聽覺障礙學生國語文與數學能力之研究。**特殊教育研究學刊**，7，109-127。

林寶貴、錡寶香（1993）。高職階段聽障學生制控信念與自我概念之研究。**特殊教育研究學刊**，9，51-72。

林寶貴、錡寶香（2002a）。聽覺障礙學童口語述說能力之探討：語意、語法與迷走語之分析。**特殊教育研究學刊**，22，127-154。

林寶貴、錡寶香（2002b）。**兒童口語理解測驗**。教育部特殊教育工作小組。

林寶貴、錡寶香（2002c）。**中文閱讀理解測驗**。教育部特殊教育工作小組。

林寶貴、錡寶香（2003）。**國小學童書寫語言測驗**。教育部特殊教育工作小組。

周台傑（2007）。學習障礙者的特徵。載於許天威、徐享良、張勝成（主編），**新特殊教育通論**（第二版）。五南。

洪儷瑜（2004）。嚴重情緒障礙教育。載於林寶貴（1999）主編，郭靜姿（2004）修訂，**中華民國特殊教育概況**。教育部特殊教育工作小組。

宣崇慧、林寶貴（2002）。學前聽障及聽常兒童讀寫萌發情形與口語發展能力之探究。**特殊教育復健學報**，10，35-57。

施顯烇（2004）。**行為及情緒問題的處理**。五南。

胡純（2004）。發展遲緩教育。載於林寶貴（1999）主編，郭靜姿（2004）修
　　訂，中華民國特殊教育概況。教育部特殊教育工作小組。

翁素珍、洪儷瑜、林寶貴（2006）。聽障違抗兒童之溝通互動能力研究。**特殊
　　教育研究學刊，30**，155-180。

徐享良（2007）。肢體障礙與身體病弱者的特徵。載於許天威、徐享良、張勝
　　成（主編），**新特殊教育通論**（第二版）。五南。

孫淑柔（2004）。多重障礙教育。載於林寶貴（1999）主編，郭靜姿（2004）
　　修訂，中華民國特殊教育概況。教育部特殊教育工作小組。

教育部（2009）。**特殊教育法規選輯**。作者。

教育部（2012）。**身心障礙及資賦優異學生鑑定辦法**。2012 年 9 月 28 日修正
　　發布。

教育部（2013）。**特殊教育法**。2013 年 1 月 23 日修正發布。

教育部（2019）。**特殊教育法**。2019 年 4 月 24 日修正公布。

許天威（2004）。肢體障礙教育。載於林寶貴（1999）主編，郭靜姿（2004）
　　修訂，中華民國特殊教育概況。教育部特殊教育工作小組。

黃美涓（2002）。早期療育：幼吾幼以及人之幼。**長庚醫訊，23**（3），6-9。

郭靜姿（2004）。資賦優異及特殊才能教育。載於林寶貴（1999）主編，郭靜
　　姿（2004）修訂，中華民國特殊教育概況。教育部特殊教育工作小組。

張正芬（2004）。自閉症教育。載於林寶貴（1999）主編，郭靜姿（2004）修
　　訂，中華民國特殊教育概況。教育部特殊教育工作小組。

張蓓莉（2004）。聽覺障礙教育。載於林寶貴（1999）主編，郭靜姿（2004）
　　修訂，中華民國特殊教育概況。教育部特殊教育工作小組。

楊雅惠、林寶貴（2005）。啟聰學校高中學生手語敘事與故事寫作能力之探
　　討。**特殊教育與復健學報，14**，29-54。

萬明美（2007）。視覺障礙者的特徵。載於許天威、徐享良、張勝成（主
　　編），**新特殊教育通論**（第二版）。五南。

蔣明珊、沈慶盈（2012）。早期療育。載於林寶貴（策劃主編），**特殊教育理
　　論與實務**（第三版）。心理。

鳳華（2007）。自閉症的發展行為與特徵。載於許天威、徐享良、張勝成（主
　　編），**新特殊教育通論**（第二版）。五南。

鄧明昱（2013）。**DSM-5 診斷標準的改變**。http://blog.sina.com.cn/iacms

蕭金土（2007）。聽覺障礙者的特徵。載於許天威、徐享良、張勝成（主

編），新特殊教育通論（第二版）。五南。

Kirk, S., Gallagher, J. J., Anastasiow, N. J., & Coleman, M. R.（2011）。**特殊教育概論**（第二版）（韓福榮、曹光文譯）。雙葉。（原著出版年：2005）

❖ 英文部分

Bigge, J., Best, S., & Heller, K. (2004). *Teaching individuals with physical, health, or multiple disabilities* (5th ed.). Merrill-Prentice Hall.

Cosden, M., Brown, C., & Elliott, K. (2002). Development of self-understanding and self-esteem in children and adults with learning disabilities. In B. Wong & M. Donahue (Eds.), *Social dimensions of learning disabilities* (pp. 32-52). Erlbaum.

Crain, E. J. (1980). Socioeconomic status of educable mentally retarded graduates of special education. *Education and Training of the Mentally Retarded, 15,* 90-84.

Crockett, J., & Kauffman, J. (1998). Classrooms for students with learning disabilities. In B. Wong (Ed.), *Learning about learning disabilities* (2nd ed.) (pp. 489-525). Academic Press.

Deshler, D., Ellis, E., & Lenz, S. (1996). *Teaching adolescents with learning disabilities: Strategies and methods* (2nd ed.). Love.

Fowler, A. (1998). Language in mental retardation: Associations with and dissociations from general cognition. In J. Burack, R. Hodapp, & E. Zigler (Eds.), *Handbook of mental retardation and development* (pp. 290-333). Cambridge University Press.

Gallagher, J. (1985). *Teaching the gifted child* (3rd ed.). Allyn & Bacon.

Gardner, H. (1985). *Frames of mind: The theory of multiple intelligence*. Basic Books.

Grandin, T. (1995). The learning style of people with autism: An autobiography. In K. Quill (Ed.). *Teaching children with autism: Methods to enhance communication and socialization* (pp. 33-52). Delmar.

Greenspan, S. (1999). A contextual perspective on adaptive behavior. In R. Schalock (Ed.), *Adaptive behavior and its measurements: Implications for the field of mental retardation* (pp. 15-42). American Association on Mental Retardation.

Hallahan, D. P., Kauffman, J. M., & Lloyd, J. W. (1999). *Introduction to learning disabilities*. Allyn & Bacon.

Harrison, A., & Coleman, M. R. (2004). *Do you teach some who... : An observational reporting procedure to identify gifted behaviors in children*. University of North Carolina, Frank Porter Graham Child Development Institute, Project U-STARS PLUS.

Johnson, C. J. (2006). Getting started in evidence based practive for childhood speech-language disorders. *American Journal of Speech-Language Pathology, 15,* 20-35.

Johnson, R., & Johnson, D. (1991). Collaboration and cognition. In A. Costa (Ed.), *Developing minds: A resource book for teaching thinking* (pp. 298-301). ASCD.

Kanner, L. (1943). Autistic disabilities of affective contact. *Nervous Child, 2,* 217-250.

Kavale, K., & Forness, S. (2000). Policy decisions in special education. In R. Gersten, E. Schiller, & S. Vaughn (Ed.), *Contemporary special education research* (pp. 281-326). Erlbaum.

Kirk, S., Gallagher, J. J., & Anastasiow, N. J. (1997). *Educating exceptional children* (8th ed.). Houghton Mifflin.

Kirk, S., Gallagher, J. J., Anastasiow, N. J., & Coleman, M. R. (2006). *Educating exceptional children* (11th ed.). Houghton Mifflin.

Lerner, J. W. (2000). *Learning disabilities* (8th ed.). Houghton Mifflin.

Lerner, J. W. (2003). *Learning disabilities: Theories, diagnosis, and teaching strategies*. Houghton Mifflin.

Lidz, C. (2003). Polishing the link between assessment and intervention. *Contemporary Psychology, 48*(6), 837-839.

Lord, C. (2001). *Children with autism*. National Academy of Sciences.

Lyon, G. (1999). Programmatic research in learning disabilities. In R. Gallimore, L. Bernheimer, D. MacMillan, D. Speece, & S. Vaughn (Eds.), *Developmental perspectives on children with high incidence disabilities* (pp. 261-271). Erlbaum.

McConnell, S. (2000). Interventions to facilitate social interaction for young children with autism: Review of available research and recommendations for educational intervention (paper prepared for *National Research Council of the National Academy of Sciences*). University of Minnesota.

Mesibov, G. B. (1999). Are children with autism better off in an autism classroom or multidisability classroom? *Journal of Autism Developmental Disorders, 29,* 429.

Mirenda, P., & Erickson, K. (2000). Augmentative communication and literacy. In A. Wetherby & B. Prizant (Eds.), *Autism spectrum disorders* (pp. 333-368). Paul H. Brookes.

Moores, D. (1996). *Educatung the deaf* (3rd ed.). Houghton Mifflin.

Myers, P. I., & Hammill, D. D. (1982). *Learning disabililies: Basic concepts, assessment practices, and instructional strategies*. Pro-Ed.

Nelson, C. M. (2003). Through a glass darkly: Reflections on our field and its future. *Behavioral Disorders, 28,* 212-216.

Schaeffer, C., Petras, H., Ialongo, N., Poduska, J., & Kellam, S. (2003). Modeling growth in boys' aggressive behavior across elementary school: Links to later criminal involvement, conduct disorder, and antisocial personality disorder. *Developmental Psychology, 39,* 1020-1035.

Schopler, E., Mesibov, G., & Kunce, L. (Eds.) (1998). *Asperger syndrome of high-functioning autism*. Plenum Press.

Simonton, D. (1999). *Origin of genius: Darwinian perspectives on creativity*. Oxford University Press.

Smith, B., & Rapport, M. J. (1999). Early childhood inclusive policy and systems: What we know. In M. Guralnick (Ed.). *Early childhood inclusion: Focus on change* (pp. 49-68). Paul H. Brookes.

Stanley, J. (1996). The study of mathematically precocious youth. In C. Benbow & D. Lubinski (Eds.), *International talent*. Johns Hopkins University Press.

Stanton-Chapman, T., Stanton, D., & Scott, K. (2001). Identification of early risk factors for learning disabilities. *Journal of Early Intervention, 24*(3), 193-206.

Turnbull, A., & Turnbull, H. R. (1991). Family assessment and family empowerment. In L. Mayer, C. Peck, & L. Brown (Eds.), *Critical issues in the lives of people with severe disabilities*. Paul H. Brookes.

Twachtman-Cullen, D. (2000). Moveable children with autism spectrum disorders. In A. Wetherby & B. Prizant (Eds.), *Autism spectrum disorders: A transactional developmental perspective* (pp. 225-250). Paul H. Brookes.

Van Riper, C. (1992). *The nature of stuttering* (2nd ed.). Waveland Press.

Yirmiya, N., Erel, O., Shaked, M., & Solomonica-Levi, D. (1998). Meta-analysis comparing theory of mind abilities of individuals with autism, individuals with mental retardation, and normally developing individuals. *Psychological Bulletin, 124*, 283-307.

Ysseldyke, J. E., Algozzine, B., & Thurlow, M. L. (2000). *Critical issues in special education* (3rd ed.). Houghton Mifflin.

Yoder, P., & Warren, S. (2004). Early predictors of language in children with and without Down syndrome. *American Journal of Mental Retardation, 109*, 285-300.

第 8 章

特殊教育學生的鑑定評量與安置

林寶貴

✻

前言

本章依據教育部（2013a）修正的《身心障礙及資賦優異學生鑑定辦法》第 2 條至第 24 條；及教育部（2019a）《特殊教育法》第 6 條特殊教育學生教育安置原則的規定，介紹台灣各類特殊教育學生的鑑定、評量與安置方式。首先說明鑑定、評量與安置之意義、功能、執行單位、工作程序、原則、應注意事項等基本概念，再分 11 節分別介紹 11 類特殊教育學生的鑑定、評量與安置方式。

第一節 鑑定評量與安置之基本概念

♥♥♥ 壹、鑑定之基本概念

一、鑑定之意義

1. 按照某種標準將事物或人員加以區分、歸類的歷程，稱為鑑定。
2. 在教育鑑定工作上，強調以法定標準進行歸類，判定個體是否具備某項資格。
3. 在特殊教育鑑定工作上，則是要判定某生是否具備接受特殊教育服務的法定

資格。

4. 台灣目前對特殊教育學生的鑑定，分為身心障礙 13 類、資賦優異 6 類（教育部，2019a）。

二、鑑定的功能

鑑定主要是在對特殊學生相關福利資格的確認、牽涉對象的適當性，及學生與家長權益的保障。

1. 福利服務的決定。

2. 教育安置的決定。

3. 相關配套措施的決定。

三、鑑定的執行單位

1. 醫療單位：身心障礙等級、診斷證明。

2. 教育單位：特殊教育學生鑑定安置及就學輔導委員會（簡稱鑑輔會）。

3. 教學或臨床鑑定：專業特教教師或治療師。

四、鑑定安置及就學輔導委員會（以下簡稱鑑輔會）

(一) 鑑輔會的組織（如圖 8-1 所示）

(二) 鑑輔會的功能

1. 負責各類特殊學生之鑑定事宜。

2. 規劃各類特殊學生安置事宜。

3. 協助擬訂特殊學生個別化教育計畫（簡稱 IEP）。

4. 評鑑及督導 IEP 的執行情形。

5. 再評鑑特殊學生安置的適當性。

圖 8-1 鑑定安置及就學輔導委員會組織圖

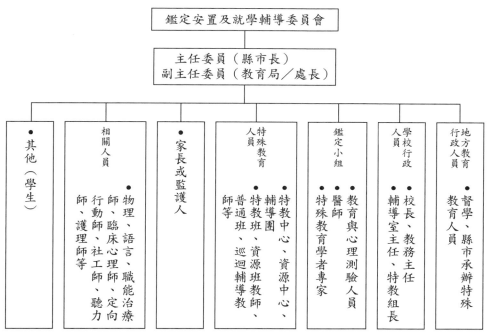

註：修改自陳麗如（2006）。

(三) 鑑輔會的工作程序（如圖 8-2 所示）

五、鑑定的方法

(一) 醫療單位的鑑定

1. 理學檢查。
2. 基本檢查。
3. 特殊檢查。

(二) 教育單位的鑑定

1. 根據《身心障礙及資賦優異學生鑑定辦法》。

圖 8-2　鑑輔會的工作程序

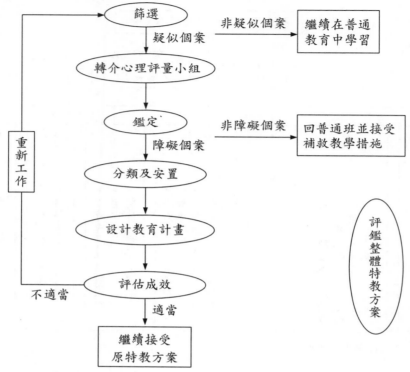

註：修改自陳麗如（2006）。

2. 鑑定原則採多元評量方式，由具有測驗資格人員，利用標準化評量、觀察、
　　晤談、醫學檢查或身心障礙手冊等蒐集資料，綜合研判。

六、特殊學生鑑定與安置程序

(一) 特殊學生鑑定與安置工作流程（如圖 8-3 所示）

(二) 特殊學生安置原則

1. 就近入學。
2. 社區化。
3. 多元化。
4. 最少限制的環境。

圖 8-3 特殊學生入學鑑定與安置流程

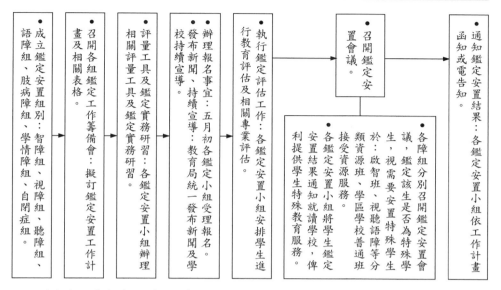

註：引自台北市教育局（2001）。

(三) 目前特殊教育學生安置情形

2015 學年度台灣有 28 所特殊教育學校，27 所公立、1 所私立，班級數 693 班，學生數 6,210 人；在一般學校高中以下就讀的身心障礙學生有 5,168 班，學生 102,461 人；資優班有 936 班，學生 25,035 人；全部共有特殊教育班級 6,104 班，特殊教育學生 127,496 人；就讀大學校院的身心障礙學生也有 127,496 人（教育部，2016）。2021 學年度在 17 所特殊教育學校高中部以下就讀的身心障礙學生有 652 班，4,594 人，在一般普通班就讀的身心障礙學生有 6,226 班，126,689 人；資優生在一般學校就讀的有 974 班，29,765 人（含特殊才能學生）；就讀大學校院的身心障礙學生也有 14,747 人（教育部，2022）。

(四) 身心障礙證明申請流程（如圖 8-4 所示）

1. 向戶籍所在地公所申請。
2. 持「身心障礙鑑定表」至指定醫院辦理鑑定。

圖 8-4　身心障礙證明申請流程

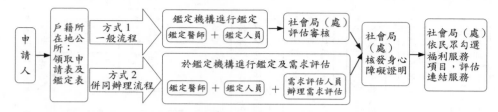

註：引自衛生福利部社會及家庭署身心障礙服務入口網（dpws.sfaa.gov.tw/issuance-certificate-1-detail-4.html）。

3. 鑑定小組或醫療機構鑑定後一個月內，將鑑定表送至縣（市）衛生主管機關。
4. 衛生機關核發鑑定費用，將表格核轉縣（市）社政（民政）主管機關，製發身心障礙證明（殘疾證明）。

七、特殊學生鑑定應注意事項

(一) 鑑定過程需注意的理由

1. 鑑定過程關係個案的福利與權益。
2. 避免鑑定結果產生標記現象。
3. 避免誤判，浪費特教資源。

(二) 鑑定過程應注意事項

1. 應做個別評量
2. 不可僅根據一種測驗結果做鑑定。
3. 以多專業人員團隊方式鑑定。
4. 鑑定過程家長應多參與。
5. 鑑定會議過程宜謹慎。

(三) 鑑定後的注意事項

1. 應注意標記的現象。
2. 應注意鑑定的目的及功能。

3. 避免主觀建議。

4. 安置後應陸續檢討與追蹤。

5. 臨界障礙學生、中途入學學生等的處理。

6. 安置不當的學生，應有再鑑定或再安置的機制。

貳、評量之基本概念

一、評量之意義

　　陳麗如（2006）認為，特殊學生的評量包括下列三個意義：

1. 根據一項標準，對所測量的數值予以價值判斷。

2. 教育評量結果，常作為各種教育決定的依據。

3. 除根據某項標準（如常模參照）外，更應蒐集個人相關資料加以分析解釋後，做綜合研判，方能取得有效度的評量結果。

二、評量的功能

1. 建立學生個人資料。

2. 行政決定：包括篩選和安置。

3. 作為輔導的決定。

4. 教學效能：作為教學前後、設計 IEP 的依據。

5. 了解學生學習進步的情形。

三、評量的內容

1. 依評量對象的需求決定評量內容。

2. 一般包括個案生理狀態、心理表現、教育資料、社會適應四部分。

3. 一般健康狀況，通常由學生、家長、醫師提供。

4. 心理表現可藉標準化心理測驗獲得／取得。

5. 教育資料通常由任課教師、輔導教師、導師（班主任）提供。

6. 社會適應依社會適應量表或訪談結果取得。

四、評量的方法

1. 標準化工具的評量：指利用標準化測驗，進行客觀、科學、標準化的評量工具，按照一定的指導語、施測程序、施測說明、計分標準、注意事項等進行施測，有常模可以對照。

2. 非標準化工具的評量：指利用非標準化測驗，亦即利用觀察、晤談、家庭訪問、事件紀錄表、錄影／錄像、錄音、圖卡、字卡、生態評量、動態評量、檔案評量、課程本位評量、檢核表、功能性評量、實作評量、評定量表、檢核表等方法所進行的評量。

(三) 評量計畫的內容

1. 一份嚴謹的評量，應事先擬訂周詳的評量計畫。
2. 評量計畫內容應包括評量目的、評量項目、評量方法、評量人員。

(四) 評量報告的內容

1. 基本資料。
2. 評量的目的。
3. 標準化測驗結果。
4. 非標準化測驗結果。
5. 評量結果的解釋。
6. 評量後的建議：包括教學、輔導、相關服務等方面的建議。

(五) 評量的原則

1. 「評量→教學→再評量→再教學」原則，是為持續性的評量／評估與監控。
2. 教學前應先加以評量，以了解學生的基本能力、起點行為、學習缺陷或癥結所在。
3. 教學一段時日後，再進行評量，以了解學生的進步情形，做必要的調整。
4. 調整後「再評量、再教學」，甚至一再循環進行，以了解學生學習的困難所在。

五、特殊學生評量應注意的事項

(一) 評量過程應注意的事項

1. 取得個案或家長同意。
2. 因應受試狀況，考慮施測時必要的調整或服務措施。
3. 因應受試狀況，選擇適當的評量方法，以避免一試定終身。
4. 選擇適當的評量工具，蒐集完整資料。
5. 非標準化的評量工具亦應注意信效度，以免流於主觀。

(二) 評量結果的注意事項

1. 注意免受傷害的權利保護。
2. 評量結果應向當事者或家長／監護人做適當的解釋。
3. 善於利用評量結果，設計或調整教材、教法。
4. 配合多元評量原則，掌握學生狀況，慎下結論。

♥♥♥ 參、安置之基本概念

一、現有安置型態

　　張正芬（2004）認為，為因應各類特殊教育學生之不同特殊教育需求，台灣的特殊學生教育安置，主要有下列五種類型：

1. 普通班：全時制在普通班就讀，有特教教師或巡迴輔導教師提供諮詢或相關服務。
2. 資源班：為部分時間提供特殊教育服務的一種方案。學生的學籍設在普通班，但有部分時間至資源班上課。目前資源班服務的對象，由以往的單一類別轉向不分類，服務內容也由早期以學科補救教學為主的課業輔導，轉而以更能符合學生個別需求的多元方向邁進。
3. 全時制特殊教育班：學生在校時間全部在特殊教育班上課，目前全時制特殊教育班已經很少。

4. 特殊教育學校：學生在特殊教育學校上課，分通學制與住宿制二種。目前特殊教育學校有智障類、聽障類、視障類、肢障類及不分類（綜合類）的特殊學校。

5. 在家教育（送教上門）：領有身心障礙手冊（殘疾證明）或有重大疾病卡之學生，因其特殊狀況無法到學校上課時，可申請在家教育（送教上門），經核准後由學校派遣巡迴輔導教師到家輔導。目前在家教育（送教上門）的學生，以多重障礙類與身體病弱類學生為多。

　　此外，筆者認為極重度或多重障礙者，無法安置於以上五種類型者，尚可以安置於公私立教養機構或在醫院接受床邊教學。

二、安置原則

　　近年受到最少限制環境與融合教育（隨班就讀）理念的影響，盡可能讓身心障礙學生與普通學生一起就學已成為教育安置的重要考量，尤其學前教育階段的身心障礙兒童，教育部（2019a）修訂之《特殊教育法》第 18 條更明文規定應與普通兒童一起就學為原則。其他尚有一些重要原則臚列如下：

(一) 就近入學的原則

　　國民教育（義務教育）階段特殊教育學生之就學以就近入學為原則，但學區內若無合適的特殊教育場所可安置時，可經所屬鑑輔會鑑定後安置於適當學區之特殊教育場所。

(二) 最少限制環境的原則

　　最少限制的環境係指學校應盡最大可能，使身心障礙學生與其他同齡學生一同接受適當的教育，並協助其參與校內外活動為原則。除非在普通班提供的教育輔助器材及相關支持服務無法滿足該生之需求，經家長同意及所屬鑑輔會核准後，方可安置在其他特殊教育場所。

(三) 需求原則

　　特殊兒童的教育安置，應依其對特殊教育及相關專業服務需求程度的多寡

而定，因此，應該重視的是何種教育安置環境最能提供該生適當的服務。

(四) 彈性安置的原則

　　法令規定各縣市鑑輔會每年應評估特殊兒童教育安置的適當性，必要時應視實際狀況調整安置方式。因此特殊兒童的教育安置並非不可改變。特殊兒童安置在普通班以外其他特殊教育學校（或特殊教育班）應是暫時的措施，期間久暫應視學生個別狀況或需要而定。

三、安置的一般性考量

　　特殊兒童的教育安置，除參酌上述原則辦理外，亦應考量下列情況：

1. 學生的情況應包括智力、情緒、行為、能力、適應等各方面。
2. 父母的意願：包括父母對不同教育安置的看法、對孩子的期待、能提供的配合度等。
3. 居家遠近：包括交通的便利性、所需時間及人力負擔等。
4. 學校情況：包括學校的接納度、熱心度、辦學經驗、資源提供、辦理績效等支持系統的良窳。
5. 相關服務：包括志工／義工、相關團體的輔導、服務等。

第二節　智能障礙學生的鑑定評量與安置

 ## 壹、鑑定與評量

　　台灣地區對於智能障礙學童的鑑定，基本上係由醫療、特教、社工、臨床心理師等組成之專業團隊，採用多重的鑑定標準，並依循轉介→評量→會商→安置的過程實施之（王亦榮，1999）。目前智能障礙學生的鑑定與評量標準，主要係根據教育部（2013a）公布的《身心障礙及資賦優異學生鑑定辦法》第3條「所稱智能障礙，指個人之智能發展較同年齡者明顯遲緩，且在學習及生活適應能力表現上有顯著困難者。

前項所定智能障礙,其鑑定基準依下列各款規定:

1. 心智功能明顯低下或個別智力測驗結果未達平均數負 2 個標準差。
2. 學生在生活自理、動作與行動能力、語言與溝通、社會人際與情緒行為等任一向度及學科(領域)學習之表現較同年齡者有顯著困難情形。」

♥♥♥ 貳、安置措施

邱紹春(2004)認為,台灣智能障礙學生的安置措施係採多元安置的原則,分別安置於啟智班、特殊學校及資源班,但因學齡階段及各縣市安置基準的不同,安置方式也不同。

一、安置方式

一般而言,智能障礙學生的安置方式,學前階段與學齡階段有些差異。

1. 學前階段:特幼班、融合班。
2. 國小(小學)、國中(初中)及高中職階段:在特殊學校、啟智班/培智班、普通班(接受資源班的服務)、巡迴輔導班(包含在家教育及在醫院中的床邊教學)就讀四種。

二、 安置的基準

各縣市的安置基準可分為四種類型。

(一) 不區分障礙等級

以學生能力、需求、學校資源、環境等因素為考量的縣市有新北市、台南市。

(二) 輕度智能障礙學生

安置於普通班的有台中市、彰化縣、台南縣、屏東縣。其餘大多安置於普通班接受資源教室方案服務,只有嘉義縣、市將部分學生安置於特殊班。

(三) 中度智能障礙學生

1. 全部安置於普通班接受資源教室服務的有：台北市、台中市、連江縣。
2. 全部安置於特殊班的有：新竹市、苗栗縣、彰化縣、金門縣。
3. 部分學生考量安置於特殊學校的有：高雄市、嘉義市、台東縣。
4. 部分安置於特殊班的有：基隆市、宜蘭縣、台中市、南投縣、雲林縣、高雄市、高雄縣、屏東縣、台東縣、花蓮縣。

(四) 重度、極重度智能障礙學生

　　均安置於特殊班、特殊學校或在家教育（送教上門）。只有連江縣因無特殊班、特殊學校，故安置於普通班接受資源教室服務。

第三節　視覺障礙學生的鑑定評量與安置

♥♥♥ 壹、鑑定與評量

一、鑑定標準

　　依據教育部（2013a）公布的《身心障礙及資賦優異學生鑑定辦法》第 4 條「所稱視覺障礙，指由於先天或後天原因，導致視覺器官之構造缺損，或機能發生部分或全部之障礙，經矯正後其視覺辨認仍有困難者。

　　前項所定視覺障礙，其鑑定基準依下列各款規定之一：

1. 視力經最佳矯正後，依萬國式視力表所測定優眼視力未達 0.3 或視野在 20 度以內。
2. 視力無法以前款視力表測定時，以其他經醫學專業採認之檢查方式測定後認定。」

二、鑑定程序

(一) 鑑定步驟

　　杞昭安（2004）認為，視覺障礙學生的鑑定，大體上依視力方面、基本能力方面、專業評量方面、特殊需求方面等。

　　每年 3 月申請入學的視覺障礙學生家長，準備填寫表格，帶視覺障礙學生前往規定之醫院檢查視力，鑑定小組對於視力檢查也有一些項目需要填寫一份視覺功能醫師診斷評估表，以了解學生視覺功能及對學習可能產生的影響，才能找出正確的矯正方法、教學方法與輔助器具。

　　6 月份正式的鑑定會議上，由鑑定小組安排專業人員進行視覺功能教育評估、基本能力檢核、專業評量診斷、特殊需求分析及建議，然後再綜合研判最適當之安置環境。

(二) 鑑定工具

　　視覺障礙學生的鑑定工具，一般以醫師的診斷證明書為基準（萬國式視力檢查、視野檢查計、視覺功能醫師診斷評估表），然後再以專業人員設計的視覺功能教育評估表、基本能力檢核表、專業評量診斷推薦表、特殊需求分析及建議表等四個工具為輔，需要時再參考其他認定檢核表之結果。

三、評量方式

　　評量之方式，視力方面由醫師做醫學之診斷，並由教育專業人員做視覺功能的教育評估。

　　基本能力方面，由教師與家長一起評量；專業評量診斷推薦表與特殊需求分析及建議表，由資深特教教師或專業人員實施，且均採取個別評量之方式。

四、評量者的條件

　　由家長配合醫師、資深特教教師、適當專業人員實施鑑定，因此評量者必須具備眼科醫師資格、特殊教育合格教師，並含括適當之專業人員。

五、綜合研判

　　視覺障礙學生之鑑定，最基本的是要有醫師的診斷證明，視力經矯正後其優眼視力在 0.3 以下，或視野在 20 度以內者，均視為視覺障礙兒童，至於如何做最適性的教育安置，則仍需經資深特教教師或適當之專業人員評估後，再參考學生家長之意願，做綜合研判。

六、評量工具

　　評量方面，著重於視覺功能、適應能力或生活自理能力、認知能力等。關於視覺功能評估，台北市視障教育資源中心有一套評估工具和程序，台大醫院復健／康復科職能治療（作業治療）組編有「視覺─動作整合發展測驗」，亦可作為評量之工具；適應能力方面，徐享良（2006）所編的「中華適應行為量表」、王天苗（2001）所編的「生活適應能力檢核手冊」，均可用來檢核視障學生在生活自理方面之表現；認知方面，杞昭安（2002）所編製的「視覺障礙學生圖形認知發展測驗」，可以了解視障兒童的認知能力。

七、評量上應注意事項

　　視覺障礙兒童的評量需要考慮下列幾個問題（杞昭安，2004）。

(一) 評量的目的

　　教師評量視覺障礙兒童的目的，主要在了解課業方面、心理方面或為鑑定、安置及補救教學。

(二) 評量的限制

　　評量有時具有特定的方式或目的，例如：智力測驗只能用來解釋有關智力方面的問題，成就測驗則可作教學上之參考，不可誤用。至於某些測驗可能涉及文化差異，需要在測驗上多加考量。全盲生所使用的性向測驗，為立體影印紙製作；「柯氏方塊組合能力測驗」也以各種材質布面製成。此外，為防止因觸覺有障礙而誤判的情形，在測驗之前必須先做觸覺測驗。

(三) 視覺的限制

視覺障礙兒童分為全盲和弱視，全盲兒童以及使用點字（盲文）之弱視兒童，評量時應提供點字（盲文）測驗卷；使用漢字之弱視學生，應提供放大約1.5 倍的測驗卷，以解決他們在視覺上所受到之限制。

(四) 感覺功能的問題

視覺障礙有時只是視障兒童的主要障礙，他們的聽覺、觸覺、味覺、嗅覺等功能如何，也有必要加以了解。例如：測量視覺障礙兒童的智力，將測驗題目轉換成觸覺型測驗，並不代表可以真正測出其智商；或許他們觸覺遲鈍，無法觸摸出所要測量題目的意思。因此在正式施測之前，必須先測量其觸覺敏感度，以免將觸覺不佳的兒童誤判為智能障礙。

(五) 藥物的影響

視覺障礙兒童中有腦瘤開刀者，有伴隨其他障礙者，或許必須經常服用藥物以控制眼壓、控制情緒、控制內分泌等，藥物對於視覺障礙兒童之影響是教師們必須了解的。

(六) 定向與行動

定向行動是視覺障礙兒童最重要的技能，當兒童內向、自我封閉、人際關係不佳時，首先應了解是否受其定向行動能力所影響。通常視覺障礙兒童均須接受此項課程的訓練。

(七) 行為影響社會互動

視覺障礙兒童的行為表現影響其社會互動，樂觀或悲觀、消極或積極、情緒穩不穩定，均是其社會互動好壞之指標。

(八) 概念的發展

概念的評量可以看出兒童發展狀況，一般兒童由具體到抽象概念之獲得，

有一定的程序，皮亞傑將它分為四個時期（參見第二章第二節），但視覺障礙兒童對於抽象概念之獲得困難，因此評量時，應注意視障兒童是否了解教師所使用的詞句。

(九) 特殊的評量過程

視覺障礙兒童之評量與一般兒童相同，然而一般教師缺乏評量視覺障礙兒童的經驗，因此測驗前應做周詳之準備，尤其是測量智力，更應先做練習，測驗的材料也應適合他們的程度，最好有助理在旁協助，並做各種觀察記錄。

(十) 編製視覺障礙兒童使用的測驗應注意事項

編製視覺障礙兒童適用的測驗時，應考慮下列幾項問題：

1. 指導語：應有明確指示，比照一般測驗之規定，以提供教師或學生作答之參考。

2. 避免過度保護：以正常的態度處理，必要時將試題轉換成點字（盲文）或大字體，不必做過多之提示。

3. 延長時間：視覺障礙兒童摸讀點字（盲文）之速度只有明眼人的六分之一，因此時間上可以稍微放寬，或延長時間。

4. 常模參照：視覺障礙兒童為數不多，是否需要建立視障兒童的常模見仁見智，但如果建立視障常模，可作為視障兒童彼此互相比較之參考。

5. 標準參照：標準參照是目前教師使用最多的評量標準，兒童可依自己的能力與教師協商，訂定標準，俾作再教學之依據。

6. 非正式的評量：非正式的評量應是視障教育工作者最需要的評量方式，這種評量方式隨時隨地均可實施，對於視障兒童補救教學最有幫助。

♥♥♥ 貳、安置措施

台灣視覺障礙學生的教育安置，北部有台北盲啞學校，於 1928 年改制為州立台北盲啞學校，1962 年改為台灣省立台北盲聾學校，1967 年 7 月改名為台北市立盲聾學校，1975 年盲聾分別設校，盲生就讀於台北市立啟明學校。

中部有台中啟明學校，是 1968 年省立台南盲聾學校分開設校後所改名的。

　　私立學校方面有私立惠明盲童育幼院，於 1956 年在台北市成立，1961 年遷至台中，改名為「台中縣盲童育幼院」，並於 1972 年獲台灣省政府教育廳准予立案，定名為「私立惠明學校」，後於 2011 年更名為「私立惠明盲校」。

　　在 140 餘年之視障教育發展中，另一種教育方式「視障兒童混合教育」亦於 1966 年開始實施。

　　目前，啟明學校和惠明盲校之學生人數有 632 名，而就讀於普通學校的混合教育班級或融合教育的學生，每年雖稍有增減，但總維持在 1,200 至 1,600 名之間。兩種不同的教育安置型態各有特色和優缺點，但國外大力提倡回歸主流、無障礙校園環境以及完全融合／全納教育（full inclusion），在這種趨勢下，近幾年來啟明學校的學生人數銳減，家長或輔導教師多會以學生的能力和情況提出安置的建議，故台北市政府教育局在高中職及國中小（初中小）階段，設有視障教育資源班，為視障學生提供應有的資源與協助，如抽離式、入班協同教學、附加課程等方式。而啟明學校所招收的學生障礙程度也愈來愈嚴重，學校面臨轉型的壓力，目前成立台北市視障教育資源中心，提供就讀於各普通學校視障學生之巡迴輔導服務。

第四節　聽覺障礙學生的鑑定評量與安置

❤❤❤ 壹、鑑定標準與原則

一、教育部的鑑定標準（教育部，2013c）

　　依據教育部（2013a）修訂公布的《身心障礙及資賦優異學生鑑定辦法》第 5 條「所稱聽覺障礙，指由於聽覺器官之構造缺損或功能異常，致以聽覺參與活動之能力受到限制者。

　　前項所定聽覺障礙，其鑑定基準依下列各款規定之一：

1. 接受行為式純音聽力檢查後，其優耳之 500 赫、1,000 赫、2,000 赫聽閾平均值，六歲以下達 21 分貝以上者；七歲以上達 25 分貝以上。

2. 聽力無法以前款行為式純音聽力測定時，以聽覺電生理檢查方式測定後認定。」

二、行政院衛福部的身心障礙等級

依該法定義（行政院衛生署，2012），由於各種原因導致聽覺機能永久性缺損，障礙程度分：
1. 輕度：優耳聽力損失在 55～69 分貝。
2. 中度：優耳聽力損失在 70～89 分貝。
3. 重度：優耳聽力損失在 90 分貝以上。

三、美國聾教育執行委員會的定義（林寶貴，1994）

1. 聾：配戴助聽輔具後，聽覺處理語言訊息（信息）能力仍有障礙。
2. 重聽：配戴助聽輔具後，有殘餘聽力處理語言訊息（信息）。

四、鑑定原則（林寶貴，1994）

1. 一般聽力檢查時，以聲音的頻率（赫茲，Hz）及強度（分貝，dB）為評量的兩個向度。
2. 一般聽力檢查時，即以聲音的頻率及聲音的強度檢查兩耳聽力受損情形。
3. 以優耳為鑑定標準，若一耳為聾，另一耳正常，仍不發給身心障礙手冊（殘疾證明）。
4. 聾及重聽的標準，美國與台灣不同，台灣的《特殊教育法》及「身心障礙等級」的聽障等級標準亦不同。
5. 另需評估聽障學生了解他人的接收性語言能力，及評估本身的表達性語言能力。
6. 通常鑑定聽力有無受損，各縣市鑑輔會並未直接對學生實施聽力檢查，但要求家長提供教學醫院的聽力圖及診斷證明，教師也可以從學生的學習表現、與他人的互動語言，發現有疑似聽障的學生。
7. 醫院核發身心障礙手冊（殘疾證明），宜防犯罪性詐聾。

❤❤❤ 貳、常用的鑑定及評量工具

1. 醫療單位常用的聽力檢查儀器，如純音／語音聽力檢查器、聽阻聽力檢查器、聽性腦幹聽力檢查器、新生兒聽力檢查器、幼兒遊戲式聽力檢查器等。

2. 教師或鑑輔會主要工作在為聽障學生學習上可能遇到的問題，提供教育服務。常用的評量工具，如智力測驗、學科成就測驗、語言理解／口語表達／讀話（看話）理解測驗、聽力檢核表、嬰幼兒聽覺發展檢核表、其他非正式評量策略等，可發現疑似聽障個案及其學習需求。

❤❤❤ 參、溝通能力的評量

聽障學生最大的問題在語言溝通困難。溝通能力的評量包括接收性語言以及表達性語言兩大部分。接收性語言又可細分為：(1)聽覺理解能力；(2)語言理解能力；(3)讀話（看話）理解能力；(4)閱讀能力。表達性語言又可區分為：(1)口語表達能力；(2)語文書寫能力。聽障學生如受到聽覺的限制，語文的能力會大受影響，而如何提高聽障學生之聽、說、讀、寫能力早已成為每位特教教師努力的重點。常聽到教師們抱怨不知如何評估聽障學生的語文能力或溝通能力，台灣評量工具不多，教師大部分利用平日之教學經驗或是觀察所得，進行非正式的評量。以下介紹一些可以運用的正式及非正式評量工具（林寶貴，2009b）。

一、接收性語言

1. 評量聽覺理解能力：可以利用「畢保德圖畫詞彙測驗」、「聽覺理解測驗」、「嬰幼兒聽覺發展評量表」。

2. 評量語言理解能力：可以利用林寶貴等（2008，2009）修訂之「學前／學齡兒童語言障礙評量表」的語言理解分測驗；及林寶貴、錡寶香（2002a）編訂之「兒童口語理解測驗」。

3. 評量讀話（看話）理解能力：可以利用張蓓莉等（1993）編訂之「聽覺障礙學生讀話句型測驗」。

4. 評量閱讀能力：可以利用林寶貴、錡寶香（2002b）編訂之「中文閱讀理解測

驗」。

二、表達性語言

1. 口語表達能力：可以利用「修訂學前／學齡兒童語言障礙評量表」的口語表達分測驗評量。

2. 語文書寫能力：對於較大的聽障學生，語文書寫能力成為彌補口語表達能力不足之最佳方法。聽障學生書寫之錯誤類型相當多，如誤用動詞、形容詞、連接詞等，重複使用動詞、副詞、轉折語等，以及詞句顛倒等，過去林寶貴、黃玉枝（1997）在「聽障學生國語文能力及錯誤類型之分析」中，也曾分析錯誤之類型，可據此研究結果，設定教學目標，應是最直接有效的。林寶貴、錡寶香（2003）另有一套「小學學童書寫語言測驗」標準化評量工具可用，也有一份林寶貴、宣崇慧（2005）之「學前兒童讀寫能力評定量表」可以參考。

3. 語言樣本分析：平常教師們教學也可以利用圖片或投影片等投射測驗方式，選擇一張內容豐富之圖片，呈現給學生，並發給每位學生一張 600 字稿紙，要求學生自訂一個題目，並且根據題目發揮成一篇作文。時間設定為 50 分鐘。每年開學做一次評量，比較學生書寫表達能力的進步情形，內容可分四部分來分析：

    (1) 內容方面：取材切題、情意豐富、主題高尚。
    (2) 詞句方面：明白通順、詞句恰當、措詞優美。
    (3) 結構方面：層次清楚、段落分明、結構緊密。
    (4) 書寫方面：字跡工整、標點完整、限時交卷。

三、其他能力測驗

可利用林寶貴等編訂之「中華國語文能力測驗」（林寶貴等，1996）、「學齡階段國語文能力測驗」（林寶貴、黃玉枝、李如鵬，2009）、「學齡階段數學能力測驗」（林寶貴、李如鵬、黃玉枝，2009）、「聽障學生手語能力測驗」（林寶貴等，2005）、「手語理解能力測驗」（林寶貴等，2014），評量聽障學生之國語／華語拼音、認字、字形義辨識、找贅字、重組、閱讀、數

學等綜合基本能力，及手語的閱讀、理解和說故事等能力。

♥♥♥ 肆、安置措施

目前台灣地區有 3 所公立啟聰學校（台北市立啟聰學校、台中啟聰學校、台南大學附屬啟聰學校）。2021 學年度 3 所公立啟聰學校，學生共有 612 人；3 所公立啟聰學校包括幼兒部、國小部、國中部、高中／高職部，平均每所有學生一百多人。另一所「私立高雄啟英學校」近年來已無聽障生就讀而關閉。但就讀於普通中小學的聽障學生則有 2,827 人，可見聽障學生已大都分散在普通班隨班就讀（教育部，2022）。

此外，目前台灣地區共有 7 所幼兒園設立學前聽障班，國中小以下教育階段集中式聽障班共有 20 班，分散式資源班 4 班，巡迴輔導式 27 班，共計 51 班（教育部，2016）。過去的特殊班級大都是自足式的特殊班，只有台北市國中、小大多採用「分散式資源班」的教學型態（68%），台灣省則是 78%，高雄市 100% 為自足式啟聰班的教學型態。近年來在融合教育的趨勢下，在分散式資源班及普通班的聽障生日益增多。2021 學年度以後除台北市外，新北市、宜蘭縣、高雄市、高雄縣等，亦採取「聽障資源班型態」安置，其他縣市亦逐漸加入分散式資源班或不分類資源班的安置方式。2021 學年度全台學前階段的聽障生人數共有 702 人，國小階段共有 1,332 人，國中階段共有 595 人，高中階段共有 629 人，大專階段則有 981 人（教育部，2022）。

第五節 語言障礙學生的鑑定評量與安置

♥♥♥ 壹、鑑定與評量

一、鑑定標準

依據教育部（2013a）《身心障礙及資賦優異學生鑑定辦法》第 6 條「所稱語言障礙，指語言理解或語言表達能力與同年齡者相較，有顯著偏差或低落現

象，造成溝通困難者。

　　前項所定語言障礙，其鑑定基準依下列各款規定之一：

1. 構音異常：語音有省略、替代、添加、歪曲、聲調錯誤或含糊不清等現象。
2. 聲音／嗓音異常：說話之音質、音調、音量或共鳴與個人之性別或年齡不相
   稱等現象。
3. 語暢異常：說話節律有明顯且不自主之重複、延長、中斷、首語難發或急促
   不清等現象。
4. 語言發展異常：語言之語形、語法、語意或語用異常，致語言理解或語言表
   達較同年齡者有顯著偏差或低落。」

　　美國精神醫學會（APA）於 2013 年 5 月 18 日修改的《精神疾病診斷與統
計手冊》（第五版）（DSM-5）中，已將語音障礙和口吃改名為溝通性障礙，
該疾患包含語言性障礙、說話性語音障礙、兒童期發病的流暢性障礙，以及社
會性溝通障礙，其特點為社會語意以及非語意性的溝通損傷（鄧明昱，
2013）。

二、鑑定方法

　　不論正式評量或非正式評量，各類語言障礙的鑑定不外利用下列方式進行
（林寶貴，2008）。

(一) 構音異常的鑑定方法

　　首先必須了解兒童的生長發育歷程，再接受下列各項檢查（林寶貴，
2009a）：

1. 利用自然會話與目標語的檢查：利用此兩種方式讓兒童說話，並加以錄音。
   (1) 自然會話檢查：檢查前先了解受檢者的日常構音習慣，選擇適當的話題，
   　　利用身邊事物引導自然的會話話題，注意聽其構音或觀察親子間的對話情
   　　形等。
   (2) 目標語的檢查：為判別、分析、整理構音障礙的類型，可利用預先準備的
   　　目標語。
   　　a. 利用圖卡的語彙檢查：令兒童說出圖卡上所畫物品的名稱，內容應為日

　　　　　常生活熟悉的物品，且包括所有韻母與聲母的語音。

　　　b. 短句檢查：令兒童朗讀或複誦短句、短文。

　　　c. 語音檢查：令兒童朗讀或複誦語音，例如：ㄆㄚ、ㄊㄚ、ㄎㄚ……。

2. 構音器官的檢查：檢查口、唇、舌、齒、口蓋的構造與運動性。有些構造異常（咬合不正）者，不一定會有構音障礙；有些舌繫帶太緊等也幾乎與構音障礙無關。檢查構音器官的運動性，可令兒童反覆發「ㄇㄚ」、「ㄅㄚ」、「ㄎㄚ」、「ㄌㄚ」等單音節的語音。無障礙時，則無語音與音韻混淆的現象。一秒鐘可反覆五次左右。此外可檢查構音以外的口腔功能，尤其是否有吸吮、咀嚼、吞嚥的功能障礙。

3. 語音聽辨檢查：檢查是否能辨別正確音與錯誤音。父母或教師可讓兒童聽自己發錯的語音與正確音，並令其判斷正確與否。

4. 正確音的模仿：家長或教師慢慢發出正確的語音，令兒童仔細聽，並加以仿說，檢查兒童是否能正確模仿構音。

5. 分析與記錄：將上述方法取得之兒童語音樣本加以分析。

　　(1) 錯誤音的種類：哪些音為錯誤音。

　　(2) 錯誤音的類型：是省略或替代或歪曲或添加或聲調錯誤。

　　(3) 錯誤音的一致性：是否經常出現同樣的錯誤？有沒有正確的時候？

　　(4) 錯誤音的共同性：錯誤音是否具有共同發音運作上的特徵？

(二) 聲音／嗓音異常的鑑定方法

　　與檢查同樣重要的，是在日常生活中了解聲帶使用的方法，探究聲音／嗓音異常的原因與治療上的重點。檢查時可分下列幾項：

1. 聲音／嗓音的檢查：檢查音調、音量、音質、持續性、發聲時呼吸的情形等。

　　(1) 音調的檢查：檢查說話者音調的平均高度。令兒童從低音階發聲到高音階，測量從低音階到高音階的音程。

　　(2) 音量的檢查：檢查普通說話聲、大聲說話、小聲說話的音量。正確的音量評量是在隔音室內用音量計所實施的評量。

　　(3) 音質的檢查：注意聽會話中或發聲時是否有氣息聲、粗嘎聲、無力聲、痛苦聲，每一種現象可分四等級而評量。

(4) 持續發聲的時間：發「ㄚ」音時最久持續幾秒鐘，用以檢查呼氣時有效的發聲程度。無障礙者應可持續十秒鐘以上。

(5) 呼氣的檢查：評估持續發聲時一秒鐘所呼出的空氣量（呼氣率）。可利用同時評量聲音的音調、音量、呼氣率之機器。

2. 發聲器官的檢查：耳鼻喉科醫師利用內視鏡，可觀察、診斷兒童的喉頭及聲帶發聲情形。

(三) 語暢異常的鑑定方法

　　一般而言，口吃的兒童在幼兒時幾乎沒有口吃的自覺症狀，最快要到小學二年級時，才會感覺自己有口吃的現象。而這種自覺症狀多半是重複受到外部的心理壓力之不愉快經驗所引起。

　　口吃的兒童在不自覺的階段，不宜輕率嘗試實施口吃的檢查。對原發性（一次性）口吃兒童（即雖有說話方面的不流暢，但尚未產生生理或心理方面的症狀時），令其意識到口吃的缺陷，反而容易產生所謂續發性（二次性）的口吃。

　　原發性的口吃多半是幼兒，需要與兒童有密切關係的家人充分了解兒童在日常生活中的口吃特徵，透過自然觀察方式，來評量兒童說話的流暢度。

　　口吃兒童一般來說，在陌生環境或陌生人面前容易加重口吃的症狀。因此檢查時，要在兒童感到自由而熟悉的房間，觀察他與父母在一起的情形，再與跟檢查者在遊戲中所觀察的行為相比較。但要注意口吃的變動性很大，在檢查時不一定會出現口吃，因此需要與其共同生活者晤談，長時間從各種情境、角度觀察後，再做判斷。

(四) 語言發展異常的鑑定方法

　　發現兒童語言發展異常時，可轉介到醫院接受醫學、語言病理學、神經醫學、聽力檢查、兒童心智科的檢查。醫學檢查後，再透過親子互動的行為觀察，對親子關係、親子語言互動、特徵、發展階段、情緒或社會性發展、認知與運動機能等各方面，加以觀察。教師評量其語言發展是否有遲緩現象，可利用聽覺記憶測驗、語彙測驗、口語理解測驗、口語表達測驗、閱讀理解測驗、書寫

語言測驗、語言障礙評量表等工具。

如果經上述鑑定程序，或專業人員的評量後，發現兒童有語言障礙時，應該到醫院接受專科醫師或聽力師、語言治療師進一步的詳細醫學檢查與治療，或到語言資源教室接受輔導或復健／康復訓練。

三、評量方法

語言障礙雖因不同的類型而有各種不同的鑑定、評量方法，但一般而言可分正式評量與非正式評量兩種。

(一) 正式評量

利用標準化評量工具，按照施測說明所規定的施測程序、施測方法、指導語、計分標準施測，並有常模或參照指標可以對照。目前台灣可以應用的語言障礙標準化評量工具有林寶貴、黃玉枝、黃桂君等（2009）「修訂學齡兒童語言障礙評量表」，林寶貴等（2008）「修訂學前兒童語言障礙評量表」，二者適合評量 3～12 歲兒童；林寶貴等（1996）編製的「中華國語文能力測驗」，適合評量國小一年級至九年級學童的國語文學業能力；近年來林寶貴、錡寶香又發展三套標準化語言診斷評量工具：「兒童口語理解測驗」（2002a）、「中文閱讀理解測驗」（2002b）、「國小學童書寫語言測驗」（2003），適合評量國小一年級至六年級學生的聽、讀、寫三種能力。林寶貴、黃玉枝、李如鵬（2009）又完成「學齡階段國語文能力測驗」，分初級、中級、高級，可評量聽障學生國小二年級至九年級國語文能力，該三份測驗同時並建有普通兒童常模，故亦可作為評量其他各類身心障礙學生國語文能力的參照指標。

(二) 非正式評量

利用觀察、晤談、家庭訪問、簡單的檢核表、錄影／錄像、錄音、檔案評量、課程本位評量、生態評量、動態評量等方法，蒐集個案語言樣本（語料）加以分析，自然可以了解個案的語言理解及表達能力或語言缺陷與問題所在。

❤❤❤ 貳、安置措施

台灣語言障礙教育始於 1978 年在高雄市福東國小成立的構音諮商室（1980年改為資源教室），1984 年台北市永樂國小成立了第一個語言障礙資源班，接著仁愛國小、大理國小、石牌國小、興隆國小，高雄市愛國國小、東光國小、復興國小，苗栗縣建功國小等都相繼設立了語言障礙資源班。2010 年代以前，台灣共有 14 所國小設立語障資源班，大部分集中在台北市（5 所）、高雄市（8所）、苗栗縣（1 所）。另有兩所幼兒園（台北市興隆附幼及花蓮縣鑄強附幼）附設學前語障班。2016 年全台共有 1,813 名語障學生就讀於普通高中以下學校（教育部，2016）。根據教育部的統計，2021 學年度全台高中階段以下的語障生人數還有 1,326 人（教育部，2022）。

此外，各啟智學校、仁愛學校、特殊學校也紛紛聘請語言治療師，從事智能障礙、自閉症（孤獨症）、腦性麻痺（腦癱）、失語症等類障礙學生的溝通訓練；各啟聰學校聘請聽力師、語言治療師或聽語治療師，從事聽障學生的聽能訓練與溝通訓練（林寶貴，2009a）。

如果經過上述適當的檢查與診斷，確定有語言障礙，醫師或語言治療師會根據障礙程度與類型，推薦或轉介適當的專家學者、語言障礙治療中心、語言教學復健中心／康復中心、特殊學校、啟智班、啟聰班、語言資源班、聽語教學中心等機構。而普通班教師則可實施教育評量與諮商，檢討如何提高教育效果，有無必要接受治療，如何擬訂語言復健／康復訓練計畫，如何與語言治療師或語言訓練、聽能訓練、溝通訓練教師合作，編輯語言發展、復健／康復訓練教材。每位特殊學校、特殊班、資源班、普通班教師更應該在平時的教學中與課程結合，隨時隨地利用各科教學機會，隨機指導兒童矯正語音，增進語彙，加強學生語言理解能力，及口語、非口語、閱讀、書寫等的表達能力，以提升兒童的聽、說、讀、寫、作各方面的語言、溝通能力。

第六節　肢體障礙學生的鑑定評量與安置

❤❤❤ 壹、鑑定與評量

依據教育部（2013a）《身心障礙及資賦優異學生鑑定辦法》第 7 條「所稱肢體障礙，指上肢、下肢或軀幹之機能有部分或全部障礙，致影響參與學習活動者。前項所定肢體障礙，應由專科醫師診斷；其鑑定基準依下列各款規定之一：

1. 先天性肢體功能障礙。
2. 疾病或意外導致永久性肢體功能障礙。」

另外，肢體障礙者的鑑定標準之一是從醫學的觀點立論，例如：障礙者之「身心障礙手冊」的發放與管理的作業過程中，對於肢體障礙者的鑑定資料係著重於記載個案之肢體部位缺損，以及個案肢體功能喪失，於是在外科、骨科、神經科、復健科等專科醫師的鑑定之後，會從人體生理結構的方向把個案的上肢、下肢與軀幹等三部位的障礙情況各鑑定為輕度、中度、重度以及未達到標準等四個等級。如此的鑑定過程所運用的基本方法是肢體結構檢查、關節活動檢查、徒手肌力檢查、肢體活動功能檢查，乃至於肌電圖檢查與放射線檢查，其鑑定標準依行政院衛生署所定「身心障礙等級」中所列肢體障礙之標準（行政院衛生署，2012）。

肢障者教育方面當然要多參考健康檢查紀錄，然而這些資料終究是障礙程度之判斷，而非學習與身心發展條件之探查。特殊教育工作者更應該掌握的鑑定資料是上述醫學鑑定後之障礙等級會對個案的日常生活與學習過程產生哪些影響，以及個案將可依據醫學的鑑定資料獲取哪些身心復健／康復方面的照顧。依據這種特殊教育上的需要，許天威（2004）認為，肢體障礙學生的障礙鑑定可包括下列數項。

一、病因學

　　肢體傷殘都可能有其致病的原委，特定的病因與病理會影響個案所需的醫療與護理，所以小兒麻痺、腦性麻痺、脊柱側彎、先天性畸型等各種各樣的症狀是各具特質的，必須先診斷明白才可能有後續的預斷與醫護，也才可提供教育行政與教學工作者採取配合服務措施之參考。

二、裝配輔具

　　許多肢障的個案都可以鑑定其傷殘部位與機能限制，除了可以採取醫藥治療之外，最值得參酌的是裝配輔具。《特殊教育法》有若干條文規定為障礙者提供必要之教育輔助器材及相關支持服務，特殊教育人員應可參考這項鑑定資料處理輪椅、支架與義肢，以及閱讀、書寫和說話等方面的輔具配用事宜。

三、日常生活能力

　　很多肢障者的常見生活障礙是肢體行動不自由，且因而困擾其生活之獨立與學習之進行。特殊教育教師可從較具體的日常活動中評量肢障學生的肢體功能，像彰化仁愛實驗學校曾使用的「學生生活適應能力調查表」所羅列的各項評量即具有這種鑑定意義，該調查表評量的項目有飲食、如廁、語言、步行、就寢、穿衣、穿鞋、洗手、使用文具、搭乘交通工具等，都可以在自然的生活情境中詳為觀察記載。這方面的鑑定工作確能幫助教師認識每一位肢障學生的生活獨立狀況。

四、認知能力

　　肢體障礙者的生理損傷言人人殊，所以涉及個人在學習與認知過程上的重要因素都必須仔細檢查。有關人腦資訊（信息）處理過程中的資訊（信息）輸入要素，如視聽與動作等感覺作用，資訊（信息）輸出要素如說話、書寫、姿勢等表達能力，還有屬於中樞神經系統功能之資訊（信息）轉換的過程，如注意力、記憶力、理解能力、分類能力、後設認知能力等，都有待特殊教育教師評量個案後所得資料來整理與運用。

五、人格發展

　　身心兩方面的發展存在著相互影響的關係，肢體障礙者可能因自身的肢體結構與功能上的缺陷而影響其自我概念、生活態度、情緒調節、社會互動等心理方面的狀況。如能建立這方面的鑑定或評量的資料，必將有利於從事肢體障礙學生之完美人格的陶冶。

❤❤❤ 貳、安置措施

　　徐享良（2007）認為，肢體障礙學生的就學輔導原則如下：(1)輕度肢體障礙者，安置於一般學校的普通班就學；(2)中度肢體障礙者，安置於一般學校的普通班、資源班，或特殊教育班就讀；(3)重度肢體障礙者，則安置於特殊學校、醫療及社會福利機構附設之特殊教育班就學，或在家自行教育（送教上門）。

　　肢體障礙學生的教育設施，依兒童肢體障礙程度之輕重，分為四種類型：

1. 普通班混合就讀（隨班就讀）：若輕度肢體障礙者可與普通班級學生一起上課，學校可以設置機能訓練或動作訓練教室，定時請專人給予機能訓練或特殊訓練。

2. 特殊班級：多數設在普通學校內，亦有附設於醫院或附設在啟能中心而學籍在普通學校者。這種班級學生以障礙程度較重或正在接受治療的學生為主。性質上，在醫院是過渡的措施，並以康復治療為主；在啟能中心或普通學校者，則重視機能動作訓練，故多設置機能訓練／動作訓練室。

3. 特殊教育學校：若學生都是障礙程度較為嚴重或多重障礙者，則多數學生寄宿在學校。學校內除普通教室外，有醫療室、機能訓練／動作訓練室、水療室、物理治療室、語言治療室、職業訓練工場，故學校功能包括醫護與教學兩大重任。

4. 床邊教學：是為嚴重障礙不能接受班級教學的重度障礙學生而設立。通常都採用個別化教學，配合視聽設備、教具及函授方式進行教學，使學生亦能獲得應有的知能。

第七節　情緒行為障礙學生的鑑定評量與安置

♥♥♥ 壹、鑑定與評量

　　根據教育部（2013a）《身心障礙及資賦優異學生鑑定辦法》第 9 條「所稱情緒行為障礙，指長期情緒或行為表現顯著異常，嚴重影響學校適應者；其障礙非因智能、感官或健康等因素直接造成之結果。

　　前項情緒行為障礙之症狀，包括精神性疾患、情感性疾患、畏懼性疾患、焦慮性疾患、注意力缺陷過動症、或有其他持續性之情緒或行為問題者。

　　第一項所定情緒行為障礙，其鑑定基準依下列各款規定：

1. 情緒或行為表現顯著異於其同年齡或社會文化之常態者，得參考精神科醫師之診斷認定之。
2. 除學校外，在家庭、社區、社會或任一情境中顯現適應困難。
3. 在學業、社會、人際、生活等適應有顯著困難，且經評估後確定一般教育所提供之介入，仍難獲得有效改善。」

　　目前台灣常用的問題行為篩選工具有下列幾種，可供教師及家長參考（黃玉枝，2016）：

1. 青少年版：教師評量、家長評量。
2. 國小版：教師評量、家長評量。

　　學生行為評量工具：

1. 學生行為評量表（教師版）。
2. 兒童及青少年行為評量表（家長版）。

　　適應功能評量工具：

1. 學生家居生活適應功能評量表（家長版）。
2. 學校適應功能評量表（教師版）。

♥♥♥ 貳、安置措施

洪儷瑜（2004）認為，台灣第一個以招收情緒障礙為主之特殊班是 1978 年在台北市立師院附小成立的，當時即以招收自閉症學生為主，迄今多數情緒障礙班仍多以自閉症學生為主要服務對象。然而，在 1992 年教育部首次正式提出「性格異常」與「行為異常」之定義，將這類學生的適應困難主要放在行為或人格之異常表現，但並未特意區分自閉症。

目前台灣對於情緒行為障礙學生的服務僅有不分類資源班、情緒障礙資源班、情緒障礙巡迴班，以及設置在社福或醫療機構的特教班等，其中以不分類資源班為多。1997 學年度台灣僅設有十個情緒行為障礙班級，均在國小階段，共服務 100 位國小學生，但是到了 2002 學年度，僅剩高雄市在國小設置情緒障礙資源班一班，其他情障學生多在不分類資源班。為加強不分類資源班對於情緒障礙學生的服務品質，台北市、花蓮縣於 2003 學年度以巡迴班的方式成立特殊學生行為與情緒問題專業支援。可見目前台灣情緒障礙教育雖然在服務量與質均見不足，但近年來為因應學生人數的增加，在服務型態與方式也更多元化。就連在其他領域也有類似的服務，例如：法務部規劃的矯治學校、內政部或社會局規劃的中途學校，以及療養院設置的日間留院服務等。

雖然台灣目前所提供情緒行為障礙學生之服務型態以資源班為主，且以國小為多，但就型態而言，單一型態不見得能安置適應功能較差之學生，例如特殊班或變通性教育方案，可能無法滿足這些學生之需求。就年級而言，多數以國小為主，而忽略了多數行為障礙問題是在國中階段出現，國中後期到高中階段（15～18 歲），也有精神疾病發病之高潮期的階段性特殊需求，因此，就問題出現之現象，情緒行為障礙教育除了應加強學前與小學階段的及早預防，也應加強國中、高中階段的特殊教育服務。

至於嚴重的情緒行為障礙，有時家長也可能經由精神科醫生治療，確實遵照醫囑，通常都能藉由藥物控制獲得改善。而心理或行為的問題，也常需要配合個別或團體心理治療或心理諮商。

第八節　學習障礙學生的鑑定評量與安置

壹、鑑定與評量

一、鑑定標準

根據教育部（2013a）《身心障礙及資賦優異學生鑑定辦法》第 10 條「所稱學習障礙，統稱神經心理功能異常而顯現出注意、記憶、理解、知覺、知覺動作、推理等能力有問題，致在聽、說、讀、寫或算等學習上有顯著困難者；其障礙並非因感官、智能、情緒等障礙因素或文化刺激不足、教學不當等環境因素所直接造成之結果。」

由於台灣學習障礙教育的發展較慢，對學障的定義存有許多疑義，導致在學習障礙鑑定工作上面臨許多困難。學界對於學習障礙的鑑定標準，大都以美國學習障礙方面的鑑定標準與原則為參考架構，亦即須符合「差距標準」、「排他標準」與「特殊教育標準」等三項。

根據上述三個標準所提出的操作型定義，王華沛（2004）認為：「學習障礙是因為心理與腦神經的影響，而衍生的口語、書寫語言、知覺、思考與動作行為的障礙，這種障礙表現在：(1)能力與成就間之差距；(2)不完全是由智能障礙（智弱）、感官障礙、情緒問題或缺乏學習機會等因素所造成；(3)由於這些特質，使得學障者無法在多數學生可受惠的教材教法中獲得學習。因此仍需要接受特殊教育才能發揮潛能。」這個鑑定準則在美國從 1975 年《94-142 公法》中決定學習障礙為政府義務服務的對象起，就被引用。

此外，美國精神醫學會出版的《精神疾病診斷與統計手冊》（第四版）（DSM-IV; American Psychiatric Association, 1994）對於「學習異常」所訂的標準也是採取「差距標準」與「排他標準」。其差距標準訂為「個人在個別標準化測驗的成就表現顯著的低於其年齡、就學年級與智力的水準，或是以成就與智力的差距，在二個標準差以上為顯著的低落」為定義。排他的標準則指出這

個差距並非因缺乏學習機會、教學不當、文化因素、感官損傷、智能障礙或普遍性的發展障礙等因素所造成。

到了第五版（DSM-5）則更名為特定型學習障礙（SLD），被歸類於神經發展障礙，包含智能障礙、溝通障礙、自閉症類群障礙、注意力缺陷過動症、特定型學習障礙、動作障礙，及其他神經發展障礙六類。其中再細分為閱讀障礙、書寫表達障礙，及數學障礙等三類（孟瑛如主編，2016）。

如上所述，台灣學障的鑑定標準深受美國的影響。根據教育部 2013 年公布之《身心障礙及資賦優異學生鑑定辦法》，學習障礙之鑑定標準如下（教育部，2013a）：

1. 智力正常或在正常程度以上。

2. 個人內在能力有顯著差異。

3. 聽覺理解、口語表達、識字、閱讀理解、書寫、數學運算等學習表現有顯著困難，且經確定一般教育所提供之介入（干預），仍難有效改善。

而目前「學習障礙」兒童經學校發掘、評估後，由特殊教育學生鑑定及就學輔導委員會進行鑑定。依美國精神醫學會 DSM-5 的臨床診斷標準所列之症狀，以及台灣教育部（2013a）《身心障礙及資賦優異學生鑑定辦法》，若有下列的情況，建議尋求專業評估：有一項以上學習和運用學術技巧的困難，且經評估後確定一般教育所提供之學習輔導無顯著成效，包括：(1)閱讀不精確或緩慢而費力；(2)閱讀理解文字有困難；(3)拼音有困難；(4)書寫表達有困難；(5)在掌握數感、數的實際法則或計算上有困難；(6)數學推理有困難；(7)集中注意有困難；(8)記憶有困難；(9)聽覺理解有困難等。

二、鑑定流程

學障鑑定的流程，大致上有下列幾個階段：篩選或轉介、轉介前處置、資格鑑定等，茲簡要說明如下。

(一) 篩選

通常篩選學障學生都以簡單的團體測驗，在全校大團體中施測，找出疑似學障的學生。目前台灣大都使用「中文年級認字量表」、「閱讀理解診斷測

驗」、「數學基本能力評量」等篩選工具。由於團體測驗對學障學生的評量效度不佳，因此篩選的標準宜放寬，不宜以智力正常（IQ = 85 或 100）為標準，否則，多數學障學生在篩選中容易被淘汰掉。

(二) 轉介

學障學生的來源是由家長或教師轉介，當家長或教師懷疑學生學習有異常現象時，可轉介到輔導室。學校輔導室或特教組必須透過充分的溝通，說明正確的疑似學障者之特徵，才容易獲得教師或家長的轉介。輔導室或特教組依據家長或教師的轉介，進行轉介前的診斷與處置。一般教師觀察評量表即可以在此時使用，一則確定轉介問題的項目與嚴重性，再則輔導室或特教教師亦可根據教師或家長所評的問題，作為進行轉介前處置的依據。

(三) 轉介前處置

轉介前的處置可以避免測驗資料的誤導或外在因素所造成的低成就者被誤診，也是考驗是否符合「特教標準」的程序。可以利用轉介前處置評估學生是否可在一般的教學方法下學習，以及學生在一般補救教學後進步的情形。如果學生經一般的補救教學仍無法進步，則顯示學生具有接受特殊教育的需求，如此可以轉介學生進入資格鑑定的程序。

(四) 資格鑑定

學習障礙資格的鑑定需由鑑定小組進行資料蒐集與資格決定。鑑定小組的成員通常包括學校行政人員、學校心理學家、特教教師與普通班教師，及其他可能包括的相關專業人員。鑑定小組可根據上述鑑定標準蒐集相關的資料。理想的學障鑑定小組提供施測的資料應該包括：個別智力測驗（如「魏式兒童智力量表」）、成就測驗、其他功能性診斷測驗（如認字測驗、閱讀理解測驗、句子完成測驗）；此外也應考慮非正式之評量（如朗讀式評量、填充式評量、認知式閱讀策略的評量等）。

♥♥♥ 貳、安置措施

根據鑑定結果召開安置會議，邀請家長和相關人員決定學生接受特殊教育服務的方式和內容。安置的方式包括在普通班接受諮詢服務、在資源班或特殊班補救教學等。

王華沛（2004）認為，理想的學障學生教育安置模式是一種連續性的過程，換言之，應該包括下列可能的方式：

一、普通班

學生大多數的時間在普通班，接受特殊教育或相關服務時間占在學時間的20% 以下，這包括學生在普通班內或外接受特殊教育。

二、資源班

學生接受特殊教育或相關服務的時間占在學時間 21% 以上，不超過 60%，這包括部分時間在普通班接受教育。

三、特殊班

學生接受特殊教育和相關服務的時間占在學時間的 60% 以上，可能的方式包括學生安置在自足式特殊班，且部分時間在普通班接受教育，或是全部時間在普通學校內的特殊班接受教育。

四、特殊教育學校

學生 50% 以上的在學時間於隔離式通學特殊學校接受特殊教育或相關服務。

學障學生的人數最多，但第二次全台特殊教育學生普查時，發現學障學生的教育安置尚未落實。所幸近年來，教育行政當局已經注意到此問題，從 2015 學年度教育部特殊教育通報網中可以發現，目前高級中等以下學校已有學習障礙學生 31,425 人接受特殊教育的安置與服務，這是可喜的現象（教育部，2016）。在 2021 學年度教育部特殊教育通報網中，更可以發現有學習障礙學生

41,525 人接受特殊教育的安置與服務（教育部，2022）。

第九節　多重障礙學生的鑑定評量與安置

●●● 壹、鑑定與評量

　　多重障礙係指個體同時具有二種或二種以上不具連帶關係且非源於同一原因造成之障礙而影響學習者（教育部，2013a）。由於其障礙組合的可能性相當多，問題也較單類障礙複雜，因此，在鑑定時更需要有周詳的規劃及明確的鑑定流程，才不至於造成錯誤鑑定，甚至形成安置及輔導措施的錯誤。在鑑定標準方面，根據教育部（2013a）《身心障礙及資賦優異學生鑑定辦法》第 11 條「所稱多重障礙，指包括二種以上不具連帶關係且非源於同一原因造成之障礙而影響學習者。前項所定多重障礙，其鑑定應參照本辦法其他各類障礙之鑑定基準。」

　　因此，除根據各類障礙的鑑定標準之外，孫淑柔（2004）也提出多重障礙學生的鑑定原則如下：

1. 多重障礙學生的鑑定工作，必須由接受過不同專業訓練的人員（例如：特教教師、專科醫師、治療師以及社會工作師等）所組成的團隊，以合作的方式提供鑑定服務。

2. 鑑定資料必須透過多種管道來蒐集，包括觀察、測驗以及晤談等方式。尤其，多重障礙學生由於認知能力及溝通能力的限制，在實施標準化測驗較有困難，因此，應同時採用觀察的方式以及與相關人士的晤談，以蒐集資料。同時，鑑定人員應注意取得資料的可靠性，以發揮應有的效用。

3. 鑑定工作需要家長的積極參與。因為家長不但可提供許多重要的評量資料，同時也可以驗證鑑定結果的可靠性。

4. 強調評量學生在日常生活的自然情境（如家庭、學校及社區）中的表現。

　　由於多重障礙學生的個別差異非常大，因此鑑定人員對於鑑定時所用的測驗指導語、內容、呈現以及反應的方式等，必須做適當的調整，以因應其個別

差異，並能評量出多重障礙學生實際的能力所在。

♥♥♥ 貳、安置措施

　　從有關多重障礙教育的沿革得知，台灣直到 1976 年台南啟智學校成立後，多重障礙學生才開始有接受教育的機會。1987 年起則更進一步提供「在家教育」（送教上門）的巡迴輔導措施，給學齡階段無法到學校接受教育的多重障礙學生。以 2004 年為例，各階段多重障礙學生，學前有 1,023 人，國小有 3,982 人，國中有 2,185 人，高中有 1,564 人接受特殊教育服務。其中 6 至 15 歲的教育安置主要包括特教班、特殊教育學校及在家教育巡迴輔導三種。教育部（2011）編印的《特殊教育百年史話》指出，2009 學年度台灣高級中等以下學校接受特殊教育的身心障礙學生總計有 96,220 人，其中多重障礙學生就占了 4%。

　　2015 學年度高級中等以下學校接受特殊教育的身心障礙學生總計有 102,461 人，其中多重障礙學生有 3,758 人，約占了 3.66%（教育部，2016）。2021 學年度高級中等以下學校接受特殊教育的身心障礙學生總計有 96,220 人，其中多重障礙學生有 2,360 人，只占了 1.86%（教育部，2022）。

一、特教班

　　係指集合教育需求相近的多重障礙學生，在一般學校的普通班之外另成班級，多重障礙學生大部分時間均在此班級上課。根據 2010 年特殊教育統計資料顯示，2010 學年度設有多重障礙特教班者，台中市有國小二班 12 人，屏東縣國小有四班，國中一班，共 47 人接受集中式特教班的服務（教育部，2010）。

　　2013 年教育部特殊教育統計年報中，集中式多障班國小增為五班 44 人，國中學生有 50 人（教育部，2013b）。

二、特殊教育學校

　　特殊教育學校是指專為同一障礙類型的特殊兒童所設立的學校。這類學校不僅有受過專業訓練的特殊教育教師及其他相關專業人員（如語言治療師、物理治療師、職能／作業治療師等），而且有異於一般學校的課程與教學設施，

以適應其教育對象的特殊需要。台灣目前招收多重障礙學生最多的特殊教育學校是私立惠明學校。根據統計資料顯示，2013 學年度私立惠明學校國小階段招收 7 班，45 位多重障礙學生，國中階段則招收 12 班，75 位多重障礙學生，合計 120 位多重障礙學生（教育部，2014a）。2021 學年度私立惠明學校招收多障學前 4 位，國小 15 位，國中 11 位，高中 26 位，共 56 位多重障礙學生（教育部，2022）。

三、在家教育巡迴輔導

由於在家教育（送教上門）針對的是無法到學校接受教育的重度障礙及多重障礙學生，因此，也是屬於多重障礙學生的安置類型之一。根據特殊教育統計資料顯示，2003 學年度，一般學校接受在家教育巡迴輔導措施的多重障礙學生共 2,374 人，包含學前階段 441 人、國小階段 1,205 人以及國中階段 728 人。此外，在特殊學校也有 33 位多重障礙學生接受在家教育巡迴輔導措施，包括國小階段 2 人，以及國中階段 31 人（教育部，2004）。2013 年教育部特殊教育統計年報中，可以看到國小有 650 名在家教育的學生，國中也有 439 名在家教育的學生接受巡迴輔導（教育部，2013b）。2021 學年度國中小各 1 名，高中有 29 名在家教育的學生，接受巡迴輔導（教育部，2022）。

第十節　自閉症學生的鑑定評量與安置

壹、鑑定與評量

依據教育部（2013a）《身心障礙及資賦優異學生鑑定辦法》第 12 條「所稱自閉症，指因神經心理功能異常而顯現出溝通、社會互動、行為及興趣表現上有嚴重問題，致在學習及生活適應上有顯著困難者。

前項所定自閉症，其鑑定基準依下列各款規定：

1. 顯著社會互動及溝通困難。
2. 表現出固定而有限之行為模式及興趣。」

　　張正芬（2004）指出，由於台灣對自閉症的鑑定標準僅列主要項目，並未提供具體可供觀察之行為指標，而當初訂定標準時主要又參考美國 DSM-IV 對自閉症的診斷標準，因此臚列其詳細內容如表 8-1 所示。

表 8-1　美國 DSM-IV 的自閉症診斷標準

一、具有下列 1、2、3 項中六個（或以上）項目，其中至少具有 1 中二項，2、3 中各一項：
　1. 在社會性互動方面有質的缺陷，並至少具有下列二項：
　　(1) 非口語行為，如視線接觸、面部表情、身體姿勢、以姿勢規範社會性互動等的使用上有顯著的障礙。
　　(2) 無法發展出符合其發展水準的同儕關係。
　　(3) 缺乏主動尋求他人分享喜悅、興趣或活動的行為（如很少拿自己感興趣的東西給別人看或指出來）。
　　(4) 缺乏社會或情緒的相互關係。
　2. 在溝通方面有質的缺陷，並至少具有下列一項：
　　(1) 完全沒有口語或口語發展遲緩。
　　(2) 有語言能力者，在開始或持續會話的能力上有顯著的缺陷。
　　(3) 使用刻板的、重複的語言或隱喻式的語言。
　　(4) 缺乏符合其發展年齡富變化的、自發的、假裝性遊戲或社會性模仿遊戲。
　3. 在行為、興趣、活動方面有侷限的、刻板的、重複的形式，並至少具有下列一項：
　　(1) 在興趣方面，有一種或一種以上刻板的、有限的形式，其強度與焦點均迥異於常人。
　　(2) 明顯地對特別的、非功能的常規或儀式有異常的堅持。
　　(3) 有刻板而重複的動作（如晃動手或手指、拍手、擺動身體等）。
　　(4) 經常沉迷於東西的某一部分。
二、三歲以前有下列領域中至少一種的發展遲緩或功能上的異常：
　1. 社會互動。
　2. 社會性溝通時的語言使用。
　3. 象徵性或想像性遊戲。
三、此障礙無法以雷特症候群或兒童期崩解障礙加以說明。

註：引自張正芬（2004）。

　　美國精神醫學會（APA）於 2013 年 5 月 18 日修改《精神疾病診斷與統計手冊》（第五版）（DSM-5）中，自閉症系列障礙被修正的重點是互動的社交能力和溝通能力（口語的和非言語的行為）的嚴重普及性障礙，以及不容變化、重複性和定型的行為、嗜好和活動；自閉症類群障礙症合併亞斯伯格疾患、兒

童期崩解症，以及其他未註明之廣泛性發展障礙（鄧明昱，2013）。

♥♥♥ 貳、安置措施

根據台灣教育部（2016）特殊教育通報網指出，2015 學年度台灣高級中學以下學校接受特殊教育的身心障礙學生總人數有 102,461 人，其中自閉症學生有 12,035 人（占 11%），分別安置於普通班、資源班、特殊班與特殊教育學校四種安置型態。在教育部 2022 年的《特殊教育統計年報》中，高中以下的自閉症學生仍有 19,163 人（占 15%）。

一、普通班

隨著融合教育的推動，進入普通班就讀的自閉症（孤獨症）兒童，不再只限於高功能或中高功能者，功能較低的兒童就讀普通班的人數也日益增加。因此，提供正向而接納的環境及符合個別需求的特殊教育及相關服務，成為學校教育的首要目標。普通班豐富的語言刺激、多樣的人際互動及活潑的教室生態，對自閉症學生而言充滿變數與挑戰。教師若能充分利用普通班的優勢，建構有組織、有結構且接納的環境，讓高功能自閉症學生能融入班級氣氛與各項學習中，將非常有助於高功能自閉症學生的發展。

二、資源班

資源班由於每週上課時間有限，因此在課程設計上應充分掌握時間做最好的利用，並選擇學生最需要而在原班級較無法或較不易實施者，列為指導的內容。自閉症兒童的資源班可以個別指導、小團體指導的方式實施。個別指導、小團體指導均應依照學生的個別需要，再充分與原班級教師及家長討論、連繫後審慎訂定。初期階段，若學生配合度差、就座困難、有情緒及行為問題時，可考慮先以個別指導為主，在學習態勢逐漸建立、師生關係穩定發展後，再視情況與需要加入小團體指導。小團體指導時，應考慮到自閉症兒童社會人際關係的特性，適度加入其他類型的障礙兒童，較有助於社會性與語言的發展。

三、特殊班、特殊教育學校

　　兼有智能障礙且無法就讀普通班的低功能自閉症（孤獨症）兒童，在特殊教育班、特殊教育學校就讀時，因其教育課程以實用性、功能性為主，強調的是生活與社區（小區）適應能力的加強，因此低功能自閉症兒童在這些教育環境下接受教育應屬合適。不過，自閉症兒童雖兼具智能障礙，但在許多方面仍與智障學生有所不同，因此自閉症兒童在啟智班或啟智學校就讀時，除以智障兒童所需課程為主軸，與智障兒童做全班或分組學習外，亦應視其需要，提供個別指導的機會，以確保低功能自閉症兒童在原課程無法兼顧的部分，亦能夠得到適性的補救教導。

 **第十一節** 發展遲緩兒童的鑑定評量與安置

♥♥♥ 壹、鑑定與評量

一、鑑定標準

　　2013 年修訂之《身心障礙及資賦優異學生鑑定辦法》第 13 條「所稱發展遲緩，指未滿 6 歲之兒童，因生理、心理或社會環境因素，在知覺、認知、動作、溝通、社會情緒或自理能力等方面之發展較同年齡者顯著遲緩，且其障礙類別無法確定者。

　　前項所定發展遲緩，其鑑定依兒童發展及養育環境評估等資料，綜合研判之。」（教育部，2013a）

二、鑑定原則

　　發展遲緩兒童的鑑定，其意義在於發現孩子的各項能力、限制或困難所在。至於明顯落後的現象各國標準不一，大致上以未達平均數負二個標準差；但對於發展遲緩兒童的鑑定需以全面的觀點評估。鑑定時首要原則為掌握孩子

的能力現況、分析孩子所處生態環境造成之影響與了解孩子的需求。故診斷鑑定過程中，應邀請家長參與並與家長充分互動，了解發展遲緩兒童的生長史、日常生活作息與特殊行為或困難等，以作為評估幼兒能力現況的重要參考資料之一。另外，家庭整體的需求、發展遲緩兒童家長的生涯規劃，與其手足的需求，亦可作為後續規劃早期療育與介入時的重要依據。

三、鑑定流程

胡純（2004）指出，發展遲緩兒童的鑑定程序與流程，可大致分為以下五個階段。

（一）發現

透過醫療系統的協助及以下的檢查與服務，早期發現疑似發展遲緩幼兒：
1. 產前的預防服務。
2. 新生兒的篩檢與追蹤。
3. 嬰幼兒的健康檢查與發展追蹤。
4. 家長親職教育的提供。
5. 公共衛生教育的實施。

（二）通報

當家長或主要照顧者、親友、醫師等，發現孩子在發展上有遲緩現象時，各縣市之發展遲緩兒童通報轉介中心所扮演的通報角色應發揮功能。除應與合作醫院建立通報網絡之外，通報轉介中心亦應與該縣市之公私立婦產科及相關社會福利機構合作，讓通報者免去摸索的時間。通報的功能除能讓相關單位統計出早期療育的需求量外，亦可讓家長及時了解需要接觸或尋求協助的單位，可以對發展遲緩孩子未來的服務規劃有更清楚的指引。

（三）轉介

發現幼兒有發展遲緩的現象後，除了通報之外，更重要的是轉介到適當的服務單位，使其儘早獲得醫療、教育訓練等協助，以便儘早趕上發展的里程碑，

或是拉近遲緩的距離。此時進入鑑定的準備階段，負責轉介者應蒐集該兒童發展等各方面的資料，除與家長或主要照顧者進行晤談之外，各縣市發展遲緩兒童早期療育通報轉介中心，或相關社會福利團體，皆應提供兒童發展檢核表。

(四) 評估

透過轉介至適當單位後，欲進一步確認疑似發展遲緩兒童的能力現況與所需協助，或欲持續了解孩子的發展是否已達到一般水準，都需要仰賴評估工作的進行，因此在發展遲緩兒童的早期療育工作中，發展評估的提供是一大重點。透過評估工作除可以了解孩子的發展現況外，亦可了解未來療育訓練的方向與重點。負責評估者於此實施階段參考轉介資料，決定所需測驗的內容與施測程序，並安排適當的評估方法與測驗工具。評估工作的進行應該運用專業合作的方式，依據個別孩子的需要與能力加以安排並進行。評估的重點大致包括神經生理方面、心理方面、智能方面、動作方面、語言溝通方面、學習方面、社會適應性、家庭功能方面等項目。俟相關測驗或評估完成後，即進入分析研判階段。此時應組成跨專業小組，召開個案會議分析討論，並配合個別家庭需求，共同決定必要的介入（干預）與療育（康復訓練）。

(五) 療育服務

2019 年修訂之《特殊教育法》第 23、24 條說明：「為推展身心障礙兒童之早期療育，其特殊教育之實施，應自 2 歲開始，且各級政府應由醫療主管機關召集，結合醫療、教育、社政主管機關，共同規劃及辦理早期療育工作。」由此可知，早期療育（康復）服務應以跨專業合作方式提供，包含三大部分（教育部，2019a）：

1. 各級主管機關應提供學校輔導身心障礙學生有關評量、教學及行政等支援服務，並適用於經主管機關許可在家及機構實施非學校型態實驗教育之身心障礙學生。

2. 各級學校對於身心障礙學生之評量、教學及輔導工作，應以專業團隊合作進行為原則，並得視需要結合衛生醫療、教育、社會工作、獨立生活、職業重建相關等專業人員，共同提供學習、生活、心理、復健訓練、職業輔導評量

及轉銜輔導與服務等協助。

3. 前二項之支援服務與專業團隊設置及實施辦法，由中央主管機關定之。

♥♥♥ 貳、安置措施

發展遲緩兒童的理想安置型態，《特殊教育法》第 10 條指出：「特殊教育之實施，分下列四階段：一、學前教育階段，在醫院、家庭、幼兒園、社會福利機構、特殊教育學校幼兒部或其他適當場所辦理。」（教育部，2019a）

從教育部（2019b）特殊教育通報網公布之《特殊教育統計年報》也可以看出，發展遲緩兒童安置的型態有：特殊教育學校、集中式特殊班、分散式資源班、巡迴輔導、普通班接受特教服務等五大型態。

胡純（2004）指出，在決定發展遲緩兒童的安置型態時，需把握下列原則：

一、最少限制的環境

《特殊教育法》第 13 條明確指出：「……身心障礙學生之教育安置，應以滿足學生學習需要為前提下，最少限制的環境為原則。直轄市及縣（市）主管教育行政機關應每年重新評估其教育安置之適當性。」

二、家長參與

除《特殊教育法》第 28 條規範各級學校應對每位身心障礙學生擬訂個別化教育計畫，並應邀請身心障礙學生家長參與其擬訂與教育安置外，《兒童福利法》中亦強調對於發展遲緩兒童家庭的諮詢輔導服務。

三、專業團隊的合作

目前從各縣市專業團隊運作的實施現況可以看出，大多仍由治療師對特殊學生提供一對一的直接治療與服務，而特殊教育教師由於處於被動接受的角色，導致彼此互動合作的情形並不普遍。這樣的現象起因於專業間的相互了解不足，若能以特教教師為主，或以特教教師為個案管理員的運作模式，加強專業間的互相了解，透過充分合作，才能讓有限的人力資源做最大的貢獻。

第十二節　資賦優異學生的鑑定評量與安置

♥♥♥ 壹、鑑定與評量

一、鑑定標準

(一) 一般智能優異之鑑定基準

　　教育部 2013 年修訂頒布之《身心障礙及資賦優異學生鑑定辦法》（教育部，2013a）第 15 條「所稱一般智能資賦優異，指在記憶、理解、分析、綜合、推理及評鑑等方面，較同年齡者具有卓越潛能或傑出表現者。

　　前項所定一般智能資賦優異（超常），其鑑定基準依下列各款規定：

1. 個別智力測驗評量結果在平均數正 2 個標準差或百分等級 97 以上。
2. 經專家學者、指導教師或家長觀察推薦，並檢附學習特質與表現卓越或傑出等之具體資料。」

(二) 學術性向優異之鑑定基準

　　教育部 2013 年修訂頒布之《身心障礙及資賦優異學生鑑定辦法》第 16 條「所稱學術性向資賦優異，指在語文、數學、社會科學或自然科學等學術領域，較同年齡者具有卓越潛能或傑出表現者。

　　前項所定學術性向資賦優異，其鑑定基準依下列各款規定之一：

1. 前項任一領域學術性向或成就測驗得分在平均數正 2 個標準差或百分等級 97 以上，並經專家學者、指導教師或家長觀察推薦，及檢附專長學科學習特質與表現卓越或傑出等之具體資料。
2. 參加政府機關或學術研究機構舉辦之國際性或全國性有關學科競賽或展覽活動表現特別優異，獲前三等獎項。
3. 參加學術研究單位長期輔導之有關學科研習活動，成就特別優異，經主辦單

位推薦。

4. 獨立研究成果優異並刊載於學術性刊物，經專家學者或指導教師推薦，並檢附具體資料。」

(三) 藝術才能優異之鑑定基準

教育部 2013 年修訂頒布之《身心障礙及資賦優異學生鑑定辦法》第 17 條「所稱藝術才能資賦優異，指在視覺或表演藝術方面具有卓越潛能或傑出表現者。

前項所定藝術才能資賦優異，其鑑定基準依下列各款規定之一：

1. 任一領域藝術性向測驗得分在平均數正 2 個標準差或百分等級 97 以上，或術科測驗表現優異，並經專家學者、指導教師或家長觀察推薦，及檢附藝術才能特質與表現卓越或傑出等之具體資料。

2. 參加政府機關或學術研究機構舉辦之國際性或全國性各該類科競賽表現特別優異，獲前三等獎項。」

(四) 創造能力優異之鑑定基準

教育部 2013 年修訂頒布之《身心障礙及資賦優異學生鑑定辦法》第 18 條「所稱創造能力資賦優異，指運用心智能力產生創新及建設性之作品、發明或解決問題，具有卓越潛能或傑出表現者。

前項所定創造能力資賦優異，其鑑定基準依下列各款規定之一：

1. 創造能力測驗或創造性特質量表得分在平均數正 2 個標準差或百分等級 97 以上，並經專家學者、指導教師或家長觀察推薦，及檢附創造才能特質與表現卓越或傑出等之具體資料。

2. 參加政府機關或學術研究機構舉辦之國際性或全國性創造發明競賽表現特別優異，獲前三等獎項。」

(五) 領導能力優異之鑑定基準

教育部 2013 年修訂頒布之《身心障礙及資賦優異學生鑑定辦法》第 19 條所稱領導能力資賦優異，指具有優異之計畫、組織、溝通、協調、決策、評鑑

等能力,而在處理團體事務上有傑出表現者。

前項所定領導能力資賦優異,其鑑定基準依下列各款規定:

1. 領導才能測驗或領導特質量表得分在平均數正 2 個標準差或百分等級 97 以上。

2. 經專家學者、指導教師、家長或同儕觀察推薦,並檢附領導才能特質與表現傑出等之具體資料。」

(六) 其他特殊才能優異之鑑定基準

教育部 2013 年修訂頒布之《身心障礙及資賦優異學生鑑定辦法》第 20 條「所稱其他特殊才能資賦優異,指在肢體動作、工具運用、資訊、棋藝、牌藝等能力具有卓越潛能或傑出表現者。

前項所定其他特殊才能資賦優異,其鑑定基準依下列各款規定:

1. 參加政府機關或學術研究機構舉辦之國際性或全國性技藝競賽表現特別優異,獲前三等獎項。

2. 經專家學者、指導教師或家長觀察推薦,並檢附專長才能特質與表現卓越或傑出等之具體資料。」

二、評量工具

郭靜姿(2004)指出,為符合多元評量的精神,目前各校在鑑定資優學生運用到如下評量工具與鑑定程序:

(一) 正式評量工具包含:

1. 智力測驗,分為團體智力測驗與個別智力測驗兩種。

2. 性向測驗,如數學性向測驗、自然科學性向測驗、語文性向測驗、音樂性向測驗、美術性向測驗等。

3. 成就測驗,如標準化成就測驗、教師自編測驗、術科測驗等。

4. 實作評量,如數學實作評量、自然科學實作評量、英語實作評量、語文實作評量。

5. 創造力測驗,分為圖形式及語文式創造力測驗。

(二) 非正式評量工具包括：

1. 資優特質觀察量表。
2. 教師推薦評語。
3. 口試。
4. 觀察課程。
5. 競賽紀錄。
6. 檔案評量。

三、鑑定工作及承辦單位

　　資優生之鑑定多由各縣市教育局成立鑑定安置就學輔導委員會或招生甄試委員會，督導及審查各項鑑定工作之進行。主要有下列鑑定工作：(1)提早入學鑑定；(2)國小資優學生鑑定；(3)國中資優學生鑑定；(4)高中資優學生鑑定；(5)縮短修業年限鑑定；(6)國際數理學科奧林匹亞競賽選手選拔。

四、一般智能優異學生鑑定程序

　　一般智能優異鑑定多採三階段鑑定，初選由學校負責，參考入學之團體智力測驗成績、學生平時學習表現及教師的觀察提出可能的名單，參加初選測驗。初選會議由校內外人員組成鑑定小組，通過學生可參加複選測驗。複選測驗後，有些學校會再加上觀察期或決選測驗，最後的鑑定由鑑輔會或甄試委員會召開鑑定或甄別會議決定入選名單。

五、學術性向優異學生鑑定程序

　　學術性向優異的鑑定亦多採三階段鑑定步驟：推薦→初選→複選→觀察→決選→正式錄取。初選由學校負責，參考入學之團體智力測驗成績、學生平時學習表現，及教師的觀察，提出可能的名單，讓學生參加初選測驗。考試科目為團體智力測驗及成就測驗。初選會議通常由校內人員組成鑑定小組，通過之學生可參加複選測驗；複選實施性向測驗或成就測驗，由校內外人員組成鑑定小組，經篩選通過之學生可參加決選；決選實施實作評量，最後由鑑輔會或甄

試委員會召開甄別會議決定入選名單。

六、藝術才能優異學生之鑑定程序

(一) 國小鑑定

1. 時間：小二下（五月～六月）。
2. 對象：設籍各縣市學生。
3. 流程：各類分別成立聯合甄別委員會→辦理報名→甄別考試→錄取放榜→學生依公布時間向各校報到。
4. 安置：集中式藝術才能優異班。

(二) 國中鑑定

1. 時間：小六下（五月～六月）。
2. 對象：設籍各縣市學生。
3. 流程：各類分別成立甄別委員會→辦理報名→甄別考試→錄取放榜→學生依公布時間向各校報到→公布錄取。
4. 安置：集中式藝術才能優異班。

(三) 高中鑑定

1. 時間：九年級下（五月～六月）。
2. 對象：設籍各縣市學生。學生可經由資優甄試、推薦甄選、申請入學、自學方案及學測等多元方式，進入高中藝術才能資優班。
3. 安置：集中式藝術才能優異班。

七、提早入學鑑定

　　各縣市提早入學鑑定係依據教育部《特殊教育學生調整入學年齡及修業年限實施辦法》（教育部，2014b）辦理，目的在提供資賦優異兒童申請鑑定提早就讀國民小學的機會。

1. 時間：三月～五月。

2. 對象：設籍各縣市，年滿 5 足歲或 5 足歲半（視各縣市規定）具資賦優異特質且社會適應行為與國小一年級學童相當者。

3. 申請：由家長或監護人提出申請。

4. 鑑定：鑑定標準在標準化個別智力測驗評量之結果，平均數正 2 個標準差以上或百分等級 97 以上，且社會適應行為之評量與適齡兒童相當。

5. 安置：經「鑑輔會」核定入學之學生，家長應持「提早入學資格證明書」到核可入學之國小辦理報到。

八、縮短修業年限鑑定

各縣市縮短修業年限鑑定係依據教育部《特殊教育學生調整入學年齡及修業年限實施辦法》（教育部，2014b）辦理，目的在提供資賦優異學生加速學習的管道。縮短修業方式分為下述七種：

1. 學科成就測驗通過後免修該科課程：係指資賦優異（超常）學生某一科或多科學業成就具有高一學期或年級以上程度者，在校可免修該課程。

2. 逐科加速：係依據資賦優異學生學習成就優異之科目，將就讀教育階段內應修習之課程，以較少的時間逐科加速完成。

3. 逐科跳級：係指資賦優異學生之部分學科程度，超越同年級學生一個年級以上者，採逐科跳級學習的方式，提早修習較高年級或較高教育階段之課程。

4. 各科同時加速：係指資賦優異學生各科學習成就均優時，將就讀教育階段之課程，採全部學科同時加速之方式，以較少之時間完成。

5. 全部學科跳級：係指資賦優異學生之全部學科程度，超越同年級學生一個年級以上者，於學期結束時，跳越一個年級就讀。

6. 提早選修高一年級以上之課程：係指資賦優異學生，其部分學科學業成就優異，超越同年級程度者，可提早選修高一年級以上部分課程。

7. 提早選修高一級以上教育階段之課程：係指資賦優異學生，其部分學科學業成就優異，超越同年級程度者，可提早至高一級以上教育階段之學校選修部分課程。

各級學校對前項各種方式之採用，應針對個別學生，就其超前之學科，逐科（學習領域）評估其學習起點行為及能力，其實施內容由各級主管教育行政

機關定之。

九、國際數理學科奧林匹亞競賽選手選拔

國際數理學科奧林匹亞競賽選手選拔工作，其目的在遴選參加國際數理學科奧林匹亞競賽之高級中等學校及國民中學（初中）學生。參加對象為高中及國中數理能力優異學生。其申請及選拔程序如下。

(一) 申請程序

參加競賽之學生應由就讀學校於規定時間內，向承辦該類科選訓計畫之大學校院或機構推薦報名。但參加行政院國家科學委員會「高中科學資優學生培育計畫」及教育部「基礎科學人才培育計畫」之學生，得由指導教授推薦報名。

(二) 選拔程序

依初選、複選、選訓營、決選等四個階段辦理。但基於各類科之差異性，有關初選及複選二個階段，承辦該類科選訓計畫之大學校院或機構得衡酌實際需要，設計不同之遴選內容。

♥♥♥ 貳、安置措施

台灣以往對於資賦優異學生的安置方式，多採集中式資優班與分散式資源班兩種型態，事實上不能符合每一位學生的需求，加以部分縣市統一規定單一的安置型態，實不符合彈性化、多樣化的教育安置原則。

將來資優（超常）教育對象擴充後，創造、領導及其他特殊才能學生的教學更難以以往兩種型態達到教育目標，是以資優教育在未來應嘗試提供更多樣化的教育方式，自普通班中的個別化教學至在家自行學習的方式，相信可使台灣未來的資優教育更為多元化，使整個教學環境更為活潑生動而富有彈性。對於創造、領導及其他特殊才能學生的教育方式，未來可多利用社團活動、假日研習、冬夏令營、競賽方式辦理；偏遠或人口較少的社區（小區），可多運用遠距（視訊）教學、函授學習線上學習的方式等，不一定每校均需設置資優班或資源班。

教育部（2013b）的《特殊教育統計年報》指出，目前資賦優異教育之安置方式如下。

一、集中式資優班

在普通班之外，另成立各類集中式資優班級，有一般智能資優班、學術性向資優班、藝術才能資優班（含音樂資優班、美術資優班、舞蹈資優班）、其他特殊才能資優班等，目前高中資優班、國中小藝術才能班大多採用此種安置方式。

二、分散式資優資源班

資優學生分散安置在普通班級，專長學科抽離至資源教室上課，由資優資源班教師提供加深、加廣、加速課程，教學內容兼重認知與情意輔導，外加課程得運用彈性課程、自習課，或社團活動時間實施。

三、資優巡迴輔導班

針對偏遠地區或資優學生人數較少的學校，由資優教育資源中心安排資優教育巡迴輔導教師至學校，提供個別化或小組的服務，每週服務時數依學生需求及資源教師人力而定。

四、資優特殊教育方案

未安置於上述三種方案之資優學生，學校應提供資優特殊教育方案，透過提供個別輔導計畫及區域性資優教育活動等教育資源，提供資優學生充實、多元之資優教育服務。

此外，目前資優教育服務措施尚包含提早入學與縮短修業管道。

一、提早入學

指 5 歲幼兒學習能力特別優秀，且社會適應行為與適齡兒童相當，經專業評估鑑定其智能評量結果，在平均數正 2 個標準差以上或百分等級 97 以上，可

提早進入小學就讀。

二、縮短修業年限

為學科能力特別優秀的學生提供的安置方式，通過縮短修業年限鑑定的學生可以加速學習及選修高年級課程。

至於目前安置之高中以下各類資賦優異學生人數，根據 2022 年教育部特殊教育通報網的統計，一般智能資優生（含集中式及分散式）計 7,236 人（占24.3%），學術性向資優生（含集中式及分散式）計 17,346 人（占 58.28%），藝術才能學生有 4,708 人（占 15.8％），創造能力學生有 416 人（占 1.4%），領導才能學生有 39 人（占 0.13%），其他特殊才能學生有 20 人（占 0.07%），合計 29,765 人。

問題討論

1. 何謂鑑定？何謂評量？何謂安置？
2. 鑑定的功能為何？鑑定特殊教育學生應注意哪些原則？
3. 評量的功能為何？評量的方法有哪些？
4. 台灣現有的特殊教育學生安置型態有哪些？
5. 根據台灣《特殊教育法》的規定，特殊教育學生的安置原則有哪些？

參考文獻

❖ 中文部分

王天苗（2001）。生活適應能力檢核手冊。心理。

王亦榮（1999）。特殊兒童鑑定與評量。師大書苑。

王華沛（2004）。學習障礙教育。載於林寶貴（1999）主編，郭靜姿（2004）修訂，中華民國特殊教育概況。教育部特殊教育工作小組。

台北市教育局（2001）。台北市九十學年度國民小學身心障礙學生鑑定及安置

　　工作計畫。作者。

行政院衛生署（2012）。**身心障礙等級**。作者。

杞昭安（2002）。**視覺障礙學生圖形認知發展測驗**。教育部特殊教育工作小組。

杞昭安（2004）。視覺障礙教育。載於林寶貴（1999）主編，郭靜姿（2004）修訂，**中華民國特殊教育概況**。教育部特殊教育工作小組。

林寶貴（1994）。聽力檢查與聽覺障礙的診斷。載於林寶貴（著），**聽覺障礙教育與復健**。五南。

林寶貴（2009a）。**修訂版台灣特殊教育概況**。台灣師範大學特殊教育中心。

林寶貴（2009b）。**特殊學生鑑定與評量講義**。英華特殊教育師資培訓中心。

林寶貴、宣崇慧（2005）。學前兒童讀寫萌發評定量表。載於林寶貴（主編），**2005 年溝通障礙評量工具研習論文集**。中華溝通障礙教育學會。

林寶貴、黃玉枝（1997）。聽障學生國語文能力及錯誤類型之分析。**特殊教育研究學刊**，15，109-129。

林寶貴、錡寶香（2002a）。**兒童口語理解測驗**。教育部特殊教育工作小組。

林寶貴、錡寶香（2002b）。**中文閱讀理解測驗**。教育部特殊教育工作小組。

林寶貴、錡寶香（2003）。**國小學童書寫語言測驗**。教育部特殊教育工作小組。

林寶貴、黃玉枝、邢敏華（2005）。聽障學生手語能力測驗。載於林寶貴（主編），**2005 年溝通障礙評量工具研習論文集**。中華溝通障礙教育學會。

林寶貴、黃玉枝、黃桂君、宣崇慧（2008）。**修訂學前兒童語言障礙評量表指導手冊**。教育部特殊教育工作小組。

林寶貴、黃玉枝、黃桂君、宣崇慧（2009）。**修訂學齡兒童語言障礙評量表指導手冊**。教育部特殊教育工作小組。

林寶貴、李如鵬、黃玉枝（2009）。**學齡階段數學能力測驗指導手冊**。教育部特殊教育工作小組。

林寶貴、黃玉枝、李如鵬（2009）。**學齡階段國語文能力測驗指導手冊**。教育部特殊教育工作小組。

林寶貴、楊慧敏、許秀英（1996）。**中華國語文能力測驗指導手冊**。台灣師範大學特殊教育研究所。

林寶貴（主編）（2014）。**特殊教育理論與實務**（第四版第二刷）。心理。

林寶貴、楊雅惠、黃玉枝、蘇芳柳（2014）。**手語理解能力測驗指導手冊**（甲

式、乙式）。台灣師範大學特殊教育中心。

孟瑛如（主編）（2016）。**特殊教育概論現況與趨勢**。心理。

邱紹春（2004）。智能障礙教育。載於林寶貴（1999）主編，郭靜姿（2004）修訂，**中華民國特殊教育概況**。教育部特殊教育工作小組。

洪儷瑜（2004）。嚴重情緒障礙教育。載於林寶貴（1999）主編，郭靜姿（2004）修訂，**中華民國特殊教育概況**。教育部特殊教育工作小組。

胡純（2004）。發展遲緩教育。載於林寶貴（1999）主編，郭靜姿（2004）修訂，**中華民國特殊教育概況**。教育部特殊教育工作小組。

徐享良（2006）。**中華適應行為量表使用手冊**。教育部特殊教育工作小組。

徐享良（2007）。肢體障礙與身體病弱者的教育安置。載於許天威、徐享良、張勝成（主編），**新特殊教育通論**（第二版）。五南。

孫淑柔（2004）。多重障礙教育。載於林寶貴（1999）主編，郭靜姿（2004）修訂，**中華民國特殊教育概況**。教育部特殊教育工作小組。

許天威（2004）。肢體障礙教育。載於林寶貴（1999）主編，郭靜姿（2004）修訂，**中華民國特殊教育概況**。教育部特殊教育工作小組。

教育部（2004）。**特殊教育統計年報**。作者。

教育部（2006）。**身心障礙及資賦優異學生鑑定標準**。2006 年 9 月 29 日修正發布。

教育部（2010）。**特殊教育統計年報**。作者。

教育部（2011）。**特殊教育百年史話**。作者。

教育部（2013a）。**身心障礙及資賦優異學生鑑定辦法**。2013 年 9 月 2 日修正發布。

教育部（2013b）。**特殊教育統計年報**。作者。

教育部（2013c）。**特殊教育法規選輯**。作者。

教育部（2014a）。**特殊教育通報網**。作者。

教育部（2014b）。**特殊教育學生調整入學年齡及修業年限實施辦法**。2014 年 4 月 14 日修正發布。

教育部（2016）。**特殊教育通報網**。作者。

教育部（2019a）。**特殊教育法**。2019 年 4 月 24 日修正公布。

教育部（2019b）。**特殊教育通報網**。作者。

教育部（2022）。**特殊教育統計年報**。作者。

黃玉枝（2016）。**情緒行為障礙及自閉症講義**。屏東大學特殊教育學系。

郭靜姿（2004）。資賦優異及特殊才能教育。載於林寶貴（1999）主編，郭靜姿（2004）修訂，中華民國特殊教育概況。教育部特殊教育工作小組。

張正芬（2004）。鑑定安置與輔導。載於林寶貴（1999）主編，郭靜姿（2004）修訂，中華民國特殊教育概況。教育部特殊教育工作小組。

張蓓莉、曹秀美、蘇芳柳（1993）。聽覺障礙學生讀話句型測驗。台灣師範大學特殊教育中心。

陳麗如（2006）。特殊學生鑑定與評量。心理。

鄧明昱（2013）。DSM-5 診斷標準的改變。http://blog.sina.com.cn/iacmsp

❖ 英文部分

American Psychiatric Association. (1994). *Diagnostic and statistical manual of mental disorders* (4th ed.) (DSM-IV). Author.

第 9 章

個別化教育計畫

陳明聰

✳

前言

　　個別化教育計畫（individualized education program，簡稱 IEP）一直是身心障礙教育的重點，也被視為是落實個別化教育，進而確保身心障礙學生教育品質的重要保證。個別化教育計畫首見於美國 1975 年的《殘障兒童教育法案》（Education for All Handicapped Children Act，即《94-142 公法》），台灣則在 1997 年修訂《特殊教育法》時始納入該項要求。不過，台灣特殊教育專家學者基於個別化教育計畫的重要性，仍很早就引進此一概念與做法。1979 年林孟宗就曾介紹個別化教育計畫的內涵（林孟宗，1979），接著在 1980 年代起就有許多介紹個別化教育計畫在美國的實施情形，以及如何實施個別化教育計畫的文章（林寶貴，1983；吳武典，1982；洪有義、許美美，1982；盧台華，1982）。而且教育行政部門也開始重視個別化教育計畫，不但出版許多個別化教育計畫的實施手冊（何華國編，1988；林寶貴，1986，1988，1989），把個別化教育計畫的撰寫視為特殊教育教師重要的知能（盧台華，1994），並且在歷年的特殊教育班評鑑中，都是訪視人員最重視的評鑑項目之一。

　　1997 年修訂的《特殊教育法》第 27 條明定「各級學校要對每位身心障礙學生擬定個別化教育計畫」，並在施行細則中詳細規定其內容、參與人員及擬定的時間，正式將個別化教育計畫由一般的教育名詞變成法律上的用語。從此，身心障礙學生都可以擁有一份為滿足其特殊教育需求而擬定的個別化教育計畫；

教師及相關專業人員則必須為每一位身心障礙學生擬定個別化教育計畫；同時父母也有權參與子女個別化教育計畫的擬定。

2009 年修訂的《特殊教育法》第 28 條則規定「高級中等以下各教育階段學校，應以團隊合作方式對身心障礙學生訂定個別化教育計畫，訂定時應邀請身心障礙學生家長參與，必要時家長得邀請相關人員陪同參與」，明定個別化教育計畫適用於高中職以下的學生。此外，針對就讀高等教育階段之身心障礙學生則由學校為其擬定個別化支持計畫。

本章將先介紹個別化教育計畫的基本概念，分析其功能與目的，說明台灣與美國對擬定個別化教育計畫的規範，進而提出如何擬定個別化教育計畫的流程。

第一節　個別化教育計畫的基本概念及法律基礎

由於「個別化教育計畫」一詞始於美國的《94-142 公法》，所以本節將先說明美國特殊教育法案對 IEP 的規範，再回來看台灣《特殊教育法》對個別化教育計畫的規定。

在 1997 年修訂的《特殊教育法》頒布以前，台灣對「individualized education program」一詞，並沒有統一的用語。有的人用「個別化教育方案」（林寶貴，1994；陳麗君，1996；張英鵬，1995；曾進興等，1989；台北師範學院特殊教育中心，1996），有的則稱「個別化教學計畫」（盧台華，1994），當然也有人用「個別化教育計畫」（杜正治，1989；林美和，1986；陳東陞，1991），而且這些計畫或方案的內涵也彼此有些出入。直到 1997 年《特殊教育法》修訂頒布後，方才從法律的觀點統一為「個別化教育計畫」。

♥♥♥ 壹、美國的規定

1975 年的《94-142 公法》是美國特殊教育立法的重要里程碑，該法確立特殊教育的六大原則（National Information Center for Children and Youth with Disabilities, 1997）：免費且合適的公立教育（free appropriate public education）、合

適的評量（appropriate evaluation）、個別化教育計畫（individualized education program）、最少限制環境（least restrictive environment）、父母參與（parental involvement）、法律保障程序（procedure safeguards/due process）。

　　這六項原則旨在期望能達到保障身心障礙學生均能接受合適教育的終極目標，其中尤以個別化教育計畫為核心，因為要擬定個別化教育計畫需要利用各種評量方式來了解學生的能力，以為擬定個別化教育計畫的依據。個別化教育計畫並不是針對某一類學生或某一教育安置型態下的學生來擬定，而是為每一位身心障礙且有特殊教育或相關服務需求的學生而擬定，所以不管身心障礙學生在哪裡接受教育，均能獲得個別化教育計畫的保障，如此所謂最少限制環境的理想方能實現。否則如果只有特殊班或特殊學校才能享有某些服務，則父母仍可能為了孩子的學習而選擇較多限制的環境，就像《94-142 公法》公布前，許多父母為了讓孩子有更好的教育，寧可放棄公立學校而選擇其他需要付費的私立機構（Yell et al., 1998）；如今只要列在個別化教育計畫中的特殊教育及相關的服務項目均為免費。此外，父母參與 IEP 的擬定與決定的情形，也是父母參與研究的關注焦點，而父母不同意 IEP 的內容則一直是父母或學校提請申訴的主要原因。所以，個別化教育計畫就成為身心障礙學生接受特殊教育及相關服務的重要文件。

　　1975 年《殘障兒童教育法案》的實施，讓美國大部分身心障礙兒童均能接受公立學校的教育，但實施二十多年來卻發現身心障礙學生的學習成就低落，教育品質仍有待改進（Yell & Shriner, 1997）。其主要原因是大家對身心障礙學生的期望較低，而提供給他們較簡單而不具挑戰性的課程。為改善這種情形，美國 1997 年的《身心障礙者教育法修正案》（Individuals with Disabilities Education Act Amendments of 1997, IDEA 1997）及其施行細則，特別強調身心障礙學生學習成就的提升。為因應並達到這個目標，個別化教育計畫也有一些改變。在 2004 年的修正案《身心障礙者教育促進法案》（Individuals with Disabilities Education Improvement Act of 2004）中更進一步強調結果導向。以下先說明 1997 年的 IDEA 對個別化教育計畫的規定，再補充 2004 年的 IDEA 之重要改變。

一、個別化教育計畫的內容

根據 1997 年的 IDEA 規定，身心障礙學生的個別化教育計畫應包括以下內容：

1. 目前在教育上的表現水準（levels of educational performance）：包括評量學生障礙對參與普通教育課程的影響，或是學前階段學生之障礙情形對參與某些活動的影響。

2. 可以測量的年度目標（measurable annual goals）：包括短期目標。這些目標能解決學生因障礙所導致的需求，讓其更能參與普通教育課程的學習。

3. 特殊教育、相關服務、補助的設備與服務（supplemental aids and services），以及能促進年度目標的達成或參與普通教育課程之方案的調整或人員的支援。所謂「補助的設備與服務」是指提供就讀普通班之身心障礙學生的輔助器材和對既有之普通教育所做的調整。

4. 解釋身心障礙學生在哪些方面無法參與普通教育課程。

5. 身心障礙學生參與學區或全州性的成就測驗時所需的調整，或是解釋其無法參與評量的原因，並說明將使用的評量方式。

6. 特殊教育和相關服務的起迄時間、實施的頻率。

7. 如何評量年度目標的進步情形，並提供至少和普通學生一樣頻繁的成績報告單。

8. 從 14 歲開始提供與轉銜服務相關的課程服務，並且每年更新。當學生 16 歲時，需說明未來有哪些單位或機構會在哪些時間介入。

從上述 IDEA 中對個別化教育計畫內容的規定可以知道，個別化教育計畫特別重視如何與普通教育課程做結合，讓身心障礙學生也能接受普通教育課程，而且透過課程的調整以及各項特殊教育、相關服務、輔助性的設備與服務的介入，讓學生在普通課程中獲得有效的學習。

而為了反映這種強調與普通教育結合的趨勢，在個別化教育計畫小組的成員方面也有所調整。以下所述是 1997 年法令對參與發展個別化教育計畫人員的規定。

二、參與擬定個別化教育計畫的人員

本法規定參與個別化教育計畫的人員包括：

1. 學生的父母。

2. 普通教育教師至少一位：如果此生有接受普通教育。

3. 特殊教育教師至少一位：如果可能的話要包括該生的教師。

4. 地方教育局的代表一位：他必須了解普通教育課程、特殊教育學生的教學以及當地的教育資源。

5. 能解釋評量結果對教學影響的人：這個人可以是上述的教師或地方教育局人員，而不一定是心理學家。也就是要能解釋評量結果的人，不一定是實施評量的人。

6. 在父母或教育局的要求下，可納入相關專業人員、身心障礙學生。

「美國特殊兒童委員會」（Council for Exceptional Children，簡稱 CEC）（1998）指出，個別化教育計畫小組在實際運作過程中納入普通教育教師，除了可以應付法令的要求外，普通教育教師事實上扮演著重要的角色，因為他們最了解普通教育課程，也知道如何在教學過程中進行調整，隨時監控個別化教育計畫的執行，並在必要時提出修改意見。此外，美國特殊兒童委員會也認為，雖然特殊教育教師是小組的重要成員，但如果學生在專業治療部分的需求比較強，則專業人員亦可以成為小組的主導者。

三、其他相關規定

每學年開始，IEP 小組要為每位身心障礙且有特殊教育服務需求的學生，擬定並執行個別化教育計畫，計畫至少每年要檢討一次。此外在擬定此計畫時要特別考量：

1. 學生的長處與家長的期望。

2. 學生行為問題對學習的影響以及處理的策略。

3. 如果學生的英文能力不足，要考量將此需求放入個別化教育計畫中。

4. 考量學生是否需要輔助科技的設備和服務。

從上述的規定可以了解，1997 年《身心障礙者教育法修正案》中對個別化

教育計畫特別強調與普通教育課程做結合，在此前提下，個別化教育計畫要達到下列的五項要求（林素貞，1999）：

1. 描述兒童的障礙如何影響其參與普通教育課程或一般活動的參與。

2. 強調長期目標的可測量性與滿足個體獨特的需求，不再過分強調敘寫繁瑣的短期教學目標。

3. 加強行政支援以達成長期教育目標。

4. 非經個別化教育小組同意，學生應盡可能參與學區或全州的學業成就考試（state-wide assessment），當然要在評量過程提供必要的調整。

5. 當學生 14 歲，約在國中階段，就要將轉銜服務計畫放在個別化教育計畫之中。

由於受到普通教育改革法案《中小學教育法》（NCLB）的影響，《身心障礙者教育法案》在 2004 年的修正案中，也特別強調教育績效。反映在對個別化教育計畫的部分，主要是更強調個別化教育計畫的教育目標與普通教育學業成就標準的關係，以及簡化不必要的開會和書面資料，並強調所提供的特殊教育服務是有實證本位研究基礎的。具體而言，2004 年的 IDEA 對個別化教育計畫要求的重要改變包括（Yell et al., 2006）：

(一) 在 IEP 內容部分

1. 強調目前學業成就水準（academic achievement）和功能性的表現（functional performance）：雖然重點仍在呈現學生目前的能力以及說明其障礙對參與普通教育課程的影響，但強調說明學生能在學業和功能性的領域中（如溝通）真實的表現。

2. 取消短期目標（bench-marks/short-term objectives）的要求：除了無法使用普通教育課程者，IEP 中須包括學業和功能性領域之可測量的年度目標，而且不用再寫短期目標。但只能使用替代評量（alternative assessment）的學生仍可保留。

3. 所提供的特殊教育服務必須是基於有同儕審核研究的結果，也就是要使用實證本位的實務（evidence-based practice，簡稱 EBP）。

4. 轉銜服務的年齡為 16 歲，但各州仍可維持在 14 歲。

（二）在發展過程部分

主要期望能減少書面作業和不必要的會議。主要的改變包括：

1. 不必要的成員可以不用參加 IEP 會議：在地方教育局（LEA）和父母的同意下，該次會議中，該員所負責之課程或相關服務並不需修改或討論時，該員可以不用參加該次會議。

2. 若已有正式 IEP，在執行過程中父母可以「同意書」方式，同意 IEP 小組成員以書面方式直接修正 IEP，而不用再開正式的 IEP 會議。

3. 可以使用不同方式開 IEP 會議，並把相關會議合併舉行：IEP 會議不一定要以面對面方式召開，也可以用視訊方式；而且為減少開會，也可以把 IEP 相關的會議合併舉行，如 IEP 評鑑和擬定的會議。

4. 發展三年以下的多年期 IEP：允許 15 個州在父母同意下，試行多年期 IEP，以減少不必要的書面作業和會議。

（三）在執行過程部分

主要針對身心障礙學生轉學後 IEP 的適用性和修正進行規範。2004 年的 IDEA 規定，在學年中轉學，如果是在同一州內的轉學，原 IEP 仍適用，新學區要依原 IEP 內容提供特殊教育和相關服務，並在與父母討論後決定是否修改之；至於跨州的轉學，在未進行新的評估之前，其原 IEP 也仍有效。

❤❤❤ 貳、台灣的規定

台灣對個別化教育計畫的規定，原為 1997 年《特殊教育法》第 27 條「各級學校要對每位身心障礙學生擬定個別化教育計畫，並邀請身心障礙學生父母參與其擬定及教育安置」，及《特殊教育法施行細則》（教育部，2003）第 18 條、第 19 條對個別化教育計畫內容項目、擬定人員、方式以及時間均有規定。2009 年《特殊教育法》再次修訂公布，第 28 條規定：「高級中等以下各教育階段學校，應以團隊合作方式對身心障礙學生訂定個別化教育計畫，訂定時應邀請身心障礙學生家長參與，必要時家長得邀請相關人員陪同參與。」《特殊教育法施行細則》亦在 2012 年再次修訂，以下先說明原本施行細則之規定，再

陳述此次修訂《特殊教育法施行細則》的內容。

一、個別化教育計畫的內容

原《特殊教育法施行細則》（教育部，2003）第 18 條規定：本法第 27 條所稱個別化教育計畫，指運用專業團隊合作方式，針對身心障礙學生個別特性所擬定的特殊教育及相關服務計畫。其內容應包括下列事項：

1. 學生的能力，包括認知能力、溝通能力、行動能力、情緒、人際關係、感官功能、健康狀況、生活自理能力、國文、數學等學業能力之現況。
2. 學生家庭狀況。
3. 學生身心障礙狀況對其在普通班上課及生活的影響。
4. 適合學生之評量方式。
5. 學生因行為問題影響學習者，其行政支援及處理方式。
6. 學年教育目標及學期教育目標。
7. 學生所需要之特殊教育與相關專業服務。
8. 學生能參與普通學校（班）之時間及項目。
9. 學期教育目標是否達成之評量日期與標準。
10. 學前教育大班、國小六年級、國中三年級及高中（職）三年級學生之轉銜服務內容。所謂轉銜服務，應依據各教育階段之需要，包括升學輔導、生活、就業、心理輔導、福利服務及其他相關專業服務。

2012 年修訂的《特殊教育法施行細則》（教育部，2012），對個別化教育計畫採用 2003 年施行細則相同的定義，但內容修改為以下五項：

1. 學生能力現況、家庭狀況及需求評估。
2. 學生所需特殊教育、相關服務及支持策略。
3. 學年與學期教育目標、達成學期教育目標之評量方式、日期及標準。
4. 具情緒與行為問題學生所需之行為功能介入方案及行政支援。
5. 學生之轉銜輔導及服務內容。

其中第五款所定轉銜輔導及服務，包括升學輔導、生活、就業、心理輔導、福利服務及其他相關專業服務等項目。

　　雖項目減少為五項，但整體內涵與現行法規差異不大，而且更為精簡。此外，整體也更具有邏輯順序。就內容而言，所提供之服務除特殊教育外，原本的相關專業服務改成相關服務和支持策略；強調要提供行為功能介入方案；轉銜輔導是每學年均要考量而非原本的教育階段最後一年才考量。

二、參與擬定個別化教育計畫的人員

　　個別化教育計畫是指運用專業團隊合作方式，針對身心障礙學生特性所擬定的特殊教育及相關服務計畫。既然是透過專業團隊合作來擬定，則參與的人員就不只是學校教師而已。依照《特殊教育法施行細則》（教育部，2003）第18 條的規定，參與擬定個別化教育計畫的人員，應包括學校行政人員、教師、學生家長、相關專業人員等，並得邀請學生參與，必要時學生家長得邀請校外相關專業人員陪同。

　　2012 年修訂的《特殊教育法施行細則》（教育部，2012）則調整為：「參與訂定個別化教育計畫之人員，應包括學校行政人員、特殊教育及相關教師、學生家長；必要時，得邀請相關專業人員及學生本人參與，學生家長亦得邀請相關人員陪同。」在當然參加者中，把教師再分成特殊教育和相關教師；而相關專業人員則改為有必要時再邀請參加。

　　2020 年最新修訂的《特殊教育法施行細則》，為配合《身心障礙者權利公約》第 7 條第 3 款：「就所有影響本人之事項自由表達意見，並獲得適合其身心障礙狀況及年齡之協助措施以實現此項權利，身心障礙兒童之意見應按其年齡與成熟程度適當予以考量」，將參與訂定個別化教育計畫之人員，增加「應邀請學生本人參與」（教育部，2020），讓身心障礙學生能充分參與自身之個別化教育計畫。

三、其他相關規定

　　施行細則規範學校應於新生及轉學生入學後一個月內訂定；其餘在學學生之個別化教育計畫，應於開學前訂定。每學期應至少檢討一次。

第二節　個別化教育計畫的功能

　　從上述的說明，可以讓我們對於個別化教育計畫相關的人（who）、事（what）、時（when）、地（where）、物（how）有大概的了解。但在這五個 w 以外，還有一個更重要的 w，就是 why——身心障礙學生教育為什麼需要個別化教育計畫？個別化教育計畫在身心障礙教育中扮演什麼樣的角色？有什麼重要性？為什麼非得要個別化教育計畫不可呢？

♥♥♥ 壹、個別化教育計畫在身心障礙教育中的角色

　　個別化教育計畫在美國被視為是 IDEA 的核心（Bateman & Linden, 2006），也是身心障礙學生接受特殊教育與相關服務的保證書。若從 Bateman 與 Linden（2006）的觀點，學生在接受鑑定取得資格後，就應為其擬定個別化教育計畫，之後再依個別化教育計畫所列內容決定安置的場所。因此，個別化教育計畫不但決定學生可以接受的特殊教育和相關服務，也決定學生可以在哪裡接受這些服務。

　　但台灣設計的機制有所不同。從台灣《身心障礙學生鑑定及就學輔導工作手冊》（教育部，1996）中對身心障礙學生的鑑定、安置流程，以及《特殊教育法》及其相關子法來看，台灣特殊教育實施的流程大致如圖 9-1 所示。

一、轉介

　　由學校教師、家長經學校特殊教育推行委員會將疑似身心障礙學生轉介至縣市的特殊教育學生鑑定及就學輔導委員會（簡稱為鑑輔會）。

二、診斷評量

　　由各縣市鑑輔會下的專業團隊或心理評量小組人員，對轉介的對象蒐集相關資料（包括：實施標準化評量、直接觀察、晤談、醫學檢查），實施初步類別研判、教育需求評估及綜合研判後，完成包括教育安置建議及所需相關服務

圖 9-1　特殊教育服務實施流程

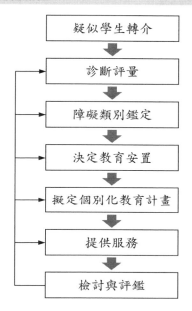

之評估報告。

三、鑑定

　　判斷轉介學生的診斷結果是否符合特定類別的鑑定標準，決定該生是否具有接受特殊教育服務的資格（eligibility），唯有符合資格者方能進入下一個階段。

四、教育安置

　　各縣市在完成所有轉介學生的診斷與鑑定之後，會依學生的特殊教育需求、家長的意願與各特殊教育學校（班）的服務量，進行教育安置。目前的可能安置型態有：普通班、集中式特教班、普通班加分散式資源班、身心障礙巡迴輔導班（含在家教育）和特殊教育學校等。

五、擬定個別化教育計畫

身心障礙學生依教育安置會議的決議進入各教育場所後，學校要為其擬定個別化教育計畫。

六、提供特殊教育與提供相關服務

依據既定的課程、學生的個別化教育計畫，學校實施特殊教育教學，提供學生相關服務。

七、檢討與評鑑

定期檢核教學的成效，每學期至少檢討一次。其中個別化教育計畫中的學年目標達成與否是重要的評鑑指標。根據評鑑結果檢討學生的特殊教育需求，重新考量學生的教育安置與個別化教育計畫的擬定。

從上述的實施程序來看，基本上，台灣的特殊教育服務要先決定哪些人（who）需要，或符合資格，再決定這些人在哪裡（where）接受特殊教育服務；之後再決定要給予什麼樣（what）的服務、如何（how）提供服務以及服務成效的評量。雖和 Bateman 與 Linden（2006）的觀點有所不同，但筆者認為這也反映出台灣教育行政系統的現實。

❤❤❤ 貳、個別化教育計畫的功能

從台灣和美國的特殊教育法規中可以發現，身心障礙學生所接受的特殊教育與相關服務之內容項目，均以個別化教育計畫中所記載的為主，凡是個別化教育計畫中陳列的服務項目，學校就得免費提供。所以個別化教育計畫也就成了身心障礙學生接受特殊教育與相關服務的保證書。而從法律對個別化教育計畫的規定，可以看到個別化教育計畫至少具有下列的特質。

一、不分類

個別化教育計畫是為所有身心障礙學生而擬定，並非為特定類別或程度的

學生而設計，所以個別化教育計畫是不分類的。

二、不管安置型態

只要是身心障礙的學生，無論其就讀普通班、特殊班或特殊學校，只要有特殊教育與相關服務的需求，就得為其擬定個別化教育計畫。

三、注重個別需求

個別化教育計畫注重個別性，每一位身心障礙學生的特質都不一樣，需求也各異，同樣是就讀特殊學校的中重度障礙學生，有的需要物理治療，有的健步如飛。所以個別化教育計畫要以學生個別的需求為出發點。

四、專業團隊的合作

由於身心障礙學生的特殊需求殊異性相當大，不可能只由一位教師或專業人員來提供所有的服務，所以，個別化教育計畫的擬定與實施是一種團隊合作的歷程。

五、父母的參與

自 1975 年美國《94-142 公法》明定保障父母參與子女個別化教育計畫擬定的權利以來，父母在個別化教育計畫擬定的過程，就被期望扮演重要的角色。

六、績效責任

個別化教育計畫是目標導向的教育計畫，所有列在上面的學年或學期教育目標，都是可以測量，而且是日後評量學生學習成就的重要依據。

但個別化教育計畫不應是：(1)不可改變的；(2)每天的計畫，或是要教給學生的每一件事；(3)監控教師效能的方法；(4)報告卡，為了替代學生的成果報告。

是以總體而言，個別化教育計畫應發揮溝通、保障與管理的功能（林寶貴，1994；曾進興等，1989；楊惠琴，1998；鄭麗月，1996）。

一、在溝通的功能方面

在發展個別化教育計畫的過程中，藉由學生能力的評估、教育目標以及服務項目的擬定，可以讓教師、專業人員以及家長對孩子的教育需求有更清楚的認識，並且共同思考如何提供各項服務以滿足孩子的特殊教育需求。而且，在擬定的過程中，藉由彼此平等而充分的討論與溝通，可以解決親師對孩子特殊教育及相關服務內容的歧見。至於所列之服務項目和時間，則可以讓家長了解子女所擁有的服務內容。

二、在保障的功能方面

在個別化教育計畫中所決定的特殊教育與相關服務，都是經過學校的行政人員、教師、相關專業人員、家長所共同決定的。學校需要遵循計畫內所列的服務來提供給學生，學生的特殊教育需求可以藉由此份文件的保障而接受應有的服務。

三、在管理的功能方面

藉由個別化教育計畫中所列的評量標準與時間，可以考核各項服務的執行狀況，作為隨時修正服務內容與方式的依據，也是特殊教育成效的評鑑工具。

第三節　個別化教育計畫的擬定

特殊教育雖然強調個別化教育計畫是一個團隊合作的過程，不過在台灣的《特殊教育法》中，並未明確指出擬定個別化教育計畫的流程。而且台灣目前的做法是在學生被安置到一定的教育場所後，才開始進行個別化教育計畫的擬定，所以本節將以發展與實施的部分為焦點，結合專業團隊與父母參與，掌握前節所提的原則，提出擬定個別化教育計畫的流程（如圖 9-2 所示）。本文提出之流程基本上掌握 Bateman 與 Linden（2006）所提出的三個核心順序：第一是提出根據學生的障礙而產生的需求；第二是根據需求而提供的特殊教育、相

圖 9-2 擬定個別化教育計畫的流程

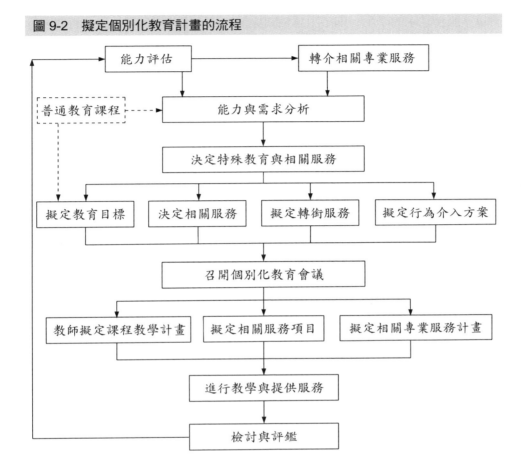

關服務、支援服務（supplementary supports）、方案調整和人員的支持；第三是可測量的目標（p. 127）。據此，目標應是檢驗所提供之服務是否適切的結果。另根據目前「十二年國民基本教育特殊教育課程實施規範」（以下簡稱「特教課程實施規範」）（教育部，2021）的規定，學生個別化教育計畫的教育目標也應以普通教育課程的學習重點進行調整。此可以視為政府強調課程融合的做法。

　　整個流程的設計以新接的學生為考量，範圍也採較廣泛的方式，包括所有個別化教育計畫的要項；教師在實際運作時並不一定要全然接受，應視當時的情形而調整。如果是班上的舊生，則流程應可減少一些基本資料的蒐集；對沒

有專業服務需求的學生，則不用請相關專業人員一起共同參與；對沒有問題行為的學生，也不用擬定行為處理計畫。以下分別就每一個流程應做什麼事？如何做？哪些人來做？提出較詳細的說明。

♥♥♥ 壹、前置作業

教師在接到學生之後，就要開始蒐集學生的資料、家庭的資料，並轉介學生給相關專業人員，再根據蒐集到的學生資料進行學生能力與教育需求的分析。

一、蒐集學生及其家庭之相關資料

不管是普通班、資源班或特教班教師，在接到身心障礙學生的轉入資料之後，就要開始進行相關資料的蒐集，此階段可以再分成三個小步驟。

(一) 基本資料的蒐集

學生基本資料的建立是最基本也是最重要的工作，教師一接到學生的轉入後即應填寫相關基本資料表格，建立學生與家庭的基本資料，雖然各個學校或班級的做法和表格都不盡相同，但基本上可以利用學生綜合記錄表中的各項表格來填寫即可，並不一定要另外設計。

一般而言，這個部分的資料應至少包括姓名、性別、血型、生日、轉入日期、家長姓名、住址、聯絡電話、家庭狀況（哪些家人、家長職業等）、生長史、教育史等，可以讓教師很快掌握學生及家庭的狀況，也可以讓教師把比較需要家庭支援服務的家庭，及早轉介給學校輔導室或負責提供家庭服務的處室。

這項工作一般都是學生的導師來做，導師可以從學生轉介的基本資料中獲得大部分的資訊，教師也可以在這個時候就和家長聯繫，除了可以更了解學生的一些資料作為進一步評估學生能力的參考外，最重要的是藉此聯繫的機會，建立良好的親師關係。教師和家長有了良好的關係後，在教學過程才可能有比較密切的合作。至於聯繫的方式很多，教師可以利用電話溝通或是進行家訪。

(二) 教育相關的能力資料

根據《身心障礙及資賦優異學生鑑定辦法》（教育部，2013b）第 22 條規

定，　教育需求評估，應包括健康狀況、感官功能、知覺動作、生活自理、認知、溝通、情緒、社會行為、學科（領域）學習等，因此學生的能力現況應蒐集這些資訊，以為決定教育需求的依據。

　　這些能力的評估可透過生理檢查、標準化測驗或非標準化測驗等方式完成：

1. 生理檢查：主要是由醫生所做的各種健康檢查，其中包括學生的視力、聽力、重大疾病、動作能力等。此部分資料在學生參與縣市政府鑑輔會的鑑定過程，可能已有蒐集。

2. 標準化測驗：包括各種的智力測驗、適應行為量表、成就測驗，一般而言，這些標準化的測驗結果在學生的轉介資料上都會記載。除非施測的日期太久或是對未來教育很重要但卻未施測，才考量再次進行評量。由於標準化的測驗工具多由輔導室管理，部分智力測驗甚至只存放在各大學的特殊教育中心，而且施測人員需要經過一定的訓練，所以如果有需要，可申請由學校的輔導室或鑑輔會的心評小組人員協助評量。

3. 非標準化測驗：這是教師比較常使用的評量方式，教師可以根據實際的需要，採取不同的評量方式，例如：效標參照評量、課程本位評量、功能性評量、生態評量等。以上的評量方式除了利用傳統的紙筆測驗，也可以使用觀察、操作方式進行。

　　在進行學生能力評量時，教師宜多進行學習上和功能性表現上的能力評量，如此才能把評量與日後的個別化教育計畫相結合。而且要特別注意的是，呈現的資料是整理過後並加以文字說明的，而非只是呈現原始的檢核表或測驗的得分。

　　在了解要評量哪些能力和決定合適的評量方式後，另一個問題就是要由哪些人來進行評量。除了醫學檢查由醫生或治療師、學校護理人員進行，標準化測驗由受過心理評量或診斷訓練的教師施測外，一般而言，可以由導師或資源班教師主導，由所有任課的教師共同參與，評估該生在某些特定學科領域的各種認知、溝通、人際關係以及學科的學習表現。此外，也可以邀請父母一起來參與孩子的評量，尤其是在家的行為表現、人際溝通等部分的能力。

　　對於新鑑定安置的學生而言，依《身心障礙及資賦優異學生鑑定辦法》（教育部，2013c）規定，學生應有評估報告，其中包括教育需求評估，這些資

料也是了解學生能力的重要來源。

(三) 轉介相關專業服務評估

　　根據《身心障礙及資賦優異學生鑑定辦法》（教育部，2013c）第 21 條規定，身心障礙學生之鑑定，應依轉介，蒐集相關資料，實施初步類別研判、教育需求評估及綜合研判後，完成包括教育安置建議及所需相關服務之評估報告。而教育需求評估報告中要註明優弱勢能力，所需之教育安置、評量、環境調整及轉銜輔導等建議。亦即，在完成安置前，身心障礙學生就應該要有相關專業人員的參與評估。

　　但是，如果相關專業團隊未參與學生的鑑定過程，則相關專業服務與教育輔助器材之需求評估，仍需再次轉介給相關專業團隊成員進行評估。這應可與能力評量同時進行，教師只要利用一些簡單的篩選表就可以將疑似的個案轉介給相關專業人員。但目前除了各特殊教育學校聘有專任的相關專業人員，可以在學期初透過教師的轉介立即進行評估外，各縣市限於專任之專業人員的人力，可能無法立即進行。不過教師仍可在進行學生能力評量之後，把可能需要相關專業服務的學生轉介給相關專業團隊，相關專業人員再排定時間進行相關的評估。

　　資料的蒐集是個別化教育計畫擬定的開始，也是決定此計畫內容是否合適的重要關鍵，這些事需要教師、專業人員、家長的共同參與方能竟全功，所以整個學生資料的蒐集就已經是專業團隊合作的過程。不過依目前台灣的人力狀況，似乎不足以提供共同評量並共同討論的貫專業合作之評量模式，或許現階段我們可以讓教師、家長、專業人員各自評量但共同討論的方式，來對學生進行比較全面而且統整性的評量。

二、分析學生的能力與需求

　　學校教師、專業人員或家長各自進行學生能力的評量之後，要有共同討論的機會，澄清彼此的記錄，綜合學生各項的能力，進而分析學生的優缺點，決定學生的教育需求。

（一）學生能力的分析

　　學校教師和專業人員可以利用時間召開簡單的討論會議，溝通彼此對學生評估、觀察的結果，之後再由個別化教育計畫的主要管理員——導師或是資源班教師，綜合各個教師或相關專業人員的評量結果寫成學生的能力表現。

　　所謂共同討論，如果可以全部的人都以面對面的方式為之，當然最能達到直接溝通的效果，但如果在一般學校並沒有專業人員的情況下，由導師或資源班教師利用電話、電子郵件等方式，溝通彼此對學生能力表現的看法，亦不失為另一可行的方法。

　　學生能力分析雖然以教師和專業人員的會談為主，但家長的意見也應該重視。所以當學校教師、相關專業人員的評量結果與家長所提供的資料有很大的出入時，教師應主動找家長了解如此評量的原因，以免因家長與學校對孩子的能力表現看法不一致，造成彼此對孩子的教育需求有不同的看法，進而產生不必要的衝突。

　　為使學生的能力分析能與其教育需求相配合，教師在進行能力分析時，應注意學生能力與其就讀學校課程的關係（如圖 9-3 所示），以課程為基線進行能力分析。在強調以參與普通教育課程的革新趨勢下，教師要以參與普通教育課程或融合教育為考量，再思考如何提供所需的服務。尤其是新的「特殊教育課程大綱」強調以普通教育課程為基礎進行調整，因此在需求分析時也應考量

圖 9-3　學生能力與課程的關係

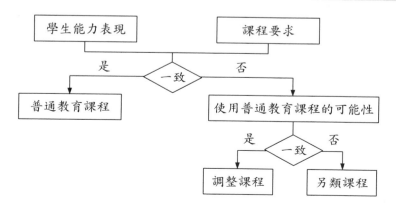

普通教育課程的能力指標，並依學生個別需求選用特殊需求領域課程的能力指標。

(二) 分析決定學生的需求

根據學生的能力表現來考量學生的需求，依《特殊教育法施行細則》中個別化教育計畫內容的規定，學生的需求可以分成：特殊教育需求、相關服務需求、情緒行為問題處理需求，及轉銜服務需求。

1. 特殊教育需求

身心障礙學生，均需特殊教育服務，但其所需要的範圍、多寡也不一定，並不是所有的學生在所有的學習時間都需要特殊教育的介入。所以分析並決定學生的特殊教育需求是提供特殊教育服務的基礎。

相對於特殊教育需求的是對普通教育參與的需求。在日益強調融合的特殊教育潮流下，即使是安置在特殊班或特殊學校中，亦要考量其參與普通教育的機會。在這裡所謂參與普通教育，除了一般所謂回歸普通班學習的機會外，更要強調參與普通教育課程的學習。尤其是特殊教育新課程綱要的推動，身心障礙學生的課程均以普通教育課程為調整之依據，更需考量身心障礙學生的課程調整和特殊教育服務。

2. 相關服務需求

《特殊教育法施行細則》（教育部，2012）規定要列上相關服務，但並無明確定義相關服務的範圍，倒是從相關法規和條文觀之，支持服務應該是學生個別化教育計畫需要列上的服務（陳明聰等，2013）。根據《特殊教育法》規定，支持服務包括：教育輔助器材、適性教材、學習及生活人力協助、復健服務、家庭支持服務、校園無障礙環境、其他支持服務。

3. 情緒與行為問題處理需求

對於有情緒與行為問題而影響學習者，學校要擬定行政支援和行為功能介入方案，以協助教師來處理學生的問題行為。此部分應考量兩個向度，一是當情緒與行為問題出現時，學校的處理或支援方式，例如學生上課中突然情緒失控，教師要向誰求助；一是針對學生的情緒與行為問題，學校要提供哪些行為功能介入方案或事前的防範措施，而且特別強調是功能性的介入方案。

4. 轉銜服務需求

　　不同於之前《特殊教育法施行細則》（教育部，2003）只要求各教育階段最後一年才進行轉銜輔導與服務，2012 年開始的施行細則要求每年均應考量學生的轉銜輔導和服務需求。主要是要讓學校可以從未來的觀點思考如何提供學生服務，而非等到最後一年再啟動，例如：一位想未來就讀高中普通班的自閉症國一新生，從一年級就得先讓學生和家長了解高中的學校生活以及要求，並將社會技巧和學習策略列為特殊教育的重點項目之一。

貳、實際作業

　　當學校教師、行政人員、專業人員和家長討論決定學生的各項需求之後，接下來的工作就要把這些需求化為實際的個別化教育計畫內容，以及召開個別化教育計畫會議。

一、擬定教育目標、相關服務或擬定行為處理計畫，並針對應屆畢業學生擬定轉銜計畫

　　在前述我們決定了身心障礙學生的特殊教育、相關服務、行政支援以及轉銜服務的相關需求，現在學校教師要把這些需求轉化成為各種服務，以下分別說明如何來擬定這些服務。

(一) 教育目標

　　個別化教育計畫要包括學年目標與學期目標，而且要寫上學生適合的評量方式、學期目標達成與否的評量標準與評量日期。從這些規定可以清楚看到，我們要為學生擬定一個學年的教育目標，並將這些學年目標化成學期目標，這些學期目標還必須是可以被測量的，而且我們要為這些學期目標訂定評量的日期與標準，還得依學生的學習特性與學習內容選擇適合學生的評量方式。

　　因此得考量幾個重要工作：(1)學年與學期目標的擬定；(2)評量日期與評量時間的決定；(3)評量方式的選擇。可是在進行這些工作之前還有一項值得先考量的問題：「是否每一個學科或領域都需要寫學年與學期的教育目標呢？」在台灣的特殊教育法規中並未對此有詳細的說明，倒是從美國《身心障礙者教育

法案》中對教育目標的說明，可以讓我們了解這問題的做法。在美國《身心障礙者教育法案》對長期教育目標的說明是「可以促進學生參與普通教育課程學習的目標」，這句話除了反映美國 1997 年版 IDEA 重要的精神——促進身心障礙學生參與普通教育課程，以提升特殊教育品質——更讓我們清楚了解，身心障礙學生應該有機會接觸普通教育課程，而且盡可能的從普通課程來調整；當學生實在不適合學習普通教育課程時，才施以另類的特殊教育課程。所以是否需要特別在個別化教育計畫上寫出教育目標，有一個決定關鍵就是學生在該學科或領域中，是否需要普通教育課程以外的調整，其中包括普通教育課程的調整，以及特殊教育課程的目標。

所以學生需不需要特別的教育目標，端視其在特定學科或領域的需求而定。如果一個學生只是在認知領域的學習有特殊需求，則在其個別化教育計畫中，僅需為與認知相關的學科（如國語文、數學、自然科學等）特別擬定教育目標，而在其他像體育、美術等方面就不需要了。即使是在特殊班或特殊學校，還是得依其需求來決定哪些領域需要特別的教育目標，而不是非得每個領域都一定需要為其擬定特殊教育目標。

此外，如果從前述 Bateman 與 Linden（2006）的觀點，教育目標應為檢驗服務是否適切的依據。教育目標的撰寫應以學生是否有接受各項服務為前提。

個別化教育計畫的兩項重要特性是不分類以及不分安置型態。所以在思考學生的教育目標時，必須把學生的類別與安置的場所放在一旁，分析學生的需求與學習課程間的落差，再來決定如何擬定各領域或學科的教育目標。以下進一步說明之：

1. 比較學生的需求與學習課程間的落差

從圖 9-3 可以發現學生的需求來自其能力與課程之間的落差：

(1) 當學生的能力與課程所需之能力相一致時，學生並不需要額外的特殊教育課程，所以也就不需要特殊教育的服務了。

(2) 當學生的能力與學校課程所需能力不一致時，則分析其原有課程並加以調整的可能：

a. 如果可以進行調整，則就課程之內容、歷程、環境、評量方式（教育部，2022）進行分析，決定學生所需調整的項目。

　b. 如果學生無法使用學校的普通課程來調整，則思考合適的另類課程。

　c. 考量學生所需之特殊需求領域課程。根據《特殊教育課程教材教法及評量方式實施辦法》（教育部，2022）指出，特殊教育課程包括生活管理、社會技巧、學習策略、職業教育、溝通訓練、點字、定向行動、功能性動作訓練、輔助科技應用及其他特殊需求領域課程。

2. 學年與學期目標的擬定

　　個別化教育計畫是目標導向的，所以如何為學生擬定未來一年合適的學習目標是件重要的事，在決定哪些學科領域需要寫教育目標之後，接著就是如何寫出學年與學期目標了。既然是撰寫目標，則有幾件事不可不注意：

(1) 先決定學年目標再思考學期目標：整個教育目標的擬定是由上而下的，所以應先決定整個學年學生要達成的目標，再思考各學期的教育目標。由於目前強調與普通教育結合，因此在決定教育目標時，需考量如何從普通課程和特殊需求課程的能力指標轉化為教育目標。

(2) 是教育目標而不是教學內容：教育目標的撰寫兼重知情意三層面，但不是編寫未來的教學內容，例如：「學習國語課本第四冊」，這是教學內容而非教育目標。依「特教課程實施規範」（教育部，2021）的要求，教育目標應從普通教育課程的學習重點加以調整，並轉化成學年和學期的教育目標。

(3) 目標要同時考量生理與心理年齡：對於中重度障礙的學生而言，即使到了高中職階段，其心理年齡仍只停留在國小中、低年級，但這並不代表其教育需求應以國小中、低年級的教育為主，而應考量其生理年齡的適切性，對一些無法突破的障礙，應思考如何以替代的方式，來展現其青少年階段生活應有的功能。亦即，目前「特教課程實施規範」（教育部，2021）所強調「教師需根據學生實際的年齡與年級，參照各學習階段各領域／科目之學習重點，再根據個別化教育計畫中所敘明之學生能力現況與需求作為課程調整之依據，列出符合該生之學年與學期教育目標，並以編選與調整課程及教材的方式達成」，而應重視課程內容或活動的功能性。

(4) 強調可評量性，但並不是要寫成繁瑣的行為目標或教學目標：在重視責任績效的趨勢下，教育目標的擬定也強調可評量性，但所謂的可評量性並不

是一定要寫成很細的行為目標。而且從個別化教育計畫的功能以及計畫內容所規定之學年與學期教育目標來看，學校教師也著實沒有必要將繁瑣的短期目標詳列在學生的個別化教育計畫上。這並非表示教師不需要這些行為目標，相反的，教師可以將行為目標寫在教學計畫之中，以作為評量教育目標是否達成的標準。

(5) 融入專業服務的目標：為使相關專業服務的效果能夠持續，教師在考量各學科領域的教育目標時，也應和相關專業人員討論，如何將學生所需求專業服務的目標也一併考量列入教育目標之中。尤其是當學生需要專業服務卻無法接受服務時，更應該思考如何把其專業服務的需求列在學年或學期的教育目標中。同時專業治療人員也要思考，如何將治療目標與教育目標結合，而不一定非得要有專業治療的目標，尤其是當治療師無法提供足夠之直接治療服務時。

3. 評量日期與評量標準的決定

這裡所謂的評量是指達成學期目標的評量，並不是每天或形成性評量。在決定評量日期之前應先決定評量的頻率，也就是到底身心障礙學生要評量多少次？在強調融合與實施挑戰性課程的趨勢下，美國的個別化教育計畫中關於評量的部分要求要如同一般孩子的次數，也就是如果一般學生一個學期要接受三次月考，身心障礙的孩子就至少也要有三次評量，而且如果學校在每次月考完都給學生成績單，讓學生了解其學習的情形，則身心障礙孩子也同時要給成績單或成績報告書，讓學生家長也能享有如同一般學生家長一樣知的權利。

至於評量標準的選擇，由於個別化教育計畫的評量是個別化的效標參照評量，也就是說，學期初所擬定的教育目標就是屆時評量學生的效標，而效標的擬定除了思考教育目標本身之外，更要考量評量此目標的標準。評量標準的設定可以從兩方面來說，一是學生達成目標的百分比，如90%；二是學生在達成目標時所需的協助，例如：獨立完成、少量的口頭提示、少量的肢體協助或是在大量肢體協助下完成。

4. 評量方式的選擇

身心障礙學生因其身心特質，一般的紙筆或是操作測驗並不一定適合，所以要考量其參與評量時所需的調整。這裡所謂評量方式的調整，並不限於這些

特定學科領域的部分，而是不同的學習內容中，最能表現學生學習成果的方式，包括：課程本位評量、操作評量、檔案評量（portfolios）、動態評量、觀察等。

　　此外，鑑於接受資源教室服務之身心障礙學生仍有參與普通班之成就測驗的需求，在其個別化教育計畫中也需考量該生所需的考試調整服務項目。一般而言，考試調整服務可分成六大類，分別是：呈現方式、作答方式、施測情境、考試時限、時間安排和其他（陳明聰、張靖卿，2004）。

(二) 相關服務

　　根據 2019 年《特殊教育法》（教育部，2019）規定和《身心障礙學生支持服務辦法》（教育部，2013a）規定，支持服務項目包括：

1. 教育輔助器材：身心障礙學生教育輔助器材需求的決定，本是一專業團隊評估的過程。所以學校教師、相關專業人員要共同決定學生需要的教育相關輔助器材和服務。
2. 適性教材：考量學生的能力限制與優勢提供適合的教材。
3. 學習及生活人力協助：前者包括提供錄音與報讀、手語翻譯、心理、社會適應；後者包括提供日常生活所需能力訓練與協助。
4. 復健服務：由相關專業能力進行評估、訓練、諮詢、輔具設計選用或協助轉介等服務。
5. 家庭支持服務：依照學生家庭需要，提供家長諮詢、親職教育及特殊教育相關研習與資訊，和協助家長申請相關機關（構）或團體之服務。
6. 校園無障礙環境：應包括物理無障礙設施設備的改善項目以及人文接納的活動。

(三) 行政支援計畫

　　當學生有問題行為時，學校教師與行政人員共同就其問題行為擬定支援的計畫，擬定此計畫的目的有：

1. 當學生出現此問題時，才能協助教師共同處理。
2. 協助改善或消除此問題。

3. 防範問題行為於未然。

(四) 轉銜輔導與服務

　　每年都需描述學生的轉銜服務，但跨教育階段的生涯轉銜仍是重點。當各教育階段學生的轉銜需求決定後，教師要把可以提供的服務內容列在個別化教育計畫之中，除了從下列幾個方向來思考服務的項目：升學、就業、生活安置、社會福利等，也要注意不同教育階段的特性。如果是升學導向的國小、學前階段，則將重點放在幼小銜接，以及小學升國中對升學及生活適應的輔導，並依家長和學生需求，辦理轉銜相關活動。且將學生家長所期望就讀的學校轉介給縣市鑑輔會。

　　如果高三的學生已經畢業並開始以就業為主的職業訓練，當然可以將整個個別化教育計畫轉換成轉銜計畫（林素貞，1999）；但如果是一般的學生，尤其是重度障礙的學生，則可以考量如何將轉銜服務的內容，透過個別化教育的教育目標與相關服務來達成，在減少書面作業的要求下，盡量不要另列一份轉銜服務計畫。

二、排定時間，召開 IEP 會議

　　個別化教育計畫會議是家長和學校共同討論學生各項服務之正式管道，有人覺得必須召開正式的個別化教育計畫會議，由學校輔導室或教務處召集，請教師、父母、專業人員一起來參加，有的學校還會請校長主持以示慎重。不過，筆者以為這種正式的會議是形式重於功能，因為常見的情形不是家長因為會議時間與其工作時間相衝突而無法參加，就是在短暫的時間裡並無法充分了解計畫的內容，而且在會議上還可能出現不同的專業人員、教師對相同學生的能力有相異的見解，如此，家長要如何面對呢？

　　為了使個別化教育計畫的發展符合專業團隊合作與父母參與的精神，個別化教育計畫的召開應注意以下的事情。

(一) 在召開前的準備工作

1. 教師與專業人員的充分溝通：在召開之前，甚至是在發展的過程，專業人員

應該針對相同個案討論治療、訓練的重點，之後再由其中一位專業人員與教師共同討論學生的個別化教育計畫，針對可能需要教師在教育課程中一起進行的目標與教師討論。如此才能先取得專業人員、教師之間的一致看法。

2. 讓家長共同參與目標的擬定：美國自從《94-142 公法》保障父母參與個別化教育計畫擬定的權利以來，研究發現，父母在參與個別化教育計畫會議的過程中，並未能與其他專業人員平等的討論，以決定個別化教育計畫（陳明聰、王天苗，1997）。如何改善這種形式參與的現象呢？唯有學校教師在整個擬定個別化教育計畫的歷程，讓父母知道學校在做什麼，教師請家長一起來討論孩子的教育目標、相關服務，並主動將家長的期望納入考量，如此，即使沒有正式的會議，家長也能清楚了解子女的個別化教育計畫。

(二) 時間的安排

過去大部分學校會把個別化教育計畫會議安排在一般的上班時間，並未考量家長方便的時間。為了讓父母更願意參與，學校可以思考配合家長時間，安排在週末假日來辦理，或是教師利用期初家訪時間帶至學生家中一起討論。

此外，在會議上也不用讓所有的行政人員、教師與專業人員一起來面對家長，因為教師（導師或是資源班教師）已能全盤了解個別化教育計畫的內容，只要讓教師和家長詳談即可，遇有無法解決的問題再約時間，請相關人員一起出席。或許有人認為這樣多了一道手續，但事實上，如果教師與專業人員、家長在擬定個別化教育計畫的過程是互相聯繫討論的，則這樣的個案應該不多。

(三) 辦理方式

目前各校多安排固定的會議方式來舉行，唯面對面方式，家長常受限於時間而無法出席，或相關專業人員無法配合出席。各校辦理方式應可以更多元，例如利用電話或視訊方式進行討論。

♥♥♥ 參、執行與檢討作業

個別化教育計畫是教學的管理工具，所以並不是期初擬好經家長開會同意後，就束之高閣，然後開始教學的活動。雖然個別化教育計畫並非教學計畫，

但卻引導著教學，因為 IEP 的目標需要教學活動方能達成，所以教師要思考如何把個別化教育計畫的學期教育目標，化為教學活動可達成的目標。而且既然是管理工具，其內容就不是不可以修改，只是修改必須有根據——也就是需要隨時的評量。到了期末當然還得就學生的學習情形，與專業人員、行政人員和家長進行檢討。

一、編擬課程與教學計畫

　　學校教師完成個別化教育計畫的擬定之後，接著更重要的是要如何把班上學生們的特殊教育服務、教育目標轉化為課程計畫，以為教師規劃一學期和一學年教學之依據。個別化教育計畫是學生個人的服務計畫，老師需要把多個學生的個別化教育計畫整合成課程計畫，規劃全學期的課程單元和活動，並進一步發展特殊教育教學計畫以實踐每位學生的學期教育目標。

　　由於教育目標是目標導向，教學設計是內容導向（林素貞，1999），所以教師當以學生們的學期目標為綱領，配合學校採用的課程或教科書，決定各學科領域短期的教學目標，擬定課程和教學計畫，決定教學內容、教學方式、教學進度，以為該學期教學的依據。如此，方能以個別化教育計畫引導課程的設計（盧台華，1997）。

　　在擬定課程與教學計畫時教師應注意下列幾點：

1. 課程時數的安排：教師應依學生所需的特殊教育目標、相關專業服務時間，編排學生所需之特殊教育及相關專業服務的時間。根據「特教課程實施規範」（教育部，2021）對於學習總節數不得減少的規範下，可以根據學生的需求彈性安排各領域的學習節數。

2. 共同的教育目標列為團體教學的主要活動：對資源班或特殊班的學生而言，每個人的教育目標都不太一樣，為了兼顧班級團體教學、小組教學及個別指導的進行，教師宜將全班同學共同的教育目標列為設計班級團體教學之主要活動，其他個別的教育目標再設計成為小組教學或個別指導時的活動。

3. 教學計畫的活動內容應多元化且生活化，同時兼顧學生興趣與教育目標的達成。

4. 教學計畫不應只限於教育計畫中所列的教育目標：教育目標固然是設計教學

計畫的重要依據，但二者並不是相等的。教學活動的進行本身有其完整性，如果為了配合學生的教育目標而設計，那教學的活動就會變為單一項目的技能訓練，教學過程也會單調，而使學生失去學習興趣。

二、隨時檢核 IEP 的教育目標達成情形

教師在完成個別化教育計畫與教學設計後，行事有方，只需按原定教學計畫進行教學。不過，在教學過程應隨時檢核學生的表現，當學生達到預定教育目標時，可考量加廣或加深學生的學習，蓋知識技能的學習有獲得、維持、精熟、類化、變通等階段（鈕文英，2003），學生所有的學習應以類化和變通為最終目標，所以當學生達成原定目標時，應變更教學設計，以不同的活動或是學習內容來加強學生該項知識技能的學習。反之，如果學生未能依原先設定的教育目標來學習，首先應思考教學活動設計的改變，嘗試不同的活動方式，真的仍無法達到時，才考慮變更教育目標。

三、定期給家長學生學習成果報告

家長大多想知道子女在校學習的情形（陳明聰、王天苗，1997），教師應該讓家長隨時了解學生的學習進步情形。除了學校規定的月考或期中、期末考以外，可以在單元教學結束或固定每週一次，利用簡單的檢核表評量結果，讓家長了解學生目前的學習成果以及待加強的部分。

四、排定期末檢討會

台灣《特殊教育法》規定個別化教育計畫應每學期至少檢討一次，但這並不是意味著檢討的工作是等待至學期末才來做。事實上，計畫、執行、評鑑是一種動態的過程，也就是評鑑的工作是隨時在進行，故評鑑的目的是在改善成果而非評定優劣。學校行政人員、教師、專業人員、家長應隨著針對個別化教育計畫進行檢核、討論修正，期末的檢討旨在針對學生這學期的表現做一總結性的評量，作為下學期重新擬定個別化教育計畫的參考，或是重新思考其教育安置的依據。

為了不讓期末檢討流於形式，教師應事先蒐集大家的意見，並提早分送各

相關人員，之後再安排時間，請相關人員一起來開會。

　　如果發現學生的學習表現並不適合目前的教育安置，則可以為該學生召開重新安置的會議，討論合適的教育安置，並送請鑑輔會議決。

第四節　結語

　　台灣經過二十多年的倡導，終於讓個別化教育計畫成為身心障礙學生接受特殊教育與相關服務的法定文件，藉以保障其受教權。期間又歷時數十年法令保障下的執行，目前的使用率已普及，唯在執行與內容上，仍需從個別化教育計畫的功能出發，藉由學校行政人員、相關專業人員、普通教育教師與特殊教育教師、家長共同合作，方能發揮個別化教育計畫應有的功能。

問題討論

1. 台灣《特殊教育法》規定個別化教育計畫的擬定是學校的責任，試想這樣的機制和美國 1997 年《身心障礙者教育法修正案》的規定有何不同？又台灣的規定有何優缺點呢？
2. 身心障礙教育強調使用普通教育課程，如何把這個精神反映在學生的個別化教育計畫之中呢？

參考文獻

❖ 中文部分

何華國（編）（1988）。**個別化教學方案指導手冊：啟智篇**。台灣教育學院特殊教育中心。

吳武典（1982）。美國個別化教育方案實施概況。**特殊教育季刊**，7，13-14。

杜正治（1989）。從美國公法 94-142 展望九○年代特殊教育。**特殊教育季刊**，

31，5-6。

林孟宗（1979）。論「個別教育方案」的實施。**教與學**，7、8 月，21-23。

林美和（1986）。從個別化教學談個別化教育計畫之擬定。**特殊教育季刊**，20，31-36。

林素貞（1999）。**如何擬定個別化教育計畫**。心理。

林寶貴（1983）。**特殊兒童個別化教育計畫專輯**。台灣教育學院特殊教育中心。

林寶貴（1986）。**啟聰教育個別化教學手冊**。台灣教育學院特殊教育中心。

林寶貴（1989）。**啟聰學校（班）個別化教學各科行為目標細目**。彰化師範大學特殊教育中心。

林寶貴（1994）。特殊兒童個別化教育方案之實施。**特教新知通訊**，2（1），1-3。

林寶貴（編）（1988）。**個別化教學方案指導手冊：啟聰篇**。台灣教育學院特殊教育中心。

洪有義、許美美（1982）。個別化教育計畫實例介紹。**特殊教育季刊**，7，18-24。

台北師範學院特殊教育中心（1996）。**個別化教育方案：IEP**。作者。

張英鵬（1995）。台北師院輔導區國小特殊班使用個別化教育方案電腦軟體之成效及其相關研究。台北師院學報，8，413-443。

教育部（1996）。**身心障礙學生鑑定及就學輔導工作手冊**。教育部。

教育部（2003）。**特殊教育法施行細則**。2003 年 8 月 7 日修正發布。

教育部（2012）。**特殊教育法施行細則**。2012 年 11 月 26 日修正發布。

教育部（2013a）。**身心障礙學生支持服務辦法**。2013 年 9 月 27 日修正發布。

教育部（2013b）。**身心障礙及資賦優異學生鑑定辦法**。2012 年 9 月 28 日修正發布。

教育部（2019）。**特殊教育法**。2019 年 4 月 24 日修正公布。

教育部（2020）。**特殊教育法施行細則**。2020 年 7 月 17 日修正發布。

教育部（2021）。**十二年國民基本教育特殊教育課程實施規範**。作者。

教育部（2022）。**特殊教育課程教材教法及評量方式實施辦法**。2022 年 5 月 5 日修正發布。

陳明聰、王天苗（1997）。台北市國小啟智班學生父母參與之研究。**特殊教育研究學刊**，15，215-235。

陳明聰、張靖卿（2004）。特殊教育實務工作者對身心障礙學生評量模式調整意見之調查研究。**特殊教育與復健學報**，12，55-80。

陳明聰、吳亭芳、王華沛（2013）。新特殊教育法中「服務」用詞內涵之探討。**雲嘉特教**，11，1-5。

陳東陞（1991）。個別化教育計畫（IEP）在特殊兒童學習輔導上的應用。**教師天地**，50，22-26。

陳麗君（1996）。IEP：台灣特教界揮之不去的夢魘？國小特殊教育，19，74-77。

曾進興、陳靜江、蔡克容、陸莉、鍾聖校、曹中瑋（1989）。**個別化教育方案彙編**。台北師範學院。

鈕文英（2003）。**啟智教育課程與教學設計**。心理。

楊惠琴（1998）。身心障礙兒童教育的品管：IEP。**國教之聲**，31（4），49-54。

鄭麗月（1996）。個別化教育方案的基本理念。載於台北師範學院特殊教育中心（編），**個別化教育方案：IEP**（頁 1-3）。台北師範學院特殊教育中心。

盧台華（1982）。個別化教育方案有關觀念之澄清。**特殊教育季刊**，7，15-17。

盧台華（1994）。個別化教學計畫的設計與撰寫。載於教育部（編），**啟智教育教師手冊**（頁 17-37）。教育部。

盧台華（1997）。身心障礙學生課程教材之研究與應用。載於台灣師範大學特殊教育學系（編），**身心障礙教育研討會會議實錄**（頁 185-190）。台灣師範大學特殊教育學系。

❖ 英文部分

Bateman, B. D., & Linden, M. A. (2006). *Better IEPs: How to develop legally correct and educationally useful programs* (4th ed.). Attainment.

Council for Exceptional Children [CEC]. (1998). *Focus on the IEP and assessment*. http://www.cec.sped.org/pd/sbsre.htm

National Information Center for Children and Youth with Disabilities. (1997). *Office of special education programs' IDEA Amendments of 1997 curriculum*. http://www.nichcy. org/Trainpkg/traintxt/

Yell, M. L., Rogers, D., & Rogers, E. L. (1998). The legal history of special education: What a long, strange trip it's been! *Remedial and Special Education, 19*(4), 219-228.

Yell, M. L., & Shriner, J. G. (1997). The IDEA Amendments of 1997: Implications for special and general education teachers, administrators, and teacher trainers. *Focus on Exceptional Children, 30*(1), 1-20.

Yell, M. L., Shriner, J. G., & Katsiyannis, A. (2006). Individuals with Disabilities Education Improvement Act of 2004 and IDEA Regulations of 2006: Implications for educators, administrators, and teacher trainers. *Focus on Exceptional Children, 39*(1), 1-24.

第 10 章

特殊教育的課程與教學

簡明建

✻

第一節　定義和特殊教育相關法規的規定

❤❤❤❤ 壹、前言

　　特殊教育的課程與教學，可說是特殊教育的核心工作。特殊教育的教學必須考慮到「教什麼」及「如何教」的問題。「教什麼」牽涉到如何選擇課程模式、教學的內容和教材的設計；「如何教」則指教學的方法和增強的策略，這兩者可說是決定教學成效的重要因素。因此，選擇適合學生的課程模式、教學內容，並尋找或編撰可行的教材，以及運用有效的教學方法和促進教學成功的策略，是特殊教育教學的重點工作。

　　本章旨在說明特殊教育有關「教什麼」及「如何教」兩個主題，也就是課程、教材和教法的部分。在課程方面，分成身心障礙、資優教育與課程調整三部分來探討；在教材方面，內容包括教材教具的選擇和自編；在教法方面，則包括教導策略、教學法的介紹。

❤❤❤❤ 貳、特殊教育相關法規

　　有關特殊教育課程和教學最重要的法規，不外《特殊教育法》（教育部，2019）和《特殊教育課程教材教法及評量方式實施辦法》（教育部，2022），此外，《身心障礙者權益保障法》（衛生福利部，2021）第三章教育權益也有

相關規定，茲將相關的主要法條內容和基本原則整理如表 10-1 所述（最後三條係針對資賦優異學生）。

表 10-1　台灣特殊教育課程與教學的重要法規內容及其基本原則

重要法規	主要內容	基本原則
《特殊教育法》第 18 條	特殊教育與相關服務措施之提供及設施之設置，應符合適性化、個別化、社區化、無障礙及融合之精神。	適性化 個別化 社區化 無障礙 融合
《特殊教育法》第 19 條	特殊教育之課程、教材、教法及評量方式，應保持彈性，適合特殊教育學生身心特性及需求。	保持彈性 適合需求
《特殊教育法》第 20 條	為充分發揮特殊教育學生潛能，各級學校對於特殊教育之教學應結合相關資源，並得聘任具特殊專才者協助教學。	結合相關資源
《特殊教育法》第 24 條	各級主管機關應提供學校輔導身心障礙學生有關評量、教學及行政等支援服務，並適用於經主管機關許可在家及機構實施非學校型態實驗教育之身心障礙學生。 各級學校對於身心障礙學生之評量、教學及輔導工作，應以專業團隊合作進行為原則，並得視需要結合衛生醫療、教育、社會工作、獨立生活、職業重建相關等專業人員，共同提供學習、生活、心理、復健訓練、職業輔導評量及轉銜輔導與服務等協助。	專業團隊合作
《特殊教育法》第 28 條	高級中等以下各教育階段學校，應以團隊合作方式對身心障礙學生訂定個別化教育計畫，訂定時應邀請身心障礙學生家長參與，必要時家長得邀請相關人員陪同參與。	團隊合作 個別化教育計畫 家長參與
《特殊教育法》第 30 條	政府應實施身心障礙成人教育，並鼓勵身心障礙者參與終身學習活動；其辦理機關、方式、內容及其他相關事項之辦法，由中央主管機關定之。	實施成人教育
《特殊教育法》第 30-1 條	高等教育階段學校為協助身心障礙學生學習及發展，應訂定特殊教育方案實施，並得設置專責單位及專責人員，依實際需要遴聘及進用相關專責人員。	特殊教育方案 專責單位 專責人員

（續下頁）

重要法規	主要內容	基本原則
《特殊教育法》第 30-1 條	高等教育階段之身心障礙教育，應符合學生需求，訂定個別化支持計畫，協助學生學習及發展；訂定時應邀請相關教學人員、身心障礙學生或家長參與。	個別化支持計畫 家長參與
《特殊教育法》第 42 條	各級主管機關為改進特殊教育課程、教材教法及評量方式，應進行相關研究，並將研究成果公開及推廣使用。	進行相關研究 公開及推廣
《特殊教育課程教材教法及評量方式實施辦法》第 2 條	高級中等以下學校（以下簡稱學校）實施特殊教育，應設計適合之課程、教材、教法及評量方式，載明於特殊教育學生（以下簡稱學生）個別化教育計畫或個別輔導計畫實施。	個別化教育計畫 個別輔導計畫
《特殊教育課程教材教法及評量方式實施辦法》第 3 條	學校實施特殊教育課程，應考量系統性、銜接性及統整性，以團隊合作方式設計因應學生個別差異之適性課程，促進不同能力、特質及需求之學生有效學習。 身心障礙教育之適性課程，除學業學習外，包括生活管理、社會技巧、學習策略、職業教育、溝通訓練、點字、定向行動、功能性動作訓練、輔助科技應用及其他特殊需求領域課程。	系統性 銜接性 統整性 團隊合作 適性課程
《特殊教育課程教材教法及評量方式實施辦法》第 4 條	學校實施特殊教育課程，於不減少學習總節數下，應依學生之個別能力、特質及需求，彈性調整學習內容、歷程、環境、評量、學習節數及學分數。 前項課程之規劃，應經學校特殊教育推行委員會審議，送學校課程發展委員會通過後，報各該主管機關備查。	彈性調整課程
《特殊教育課程教材教法及評量方式實施辦法》第 7 條	特殊教育之教法應依下列原則為之： 一、運用各種輔助器材、無障礙設施、相關支持服務、環境佈置及其他教學資源，提供最少限制之學習環境。 二、教學目標明確、活動設計多樣，提供學生學習策略及技巧，適時檢視教學效能及學習成果。 三、透過各種教學及班級經營策略，提供學生充分參與機會及成功經驗。 四、進行跨專業、跨專長、跨領域或科目之協同、合作教學或合作諮詢。	無障礙設施 最少限制環境 學習策略與技巧 各種教學策略 班級經營策略 跨專業合作諮詢

（續下頁）

重要法規	主要內容	基本原則
《特殊教育課程教材教法及評量方式實施辦法》第 7 條	前項教法依下列方式實施： 一、分組方式： 　1.個別指導。 　2.班級內小組教學。 　3.跨班級、年級或學校之分組教學。 二、人力或資源運用方式： 　1.個別指導或師徒制。 　2.協同或合作教學。 　3.同儕教學。 　4.科技及資訊輔具輔助教學。 　5.社區資源運用。 三、其他適合之特殊教育教法。	
《特殊教育課程教材教法及評量方式實施辦法》第 8 條	學校實施學生學習評量，應考量領域或科目特性、學習目標與內容、學生學習優勢及特殊教育需求，採多元評量方式，並於平時及定期為之。 前項多元評量，得採紙筆測驗、實作評量、檔案評量、電腦測驗、行為觀察、晤談、口述（手語、筆談）、報告、資料蒐集整理、創作與賞析、藝術展演、自我評量、同儕評量、校外學習、標準化測驗、作業評定或其他方式辦理。 學校因應學生之個別能力、特質及需求，應提供適當之評量調整措施；其評量調整措施，應視該領域或科目之學習目標及學生之身心條件彈性為之，並將學生之學習態度、動機及行為，納入評量範圍。	多元評量 評量調整
《特殊教育課程教材教法及評量方式實施辦法》第 9 條	學校依第 4 條規定，就身心障礙學生之個別能力、特質及需求實施課程調整，並依前條第 3 項規定，提供學生適當之評量調整措施後，得就其學習功能缺損之領域或科目，彈性調整其及格基準；實施定期評量應提供適當之試場、輔具、試題（卷）、作答方式調整與其他必要之服務。 前項課程調整、評量調整措施、調整後之及格基準及定期評量應提供適當之試場、輔具、試題（卷）、作答方式調整與其他必要之服務，均應載明於個別化教育計畫。	課程調整 評量調整 載明於個別化教育計畫

（續下頁）

重要法規	主要內容	基本原則
《特殊教育課程教材教法及評量方式實施辦法》第 10 條	各級主管機關應聘請學者專家、教師等，研發各類特殊教育課程、教材、教法及評量方式。前項研發，各級主管機關得視需要訂定獎補助規定，鼓勵研究機構、民間團體、學校或教師為之。	研發 獎補助規定
《身心障礙者權益保障法》第 30 條	各級教育主管機關辦理身心障礙者教育及入學考試時，應依其障礙類別、程度、學習及生活需要，提供各項必需之專業人員、特殊教材與各種教育輔助器材、無障礙校園環境、點字讀物及相關教育資源，以符公平合理接受教育之機會與應考條件。	個別化需求 結合相關資源
《身心障礙者權益保障法》第 30-1 條	中央教育主管機關應依視覺功能障礙者、學習障礙者、聽覺障礙者或其他感知著作有困難之特定身心障礙者之需求，考量資源共享及廣泛利用現代化數位科技，由其指定之圖書館專責規劃、整合及典藏，以可接觸之數位格式提供圖書資源，以利視覺功能障礙者及其他特定身心障礙者之運用。	資源共享 現代化數位科技
《身心障礙者權益保障法》第 30-2 條	經中央教育主管機關審定之教科用書，其出版者應於該教科用書出版時，向中央教育主管機關指定之機關（構）或學校提供所出版教科用書之數位格式，以利製作專供視覺功能障礙者及前條第一項其他特定身心障礙者接觸之無障礙格式。各級政府機關（構）出版品亦同。	無障礙格式
《特殊教育法》第 36 條	高級中等以下各教育階段學校應以協同教學方式，考量資賦優異學生性向、優勢能力、學習特質及特殊教育需求，訂定資賦優異學生個別輔導計畫，必要時得邀請資賦優異學生家長參與。	個別輔導計畫 家長參與
《特殊教育法》第 37 條	高等教育階段資賦優異教育之實施，應考量資賦優異學生之性向及優勢能力，得以特殊教育方案辦理。	特殊教育方案
《特殊教育課程教材教法及評量方式實施辦法》第 3 條	資賦優異教育之適性課程，除學生專長領域之加深、加廣或加速學習外，包括創造力、領導才能、情意發展、獨立研究及其他特殊需求領域課程。	適性課程 加深 加廣 加速

　　從上述法規的相關規定，有關特殊教育課程和教學，主要有下列幾個基本原則：

1. 符合個別需要

　　像身心障礙學生的個別化教育計畫；資優學生的個別輔導計畫；高等教育階段的特殊教育方案；資賦優異教育之加深、加廣、加速學習；彈性調整課程；適性課程；最少限制之學習環境；相關服務措施之適性化、個別化、社區化、無障礙、融合；家長參與等相關規定，其目的都在強調課程和教學要符合特殊教育學生的個別需要。

2. 結合相關資源

　　如得聘任具特殊專才者協助教學；結合學校特性及社區生態，充分運用各項教學設備、科技資訊及社區教學資源；進行跨專業、跨專長、跨領域或科目之協同、合作教學或合作諮詢等規定，就是要藉由人力資源、教學資源、輔助科技、專業團隊的結合，發揮最大的教學效能。

3. 善用各種策略

　　像活動設計多樣，提供學生學習策略與技巧；透過各種教學與班級經營策略，提供學生充分參與機會及成功經驗等規定，都在說明要善用各種教學策略，達到最好的教學效果。

4. 考量銜接統整

　　特殊教育課程的實施，應考量系統性、銜接性與統整性；視需要進行職業輔導評量及轉銜輔導；政府應實施身心障礙成人教育等規定，其重點都在說明各生涯學習階段應無縫隙銜接，各類課程也應有系統的統整。

5. 重視研究推廣

　　各級主管機關應聘請學者專家、教師等，研發各類特殊教育教材、教法及評量方式；各級主管機關應進行相關研究，並將研究成果公開及推廣使用；訂定獎補助規定，鼓勵研究機構、民間團體、學校或教師為之，這些都是重視研究推廣的具體規定。

6. 強調評量調整

　　將《特殊教育課程教材教法實施辦法》（教育部，1999）改為《特殊教育課程教材教法及評量方式實施辦法》（教育部，2010，2022）；新辦法規定：

「學校實施學生學習評量，應考量領域或科目特性、學習目標與內容、學生學習優勢及特殊教育需求，採多元評量方式，並於平時及定期為之」以及「學校因應學生之個別能力、特質及需求，應提供適當之評量調整措施；其評量調整措施，應視該領域或科目之學習目標及學生之身心條件彈性為之，並將學生之學習態度、動機及行為，納入評量範圍」，這都說明多元評量和評量調整的重要。

第二節　特殊教育課程模式

在特殊教育的推展工作中，研發及發展特殊教育課程是相當重要的一環。特殊教育的對象有其特殊的學習需要，但課程的設計也應考量與普通教育接軌，因此將特殊教育課程模式分成身心障礙教育、資賦優異教育、課程調整三部分來探討。

❤❤❤ 壹、身心障礙教育課程模式

身心障礙教育課程模式常見者有以下幾種，茲就各種課程模式及在身心障礙教育的考量與應用加以說明。

一、發展性課程模式

發展性課程模式（developmental curriculum）主要以兒童的心理發展為基礎，特別是皮亞傑的認知發展論，強調人是依照發展階段的預期順序來發展。身心障礙兒童的認知發展雖延遲或緩慢，但其歷程與一般兒童相似，其課程取之於較低年齡的一般兒童即可（李翠玲，2001；Holowach, 1989/ 1997）。因此，其課程組織乃根據一般兒童發展順序來安排。

發展性課程模式大致分為語言、感官知覺、社會／情緒、認知、生活自理、粗大動作、精細動作等領域，各領域就其發展重點分成若干發展階段，再依其發展先後順序分成若干發展項目或教學目標（洪清一，2006；教育部，1995）。

　　由於障礙兒童之心智發展速度較為遲緩，發展所能達到的階段也較低，在這方面，發展性課程模式能夠提供各領域各階段發展所應具備的能力，教師在設定教學目標時，可依據學生身心發展的狀況來加以選擇。此外，依據此模式發展的量表或檢核表除可當評量工具外，亦可作為教學內容之參考。

　　此模式的優點是教材確定、容易評量。不過，由於課程內容可能與日常生活環境較無關，習得的能力可能較難類化到日常生活，因此無法為成人生活作準備。此外，各領域分開教學，欠缺統整，除效能不彰外，習得的能力也是零星和片段的。

二、功能性課程模式

　　功能性／補救式課程模式（functional curriculum）其重點在教導學生現在或未來實際生活中重要且必備的知識和技能，使其能參與現在和未來的社會生活。因此，功能性課程強調實用性，是可以實際應用在日常生活中，當身心障礙學童習得這些課程以後，將有助融合於自然的社會環境之中（洪清一，2006；陳麗如，2007；Gargiulo & Kilgo, 2000）。

　　對障礙程度較重的學生而言，由於發展上的限制大，往往教導許久仍停留在同一發展階段，難以突破。因此，不管其心理或生理年齡如何，仍必須學習某些重要的日常生活技能，以增加其對生活環境的參與程度。在設計功能性課程時，應考量學生本身的能力及其適應環境的獨特需求，教導他們有用的生活技能。

　　功能性／補救式課程模式的課程領域大致包括語言／溝通技能、生活自理能力、居家生活、社區生活、職業／職前生活、休閒／娛樂生活，與非身心障礙者的互動等（Holowach, 1989/1997）。其課程設計原則有（洪清一，2006；陳麗如，2007）：

1. **以生活技能領域設計課程**：以如家庭生活、社區生活、職業生活、休閒生活等生活技能領域來設計課程，而非以學科技能領域，如語文、數學、社會來設計課程。

2. **重視課程完整性和實用性**：功能性課程是完整的學習活動，不是零碎片段的技能，常將多個領域的技能組成一個活動，讓其具有功能性。

3. **兼顧心理年齡和生理年齡**：以心理年齡來決定學習難度，以生理年齡來考量學習內容，同時兼顧心理年齡和生理年齡。

4. **教學與評量相結合**：如應用生態評量來決定教學內容，也在實際的生活情境中評量教學成效。

5. **真實情境的教學和應用**：教學盡可能在真實情境中進行，教材也盡可能貼近真實情境。如：在社區超市拍攝真實的超市蔬果圖片，並在社區超市進行真實的蔬果購物教學。這些社區的蔬果購物教學，也可讓學生在日常生活中應用。當然，真實的情境也往往是融合的情境，需要和一般人接觸來進行學習，自然可以增進身心障礙學童融合於自然環境的能力。

6. **重視小組教學**：功能性課程是可以應用的，可以小組的方式來進行學習。

　　功能性課程強調實用性，讓學童習得現在或未來有用的技能，特別適用於障礙程度較重的智能障礙學童。但此課程模式較不重視學業性或發展順序性，因此較不利於知識性課程的學習，也可能較難顧及學童的個別需要，學得的技能未來也可能用不到。

三、社區本位課程

　　社區本位課程（community-referenced curriculum）強調將社區內之各種人、事、物及活動作為編選課程之依據，其課程內容取自於社區裡之資源，並在社區環境內進行教學。此課程以社區的生活技能領域取代學科領域，強調真實社區情境的教學（洪清一，2006）。

　　對於障礙程度較嚴重的智能障礙學童而言，考慮其學習遷移能力較差，必須在最自然的社區情境下進行教學，避免模擬情境的使用，也就是零推論，這是社區本位課程所強調的。

四、個別化重要技能模式

　　個別化重要技能模式（individualized critical skills model，簡稱 ICSM）強調學生的個別需要及其重要或關鍵的技能，其課程重點著重在參與目前和未來在居家、職業、一般社區與休閒的自然環境中，重要且適合實齡的活動所必須具備的技能。其主要特性包含：(1)針對學生需求而設計的個別化課程；(2)參考

當地的社區生態；(3)使學生能參與未來的生活情境；(4)闡述適齡的重要活動；(5)涵蓋生活各領域——家庭領域、職業領域、娛樂或休閒領域及一般社區領域；(6)結合重要活動情境與基本技能；(7)零推論；(8)以替代／輔助性策略確保學生更大的參與；(9)教導時強調自然刺激、自然結果與自然時間表；(10)有計畫的將類化技能運用在各種活動與環境；(11)以學生在各種不同環境的表現來評量教學效益；(12)家長全程參與系統化教學過程；(13)與 IEP 息息相關（Holowach, 1989/1997）。其執行流程如下（Holowach, 1989/1997）：

1. 第一階段：訪談重要人員。
2. 第二階段：決定重要教學活動。
3. 第三階段：評量學生在重要活動中目前的表現水準，以確定學生基本技能的教學需求。
4. 第四階段：發展參與重要活動的替代／輔助性策略。
5. 第五階段：發展年度以及教學統合目標。
6. 第六階段：發展教學課程與評量系統。
7. 第七階段：排定所有學生的課程表並實施課程。
8. 第八階段：回顧、評量與修正教學課程與替代／輔助性策略。
9. 第九階段：評量學生整體性的進展。

五、生活核心課程

　　生活核心課程或稱生活經驗統整課程，主要以生活中的重要活動為中心，提供完整生活經驗為基礎，其目的在增進身心障礙學生的生活能力，使其具備生活上應有的基本知能與態度（陳麗如，2007）。其課程設計原則有：

1. 目標具體化：教學目標要具體。
2. 課程統整化：各科課程要統整，使學生學得統整的生活經驗。
3. 內容個別化：以學生的經驗來設計學習內容，相當個別化。
4. 課程功能化：生活核心課程必須具有功能性，在日常生活可以應用得到。
5. 活動動態化：要讓學生實際應用，安排的課程活動常常是動態性的。

　　生活核心課程具功能性、內容統整、易類化的優點，但也常有不能有效重組教材內容、容易顧此失彼、部分課程設計不易等限制（陳麗如，2007）。

六、生活技能課程模式

生活技能課程模式（life skills curriculum model）包括功能性學業、日常和社區生活技能、轉銜三個領域。具有下列優點（洪清一，2006）：

1. 領域及課程內容多元及豐富。
2. 能明確規劃各個不同學習領域之課程。
3. 著重功能性及實用性的課程，以及情境教學。

七、生活中心生涯教育模式

生活中心生涯教育模式（life-centered career education，簡稱 LCCE）是 Brolin 所倡導，是一個從幼兒園至高中乃至高中以後的學校教育與成人教育的課程模式。此模式涵蓋家庭、學校及社區等不同場所的各種生活經驗，期使個人表現適當的生活角色。

此模式包括下列三大領域，此三大領域之下包含 22 項主要能力項目，22 項主要能力項目之下又可細分 97 項分項能力（林寶貴，1989）。三大領域所含的主要能力項目分別說明如下（洪清一，2006；陳麗如，2007）：

1. 日常生活能力：包括處理個人財務的能力；選擇及處理居家事宜的能力；照顧個人需要的能力；養育子女及面對婚姻責任的能力；購買、準備及消費食物的能力；購買及處理衣物的能力；表現公民責任的能力；使用娛樂設施及從事休閒活動的能力；在社區內活動的能力等九大能力項目。
2. 個人社會能力：包括做到認識自己的能力、獲得自信心的能力、負責行為的能力、維持良好人際關係的能力、獨立的能力、下決心的能力、溝通的能力等七大能力項目。
3. 職業輔導與準備：認識職業機會的能力、選擇就業機會的能力、良好的工作習慣、求職與就業的能力、靈活操作的能力、專門行業的能力等六大能力項目。

生活中心生涯教育模式兼顧日常生活能力、個人社會能力、職業輔導與準備三方面能力，可讓學生的未來生涯能有效的發展。但其內容文字眾多，實際運用時要視學生程度調整內容，簡化教材或學習單（林寶貴，1989；洪清一，

2006；陳麗如，2007）。

♥♥♥ 貳、資賦優異教育課程模式

一、充實三合模式

Renzulli（1977）的「充實三合模式」（the enrichment triad model）旨在配合不同經驗的資優生，為其不同需求而設計（引自 Baum, 1988）。

該課程設計共分為三種充實層次或類型：

1. 第一類型（Type I）：為一般試探性活動（general exploratory activities），強調試探興趣及加廣性質的充實課程。
2. 第二類型（Type II）：為團體訓練活動（group training activities），強調認知、情意與研究方法的訓練。
3. 第三類型（Type III）：為個人與小組探討真實的問題（individual and small group investigations of real problems），強調高層次問題的研究。

二、多種菜單模式

Renzulli（1988）提出「多種菜單模式」，目的在以有效而有趣的方法，傳授學生內容知識。其內容共有五種菜單，分別是：(1)知識菜單；(2)教學目標／學生活動菜單；(3)教學策略菜單；(4)教學順序菜單；(5)藝術變化菜單（引自王文科，1992）。

1. 知識菜單：包括定位、定義與組織；基本原理與功能概念；有關特定事項的知識；有關方法論的知識等。
2. 教學目標／學生活動菜單：包括同化與保留、資訊分析、資訊綜合與運用、評鑑等。
3. 教學策略菜單：詳列教師們所熟悉的教學方法。
4. 教學順序菜單：主要在處理事件的組織與順序，使有計畫的學習活動達到最大成效。
5. 藝術變化菜單：主要在協助教師使上課活動變得有趣而活潑。

三、認知—情意模式

Williams（1970）的認知情意模式共分成三個向度，三個向度的交互作用即為「D 配方」。

1. 第一個向度（D1）是課程（教材內容）：包括藝術、音樂、自然科學、社會科、算術、語言六個層面。

2. 第二個向度（D2）是教師行為（教學策略或方法）：包括矛盾、歸因、類比、辨別、激發問題、變異、習慣改變、重組、探索技巧、容忍曖昧、直覺表達、調整發展、研究創造者歷程、評鑑情境、創造性閱讀技巧、創造性聆聽技巧、創造性寫作技巧、視覺技巧等 18 項活動與技能，教師可將之運用於上述六項教材內容上。

3. 第三個向度（D3）是學生行為（思考與情意歷程），分八個層面，包括：
   (1) 四種認知（智能）歷程：流暢思考、變通思考、獨創思考及精密思考。
   (2) 四種情意（感受）歷程：好奇（意願）、冒險（勇氣）、複雜（挑戰）及想像（直覺）。

四、增加自我指導的模式

Treffinger（1975）的自我指導模式，旨在增進學生的獨立、自我指導學習，共分為四個階段：

1. 由教師指導的步驟，即命令式（command style）步驟，由教師規定整體學生的活動。

2. 第一個自我指導的步驟，即任務式（task style）步驟，由教師規劃學習活動，學生從中選取所需。

3. 第二個自我指導的步驟，即同伴式（peer-partner style）步驟，讓學生扮演較主動的角色，參與決定其學習活動內容。

4. 第三個自我指導的步驟，即自我指導式（self-directed style）步驟，由學生創造選擇方案從事選擇、活動及評鑑，教師可從旁協助。

五、自主學習者模式

自主學習者模式是為迎合資優與特殊才能學生各種認知、情緒與社會的需求而發展出來的,使其成為自主學習者(Betts, 1985)。自主學習者模式有五個向度:

1. 取向:包括了解資賦優異、團體塑造活動、自我了解方案、機會與責任。
2. 個別發展:包括學習技能、個人了解、人際技巧、生涯投入。
3. 充實活動:包括探索、研究、文化活動、服務、冒險旅行。
4. 專題研究:包括未來的、問題的、爭論的、一般的興趣、高深的知識。
5. 深入研究:包括個別計畫、團體計畫、良師制、發展、評鑑。

六、多元智能課程模式

Gardner(1983, 1999)提出「多元智能理論」(theory of multiple intelligences),主張人擁有語文、音樂、邏輯—數學、空間、肢體—動覺、內省、人際、自然觀察等八種智能,突破了傳統的智力觀點。許多教育工作者認為其理論為傳統課程建議了各種切入點,因此便依據多元智能來規劃多元智能課程,實施多元智能的教學,如美國的 Key School 便是全美第一所多元智能學校(Campbell et al., 1996)。

♥♥♥ 參、課程調整

一、課程調整的方式

在融合教育的趨勢下,普通班有特教需求的學生是無可避免的。一些實證研究發現,只要給予適當的支持和調整,大多數的特殊需求學生都能在普通班中獲益,同時獲得較高的成就,也就是說,這些特殊學生成功安置在普通班的要件之一是普通班的課程或教學必須做些調整或改變(簡明建,2005)。

課程調整的方式可分學習內容、學習歷程、學習環境和學習評量四大向度說明(盧台華編,2003)。

（一）學習內容的調整方式

　　考慮特殊需求學生的學習需要與九年一貫課程間之差異，在學習內容方面可有下列的調整方式：

1. 加深：指加深學習內容的難度與深度，資賦優異的學生較適合。
2. 加廣：指增加學習內容的廣度與多元向度，資賦優異的學生較適合。
3. 濃縮：指將學習表現及學習內容加以精鍊整合，資賦優異的學生較適合。
4. 重整：指將該階段或跨階段之內容重新詮釋或轉化成生活化或功能化內容，身心障礙的學生較適合。
5. 簡化：指學習內容的簡化，身心障礙的學生較適合。
6. 減量：指減少學習內容，身心障礙的學生較適合。
7. 分解：指將學習內容分成小目標，再分開學習，身心障礙的學生較適合。
8. 替代：指將學習內容以另一種方式達成，身心障礙的學生較適合。

（二）學習歷程的調整方式

　　指考量特殊需求學生的個別需要，提供適當的教導策略、增強策略和教學法，並配合教材教具的使用，來增進教學的成效。對於資賦優異學生，則可朝解決問題、創造、批判等高層次思考與情意培養為導向。有關教導策略、增強策略、教學法和教材教具的使用，在本章後述二節有詳細的說明。

（三）學習環境的調整方式

　　學習環境包括特殊需求學生的學校環境、心理環境和社區環境（含家庭環境）。這些學習環境的調整，必須考量個別學生之身心狀況與需求，並提供相關的人力、物力和行政資源。有關學習環境的相關內容，在第 11 章〈特殊教育的班級經營〉有較完整的說明。

（四）學習評量的調整方式

　　評量需要調整，是從評量的正確性或公平性來思考，讓評量更有信效度，在不影響該評量的構念條件下，行使評量的調整。特殊需求學生的學習評量調

整，就是要讓這些學生也能有一個平等的機會，改善障礙引發的適應問題，使其能在不受障礙影響下展現出他們的知識、技能和情意。對於資賦優異學生則宜提高目標層次的評量。

陳明聰、張靖卿（2004）的研究顯示，大部分的受訪者認為政府有必要發展相關的評量調整措施，並由 IEP 小組和特殊教育委員會作為決定評量調整的單位。這些在《特殊教育課程教材教法及評量方式實施辦法》（教育部，2022）中也有明確的規定。

為充分了解特殊需求學生的學習歷程和成效，需要選擇合宜的評量方式和適切的評量調整，茲分述如下：

1. 各種評量方式

(1) 動態評量：指在教學前、教學中及教學後，對學生的能力進行持續性的評量，以了解教學和能力改變之間的關係。是因應傳統靜態測驗的缺失而生。

(2) 檔案評量：或稱卷宗評量，指透過有系統、有組織的學習檔案蒐集，讓師生共同了解學生的成長情形。

(3) 實作評量：實作評量係指透過活動或作品的完成情境，讓學生表現所知、所能。紙筆測驗較適合認知領域的評量，而實作評量較能兼顧認知、技能、情意的學習結果。

(4) 生態評量：生態評量是重視學習環境及學習者與環境互動的評量。

(5) 口語評量：常見於口試、口頭報告和形成性評量的問題回答。

(6) 適性測驗：能根據受試者先前的反應，選取適當難度的測驗題目，真正測出個人的成就或內在特質。

(7) 多元評量：強調評量內涵的多元、過程的多元、時機的多元、情境的多元、方式的多元、人員的多元、計分的多元等（李坤崇，1999）。

(8) 課程本位評量：強調以實際課程學習內容作為評量學生學習的依據。

(9) 職業輔導評量：為協助身心障礙者適性就業，在就業前了解其職業潛能、興趣、技能、工作人格、生理狀況及所需輔具等，以提供具體就業建議。

2. 評量調整的方式

評量調整的方式相當多元，對於測驗的實施方面，多數人同意將調整方式

歸納成六種類型（陳明聰、張靖卿，2004），分述如下：

(1) 試題呈現方式的調整：係指調整題目的呈現方式。

(2) 作答反應方式的調整：係指調整原來作答的方式。

(3) 施測情境的調整：係指調整測驗的環境。

(4) 測驗時限的調整：係指調整測驗的時限。

(5) 時間安排的調整：係指調整考試的時間。

(6) 其他方面的調整：係指無法歸類的調整措施。

此六種調整類型使用的方法和可能的適用對象，整理如表 10-2 所示。

表 10-2　六種評量調整類型其使用方法和可能的適用對象

調整類型	使用方法	可能適用對象舉例
1. 試題呈現方式的調整	(1) 用電腦呈現試題	聽障、智障、學障
	(2) 用錄音設備	視障、智障
	(3) 用點字	視障
	(4) 增加題目行距或減少每頁題數	學障、智障
	(5) 放大題目或區隔每大題	學障、智障
	(6) 標示指導語或試題的重要關鍵字或語句	學障、智障
	(7) 簡化或重讀指導語	智障
	(8) 明確的指導語或請助理代讀或用手語	聽障
	(9) 大聲朗讀問題給學生	聽障、智障、視障
	(10)在答案紙上提供箭頭或停止符號線索	學障、智障
	(11)問題用完整句子敘述，且句意明確	學障
	(12)提供例題說明	學障、智障
	(13)允許學生發問或重讀指導語以澄清題意	學障、智障
	(14)幫助學生了解題意：如一行出現一句	學障、智障
	(15)提供答題線索	學障、智障
	(16)製作特別的試題或答案卷	學障、智障、ADHD
	(17)將題目從具體到抽象或依難易加以排列	學障、智障

（續下頁）

調整類型	使用方法	可能適用對象舉例
2. 作答反應方式的調整	(1) 允許直接在題本上作答	學障、智障
	(2) 將答案錄音後轉成逐字稿	學障、肢障、智障、視障
	(3) 請人重抄答案	學障、肢障、智障
	(4) 使用電腦文書回答	視障、肢障、學障
	(5) 利用溝通板回答	學障、肢障、智障、語障
	(6) 用替代性反應，如口頭、手語、圖形、打字或用手指出，再由他人填寫答案	肢障、學障、智障、視障、語障
	(7) 使用點字	視障
	(8) 放大答案格、增加空格或較大的空格	學障、智障
	(9) 提供具有空格的答案卷或有格線的墊板	學障、智障
	(10)允許學生修改答案	學障、智障
	(11)允許學生在試卷上做記號	學障、智障
	(12)使用輔助器材，如特製筆（彎曲、粗黑）	肢障、智障
3. 施測情境安排的調整	(1) 個別施測	自閉症、情障、ADHD
	(2) 小組施測	學障、智障
	(3) 提供特殊燈光	視障
	(4) 提供調整式或特殊家具	肢障、ADHD
	(5) 提供特殊音響	自閉症
	(6) 在最小干擾環境中施測	情障、自閉症、ADHD、聽障
	(7) 小組但在個別學習桌內施測	自閉症、智障
	(8) 考試地點在普通班以外的學校場所	自閉症
4. 測驗時限的調整	(1) 允許彈性安排	身體病弱、視障、情障、ADHD、智障
	(2) 允許延長時間	身體病弱、視障、情障、ADHD、智障
	(3) 允許考試中間有小段休息	身體病弱、視障、情障、ADHD、智障
	(4) 分段考試	身體病弱、視障、情障、ADHD、智障

（續下頁）

調整類型	使用方法	可能適用對象舉例
5. 時間安排的調整	(1) 在一日中的特定時間考試	身體病弱、情障、ADHD
	(2) 分成數日考試	身體病弱、視障、ADHD、智障
	(3) 允許以不同的順序實施測驗	情障、ADHD、智障
6. 其他方面的調整	(1) 提供模板以限制閱讀範圍	學障、ADHD、智障
	(2) 用膠帶固定考試卷	肢障
	(3) 集中注意的提示	ADHD
	(4) 特殊測驗準備	智障
	(5) 使用輔助科技：如助聽輔具、放大鏡等	聽障、視障
	(6) 提供計算機、九九乘法表、公式	學障、智障
	(7) 使用字典或拼字檢查	學障、智障
	(8) 允許學生翻閱課本或筆記應考	學障、智障
	(9) 考前提供樣本試題練習	學障、智障

♥♥♥ 肆、特殊教育課程綱要

一、因應九年一貫課程之特殊教育課程綱要

　　早期修訂之各類特殊教育學生之課程綱要較難與普通教育接軌，加上九年一貫課程綱要的再次修訂，有必要重新修訂特殊教育課程綱要，並由台灣師範大學特殊教育中心規劃修訂特殊教育課程綱要，其特色如下（盧台華編，2003）。

(一) 三大類適用對象

　　相較於九年一貫課程，特殊教育課程綱要需要考量學生的認知能力，採由低至高逐步設計的方式調整課程，以漸進的方式達成各項教育目標。因此，根據特殊需求學生認知功能缺損程度，彈性規劃課程重點如下：

1. 認知功能無損：純感官障礙（視障、聽障、語障）、純肢體障礙（上肢、下肢、軀體、智力未受損之腦性麻痺）和身體病弱學生，以及具有資賦優異特質之學生，或雖為資賦優異但亦伴隨有其他身心障礙之身心障礙資優學生，可與普通班的課程相同，但要根據其個別需求，提供相關的支援服務，以及

學習優異領域的充實教學。

2. 認知功能輕微缺損：認知功能有輕度缺損之智能障礙學生、學習障礙學生、情緒障礙學生及中高功能之自閉症學生，可與普通班的課程相同，遵循九年一貫課程之規劃，但需滿足該學生之個別教學需要。

3. 認知功能嚴重缺損：包括低功能自閉症學生、中重度智能障礙學生或中重度智能障礙伴隨有感官、肢體或情緒等其他障礙之多重障礙學生。可參照九年一貫課程之規劃課程，但需滿足其個別教學需要，如該領域之學習情形與一般學生差異大時，應以功能性課程為主。

(二) 八大種學習領域

九年一貫課程分語文（含國語文和英語）、健康與體育、數學、社會、藝術與人文、自然與生活科技、綜合活動七大領域。特殊教育課程增設「特殊需求領域」，成為八大學習領域，其中「特殊需求領域」的學習內涵又可分成三部分：

1. 調整性普通教育課程：特殊教育需求課程中之「領導才能」、「創造力」、「情意課程」、「學習策略」課程，以及九年一貫課程在認知功能輕微缺損學生之應用調整。

2. 生活技能課程：特殊教育需求課程中之「自我管理」、「社會技巧」、「職業教育」課程，以及九年一貫課程在認知功能嚴重缺損學生之應用調整。

3. 調整溝通及表現方式課程：特殊教育需求課程中之「定向行動」、「點字」、「溝通訓練」、「動作機能訓練」、「輔助科技應用」課程。

(三) 三階段綱要內容

新修訂特殊教育課程綱要內容可分成三階段：

1. 國民教育階段特殊教育課程綱要：與九年一貫課程綱要接軌。

2. 高中教育階段特殊教育課程綱要：與普通高中課程綱要接軌。

3. 高職教育階段特殊教育課程綱要：與職業學校群科課程綱要接軌。

（四）四向度調整原則

　　根據特殊需求學生之身心特質與學習需求，可從學習內容、學習歷程、學習環境和學習評量四大向度進行調整。調整方法如前所述。

二、十二年國民基本教育特殊教育課程實施規範

　　十二年國民基本教育自 2019 學年度逐年實施，一般學生、身心障礙學生、資賦優異學生及身心障礙資賦優異學生都是十二年國民基本教育所關心的對象，為此教育部訂有《十二年國民基本教育特殊教育課程實施規範》（以下簡稱《特教課程實施規範》），作為特殊教育課程規劃與實施的指引方針，以下簡介《特教課程實施規範》的內容重點（教育部，2021）。

（一）訂定背景與目的

　　2007 年起，教育部開始推動特殊教育課程大綱的修訂工作，朝向與中小學普通教育課程接軌的方式規劃，並自 2011 年起試行，試行之特殊教育課程大綱分為國民教育、高中及高職三個版本，以與九年一貫課程綱要、高中與職業學校群科課程綱要呼應與結合，強調特殊教育學生應首要考量以普通教育課程進行相關的課程調整及教材鬆綁外，並需視學生需求加設特殊需求領域課程以因應普通教育課程的不足，且採用區分性課程與教學方式，強調個別化教育計畫／個別輔導計畫與課程的結合度，以達至實施個人能力本位與重視學校本位課程的目標。教育部並在《十二年國民基本教育課程綱要總綱》（以下簡稱《總綱》）修訂過程中設置特殊類型教育組，將此一課程大綱的理念與做法納入十二年國民基本教育課程中。

　　《特教課程實施規範》之適用對象為各類身心障礙與資賦優異學生，以及同時具備身心障礙與資賦優異學生特質之身心障礙資賦優異學生。此規範為《總綱》下一層級之文件，針對特殊教育學生在十二年國民基本教育課程之部定課程規劃與實施調整進行規範。若學生在特定領域／科目之學習不需進行課程調整，則依循十二年國民基本教育該領域課程綱要之規範規劃課程；若學生有特殊教育需求，則可依據《特殊教育課程教材教法及評量方式實施辦法》（教育

部，2022），以及《特教課程實施規範》，調整其學習內容、歷程、環境或評量。

　　為身心障礙學生訂定個別化教育計畫，使其能接受「通用設計」或獲得「合理調整」之方案與服務是《特教課程實施規範》強調之重點。「通用設計」是指盡最大可能在事前設計讓所有人可以使用，無需做出調整或特別設計之產品、環境、方案與服務設計；而「合理調整」是指根據學生具體需要，進行必要及適當之修改與調整，以確保身心障礙學生在與他人平等基礎上享有或行使所有人權及基本自由。《特教課程實施規範》以學生在各領域學習功能的缺損情形，針對《總綱》部定各領域之課程提供調整的原則，並規範應視需要再提供其所需的身心障礙相關之特殊需求領域課程與相關支持服務，以增進身心障礙學生和一般學生一起學習的機會。

(二) 基本理念

　　《特教課程實施規範》之基本理念可歸納為以下四項：

1. 落實融合教育：以十二年國民基本教育課程作為身心障礙、資賦優異及身心障礙資賦優異學生設計課程之首要考量，不再採取以類別或安置型態分開設計課程。

2. 因應學生需求：設計符合身心障礙、資賦優異及身心障礙資賦優異學生需求之補救性、功能性或充實性課程，以落實能力本位、學校本位及社區本位課程之實施。

3. 善用課程調整：重視課程與教材的鬆綁，因應身心障礙、資賦優異及身心障礙資賦優異學生之需求，調整學習節數／學分數配置比例，並以簡化、減量、分解、替代、重整、加深、加廣、濃縮等方式彈性調整課程之領域目標與學習重點（含學習表現及學習內容），以規劃及調整課程。

4. 結合個別化教育計畫／個別輔導計畫：強化身心障礙學生個別化教育計畫、資賦優異學生個別輔導計畫及身心障礙資賦優異學生個別化教育計畫（結合個別輔導計畫）的功能，將課程與個別化教育計畫或個別輔導計畫密切結合，以充分發揮個別化教育計畫或個別輔導計畫在行政與教學規劃與執行督導之功能。

(三) 課程目標

在身心障礙課程方面，須因應學生之個別需求、能力的差異性，由學生之日常生活經驗出發，並隨學生年齡與能力的不同，由低至高逐步設計與調整課程層次，以漸進方式達成各項目標，並需重視與一般學生之交流與互動。

資賦優異課程方面，則需視學生之特質、性向、興趣、優勢能力及需求，加強其專長領域／科目課程之發展，包括採加深與加廣之充實方式，或以加速方式進行有系統的濃縮，設計與調整課程層次，強化學生高層次思考、創造力、自主學習及獨立研究能力，並需兼重認知能力與情意之發展，以培養學生服務與回饋社會之知能及熱忱。針對身心障礙資賦優異學生課程則須同時兼顧其身心障礙與資賦優異之特質與需求。

《特教課程實施規範》依據《總綱》以達成啟發生命潛能、陶養生活知能、促進生涯發展、涵育公民責任四項總體課程目標。此四項總體課程目標應用於身心障礙、資賦優異及身心障礙資賦優異學生之課程規劃與實施，以協助其學習與發展。

(四) 核心素養

「核心素養」是指一個人為適應現在生活及面對未來挑戰，所應具備的知識、能力與態度。《總綱》中指出十二年國民基本教育之核心素養，強調培養以人為本的「終身學習者」，分為三大面向：「自主行動」、「溝通互動」、「社會參與」。三大面向再細分為九大項目：「身心素質與自我精進」、「系統思考與解決問題」、「規劃執行與創新應變」、「符號運用與溝通表達」、「科技資訊與媒體素養」、「藝術涵養與美感素養」、「道德實踐與公民意識」、「人際關係與團隊合作」、「多元文化與國際理解」。

身心障礙、資賦優異及身心障礙資賦優異學生之課程應根據《總綱》以「核心素養」作為課程發展之主軸，以利各教育階段間的縱向連貫以及各領域／科目間的橫向統整。核心素養主要應用於國民小學、國民中學及高級中等學校的一般領域／科目，至於技術型、綜合型、單科型高級中等學校則依其專業特性及群科特性進行發展，核心素養可採整合方式或彈性納入。

(五) 個別化教育計畫／個別輔導計畫與課程規劃

特殊教育課程的規畫與實施，除依循《總綱》的理念、目標與核心素養之外，也需藉由教育需求評估，確認學生之能力現況及優弱勢能力，了解學生之特殊需求，彈性設計適合學生需求之課程、教材、教法及評量方式，融入特殊教育學生個別化教育計畫或個別輔導計畫實施。

1. 身心障礙學生之個別化教育計畫：學校應於新生及轉學生入學後一個月內訂定其個別化教育計畫，其餘在學學生之計畫則應於開學前訂定，且每學期應至少檢討一次。個別化教育計畫之內容包括學生能力現況、家庭狀況及需求評估；學生所需之特殊教育、相關服務及支持策略；學年與學期教育目標等項目。各類身心障礙學生學習內容的調整，得採「簡化」、「減量」、「分解」、「替代」、及「重整」的方式調整各教育階段之各領域／科目之學習重點，再根據調整過後之學習表現及學習內容，以課程與教材鬆綁的方式安排學習節數／學分數與決定學習內容。

2. 資賦優異學生之個別輔導計畫：資賦優異新生及轉學生之個別輔導計畫，學校應於其安置或入學後一個月內訂定，在學舊生之個別輔導計畫，則應於開學前訂定；且每學期應至少檢討一次。個別輔導計畫之內容包括學生基本資料（含家庭背景）、鑑定評量紀錄（含認知／情意特質、社會適應、性向、興趣）、優弱勢能力（含領域／科目學習功能）及教育需求評估、相關服務與支持策略、教育目標（含學年／學期教育目標、評量方式與標準）及特殊表現、獨立研究、輔導紀錄（含生活、學習與生涯輔導）等項目。各類資賦優異學生學習內容的調整，得採「加深」、「加廣」及「濃縮」的方式調整各教育階段之各領域／科目之學習重點，再根據調整過後之學習表現及學習內容，以課程與教材鬆綁的方式安排學習節數／學分數與決定學習內容。

3. 身心障礙資賦優異學生之個別化教育計畫（結合個別輔導計畫）：身心障礙資賦優異學生因同時受到個別化教育計畫及個別輔導計畫的保障，應將個別輔導計畫納入個別化教育計畫中進行規劃。此計畫需根據身心障礙資賦優異學生之個別需求，提供身心障礙的弱勢領域／科目與資賦優異的專長領域／科目的課程，並須提供所需之相關服務、行為功能介入方案、支持策略與行

政支援。

　　教師應以身心障礙、資賦優異及身心障礙資賦優異學生在每一領域／科目之學習表現作為該領域／科目調整之依據，故《特教課程實施規範》依學生在各領域／科目表現區分為學習功能無缺損、學習功能輕微缺損、學習功能嚴重缺損及學習功能優異四類，進行學習內容、歷程、環境與評量等相關調整，必要時得開設特殊需求領域課程，這些應載明於個別化教育計畫或個別輔導計畫中。

(六) 課程架構

　　各教育階段身心障礙、資賦優異及身心障礙資賦優異學生之課程規劃，學校得視學生在特定領域／科目之學習功能，彈性調整各該教育階段部定及校訂課程之學習節數／學分數配置比例與學習內容，並得於校訂課程開設特殊需求領域課程，惟不應減少學習總節數。

　　若學生具特殊學習需求，學校得開設「特殊需求領域課程」。「特殊需求領域課程」專指依照身心障礙及資賦優異學生的學習需求所安排之課程，此課程包括身心障礙相關的生活管理、社會技巧、學習策略、職業教育、溝通訓練、點字、定向行動、功能性動作訓練與輔助科技應用等特殊需求領域課程；資賦優異相關特殊需求領域課程則包含創造力、領導才能、情意發展及獨立研究或專長領域等課程。這些特殊需求領域課程的安排，可採獨立開課或融入課程實施。

(七) 實施要點

　　《特教課程實施規範》之實施要點係參照《總綱》之規定，針對教師、學校、家長、民間組織等教育夥伴，提出實施之相關規範與建議，以促進各單位／人員之間的對話、提供學校課程設計與發展彈性、支持教師教學與學生學習、整合多元教學資源、評估課程實施成果，俾利保障身心障礙、資賦優異及身心障礙資賦優異學生的學習權益，並強化教師的專業責任。此實施要點從課程發展、教學實施、學習評量與應用、教學資源、教師專業發展、行政支持、家長與民間參與、附則等八個面向，提供學校行政與教師相關課程規劃指引。其重

點如下：

1. 課程發展：因應不同教育階段之身心障礙、資賦優異及身心障礙資賦優異學生之身心發展特性，提供彈性多元的課程，充分發揮學校本位課程之精神，以促進學生適性發展。

2. 教學實施：需根據核心素養、學習表現、學習內容及學生差異性，選用多元且適合的教學模式與策略，激發特殊教育學生之學習動機與潛能，以實踐十二年國民基本教育「自發」、「互動」和「共好」的理念。

3. 學習評量與應用：為了解身心障礙、資賦優異及身心障礙資賦優異學生的學習過程與成效，應使用多元的學習評量方式，並依據學習評量的結果，提供所需之學習輔導。

4. 教學資源：教學資源包括各種形式的教材、教具、設備及科技輔具等物力資源，以及各界人力資源。

5. 教師專業發展：包含實施內涵及支持系統，期能藉由專業學習社群之組成、校內外進修與研習，並充分利用社會資源，精進課程設計、教學策略與學習評量，進而提升學生學習成效。

6. 行政支持：行政支持部分除《總綱》之規定外，因應特殊教育需求增列經費與專業支持之相關內容。

7. 家長與民間參與：學校應鼓勵家長成立特殊教育之家長學習社群或親師共學社群，也可結合民間組織與產業界的社會資源，建立夥伴關係，以充實教學活動。

8. 附則：特殊教育學生或其監護人、法定代理人於學生學習、輔導、支持服務或其他學習權益受損時，得申訴之。

第三節　特殊教育教材及教具

教材係指教師在教學的過程中，運用講義（學習單）、板書、教科書、視聽器材等各種媒介指導學生學習的教學內容，教具係指用來幫助學生學習的工具，都是教學不可或缺的東西，其使用可以引導學生學習，並提高學習的效果

（村田茂等編著，1983/1994）。因此，特殊教育教材及教具的選用或製作，是特殊教育教學相當重要的一環。加上有特殊教育需求的學生個別差異甚大，教師更應根據教學目標，選擇或自編合適的教材及教具。

♥♥♥ 壹、選擇教學目標

教學目標的決定，應依據個別化教育計畫，大體而言，其基本原則如下：

1. 在不同領域皆重複出現多種的技能。
2. 目前環境所必需的。
3. 未來環境所必需的。
4. 可應用在多種場合者。
5. 有與正常兒童互動的機會。
6. 可增進學生獨立生活能力。
7. 可增進學生邁向最少限制的環境，擴大學生參與生活圈的能力。
8. 符合生理年齡亦配合目前能力及心理年齡。
9. 學生對該活動有反應。
10. 教室以外，生活周圍的人也可以參與的。
11. 家長認為主要的。

符合上述原則越多的活動，表示此類目標越重要，也是教師在決定教學目標時應該優先考量的。

♥♥♥ 貳、特殊教育教材及教具的選擇

決定了教學目標，接下來應該編選合適的教材及教具。在過去，特殊教育的教材往往強調以教師自編為原則，但以教師個人的能力和時間，要完全由教師自編實有其困難。實際上教師可以選擇或改編教材的方式來滿足學生的個別需要。

特教經過這麼多年來的努力，實際上有很多的教材教具可供使用，可惜缺乏整合和評估，往往大家都在重複相同的工作和嘗試相同的錯誤，殊為可惜。因此，整合、評估和共享既有的教材教具就很重要，這可以透過統整教材教具的網路平台，讓特教教師的教材能有效的彼此交流。像「臺北教師 e 教材」，

其教材資源庫蒐集許多教師自編的教材，可以透過分類或搜尋的方式下載，就是很好的分享方式。目前可供特殊教育參考使用的教材，種類固然繁多，但仍有許多不適用或欠缺的教材，需要繼續研發或改良。此外，有鑑於教材的良莠不齊，教師應具有選擇或改編教材能力，各級主管教育行政單位也應結合相關專業人士和使用者對坊間現有教材進行評鑑，並出版和獎勵優秀的教材。

Cohen 等（1979）提供了選擇障礙者教材應考量的要素，其架構可以 4W 來表示，也就是 who、why、what 及 how，具體說明如下：

1. 教材給誰用（who）：在選擇教材時應考慮此教材(1)同一個時間只能對一個學童使用嗎？(2)能團體使用嗎？(3)能適合不同程度的學童學習嗎？(4)能適合不同學習風格的學童學習嗎？(5)能適合學童的年齡和能力嗎？

2. 教材的目標（why）：應考慮此教材(1)能符合教學目標嗎？(2)能提供充分的練習嗎？(3)能提供新的學習技巧嗎？(4)能啟發學童的學習動機嗎？

3. 教材的架構（what）：應考慮此教材(1)能使用適當的方式來說明目標嗎？(2)教師的教學風格和學童的學習風格能互相配合嗎？(3)能提供使用指導嗎？(4)能引起學習動機嗎？(5)教材能提供自足的學習，不需額外的參考教材嗎？

4. 教材的使用（how）：應考慮此教材(1)需有教師助理才能使用嗎？(2)能提供充分的回饋嗎？(3)能讓學童主動參與學習嗎？(4)小單元的學習有結構性嗎？(5)能提供學習類化的機會嗎？

除了上述 4W 以外，教師在選擇教材時，也應考量在哪裡進行教學（where），以及何時進行教學（when）等相關問題。

特殊教育學校或教育局（處）常舉辦特殊教育教具展或教材比賽，並將舉辦的成果彙集成冊，印製分發各特殊教育學校（班）或資源中心，這些教材教具展的資料，往往是特教教師的心血結晶，有其參考價值，如：台北市 109 學年度特殊教育班優良教材教具評選得獎作品專輯（台北市政府教育局，2021），也有一些大專校院特殊教育中心（學系）編印學生（員）教具展成果手冊或輔具手冊（如：杞昭安主編，1999；花蓮師範學院特殊教育中心，1996）或國外教具製作的相關資料（如：陳三和譯，1977；郭振國等譯，1979），以供教師參考使用。1995 年至 1999 年林寶貴等為學前及學齡階段聽語障兒童編製了一系列有系統的聽語復健編序教材，從行為目標檢核手冊、教學活動設計，到兩

年的實證性實驗研究，證實對聽語障學生的聽能訓練、讀話訓練、說話訓練有顯著的成效。1999 年至 2002 年林寶貴等又製作一套國小數學學習困難兒童多媒體電腦輔助教材。中華溝通障礙教育學會更連續三年舉辦溝通障礙教材、教具比賽，並出版專輯及光碟，分送會員及各特殊學校（班）推廣、應用（林寶貴，2005，2006，2007）。除了上述印製精美的圖書或光碟資料外，網路上也有許多教材教具的資源服務，像一些特殊學校的網頁、優質特教發展網絡系統暨教學支援平台、全國特殊教育資訊網、國教署特教網路中心等特教網站，也收錄許多教材教具資料。

　　此外，廠商也是重要的教具資源。不過，台灣自行設計研發特殊教育教具的機構並不多，提供本土化特殊教育教具的廠商也少，大多只是代理國外的教具產品。還好有些幼兒教具的產品也適合一些有特殊教育需求的學生，這些教具產品對特殊教育教師而言，是提供自行製作教具外的另一種選擇。

❤❤❤ 參、自製教材及教具

　　在教材的設計上，除考慮單一學科縱向的統整外，也需考慮橫向的統整，強調學習內容需整合職業、社交、娛樂、家居生活訓練等各領域的學習；也要考慮連結性的統整，也就是學得的技能和知識，要能遷移到未來實際的生活環境中（何華國，1987）。

　　特教雖有很多現成的教材教具可供使用，但為了因應個別特教學生的能力和環境需求，自編教材或學習單的能力就很重要。教材的好壞可以從有無資料證明教材有效、使用者所需條件、教材內容、教材組織、教學目標、教學評量、教學活動、有無系統適切的練習／複習活動、學生的適合性、動機／興趣、教材的物理特徵、教師方面的考量、經費考量等向度來思考。

　　在日常的實際教學活動中，有時教師只要透過學習單的設計就能因應學生的個別需求，達到不錯的教學效果。茲以時鐘的學習為例，說明學習單設計和應用上的一些重點：

1. **難易先後的考量**：就時鐘而言，考量其難易度和先後順序，至少可以再細分為整點、半點、整點分（5、10、15……）、幾點幾分（依難易可再細分 0 至 20 分，21 至 40 分，41 至 59 分）、從幾點幾分到整點有多久、從幾點幾分

到幾點幾分有多久（依難易可再細分一小時內、一小時以上等），如圖 10-1
所示，表格內的儲存格分別代表整點、整點分、幾點幾分、從幾點幾分到整
點、從幾點幾分到幾點幾分的不同難易學習主題。

2. **真實情境的結合**：對中重度的智能障礙學生尤其重要，如圖 10-1 的時鐘照片
   拍攝自特教班教室內的時鐘，可以配合教室上課進行時鐘的教學。

3. **適當提示的使用**：提示可以是問題的提示或答案的提示，如圖 10-2 所示，表
   格內的儲存格有時針的提示、答案選項的提示、算幾分的提示。

4. **反應能力的因應**：有些學生可以直接書寫答案，有些會寫簡單筆劃字（如 1、
   2、3；a、b、c），有些會描寫，有些會圈選答案，有些可以用口語回答，有
   些會指認，有些可以用操作的方式（如黏貼或歸類），這些在設計學習單時
   都要加以考量，如圖 10-2 所示，可以讓學生圈選和描寫幾點幾分。

　　教師自編教材，若能結合相關專業人士或運用適當軟體，更能滿足實際教
學的需要。像特殊需求的學生往往需要圖片或影片來幫助理解，就需要相關的
軟體來製作教材或評量，像 Hot Potatoes 軟體就可以用來設計圖片或影片的各
種測驗類型，如填充題、配合題連連看、重組題、多重選擇題、聽寫練習、縱

圖 10-1　考量難易先後的時鐘學習主題

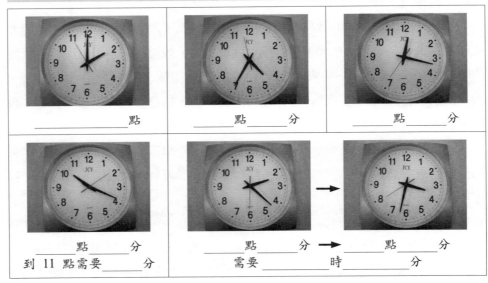

圖 10-2　使用提示的時鐘學習單

横字謎等。

　　自製簡單實用的教具也是特殊教育教師不可或缺的能力。隨著時代的腳步，教師在自製教具常需使用電腦（包括影像處理、非常好色、文書處理、圖庫等相關軟體）、數位相機、護貝機和膠膜、魔鬼氈（Velcro）或子母膠帶、紙筆文具（如四色筆）、錢幣教具、連續印章等。在自製教具時，應考量其實用性、功能性、是不是具體且熟悉、能不能一魚多吃、各領域能不能相結合等因素，來決定教具製作的內容和方式（洪梅花，2005）。

第四節　特殊教育教法

　　為了達成教學目標，除了決定教材以外，也需介入適當而有效的諸多教導與訓練策略來增進教學的成效。以下介紹特殊教育教法的幾個重要主題。

♥♥♥ 壹、教導策略

對於特殊兒童的教導策略，可分為兩大類（Rusch et al., 1985）：其一為教師給予「外在提示」；其二為訓練學童產生「自我管理」的自我管理方案。此兩者皆能促成學生有效的學習，若再配合各種增強策略，當更具教學效果。茲分述如下。

一、外在提示策略

教學提示意指在自然刺激之後，會帶來學生正確反應的任何協助，如果自然的刺激不會引起學生反應或是引起學生做出不正確的反應，則教師必須提供額外的資訊或協助（Holowach, 1989/1997）。

提示（prompt）可分為「口語提示」、「視覺提示」、「刺激內提示」、「姿勢提示」、「示範—模仿」以及「肢體輔助」等六種（陳麗如，2007；鈕文英，2003；Holowach, 1989/1997），以下針對這六種提示的意義和特性，分別說明之。

(一) 口語提示

口語提示（verbal prompt）是在自然刺激之後所做的口語敘述，藉以提供足夠的資訊使學生產生正確的反應。口語提示又可分為兩種：

1. 直接的口語提示：針對需要學生達成的反應直接給予口語提示，如「拿抹布擦桌子」；「把門、窗關好」。
2. 間接的口語提示：針對需要學生達成的反應給予隱藏或暗示性的口語提示，如「桌子髒了怎麼辦？」；「離開教室要把什麼東西關好？」

口語提示需要學生對語言有基本的理解能力，適用於聽覺學習的學生，但較不適合語言理解能力較差的學生。

(二) 視覺提示

視覺提示（visual prompt）是將教學資料以視覺訊息的方式來呈現，以引發學生的正確反應。視覺訊息可以是文字，也可以是圖畫、圖片或照片等，視

學生程度而定，例如：以一系列圖片來說明到自助餐店用餐的步驟。

　　視覺提示適用於有順序的工作、語言理解能力較差的學生，但此種提示方式較不適合視覺能力差者，也較無機會讓學生練習社交。

（三）刺激內提示

　　刺激內提示（within stimulus prompt）能協助引出正確反應的、附於刺激之內或教材之內的資料，例如：在水桶內貼一段膠帶，來讓學生清楚的知道要裝多少水。

　　刺激內提示適用於需要判斷的工作、需要依賴提示的學生，但此種提示方式較不適合視覺能力差者，也較無機會讓學生練習社交。

（四）手勢／動作／姿勢提示

　　手勢／動作／姿勢提示（gestural prompt）是指教師藉著手勢、表情、姿勢、動作等方式，指示學生應該表現某一行動的肢體、非口語動作或行動，例如：以手比抹布對折的動作，讓學生理解要將抹布對折。

　　姿勢提示適用於語言理解能力較差、不喜歡觸覺接觸的學生，但此種提示方式可能有理解困難，也較無機會讓學生練習社交。

（五）示範—模仿

　　示範—模仿（modeling prompt）是教師示範動作，隨之要求學生模仿動作，例如：教師示範拖地的動作，接著要求學生照著做。

　　示範—模仿適用於有順序的工作以及語言理解能力較差、不喜歡觸覺接觸的學生，但對視覺能力差、模仿能力差的學生較不適合，也較無機會讓學生練習社交。

（六）肢體輔助（身體引導）

　　肢體輔助（physical prompt）是藉由肢體接觸來協助學生完成正確的反應，身體引導的範圍從輕微的碰觸其手到完全引導學生完成整個工作。身體引導一般分為兩種：

1. 部分身體引導：協助學生完成部分期望反應的肢體接觸，例如：教師用手握住學生的手，來引導學生以正確的姿勢對折抹布。
2. 完全身體引導：引導學生完成全部期望反應的肢體接觸，例如：教師用手握住學生鋸木頭的手和線鋸，並引導他鋸切木頭。

　　身體引導的方式適用於運動項目、職業訓練以及語言理解能力較差、視聽覺能力較差的學生，但對不喜歡觸覺接觸的學生較不適合，也可能使教師的形象受到誤解。

　　教師在使用教學提示時，以下有幾點值得注意：
1. 用學生易明瞭之語句。
2. 用命令句，不要用疑問句。
3. 只有在學生集中注意力時才提示。
4. 一個口令一個動作（做不到時就提示，不必反覆說明）。
5. 盡可能反映出教學目標的條件。
6. 盡可能利用實物、真實情況。
7. 配合學生能力使用提示法。
8. 提示前後給予學生時間反應。
9. 有計畫的褪除提示。
10. 勿使用非必要之提示。

　　上述口語、視覺、姿勢、示範、肢體輔助等提示策略的介入，往往配合固定時間的延遲，來達到教學的目標（林坤燦，1995）。許多研究證實這種策略的訓練成效，如 Chandler 等（1993）使用口語介入、口頭讚美及五秒鐘固定時間延遲的方法，來教導四位高中階段的輕、中度智障學生，學習操作注滿蘇打水機器、使用複寫機和影印機等三項工作技能，研究結果發現，四位受試智障學生的工作技能皆有所增進，錯誤率也顯著降低。

　　此外，也可採用「圖片提示」的方式，來達到訓練的效果。像 Wacker 與 Berg（1993）使用圖片提示的方式，來教導五位重度智障者完成一套電子零件的組合工作。其圖片提示的介入程序為：(1)訓練受試者能依序翻閱圖片並加以注視；(2)訓練受試者能依圖片提示完成零件的選取與裝配；(3)最後，結合(1)和

(2)訓練受試者能從頭到尾，依圖片提示完成零件的選取與裝配。結果發現這種策略能明顯提高受試者的工作成效。

外在提示策略雖有其成效，但此策略對工作的類化、獨立的工作，其效果並不顯著。而以下所介紹的自我管理策略，特別是自我教導訓練，對於學習內容的類化以及獨立工作，則頗具成效。

二、自我管理策略

自我管理是指由個體自己來管理自己的行為，並透過行為反應前或反應後線索的提供，以及行為控制等方法來達成。自我管理策略對技能訓練、行為控制的成效，已有許多實徵研究加以證實，尤其是有關自我教導訓練的研究，更是焦點所在。自我管理策略包括多項應用技巧，主要有以下幾種（王明雯、林坤燦，1993）。

(一) 自我控制

自我控制（self-control）係指對較差的習慣性反應加以抑制，如強忍住發脾氣、忍住不出聲音等，用以逐步改變其習慣性反應。常用的方法如：使用好的行為來替代不良的習慣性反應的「反應替代法」，或讓真實刺激由低而高排列，逐步訓練智障者適應外在不愉快的真實刺激的「系統減敏法」，以及藉由改變認知來矯正不良反應的「認知治療策略」。自我控制常用於處理特殊兒童的行為、情緒問題。

(二) 自我調整

自我調整（self-regulation）係指個體趨向自發和自導行動的能力，自我調整通常整合了多項技巧，用以完成個人所欲的目標。常用的方法如：(1)自我契約法：用於訓練智障者訂定目標或標準；(2)自我監控法：藉由自我觀察及記錄自己的行為，來達到訓練智障者監控自己行為的目的；(3)自我評量：訓練智障者，就自己所設定的標準來評定自己的行為；(4)自我增強：指個體進行自我監控和自我評量後，依據評量結果，自行決定是否給予增強。

Crouch等（1984）曾使用自我管理的方法來訓練三位中度智障者能準時完

成餐廳服務工作。訓練的方法就是採用自我調整的策略，在工作開始及結束時，要求受試者能準確說出時間，再根據工作完成的時間給予增強，養成受試者能夠自我監控、自我評量工作時間的能力。實驗結果發現，這種方法能減少工作時間，提高工作的效率。

(三) 自我教導訓練

自我教導訓練（self-instruction training）是結合認知與行為改變技術所形成的一種理論。其基本理念乃是協助受試者使用適當的語言媒介，由訓練者的自我陳述並配合動作的示範演練，以協助受試者將注意力集中在所欲學習的技能上，並進而協助受試者產生適當的自我陳述、運用正向的自我語言及自我增強等技術，改變或影響自我的認知結構，以達到學習新的行為技能。此方法不僅是改變個體行為和認知的有效方法，也能促進工作技能的養成、類化，更能促進個體獨立地表現工作。

自我教導訓練其基本步驟如下：(1)由教導者給學習者外在語言的示範；(2)教導者陳述外在語言，學習者依其陳述操作；(3)學習者陳述外在語言，教導者壓低音量；(4)學習者自行透過外在語言的陳述，指導其工作；(5)學習者以默念方式陳述，指導工作的進行；(6)學習者以內在言語指導其工作的進行。

胡雅各（1993）以台北縣 30 名重度智障者為研究樣本，訓練其原子筆組合技能，結果發現，無論是自我教導或配合輔助性教學提示（即：圖片或照片）的自我教導，皆能促進職業技能的學習，其中接受自我教導策略並由教師提供額外的教學提示，則可有效地減少教學次數。此外，林坤燦、蘇再添（1993）以台北市啟智學校高職部四名學生為研究樣本，以自我教導的方法訓練其浴簾包裝與禮盒包裝兩項工作，結果發現，自我教導的方法頗能訓練智障者習得工作技能，以及增進簡易工作生產量；至於複雜工作的生產量則較不明顯。

三、增強或獎賞策略的使用

為使教學更有成效，教師往往需要使用一些增強策略，常用的增強或懲罰策略如下（陳榮華，1990）：

1. 積極性增強（獎勵）：或稱正增強，係指當個體出現教師所希望的行為（反

應）後，即給予個體增強物。增強物又可分為以下三類：

(1) 原級增強物：如鉛筆、飲料、玩具、蠟筆、餅乾等。

(2) 類化增強物：如貼紙、獎狀、代幣、分數、積點等。

(3) 社會性增強：讚美、微笑、拍肩膀、摸頭、聊天等。

增強物的使用，應視案主的所需或所好而定，但應避免長期使用原級增強物。

2. 消極性增強：係指當個體出現教師所希望的行為（反應）後，即去除個體不喜歡的負增強物，如教師皺眉頭等。

3. 間接性懲罰：係指當個體出現教師不希望的行為（反應）後，去除個體喜歡的增強物。

4. 直接性懲罰：係指當個體出現教師不希望的行為（反應）後，給予個體不喜歡的負增強物，或稱厭惡刺激，如罰站、警告、記過、過度矯正等。

5. 其他：如區別增強其他行為（differential reinforcement of other behavior，簡稱 DRO）、區別增強不兩立行為（differential reinforcement of incompatible behavior，簡稱 DRI）、區別增強替代行為（differential reinforcement of alternative behavior，簡稱 DRA）、逐步養成、相互抵制與逐減敏感、模仿等。

　　教師應視學生的特性、行為表現，善用各種增強或處罰的策略，使得教學更有成效。此外，也應蒐集學生的問題行為資料並分析其功能，並藉由此功能評量的結果，選取和問題行為具有相同功能的行為作為教導的目標，以達到減少問題行為、增進良好行為的目的（張正芬，1997）。

❤❤❤ 貳、教學法

　　教學法種類繁多，茲就幾種在特殊教育常用的教學法介紹如下。

一、結構式教學法

(一) 定義與緣起

　　北卡羅萊納州立大學（North Carolina State University）史考布勒教授等人（Eric Schopler 和 Robert Jay）所領導的研究小組，自 1966 年起，為自閉症及溝通障礙兒童開發設計一種教學模式，此模式經該小組 20 年來不斷的研究改

進，從診斷、評量、早期療育、學校、家庭、職業教育、教師及家長的研修等，有一套一系列的教育治療計畫，此計畫簡稱 TEACCH（Treatment and Education of Autistic and Communication handicapped CHildren），而 TEACCH 計畫最引人注目的就是使用結構式教學法（structured teaching）（Lord & Schopler, 1994; Schopler, 1997）。

　　結構式教學法的涵義就是布置結構性的教學環境及教材，使用結構性的教學方法，利用視覺線索，訓練學生獨立完成一連串的學習活動。

(二) 結構式教學法的要素

　　結構式教學法包括以下五大要素（黃俊瑋、羅丰苓，2004；Marcus et al., 1997; Mesibov et al., 1994; Schopler et al., 1995），包括：

1. 結構性的教學環境

　　結構性的教學環境（physical organization）強調要明確的區隔學習區，以減少視覺與聲音的干擾，並使學生知道，什麼環境做什麼事情。可利用書桌、教具櫃、物品、家具等來區隔學習區。在區隔學習區時要考慮周遭的環境，若是鄰近玻璃或窗戶，容易使學生分心，此時可用窗簾或紙板來掩蓋。

　　至於教學環境則可區隔為：個別學習區、小組教學區、轉換區（transition area）或教材教具區、休閒遊戲區、點心飲食區或自我照顧區等，視學生年齡和需要而定（Lord & Schopler, 1994）。

2. 結構性的作息時間

　　結構性的作息時間（scheduling）是指利用作息表、行事曆或計畫表與學生溝通何時及何地做何事。其目的是透過視覺線索（如圖片、圖卡、圖畫或字卡呈現），來讓學生了解每天的作息或活動。

　　作息表由上到下，或由左而右，按時間或節次排列，如此可讓學生一目了然，明確的知道一天的作息，包括開始的時間、系列活動、結束的時間。而作息表的時間長短，可以是一天、一星期，甚至一個月。

3. 個別化的工作系統

　　個別化的工作系統（individual work system）告訴學生在個別學習區要學習什麼，其傳達給學生四項訊息：(1)應該做何種工作；(2)做到何種程度；(3)如何

知道做完了；(4)做完了後做什麼。教師可根據學生現有的長處、興趣、能力及學習習慣，選擇適當的教材內容，做系列性的組織，並依單元或學習活動，將所需教材、教具或作業單，分項置放於不同籃子裡，並貼上標示內容的視覺圖卡。

工作系統能夠讓各種程度的學生使用。對較低功能的學生可以使用實物、圖卡、符號、顏色和數字；較高功能的學生則可使用文字，例如：對較低功能的學生可以使用三種不同的顏色卡，並將其由上而下（或由左而右）排列，每一種顏色配合一項工作，學生可藉由顏色卡的數目知道有多少工作需要完成。此種工作系統的設計可以讓「完成」這個概念變得具體且有意義。

4. 結構化的視覺線索或組織化的作業

結構化的視覺線索或組織化的作業（visual structure or task organization）指藉由顏色、圖示、圖卡、文字、容器結構，完成工作袋、工作流程圖等的使用，讓學生能應用視覺線索尋找訊息來完成系列性工作。其中包括：

(1) 清楚的視覺線索（visual clarity）：指提供作業時能以明顯的視覺線索，讓學生清楚的知道要做什麼，例如：教學生進行分類作業時，可以有趣或吸引學生的顏色或形狀來教學；教學生擦桌椅時，可將桌椅弄髒些，讓學生清楚的知道乾淨和骯髒的區別。此外，視覺線索可讓學生隨時使用，而聽覺線索則必須掌握正確時機和訊息，這對自閉症學生是較為困難的。

(2) 組織化的視覺線索（visual organization）：組織化的視覺線索可讓學生更有效的處理外界訊息，並因此促進學生的學習，例如：讓自閉症學生擦很大塊的玻璃，他往往不知從何開始，若將其分成較小塊且較易處理的四個區塊，就有可能促成學生去完成此工作。

(3) 視覺線索的步驟指示（visual instruction）：視覺線索的步驟指示可以讓學生容易了解作業的要求、作業的順序、相關的概念和其他重要的指示，其目的是訓練學生依據指示來完成工作，而非依其慣例。

5. 例行化活動

例行化活動（routine）指活動的方式應該系統化和一致化。這種例行化活動必須能夠補償學生問題解決能力的缺陷，也必須在不同情境下是有用的，例如：需要教導學生「工作然後遊戲」，這在教室、工作場所和居家都是有用的；

此外，像「由上而下」、「由左而右」這些例行化活動也必須教導，這可使學生在打掃、擦地板、閱讀、寫作等能夠有系統的完成。

(三) 結構式教學的教學法

結構式教學應從個別化的教導開始，進而在各種教學情境，訓練學生將技能練習規則化，接著進一步讓學生能在學習環境獨自練習，而最終目標是希望能類化至生活環境中，並發展出獨自的學習系統。

結構式教學的教學方式，包括工作指示（direction）、提示（prompt）和增強策略的使用。工作指示可以是口語的，也可以是非口語的，視學生程度而定，口語的指示應簡潔，非口語的指示如使用文字或視覺線索來指示學生工作的步驟。提示也是必須的，有時需要使用身體提示，有時需要口語提示或視覺提示。此外，也需要運用一些增強策略來提升學生的學習動機，這些提示和增強策略都必須考慮學生的個別特性，有系統的加以使用（Mesibov et al., 1994）。

(四) 成效

TEACCH計畫和其所使用的結構式教學法，迄今已超過數十年的歷史，並且服務超過 4,500 名的學童、成人和其家庭（Lord & Schopler, 1994; Schopler, 1997）。此教育計畫適用各種年齡層和各種程度的自閉症者（Freeman, 1997; Mesibov et al., 1994）；其成效目前已廣受世界各國的肯定，紛紛積極仿效學習，台灣也不例外。

楊碧桃（1996）也曾將結構式教學法用於輔導國小啟智班教師，並進行實驗教學和臨床教學。在實驗教學部分，由研究者的輔導區啟智班教師進行教學，結果發現這些教師可以對輕度的學生實施結構式教學法，而認為較重度的學生並不適合；而研究者的臨床教學結果則發現，結構式教學法對中重度學生一樣可行。究其原因，實因這些啟智班教師在運用結構式教學法的能力不足，教學策略的使用也有待加強。

倪志琳（1999）也曾運用結構式教學法進行四名學齡前自閉症兒童的教學研究，其研究設計為單一受試研究法之多試探設計，結果發現實驗教學能促進學生整體能力之正向發展，而教師和家長也都認為能運用此結構式教學法教導

學童，並能使學童有所助益。

(五) 限制

　　結構式教學法雖有顯著成效，但也有以下一些限制，包括：

1. 由教師主導整個學習過程，限制學生的創造力，不適合類化遷移。
2. 安排的學習環境或情境較為牽強，顯得不夠自然，為了配合結構式教學法的要求，也可能浪費許多教學時間。
3. 在融合教育的理念下，當一般兒童與特殊需求兒童在一起學習時，結構式教學法有其實施上的困難與問題。
4. 自閉症孩童本較缺乏類化能力，此種教學法會有類化困難的情形發生。

二、隨機教學法

(一) 定義與緣起

　　隨機教學法（incidental teaching）是源於觀察親子間自然發生的語言互動而衍生的策略，首先由 Hart 與 Risley（1968, 1974, 1975, 1980）所發展，指在非結構的情境下（如自由遊戲），成人與兒童間自然產生互動，並由成人藉此互動傳達新資訊，或提供兒童練習機會，以增進其溝通技巧。其教學段落通常很短，以溝通而非單純語言教學為導向（呂翠華，1994；倪志琳，1997；Hart & Risley, 1975, 1980; Warren & Kaiser, 1986），換句話說，隨機教學法是在學童要求或指令下進行，學童可能要求成人給他某些東西（如飲料）、做某些事、停止做某些事或幫助他操作某些物品，在這些情形下，就可使用隨機教學法（Yeh, 1994）。

(二) 教學實施程序和策略

　　隨機教學法最常被運用在語言的教學上，是以學童啟動（initiate）互動並要求成人（教師）幫助的方式來進行，因此教學的時機（timing）必須有效的掌握，當學童以口語或非口語的方式要求成人反應時，就可考慮使用隨機教學法。其教學實施程序如下（Hart & Risley, 1975）：

1. 確認是否掌握此時機進行隨機教學，如果是，則進行下一步驟。
2. 決定學童學習的語言行為。
3. 決定學童啟動師生互動的線索：此線索可以只是引發學童注意的物品，或者物品加上口語的線索，不過，因為隨機教學法是期望學生能有自發性的語言，因此，首先教師應該接近線索或給予眼神注視、懷疑的凝視，希望引起學生反應，若無反應，再給予口語的線索。
4. 假如學童對線索沒有預期的反應，則必須考慮提供他某些程度的提示。提示又可分完全提示、中度提示和較少提示，視學童的個別差異和情境而定。提示的出現應該是漸進的，如果給予較少提示，不能有預期的反應，則給予中度的提示，甚至完全的提示（呂翠華，1994）。

　　Warren 與 Kaiser（1986）也曾就隨機教學法在語言教學上的應用，提供以下四項重點，包括：
1. 安排能促進學童向成人表達的環境（啟動溝通動機），提供隨機教學機會。
2. 選擇合乎學童語言程度、興趣及教學環境所能提供的語言教學目標。
3. 回應學童的主動表達，並藉此要求學童能符合預期的語言教學目標。
4. 獎勵學童的溝通意圖，並以學童喜好的事物或活動為增強物。

(三) 成效

　　隨機教學對障礙學生的語言學習往往有很大的幫助，對輕度障礙、自閉症、重度障礙學生也都能適用，其語言學習的類化成效和自發性語言的使用在研究上均給予肯定（Hart & Risley, 1975; McGree et al., 1985; Yeh, 1994）。此外，Warren 與 Kaiser（1986）也曾就行為和發展的觀點分析隨機教學為何有效，在行為方面，隨機教學法應用具體、提示、增強等行為策略，並且因為在自然語言使用的情境下學習，使其類化、自發性語言的使用能夠增加；就發展觀點而言，隨機教學的學習內容，是根據學生的興趣和意圖，配合教師預期的教學目標，故能促進學生語言的學習。
　　隨機教學法的成效主要有以下四方面：
1. 有助於兒童獲得更多語言、使用更多語言：由於隨機教學法的基本目標在增

進兒童說話的頻率，依據研究結果顯示，語言的使用將有助於兒童獲得更多語言（Hart & Risley, 1980; Nelson, 1973）。

2. 增加兒童功能性語言（functional language）：功能性語言是對兒童日常生活及環境有幫助的實用性語言。Warren 與 Warren（1985）強調，功能性語言必須在溝通互動中使用，必須以某種方式去影響傾聽者，以達到控制環境的目的（引自呂翠華，1994）。

3. 顯著的類化（generalization）成效：隨機教學法強調兒童自然的訓練情境和實際說話的情境是相同的，此外，隨機教學法重視創造兒童說話的機會、功能性語言的使用及酬賞兒童對語言的使用，這些特點均有助於語言的類化（McGree et al., 1985）。

4. 增進親子間的互動：隨機教學法往往教導父母來進行教學，同時研究顯示，此種教學法能促成父母花更多時間在親子互動上，父母也能感覺到孩子更喜歡親子間的互動（Yeh, 1994）。

(四) 限制

隨機教學法在使用上有以下一些限制，包括：

1. 隨機教學法成功的關鍵在於以兒童想要的事物或活動作為增強，故較不適合缺乏動機的學生，在實施過程中須花很多時間。

2. 部分語言系統（如語法、語形）難以經由隨機學習而習得。

3. 教學過程並不明確，較難掌握教學重點。

4. 對自閉症或重度障礙兒童而言，由於其本身語言、反應能力的受限及被動的學習型態，導致在生活中可用來作為教學的隨機事件或情境也愈顯貧乏。因此，對此類學生而言，隨機教學法的成效有限。

5. 根據 Schopler 等人（1971）對發展程度屬學齡前的自閉症兒童進行結構式與非結構式療育效果之比較研究時發現，在結構化的療育階段，自閉症兒童在注意度、適當情感表現、對人關係、非精神病行為方面，有較佳的表現。研究也發現兒童間的個別差異，發展程度較低的兒童，在非結構式階段出現較多缺乏組織的情形，發展程度較佳的兒童較能適用非結構式療育方式（引自倪志琳，1999）。

三、直接教學法

(一) 定義與緣起

　　直接教學法（direct instruction）是一種以工作分析為基礎，以編序的方式設計教材，並以系統化的方式來呈現教材的一種高度結構性教學法。直接教學法自 1966 年由 Engelmann 與 Becker 發展出來以後，漸漸產生許多派別，其中以源自 Engelmann-Becker 模式發展出的直接教學模式最為有名（簡稱 DI）（Rosenshine, 1978），此 DI 模式相較於原先的直接教學（簡稱 di）模式，主要差異有二：(1)DI 強調課程和教材的建構，di 則太過強調教學技術；(2)DI 較有系統、組織強調學業領域中的認知過程、高層次和低層概念間的關係，di 則較強調學生的主動參與（White, 1986）。

(二) 基本信念

　　直接教學法的基本信念有三：
1. 所有學生皆可以學習，不論其身心是否有障礙，教師皆應負起教學責任。
2. 對於身心障礙或低成就者，更應在有限時間內教導更多的技能。
3. 教學工作有賴仔細運用教學技術與教學時間，才能達成預期的效果（盧台華，1991）。

(三) 理論基礎

　　直接教學法綜合了許多教學理論，其理論基礎包括：
1. 應用行為分析：包括工作分析、引起動機及注意力、選取範例、修正錯誤與給予回饋等。
2. 溝通分析（analysis of communication）：包括師生間的互動、教導知識的過程、安排清楚的教學順序等。
3. 知識系統的邏輯分析：分析各類不同的知識，找出相同的教學工作，並設計相同的策略進行教學（Becker, 1986）。

(四) 成效和限制

　　White（1986）分析 25 篇關於直接教學法在特殊教育上的研究，比較實驗組和控制組的結果發現，53% 的結果顯示，實驗的直接教學法這一組達顯著效果，而這些對照組中，沒有一個研究結果是優於直接教學組。直接教學法確是一套有效、值得推廣運用的教學法。

　　有一些學者質疑直接教學法對教導好奇、獨立、合作的成效（Carnine et al., 1988），也有些學者質疑其長期的維持效果，不過也有一些研究證實其在學習動機、自我概念等方面也有不錯的成效。

四、合作學習

(一) 定義與緣起

　　合作學習（cooperative learning）係依學生能力、性別等因素將學生分配到一異質小組中，經由彼此協助，互相支持，以提高個人的學習效果，達到團體目標的一種有系統、有結構的教學策略。

(二) 特質

　　合作學習有以下幾個特質：

1. 異質分組（heterogeneous students）：依學生的能力、種族、性別、社經背景等將學生分配到不同的小組中，彼此指導，相互學習。
2. 正向的相互關係（positive interdependence）：自己的成功有賴小組的成功，因此，小組內的成員都應共同努力完成任務。
3. 合作的技巧：透過面對面的成長式互動，鼓勵組內其他同學獲得成就。
4. 個人的責任：教師評鑑每一學生的學習情形，來判斷小組的學習成效並回饋給每一成員。
5. 合作的人際技巧：合作學習中教師注重教導學生精熟社會技巧，並給予學生必要的鼓勵，合作技巧包括指揮、作決定、責任建立、溝通、衝突管理等。
6. 團體歷程：藉由小組的方式檢討小組的運作狀況及功能發揮程度，分析小組

目標是否達成。

(三) 理論基礎

　　合作學習綜合了許多理論，其理論基礎包括：

1. 社會互賴論：Johnson 兄弟主張積極的互賴（合作）產生助長式互動，團體成員間將彼此鼓勵而促進學習上的努力（Johnson & Johnson, 1999）。
2. 接觸理論：人際間的合作能提高小組的向心力及友誼，不同種族、年齡、性別、社經地位或能力的學生一起學習，可增進合作的機會並促進友誼。
3. 認知理論：維高斯基的最大潛能發展區的觀點，學生的合作能促進成長。
4. 行為學習理論：同儕間的彼此觀察學習模仿，可以產生互相學習的效果，並促進合作行為的產生。Schunk（1989）也指出，同儕示範學習比教師示範學習能產生較高的自我效能和技巧；多重示範的效果也比單一示範的效果好。

(四) 成效和限制

　　合作學習是異質分組，對於輕度障礙學生回歸普通班的實施較有效，對於中重度智能障礙者較不適合。

五、統整教學模式

(一) 定義與緣起

　　傳統的資優教學計畫多集中在智力的認知領域，以促進學生在認知方面的成長。然而，在過去的數十年中，發現智力的多元面貌及互動形式。現在智力不僅需要理性的使用、分析的思考功能，還包括空間的、大腦整體歷程，及情緒的、生理的、直覺方面的整合。當這些不同的功能統整在一起時，便能創造更高層次的智力，並達到人類潛能的最大發展。這就是「統整教學模式」（integrative education）的基礎。

　　此模式是由 Barbara Clark 博士所創立，其理論基礎是結合心理學、物理學、神經學，以訊息處理模式（information-processing model）為主的模式（Clark, 1986, 1988）。

(二) 教學目標

此模式的教學目標有二：
1. 統整運用認知、情意、直覺及生理等大腦功能學習，以增進各科學習成效。
2. 鼓勵學生善用抉擇能力，並主動參與教學。

(三) 基本內涵

此模式的基本內涵如圖 10-3 所示，涵蓋認知、情意、直覺及生理四部分，茲說明如下（Clark, 1983/1987）：
1. 認知功能（思考）：包括分析、問題解決、系列、評價等左腦功能，以及空間、完形等右腦功能。提供刺激豐富的環境，可以增進概念化、類化、抽象及解決問題之能力。
2. 情意功能（情感）：此項功能由情緒和情感表達，卻可以影響大腦的每一部分，由邊緣系統的生化作用所調節，可以提升或抑制更高的認知功能。
3. 生理功能（感覺）：包括動作、視覺、聽覺、嗅覺、味覺及觸覺等。人類藉感官以了解世界，身心整合以了解實體，故身心整合是統整教育模式之要件。
4. 直覺功能（創造）：直覺是人類最獨特、也最有力的腦部功能之一，可分為三個層次：(1)理性的直覺；(2)預測的直覺；(3)轉換的直覺。此種功能每個人皆具有之，但使用程度各有不同。歷史上的名人如莫札特、愛因斯坦等，都是運用其直覺能力而促進人類文化的開展。

圖 10-3　統整教學模式的基本內涵

註：引自 Clark（1983/1987）。

(四) 特色

統整教學模式具有以下五點特色：

1. 是一種具彈性化、個別化的教學模式。
2. 生理與心理整合的教學模式。
3. 大腦左右半球思考功能的整合。
4. 直覺的運用：最高層次的統合能力。
5. 一種全人的、統整的教學模式。

(五) 要素

統整教學模式具有以下七大要素：

1. 建立能引發學生學習反應的環境：實施時應先建立顧及生理、心理、社會及情緒需求的有感應之學習環境，使其成為促進學習的助力。基於上述特色，建立有效學習環境應考慮：

   (1) 物理環境：可將教室分隔成數個學習角，並以柔和的燈光及色彩，來促使師生間的接納，或配合音樂來促進學習。Ismael（1973）曾提出柔和的光線使人有較少的自我意識，而有更多的接受力。Ott（1973）亦發現自然的光線對適當利用人類能量而言是很重要的。至於色彩的運用，具有多種目的，Heline（1969）指出，紅、橘、黃色代表鼓舞、刺激和活力；綠、藍、紫色則表示沉著、鎮靜和安靜。聲音方面，則須注意噪音易引起分心（引自盧台華，1995）。

   (2) 社會─情緒環境：強調建立一個安全、信賴、支持的學習環境，使學生感到有能力、充滿動機與關懷，並提供學生彼此分享經驗，以及改變評量的方式。

2. 練習放鬆與減低緊張：根據 Selye（1979）的研究發現，壓力會使腦部產生化學物質，停止生理系統的運作，而藉由各種肌肉放鬆法減低學生的緊張和焦慮，有利於大腦在資訊吸收與儲存時能充分發揮功能。至少有六種放鬆法可利用，如自生法（autogenics）、催眠（hypnotic）、生物回饋（biofeedback）、進行性放鬆（progressive relaxation）、瑜伽呼吸法（yoga breathing）、冥想

法（meditation）（引自盧台華，1995）。

3. 充分運用動作與肢體語言：利用生理感覺及身體動作，增進學生對抽象概念的理解和保留，並促進對概念的發展。

4. 善用語言與非語言溝通：鼓勵師生及同儕之間運用語言與行為，以助長學習活動。包括建立團體意識、人際溝通技巧與對自我的覺知及了解。

5. 給予選擇與自控的機會：鼓勵學生建立決策能力，安排個人發展與學校學習目標的優先順序，培養變通性思考及自我評鑑的技巧。

6. 提供複雜且富挑戰性的認知活動：思考至少有水平式和垂直式兩種，因此學習歷程中應提供運用直線式理性思考與空間式完形思考的機會。藉由提供具新奇性、複雜性、變化性與挑戰性的學習活動和評量標準，來達成與學生腦力發展相符合的學習成效。

7. 運用直覺與統整功能：因直覺、計畫未來、創造等能力均為人類最獨特、也最有權威的腦部功能，因此在教學設計中應提供充分運用此類思考過程的活動。

(六) 實施步驟

　　首先，應建立符合學生生理、心理、社會、情緒需求而能引發其最佳反應的學習環境，以促進學生學習；其次，需採用各種肌肉放鬆方法與減低學生的緊張與焦慮，俾利大腦在資訊吸收與儲存時能充分發揮功能；最後，藉由運用聽覺、視覺、觸覺、直覺等多元感官設計課程，進行各科教學，並充分授予學生選擇的權利，以發展決策能力。

(七) 成效和限制

　　1980 年於美國加州成立的 NAS（New Age School）計畫，是以資優生為對象，實施統整教學模式，以驗證並評估統整教學模式。從持續蒐集的資料中顯示，統整教學模式能促進學習者做更有效的學習。此外，將課程調整之後，實施的對象更可往下延伸至學前，目前已有的分組類型包括：Toddlers（2～3歲）、Early Age（4～6歲）及 Cross Age（7～16歲），除資優學生外，統整教學模式也擴大應用至一般學生及輕度障礙學生。

　　不過，統整教學模式中的直覺是屬於較抽象和不可知的部分，在教材的設計上較難落實，也不易評量，而統整學習牽涉的因素很多，生理上的缺陷或障礙，恐影響學習效果。

六、工作分析法

　　工作分析法（job analysis）是將複雜的教學目標加以簡化成一連串教學的小單元，再對各小單元進行教學的方法，這種教學方式對較重度的身心障礙學童尤其適用。此方法將技能細步化至最容易教的步驟，並依難易決定先後出現的順序，再透過逐步養成（shaping）、口語提示、示範、連鎖（chaining）、肢體輔助等方法，逐步引導（Agran et al., 1986）；也就是工作分析首先需界定學習者要達到的目標行為與技能，即終點行為，並觀察學習者現有的能力當作起點行為，而後就起點行為與終點行為之間的行為步驟，依難易程度、操作流暢的順序排列起來（林坤燦，1995）。

　　工作分析法再配合有效的教學策略，如自我教導、語言提示、增強策略等，往往有不錯的教學效果，例如：Agran 等（1986）用工作分析的方法，將醫院的清潔服務工作分為：「病房清潔」16 個步驟，「廚房食物服務」10 個步驟，來訓練四位女性智障者，而有不錯的訓練成效。此外，也有研究用於設計縫紉技能的教材、玩具車的裝配工作上，其成效也令人滿意（Crapps et al., 1983; Cronin & Cuvo, 1979）。

　　工作分析的程序有二，其一為順向連鎖（forward chaining）：傳統的方式，即從第一個步驟教起，再逐步教導下一步驟；另一為倒向連鎖（backward chaining）：即依相反的順序，從最後一個步驟教起，再逐步往前推。Browder 等（1993）就曾比較這兩種教材設計對三位重度智障成人的教學效果，結果發現兩種方式皆能引導受試者習得工作技能，其中倒向連鎖的方式在一些較複雜的工作上，比順向連鎖更有效。

七、多層次教學法

　　多層次教學法（multi-instruction）是指在相同的課程內，進行不同類型的學習；採用不同的教學方法、不同的學習活動，接受不同的學習成果（吳淑美，

2003）。簡單地說，便是在情境中，以同一教學主題，達成學生個別間不同的目標。例如時鐘教學，學習目標可能是會看幾點幾分，或會認時鐘上的數字；又比如煮湯圓教學，學習目標可能是會煮湯圓、會搓湯圓或圓形的概念。

　　多層次教學法常用在融合教育，讓教師可以在課堂上同時指導不同程度的學生；即使是特教班，障礙學生的異質性高，教師亦須使用多層次教學法將不同的教學目標同時融入教學中。

問題討論

1. 從台灣法規對特殊教育課程和教學的相關規定，說明特殊教育課程和教學有哪些基本原則，並列出和這些原則有關的法規。
2. 試說明發展性課程模式和功能性課程模式。並以二、五、八年級的智能障礙學生為例，說明其可能的教學目標。
3. 評量的調整方式有哪些？適用對象為何？
4. 特教教師可以使用的提示策略有哪些？適合的特殊需求學生為何？
5. 特教教師常用的增強或懲罰策略有哪些？試舉例說明之。
6. 多元智能課程模式主張人擁有哪幾種智能？
7. 試說明《十二年國民基本教育特殊教育課程實施規範》之基本理念。

參考文獻

❖ 中文部分

王文科（1992）。**資優課程設計**。心理。

王明雯、林坤燦（1993）。智障者自我管理方法初探。**特殊教育季刊，48**，13-18。

台北市政府教育局（2021）。**台北市 109 學年度特殊教育班優良教材教具評選得獎作品專輯**。台北市立大學特殊教育中心。

何華國（1987）。智障者職訓課程設計原則。**特教園丁，3**（2），22-24。

吳淑美（2003）。融合班常用的教學策略。新竹師院國教世紀，207，57-70。

呂翠華（1994）。偶然教學法對發展障礙兒童語言介入之應用。國民教育，34（11），28-35。

李坤崇（1999）。多元化的教學評量。心理。

李翠玲（2001）。特殊教育教學設計。心理。

杞昭安（主編）（1999）。視覺障礙者輔具簡介。台灣師範大學特殊教育學系。

林坤燦（1995）。職業技能訓練方案對於增進中重度智能障礙者工作成效之影響（未出版之博士論文）。台灣師範大學。

林坤燦、蘇再添（1993）。智能不足者自我管理職技訓練方案試用成效分析。特殊教育季刊，46，6-11。

林寶貴（1989）。生活中心生涯教育活動設計（一）（二）。台灣教育學院特殊教育系所。

林寶貴（2005，2006，2007）。溝通障礙教材教具比賽成果彙編。中華溝通障礙教育學會。

林寶貴、錡寶香、黃玉枝、蘇芳柳、韓福榮、蔡瑞美、蔡明伶（1995～1999）。聽語復健編序教材之發展。行政院國家科學委員會。

林寶貴、謝豐瑞、曹永慶、韓福榮、翁素珍、林麗慧、尹廉輝、朱章賢、鄭宗楷（1999～2002）。國小數學學習困難兒童多媒體電腦輔助教材之設計。行政院國家科學委員會。

花蓮師範學院特殊教育中心（1996）。特殊教育教具手冊。花蓮師範學院特殊教育中心。

洪梅花（2005）。國小啟智教材教具製作與教學實例。心理。

洪清一（2006）。身心障礙者教材教法：生活訓練。五南。

胡雅各（1993）。自我教導訓練在中重度智障者職業技能訓練之應用。特殊教育季刊，46，12-16。

倪志琳（1997）。環境教學法在特殊兒童語言訓練之應用。特殊教育季刊，65，13-17。

倪志琳（1999）。結構教學法對學齡前自閉症兒童學習成效之研究（未出版之博士論文）。台灣師範大學。

張正芬（1997）。自閉症兒童的行為輔導：功能性評量之應用。特殊教育季刊，65，1-7。

教育部（1995）。**國民教育階段啟智學校（班）課程綱要修訂之研究**。教育部社會教育司。

教育部（1999）。**特殊教育課程教材教法實施辦法**。1999 年 6 月 29 日修正發布。

教育部（2010）。**特殊教育課程教材教法及評量方式實施辦法**。2010 年 12 月 31 日修正發布。

教育部（2019）。**特殊教育法**。2019 年 4 月 24 日修正公布。

教育部（2021）。**十二年國民基本教育特殊教育課程實施規範**。2021 年 10 月 29 日修正發布。

教育部（2022）。**特殊教育課程教材教法及評量方式實施辦法**。2022 年 5 月 5 日修正發布。

郭振國等（譯）（1979）。**特殊兒童玩具與教具製作**。省立台灣教育學院特殊教育學系。

陳三和（譯）（1977）。**盲生教具的製作與使用**。台灣省視覺障礙兒童混合教育計畫師資訓練班。

陳明聰、張靖卿（2004）。特殊教育工作者對身心障礙學生測驗調整意見之調查研究。**特殊教育與復健學報，12**，55-80。

陳榮華（1990）。**行為改變技術**。五南。

陳麗如（2007）。**身心障礙學生教材教法**。心理。

鈕文英（2003）。**啟智教育課程與教學設計**。心理。

黃俊瑋、羅丰苓（2004）。**自閉症教學技巧**。群英。

楊碧桃（1996）。結構式教學法在國小啟智班的實驗教學研究。**屏東師範學報，9**，33-62。

衛生福利部（2021）。**身心障礙者權益保障法**。2021 年 1 月 20 日修正公布。

盧台華（1991）。**身心障礙學生數學科直接教學與補救課程綱要與教材**。台灣師範大學特殊教育中心。

盧台華（1995）。統整教育教學模式的介紹與應用實例。**資優教育季刊，54**，1-3。

盧台華（編）（2003）。**國民中小學九年一貫課程在特殊教育之應用手冊**。台灣師範大學特殊教育中心。

簡明建（2005）。因應融合教育：班上有特教需求學生怎麼辦？**屏縣教育季刊，23**，31-34。

Clark, B.（1987）。**啟迪資優：發展兒童的潛能**（林寶貴等譯）。巨流。（原著出版年：1983）

Holowach, K. T.（1997）。**中、重度障礙者有效教學法：個別化重要技能模式（ICSM）**（李淑貞譯）。心理。（原著出版年：1989）

村田茂等（編著）（1994）。**幼兒教具設計與活用**（吳緒筑譯）。五南。（原著出版年：1983）

❖ 英文部分

Agran, M., Davis, J., & Moore, S. (1986). The effects of self-instructional training on job-task sequencing: Suggesting a problem-solving strategy. *Education and Training of the Mentally Retarded, 21*(4), 273-281.

Baum, S. (1988). An enrichment program for the gifted learning disabled student. *Gifted Child Quarterly, 32*(1), 226-230.

Becker, W. C. (1986). *Applied psychology for teachers: A behavioral cognitive approach*. Macmillan. (Originally published by Science Research Associates)

Betts, G. T. (1985). *Autonomous learning model*. Autonomous Learning Publication and Specialists.

Browder, D. M., Lim, L., Lin, C. H., & Belfiore, P. J. (1993). Applying therbligs to task analytic instruction: A technology to pursue? *Education and Training in Mental Retardation, 28*(3), 242-251.

Campbell, L., Campbell, B., & Dickinson, D. (1996). *Teaching & learning through multiple intelligences*. Allyn & Bacon.

Carnine, D., Granzin, A., & Becker, W. (1988). Direct instruction. In J. Graden, J. Zins, & M. Curtis (Eds.), *Alternative education delivery systems: Enhancing instructional options for all students* (pp. 327-349). National Association of School Psychologists.

Chandler, W., Schuster, J. W., & Stevens, K. B. (1993). Teaching employment skills to adolescents with mild and moderate disabilities using a constant time delay procedure. *Education and Training in Mental Retardation, 28*(2), 155-168.

Clark, B. (1986). *Optimizing learning*. Merrill.

Clark, B. (1988). *Growing up gifted* (4th ed.). Merrill.

Cohen, S. B., Alberto, P. A., & Troutman, A. (1979). Selecting and developing educational materials: An inquiry model. *Teaching Exceptional Children, 12*(1), 7-11.

Crapps, J., Kregel, J., & Stoneman (1983). Reinforcing moderately and severely retarded students for on-task behavior and production rate: A comparison during two tasks of varying complexity. *Career Development for Exceptional Individuals(CDEI), 6*(1), 31-42.

Cronin, K. P., & Cuvo, A. J. (1979). Teaching mending skills to mentally retarded adolescents. *Journal of Applied Behavior Analysis, 12*(3), 401-406.

Crouch, K. P., Rusch, F. R., & Karlan, G. R. (1984). Competitive employment: Utilizing the correspondence training paradigm to enhance productivity. *Education and Training of the Mentally Retarded, 19*(4), 268-275.

Freeman, B. J. (1997). Guidelines for evaluating programs for children with autism. *Journal of Autism and Development Disorders, 27,* 147-155.

Gardner, H. (1983). *Frames of mind: The theory of multiple intelligence.* Basic Books.

Gardner, H. (1999). *Intelligence reframed: Multiple intelligences for the 21ˢᵗ century.* Basic Books.

Gargiulo, R. M., & Kilgo, J. L. (2000). *Young children with special needs: An introduction to early childhood special education.* Delmar Publishers.

Hart, B. M., & Risley, T. R. (1968). Establishing the use of descriptive adjectives in the spontaneous speech of disadvantaged preschool children. *Journal of Applied Behavior Analysis, 1*(2), 109-120.

Hart, B. M., & Risley, T. R. (1974). The use of preschool materials for modifying the language of disadvantaged children. *Journal of Applied Behavior Analysis, 7*(2), 243-256.

Hart, B. M., & Risley, T. R. (1975). Incidental teaching of language in the preschool. *Journal of Applied Behavior Analysis, 8*(4), 411-420.

Hart, B. M., & Risley, T. R. (1980). In vivo language training: Unanticipatied and general effects. *Journal of Applied Behavior Analysis, 13*(3), 407-432.

Johnson, D. W., & Johnson, R. T. (1999). *Learning together and alone: Cooperative, competitive, and individualistic learning* (5th ed.). Allyn & Bacon.

Lord, C., & Schopler, E. (1994). TEACCH services for preschool children. In S. L. Harris & J. S. Handleman (Eds.), *Preschool education programs for children with autism* (pp. 87-106). Pro-Ed.

Marcus, L. M., Kunce, L. J., & Schopler, E. (1997). Working with families. In D. J. Cohen & F. R.Volkmar (Eds.), *Handbook of autism and pervasive developmental disorders* (pp. 631-664). John Wiley & Sons.

McGree, G. G., Krantz, P. J., & McClannhan, L. E. (1985). The facilitative effects of incidental teaching on preposition use by autistic children. *Journal of Applied Behavior Analysis, 18,* 17-31.

Mesibov, G. B., Schopler, E., & Hearsey, K. A. (1994). Structures teaching. In E. Schopler & G. B. Mesibov (Eds.), *Behavioral issues in autism* (pp. 195-207). Plenum Press.

Nelson, K. (1973). Structure and strategy in learning to talk. *Monographs of the Society for Research in Child Development, 38,* 1-135.

Rosenshine, B. (1978). *Instructional principles in direct instruction.* (ERIC Document Reproduction Service NO. ED155152).

Rusch, F. R., Martin, J. E., & White, D. M. (1985). Competitive employment: Teaching mentally retarded employees to maintain their work behavior. *Education and Training of the Mentally Retarded, 20*(3), 182-189.

Schopler, E. (1997). Implementation of TEACCH philosophy. In D. J. Cohen & F. R. Volkmar (Eds.), *Handbook of autism and pervasive developmental disorders* (pp. 767-795). John Wiley & Sons.

Schopler, E., Brehm, S., Kinsbourne, M., & Reichler, R. J. (1971). The effect of treatment structure on development in autistic children. *Archives of General Psychiatry, 24,* 415-421.

Schopler, E., Mesibov, G. B., & Hearsey, K. A. (1995). Structures teaching in the TEACCH system. In E. Schopler & G. B. Mesibov (Eds.), *Learning and cognition in autism* (pp. 243-268). Plenum Press.

Schunk, D. H. (1989). Social cognitive theory and self-regulated learning. In B. J. Zimmerman & D. H. Schunk (Eds.), *Self-regulated learning and academic achievement: Theory, research, and practice* (pp. 83-110). Spring-Verlag.

Treffinger, D. J. (1975). Teaching for self-directed learning: A priority for the gifted and talented. *Gifted Child Quarterly, 19,* 46-59.

Wacker, D. P., & Berg, W. (1993). Effects of picture prompts on the acquisition of complex vocational task by mentally retarded adolescents. *Journal of Applied*

Behavior Analysis, 16, 417-433.

Warren, S. A., & Kaiser, A. P. (1986). Incidental language teaching: A critical review. *Journal of Speech and Hearing Disorders, 51*, 291-299.

White, W. A. T. (1986). *The effects of direct instruction in special education: A meta-analysis*. University of Oregon.

Williams, F. (1970). *Classroom ideas for encouraging thinking and feeling*. D. O. K. Publisher.

Yeh, C. H. (1994). *Using milieu language teaching to facilitate the communication skills of children with severe disabilities in home environment*. A dissertation for the degree of doctor of education of University of Northern Colorado.

第**11**章

特殊教育的班級經營

簡明建

✽

第一節　特殊教育的班級經營概論

 壹、特殊教育的服務型態

　　有關特殊教育服務型態的相關法規，主要有《特殊教育法》（教育部，2019a）、《特殊教育學校設立變更停辦合併及人員編制標準》（教育部，2019b）、《高級中等以下學校身心障礙學生就讀普通班之教學原則及輔導辦法》（教育部，2020a）、《高級中等以下學校特殊教育班班級及專責單位設置與人員進用辦法》（教育部，2020b）、《高級中等以下學校身心障礙學生就讀普通班減少班級人數或提供人力資源與協助辦法》（教育部，2015）。茲將相關的主要法條內容和其重點整理如表 11-1 所示。

表 11-1　台灣有關特殊教育服務型態的相關法規

重要法規	主要內容	相關重點規定
《特殊教育法》第 10 條	特殊教育之實施，分下列四階段： 一、學前教育階段：在醫院、家庭、幼兒園、社會福利機構、特殊教育學校幼兒部或其他適當場所辦理。 二、國民教育階段：在國民小學、國民中學、特殊教育學校或其他適當場所辦理。 三、高級中等教育階段：在高級中等學校、特殊教育學校或其他適當場所辦理。	醫院 家庭 幼兒園 社會福利機構 特殊教育學校 普通學校 成人教育機構 其他適當場所 就近入學

（續下頁）

重要法規	主要內容	相關重點規定
	四、高等教育及成人教育階段：在專科以上學校或其他成人教育機構辦理。 前項第一款學前教育階段及第二款國民教育階段，特殊教育學生以就近入學為原則。但國民教育階段學區學校無適當場所提供特殊教育者，得經主管機關安置於其他適當特殊教育場所。	
《特殊教育法》第 11 條	高級中等以下各教育階段學校得設特殊教育班，其辦理方式如下： 一、集中式特殊教育班。 二、分散式資源班。 三、巡迴輔導班。	集中式特殊教育班 分散式資源班 巡迴輔導班
《特殊教育法》第 12 條	為因應特殊教育學生之教育需求，其教育階段、年級安排、教育場所及實施方式，應保持彈性。	應保持彈性
《特殊教育法》第 25 條	各級主管機關或私人為辦理高級中等以下各教育階段之身心障礙學生教育，得設立特殊教育學校；特殊教育學校之設立，應以小班、小校為原則，並以招收重度及多重障礙學生為優先，各直轄市、縣（市）應至少設有一所特殊教育學校（分校或班），每校並得設置多個校區；特殊教育班之設立，應力求普及，符合社區化之精神。 啟聰學校以招收聽覺障礙學生為主；啟明學校以招收視覺障礙學生為主。	特殊教育學校 小班、小校 重度及多障學生 至少一所特殊教育學校
《特殊教育法》第 35 條	學前教育階段及高級中等以下各教育階段學校資賦優異教育之實施，依下列方式辦理： 一、學前教育階段：採特殊教育方案辦理。 二、國民教育階段：採分散式資源班、巡迴輔導班、特殊教育方案辦理。 三、高級中等教育階段：依第十一條第一項及第三項規定方式辦理。	資賦優異教育 分散式資源班 巡迴輔導班 特殊教育方案
《特殊教育學校設立變更停辦合併及人員編制標準》第 7 條	特殊教育學校得同時依各教育階段法規設置幼兒部、國小部、國中部、高中部、高職部；各學部之設立、變更、停辦及合併，本標準未規定者，依其所設學部之教育階段法規規定，設有多學部者，依其最高學部教育階段法規規定辦理；分校或分部亦同。	特殊教育學校

（續下頁）

重要法規	主要內容	相關重點規定
《高級中等以下學校身心障礙學生就讀普通班之教學原則及輔導辦法》第 4 條	學校對身心障礙學生，應依下列教學原則辦理： 一、提供身心障礙學生充分參與校內外學習機會，推動融合且適性之教育，以提升學習成效。 二、整合普通教育教師、特殊教育教師、行政人員及相關專業人員，依身心障礙學生個別化教育計畫，以團隊合作方式進行教學及提供特殊教育服務。 三、依身心障礙學生個別化教育計畫，進行課程調整，編選適當教材、採取有效教學策略，並提供相符之特殊需求領域課程。 四、身心障礙學生之學習評量，應依特殊教育課程教材教法及評量方式實施辦法之規定為之。	融合教育 適性教育 個別化教育計畫 團隊合作 課程調整 學習評量
《高級中等以下學校身心障礙學生就讀普通班之教學原則及輔導辦法》第 5 條	學校得對身心障礙學生，安排以部分時間採下列方式之一上課： 一、分散式資源班。 二、巡迴輔導班。 三、實施特殊教育方案	分散式資源班 巡迴輔導班 特殊教育方案
《高級中等以下學校特殊教育班班級及專責單位設置與人員進用辦法》第 3 條	學校（園）實施身心障礙教育，設特殊教育班者，每班學生人數，應依下列規定。但因學生身心障礙程度或學校設施設備之特殊考量，經各級主管機關核准者，不在此限： 一、集中式特殊教育班： （一）幼兒園：每班不得超過 8 人。 （二）國民小學：每班不得超過 10 人。 （三）國民中學：每班不得超過 12 人。 （四）高級中等學校：每班不得超過 15 人。 二、分散式資源班及巡迴輔導班：依各級主管機關之規定。	規定每班學生人數

（續下頁）

重要法規	主要內容	相關重點規定
《高級中等以下學校身心障礙學生就讀普通班減少班級人數或提供人力資源與協助辦法》第3條	學校對身障學生就讀之普通班,應由各級主管機關特殊教育學生鑑定及就學輔導會(以下簡稱鑑輔會)評估身障學生之需求後,提供下列人力資源及協助: 一、身障學生有特殊教育需求者:由資源班教師或巡迴輔導教師進行特殊教育教學服務。 二、身障學生有生活自理或情緒行為問題者:依其需求程度提供教師助理員或特教學生助理人員協助。 三、身障學生有專業團隊服務需求者:依其需求安排特殊教育相關專業人員提供諮詢、治療或訓練服務。 四、身障學生有教育輔具需求者:依其需求提供教育輔助器具。 五、身障學生有調整考試評量服務需求者:依其需求提供相關人力協助進行報讀、製作特殊試卷、手語翻譯、重填答案等協助。	提供相關人力資源 提供教育輔助器具 提供評量調整服務
《高級中等以下學校身心障礙學生就讀普通班減少班級人數或提供人力資源與協助辦法》第4條	身障學生就讀之普通班,經鑑輔會就前條各款人力資源及協助之提供綜合評估後,認為仍應減少班級人數者,每安置身障學生一人,減少該班級人數一人至三人。但有特殊情形者,不在此限。	減少班級人數

台灣特殊教育的服務型態是多元的,主要服務型態有普通班、巡迴輔導、資源班、自足式(或集中式)特教班、特殊教育學校及其他適當場所。茲分述如下。

一、普通班

普通班的服務型態可以從學前(幼兒園)一直到高等教育,學校對於就讀普通班之身心障礙學生,得與普通班學生共同接受融合且適性之教育。

融合教育是將有特殊需求學生安置於住家附近學校的普通班級中,與同年

齡的普通學生一起上課，並提供教師與學生必要的支持服務（Fuchs & Fuchs, 1994; NCERI, 1994），其所根據的原則就是最少限制的環境（引自黎慧欣，1996；Siegel & Jausovec, 1994）。並透過個別化的課程調整，以確保學生在課業、行為和社會適應的成功，使其成為一個有貢獻且完全參與的社會份子。惟有當普通班級中所提供的協助與服務未能滿足學生的需求時，才能將學生從普通教育移至特殊班、特殊學校或其他機構中（Rothstein, 1994）。

二、特殊教育班

《特殊教育法》（教育部，2019a）第 11 條規定，高級中等以下各教育階段學校得設特殊教育班，其辦理方式有三：集中式特殊教育班、分散式資源班、巡迴輔導班。在第 35 條更進一步規定資優教育採特殊教育方案、分散式資源班、巡迴輔導班的方式辦理。

集中式特殊教育班是附設於普通學校而以特教學生為招收對象的特殊教育班級。早期以招收各類特教學生為主：如啟智班、啟聰班、啟仁班、自閉症等，現在則不再強調分類。

資源班其實就是指提供資源教室方案的一種安置方式，資源教室方案（resource room program）是指一部分時間的支援性特殊教育措施，此種教育服務的提供，通常以普通教育中的一般課程為基礎。其服務對象為就讀於普通班，而在學業或行為上需要特殊協助的學生，其目的在為學生及教師提供教學的支援，以便此等學生繼續留在普通班，並在學業或情意方面能獲得充分的發展。

台灣資源班的類型如啟聰資源班、語障資源班、學障資源班、自閉症資源班、資優資源班、身心障礙資源班等，最近幾年新成立的資源班則以跨類別的身心障礙資源班為主。

資源班之實施內容包含直接服務、間接服務、個案管理及其他相關特教推動事宜。直接服務是指直接對學生進行教學、輔導、評量及轉銜服務等；間接服務是指對普通班教師、家長與同儕提供諮詢、在職教育及推動融合教育等；個案管理則包括擬訂個別化教育計畫、建立個案資料、必要時報請學校召開個案會議及連結校內外資源等。

巡迴輔導是指將特殊學生安置於普通班級，但由經過訓練的巡迴教師機動

性的巡迴有特殊學生的學校，對特殊學生提供直接服務，或對教師、家長提供諮詢等間接服務。

三、特殊教育學校

《特殊教育法》（教育部，2019a）第 25 條規定特殊教育學校之設立，應以小班、小校為原則，並以招收重度及多重障礙學生為優先，各直轄市、縣（市）應至少設有一所特殊教育學校（分校或班），每校並得設置多個校區；特殊教育班之設立，應力求普及，符合社區化之精神。在《特殊教育學校設立變更停辦合併及人員編制標準》（教育部，2019b）第 7 條更進一步規定，特殊教育學校得同時設置幼兒部、國小部、國中部及高職部等學部。

早期成立的特殊教育學校主要以啟聰、啟明、仁愛學校為主，而後啟智學校才陸續成立（特教園丁雜誌社，1998），最近成立的特殊教育學校，則不再強調招生的障礙類型。特殊教育學校招收的對象涵蓋學前、國小、國中、高中職等幾個階段，各教育階段有不同的教育目標。特殊教育學校教育目標如培養日常生活基本知能、生活自理能力、社會適應能力、職業陶冶、職業技能等。

四、其他適當場所

其他適當場所，如醫院、家庭、社會福利機構、成人教育機構等。早期的《特殊教育法施行細則》（教育部，2002）第 13 條有提到「在家教育」一詞，在《強迫入學條例》（教育部，2003）修正後，已刪除對在家教育之相關規定。

❤❤❤ 貳、教育安置的基本原則

從上述法規的相關規定可見安置的基本原則有：

1. **最少限制的環境**：應以滿足特教學生學習需要為前提，盡可能使身心障礙學生與其他學生一同接受適當之教育。
2. **彈性安置的場所**：因應特殊教育學生之教育需求，安置場所應保持彈性，並視需要減少班級人數。
3. **社區化特殊學校**：特殊教育學校的設置以小班、小校為原則，各直轄市、縣

（市）應至少有一所，力求普及，以符合社區化之精神。

4. **融合適性的教育**：就讀普通班之身心障礙學生得與普通班學生共同接受融合且適性之教育，並以專業團隊合作的方式提供必要的人力資源及協助。

5. **現代化教育設施**：特殊教育設施應是個別化和無障礙的現代化設備。

　　上述多元的特殊教育服務型態以及安置原則，都要以功能性的角度來考量學生能力與環境生態的互動關係，尋求服務型態的「適性」與「支持」。

❤❤❤ 參、班級經營的定義

　　「班級經營」（class management）一詞，早期多以「班級管理」或「教師管理」稱呼。自 1970 年代以後，由於開放教育受到重視，學生學習空間不再僅限於教室，其他學習場所亦需要教師有效的處理，故「班級經營」一詞逐漸為大家所接受和通用（吳清山，1991）。

　　對於班級經營的定義，中外許多學者的相關論述甚多，台灣學者如吳清山（1991）將班級經營定義為：「教師或師生遵循一定的準則，適當而有效地處理班級中的人、事、物等各項業務，以發揮教學效果，達成教育目標的歷程」。鄭玉疊（1996）將班級經營定義為：「班級經營乃是教師為了班級上各種人、事、物活動的順利推展和互動，所執行的措施，以求良好教學效果和達成教育目標的歷程」。顏火龍等（1998）也提出他們對班級經營的看法：「班級經營乃師生共同建構班級生活意義，經由理論與實務的科技整合，一起努力完成班級各項教務、訓導、總務、輔導有關級務與教學活動，達成教育目標與班級目標」。

　　國外學者如 Shafritz 認為：「班級經營是教師運用組織與程序，以建立教室為一有效環境的一種先期活動和策略」（引自王仁宏，1994）；Lemlech 認為：「班級經營是一種提供良好的班級生活，包括：課程計畫、組織程序和資源、安排環境使其發揮到最大效能，並能監控學生學習進步情形與發覺潛在問題」（引自顏火龍等，1998）。

　　綜觀上述各家說法，要使班級成功的運作，提供學生良好的學習環境，牽涉到許多相關的人、事、物等種種要素。吳清山（1991）也進一步分析人、事、物的內容，人的方面如教師之間的關係、師生之間的關係、學生之間的關

係；物的方面如班級中的環境及其設備；事的方面如人與物所發生的一切活動——教學、訓導、輔導等工作。

對特殊教育的班級經營而言，班級人數與規模或許比普通班來得小，但「麻雀雖小、五臟俱全」，特殊教育的班級經營也同樣涵蓋了許多人、事、物的業務，甚至比普通班更多、更繁雜。在人的方面，要考量學生的個別需求、教師之間的關係（與特教教師、普通班教師等）、師生之間的關係、學生之間的關係，還有親師之間的關係、教師與相關專業人員之間的關係、師生和社區的人際互動等；在物的方面，特殊學生常需要一些特殊的教具或輔具，班級環境及其設備上，更需要經過特別的設計與安排，來營造一個能滿足學生個別需求的學習環境；事的方面，當然也包括教學、學務、輔導等工作，還有與各處室之間的協調和聯繫、與社會資源的合作，以及與專業團隊服務的配合等。

♥♥♥ 肆、班級經營的內涵

由於班級經營所牽涉的人、事、物等事項相當廣泛，其內涵也可能會因學校、班級及其經營型態的差異而稍有不同，不過，主要的內容相去不遠。吳清山（1991）將班級經營的主要內容分為行政經營、教學經營、自治活動、常規輔導、班級環境、班級氣氛等六方面；黃政傑、李隆盛主編（1993）的《班級經營》中，將班級經營分成行政管理、環境管理、時間管理、課程與教學管理、行為管理、人際關係、常規管理、教室管理等層面；林進材主編（1998）的《班級經營：理論與策略》中，將班級經營分為行政經營、班級環境經營、課程與教學經營、學生偏差行為的因應、常規經營、班級氣氛、時間管理、訊息的處理等八個層面；國外學者 Froyen（1993）則將班級經營分為教學內容經營（content management）、學生行為經營（conduct management）、師生關係經營（convention management）等方面。

在特殊教育的實務上，考量特殊教育的經營型態，特別是特殊教育學校（班）應朝社區本位發展，社區經營不可避免的成為特殊教育班級經營的重點。因此，綜合上述，可將特殊教育的班級經營分為行政經營、教學經營、行為管理、物理環境經營、心理環境經營和社區經營共六個層面，茲將各層面分述於後六節。

♥♥♥ 伍、特殊教育班級經營的基本理念

　　《特殊教育法》（教育部，2019a）開宗明義第 1 條：「為使身心障礙及資賦優異之國民，均有接受適性教育之權利，充分發展身心潛能，培養健全人格，增進服務社會能力，特制定本法」，便點出了特殊教育的基本精神與理念。各種特殊教育的服務型態是為了要讓每一位有特殊教育需求的學生能和普通學生擁有一樣的受教權，並進一步接受適性的教育，因此特殊教育的班級經營需具備下列基本理念。

一、尊重個別差異，注重特殊需求

　　事實上，個別差異的存在是人類必然具有的現象，因為每個孩子都是不同的獨立個體。只是有一些特殊兒童在學習能力及學習特性上和一般學生的差異較大，使他們不容易適應傳統的班級教學，而需要特殊的教育方案或課程。因此，尊重學生的個別差異，了解其身心特質，並注重學生對特殊教育的服務需求，提供個別化教學及適性教育，其實也就是所謂的「有教無類」以及「因材施教」。

二、朝向社區本位，順應融合思潮

　　《特殊教育法》（教育部，2019a）第 18 條：「特殊教育與相關服務措施之提供及設施之設置，應符合適性化、個別化、社區化、無障礙及融合之精神」，強調了社區本位的重要性，也與融合教育思潮相呼應。

三、強調資源整合，提供專業服務

　　在順應融合教育潮流的同時，特殊教育也應走出以往固守的象牙塔，尋求更開放的教學環境與來自各方的教育資源，包括學校的資源、家長的資源、社區的資源等，都應予以整合並有效運用。而特殊教育的服務除了提供專業的教學服務之外，還包括相關專業人員的服務，如醫師、職能治療師、語言治療師、物理治療師、社會工作師、臨床心理師及其他相關專業人員等。

💜💜💜 陸、特殊教育專業知能

特殊教育專業知能，除了特殊教育專業人員的專業知能，也包括普通班教師和特教相關人員（如家長、特教行政人員）的特殊教育專業知能。特殊教育的推展，首重特殊教育專業人員的培育與人力素質的提升（何華國，1989；何東墀、張昇鵬，1992；林孟宗，1979）。因此，特殊教育教師可說是特殊教育班級經營的靈魂人物，其具備的專業知能更直接影響整個特殊班的運作及特殊教育的成敗。而對於特殊教育教師所應具備的專業知能，亦有多位學者提出相關研究（何華國，1989；林孟宗，1979；黃國榮，1993；蔡崇建，1994），其結果綜合歸納如下：

1. **具有基本特教知能**：包括了解特殊教育相關法令，了解現階段的特殊教育政策與制度，掌握特殊教育發展趨勢，參與特教相關研習或進修活動等。
2. **教學與輔導的能力**：包括擬定與執行個別化教育計畫，實施個別化教學，編擬與選用合適的課程與教材，製作與選用教具及輔助器材，運用適當的教學策略，處理問題行為，教室常規輔導、心理輔導、職業及生涯輔導等。
3. **診斷與評量的能力**：包括對學生實施正式與非正式的評量，進行個案研究，撰寫或解析教育診斷與評量報告，對教育安置的評估，處理機密資料應具備的法律與道德責任等（江明曄，1997）。
4. **給諮詢資源的能力**：包括提供普通班教師特教相關諮詢，對有特殊需求的普通班學生提供資源或服務等。
5. **合作與協調的能力**：包括與特教教師之間的合作，與普通班進行教學合作，與其他專業人員之間的合作，與家長之間的合作與協調，與各處室之間的行政協調等。
6. **能善用資源的能力**：包括善用學校、家長、社區等相關資源，運用科技在特殊教育的能力等。

在融合教育思潮高漲的今天，普通班教師和特教相關人員（如家長、特教行政人員）的特殊教育專業知能，益形重要。特殊教育教師特教知能的提升，在學校中也會帶動普通班教師和特教相關人員的特教知能。根據《高級中等以下學校身心障礙學生就讀普通班減少班級人數或提供人力資源與協助辦法》（教

育部，2015）第 5 條：「身障學生就讀之普通班，其班級安排應由學校召開特殊教育推行委員會決議，依學生個別學習適應需要及校內資源狀況，選擇適當教師擔任班級導師，並以適性原則均衡編入各班，不受常態編班相關規定之限制。前項班級導師，有優先參加特殊教育相關研習權利與義務」，由此可見班上有特殊教育學生的普通班教師之特教專業知能，其重要性不容小覷。

第二節　行政經營

　　有效的行政經營不僅能奠定教學經營的良好基礎，還能增進學生學習和轉銜，塑造該校特殊教育特色，整合學校和社區資源，營造無障礙的環境和人心，是班級經營中重要的一環。茲將特殊教育的行政經營分為人力資源與行政組織、工作計畫與行政協調、班級檔案資料的管理、特教宣導和分享等四部分來介紹。

♥♥♥ 壹、人力資源與行政組織

一、人力資源

　　最需要人力資源的特殊教育服務型態主要還是特殊教育學校（班）和特殊幼兒園（班）。特殊教育學校（班）的編制根據相關法規的規定，除一般學校應有的人力編制以外，主要有班級人數、教師編制、教師助理員和住宿生管理員、相關專業人員等四方面，與一般學校有顯著的不同；除此之外，還可運用一些志工或人力資源。茲就這五方面分述之。

（一）班級人數

　　特殊教育學校、高級中等以下學校及幼兒園，每班人數係根據《特殊教育學校設立變更停辦合併及人員編制標準》（教育部，2019b）第 6 條、《高級中等以下學校特殊教育班班級及專責單位設置與人員進用辦法》（教育部，2020b）第 3 條規定：(1)幼兒部／幼兒園：每班不得超過 8 人；(2)國小部／國民小學：每班不得超過 10 人；(3)國中部／國民中學：每班不得超過 12 人；(4)

高中部、高職部／高級中等學校：每班不得超過 15 人；(5)分散式資源班及巡迴輔導班，依各級主管機關之規定。

2019 年和 2020 年新辦法規定的學生人數和 2009 年修正之《特殊教育設施及人員設置標準》（教育部，2009）一樣；相較於 2006 年修正之《特殊教育設施及人員設置標準》（教育部，2006），幼兒園、國小和國中之班級學生人數都往下降，幼兒園階段從 10 人降為 8 人；國小階段由 12 人降為 10 人；國中階段由 15 人降為 12 人。

(二) 教師編制

特殊教育學校、高級中等以下學校及幼兒園，教師編制係根據《特殊教育學校設立變更停辦合併及人員編制標準》（教育部，2019b）第 10 條、《高級中等以下學校特殊教育班班級及專責單位設置與人員進用辦法》（教育部，2020b）第 5 條規定，特殊教育學校為：(1)幼兒部及國小部之每班置教師 2 人；(2)國中部、高中部及高職部之每班置教師 3 人。高級中等以下學校及幼兒園為：(1)身心障礙特殊教育班：幼兒園及國民小學之每班置教師 2 人；國民中學及高級中等學校之每班置教師 3 人；(2)資賦優異特殊教育班：國民小學之每班置教師 2 人；國民中學及高級中等學校之每班置教師 3 人。

導師編制，特殊教育學校為：(1)幼兒部、國小部及國中部之每班置導師 2 人，由教師兼任之；(2)高中部及高職部之每班置導師 1 人，由教師兼任之。高級中等以下學校及幼兒園為：(1)集中式身心障礙特殊教育班：幼兒園、國民小學及國民中學之每班置導師 2 人，由教師兼任；高級中等學校之每班置導師 1 人，由教師兼任；(2)集中式資賦優異特殊教育班：每班置導師 1 人，由教師兼任；(3)分散式資源班及巡迴輔導班：由各級主管機關視實際需要，每班得置導師 1 人，由教師兼任。

2019 年和 2020 年新辦法規定的教師人數和 2009 年修正之《特殊教育設施及人員設置標準》一樣；相較於 2006 年的條文，幼兒園、國小及國中階段，導師由 1 人增加為 2 人。

（三）教師助理員、特教學生助理人員和住宿生管理員

　　教師助理員則要視學校身心障礙學生人數多寡來決定設立與否，及其設立人數。特殊教育學校係根據《特殊教育學校設立變更停辦合併及人員編制標準》（教育部，2019b）第 10 條規定：「教師助理員，每班置 1 人。但每班人數未達第 6 條所定最高人數二分之一者，得由各該主管機關視學生障礙程度及服務需求，核准以部分工時進用。」高級中等以下學校及幼兒園設特殊教育班者，其編制則根據《高級中等以下學校特殊教育班班級及專責單位設置與人員進用辦法》（教育部，2020b）第 5 條規定：「教師助理員：經各級主管機關特殊教育學生鑑定及就學輔導會（以下簡稱鑑輔會）鑑定，具中度以上障礙程度或學習生活上有特殊需求之身心障礙學生，每 15 人置專任人員 1 人，未滿 15 人者，置部分工時人員。」相較於 2006 年的條文，身心障礙學生人數由 20 人降為 15 人。

　　至於住宿生管理員：根據《特殊教育學校設立變更停辦合併及人員編制標準》（教育部，2019b）第 10 條規定：「於設有學生宿舍之學校，置 4 人；其住宿學生人數超過 40 人者，依下列規定增置之：(1)幼兒部及國小部：每增加 10 人，增置 1 人。但增加之學生以視覺障礙及多重障礙為主者，每增加 8 人，增置 1 人。(2)國中部：每增加 15 人，增置 1 人。但增加之學生以視覺障礙及多重障礙為主者，每增加 8 人，增置 1 人。(3)高中部及高職部：每增加 15 人，增置 1 人。但增加之學生以視覺障礙及多重障礙為主者，每增加 8 人，增置 1 人。」

（四）相關專業人員

　　根據《特殊教育學校設立變更停辦合併及人員編制標準》（教育部，2019b）第 10 條第 1 項第 9 款規定：「特殊教育相關專業人員及專任輔導教師：依學生需要進用 6 人至 9 人，其中專業輔導人員及專任輔導教師至少應各置 1 人。」至於高級中等以下學校及幼兒園設特殊教育班者，其編制則根據《高級中等以下學校特殊教育班班級及專責單位設置與人員進用辦法》（教育部，2020b）第 5 條規定：「特殊教育相關專業人員：依學生特殊教育需求，置專

任、兼任或部分工時人員。」相較於 2006 年的條文，相關專業人員進用人數從 4 人至 9 人，增加為 6 人至 9 人。

根據《特殊教育學校設立變更停辦合併及人員編制標準》（教育部，2019b）第 10 條第 4 項規定：「特殊教育相關專業人員如下：(1)醫師：具有專科醫師資格之醫師。(2)物理治療師、職能治療師、語言治療師及聽力師等專業人員。(3)職業輔導、定向行動等專業人員。(4)專業輔導人員：指具有臨床心理師、諮商心理師或社會工作師證書之人員。」

(五) 其他人力資源

除上述根據相關法令規定的四方面人力資源外，還有一些可用的人力資源，例如：找普通班學生當「愛心小老師」、家長或有服務意願的社會人士當「大哥哥或大姊姊」或「愛心媽媽或愛心爸爸」、社福團體的人力資源，以及社區一些人力資源，協助教師進行社區適應的教學或職業的試作或實作等。

在資源比較欠缺或比較偏遠的教育環境，能參與的志工或愛心家長可能不多，學校內的普通班學生就是可以嘗試的人力資源。這些普通班學生可以「愛心小老師」的方式到特教班服務，服務項目可以有：(1)教特教班學生：直接進行教學和評量，如使用圖卡教導特教班學生認中文字、英文字母、歸類的訓練、日常生活技能（如騎車、綁鞋帶）的教導、生活自理能力的培養（如洗碗、漱口、擦桌子）以及溝通訓練等；(2)製作教材、教具：間接參與教學，如製作圖卡、配對卡（協助護貝、裁切、黏貼）、布置教學環境、打字、下載歌曲遊戲、製作樣本等；(3)協助生活自理：如協助處理生理期、穿脫衣服、刷牙洗臉、打菜等；(4)清潔服務：如擦桌子、掃地、拖地、倒垃圾、整理教具等；(5)陪同和互動：如陪同散步、跑步、爬樓梯、聊天、社會人際互動等；(6)理念推廣：如服務心得分享，可放於校內刊物或網頁（簡明建，2005b）。

簡明建（2005b）曾就擔任過特教班「愛心小老師」一段時間的國中普通班學生的心得分享加以分析，發現這些學生大致會經過以下三個階段：第一個階段（態度改變階段）：會改變對特教學生的刻板印象，從可怕、特殊、緊張害怕、很難相處、印象不好、只敢遠看不敢踏入特教班等負面的觀感，改變成很可愛、好相處、很活潑、很開朗、學習認真等正面的印象。第二個階段（樂在

其中階段）：這個階段的學生會歡喜開心的來到特教班服務。第三個階段（反省進步階段）：這個階段的學生會反省他們的教學技巧，並能從中獲得成就感。這些擔任過「愛心小老師」的學生，對特教學生的態度從接納到喜歡到成就，是一個很正向的發展。在中小學透過「愛心小老師」的活動，可以讓關懷、尊重、包容的種苗從小生根，進而發芽茁壯。

二、行政組織

特殊教育學校的行政組織大致上和一般學校沒多大差別，主要差別就在上述人力資源的不同。而普通學校的特殊教育要順利運作需要各處室的整合，整合的核心關鍵就在「特殊教育推行委員會」。

有鑑於此，2013 年發布《高級中等以下學校特殊教育推行委員會設置辦法》（教育部，2013），針對「特殊教育推行委員會」有以下幾點重要的規定：

1. 依法成立：第 3 條規定學校為辦理特殊教育學生學習輔導等事宜，應成立特殊教育推行委員會。
2. 委員組成：第 4 條規定特殊教育推行委員會置委員 13～21 人，其中一人為召集人，由校長兼任之，其餘委員，由校長就處室（科）主任代表、普通班教師代表、特殊教育教師代表、身心障礙及資賦優異學生家長代表、教師會代表及家長會代表等遴聘之。委員任期一年，期滿得續聘之。
3. 開會時間：第 5 條規定每學期應召開會議一次，必要時，得召開臨時會。
4. 任務工作：第 3 條規定任務有審議及推動學校年度特殊教育工作計畫、召開安置及輔導會議、研訂疑似特教學生之提報及轉介作業流程、審議特教相關計畫（如個別化教育計畫）、審議特殊教育學生申請獎勵、獎補助學金等經費事宜、審議特殊個案之課程、評量調整、整合特教資源及社區特教支援體系、推動無障礙環境及特教宣導工作、審議特教專業知能研習計畫、推動特殊教育自我評鑑等。

「特殊教育推行委員會」或許只是學校裡很小的一個環節，但對特教的發展和照顧弱勢學生而言，其重要性是無庸置疑的。特教問題往往不只是特教班的問題，也不只靠特教教師就能解決，這需要整個學校和社會一起來努力。對

特教的推行而言，應該從需求面和專業面來思考，家長和特教教師應該扮演整個委員會運作的核心，而「特殊教育推行委員會」在學校也應該被賦予更高的位階和強制性，如此才能讓學校的特殊教育推行更順利（洪文江、簡明建，2006）。

♥♥♥ 貳、工作計畫與行政協調

一、工作計畫

　　特教組長或特教教師應於上一學期末或每學期初擬訂年度工作計畫與進度，並預編特教經費細目。在工作計畫方面盡可能與學校行事曆配合，以便尋求各行政單位的配合與支援；在經費細目方面，除了開班時購買所需的基本設備外，在每年有限的經費預算下，應有計畫地運用。經費運用時，應注意下列幾點（教育部，1994）：

1. 將欲購置之物品列一清單，按照需要之緩急排列先後次序，再分批購置。
2. 校內已有之設備，可與普通班共用，避免浪費。
3. 充分利用社區資源，可節省經費開支。

　　此外，「特殊教育推行委員會」應視需要在適當時間召開委員會議，討論特教相關事宜，特別是擬定相關辦法、規劃特教發展方向。在硬體方面如無障礙環境、教學場地的規劃、教學設備等；軟體方面如課程計畫、課程安排和設計、特教相關辦法、特教重要活動和時間表、個別化教育計畫的支援體系等；研發進修方面如教學研究、教師進修、教材的合作研發和製作等；理念推廣方面如特教網頁、相關文章、特教宣導活動等；人力資源方面如特教相關工作的任務協調、義工的徵求、普通班學生志工的尋求等；當然，也可視實際需要召開臨時會議。「特殊教育推行委員會」的目的在充分達到程序上的無障礙。

二、行政協調

　　特教教師常需要與校內各行政單位間進行溝通協調，以下就以資源班為例，說明特殊班與各處室、普通班教師、科任教師、家長之間的協調事項（教育部，1994）。

(一) 與教務處之溝通協調

1. 編班教師之安排：編班安置身心障礙學生，應透過安置會議，與教務處充分溝通協調，將學生盡量安排在具有特教理念、易接納特殊兒童的教師班級，如此方便實施資源教學，也易於溝通和協調，學生能得到較佳的照顧。
2. 課表課程之協商：課表的訂定、科目之選擇、教材的內容、教具的資源和教室的調配，都需要教務處居中協商和支持，才能順利推展資源教學工作。教務處一些校內外的重要教學活動，也需要進行溝通協調，才能讓特教學生順利參與並融入其中。

(二) 與學務處之溝通協調

　　資源班可利用的上課時間，有的在晨間活動、生活與倫理時間，有的在科目課程時間，有的則利用中午或團體活動時間。資源班教師的上下學導護以及校外教學和教學管理等相關活動，都需學務處的幫忙與協助。

　　此外，有必要根據特教學生的個別需要，和學務處討論個別學生的服裝儀容和常規等。而學務處主辦的一些校內外重要教學活動，如畢業典禮、聯課活動、運動會，也需要進行溝通協調，才能滿足特教學生的個別需求。

(三) 與輔導室之溝通協調

　　特殊班的工作計畫、個別化教學計畫、個案研究等工作，需輔導室的協助支援，所以兩者有最直接的業務接觸，溝通頻繁且關係密切。

(四) 與總務處之溝通協調

　　總務處是學校的支援教學單位，無障礙環境的建立、特殊班的設備、經費預算編列執行、採購修繕報廢等事項，都必須透過總務處的行政程序和人力、物力的支援才能達成。

(五) 與普通班教師之溝通協調

　　資源教室的學生大部分時間在普通班上課，只有部分時間在資源教室，所

以特教教師與普通班教師要互相合作無間，學生才能得到最好的學習。

1. 鑑定前的溝通：請普通班教師提供學生之觀察記錄及個案分析等轉介資料，這對特殊班而言是很重要的參考資料。

2. 測驗實施的協商：學生要鑑定時，必須實施多項測驗，測驗實施的時間、地點、用具、家長的通知，都需靠導師的協助和指導，才能順利完成。

3. 安置輔導的說明：特教教師要透過普通班教師的幫忙，向家長說明安置的結果與輔導的計畫，因此特教教師要讓普通班教師多參與計畫訂定和活動設計，才能更了解特殊班的運作。

4. 特殊教育理念溝通：特教教師可能是學校中對於特殊教育比較深入了解的人員，應主動提供特殊教育之相關知能，讓全校教師能對特殊兒童接納、輔導，提供學生最大發展的機會。

(六) 與科任教師之溝通協調

特教教師應多利用各種管道，掌握多元途徑，和科任教師及其他年級教師建立良好關係，請他們在適當時機給予學生鼓勵、認輔與協助。

(七) 建立良好的親師關係

家長亦是特殊教育中不可或缺的一員，學生在學校內的學習效果，能否在家中延續，家長是一個重要的因素。因此特殊班教師應邀請家長參與教學計畫訂定或活動進行，如親師座談的參與和親子活動的投入等，以維持良好的親師關係。

此外，也可透過聯絡簿、班刊、通知單、學習單或學習成果等方式，讓家長明白學生的學習情形和預告重要的教學活動。

●●● 參、班級檔案資料的管理

檔案管理是將班級中各種相關的文書資料或記錄，系統化地加以分類與編目，以建立一個完善的管理制度。由於特殊班的相關檔案和資料繁多，更需要時時加以整理歸檔，以利取用。整理的方式除書面資料外，也應該盡量數位化或網路化，當然重要資料的保密和備份也很重要。班級檔案資料的管理可分成

學生個案資料管理、教學資料管理、班級圖書管理、班務檔案管理等四方面。

一、學生個案資料管理

　　學生個案資料如學生重要證件影本、學籍簿、生長史、能力評估表、輔導紀錄、家長晤談紀錄、健康紀錄、個別化教育計畫等相關檔案均須完整建立，並加以保存，以利將來資料的調閱或移轉。如有需要召開個案研討會，上述資料可提供個案輔導小組作為處理決策的參考，而個案會議之記錄，亦須附在個案資料的檔案中，使其更為完整、更富參考價值。

二、教學資料管理

　　特教教師在設計課程及研擬教材的過程中，或參加教學研討會時，都會蒐集到許多寶貴的參考書籍或資料，這些資料若不加以整理，久而久之很可能都變成了「垃圾」，或在需要時遍尋不著，浪費許多時間，反造成人力上的浪費。另外，教師自己所設計的教材，除可參加一年一度的教材展之外，也要記得予以妥善管理。

三、班級圖書管理

　　班級圖書是屬於班級師生所共有、共享的，可分為教師教學用書及學生閱讀圖書兩大類。其管理的步驟首先要將圖書予以分類整理，其次是編目、列表，再依序上架放入書櫃。書籍擺放的位置可將教師書籍與學生書籍分區陳列，並須注意學生取閱的方便性。此外，共同建立班級圖書的借還規則與維護方式，鼓勵學生除了看書之外，也要愛書、惜書。

四、班務檔案管理

　　除了上述的學生、教學資料及圖書管理之外，特殊班仍有諸多的班務，如教室布置、班規獎懲、親職座談會等文書資料或收據、發票、帳本等會計資料，均須有效分類管理，以便隨時備查。

❤❤❤ 肆、特教宣導和分享

宣導特教理念可以透過特教網頁、臉書（Facebook，簡稱 FB）、Instagram（簡稱 IG）、推特（twitter）、部落格、布告欄、學校刊物、輔導月刊、校內外重要活動，或自製的年曆、卡片、學習成果等方式來完成，如圖 11-1 為特教班自製的個別化（視對象給不同的活動照片）特教宣導年曆。

其中，透過特教網頁 FB 或 IG 宣導特教理念，是效能最大也最快的方式，不過，宣導者和接收者都要具備基本的電腦能力。特教網頁可以宣導和分享的內容很多（詹馨維、簡明建，2005），教學方面如教師自編的學習單、作業單、評量表、自編課文、問卷、研發的教學軟體等教學檔案，實際教學的一些小撇步，特教班學生的學習成果和教師自製的教具成果等；特教宣導方面如特教的行政公告、活動花絮、特教新聞、身障人物誌、活動預告、相關法規、特教新書等；也可提供互動的討論區或留言版；此外，還可提供一些內容豐富實用的特教相關網站方便連結。

學校布告欄、學校刊物、輔導月刊也是特教宣導活動可用的資源。特教宣導活動除認識和關懷特殊學生的文章、書法、影片、海報、表演，以及身心障礙體驗或表揚活動外，比較務實的做法應該是讓普通班師生能深入並長期的接觸和了解身心障礙學生，關懷、尊重、包容的種苗，才能生根發芽和茁壯。

校內外重要活動也可用來進行特教宣導，比如校慶活動可透過班牌的製作、進場的妝扮和表演、介紹詞等來介紹特教班的特色。自製的年曆、卡片、學習成果等也可用來進行特教宣導，將重要的特教理念、照片和特教班的基本聯絡資料融入其中，學校師生、家長、社區、到訪學校的人士都能獲得這些特教訊息。

第三節 教學經營

教學經營可說是班級經營的核心。無論行政經營、行為管理、物理環境、心理環境、社區經營等的努力，也都是為了提升教學經營的效能。行政經營有

2008年年曆

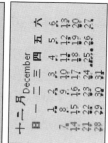

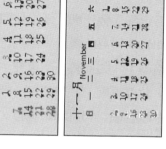

特教班的重要教學目標

～～培養學生適應和融入

人群、社區及職場的能力

紫字：補假

樣字：特定節日

藍字：紀念日及民俗節日

紅字：星期六日

學習充電

2007年年曆

屏東縣立鹽埔國中特教班

電話 7932001~30

網頁 http://sample.ptc.edu.tw/ypjh30

圖 11-1　自製的個別化特教宣導年曆（莊婷 製）

充足優質的人力資源、完善的計畫和行政協調、有效的資料管理，是增進學生學習的利器；行為管理透過常規的建立、問題行為的處理，除讓教學經營能順暢外，本身也是教學經營的一部分；物理環境像硬體的規劃、教室布置，都可以成為教學的一環；師生關係和同儕互動的心理環境，也會左右學生學習的成效；社區經營也是為了讓學生能融入社區，為社區的生活、職場的生活奠下基礎；教學經營的目的就是希望學生的學習無障礙。

教學經營的範圍包括了教學活動的設計、教學內容的選擇、教學方法的應用、學生作業的指導，以及學習效果的評量（吳清山，1991）。而特殊教育之教學經營主要考慮到「教什麼」及「如何教」的問題，「教什麼」的重要主題有：障礙類別和教學科目的考量、個別化教育計畫、課程、教學目標、教材、教具、學習策略等；「如何教」的重要主題有：教導策略、增強或獎懲的行為策略、教學法、教學原則、教學評量、教學評鑑等（李翠玲，2001；陳麗如，2007），這些主題的細目另有專章論述，這裡則從特殊教育班級經營的實務觀點，提供一些教學經營的方向。

●●● 壹、特殊教育學校（班）教學的困境

在特殊教育學校（班）進行教學，面臨的第一個問題可能是根本不知道要教什麼，因為特教班的學生往往障礙程度很嚴重，也沒有制式的教材；即使有想到一些東西要教他們，對他們也未必有用，也不一定教得會，比如注音符號、複雜的算術等；就算想到有用、可以教會的內容，也需要教材、教具或教學情境的配合，這些教學資源往往需要教師花很多時間、心血去設計和研發；就算現在真的教會他們，他們也可能很快就忘掉，或無法類化到相似的情境，有時甚至還會有不進則退的情形產生。除此，特教班往往是一群異質性很大的學生組合，你的教學內容可能只有少數幾個人能從中獲益，在教學的進行過程中，也往往需要同時處理學生因身心障礙造成的行為或生理方面的問題，如離開座位或跑出教室、大小便、情緒問題、發出不適合情境的聲音、癲癇發作、攻擊行為等。

因此，要滿足這些特教學生的個別教育需求，要看到他們實質的進步，並不是那麼容易。

♥♥♥ 貳、特殊教育學校（班）的教學經營：
以食和行的能力為例

　　特殊教育學校（班）的教學重點很多，其中食和行的能力無疑是最重要的教學重點之一。茲從行和食的能力培養來說明特殊教育學校（班）如何進行教學經營。

一、行的能力培養

　　行的能力培養方面，首先考量到特教學生可能透過步行（或輪椅）、個人交通工具（如腳踏車、代步車等）、大眾運輸工具（如客運、火車、公車、渡輪、捷運等），從甲地移動到乙地，這種行的能力是特教學生日常生活（如飲食、購物等）、就學、就業、就醫、休閒的基本能力。這種行的能力的養成有時也要搭配體能的訓練、認識地理位置、安全教育和基本的語文數學、社會適應能力。茲就地理位置的學習來說明研發教材的方向，以腳踏車的學習說明如何進行個別化教學和教學場地的規劃。

　　認識地理位置對特教學生而言，是很抽象且不易學習的項目。這時只靠Word電腦軟體製作的一般地圖（圖片）學習單，可能無法滿足學生的需求，很有可能需要將抽象的地圖改成以實物照片或模型為主的自製地圖；也可能需要以動畫的方式來讓學生了解路線和景點的關係，這時可能就需要和鄰近大學相關科系一起合作，研發電腦多媒體教材來幫助學生學習（簡明建、劉豐榮，2006）。

　　在個人交通工具的使用方面，讓每位學生都學會騎腳踏車是很重要的。特別是在鄉下地方，腳踏車可說是最普遍、最省錢、最方便，也最合適的交通工具。如果學生因為下肢的生理因素無法學習腳踏車，則以學習電動代步車（或電動輪椅）來替代。當學生學會使用腳踏車或電動代步車以後，就可以透過這些交通工具到附近醫院或診所練習看病，到附近職場進行社區職場試作或實作，到附近公園或休閒農場進行校外教學。

　　特教學生學習腳踏車要視學生的個別情形決定教學的方向，有些學生可能需要使用各種適合他的增強物（如飲料、電腦），來吸引其注意力和換取短暫

的學習；有些學生很難透過語言理解和表達來學習，路的觀念也並不是很清楚，就必須以肢體輔助的方式來教導其學習。剛開始需要先花很多時間跟在他旁邊，讓他知道「路」和習慣腳踏車把手的方向操控，手部操控熟練了，才能訓練單腳到雙腳的踩踏，最後，慢慢透過重心的轉移，從教師（外力）協助平衡到可以自己雙腳平衡。

在教導這些學生行的能力上，可以將學校合適的空地規劃成代步車和腳踏車的學習場地。代步車需要一個模擬教練場來學習一些基本的操控技術（如路邊停車、倒車等），而腳踏車的學習場地則用來學習轉彎、看紅綠燈、煞車、障礙物閃躲等能力。

二、食的能力培養

食的能力培養方面，很重要的就是要讓學生學會自己煮食物或到外面用餐，這部分可以透過社區本位的午餐獨立課程來培養學生這方面的能力。茲就此課程牽涉到的行政經營和課程規劃簡要說明如下：

特教教師規劃和討論好此課程後，要透過「特教推行委員會」和「親師座談會」向學校和家長說明構想並取得共識，這些構想可以是每週一天不吃學校的營養午餐，改以發展午餐獨立課程來替代，並將這些午餐省下的錢改用來買教學材料，解決經費不足的問題。

在課程規劃上，可以結合校外教學，分為四方面，包括(1)外食：在外面餐館練習用餐；(2)內食：練習買食物回學校用餐；(3)內煮：在外面練習買菜，回學校煮食；(4)外煮：在外面練習買菜，在外面練習煮食。外食部分，如麵店和自助餐的用餐學習，可以配合個別化的學習單來增進學生獨立完成的能力，如圖11-2為配合學生在麵店外食用餐發展的學習單；外煮可以是烤肉和火鍋；內煮可以是煮食水餃、家常菜、鹹粥、土司、蛋炒飯、煮麵等；內食可以是便當、麵包等。

課程的設計要以學生最可能使用到的用餐方式為主。午餐獨立課程不只學習如何獨立外食、如何購買食材、煮食步驟，也藉此將相關的學習內容融入課程計畫，如相關的語文數學能力、騎腳踏車到賣場的能力、社區地理位置的認識、電子秤的使用等。此外，為了加強學習效果，可以將煮食的步驟或常用的

圖 11-2　配合午餐獨立課程發展的麵店外食學習單

鹽埔光復路　美食都麵店　外食練習　　　姓名：＿＿＿＿＿＿＿＿

名稱	價錢	給老闆50元，找多少錢？ (50-)	給老闆100元，找多少錢？ (100-)
 魯肉飯 小碗	30　40　20 元	30　40　20 元	70　60　80 元
 陽春麵	30　40　20 元	30　40　20 元	70　60　80 元
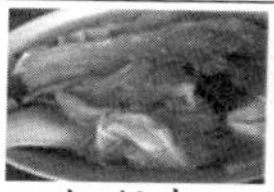 餛飩麵	30　40　20 元	10　5　20 元	70　60　80 元
 榨菜肉絲麵	30　35　40 元	10　15　20 元	70　60　65 元

食材，透過物理環境的經營（教室布置），時時提醒學生學習，如圖 11-3 自助餐店用餐步驟、圖 11-4 食材圖片和名稱的配對。

當然，或許有些人會問，讓這些特教學生學習獨立的行和食的能力有必要嗎？他們真的能學會嗎？對於這些以智能障礙為主的特教學生，我們不應該把重點擺在「要」、「不要」或「能」、「不能」上。該思索的向度是這些學生的「生活環境」和其「能力」，並以功能性的角度來考量他們能力與環境生態的互動關係，在他們生活的環境中我們能否給予有效的支持與輔助，讓其過著更獨立、融合，且具生產力的生活。就如同我們不再將重點放在他們能不能就業的問題上，而是思索如何透過完善的「轉銜制度」、「職業評量」、「支持性就業」或「職務再設計」等方式，讓這些學生能順利而長久的進入職場。

因此，在行的能力方面，除了從特教的觀點來思索外，也該思索這些學生的「生活環境」。這些年來，我們樂於看到更多的公共交通工具有無障礙的設

圖 11-3　自助餐店用餐步驟

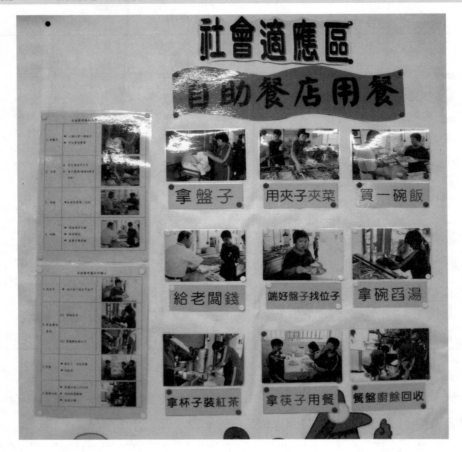

施，有語音和清楚的符號或文字標示，但只有這些還是不夠。除了公共交通工具需要繼續加強「通用設計」（universal design，指產品和環境的設計盡可能對所有人而言都是可以使用）的概念外，對這些學生而言，個人交通工具的使用（如腳踏車）更是重要。除了交通工具本身的改善以更能符合這些學生的需求（能力因素），交通號誌或標線若能考量這些學生的需求，以更淺顯或增加語音（環境因素）或互動的功能，這些學生就更能具備有行的能力。

在食的能力方面，我們一樣可以從這些學生的「生活環境」來思索，如外食的麵店和餐館是不是能考量他們的需求，以「通用設計」的概念來設計價目

圖 11-4 食材圖片和名稱的配對

表，例如外食種類除提供名稱外，也能有照片或圖示，這些周遭生活環境的改變，可以讓這些學生更有機會學會獨立的使用社區資源（簡明建等，2007）。

❤❤❤ 參、普通班融合教育的教學困境

近年來大家努力推行融合教育，認為讓特教學生盡可能安置在普通班是一種進步的指標，是較能考量到教育權、人權的一種方式，因此，普通班有特教需求的學生是無可避免的。但安置在普通班的特教學生其教育需求也往往很難適切得到，甚至因為長期受到忽視，他們在某方面的能力甚至可能不及安置在自足式特教班的學生。融合教育在實務的運作上顯然距離理想尚有相當大的落差。

這些落差可以源於教師、教材或整個教育體系。普通班教師往往無法像特教教師一樣接納和教導特教學生，特別是在處理和教導特教學生生活自理方面。在普通班的大環境下，這些教師要能自在且有耐心的教導特教學生學習生活自理（如大小便問題）並不容易。此外，習慣統一教材的普通班教師，要他們針

對個別特教學生的需求自編或改編教材，時間和能力上都是一大考驗。更重要的是，整個教育的大環境，對這些安置在普通班的特教學生往往是輕忽和欠缺支持的。

●●●● 肆、普通班融合教育的因應方式

　　儘管如此，只要配合特教學生的需要做些調整或改變，就有可能讓這些學生獲益，茲從改變的多寡和難易度將改變分成下列幾點（簡明建，2005a）。

一、小小的改變

　　一般教師不需要花什麼時間、使用什麼資源和接受什麼訓練，就可以完成的改變，例如：

1. 心情的調適：班上有特教需求的學生，有些教師難免會有鄙視、排斥、鄙棄或拒絕的心態，或可先從接納、關懷開始，進而理解、尊重他們，獎勵他們好的行為，少強化其缺點。心情的調適或許是成功的第一步吧！

2. 調整座位：如可考慮讓特教學生的座位盡量靠近教師，或者安排小老師坐在他的旁邊，在安排教室或座位時考量特教學生的出入口，避免會分散注意力的刺激（如交通噪音）等。

3. 提供同儕協助：提供同儕輔導員（小老師）、請同學協助做筆記或借筆記給特教生、指定伴讀者等。

4. 作業調整：給特教學生額外的時間完成作業或分次完成作業、減少作業量或縮短作業長度（如減少題數、次數）、允許學生選擇完成作業的順序等。

5. 評量（考試）方面：如允許考試中間有小休息、允許延長時間、特定時間考試、分段（或分日）考試、選擇較少干擾的考試情境、考量身心特質彈性調整評量標準等。

6. 學習材料：將較難、較不常用、較不關鍵、較不重要、學生較沒興趣的部分刪除；允許學生部分參與學習內容。

7. 教學方法：明確的指示、注意力的訓練（如鼓勵學生畫重點、讓學生輪流念課文、使用筆或尺指出教師正在上課的內容），除口語提示外，可考慮使用動作提示和身體引導等其他方式的提示或協助，以減少學生學習上的挫折。

二、有限的改變

　　接下來介紹的方法可能需要教師花點時間準備和學習，才能讓特教學生達到不錯的學習效果，例如：

1. 教材調整：如畫重點或關鍵字、提供課文大綱、將課文重點轉換成問題、列出閱讀或學習步驟、使用概念圖、增加實例、使用圖片／圖卡、使用大字本教材、將字體放大、加長行距或段距、使用多種顏色或字體來提示重點、使用模板設定閱讀範圍、提供該單元的音檔、影片或光碟片等。

2. 評量（考試）方式：採用多元評量、以口語或手語反應代替書寫或聽寫、使用點字或大字體試題、念題目或利用錄音施測、固定考卷、允許使用特製的筆、允許看書作答、允許使用計算機、提供公式或方程式、降低語文難度（如將申論題目改為簡答、配對或圈選）、允許錄音或請人代抄答案、提供有格子的答案卷等。

3. 教學方式：使用視覺提示卡〔提示教學內容或活動、字（詞）卡，可張貼在黑板上或單獨讓學生使用〕、可採彈性分組和小組教學的方式、給予立即的回饋（如作業寫完一題改一題）、以遊戲方式進行教學（如分組比賽、字卡造詞遊戲）、配合教學內容教導記憶策略（如圖像法、位置法、聯想法、複誦法等）、多元感官教學、合作學習小組、將教學目標分成較小可學的單位（工作分析）、使用系列圖卡呈現工作順序、習慣化工作內容等。

4. 教學環境：安排較為結構化的教學環境、將教室布置成學習環境、提供視覺線索（如圖片、文字、有色膠帶等）。

5. 作業：提供線索（如答案所在頁碼、範例或實例、答案的關鍵概念）、提供協助、書寫改成剪貼或口頭報告、用圖畫回答問題、寫字改成指認或圈選字、提供放大格子的作業本、將問題的步驟清楚呈現、寫段落改成寫句子等。

6. 行為管理：如彈性給予一些權利、使用增強物、使用計時器、忽略可接受的不適當行為、記錄問題行為並分析其原因、降低獎勵標準、多次休息、系統減敏感法、行為契約法等行為管理方法的應用。

三、改變教材

將現有教材加以修改或重整,使其符合特教學生的需求,但達成的教育目標並沒什麼改變。這部分需要較多時間和人力,可以團隊和資源共享的方式來加以完成:

1. 改寫教材:將現有教材加以改寫,改寫方法如使用學生熟悉的詞彙、將罕用字以常用字取代、多與日常生活經驗結合、加些圖片或文字補充說明、將重要概念多做說明和舉例、增加教材的趣味性等。

2. 重整教材:將現有教材重新整理和組織,使學生較易理解。

3. 自編教材教具:為達成學習目標,教師也可考量學生的需要自編新教材、教具。

4. 學習單或作業單:針對學生個別需求,設計較富挑戰性或簡單化的學習單,這樣的設計可以讓學生學習相同的內容,卻有不同的學習層次。此外,也可讓學生參與作業單的設計,透過學習單或作業單的設計,可強化不同學習重點,適性的引導學生學習。

四、改變學習目標(重疊課程)

特教學生雖然與普通班學生參加相同的學習活動,但有不一樣的學習目標(重疊課程),此時教師必須花時間思考,在相同的學習活動下,如何滿足班上特教學生的個別需要,例如:

1. 化學實驗課,同學做實驗,該同學負責分發器材、清洗試管等。

2. 美術課,同學學習繪畫,該同學負責分發圖畫紙、清潔用具等。

五、改變學習內容(另類課程)

當普通班的課程無法滿足特教學生的個別需求時,原有的學習內容特教學生參與有其困難,可考慮以另類課程替代,此時該生的學習內容可能迥異於其他同學。另類課程如學習生活技能、社會互動、認常用字等,學生進行另類課程,同儕的參與也很重要。

　　在融合教育的趨勢下，普通班教師有機會接觸更多的特教學生，相對地，特教教師的角色也變得更為多元，普通班教師和特教教師應該搭起合作的橋樑，針對特教學生一起努力和合作，往融合無障礙的目標邁進。

第四節　行為管理

　　特殊教育的班級行為管理可以從常規輔導、問題行為的處理和個案會議三方面來說明。

♥♥♥ 壹、常規輔導

　　班級常規輔導就是教師輔導學生認識班級常規，了解班級常規，並切實遵守班級常規，進而將認知的常規內化成持久的態度，並表現在行為和習慣上的歷程（李錫津，1990）。

　　良好的班級秩序，不僅有助於教師教學，也可讓學生學習自我管理，對於有特殊教育需求的學生亦然。因此特教教師也應協助學生共同訂定班級的規則，如教室禮儀、生活公約等，並輔導學生實踐日常生活規範，養成良好的生活習慣。

　　在班規訂定之前，教師可先將班級例行事務、標準等相關事項與學生溝通，讓學生充分了解之後，師生再共同擬訂適合班上學生的常規。在訂定班規時，須考慮到特教學生的個別差異與身心特質，以能達到為原則，切莫不切實際或期望過低，以致失去班規的意義。此外，在班規的訂定及執行上，教師應注意下列幾項原則（林進材主編，1998）：

1. 內容須具體且明確。
2. 與學生及家長溝通，並加以宣導。
3. 切實執行。
4. 配合獎懲制度實施，但須注意獎勵重於懲罰。
5. 經過一段時日後，評估有無修改的必要性。

谷瑞勉（1999）則提到班級規則在實施時，要考慮下列因素：

1. 只實施必要的規則、不繁瑣：太多規則不易收到實質效果。

2. 用說明、示範來養成：說明、示範、實際練習和不斷修正，才能養成。

3. 預防勝於治療：不當行為發生前就要提醒。

4. 考慮彈性：因時、地、人的不同需要彈性調整。

♥♥♥ 貳、問題行為的處理

問題行為，簡單地說，就是學生違反班級常規時所表現的行為（李錫津，1990）。Reichle 與 Johnson（1993）則進一步說明，問題行為是指學生所做的一種行為，其後果會導致學生自傷、傷人或傷害環境，此外，也會影響到學生學習新技巧的成效，或使學生更加疏離社會（引自洪素英，1998）。

林朝夫（1996）將一般的行為問題分為外向性行為問題、內向性行為問題、學業適應問題及不良習性問題四種。

1. 外向性行為問題：包括校園暴力、不服管教、打架行為、恐嚇勒索、逃學逃家、偷竊、暴虐行為、參加不良組織等。

2. 內向性行為問題：包括自卑行為、懼學行為、人際關係欠佳、青春期焦慮等。

3. 學業適應問題：包括學業欺詐、學科偏食、學業懈怠、學業低成就等。

4. 不良習性問題：包括性偏差行為（戀物症）、過度手淫、抽菸、濫用藥物、耽溺不良娛樂等。

特教學生因缺乏適當的管道來表達其內在的訊息，故出現問題行為的比例相當高，且在問題行為的類型上，會有別於一般的問題行為。這些問題行為發生的成因，有些可能是外在環境的影響，有些則可能是內在因素的影響。因此，特教教師必須具備專業的能力才能正確判斷問題行為的成因，以便有效處理學生的行為問題。而在問題行為的處理方面，常用的策略包括行為改變技術、功能性溝通訓練（functional communication training，簡稱 FCT）、功能分析（functional analysis）等等。

特教學生常出現的問題行為很多，當然也包括上述的一般問題行為，不過這方面的輔導策略及相關訊息容易獲取，在此只針對特教學生較特有的問題行為來介紹，大致分為過動行為、攻擊行為、自傷行為、自我刺激行為等四部分。

一、過動行為

(一) 定義

　　過動（hyperactivity）問題的類型分為一般過動行為問題、類似注意力缺陷症之異常所導致過動問題，及注意力缺陷過動症三種。雖然三種類型表面會出現共同的現象——活動量多、靜不下來、不易專心等，但由於他們的主要問題不同，因此處理和介入的重點也有所不同。教師應先對學生的過動問題做區分性診斷，再針對其真正的問題去處理，才能對症下藥，否則容易出現誤診或誤導的現象（洪儷瑜，1998）。

(二) 輔導策略

　　常見的過動問題，約有半數以上屬於一般過動行為問題，此問題可能受環境因素、個人或管教因素所造成。表 11-2 為一般過動問題可能原因的診斷參考及建議改進之道，教師可綜合問題的原因是否與物理環境有關，如問題 5 中所涉及的原因，則應改善不適當的學習環境，如提供孩子適當的協助，或是改善學習內容，或調整學習或活動方式，或調整大人的期待與要求等。如為問題 6 中所涉及的原因，則與生理狀況有密切的關係，除了要家長與醫師商量或諮詢小兒科醫師是否需調整藥量外，教師和家長的接納與協助，對這些因生理因素無法控制自己行為之孩子的成長，也非常重要（洪儷瑜，1998）。

　　但若學生的過動問題出現跨情境或有其他伴隨問題時，則有可能是患有注意力缺陷過動症（ADHD）或是類似注意力缺陷症之有關疾病或障礙，常需要借助醫學領域的專業，可轉介兒童精神科醫師或臨床心理師進行診斷或治療，再根據醫師建議予以實施行為介入方案。在注意力缺陷過動兒童的介入方面，大致上可以分為生理和心理兩方面的治療，在生理方面，藥物治療是主要的治療模式；在心理方面，包括有行為管理與治療、認知行為治療，以及親職教育等（洪儷瑜，1998）。

表 11-2　一般過動問題可能原因的診斷參考及建議改進之道

探索的問題	可能的原因	建議改進之道
1. 是否只在某些情境才出現過動的問題？ 在哪些情境會出現過動問題？ 在哪些情境不會出現過動問題？ 在出現過動問題與不會出現的情境有哪些差異？	• 出現問題之情境的因素如時間、人、活動性質、環境。	• 改善物理環境不適當的條件。 • 針對環境之要求訓練孩子應有之適應策略。 • 取消環境不當的增強。
2. 他的過動問題與其同年齡、同性別的同儕相比，是否有顯著的差異？	• 大人的要求過高或過少。	• 調整大人之要求。
3. 是否曾抱怨所參與的活動或所從事的工作，或是工作、活動相關的人、事、物？	• 對該情境或活動沒興趣，或無法獲得應有的滿足，或受到不適當之壓力。	• 減少環境中的壓力。 • 改變活動性質或內容以提高孩子的興趣。 • 提供適當的協助。
4. 在該情境所從事的活動或學習內容，與孩子平時之表現相比是否符合他的個性、能力或表現水準？	• 工作難易度不適當。 • 工作性質不適合他的個性、年紀或喜好。	• 增加或減少難度、速度或份量。 • 提供適當的協助。
5. 所要求之活動或工作之長度或情境是否與孩子平時之習慣差不多，是否符合孩子可以容忍的程度？	• 工作長度不適當。 • 工作性質非孩子熟悉的。	• 放慢速度或進度。 • 逐步讓孩子有時間去熟悉。 • 增加活動之間的休息次數。
6. 孩子是否有服用抗過敏、抗氣喘或抗癲癇之藥物？ 在孩子未服用藥物期間是否有相同之問題？	• 藥物副作用。	• 接納其副作用。 • 安排適當的活動。

註：洪儷瑜（1998，頁 15）。

二、攻擊行為

(一) 定義

攻擊（aggression）是一種反社會行為，一般認為是智能障礙與情緒障礙學

生經常出現的問題行為。Kauffman（1989）將攻擊行為區分為三類：(1)非社會性攻擊行為：如衝動、易怒、鬥毆；(2)社會性攻擊行為：如說謊、吸食毒品、偷竊；(3)多樣性攻擊行為：指同時具有非社會性與社會性攻擊行為的學生而言。

　　Estchedit（1991）認為，攻擊行為至少包括三方面：(1)充滿敵意的身體動作：如向他人施暴、踢打、拳毆；(2)敵意的人際交互行為：如向他人恐嚇、藐視、羞辱；(3)損毀：指破壞或損毀他人物品。

　　Pullen（1999/1999）將攻擊行為的類型分為內隱性攻擊、外顯性攻擊及不服從三種：(1)內隱性攻擊：這種攻擊行為不容易被發現，因此也最難處理；(2)外顯性攻擊：這種攻擊行為看得到，容易觀察，如打人、勒索等；(3)不服從：違抗、拒絕，甚至公開反對，可能是很多孩子會出現的問題，這種行為多來自孩子對大人的不信任。

(二) 輔導策略

　　在攻擊行為的介入方面，有以下幾種理論及方法（馮觀富，1996）：

1. 心理動力理論

　　治療的方法是透過不同的方法，宣洩累積的攻擊本能，藉昇華、轉移、幻想等作用淨化問題行為。生活空間介入（life space intervention）便是以心理動力理論為基礎的一種攻擊行為介入方法。

2. 心理教育學理論

　　又稱為認知行為理論，著重於個體認知的策略，其方法包括：

(1) 自我控制訓練：教學生學習自我控制，以減少問題行為，又包括自我指導、問題解決、自我選定目標、自我評估和自我增強等策略。

(2) 憤怒控制訓練：訓練學生控制憤怒情緒，以避免攻擊行為的發生。包括三個階段，第一個階段是認知準備階段，第二個階段是獲取技能階段，第三個階段是應用的層次。Larkin 曾提出四個 R 的訓練方法，協助攻擊與暴力行為的學生控制憤怒的情緒，四 R 就是：認知（recognition）、抑制（restrain）、傳達（relay）、酬賞（reward）。

(3) 鬆弛訓練：應用緊張—敏感和緊張—鬆弛等訓練過程，達到極度放鬆肌肉

的目的，藉以消除緊張及情緒不安。鬆弛訓練有三個階段：緊張—鬆弛循環、鬆弛，和深度鬆弛。

(4) 溝通訓練：透過誠摯的溝通，達到改善態度、消除敵對行為的目標。經常使用的溝通技巧，包括觀察學習、演練、表演等。

(5) 社會技能訓練：藉由社會溝通技能訓練，教導學生附從於社會規範，方法有三種：楷模學習、角色扮演、增強作用。

3. 行為主義理論

以外顯行為作為治療的目標，如增強所欲的行為或消弱不當行為。常用的方法有：

(1) 隔離：一種以負增強改變行為的方法，使攻擊學生暫時失去與他人交互作用的機會，達到行為改變的目的。

(2) 過度糾正：透過逐步塑造（shaping）的步驟，消除不當行為，同時增加正確的行為。

(3) 反應成本：指取回原來給予學生之增強物，以消弱問題行為，亦屬負增強的行為改變技術。

Pullen（1999/1999）也提出用行為管理來處理攻擊行為，首先教師要決定欲改變的標的行為，接下來要評量行為發生的頻率、時間及其伴隨行為。此外，他也強調事前矯正（precorrection）的重要性，也就是事前預防的工作。換句話說，如果預測行為之前的事件，就可以知道下一步行為，那麼改變行為發生之前的事，也許行為就不會發生了。

三、自傷行為

(一) 定義

常見的自傷行為（self-injurious behavior）包括以頭撞牆或硬物、用嘴咬手臂、用手打臉頰或頭、捏掐自己的皮膚、搥胸、用利器戳傷自己等，常見於自閉症或重度智障兒童之行為。依王大延（1992）的分類，可分成：(1)毆打、撞擊行為；(2)吸吮行為；(3)拉扯行為；(4)消化異常；(5)吃食異物等五類，而自閉症兒童較常見的行為是前三類。

　　自傷行為可能的動機有：(1)想引起他人的注意和關心；(2)缺乏外界刺激而以自我刺激代替；(3)曾被虐待，以此方法來宣洩負向情緒，或得到快感；(4)疼痛感較為遲鈍；(5)其他生理因素（台灣省政府教育廳，1995）。

(二) 輔導策略

　　處理學生自傷行為時要先了解自傷行為的起因為何，若是生理因素造成，應與醫生配合，看是否需以藥物控制；若為心理因素造成，可採心理治療或行為改變技術（台灣省政府教育廳，1995）。在行為改變技術方面，介入的方法可歸納為三種：(1)厭惡刺激：指以懲罰的方式介入，應用負增強原理消弱問題行為，如隔離、抑制策略、限制活動、過度矯正及語言懲罰；(2) 非厭惡刺激：指以增強物替代不良行為，避免引起個體痛苦的反應，如區別增強不兩立行為（簡稱 DRI）、區別增強替代行為（簡稱 DRA）、區別增強其他行為（簡稱 DRO）、溫和教學、感官消弱等；(3)逐步改變：以細小步驟一步步改變問題行為，介入時較易被接受（王大延，1993）。

四、自我刺激行為

(一) 定義

　　自我刺激行為係指一種持續性的、沒有變化的動作或反應，如前後擺動身體、搖動雙手、玩弄手指或某一物體、輕敲身體某部位、在室內繞圓圈等，有時又稱刻板行為或重複行為（張正芬，1999），常見於重度智能障礙、自閉症及視、聽障礙者的一種不適當行為（Repp et al., 1988）。大部分的自我刺激行為只具有少許或不明顯的社會性意義，且常會妨礙本身的學習、與他人的互動，及日常生活的參與等（引自張正芬，1999）。

(二) 輔導策略

　　自我刺激行為的處理策略除可採上述的行為療法外，可輔以感覺統合療法或音樂療法等教育治療方法。

♥♥♥ 參、個案會議

特教教師在個案輔導的過程中，可視需要以定期或不定期的方式召開個案研討會。邀請參加個案研討會的成員，在校內方面包括校長、相關處室主任、組長及其任課教師，在校外方面除了家長之外，還可邀請輔導專家、心理學家、醫師或社工人員等相關專業人員來共同參與。

第五節 物理環境

♥♥♥ 壹、教室規劃

理想的教室規劃主要應依據學生的需求來設計，以利學生學習與活動。而由於學生障礙類型不一，需求也不同，無法盡述。整體而言，教室規劃應兼顧生活化、彈性化、安全化、實用化、溫暖化、無障礙化等原則。茲說明如下：

一、教室生活化

由於特殊班相當重視生活化的教學，故如果學校場地和空間有限，無法設置生活自理教室，那麼特殊班教室也可朝向最基本的「套房式」設備來規劃，包括有小客廳、餐廳、廚房、浴室及廁所等，使教室成為教導學生生活自理能力最佳的場所。

二、空間彈性化

一個彈性的教學空間應具有下列五項特色（紀雅惠、宋若光，1998）。

(一) 多用途的教學空間

大型設備或用具應可移動並能彈性運用，以達到多次及充分的使用。如在桌椅的選用方面，為方便團體及小組教學，桌椅應兼具可合併、拆開、易移動等功能，有時候亦可稍加改變教室內桌椅的排列方式，以增進教學效果。

(二) 可變異的教學空間

　　空間規劃及隔間可隨時依教學內容而彈性調整，也使教室的功能多樣化。如利用小白板或組合書櫃來區隔教學空間或學習角落，以利小組教學或獨立學習。

(三) 可擴展性的教學空間

　　空間要有長期的規劃，可容納不斷增多的教材輔具，要有未來成長的空間。

(四) 個別化的教學空間

　　由於特殊教育強調個別化的教學，以期讓每位學生達到適才適性的學習，因此在空間的規劃要便於個別化教學的實施。

(五) 結構化的教學空間

　　可使用書架、櫃子、桌椅、軟墊和牆壁等來區分不同的學習空間，如多媒體區、休閒區、用餐區、生活自理區、學習區、活動區和睡覺區等。

三、設施安全化

(一) 在桌椅的選用方面

　　首先要符合學生生理及成長需求，在材質方面最好是耐髒、堅固、安全性高的材質，桌角、櫃子等也需注意稜角不宜太尖銳，以防學生撞到，而發生意外傷害。

(二) 在門窗的選用方面

　　門不要做得太小，要方便輪椅或枴杖的移動，也不要設置門檻，要考慮學生移動及疏散時的安全性。窗戶的設計必須考慮通風及採光，所以不可以做得太小。在門窗的材質部分，可考慮用鋁製的，比較不會有生銹腐蝕的困擾。

(三) 在玻璃的選用方面

若要避免學生分心，可用不透明的；若是窗外走廊綠化做得很好，或希望在教室內外能輕易地看到活動情形，亦可使用堅固、耐用的透明玻璃，讓學生在清爽的環境下愉快的學習。

四、設備實用化

在設備的選擇上較重視其實用性，最好也可兼具其他功能。如存放教材教具及圖書的教具櫃，亦可作為展示、告示用途；存放學生作品、作業及私人用品的學生用品櫃，應採組合式的櫃子，亦有利於教室空間的利用。

五、感覺溫暖化

影響教室整體環境的因素很多，包括光線、聲音、氣氛、色彩等，其中，要營造教室溫暖、舒適的感覺，色彩是一個重要的因素，因此教室油漆及布置的色彩建議選用明亮、溫暖的色調。

六、環境無障礙化

(一) 位置適當

由於許多特殊班的學生通常伴隨其他的障礙，所以教室位置需要經過特別的安排才能符合學生需求，以利學生學習。如對於肢體障礙的學生，為方便學生進出教室，教室最好設在一樓或電梯可到達之樓層。出入教室或廁所道路如果有較大的高低差（超過 3 公分），可以改為斜坡，方便輪椅出入。

此外，為了學生安全性及順應融合教育的理念，亦要避免設在偏僻的角落。

(二) 教學空間

教室空間規劃及走道均須注意到是否符合每位學生的移動及活動需求。

(三) 避免噪音

特殊班教室的位置安排，除了要方便學生的進出之外，也要注意到周圍的環境，不宜過於吵雜，以免影響學生的學習效果。

(四) 避免標記

環境無障礙除了物理環境之外，還包括心理環境的無障礙。因此，在班級名稱方面，須注意避免特殊的名稱或標記。

此外，值得一提的是，先進國家在致力於「無障礙環境」推動的同時，發現到許多為障礙者設計的設施或產品，也能使一般社會大眾（包括老人、孕婦、小孩或受傷、生病等暫時性障礙者）獲得便利，於是朝著功能性、安全性，及符合多樣化客戶需求的原則來設計，便漸漸成為一種新的理念，即「通用設計」或「全方位設計」（universal design）的理念（Story et al., 1998）。「通用設計」是指產品和環境的設計對所有人而言，都是可以使用的。其理念強調主流與非主流、障礙與非障礙的整合，正符合融合教育的精神。

「通用設計」的七大原則及其方針如下（The Center for Universal Design, 1997）：

1. 原則一：公平的使用

這種設計對不同能力的人而言，是有用且有市場性的。方針：

(1) 提供所有使用者盡可能相同的使用方法。

(2) 避免隔離或在任何使用者身上加標記。

(3) 使所有使用者都同樣能獲得隱私、保障及安全。

(4) 使設計能吸引所有使用者。

2. 原則二：使用彈性化

這種設計提供廣泛的個人優先選擇和能力。方針：

(1) 提供使用方法上的選擇。

(2) 使左右利手者都能適用。

(3) 有助於使用者的正確性和精密性。

(4) 提供使用者速度上的適應。

3. 原則三：簡單與直覺的使用

這種設計不管使用者的經驗、知識、語文技巧或當前的專心程度為何，都是容易了解的。方針：

(1) 排除不必要的複雜性。

(2) 和使用者的期望及直覺一致。

(3) 廣泛的讀寫和語文技巧都可適用。

(4) 安排的訊息和重要性一致。

(5) 在工作完成期間或之後，提供有效的提醒和回饋。

4. 原則四：可知覺的訊息

不管周遭的情況或使用者的知覺能力如何，這種設計對使用者而言，都能有效地溝通必要的訊息。方針：

(1) 使用不同的形式（繪畫、口語或觸覺），豐富地呈現必要的訊息。

(2) 在必要的訊息和周圍環境之間，提供適當的對比。

(3) 將必要訊息的「易讀性」增至最大。

(4) 以能被敘述的方式來區別要素（如以教導或引導的方式使其變得容易些）。

5. 原則五：錯誤的提醒

這種設計能將危險或意外所產生的不利結果最小化。方針：

(1) 排列要素，使危險和錯誤最小化。

(2) 提供危險和錯誤的警告。

(3) 提供失去安全的特徵。

(4) 在需要警醒的工作中，阻止失去意識的行為。

6. 原則六：低生理影響

這種設計能被有效而舒適地使用，且能將疲勞最小化。方針：

(1) 能讓使用者維持中立的身體姿勢。

(2) 使用合理的操作力量。

(3) 將持續的體力消耗最小化。

7. 原則七：可接近和使用的大小及空間

這種設計能提供適當的大小和空間，不管使用者的身體大小、姿勢和可動

性，都能做到可近、可達、可操作、可使用。方針：

 (1) 為任何坐或站的使用者，在重要元素方面能提供清楚的視覺水平線。

 (2) 使任何坐或站的使用者，能達到所有成分的舒適度。

 (3) 能適應手及握力大小的變化。

♥♥♥♥ 貳、教室布置

  教室布置的主要目的在促進師生之教學效果，充實師生之生活內容，以達成教學目的。故教室布置不重在華麗的外表、琳瑯滿目的擺設，而在於生活化及充實的內容，能使學生喜愛、吸收，並加以應用（莊貞銀，1980）。教室布置的基本原則如下（台灣省政府教育廳，1995）：

1. 配合教學目標。

2. 整體的設計。

3. 師生共同參與。

4. 兼顧美觀與實用性。

5. 符合經濟原則。

  以下將教室布置分成教室外及教室內兩部分來介紹（台灣省政府教育廳，1995）。

一、教室外的布置

  以「綠化走廊」和「柔化走廊」為主，教室走廊可擺放盆景或裝設花台等，走廊的牆壁可貼上一些海報布置，以取代冰冷的牆壁，以上皆可提高特教學生的學習興趣。此外，花台和盆景的照顧，亦是職業訓練的好點子。

二、教室內的布置

  可分成下列幾個區：

1. 作品展示區：可張貼學生的作業、美勞作品、照片等，吸引學生注意，藉以鼓勵學生。

2. 榮譽榜：可配合增強制度的建立。

3. 圖書櫃：可放置故事書、圖畫書、有聲圖書、光碟等，並教導學生加以歸類，

隨時維持整齊、清潔，不僅能輔助學生學習，另一方面也能培養學生良好的閱讀習慣。

4. 活動角：以利學生知動訓練的場所。活動角的布置包括：

(1) 木板或地墊。

(2) 各類軟球或硬球，由小至大，可訓練抓握或拋接的能力。

(3) 跳繩或飛盤等器材。

(4) 訓練手眼協調等精細動作的插板、洞洞板等教具。

5. 學習角：以利學生獨立學習的場所，學生可以專注地完成作業單或閱讀書籍、聽 CD，既不受別人干擾，也不會干擾別人。

6. 個人儲物櫃：供學生放置自己的個人用品，並將使用者姓名或照片標示清楚，可藉以培養學生的生活自理能力。

7. 學習區：可將常用重要的配對學習，透過教室布置讓學生可以隨時學習，如師長、同學、學弟妹、學長姊、愛心小老師等的照片和名字的配對，外食或食材和名稱的配對等。此外像月曆、時鐘、溫度計等的學習，也可透過教室布置來完成。

第六節　心理環境

影響班級經營的重要因素中，除了有形的物理環境之外，無形的心理環境也具有相當重要的影響力。心理環境指的是班級團體互動所形成的氣氛、結構、過程與規範等潛在特質，往往可以表現出班級團體的獨特風格（台灣省政府教育廳，1995）。因此，一般多以「班級氣氛」（classroom climate）一詞來代表班級中的心理環境。班級氣氛的良好與否，當然會影響學生的學習效果，因此，如何經營良好的班級氣氛，讓學生愉快地學習，以達到「心理環境無障礙」的境界，也是班級經營中一項重要的課題。

影響班級氣氛的因素很多，舉凡教師、學生、教學環境、教材教法、班級結構等皆是，而且各因素間也有互動關係。不過，在上述各種因素中，最重要的還是師生之間的關係以及學生之間的同儕關係。茲就這兩個主題分述如下。

♥♥♥ 壹、營造融洽的師生關係

一、合理的期待

特殊班學生間的異質性頗高，教師應了解並尊重其個別差異，對每位學生做合理的要求與期待。不要對全班學生有齊頭式的標準，或對學生期望過高或過低，以免造成學生的壓力或學習低落，而影響學習動機。

二、雙向的溝通

特殊班的學生也有自己的意見，教師應避免上對下的單向式溝通，除了要讓學生有溝通的管道外，也要多尊重、關懷他們的意見與感受。因此教師應多利用或創造與學生雙向溝通的機會，才能使師生間有良性的互動。

三、處理教師壓力與情緒

教師非「聖人」，自然也有備感壓力或情緒低潮的時候，尤其是特教教師，常有成就感不易獲得或陷入教學瓶頸之歎。因此為避免將負面情緒帶給學生，影響教學或師生關係，常需做好自我調適。

♥♥♥ 貳、營造合作的同儕關係

教師要能營造學生之間的合作關係，避免讓學生成為「獨行俠」，彼此漠不關心。因此，透過合作學習或設計其他活動，讓學生了解合作的重要性，享受合作的快樂，便可使同儕間產生正面的互動，此外，還可增進其社會技巧與人際關係。

第七節　社區經營

社區經營是特殊教育班級經營很重要的一環，社區經營的方法可以從社區接觸，到社區接受，再到社區接納。分述如下：

1. 社區接觸：指讓特教學生能和社區有所接觸。如透過社區參觀或萬聖節活動、送聖誕卡片，讓學生和附近的社區環境能有所接觸。

2. 社區接受：讓學生和社區環境彼此能互相接受。可以藉由使用社區的資源，如提款、吃麵、拜拜、看病等，讓學生和社區環境彼此能互相接受。

3. 社區接納：指社區能考量這些學生的需求，接納特殊學生為服務對象，進而朝無障礙、通用設計的方向努力。如麵店的外食目錄也能有照片或圖示，郵局或銀行的提款單能降低書寫的需求（如放大版面，或以圈選的方式替代）。

　　特教教師要帶領學生從社區接觸，到社區接受，再到社區接納，讓社區成為全方位的無障礙社區。相信藉由學生「能力」和「生活環境」的提升，他們更有機會順利獨立的適應這個社會。

問題討論 ✳

1. 試根據台灣的法規說明特殊教育的服務型態有哪些？這些服務型態的安置原則為何？

2. 特殊教育的班級經營可以分成哪些層面？並試著簡要說明各層面的經營重點。

3. 試著說明特殊教育推行委員會的組成、開會時間和任務。

4. 舉例說明特殊教育班級經營中社區經營的方法。

5. 「通用設計」的七大原則為何？並擇一學校說明如何透過七大原則改善學習環境。

6. 特教學生較特有的問題行為有哪些？並就這些問題試著列舉一些處理策略。

7. 宣導特教理念有哪些方法？

參考文獻

❖ 中文部分

王大延（1992）。介入自傷行為。**特殊教育季刊，45**，1-4。
王大延（1993）。介入自閉症的偏異行為。**特殊教育季刊，48**，1-7。

王仁宏（1994）。**教育資料彙編（下）**。旭昇。

台灣省政府教育廳（1995）。**身心障礙教育班級經營手冊：國民教育階段**。作
　　者。

江明曄（1997）。啟智教育教師應具備的專業能力。**特殊教育季刊**，64，
　　33-36。

何東墀、張昇鵬（1992）。我國特殊教育師資培育與進修途徑之研究。**特殊教
　　育研究學報**，7，85-126。

何華國（1989）。啟智教育教師所需特質與專業能力之研究。**台南師院學報**，
　　22，151-173。

吳清山（1991）。班級經營之基本概念。**特殊教育季刊**，39，1-6。

谷瑞勉（1999）。**幼稚園班級經營**。心理。

李翠玲（2001）。**特殊教育教學設計**。心理。

李錫津（1990）。**教育理念與教育問題**。三民。

林孟宗（1979）。特殊教育師資專業能力分析研究。**新竹師院學報**，5，
　　125-212。

林朝夫（1996）。**偏差行為輔導與個案研究**。心理。

林進材（主編）（1998）。**班級經營：理論與策略**。復文。

洪文江、簡明建（2006）。特殊教育推行委員會。**鹽中青年**，25，5-8。

洪素英（1998）。以「功能性溝通訓練」處置學生的問題行為。**特殊教育季
　　刊**，68，16-19。

洪儷瑜（1998）。**ADHD 學生的教育與輔導**。心理。

紀雅惠、宋若光（1998）。談特殊班教學環境規劃與布置。**特殊教育季刊**，
　　68，13-15。

特教園丁雜誌社（1998）。**特殊教育通論：特殊兒童的心理及教育**。五南。

張正芬（1999）。自閉症兒童問題行為的探討。**特殊教育研究學刊**，17，
　　253-273。

教育部（1994）。**國民小學資源班輔導手冊**。教育部國民教育司。

教育部（2002）。**特殊教育法施行細則**。2002 年 4 月 15 日修正發布。

教育部（2003）。**強迫入學條例**。2003 年 1 月 15 日修正公布。

教育部（2006）。**特殊教育設施及人員設置標準**。2006 年 9 月 29 日修正發布。

教育部（2009）。**特殊教育設施及人員設置標準**。2009 年 12 月 2 日修正發布。

教育部（2013）。**高級中等以下學校特殊教育推行委員會設置辦法**。2013 年 12

月4日修正發布。

教育部（2015）。**高級中等以下學校身心障礙學生就讀普通班減少班級人數或提供人力資源與協助辦法**。2015年8月10日修正發布。

教育部（2019a）。**特殊教育法**。2019年4月24日修正公布。

教育部（2019b）。**特殊教育學校設立變更停辦合併及人員編制標準**。2019年5月8日修正發布。

教育部（2020a）。**高級中等以下學校身心障礙學生就讀普通班之教學原則及輔導辦法**。2020年4月22日修正發布。

教育部（2020b）。**高級中等以下學校特殊教育班班級及專責單位設置與人員進用辦法**。2020年6月28日修正發布。

莊貞銀（1980）。教學情境布置。載於吳清山、李錫津、劉緬懷、莊貞銀、盧美貴（著），**班級經營**（頁397-431）。心理。

陳麗如（2007）。**身心障礙學生教材教法**。心理。

馮觀富（1996）。**兒童偏差行為的輔導與治療**。心理。

黃政傑、李隆盛（主編）（1993）。**班級經營：理念與策略**。師大書苑。

黃國榮（1993）。國民中學啟智班教師教學關注與教學基本能力之研究。**特殊教育研究學報**，8，107-141。

詹馨維、簡明建（2005）。鹽埔國中特教班網頁介紹。**鹽中青年**，24，14-17。

鄭玉疊（1996）。班級經營與輔導。載於鄭玉疊、郭慶發（著），**班級經營：做個稱職的教師**（頁1-11）。心理。

蔡崇建（1994）。特殊教育教師專業知能發展的需求評估。**特殊教育研究學刊**，10，103-117。

黎慧欣（1996）。國中、小學教師與學生家長對「融合教育」的認知與態度調查研究（未出版之碩士論文）。台灣師範大學。

簡明建、洪宜禎、洪文江（2007）。孩子！你的教育需求我們知道？！**鹽中青年**，26，20-24。

簡明建、劉豐榮（2006）。特教教材的合作研發。**鹽中青年**，25，9-12。

簡明建（2005a）。因應融合教育～班上有特教需求學生怎麼辦？**屏縣教育季刊**，23，31-34。

簡明建（2005b）。愛心小老師模式初探。**鹽中青年**，24，20-24。

顏火龍、李新民、蔡明富（1998）。**班級經營：科際整合取向**。師大書苑。

Pullen, P. L.（1999）。有效的行為管理（盧台華、王瓊珠譯）。**特殊教育季**

刊，71，25-32。（原著出版年：1999）

❖ 英文部分

Estchedit, S. (1991). Reducing aggressive behavior and improving self-control: A cognitive-behavior training program for behaviorally disordered adolescents. *Behavioral Disorders, 16*(2), 107-115.

Froyen, Y. A. (1993). *Classroom management: The reflective teacher-leader*. Macmillan.

Fuchs, D., & Fuchs, L. S. (1994). Inclusive school movement and the radicalization of special education reform. *Exceptional Children, 60,* 294-309.

Kauffman, J. M. (1989). *Characteristics of behavior disorder of children and youth* (4th ed.). Merrill Publishing Company.

National Center on Education Restructuring and Inclusion. (1994). *National study of inclusion education*. City University.

Repp, A. C., Felec, D., & Barton, L. E. (1988). Basing the treatment of stereotypic and self-injurious behaviors on hypothesis of their causes. *Journal of Applied Behavior Analysis, 21,* 281-289.

Rothstein, L. F. (1994). *Special education law* (2nd ed.). Longman.

Siegel, J., & Jausovec, N. (1994). *Improving teachers' attitudes toward students with disabilities*. (ERIC Document Reproduction Service NO: ED 374120)

Story, M. F., Mueller, J. L., & Mace, R. L. (1998). *The universal design file: Designing for people of all ages and abilities*. NC State University, The Center for Universal Design.

The Center for Universal Design. (1997). *The principles of universal design* (Version 2.0). NC State University.

第 **12** 章

親師合作與家庭支援

黃志雄、陳明聰

✽

前言

　　家庭是兒童的生活中心，也是兒童開始學習如何與人相處、生活自理、社會適應以及學習語言和溝通等各項能力的場所。在兒童發展的過程中，家庭扮演著重要的角色，Petr（2003）便指出，家庭是兒童成長過程中最重要和持續最久的資源，家庭和家長對孩子教育的影響，並不亞於學校和教師。家庭和家長除了肩負傳統觀念中養育的責任和功能外，許多學者更認為，在孩子的成長過程中，家長可說是孩子第一位、且最重要的教師。此外，家長對孩子的了解最多，也可以提供學校教師與孩子相關的資訊。因此，家長參與和親師合作的議題，一直是學校教育關心的課題。

　　除了親師應共同合作外，如何提供特殊教育學生家庭支持服務，以協助家庭發揮應有功能，也是近來特殊教育服務重要的課題。本章將從夥伴關係的理念出發，探討特殊教育需求學生之親師合作和家長參與，結合相關的研究結果和實務經驗，闡述有關親師合作和家長參與的內涵及重要性，並提供促進親師合作和家長參與的有效策略及實際示例。

第一節 親師合作和家長參與的內涵

隨著時代的變遷與社會結構的轉變，家長在孩子成長過程中，除了擔負起養育的責任外，家長和家庭的教育功能亦愈來愈重要。對特殊教育需求學生而言，由於家長和家庭成員對學生的能力和興趣有深刻的了解、可以建立滿足學生需求的方案、能促進學生學科和社會能力的學習，以及協助將所學技能類化到家庭情境中，因此許多學者均認為，教師應將家長和其他家庭照顧者視為重要的團隊成員之一，邀請家庭共同參與教育及課程決定的過程（Sileo et al., 1996; Smull et al., 2001; Smull et al., 2004; Turnbull & Turnbull, 2001）。

●●● 壹、特殊教育需求學生的家庭生態

兒童的發展是個體與其周圍環境互動的結果，包括最直接的環境，如家庭、學校，再到社區，甚至是整個社會的文化價值、法律和風俗習慣等（Bronfenbrenner, 1979）。McKenry 與 Price（2000）認為，家庭存在的環境為生態系統（ecosystem），生態系統涵蓋歷史、經濟、文化、生物與發展，家庭無法置身於社會脈絡之外，因此當家庭面對壓力時，會受家庭所處的歷史階段、文化認同、社會經濟環境、生物基因與家庭發展階段等多重因素影響。

一、家庭系統理論

依生態系統理論的觀點來看，生活的環境可依與兒童距離的遠近分成若干層次，每一層次均為一個系統，由近而遠分為微視系統（microsystem）、中間系統（mesosystem）、外部系統（exosystem）和鉅視系統（macrosystem）（馮燕，1997），其中「家庭」便是兒童最早接觸且影響最大的微視系統。

就一般系統理論而言，家庭是由家中成員的複雜因素或成分組成的動力系統，個別成員與成員間的互動是家庭的次系統，他們相互依賴、關聯，任何一個次系統皆會影響家庭整個系統（Holman, 1983）。事實上，家庭本身就是一個互動、相互依賴的系統，強調的是一群互動的有機體，在彼此互動的過程中

不斷地尋求一個恆定的狀態，在家庭生活週期中，成員的進入與離開都會影響整個系統（謝秀芬，2004）。Egel 與 Powers（1989）亦指出，家庭系統具有生態的敏感性（ecological sensitivity），家庭系統中的某一部分改變，會影響此一系統其他部分，以及家庭以外系統的改變（引自吳昆壽，2001）。從系統學的觀點來看，家中有一障礙成員，會對家庭其他成員帶來影響，同時也會使整個家庭的功能起了變化（周月清，2001）。對特殊兒童的家庭而言，孩子的特殊需求和障礙是家庭系統中一個極大的改變，除了兒童與家庭系統間雙向且對等的影響外，家庭以外的系統如學校、社區、機構、父母親的工作環境和社會等，也都會交互地影響兒童與家庭。

二、家庭壓力理論

　　家庭被視為一個有機體，兼具象徵性符號和實體結構，家庭為了成長與生存必須同時具備工具性和情感性的功能，以維持家庭的運作和穩定。家庭系統基本上會維持它的穩定性，但當遭遇改變或壓力時，家庭系統會產生因應與調適（Boss, 1988）。相對於一般壓力理論將研究焦點放在個人，家庭壓力理論則是以家庭為研究單位，家庭壓力理論是以 Hill 在 1949 年所提出的 ABC-X 模式為基礎，家庭壓力（X 因素）概念的產生，是在壓力事件（A 因素）、家庭資源（B 因素），與家庭對壓力的定義（C 因素）三者互動下而來（引自 McKenry & Price, 2000）。壓力事件是指引發家庭系統一定程度變異的事件或情境，而包括家庭生態系統中個人能力和個性之家庭資源，則可能在家庭面對危機或壓力時保護家庭免受壓力的影響，或激發家庭因應壓力的能力，此外，家庭對壓力事件賦予的意義，也將影響家庭受到壓力的程度（McKenry & Price, 2000）。

　　對特殊兒童家庭而言，孩子的障礙是引發家庭壓力的來源，父母親和家庭成員對障礙的認知與接納程度，將會影響家庭對壓力的因應與調適，而在家庭因應孩子的特殊需求時，來自生態系統中的支持和態度也會影響家庭調適的程度。此外，系統理論主張整體大於部分總合，整體家庭系統大於個別家庭成員的特質與能力的總合，因此，家庭的意義不僅止於個別成員的總合，更包含了這些成員間的關係、共享的記憶，和共同的經歷（Boss, 1988）。從生態系統與家庭壓力理論中不難發現家庭對兒童發展的深遠影響，而家庭的內部調適與外

部因應的情況，也都會相對地影響兒童發展的結果。因此，教師若要能有效地提供特殊教育服務，以及促進親師合作和家長參與，了解特殊教育需求學生家庭的生態系統，是一個非常重要的開端與關鍵。

♥♥♥ 貳、特殊教育需求學生家庭支援的需求

隨著家長團體對家長參與教育決定權的倡導，以及實證研究發現家長角色的重要（Leyser, 1988），學校教育亦逐漸地注重障礙學生的家長參與，提供各種有關的研習和訓練課程，來協助家長了解、養育及教育身心障礙兒童。過去往往以「親職教育」（parent education）一詞廣義地涵蓋家長參與（王天苗，1998）。然而，由於身心障礙兒童家庭所面臨的問題往往是複雜多元的，並非單一的專業人員、服務內容或訓練課程可以解決，他們需要更多的支持，包括精神上和物質上的協助。因此也逐漸以「家庭支援」（family support）來取代「親職教育」，提供障礙兒童家庭更積極、主動、多元的支持服務。

一、特殊需求學生家庭的心理調適需求

對特殊教育需求學生的家長和家庭成員而言，學校和教師除了鼓勵家長參與孩子教育外，他們更需要的是獲得家庭支援服務。特殊教育需求學生的父母親在面對孩子身心障礙的打擊和失落的心理過程中，通常會經歷拒絕、憤怒、期待、沮喪和接納等心理調適的歷程，並且承受著極大的壓力與挑戰，家長及家庭成員需要經歷一連串心理的調適過程（劉明麗，1997；Baker-Ericzen et al., 2005; DeMarle & Roux, 2001; Hooste & Maes, 2003; Lessenberry & Rehfeldt, 2004）。此外，家長在面對特殊需求孩子的心理調適歷程，大多數不是單一階段的演變，而是呈現複雜的個別狀況（劉明麗，1997），隨著特殊兒童的成長和所面臨的問題，父母親需要終身連續性地再適應，且似乎每個時期的反應均不太相同。綜合台灣與國外的研究結果，我們不難發現，特殊兒童父母親的心理調適程度，將會影響家庭系統的和諧以及特殊兒童的發展與學習（王天苗，1993；陳明聰、王天苗，1997；陳昭儀，1995；黃己娥、王天苗，1999；劉明麗，1997；DeMarle & Roux, 2001; Turnbull & Turnbull, 2001）。因此，需要經由提供家長支持的策略，來達到促進家長參與和親師合作的目標。

二、特殊需求學生與家庭的相互影響

　　從家庭生態系統的觀點來看，障礙兒童和家庭系統間相互影響（DeMarle & Roux, 2001）。再者，根據系統理論的觀點，壓力會改變家庭的平衡狀態。對障礙學生的家長及家庭而言，孩子的特殊需求和障礙即是壓力的來源，家庭對壓力的認知、因應方式與資源，都會影響家庭系統和家庭成員產生生理及心理上的改變（McKenry & Price, 2000）。因此，許多學者認為障礙者的家長和家庭需要獲得支持，以維持家庭的功能和生態系統的平衡，並主張透過「以家庭為中心」的家庭支援，以及家長參與和與專業人員合作的過程，實現家長及家庭的增權賦能（黃志雄等，2005；Bailey, 2001; Hatton et al., 2004; Kaczmarek et al., 2004; Turnbull & Turnbull, 2001）。

三、提供家庭支援以促進家庭參與

　　特殊教育早期的重點著重在障礙兒童本身，對於其家庭只提供極少數的服務，但是在家庭教育功能日益提升與受重視的趨勢下，特殊教育體系逐漸地由對個體的服務轉而支持其家庭全體成員，特殊兒童家庭支援服務的提供亦更顯得重要。父母親如果能夠給予兒童適當的反應和互動，提供愉快的生活環境，隨機指導兒童學習和提供足夠的語言刺激，則有助於兒童在認知、溝通及社會適應等能力的學習和發展（劉金花、林進材，1999）。因此，除了提供特殊兒童個別化的教學及服務外，我們更需要了解其家庭系統，重視和兼顧家庭的需求，並提供相關的支持與服務。

　　筆者從過去的實務與行動經驗（黃志雄、楊在珍，2002；黃志雄，2003a，2003b，2006，2007；黃志雄等，2005）中發現，特殊教育需求學生的家庭支援和家長參與可謂是一體兩面，要提高家長對障礙學生學習及生活指導的意願，以及有效地促進家長參與，須能提供家長和家庭一定程度的支持和相關的教養訊息，因此，促進家長參與亦潛藏著家庭支援的需求，家庭支援和家長參與兩者需同時並重，方能相輔相成。

●●● 參、夥伴關係的發展趨勢

由於親師之間的夥伴關係是整個相關議題的發展趨勢，而這樣的合作關係已超越了傳統的親職教育。因此，本文將一併採用「親師合作」和「家長參與」這兩個名詞。

親師合作和家長參與經常被視為是同義詞，若要具體的區分，兩者存在著互為體用的關係，家長參與是親師合作的前提，也就是說，不管採用何種形式，家長和家庭成員需要先能夠參與孩子教育，才能進一步地觸及到家長與教師間的合作關係；而親師合作則是家長參與的終極目的之一。

家長參與一詞涵蓋了參與（participation）和投入（involvement）兩個層面。LeBlans（1993）認為，就字面的意義而言，參與含有參與學校決策的權利，而投入則是指支持學校的計畫及活動，但一般不對這兩個名詞加以區分。大部分的學者採廣泛的定義來說明家長參與的涵義（吳璧如，1998；周新富，2003；陳明聰、王天苗，1997；Gestwicki, 2000; Hornby, 2000）。廣義的家長參與泛指父母對子女所有教育歷程或學習活動的參與，包括學校政策的決定、親職教育、擔任學校義工、籌募基金、親師溝通，和家長在家中的學習活動等。

在美國，特殊教育如同其他專業的領域一般，服務提供的觀念均經歷了一個顯著的轉移過程，著重服務的省思以及與障礙兒童的家庭共同工作（Kasahara & Turnbull, 2005; Manalo & Meezan, 2000）。近年來，由於家長參與一詞容易忽略父母親以外家庭成員對兒童的影響，且參與的涵義及範疇亦不明確，應涵蓋整個生態中的社區、學校及家庭。因此，許多學者主張採取「家庭─學校─社區的夥伴關係」（home-school-community partnerships）一詞來延伸家長參與的涵義（吳璧如，2003；Decker & Decker, 2003; Epstein, 2001; Gestwicki, 2000）。

此外，從相關的文獻資料中亦發現，由於學校、社區和家庭在教育孩子的重要任務上，扮演著交互影響的角色，因此，必須如同教育夥伴一般找到共同工作的方法，家長參與的涵義不應只是單向的家長和家庭的參與，應該是雙向的親師互動和夥伴關係的建立，以及學校和家庭之間的互動與聯繫。職是之故，近年來包括「親師關係」或「親師合作」（Hornby, 2000）、「家庭─學校關

係」（Petr, 2003）、「家庭共同參與」（Smull et al., 2001; Smull et al., 2004），以及「家庭—專業的夥伴關係」（Kasahara & Turnbull, 2005; Turnbull & Turnbull, 2001）等概念，均被視為是家長參與涵義的延伸與擴充。

第二節　親師合作和家長參與的重要性

　　家長參與和親師合作的重要性，以及家庭和專業間的夥伴關係在教育中的顯著性，均從實證性的研究結果再反映在法令的制定上（Turnbull & Turnbull, 2001; Turnbull et al., 2006）。以下分別從台灣與國外特殊教育法令的制定，探討親師合作與家長參與的重要性。

♥♥♥ 壹、美國聯邦法令規定

　　在特殊教育的領域中，家長參與亦同樣受到重視，美國從 1965 年推動「啟蒙方案」（Head Start）以減少貧窮對幼兒所帶來的負面影響起，強調家庭參與便成了服務提供計畫中不可或缺的一部分（許素彬等，2003；Ysseldyke et al., 2000）。

一、《殘障兒童教育法案》（《94-142 公法》）

　　美國在 1975 年的《殘障兒童教育法案》中，首次賦予家長參與子女教育決定的權利，其目的在促進學校與家長的合作。《94-142 公法》中規定家長有權參與子女的安置和輔導方案，以及 IEP 的發展、同意和評鑑，同時，家長亦有權要求審視其子女的各項紀錄資料。在 1986 年的《殘障兒童教育法修正案》中更提出了個別化家庭服務計畫（individual family service program，簡稱 IFSP），明文規定需提供特殊兒童家庭包括個別的家庭支援、諮詢服務和親職教育等之早期介入服務，強調以家庭為中心的方法，並要求地方政府或學校提供 0 至 3 歲的專業人員與家庭合作，共同發展 IFSP。

二、《身心障礙者教育法案》（IDEA）

1990 年和 1997 年的 IDEA，除了持續強調家長參與的權利外，亦強調家長及家庭成員應參與子女教育決定的過程，增加家長參與教育決定歷程的保障。在 IDEA1997 中規定家長有權要求其子女接受免費適性的教育，以及要求特殊教育和相關服務為其子女進行評量，當家長對評量和安置結果有異議時，可以申請再評量及再安置（Turnbull & Turnbull, 2001; Turnbull et al., 2006）。Turnbull 與 Turnbull（2001）認為，經由 IDEA 等相關法令的訂定與實施，障礙學生的家長獲得合法的教育決定角色，也因此促進家長和專業人員之間發展出合作的夥伴關係，而不僅是單方面的教育服務接受者。此外，IDEA 更希望能夠支持障礙學生的家庭成為教育的倡導者，因此，依循著零拒絕（zero reject）、非歧視的評量（nondiscriminatory evaluation）、合適的教育（appropriate education）、最少限制環境（least restrictive environment）、家長及學生的參與（parent and student participation），以及法律保障程序（procedural due process）等六大原則，在法令條文中規定了許多有關家長參與的權利和義務事項（Turnbull & Turnbull, 2006）（如表 12-1 所示）。

表 12-1　IDEA 六大原則下的家庭權利與義務

原則	家庭的權利	家庭的義務
零拒絕	• 不管孩子的障礙類型和程度為何，皆可接受免費而適性的公立教育。 • 家庭及其嬰幼兒可接受根據孩子的能力所設計的廣泛服務，以減少發展遲緩的可能性，並促進家長幫助孩子的能力。 • 家長有接受服務之同意權。 • 不需以私人保險來支付孩子的教育，可要求保險公司給付服務之經費，保險公司必須依法給付，否則當地教育單位需免費提供。 • 只要孩子被歸類在特殊教育範圍內，就可以持續獲得特殊教育的益處。 • 獲得功能性評估及廣泛性正向行為支持的施行。	• 賦予學生得到特殊教育相關的服務，若家長要安排其他專業介入時，須能舉證證明該專業對學生是有益的。

（續下頁）

原則	家庭的權利	家庭的義務
非歧視的評量	• 獲得不帶偏見的評估。 • 評估時，家長可加入意見。 • 家長為評估團隊中的一員。 • 需獲得評估報告的複本及證明孩子合格接受特教的聲明。 • 可建議及要求團隊考慮評估家長所提供的訊息。 • 當團隊在決定孩子是否仍維持接受特教的合格性時，家長必須得到通知。 • 可要求評估以決定孩子是否仍需要特教服務。 • 可同意或否定初次的評估、再評估及所有評估。	• 當學校有多次通知，家長卻無回應，則學校可進行評估。 • 當家長不同意，教育當局可申請調解或公聽會來獲得評估的許可。 • 家長可能要負擔獨立評估的費用，以要求學校評估團隊執行。 • 家長要負擔獨立評估的費用給當地教育局，除非教育局的評估不適當或再評估是由公聽會所指定的。
合適的教育	• 獲得家庭訓練、諮詢及家訪。 • 家長諮詢及訓練。 • 心理服務。 • 嬰幼兒及家庭服務的協調。 • 社工服務。 • 輔助科技及服務。 • 發展 IEP 時，團隊需考量家長的意見及學生的能力，團隊要重視家長意見。 • 當地教育局需採下列步驟確定家長為決定孩子教育安置之團隊中的一員：會議前通知、會議日期是彼此方便的、安排居中翻譯者、當家長不能到場時可透過單獨的或會議電訪。 • 當地教育局可在能證明確實無法聯絡得到家長時，舉行 IEP 會議。證明包括電訪之詳細紀錄、來自或轉給家長的信件複本，及任何拜訪家長住家或工作地點的結果。 • 可邀請其他家庭成員或專家參與 IEP 及 IFSP 會議。	• 要求家長與專業人員在計畫及實行學生的適性教育時共同合作。 • 參與 IEP 會議。
最少限制的環境	• 依據非歧視評量結果做最少限制環境的安置。 • 所有學生不論其障礙別及障礙程度，都必須安置在普通教育環境，除非普通班無法滿足其特殊需求時，才可以做其他的安置方式。	• 家長為團隊中的一員，可決定「最少限制的環境」（LRE）如何對孩子施行。

（續下頁）

原則	家庭的權利	家庭的義務
	● 普通教育環境涵蓋學業課程、課外活動及所有學校活動。 ● 嬰幼兒得依所需安置在自然環境。	
家長及學生的參與	● 獲得孩子在學校的紀錄。 ● 限制孩子紀錄的外流。 ● 獲得學校在特殊教育的相關紀錄。 ● 查看州政府的特殊教育計畫。 ● 獲得計畫會議前的正式通知。 ● 對計畫提出意見。 ● 獲得州政府特殊教育諮詢服務，政府須組成主要的諮詢團隊。 ● 獲得州政府機構間的協調性早期療育諮詢，政府須組成主要的諮詢團隊。 ● 父母與個案得參與 IEP 會議及評估。	● 所有決定與會議家長應讓孩子參與，因法定權力賦予孩子不管任何時候、任何障礙程度都能參加相關會議。
法定程序	● 保障學生獲得免費適性的公立教育。 ● 家長須獲得評估安置的書面通知。 ● 獲得以母語形式的溝通。 ● 可簽名同意計畫或保留同意權。 ● 在更動鑑定、評估、安置的方式前，須收到正式的書面通知。 ● 可拒絕更動鑑定、評估、安置的方式。 ● 可申請調解來解決與當地教育局的糾紛。 ● 可申請公聽會，若不服可再往上州政府級之公聽會或法院。	● 要申請公聽會時，家長須通知當地教育局，聲明將提出抗辯，必須詳盡的敘述學生資料及相關問題，以及預期的解決方式。

註：Turnbull 與 Turnbull（2006）。

三、《沒有任何孩子落後法案》（NCLB）

　　此外，2001 年《NCLB法案》，也保障特殊教育學生的家長享有同樣的教育選擇權，以保障學生不因其障礙而失去受教的機會，在教育改革和融合教育的影響下，身心障礙學生及家長享有與其他人相同的權利。而在《身心障礙者教育促進法案》（IDEA 2004）中，持續保障家長的教育參與和決定權，並更加著重家庭的需求和夥伴關係的建立，例如：增加家長參與 IEP 會議的彈性方式、經由家長訓練機構，提供資源協助家長解決問題，以及鼓勵家長訓練機構促進家長與學校間的合作，並盡早有效解決問題等。

❤❤❤ 貳、台灣的《特殊教育法》

　　台灣於 1997 年、2009 年和 2014 年的《特殊教育法》中，都明確規定家長參與的權利，奠定特殊學生家長參與的法令地位。在《特殊教育法》中規定身心障礙學生的家長有參與孩子鑑定、安置、擬定個別化教育計畫的權利，同時應提供特殊教育學生家庭包括資訊、諮詢、輔導和親職教育等支援服務，且每校的家長委員會中，應有特殊學生家長代表參與（教育部，2019）。近年來，台灣在特殊教育相關法令上，對家長和家庭參與之相關條文和規定事項，亦有許多明確的陳述，詳細內容如表 12-2 所述。

表 12-2　台灣特殊教育相關法令對家長參與的規定

法令	內容	家長重要權利
《特殊教育法》第 5 條	各級主管機關為促進特殊教育發展，應設立特殊教育諮詢會。遴聘學者專家、教育行政人員、學校行政人員、同級教師組織代表、家長代表……，參與諮詢、規劃及推動特殊教育相關事宜。	參與特殊教育諮詢委員會。
《特殊教育法》第 6 條	各級主管機關應設特殊教育學生鑑定及就學輔導會（以下簡稱鑑輔會），遴聘學者專家、教育行政人員、學校行政人員、同級教師組織代表、家長代表……。 各該主管機關辦理身心障礙學生鑑定及安置工作召開會議時，應通知有關之學生家長列席，該家長並得邀請相關專業人員列席。	參與各縣市政府鑑輔會。 參與子女鑑定安置會議。
《特殊教育法》第 17 條	幼兒園及各級學校應主動或依申請發掘具特殊教育需求之學生，經監護人或法定代理人同意者，依前條規定鑑定後予以安置，並提供特殊教育及相關服務措施。…… 監護人或法定代理人不同意進行鑑定安置程序時，幼兒園及高級中等以下學校應通報主管機關。 主管機關為保障身心障礙學生權益，必要時得要求監護人或法定代理人配合鑑定後安置及特殊教育相關服務。	鑑定安置同意權。 依法讓孩子配合鑑定之義務。

（續下表）

法令	內容	家長重要權利
《特殊教育法》第 21 條	對學生鑑定、安置及輔導如有爭議,學生或其監護人、法定代理人,得向主管機關提起申訴,主管機關應提供申訴服務。……	家長具申訴權。
《特殊教育法》第 28 條	高級中等以下各教育階段學校,應以團隊合作方式對身心障礙學生訂定個別化教育計畫,訂定時應邀請身心障礙學生家長參與,必要時家長得邀請相關人員陪同參與。	參與子女個別化教育計畫。
《特殊教育法》第 45 條	高級中等以下各教育階段學校,為處理校內特殊教育學生之學習輔導等事宜,應成立特殊教育推行委員會,並應有身心障礙學生家長代表;其組成與運作方式之辦法及自治法規,由各級主管機關定之。……	參與特殊教育推行委員會。
《特殊教育法》第 46 條	各級學校應提供特殊教育學生家庭諮詢、輔導、親職教育及轉介等支持服務。……身心障礙學生家長至少應有一人為該校家長會常務委員或委員,參與學校特殊教育相關事務之推動。	獲得支援服務。參與學校家長會。

　　從以上台灣與國外相關法令的發展過程與規定,我們不難看出家庭的角色在特殊教育與相關服務上的顯著性,以及家長參與的法令地位和重要性。也由於家長參與的法源基礎漸趨完善,除了讓特殊教育需求學生家庭的權利得以獲得保障和重視外,也提供實務工作者與家長合作和提供家庭支援服務時之參考,更促進了有關家庭議題之實務與研究方面的發展。

第三節　親師合作策略之應用

　　美國學者 Proter DeCusati 與 Johnson（2004）指出,美國教育部門鼓勵學校以多元方式引導更多家長參與學校教育,如參與決策活動、班級義工,和協助兒童完成家庭作業等。此外,Carter（2002）從將近 70 篇有關家長參與的研究中發現,最有效的家長參與方式,必須能夠以家庭為中心,滿足個別學生、家長和社區的需求。筆者參酌相關的文獻資料和多年的實務經驗,提出下列幾項

促進親師合作及家長參與的策略和方式。

♥♥♥ 壹、家庭訪問

　　家庭訪問是親師之間建立關係的「第一類接觸」，也是教師和家長尋求共識的重要關鍵與機會。教師在初接新班並獲得學生資料後，便可開始著手安排家庭訪問的時間，為了能夠發揮家庭訪問的功效，教師應盡可能地在開學前進行家訪。對特殊教育需求學生的家長而言，老師主動積極地拜訪和晤談，能讓家長覺得受到尊重，並建立良好的第一印象；同時，教師也能經由家庭訪問的過程，了解家長對孩子的期待、家庭生活環境，以及學生與家人之間互動的情況。有鑑於此，教師應該將家庭訪問視為重要且經常性的班級經營策略之一，至少每一年到學生家裡拜訪一次。

　　此外，教師在進行家訪時，亦需要注意下列各項原則。

一、時間的規劃與安排

　　初次家訪時間不宜過長，由於是親師雙方的初次見面，若時間太長容易讓彼此感到壓力，但是，如果時間太短，則無法充分地和家長晤談，以及蒐集學生的生態資料。因此，可以將每位學生的家訪時間控制在 30 分鐘到一個小時左右。此外，家訪的安排須考量家長的工作和時間，教師需要事先詢問家長方便進行家訪的時間後再安排；另外，老師可能需要在短時間內拜訪好幾位學生的家長，因此，可以依照家訪地點的往返距離預估時間，並事先以電話方式聯繫家長，安排家庭訪問的行程表，以減少因路程往返而造成的時間浪費。

二、事先的準備工作

　　為了能夠建立家長對教師專業能力的良好印象，以及在短時間內有效地蒐集學生的能力現況，教師可在家訪前，根據過去的教學經驗和學生的基本資料，設計學生能力的檢核表或生態訪談表，以及想要訪談家長的相關議題，例如：孩子的成長史、教育史、醫療史，以及家長對孩子未來學習上的期待等，以利家訪的進行和成效。

三、安全原則

此外，教師在進行家庭訪問時亦需要考慮到人身安全的問題，除了事先與家長聯絡，做好行程及路線規劃，並安排好交通工具外，可邀請學校同事結伴同行，增加教師在學校外工作的安全保障。

♥♥♥ 貳、電話及面談

在親師合作的過程中，教師經常會透過電話與面談方式，與家長聯繫和溝通，因此，教師需要能夠掌握有效晤談和溝通的策略。

一、有效的口語表達

不論是電話或面談，教師都需要能夠有效地以口語方式傳遞訊息給家長，並和家長交換訊息，而所謂有效的口語表達即是讓家長能夠了解訊息的內容，教師需要盡可能地使用家長所熟悉的語言，例如：台語和客家話，並將訊息內容中的專業術語，轉換成家長能夠理解的話語，而非只是將白紙黑字裡的訊息「唸」給家長聽而已。最重要的是在以口語傳遞訊息後，要能夠確認家長是否真的接受到了訊息。

二、掌握非口語的身體語言

多數訊息並不單獨僅以口語或字詞的方式來傳遞。事實上，在談話過程中，多數的訊息內容是透過非語言的行為和聲音變化被傳送。Pugach 與 Johnson（1995）便指出非語言的溝通是非常強而有力的，非語言的訊息經常是具有溝通性和實際意圖的，同時也是一個比口語的訊息傳送更加準確的表示方法（引自 Thomas et al., 2001）。

在親師互動的過程中，有些時候教師與家長需要面對面的談話及溝通（家長可能會親自到學校，或是教師到學生家裡訪問），教師在和家長進行面談時，除了要能清楚、有效地以口語表達外，亦需掌握訪談過程中家長非口語的溝通行為，例如：眼神、表情、動作、停頓、微笑和嘆氣等，並試著從這些非口語的身體語言中覺察家長內心的想法，以及與口語表達間的差異，同時，也可試

著以非口語的方式（如點頭、拍肩膀等），輔助訊息的傳達和溝通。

三、傾聽

傾聽是口語與非口語形式溝通之間的橋樑，積極傾聽也代表著了解對方的想法和需要。因此，在訪談和親師溝通的過程中，「傾聽」扮演著十分重要的角色；主動積極地傾聽是親師溝通過程中所必須的。Gordon（1970）指出，積極傾聽技巧的三步驟為：(1)注意傾聽對方所說的話；(2)聽了之後能重述感覺；(3)推斷感覺的理由，也就是再聲明自己所感覺或聽到的內容（引自 Thomas et al., 2001）。

一般而言，積極傾聽的策略包括：

1. 面向或轉向要唔談和溝通的對象。
2. 開放姿勢，不要手交叉抱胸或翹腿。
3. 身體向前傾，在對方說話時身體須保持前傾，表示注意專心。
4. 保持眼光的接觸。
5. 放鬆並保持有興趣的注視，而不是坐立不安或看錶。

其他傾聽的技巧尚包括：簡述語意（將自己聽到的內容再陳述一次，讓對方了解自己聽見了什麼）、澄清（針對聽不清楚或不了解的地方提出疑問，並藉此澄清彼此的想法和觀念），和情感反應（反應自己從對方的口語和非口語行為中，所傳遞出的內心感受，如高興、難過、生氣……）等。此外，教師在電話或面談的過程中，最重要的是要能夠隨時保持傾聽的「態度」，包括：

1. 需要聽到他人要說的。
2. 需真誠想幫助人處理問題。
3. 需真的能接受他人的感覺，無論他們與你有多不同。
4. 信任他人有能力去處理、完成工作和發現解決問題。
5. 意識到和讚賞自然的瞬間感覺，而不需懼怕他們。
6. 需識察他人用以接受世界的方式和自己不同。

除了上述的唔談與傾聽原則外，教師和家長進行電話訪談時，需要再注意

以下各點：

1. 教師要事先了解適宜的電訪時機，以免打擾到家長的正常作息時間。

2. 教師要事先擬定欲和家長研討的問題或議題，以節省時間，增加效率。

3. 電訪時間不宜過長，最好控制在 30 分鐘以內。

4. 教師應保持良好的電話禮貌，即使不認同家長的論點，也應平心靜氣陳述自己的看法。

5. 要使用家長熟悉的語言或語彙，以增進和家長之間的親切感。

6. 電訪結束之後要將結果扼要的記錄下來，以便日後查詢之用。

❤❤❤ 參、書面溝通

　　教師要能夠成功地與家長建立和維繫關係，便需要積極且經常性地與家長溝通。除了電話和面談外，書面溝通是教師最常使用且最方便的溝通方式。

　　書面溝通的形式十分廣泛，每一種書面溝通方式的運作都可以非常彈性，端視溝通的主題和目的而定。書面溝通的形式包括學生的家庭聯絡簿、成績單、家長同意書、意見調查表、會議和活動通知單、加油卡、家長手冊，以及學校和班級刊物等。此外，因應數位化時代的趨勢，各種形式的書面溝通亦可透過通訊軟體（如 Line）傳遞。

　　教師可透過淺顯易懂的詞彙及吸引人的主題，以書面的方式傳遞訊息給家長，但需要注意下列幾項原則：

1. 文字敘述和拼字是否淺顯易懂及正確。

2. 書面資料是否能及早寄送給家長，讓家長有更充裕的時間安排和參與活動。

3. 避免使用艱深的專業術語，以增加文字詞彙的可讀性。

4. 避免使用負面、命令和鄙視的語氣敘述，盡量採用正向、對等和肯定的文字敘述。

5. 如果書信的用意是要邀請家長親自到校一趟，則必須給家長一個明確的理由，因為家長不會為了一個含糊的原因而白白犧牲寶貴的時間。

6. 在書信的結尾留下空間請家長簽名，使教師能確切掌握家長是否已收到訊息。

7. 要能持續和規律地溝通。

8. 對於不識字的家長，可採用其他替代的傳遞訊息方式，例如：改採面談或電

話方式，或是請他人轉述。

　　除了上述的原則外，下列幾項書面溝通的方式，亦可作為教師在促進親師合作和家長參與時的參考。

一、家庭聯絡簿

　　家庭聯絡簿是親師溝通最普遍使用的書面溝通方式，教師可將學生在學校的良好表現或待改進的地方，寫在聯絡簿中告知家長，家長亦可將孩子在家中的表現，以及家長對孩子的期待，透過聯絡簿傳遞訊息給教師。

　　如果教師的時間許可，應盡可能地撥空撰寫學生的家庭聯絡簿，告知家長關於學生在學校的學習情況、學習內容，以及主動詢問家長有關學生在家的表現。每週至少要透過聯絡簿與家長分享一至二則事項，並非只是在聯絡簿上簽名而已，如此，可以增加家長對孩子在學校學習的理解，並能從聯絡簿的互動溝通中，建立起親師合作的共同焦點。此外，對於參與意願低落的家長，教師也可以藉由書面的聯絡簿溝通，引導家長表達對孩子學習的看法。

　　此外，由於許多特殊教育需求學生的家長，因為孩子的障礙及特殊需求，普遍認為自己孩子的表現不佳。通常家長只看到了學生的缺點，而忽略了孩子的潛在能力與優點，因此，教師應該協助家長發現學生的潛能，以增加家長在家指導孩子學習的意願和信心，可多在聯絡簿中分享學生的好表現讓家長知道，以正向敘述的方式與家長分享學生在學校的表現，而非只是透過聯絡簿和家長一起批評學生的缺失。

二、活動通知單

　　舉凡運動會、園遊會或校外教學等學校活動，或是 IEP 會議、親師座談、班級慶生或社區教學活動，都應該事先以書面方式通知家長，並邀請家長撥空參加。教師可參考如圖 12-1 的格式，將活動的主題、時間、地點和內容等告訴家長，並設計回條請家長填寫。

圖 12-1　班級活動通知單示例

親愛的家長，您好： 　　我們將於星期三（11/12）上午舉辦 11、12 月班級慶生會（8:20 開始），以及本學期第五次家長成長團體活動（9:20 開始），本次的主題為「情緒及行為問題處理」，探討孩子們情緒與行為背後的原因，和分享行為問題處理的經驗。歡迎您來和我們一起分享您的經驗及感受！ 　　敬祝　闔家平安 　　　　　　導師 黃○○敬邀	第五次家長成長團體（11/12） 回　條 □ 願意參加。　　人。 □ 很抱歉，無法參加。 家長簽章：＿＿＿＿＿＿

三、家庭功課紀錄簿

　　家長們普遍會認為特殊教育需求學生的學習能力不佳，且經常不知道孩子可以學習什麼，更不知道在家裡要教他什麼，因此，教師可以透過系統性的家庭功課紀錄簿，協助家長在家指導孩子做功課時的依據。教師可將學校學習的內容或 IEP 目標，製作成檢核表的格式，請家長每天或每週固定時間和孩子互動，並記錄孩子在家裡的表現情況（如圖 12-2、圖 12-3 所示）。

　　家庭功課紀錄簿一方面提供家長在家指導孩子學習的依據，另一方面也能讓家長了解孩子在學校的學習內容，無形中增加家長參與孩子學習的程度和意願；此外，當教師以電話或面談方式和家長溝通時，家庭功課紀錄簿亦可作為討論的媒介和焦點。

四、加油卡或獎勵卡

　　除了在家庭聯絡簿上和家長分享學生的表現外，亦可配合班級獎勵制度的實施。當學生集滿十張貼紙（或一定程度的好表現）時，以名片大小的小卡片，寫上簡短的文字或圖片，來傳達學生的進步和良好行為等正面訊息。Rockwell 等（1996）認為，加油卡是向學生及家長「示好」很好的方式，也可以讓家長知道孩子有多受到教師的注意。

圖 12-2　家庭功課作業紀錄簿示例一

生活自理及親子互動紀錄表

項目 日期	吃飯		洗臉		刷牙、漱口		穿脫衣褲		親子互動		家長簽名
	協助方式	學習情形	協助方式	學習情形	協助方式	學習情形	協助方式	學習情形	活動項目	互動情形	
3/1											
3/2											
3/3											
3/4											
3/5											
3/6											
3/7											
3/8											
3/9											
3/10											

※協助方式代號：P1-大量肢體協助、P2-少量肢體協助、M-示範、V-口頭提示、G-手勢、S-自己完成。
※學習情形代號：○-好棒、△-尚可、×-不配合。

五、班級刊物

　　Rockwell 等（1996）認為，刊物是一項用來溝通、介紹、教育孩子與家長的好工具，也是提供孩子、家長和家庭相關訊息的重要媒介。以班級為核心發行刊物，可以使班級內的成員，包括學生、家長、教師和義工等，獲得共同的焦點與歸屬感，班級刊物也可以成為班級成員之間的溝通平台，舉凡班級發生的大小事情、學生或其他成員的特殊優良表現、活動訊息、經驗分享和教養訊息等，均可以透過班級刊物的發行，促進親師間的互動和交流。

　　班級刊物的內容和領域則需要視班級成員的需求而定，但是，重要的是要能有固定的專欄和項目，讓家長能夠概略地知道將會獲得哪些資訊，例如：班級新聞概要、活動花絮、班級活動介紹、教養心得分享、班級趣聞等。

　　此外，為了達到吸引讀者閱讀的目的，班刊和其他書報雜誌一樣，需要有

圖 12-3　家庭功課作業紀錄簿示例二

第二單元（水果與蔬菜）週末家庭作業紀錄表			
週次　　作業內容	星期五 1. 大家來寫 123 2. 補充教材	星期六 1. 著色遊戲（一） 2. 補充教材	星期日 1. 常規教室 2 2. 親子遊戲互動
第八週	4/4	4/5	4/6
協助程度｜學習狀況			
第九週	4/11	4/12	4/13
協助程度｜學習狀況			
第十週	4/18	4/19	4/20
協助程度｜學習狀況			
第十一週	4/25	4/26	4/27
協助程度｜學習狀況			
家長的話			家長簽章
※協助程度代號：P1-大量肢體協助、P2-少量肢體協助、M-示範、V-口頭提示、G-手勢、S-自己完成。 ※學習狀況代號：○-好棒；△-尚可、×-不配合。 ※每天的學習情形也可再詳述於各教材、課本內，謝謝您的配合！			
教師的話			導師簽章

一個醒目清楚和切題的標題或刊物名稱。同時，班級刊物發行的時間應固定，以每週或每兩週發行一次較為合適，發行的時間相隔太長，將會使班級刊物的內容失去新鮮感，也會讓家長和家庭成員等讀者失去期待閱讀的興趣。如果教師的時間和能力有限，也可以透過班群的方式發行，找同年級或相鄰的班級，共同發行刊物。

　　圖 12-4 為本章第一作者與學校同事所發行之班級刊物，刊名為「伊是咱的寶貝」，內容包括刊頭（標題）、班級活動報導、社區教學活動、班級活動照片、上課花絮、短文欣賞和班級活動預告。

圖 12-4　班刊示例

【創刊號訊】感謝這些年來您的支持和鼓勵，為了能讓您更加瞭解班級活動，並提供您一個抒發心情故事的園地，我們將從十月份起發行雙週報班刊。

【活動報導】本班自九月六日起開始實施班級家長義工制度，感謝大家在百忙之中撥空前來班級指導孩子們學習，和協助處理班級事務，讓我們得以在最短的時間內引導孩子們步入正常的學習軌道，辛苦您了！並期待您繼續給予我們支持和指導！

謝謝淑專、儒霖、坤呈、真妮、梅足、登泰、玲華和寂珍阿姨、綺麗、翠軍、瑞蓮、百延、於九月期間至班上擔任義工，謝謝你們的參與和協助！

淑專和儒霖一起和孩子在音樂教室唱歌跳舞(9/8)

百延、翠軍、梅足和綺麗說故事給孩子們聽(9/7)

玲華指導祐齊和祐誠畫畫(9/14)

登泰指導雅琪寫字(9/9)

【活動報導】感謝大家撥空參與孩子的 IEP 會議，並提供您的寶貴意見，為了能滿足孩子們的個別需求，我們將於即日起配合班級家長義工制度，安排每個孩子的個別學習時間，請您繼續給予我們支持並提供您的意見。

【社區教學】本班於九月十六日上午舉辦社區教學活動，帶領孩子到民雄鉅洋游泳池，孩子們在游泳池和水療池玩得十分高興。

大家在游泳池裡玩得不亦樂乎！

佳良被左右護法壓住，「享受」spa！

圖 12-4　班刊示例（續）

【上課花絮】開學近一個月來，教室內總是笑聲不斷，因為孩子們每天來學校發生的新鮮事實在是太好笑了，和各位家長分享小五甲教室發生的二三事。

【跨班協同教學】在經過一年和小三乙的協同後，兩班的學生在長期的互動下，不僅在人際互動有更多的接觸，在學習上也因有不同的老師及教學法而讓學生感到新鮮，這學期我們將仍和小三乙班進行協同教學。

雅琪的「奶裝」事件—那天老師拿林志玲穿比基尼泳裝的海報教學生保護自己身體的概念，老師問雅琪海報上的阿姨有沒有穿衣服，雅琪回答說有，老師再問，那阿姨穿什麼衣服，雅琪很正經的回答：：「奶裝」（奶罩＋泳裝＝奶裝），老師們每個笑到不行！

某日音樂課時，黃老師教大家拍手和敲打大鼓節奏，輪到佳賢上場時，淑惠笑稱佳賢為漏氣連連，隊的大隊長，果然真的漏氣連連，從此佳賢被封為大隊長，而依序上場練習的建德和瓊瑩則分別被封為中隊長和小隊長，輪到祐齊上場時稍稍發揮水準，因此統領大中小隊長，而成為總隊長。

大家分組比賽畫臉譜和五官。

看我一邊唱一邊跳「頭兒、肩膀、膝、腳、趾」！

【佳文共賞】有人說：「生命的意義，在於向上帝預借「在天堂的尊嚴和喜樂。」人的將來，能不能上天堂，不知道，但能確知的是，在人間，孩子們的童年需要尊嚴、需要歡笑、需要喜樂！每個老師，都有責任讓每一個孩子都「喜歡上學、喜歡進教室、喜歡老師，也喜歡同學」；每個老師也都要運用創意的教學，把孩子們的聰明教出來！

婚姻妙論

蘇格拉底的婚姻生活過得不很幸福。可是他卻能從自己的不幸中取得一個幽默的結論：「不管怎麼樣，還是要結婚。如果娶到一位好太太，那麼你很幸福；如果你娶到一位壞太太，你會變成一個哲學家。」

豆豆看世界

奶奶哭了，因為電視上的奶奶也哭了；電視上的奶奶哭是因為她的小孩不要她。奶奶說：幸福的人要關心不幸福的人，才會更幸福。所以我決定以後要關心毛毛，因此我問毛毛幸不幸福，毛毛說他姓陳不姓福。

【黃志雄、陳淑芬 製作／發行】

【近期活動報告】

十月份仍持續實施班級家長義工制度，請大家踴躍撥空參與。

我們將於10/21(四)帶學生搭火車到林鳳營，學習搭乘火車並順道參觀當地的蓮花園。

徵文啟事：歡迎您與我們分享您寶貴的教養經驗和心情故事或生活經驗，字數格式不拘。

❤❤❤ 肆、IEP 會議

　　對特殊教育班級成員而言，每學年或學期必須固定召開的 IEP 會議，是親師溝通的最佳管道和機會，教師可以依法「要求」家長務必參與 IEP 會議，並在 IEP 會議中和家長討論學生的學習目標和內容，同時，也可以利用這個機會向家長說明教師的教學方式、班級的活動和在家指導孩子學習的方式。

　　學者們（Chen & Miles, 2004; Woods & McCormick, 2002）認為，跟家長說明學生的教育計畫，對特殊教育需求學生的家長來說是非常重要的，同時，對學生未來的學習也有很大的幫助。因此，教師們需要獲得有關學生的長處、興趣、能力和家長對孩子的期望，因為學生與家長相處的時間多過於教師，而學生在學校以外的學習機會也很多，所以，更需要透過 IEP 會議，與家長討論出學校外學習的具體策略和資源，來促進特殊教育需求學生的學習。

　　Chen 與 Miles（2004）進一步提供了幾項有效促進 IEP 會議的策略：

1. 藉由提供有關學校行政區的服務和計畫、法令的權利，和 IEP 過程的必要條件等資訊，幫助家長來學習教育系統。

2. 提供的資訊要讓家長容易了解（如個別討論、印刷品、影片或網路資源等）。

3. 詢問家長希望孩子學習的內容（例如使用輔助溝通的技巧和方法、正向支持行為）或其他家長感興趣的主題。

4. 需盡可能地邀請家庭中的主要決定者（如父親、母親或祖父母），一同參與親師會議或 IEP 會議，以避免 IEP 會議所做的決定無法落實。

5. 排定一個讓家庭成員方便參加會議的時間表。假如家長沒有交通工具或孩子沒有人照顧，那麼必須為他們找出解決的方法，並由學校行政提供協助，例如：可以將會議改在學生的家裡舉辦，或是住在附近的兩個家庭一起舉辦會議。

6. 準備跟家長討論IEP議程，解釋開IEP會議的程序，帶領家長瀏覽各項目標，並詢問家長對於孩子教育相關的目標，以及家長關心的議題和問題。

7. 假如可以使家長感到更自在，鼓勵家長帶一個朋友或親戚來參與會議或活動。

8. 隨時將學校的活動資訊告訴家長，並邀請他們來參與。

9. 藉由提供一個舒適的場所來營造歡迎的氣氛。

10. 在你盡最大努力的邀請下，某些家庭可能仍無法參與會議，則要去了解與探討家庭無法參與的原因。同時，確定這些家庭都了解他們法定的權利義務和孩子的教育選擇，讓家長們知道他們錯失了哪些東西。此外，教師必須能夠了解家庭的特殊處境，並持續利用家庭─學校的日誌（家庭聯絡簿）做聯繫，或是透過電話聯繫，以便隨時掌握家庭的現況與需求，和找出可行的家庭參與方式。

♥♥♥ 伍、班級活動

除了例行性的學校活動，例如：註冊、校慶、運動會等，教師也可以透過班級活動的舉辦，例如：親師座談、班級慶生會、親子學習活動等，邀請家長參與班級活動，增加家長參與學校活動的機會，同時，把握住這些家長到校的時間和機會，與家長聯繫感情和培養親師合作的默契。

一、親師座談會

目前，不論是普通教育或特殊教育，各級學校均會以親師座談會的形式進行親職教育，邀請全校家長到學校參與親職講座，同時，更重要的是能利用這個機會與班級教師進行面對面的溝通。對家長而言，參與親師座談無非是想要了解學校的運作方式、班級的課程與教學，以及教師的教學理念和方式。更重要的是希望了解孩子到學校能夠學習什麼、如何學習，並和班級教師建立起初步的親師關係。因此，教師便需要把握這個重要的機會，傳遞有關學生學習的資訊給家長，並與其建立對學生的共識，重要的是能夠讓家長獲得安全和信任感，得以安心地將孩子交付給老師。

有些時候，教師與家長容易因為立場和觀念的不同，而產生意見相左或不愉快的情況，甚至是針鋒相對的衝突，因此，教師需了解如何引導親師座談的進行和解決爭議策略。教師可參酌以下策略（黃志雄，2007；Chen & Miles, 2004; Rockwell et al., 1996）：

1. 在會談前讓家長知道預計進行多久的時間，之後便盡可能地不看時鐘。

2. 使用簡單易懂的字眼來解釋專有名詞或縮寫字（如IEP）等，避免對家長「說教」。

3. 向家長說明學校生活作息概況，以及孩子在學校參與活動的表現情形。

4. 邀請家長分享他們對孩子的觀察及了解，並詢問家長對孩子的期望為何。

5. 讓家長明白老師的提問是為了要更了解孩子的狀況，並且用真誠而不帶任何偏見的態度來表達對孩子及其家庭情況之關切，以尋求家庭的支持及配合。

6. 聚焦於孩子的需求，並在可行的範圍內與家長尋求一致的立場和態度。

7. 從家庭的角度來看待事物；接受家庭的觀點，並於考量家庭的狀況後再來提供意見。

8. 依據評量的結果來評估孩子的現況能力，並闡述其學習需求及提供相關建議，之後與家長一同討論及決定孩子的教育目標。

9. 共商欲達到目標之可行策略，擬定一份書面的行動計畫，載明各自所負責的層面，並討論下次會談的時間，以了解家庭方面的執行度、介入策略的結果以及是否有需要修正的部分。

10. 向家長解釋教師的專業意見，並依據經驗來提供資訊。

11. 承認教師並非萬能！談論自己所思考、相信和了解的部分，並釐清未知和力有不逮之處。

二、班級慶生會

　　除了學校安排的親師座談會之外，教師也可以調查班級內成員的生日，包括學生、家長、學生的家庭成員和教師等，依月份順序製作班級成員生日表，每個月或每兩個月舉辦一次班級慶生會，並藉此邀請當次的壽星家長和家庭成員參與。舉行班級慶生會除了可以增加家長參與的意願和機會外，更可藉由慶生會活動和祝賀卡片活絡班級氣氛，並提供班級成員間（家長和家長、家長和教師、家長和學生）的互動機會，拉近家長和班級教師與學生之間的距離。

三、親子學習活動

　　在普通教育中，教師為了促進家長參與和學生的學習，通常會邀請家長到學校說故事給學生聽，或是請家長介紹自己的工作內容讓學生了解，一般稱為「故事媽媽」或「家長日活動」。所謂「親子學習活動」與上述的「故事媽媽」和「家長日活動」有著相同的目的與方法，即是透過學習活動的安排，邀請學

生的家長和家庭成員到班級中來擔任示範教學和協助教學的工作，以達到增加家長的自我概念和參與程度，促進親子間的正向互動，同時，更能活絡班級氣氛和增進親師之間的合作與互動。

　　特殊教育需求學生的家長，在面對孩子的特殊需求和挑戰之下，經常會對教養孩子感到灰心，認為只要將孩子健康扶養長大即可，教育的任務就全權交給教師來負責。因此，在舉辦「親子學習活動」時，需能考量到家長的態度和能力，一般而言，多數有時間到學校參與活動的家長以媽媽和阿嬤居多，因此便可配合媽媽和阿嬤的專長——「煮飯」來設計活動。以端午節的主題活動為例，教師可邀請家長到學校教學生如何包粽子，事先請教家長包粽子的材料和流程後，將包粽子的過程進行工作分析，並且在每一項目標中安排一位家長上台和教師協同教學，如此，便能有效地結合班級教學和家長參與活動。

　　此外，除了配合家長的興趣和專長，「親子學習活動」的內容亦可以配合各種重要節日與活動來舉辦，其他適合親師生共同參與的活動還包括：我是小廚師（煮飯、炒菜、使用廚具等）、上街購物（模擬商店、跳蚤市場等）、生活小幫手（整理玩具、摺疊衣服、打掃等）、元宵節（搓湯圓、燈籠製作）。

　　另外，為了能夠有效地達到促進家長參與和親師合作的目的，教師在進行「親子學習活動」時需注意下列事項：

1. 活動內容的設計需考量學生的需求和家長的專長。

2. 教師需事先了解主題活動的步驟和內容，並依據學生的能力進行工作分析。

3. 邀請家長進行協同教學或示範教學前，需先告知家長教學的內容和目的，必要時教師可先提供示範並給予家長打氣和信心。

4. 在活動過程中需隨時觀察和了解家長參與的情況，並提供適時和必要的協助，例如：當家長進行示範教學而學生不願意配合時，教師便需要給予協助或接手教學工作。

5. 當學生因家長的參與而出現依賴行為，甚至是干擾或破壞行為時，教師需介入處理，可利用機會教導家長使用適當的行為處理策略，給予學生行為規範或重新編組。

6. 家長在參與過程中可能產生挫折的時候，教師需從旁適時給予鼓勵和支持。

7. 教師可以在活動結束前，公開感謝和稱讚參與活動家長的熱心參與和表現。

♥♥♥ 陸、家長成長團體

近年來，台灣有許多研究針對特殊教育需求學生的家庭需求進行調查，從相關的研究結果中發現，特殊教育需求學生的家長和家庭，需要有關親職教育、學習輔導、子女的醫療、社會福利、社會的接納及家長間相互扶持，更希望子女能逐步培養獨立生活的能力（王天苗，1993；胡雅各、郭慧龍；2001；黃志雄等，2005）。因此，筆者認為教師亦可以透過「家長成長團體」的舉辦，來增進特殊教育需求學生家長的參與和親師合作。

舉辦家長成長團體可以達成下列三項主要目的和成效：一是讓家長知道教師接納孩子，願意陪家長、陪孩子走這一段艱辛的成長之路；其次是給予家長教育子女的信心，提供親職教育和醫療復健、社會福利等相關資訊，增進家長輔導孩子學習的技巧，使家長均能成為自己孩子的特教教師；第三則是可以增進班級的凝聚力，使家長間彼此了解、相互扶持。

筆者認為班級教師是最合適的團體領導者，因為班級教師最能了解學生的需求和情況，也最能從學生的表現中獲得與家長的共同焦點，教師可以依循團體活動的前、中、後三個階段，來實施家長成長團體活動。

一、活動前

(一) 依據家長的需求設計活動內容

家長成長團體的主題和內容設計，需考量班級家長的實際需求，教師可以透過問卷或訪談的方式，了解家長需要哪一方面的內容。此外，團體活動的安排亦需要考量教師的專業能力和相關的行政支援，教師可透過在職訓練課程或參與類似張老師機構的活動，以增加團體帶領的能力，同時亦可尋求學校和社區資源的協助來進行。

(二) 個別邀請和鼓勵家長參與

實施家長成長團體活動前，教師需於學期初或活動舉辦兩週前（愈早邀請家長愈好，以方便家長安排時間來參加活動），個別地邀請家長參與成長團體，

教師可以透過書面資料方式，讓家長了解家長成長團體的目的、活動主題和時間（如圖 12-5 所示），並個別地在家長出席親師座談或接送孩子時，當面再以口頭方式邀請家長，或是以電話方式邀約，並且在活動前一、兩天，張貼邀請函在聯絡簿中提醒家長參加。

(三) 準備活動的場地和道具

在成長團體活動前一天，教師需事先整理活動場地，若學校無鋪地板之諮

圖 12-5　家長成長團體活動邀請函示例

親愛的家長，您好：

　　為了提供您在教育孩子上的支持，以及增進您在處理孩子問題行為方面和特殊教育方面的知識，同時，也希望能和您分享這方面的經驗，我們將於 3/8（四）起，每兩週舉辦一次家長成長團體，誠摯地邀請您！希望您和我們一起學習成長！

　　活動的時間內容如下：

時間：自 3/8（四）起，隔週星期四，上午八點半至十一點
地點：本校小一甲班教室
對象：小一甲班全體家長
帶領者：黃○○、楊○○
活動內容：

次數	時間	主題	備註
一	3/8	團體形成	
二	3/22	遊戲與兒童發展、親子遊戲	
三	4/12	角色調適與家庭動力	
四	4/26	影片欣賞與分享	
五	5/10	情緒和問題行為的處置	
六	5/24	生活復健知能	邀請聖馬爾定復健科主任共同帶領
七	6/14	手足問題與調適	
八	6/21	團體結束、心得分享	

備註一：當天學生課程調整為動態活動方式，配合團體遊戲和親子活動進行。
備註二：若您有任何問題歡迎和我們聯繫！

商室，可將教室內的桌椅移開，選擇一靠牆壁的角落鋪上軟地墊和坐墊，作為家長成長團體之活動場地；另外，亦需要事先將收音機、圖畫紙或衛生紙等活動所需的材料準備好。

二、活動中

(一) 開場暖身活動

　　教師可選擇一些輕柔的音樂（如《綠鋼琴》或水晶音樂等），作為家長成長團體活動的開場與暖身，同時，可由教師開始示範自我介紹，以增加團體成員間的認識和默契。每次的暖身活動和自我介紹可以做一些調整和變化，例如：一開始的自我介紹通常是以「某某的媽媽」自稱，可以鼓勵團體成員為自己選擇一個代表物或形容詞，如「我是來自梅山的某某阿嬤」或「我是有如櫻花的櫻花阿嬤」。

(二) 主題探索活動

　　在暖身活動與自我介紹後，團體領導者可依當次活動主題進行口頭說明，筆者建議採用說故事的方式，或生活及教學的實際例子為引言進行說明，並邀請團體成員分享自己的經驗，或是採用分組方式進行經驗分享和主題探索，再從活動中引導團體成員放鬆、分享、自我覺察和獲得支持。

(三) 邀請團體成員分享心得

　　在完成主題探索和分組討論後，團體領導者可以隨機邀請團體成員分享他們所討論的內容或參與團體的心得，並經由團體的動力給予回饋和鼓勵。

三、活動後

(一) 填寫團體回饋單

　　每次團體結束前預留十分鐘的時間讓參與團體的成員填寫團體回饋單（如圖 12-6 所示），彼此分享當次團體的感受，團體領導者再依據成員在團體中的

圖 12-6　團體回饋單示例

「家長成長團體」回饋單

這是第＿＿＿次團體　今天是＿＿＿月＿＿＿日　我是＿＿＿＿＿＿＿＿＿

一、這次團體進行的內容是……

二、團體過程中我學到……（請具體說明）

三、我想對團體所有成員或其中一位說的是……

四、我想對自己說……

五、我想告訴 Leaders……

表現和感想，直接在回饋單上再給予文字回饋。

(二) 提供文字回饋和支持

團體回饋單是參與家長成長團體成員心中的感受，因此，教師需能個別且慎重地看待家長所寫下的字句，除了回應團體回饋單中的內容外，也需給予家長一些文字鼓勵和支持。同時，將團體回饋單裝入信封，夾在學生的聯絡簿裡，個別地回饋給家長。

(三) 省思和調整團體的進行方式

成功的團體帶領需要隨團體成員的需求而調整，因此，團體領導者除了需要在帶領團體的過程中觀察成員的表現和省思活動的進行外，更需要依據回饋單的內容和自我省思，修改並調整下一次團體的活動。

♥♥♥ 柒、家長義工

Rockwell 等（1996）認為，邀請家長擔任義工，是鼓勵家長參與孩子教育的一種好方法，當家長看見孩子因自己的付出而有了長足的成長與進步時，將

能獲得成就感和滿足感。家長參與學校義工制度在國外已行之有年,學者們的研究結果支持家長義工對學校、老師、兒童及家長均能獲得正面的成效,例如,學校義工制度能夠加強學校和家庭與社區的聯繫,以及提供親職教育的機會等(Gestwicki, 2000; Proter DeCusati & Johnson, 2004)。本章第一作者曾在任教班級中實施家長義工活動,並以訪談方式了解家長對義工活動的看法,發現班級義工活動使得親師間的互動關係增加,除了原本老師與家長的角色外,更增添了幾分夥伴的關係,顯示班級義工活動能夠促進親師的合作(黃志雄,2006)。

教師可先利用學期初的親師座談或是家庭訪問的機會,個別地與家長說明家長義工活動的目的、時間和實施方式,亦可透過書面邀請函的方式再次邀請家長參與班級義工活動,同時,在每個月初調查家長參與義工活動的意願,並讓家長自行選擇能夠擔任義工的項目和時間。圖 12-7 為家長義工邀請函及調查

圖 12-7　家長義工活動邀請函示例

親愛的家長,您好:

　　為了增加班級的人力資源,提供孩子們更多的個別學習機會,本學期我們的家長參與活動調整為家長義工的方式進行,請您每個月安排兩個半天的時間,到班上來擔任義工,一方面協助老師的教學,另一方面也可以增加您和孩子間的互動,期待您的參與喔!

【服務時間】

　原則上以您方便的時間為主,希望至少能夠每月擔任兩個半天的義工。

【服務內容】

　1. 協助指導學生個別學習。

　2. 協助生活自理能力訓練。

　3. 協助班級教學活動。

--- ✂ --

【小五甲班級義工調查表】

姓　名	日　期	時　間	聯絡方式	備　註
		□上午 □下午		
		□上午 □下午		

PS. 若您想協助特定科目之教學或貢獻您的特殊才能者,請於備註欄中填寫。

表示例。

教師實施家長義工活動時需注意幾項原則。

一、積極地邀請和肯定家長的能力

多數家長在一開始時，均認為自己無法勝任「教學者」的角色，而會委婉地拒絕教師的邀請，因此教師需要積極地邀請，並說明義工活動的內容與可調整性，同時，最重要的是透過肯定家長的能力，以協助家長建立自信。

二、為家長量身訂做合適的義工項目

教師可依據家長的能力、興趣和個性，安排個別化的義工項目，例如：可邀請個性外向的家長共同參與唱跳和教學活動，個性內向的家長則可以協助指導個別學生操作教具和剪貼書寫等工作。

三、調整班級教學活動

教師需要因應家長義工的參與而調整班級教學活動，將原本全程由教師主導的教學活動，依家長參與的項目和程度，調整為協同和分組的上課方式，妥善應用家長義工的人力資源。

四、提供家長回饋與支持

家長在擔任義工的過程中，可能會因為學生的反應和行為而感到挫折，教師需要從旁觀察並適時地提供協助，同時，在每次義工活動結束後，教師可和家長分享當天的心得，並公開和個別地提供口語的回饋和鼓勵。

第四節　結語

❤❤❤ 壹、良好親師關係的建立首重教師的態度，其次才是方法

　　在態度調整部分，教師需能放下身段，表現出誠懇的態度和同理心，以對等的夥伴關係與家長互動，特別是有特殊需求孩子的家長，更需要老師積極的傾聽與同理，不要急著下評語和給建議，在初步關係建立後再適時地呈現專業。若能以感同身受的同理心，以及一起面對孩子問題的夥伴關係，與家長們互動，相信在親師關係的建立上將會是成功的一大步。

　　在方法運用部分，教師需要多充實有關家庭服務的知能，多聽聽家長的需求，多看看別人的做法，除了例行的親師互動方式外，並試著擬出一些具體的方法嘗試去做。以筆者的經驗為例，一開始是以家長成長團體的方式切入，並不斷地調整成長團體的運作方式和主題，接著是試著發行班級刊物、舉辦親子學習活動、探討個別家庭的需求和提供個別家庭支援，最後舉辦班級義工活動，而這一系列的活動均是以家長的需求為主軸。良好親師關係的建立除了要用對方法外，重點還是在於教師需能褪去個人主觀意識，以學生及家長的需求為中心，和家長及其他夥伴合作。

❤❤❤ 貳、建立良好的親師關係，是親師合作的第一步

　　筆者從一系列的研究中發現，良好的親師關係是促進親師合作和家長參與的必要條件，從行動歷程中亦得知，在開放、同理和支持等策略引導下，在準備行動階段所建立起的合作親師關係，將使後續行動中的親師共同參與，得以順利地執行。因此筆者建議，在親師互動的開始，教師與家長均需要：以學生為共同的焦點、秉持著開放的心胸、相互同理對方的想法，和抱持積極正向的態度等，以建立良好的親師互動關係。

♥♥♥ 參、善用工具建立親師溝通的平台

筆者從實務工作和研究中發現，大部分的教師與家長並不排斥親師共同參與，但因缺乏有效的親師溝通策略，在親師互動的過程中，經常因為缺乏共識和信任，而產生觀念的落差。因此，筆者認為教師在邀請家長共同參與時，可先考量親師的個性和互動方式，並善用各種表格和工具，例如：個別生態評量表、課程調整策略檢核表、行為紀錄表等，作為親師互動溝通的平台。有了明確、對等與合作為前提的溝通平台，親師雙方才能充分地表達、適時地澄清和有效地溝通。

♥♥♥ 肆、教師與家長均需學習有效的溝通策略

許多教師對親師合作和家長共同參與，抱持著既期待又怕受傷害的態度，教師們認為家長被動消極的態度，以及對孩子的期待和標準與教師有落差，是影響親師共同參與的原因，由此可知，家長與教師間的觀念落差和溝通不良，亦是導致教師對親師共同參與卻步的原因。然而，親師共同參與的責任不能僅由教師單方面承受，親師雙方均需要能體認親師合作的重要性，因此，教師與家長均需學習有效的溝通互動策略，包括傾聽、同理、平等和開放的態度，以及有目的性和清楚的傳達訊息。

問題討論 ✷

1. 你覺得親師之間是合作關係？還是對立關係？在你曾看過的親師互動中，有沒有讓你印象深刻的事件或片段？

2. 如果你是班級導師，當家長不願意參與孩子的教育過程，也不願與教師合作時，你會如何因應？

 參考文獻

❖ 中文部分

王天苗（1993）。心智發展障礙兒童家庭需要之研究。**特殊教育研究學刊，9**，73-90。

王天苗（1998）。障礙者家庭研究與實務。載於台灣師範大學特殊教育學系（編），**身心障礙教育研討會會議實錄**（頁 69-81）。台灣師範大學特殊教育學系。

吳昆壽（2001）。資優障礙學生家庭生態系統研究。**資優教育研究，1**（1），85-110。

吳璧如（1998）。教育歷程中家長參與學校教育之研究。**國教學報，10**，1-36。

吳璧如（2003）。母親參與子女學校教育之研究。**教育研究資訊，11**（5），85-112。

周月清（2001）。**家庭社會工作：理論與方法**。五南。

周新富（2003）。家長參與子女教育之研究與實務。**國民教育研究學報，11**，69-92。

胡雅各、郭慧龍（2001）。高中職特教班智障學生的父母親家庭支援服務需求調查研究。載於彰化師範大學特殊教育學系（編），**亞洲區障礙理解教育國際研討會論文集**（頁 21-49）。彰化師範大學特殊教育學系。

教育部（2019）。**特殊教育法**。2019 年 4 月 24 日修正公布。

許素彬、王文瑛、張耐、張菁芬（2003）。特殊需求嬰幼兒之家庭需求分析與研究。**靜宜人文學報，18**，127-158。

陳明聰、王天苗（1997）。台北市國小啟智班學生家長參與之研究。**特殊教育研究學刊，15**，215-235。

陳昭儀（1995）。身心障礙兒童與家庭。**師大學報，40**，187-212。

馮燕（1997）。**托育服務：生態觀點的分析**。巨流。

黃己娥、王天苗（1999）。智障學生家長決定子女教育安置之研究。**特殊教育研究學刊，17**，85-105。

黃志雄（2003a）。班級本位特殊兒童家庭支持服務的實施與發展。載於彰化師
　　範大學特殊教育學系（編），**亞洲區障礙理解教育國際學術研討會論文集**
　　（頁 101-114）。彰化師範大學特殊教育學系。

黃志雄（2003b）。特殊兒童家庭支持與家長參與。**特教園丁**，19（2），8-15。

黃志雄（2006）。重度障礙兒童家長參與班級義工活動之質性研究。載於嘉義
　　大學特殊教育學系（編），**嘉義大學 2006 特殊教育國際學術研討會論文
　　集**（頁 25-45）。嘉義大學特殊教育學系。

黃志雄（2007）。**重度及多重障礙學生個別化課程擬定與執行之研究**（未出版
　　之博士論文）。彰化師範大學特殊教育學系。

黃志雄、陳淑芬、田佳芳（2005）。特殊兒童家庭支持服務的省思：家庭需求
　　之個案研究。載於彰化師範大學教育學院（編），**轉型與發展：創造師範
　　教育新風貌學術研討會論文集**（頁 1-36）。彰化師範大學教育學院。

黃志雄、楊在珍（2002）。身心障礙兒童家庭支持的實施與成效──以班級為
　　本位之行動研究。載於台東師範學院特殊教育中心（編），**台東師範學院
　　九十一年度特殊教育學術研討會論文集**（頁 81-112）。台東師範學院特殊
　　教育中心。

劉金花、林進材（1999）。**兒童發展心理學**。五南。

劉明麗（1997）。台北市國小智能障礙學童家長心理調適歷程之研究。**特殊教
　　育研究學刊**，15，237-256。

謝秀芬（2004）。**家庭社會工作理論與實務**。雙葉。

❖ 英文部分

Bailey, D. B. (2001). Evaluating parent involvement and family support in early inter-
　　vention and pre-school programs. *Journal of Early Intervention, 24*(1), 1-14.

Baker-Ericzen, M. J., Brookman-Frazee, L., & Stahmer, A. (2005). Stress levels and
　　adaptability in parents of toddlers with and without autism spectrum disorders.
　　Research & Practice for Persons with Severe Disabilities, 30(4), 194-204.

Boss, P. G. (1988). *Family stress management*. Sage.

Bronfenbrenner, U. (1979). *The ecology of human development*. Harvard University
　　Press.

Carter, S. (2002). *The impact of parent/family involvement of student outcomes: An
　　annotated bibliography of research from the past decade*. Consortium for Appro-

priate Dispute in Special Education.

Chen, D., & Miles, C. (2004). Working with families. In F. P. Ore-love, D. Sobsey, & R. K. Silberman (Eds.), *Educating children with multiple disabilities: A collaborative approach* (4th ed.) (pp. 31-65). Paul H. Brookes.

Decker, L. E., & Decker, V. A. (2003). *Home, school, and community partnerships*. Scarecrow.

DeMarle, D. J., & Roux, P. (2001). The life cycle and disability: Experiences of discontinuity in child and family development. *Journal of Loss & Trauma, 6,* 29-43.

Epstein, J. L. (2001). *School, family, and community partnerships: Preparing educators and improving school*. Westview Press.

Gestwicki, C. (2000). *Home, school, and community relations: A guide to working with families* (4th ed.). Thomson Learning.

Hatton, C., Akram, Y., Shah, R., Robertson, J., & Emerson, E. (2004). *Supporting South Asian families with a child with severe disabilities*. Jessica Kingsley.

Holman, A. M. (1983). *Family assessment: Tools for understanding and intervention*. Sage.

Hooste, A. V., & Maes, B. (2003). Family factors in the early development of children with Down Syndrome. *Journal of Early Intervention, 25*(4), 296-309.

Hornby, G. (2000). *Improving parental involvement*. Cassell.

Kaczmarek, L. A., Goldstein, H., Florey, J. D., Carter. A., & Cannon, S. (2004). Supporting families: A preschool model. *Topics in Early Childhood Special Education, 24*(4), 213-226.

Kasahara, M., & Turnbull, A. P. (2005). Meaning of family-professional partnerships: Japanese mothers' perspectives. *Exceptional Children, 71*(3), 249-265.

LeBlans, P. (1993). Parent-school interaction. In L. Kaplan (Ed.), *Education and family* (pp. 132-140). Allyn & Bacon.

Lessenberry, B. M., & Rehfeldt, R. A. (2004). Evaluating stress levels of parents of children with disabilities. *Exceptional Children, 70*(2), 231-244.

Leyser, Y. (1988). Let's listen to the consumer: The voice of parents of exceptional children. *The School Counselor, 35,* 363-369.

Manalo, V., & Meezan, W. (2000). Toward building a typology for the evaluation of services in family support programs. *Child Welfare, 79*(4), 405-429.

McKenry, P. C., & Price, S. J. (2000). *Families & change: Coping with stressful events and transitions*. Sage.

Petr, C. G. (2003). *Building family-school partnerships to improve student outcomes: A primer for educators*. Scarecrow.

Proter DeCusati, C. L., & Johnson, J. E. (2004). Parents as classroom volunteers and kindergarten students' emergent reading skills. *Journal of Educational Research, 97*(5), 235-246.

Rockwell, R. E., Andre, L. C., & Hawley, M. K. (1996). *Parents and teachers as partners issues and challenges*. Harcourt Brace College.

Sileo, T. W., Sileo, A. P., & Prater, M. A. (1996). Parent and professional partnerships in special education: Multicultural considerations. *Intervention in School and Clinic, 31*(3), 145-153.

Smull, M., Bourne, M. L., & Allen, B. (2004). *Families planning together: Starting work on an essential lifestyle plan*. The ELP Learning Community.

Smull, M. W., Bourne, M. L., George, A., & Dumas, S. (2001). Families planning together. *TASH News-letter, March/April*, 17-20.

Thomas, C. C., Correa, V. I., & Morsink, C. V. (2001). *Interactive teaming: Enhancing programs for students with special needs* (3rd ed.). Merrill Prentice Hall.

Turnbull, A. P., & Turnbull, H. R. (2001). *Families, professionals, and exceptionality: Collaborating for empowerment* (4th ed.). Merrill Prentice Hall.

Turnbull, A., & Turnbull, R. (2006). Fostering family-professional partnerships. In M. E. Snell & F. Brown (Eds.), *Instruction of students with severe disabilities* (6th ed.) (pp. 28-61). Prentice-Hall.

Turnbull, A., Turnbull, R., Erwin, E. J., & Soodak, L. C. (2006). *Families, professionals, and exceptionality: Positive outcomes through partnerships and trust* (5th ed.). Merrill.

Woods, J. J., & McCormick, K. M. (2002). Toward an integration of child and family-center practices in the assessment of preschool children: Welcoming the family. *Young Exceptional Children, 5*(3), 2-11.

Ysseldyke, J. E., Algozzine, B., & Thurlow, M. L. (2000). *Critical issues in special education* (3rd ed.). Houghton Mifflin.

第 **13** 章

相關專業服務團隊

吳亭芳

✳

前言

　　近年來，由於教育人權倍受重視，很多過去被排除在學校系統外的重度障礙學生，得以進入學校系統接受教育；另一方面也由於「融合理念」的提倡，使得愈來愈多輕度障礙的學生，被安置在普通班接受教育（鈕文英、洪儷瑜，1995）。這樣的轉變，使特殊教育面臨極大挑戰。因為身心障礙學童的個別差異性大，障礙程度及類別不一，單一專業的特殊教育教師已無法滿足身心障礙兒童的所有需求。特殊教育教師必須結合相關專業人員，為身心障礙兒童做完整而全面性的評估與診斷，以設計適當的教育計畫和提供完整的綜合性服務，並定期評鑑預期目標達成之成效，以確保高品質、全方位的特殊教育服務（周天賜，1994；蕭夙娟、王天苗，1998）。

　　為達成上述之理想，特殊教育相關專業人員的需求勢必日益增加，教師與專業人員合作的機會也愈來愈多。為增加教師與相關專業人員間彼此的了解，使合作更有效率，本章將就台灣及國外相關專業團隊的法規、專業團隊的定義及組成成員、提供服務及整合模式、實施流程、運作的困難，以及未來因應策略做一介紹。

第一節　台灣及國外專業團隊相關的法源依據

本節將就美國和台灣有關專業整合服務的法案分別敘述之。

♥♥♥ 壹、美國相關法案

1975年美國國會通過《殘障兒童教育法案》，此法案之精神在於提供6～21歲身心障礙兒童免費且適當的公立教育（FAPE），並明定需在最少限制的環境中學習，學校必須針對兒童個別之需要，提供特殊教育與相關服務。所謂相關服務是指提供身心障礙兒童所需要，且能使其從特殊教育獲益的服務，其中包括交通、語言治療、聽力檢查、心理評量及諮詢、物理治療、職能治療、休閒服務、社會工作服務、手語翻譯、早期篩檢及鑑定、醫學診斷評估諮詢（僅限於殘障鑑定用）、學校保健服務、閱讀機、家長諮詢及親職教育等（王文科，1992）。

此法於1986年修訂，主要將障礙兒童接受免費教育的年限向下延伸至0到5歲，提供學前特殊教育（針對3至5歲身心障礙孩童）以及早期療育（針對0至2歲身心障礙孩童）服務。相關專業的服務也向下延伸至0到5歲的身心障礙幼童。

該法案於1990年再次修訂時，更名為《身心障礙者教育法案》（簡稱IDEA），增加相關服務項目，除了《殘障兒童教育法案》所規定的相關服務外，尚增加復健諮商和社工服務，並強調轉銜服務，規定聯邦政府應撥款協助各州或地方改進其特殊教育與相關服務措施，以協助在學或剛畢業的身心障礙學生獲得轉銜服務、職業訓練、成人教育、支持性就業、獨立和社區生活或其他成人服務等。

1997年的修正案中，更強調相關專業的服務要在普通課程以及融合的環境中執行，取代過去將身心障礙學生抽離的治療模式。2004年的修訂又將名稱改為《身心障礙者教育促進法案》，並強調介入後的成果。強調特殊教育與相關專業的長期目標是為身心障礙學生追求更高教育、就業以及獨立生活做準備

（Bazyk & Case-Smith, 2010）。

貳、台灣相關法案

2019 年修訂公布的《特殊教育法》第 5、6 及 14 條規定（教育部，2019a），各級主管機關為促進特殊教育發展，應設立特殊教育諮詢委員會與特殊教育學生鑑定及就學輔導會（簡稱鑑輔會），遴聘學者專家、教育行政人員、學校行政人員、同級教師組織代表、家長代表、特殊教育相關專業人員（簡稱專業人員）、相關機關（構）及團體代表等。而高級中等以下各教育階段學校為辦理特殊教育，應設置專責單位，依實際需要遴聘及進用特殊教育教師、特殊教育相關專業人員、教師助理員及特教學生助理人員。

第 24 條規定：「……各級學校對於身心障礙學生之評量、教學及輔導工作，應以專業團隊合作進行為原則，並得視需要結合衛生醫療、教育、社會工作、獨立生活、職業重建相關等專業人員，共同提供學習、生活、心理、復健訓練、職業輔導評量及轉銜輔導與服務等協助。前二項之支援服務與專業團隊設置及實施辦法，由中央主管機關定之。」

第 28 條規定：「高級中等以下各教育階段學校，應以團隊合作方式對身心障礙學生訂定個別化教育計畫，訂定時應邀請身心障礙學生家長參與，必要時家長得邀請相關人員陪同參與。」

由上述法案內容可知，專業團隊服務身心障礙學童，有相當清楚的法源依據。此法明定對身心障礙學童之教育，應視個別之需要提供綜合性的專業團隊服務。其評估、鑑定、安置以及教育目標之訂定與實施，應以專業團隊合作方式進行之（趙可屏，1997）。

第二節　相關專業團隊的定義及成員

本節將就專業團隊的定義及團隊成員做一簡單介紹。

♥♥♥ 壹、相關專業團隊的定義

所謂團隊（team）是指「一群人因工作或某種活動聚集在一起」；團隊合作（teamwork）是指「一群人中每個人各司其職，使整個團隊能有效運作」（Golin & Ducanis, 1981）。就特殊教育而言，專業團隊是指「二個或二個以上，來自不同領域專業人員所組成的團隊，透過彼此的協調、合作，一同提供有特殊需求學生之服務，以協助學生接受適性之教育」（蕭夙娟、王天苗，1998；Golin & Ducanis, 1981）。

根據《特殊教育支援服務與專業團隊設置及實施辦法》（教育部，2015）指出：各級學校對於身心障礙學生之評量、教學及輔導工作，應以專業團隊合作進行為原則。所稱之「專業團隊」，指為因應身心障礙學生之學習、生活、心理、復健訓練、職業輔導評量及轉銜輔導與服務等需求，結合衛生醫療、教育、社會工作、獨立生活、職業重建相關等專業人員所組成之工作團隊，以提供統整性之特殊教育及相關服務。而專業團隊係由特殊教育教師、普通教育教師、特殊教育相關專業人員及教育行政人員等共同參與為原則，並得依學生之需要彈性調整。統整性之特殊教育及相關服務如下：

1. 評量學生能力及其生活環境：專業人員利用相關的專業知識，評量身心障礙兒童如何在教育環境發揮最大的潛能。
2. 參與學生個別化教育計畫：專業人員根據評量的結果，參與個別化教育計畫的擬定，建議該名兒童應接受何種相關專業的服務，以及接受服務的時間。
3. 依個別化教育計畫，提供學生所需之教育、衛生醫療及轉銜輔導等專業服務。
4. 提供家長諮詢、教育及社會福利等家庭支援性服務。
5. 提供其他相關專業服務。

從上述可知，提供身心障礙學生教育及相關服務的人員均為專業團隊的一

員，其中包括教師，而相關專業人員只是其中的一部分。

❤❤❤❤ 貳、相關專業團隊的成員

根據《特殊教育支援服務與專業團隊設置及實施辦法》（教育部，2015），第 4 條第 2 項規定「專業團隊」以由特殊教育教師、普通教育教師、特殊教育相關專業人員及學校行政人員等共同參與為原則，並得依學生之需要彈性調整之。通常包含：

一、教育相關人員

1. 特殊教育教師：特殊教育教師在特殊教育專業團隊中扮演多重角色，包含參與個別化教育計畫的評量、擬定和執行，維持家長和學校之間的聯繫，督導教師助理，以及提供團隊成員有關特殊教育之資訊，包括學生特質、教室作息、課程內容等（莊妙芬、陳彩緹，2020）。
2. 普通教育教師：特殊教育學生若安置在普通班，則普通教育教師亦為專業團隊成員之一，其主要責任在提供特殊教育學生在班級中學習情形，並參與個別化教育計畫的擬定和執行（陳麗如，2004）。
3. 教師助理員：在教師督導下，配合教師教學需求，協助班級學生在校之學習、評量與上下學及校園生活等事項（教育部，2020）。
4. 特教學生助理人員：在教師督導下，提供個別或少數學生在校之生活自理、上下學及其他校園生活等支持性服務（教育部，2020）。

二、其他專業相關人員

根據《特殊教育學校設立變更停辦合併及人員編制標準》（教育部，2019b）規定，所稱特殊教育相關專業人員，指為身心障礙學生及其教師與家長提供專業服務之下列專（兼）任人員，包括：

（一）醫師

以具專科醫師資格者為限。包括：
1. 小兒科醫師：負責第一線之個案篩選、轉介。

2. 小兒神經科醫師：進行神經學評估、診斷，抽搐或癲癇、神經肌肉病變、發展遲緩、代謝異常等疾病之診斷與治療。

3. 兒童心智科醫師：負責性格、行為異常之診斷，評估身體與精神狀態，安排相關檢查（如智力測驗、人格衡鑑、神經生理功能評估等），並對臨床症狀做相關解讀，提供藥物治療、個別或團體的家族治療（陳映雪，1999）。

4. 復健科醫師：負責復健醫囑、用藥、輔具運用指示、身心障礙鑑定。

5. 骨科醫師：肢體矯正手術。

6. 腦神經外科醫師：癲癇手術、背根神經切除手術、神經阻斷術。

7. 眼科醫師：視覺障礙之診斷與治療。

8. 耳鼻喉科醫師：耳、鼻、喉相關疾病之診斷及治療。

9. 其他相關專科醫師。

(二) 物理治療師

物理治療乃是利用運動治療學、光療學、電療學、水療學、冷療學、熱療學、操作治療學等，來評估與治療功能失常或失調的病患，並提供預防疾病或傷害的諮詢。因此物理治療師在團隊中，主要是根據其各種治療系統理論來評量特殊需求兒童，並運用運動及儀器治療，給予特殊需求兒童功能性訓練及生活經驗的提供。

(三) 職能治療師

職能治療乃運用活動作為治療媒介，促進個體維持、發展或重建日常生活、工作、學業、休閒及社會化等功能。並預防疾病、矯治殘障、協助適應與增加生產力，以提升生活品質與健康的一種專業。因此職能治療師根據醫學、解剖學、生理學、兒童發展學、神經生理及神經心理學、肌動學、心理學、社會學及職能科學等相關的理論與治療架構為基礎，經由活動的過程，發覺孩童之問題與潛力，並透過適當選擇或設計的活動，逐步引導兒童之正常發展，例如：培養基本學習能力、身體運動平衡、手眼協調、視覺空間概念、溝通表達能力等。並透過家屬諮商與教育、環境設計與改造，協助兒童易於適應與成長（羅鈞令，1999）。

(四) 語言治療師

　　語言治療師在特殊教育專業團隊中，最重要的功能是發現及改善學童的語言障礙問題，以提升其語言及人際溝通能力，並進而增加環境適應能力。對於篩選有語言障礙之學童，語言治療師使用合適之語言評估工具，評估其語言障礙類型及嚴重度，其中包括語言發展遲緩、構音異常、嗓音異常、語暢異常以及吞嚥異常。根據語言以及相關專業評估結果，為需要的學童擬定個別語言治療計畫並給予治療。在治療過程中，語言治療師必須與其他專業人員如教師、心理師、社工師、物理治療師、職能治療師、醫師等溝通與合作，提供學童最好的語言治療環境，以改善語言障礙並增進溝通能力至最佳狀態（盛華，1999）。

(五) 聽力檢查師

　　聽力檢查師在學校的主要任務是為聽障學生做定期聽力鑑定，包含聽覺接收與表達的評估、聽力輔助器之適用評估，以及轉介功能。其次是幫助特殊教育教師了解每位聽障學生的聽力狀況、助聽器的適合度、言語聽知覺的能力，以及認知發展潛能。同時，參與特殊教育教師對聽障學生所衍生的言語習得困難之討論，計畫聽覺復健及教學策略（李宗伊，1999）。

(六) 社會工作師

　　社會工作師運用相關理論與技術為個案（可能是個人、家庭、團體、社區、組織或整體社會）提供社會服務。社會工作人員協助人們增強解決問題的能力，協助人們取得必需的資源，促成人與人之間和人與其環境的互動，促使組織有效回應人們的需求，也對社會政策產生影響（彭淑華，1999）。

(七) 臨床心理師

　　臨床心理師在專業團隊服務中主要負責的是，利用心理與教育測驗及其他評量方法，解釋評量結果，蒐集、整理、解釋兒童行為及與學習有關的狀況等資訊，且利用心理測驗、晤談、行為評量等來鑑定兒童的特殊需求，擬定教學

方案，規劃及管理心理學服務方案，並包含對兒童及其家長的心理諮商（周天賜，1994）。

(八) 職業輔導人員

職業輔導人員主要職責是協助特殊教育學生順利轉銜到職場。其工作可能包括：職前訓練、工作開發、工作媒合及在特殊學生就業期間提供支持與輔導。

(九) 其他相關專業人員

例如：定向行動人員訓練視障兒童定向行動能力；醫學工程人員負責科技輔具之設計、製作及維修；護理人員負責特殊需求兒童的健康照顧。

♥♥♥ 參、台灣相關專業人員進用標準

根據《高級中等以下學校特殊教育班班級及專責單位設置與人員進用辦法》（教育部，2020）第 8 條，以及《高等教育階段學校特殊教育專責單位設置及人員進用辦法》（教育部，2013）第 8 條規定，特殊教育專（兼）任相關專業人員之進用資格：應任用公務人員高等考試及格，或具醫事人員任用資格，或依專門職業及技術人員轉任公務人員條例規定，取得專業證照及轉任公務人員資格者。但政府未辦理專業證照或考試之特殊教育相關專業人員，得進用下列人員之一擔任：

1. 國內外大學校院專業系、所畢業後，曾任該專業工作一年以上。
2. 國內外大學校院相關系、所畢業，且於修畢該專業課程 360 小時後，任該專業工作一年以上。

目前醫師、物理治療師、職能治療師、社會工作師、臨床心理師、語言治療師、聽力檢查師已有證照制度，未來則可利用上述辦法進用專業人員。上述相關專業人員，除醫師外，應接受各級主管機關辦理 54 小時以上之職前訓練；每年並應接受學校（園）或各級主管機關辦理 6 小時以上之在職訓練。

教師助理員進用資格為高級中等以上學校畢業或具同等學力之資格。特教學生助理人員進用資格為高級中等以上學校畢業或具同等學力之資格，或符合身心障礙者服務人員資格訓練及管理辦法所定之人員（教育部，2020）。

第三節 相關專業服務團隊提供服務的模式

相關專業人員提供服務的方式可分為以下幾項。

♥♥♥♥ 壹、直接治療

直接治療（direct service）是指專業人員使用專業治療手法來改善或預防評估時所發現的問題，由專業人員親自負責計畫及執行所有的治療內容。直接治療的頻率約為每週至少一次的治療課程。

直接治療依治療場所可分為抽離式（pull-out）或融合式（integrated）的治療。抽離式的治療，主要是將特殊教育需求兒童帶到教室以外的場所，例如：在走廊的轉角處或專用的治療室內，做專業治療的課程。通常是孩子容易分心，或能力不及班上其他學生，或怕干擾到其他學生上課時，才會採用抽離式的治療方式。

融合式的治療是指特殊需求兒童處在與其他小朋友相同的時空中進行治療，例如：午餐時的餐廳、廁所、操場等。融合式治療的目的是讓特殊需求兒童能在自然的環境下運用新技巧，並與其他同學發生互動。實際情境如：於餐廳用餐時教導腦性麻痺學童學習使用特製的彎角湯匙在餐廳中吃午飯。

直接治療是專業人員與特殊需求兒童互動與接觸最多的一種治療，但實施需要大量專業人員人力的投入以及經費的支出。

♥♥♥♥ 貳、監督治療

監督治療（monitoring therapy）是指由專業人員教導並監督其他人員來執行治療，治療師並非每次治療都會在一旁監督，但至少半個月一次定期與執行治療的人討論，以決定是否調整治療的方式及內容。治療師的職責在於提供建議的活動，並監督確保治療計畫的成效，例如：職能治療師為肌肉痙攣的腦性麻痺學童製作一個手部副木，教導學校教師佩戴副木的方法，由學校教師每日替學童佩戴，但治療師每半個月應定期檢查副木是否需要調整修改，以符合學

童目前的需要。

　　監督治療所需的專業人力不像直接治療那麼多，但是執行治療的人員必須和專業人員密切配合，才能達到治療的成效。

●●● 參、諮詢服務

　　專業人員的諮詢服務（consultation），依據諮詢對象的不同，可分成個案諮詢（case consultation）、同儕諮詢（colleague consultation）、系統諮詢（system consultation）。

　　個案諮詢是針對特殊兒童的需要提供諮詢。對於需求較少或障礙程度較輕微的特殊需求兒童，專業人員不需直接治療該孩童，僅需給予特殊教育教師在課程、活動或輔具使用上的建議，創造出一個符合特殊需求兒童的環境，以利該學童學習，例如：物理治療師或職能治療師會建議腦性麻痺孩童在教室中的擺位、輪椅的調整，以及課桌椅高度的調整。

　　同儕諮詢是針對其他專業人員提供諮詢，通常應用在衡量課程教材的難易，以及在職人員的訓練，例如：職能治療師可以提供特教教師一些知覺動作活動，供特教教師在團體知覺動作訓練課程時使用。

　　系統諮詢的目的在於整體性的促進教育系統之改進。實際案例如：治療師建議校園無障礙設施的改善。諮詢服務所需的專業人力是最少的，但若運用得宜，仍能收到很好的成效。

　　專業人員應視身心障礙學生的情形、障礙成因及專業人員之人力來決定選用何種服務模式。而此三種服務模式沒有絕對的好或壞，端視學生的需求為取決因素。此外，選用的服務模式也可能隨著學生的進步或發展階段而有所不同，並非一成不變，也可有互相組合的情形，例如：某一腦性麻痺學童經語言治療師評估後建議使用溝通輔具，為訓練該學童有效使用溝通輔具，語言治療師對該學童進行每週一小時抽離式的直接治療，教導該學童溝通輔具的使用方式以及增進該學童的字彙。但同時，語言治療師也提供特殊教育教師不定期的諮詢服務，提供教師在語言課程對該學童教學策略的應用。

第四節　相關專業服務團隊整合的模式及實施流程

♥♥♥ 壹、相關專業服務團隊整合的模式

相關專業服務團隊整合的模式可分為三種：

一、多專業團隊整合模式

多專業團隊整合模式（multidisciplinary model）是從傳統醫學模式發展出來的，相關專業人員各自和特殊需求兒童有所接觸、與家長會談、做專業的評估，各自撰寫、擬定，並執行自己專業領域的治療目標。由於各專業人員負責屬於自己專業內的目標，專業間彼此討論交換意見或合作的情形非常有限，因此專業間彼此不了解其他專業的治療內容，而易造成特殊需求兒童需要的專業項目愈多，愈容易造成治療內容的可能衝突或重複，而令特殊需求兒童與家長疲於奔波在各種治療間，不知所從（王天苗主編，2003；廖華芳主編，2021）。

例如：某腦性麻痺學童可能在某醫院接受物理及職能治療，但到另一醫院尋求語言治療，此二醫院之治療師不曾有互動，而特殊教育教師更無從得知醫院復健治療的目標及內容，如此，學童所學技能是片斷的，無法整合運用在日常生活及學校的學習上。多專業團隊服務模式的整合度低，在美國特殊教育界幾乎不再使用，但目前台灣大多是以這種模式來運作（莊妙芬、陳彩緹，2002）。

二、專業間團隊整合模式（王天苗主編，2003；廖華芳主編，2021）

專業間團隊整合模式（interdisciplinary model）比多專業整合模式有較多的互動和合作方式。由數個專業組成團隊，各專業分開做屬於自己專業的評估，但在提供治療服務之前，為了提供特殊需求兒童及其家屬整體性的服務，團隊的每個專業人員會和家屬互相討論及協調，達成共識，共同訂出一個計畫。各

專業訂定自己專業的治療計畫及目標，也各自執行屬於自己專業領域的目標，但在可能範圍內，融入其他專業的目標。各專業個別對家長及特殊需求兒童負責，但會定期開會討論，彼此交換訊息，分享治療經驗，共同修訂治療目標。

這種方式既分工又合作，在運作上採個別作業，但在目標上有著共同一致的目標。可是在實際進行時，易流於由各專業人員各自傳遞有關訊息給個案及其家屬，無法達成理想的協調，仍會使個案及家屬無所適從，產生困擾。

三、貫專業團隊整合模式（王天苗主編，2003；廖華芳主編，2021；Beninghof & Singer, 1992; Gallivan-Fenion, 1994）

貫專業團隊整合模式（transdisciplinary model）是 Dorothy Hutchinson 在 1974 年從美國腦性麻痺嬰幼兒合作性計畫方案中發展出來的服務模式。以貫專業團隊整合模式的方式提供個案服務，與上述兩種服務方式有幾點不同之處，以下分別說明之。

(一) 由專業團隊中最適合的一位成員擔任主要提供服務者

此模式中，專業人員之間的互動層次最高，從各專業成員中選取最適合的一人為主要提供服務者（primary service provider），團隊中其他人員則擔任諮詢的角色，團隊成員共同為特殊需求兒童執行評估，擬定治療計畫，而由主要提供服務者執行治療計畫。如此可減少特殊需求兒童及家長奔波於各專業間之辛勞，而且可使治療較具完整及一致性，例如：某一位 3 歲的腦性麻痺孩童，經專業團隊評估後，認為該孩童物理治療的需求最迫切，因此專業團隊決定由物理治療師來擔任此一個案的主要提供服務者，團隊中其他人員則擔任諮詢的角色，如語言治療師提供餵食及語言矯治的諮詢服務給物理治療師。

(二) 專業人員必須釋放直接治療的角色予其他治療人員

團隊成員中除了主要提供服務者外，其他人員則負責諮詢及提供必要性的協助，也就是說，團隊成員將自己的專業人員角色釋放給主要提供服務者，自己退居成諮商或提供支援的角色，這就是所謂的「角色釋放」（role release）。然而，以目前的證照制度以及各專業人員所受的專業訓練，專業人員是否有能

力執行其他專業的角色，仍有待探討。以上述案例而言，物理治療師是否有能力執行餵食及語言矯治的訓練，是否會觸及法律中所訂定各專業的執業範圍，這些都是必須被考量的。

(三) 以個案為中心的治療模式

　　當專業人員由醫療體系進入教育體系為特殊需求兒童服務時，若依然保持傳統醫療以「專業」為重的思考模式，則無法對個案的問題進行整體性的考量，因而無法適切誘發出個案的潛能，但貫專業團隊的服務是從「個案是一個完整的個體」為主要觀點出發。因此，對於有多重需求的個案而言，經由整個團隊的成員來考量個案的多重需求間之相關性，進而設計出完整性訓練計畫，提供個案進行學習。

(四) 團隊成員共同觀察、評量個案，達到充分溝通的目的

　　貫專業整合服務的評量方式，是由團隊成員中找出一位最適合者，針對特殊需求兒童的問題進行評估，而其他團隊成員則同時進行觀察與記錄，但不直接與個案接觸進行評估。在進行評估觀察的過程中，都可以讓團隊成員由不同角度來觀察，最後再進行相互溝通，交換意見。此種評估方式，可避免特殊需求兒童被要求做同一個測驗好幾次，家長被問同樣的問題，並且團隊中各成員的意見可以充分溝通。

(五) 考慮到個案的生活環境

　　專業間整合模式的服務強調提供個案整體治療的整合性服務為主旨，但貫專業整合模式中，則更明確、清楚的考量到有關的訓練計畫，必須與個案的生活密切配合，使障礙兒童能在一個持續的教育體系及自然環境下滿足發展所需，並能鼓勵他們從家庭及保護性場所回歸到社區中（趙可屏，1997）。也就是說，個案生活中的學校、家庭與社區等生活空間，都是訓練計畫中必須考量到的重點，這部分往往是傳統服務模式中沒有顧及的部分。

　　但貫專業服務的模式也有些限制，包括：專業人員無法從傳統角色中釋放出來，專業成員缺乏貫專業團隊整合模式的概念，各專業間對問題的看法及處

理方式不同或缺乏溝通技巧等。由於這些限制，可能會產生一些執行上的困難。舉例來說：某一特殊需求兒童的家長認為綁鞋帶是一個重要的日常生活技巧，希望他的孩子學會此技巧。以行為矯正技術為導向的特教教師會讓他加強練習，並加以各種行為增強技術以改善他的技巧；以醫學模式為導向的治療師則會評估、了解他的問題是因知覺及協調造成的動作計畫問題，因此給予一些矯正的方法並加以治療；然而特教教師則認為治療師給予的活動無法類化到綁鞋帶的技巧上。兩種專業之價值觀點不同時，若沒有相互協調而產生一種對立的態度，專業間就無法相互分享，無法以貫專業的方式來提供服務。

以上幾種是目前常見的專業整合方式，各種模式有其發展的歷史與淵源，應視機構或學校人力充足與否選擇最適合的方式來進行。

♥♥♥ 貳、實施流程

身心障礙學生在鑑定、安置、就學的過程中，由於身心障礙之情形，除了需要特殊教育外，同時也需要不同專業人員的協助（王天苗主編，2003）。以下將就身心障礙學生就學各階段專業團隊可以參與之情形加以說明。

一、鑑定與安置階段

身心障礙學生的鑑定主要由鑑定教師對學生各項能力、學習環境以及家庭狀況進行綜合評估，以作為後續教育安置與相關服務的參考。在此階段，必要時將安排身心障礙學生接受相關專業人員之評量。在鑑定階段，相關專業人員參與的重點是要評估身心障礙學生接受相關專業服務的需要及內容（王天苗主編，2003），例如：肌肉萎縮學生入學前，職能治療師與物理治療師可能在鑑定階段提供學生身體功能、行動能力、生活自理能力、輔具需求等相關資訊與建議，以協助特殊教育教師了解此學生之能力，以調整課程，並建議未來在學校接受相關專業之內容。

若在時間與人力許可的情形下，相關專業人員應參與特殊學生的安置會議，在會議中提出相關服務的內容，並進一步為學生申請輔具或調整環境（王天苗主編，2003）。若相關專業人員無法參與安置會議，書面之建議仍應轉達

至會議中討論。

二、擬定個別化教育計畫階段

　　個別化教育計畫之擬定應由專業團隊共同負責，而非由特殊教育教師單打獨鬥（莊育芬，2004）。在擬定個別化教育計畫的過程中，相關專業人員應根據專業評估之結果，針對學生個別的能力與需求，提出學生應接受的相關服務以及內容，擬定具體的目標，並出席學生之個別化教育計畫會議。但礙於專業人員之人力與時間有限，往往無法參加個別化教育計畫會議。王天苗（2003）建議，由身心障礙學生的特殊教育教師蒐集各專業人員評估後的具體建議，並透過來回的協商與建議，整合出學生的個別化教育計畫，並獲得專業人員確認後，最後經家長同意，始完成計畫之擬定。

三、教學介入階段

　　在教學階段，專業人員根據個別化教育計畫的內容來提供相關服務，這些服務可以用直接服務或間接服務的方式來執行。由於台灣專業人員的人力有限，常採取間接諮詢的方式提供學生、教師、家長相關之建議，由家長或教師來執行相關的活動。專業人員應注意的是治療介入必須有教育目標，並融入教學或日常生活活動中，且定期追蹤、檢視成效（王天苗主編，2003）。

四、評鑑與檢討階段

　　在定期或不定期檢視專業人員介入實施成效後，特殊教育教師可以和專業人員共同討論、調整或修改內容。或在學生能力或情形有所改變時，終止或增加服務的項目或內容。

　　專業團隊提供身心障礙學生專業服務前，應告知學生或其法定代理人提供服務之目的、預期成果及配合措施，並徵詢其同意；實施專業服務時，應主動邀請其參與；服務後並應通知其結果，且做成紀錄，建檔保存（教育部，2015）。

第五節　相關專業服務運作的現況與困難

♥♥♥ 壹、相關專業人力不足及相關問題

　　目前，台灣特殊教育學校大多由編制內的相關專業人員來提供專業的服務，各校編制內的相關專業人員人數不同，主要服務的內容為物理治療、職能治療與心理諮商，少數學校聘有語言治療師與社會工作師，其中語言治療專業人力相當不足（楊威俊，2003）。王志全（2002）曾彙整2001學年度特殊學校專業人員之人力，全台灣23所特殊教育學校，共計聘有49位各種專業人員，總共必須服務5,852位在特殊教育學校就讀的身心障礙學生。此外，根據孫世恆、王天苗（2004）的研究調查顯示，特殊學校共有56名專業人員的編制，但2001學年度僅聘有35位相關專業人員，任用方式包括依照《醫事人員任用條例》，或以《特殊教育相關專業人員及助理人員遴用辦法》的「專業教師」任用，不足的專業人力，就以兼任的人員來因應。

　　王雅瑜等（2001）為探討物理治療的專業人力，調查2000學年度台灣地區身心障礙學生，接受各縣市政府及特殊教育學校專任及兼任物理治療師服務的情況，結果也同樣顯示物理治療的人力不足、兼任比例偏高、不同地區的人力分布不均、治療師缺乏相關教育系統的經驗與背景。學校系統的職能治療師也同樣面臨人力不足的問題（汪宜霈、王志中，2002）。兼任治療師到校時間相當有限，以台北市國民教育階段的專業治療為例，職能治療師、物理治療師、語言治療師等專業人員約兩星期至一個月才到學校一次，每次約停留三至四個小時提供相關專業服務（陳麗如，2004）。在有限的時間內要了解學校體系的運作、學生障礙情形以及完成治療，常常力不從心。

♥♥♥ 貳、專業需求無法滿足

　　根據孫世恆、王天苗（2004）的研究調查，在接受調查的21個縣市中，除去資料不全者，有15個縣市回覆專業需求的資料。專業服務申請中以職能治療

的需求最多（占申請人數的 33.2%），其次為語言治療（31.8%）及物理治療（21.3%）。臨床心理及社會工作服務的申請人數最少（分別不到總申請人數的 5%）。然而，教育階段不同，需求亦不同。學前階段的專業服務申請以語言治療最多，職能治療其次，社會工作服務的申請也比其他教育階段為高。至於其他教育階段，則以職能治療的服務需求量最高，語言治療服務的需求量居次。

胡永崇（2016）以屏東縣在 2014 學年度專業人員服務時數為例，屏東縣有 669 個身心障礙學生申請，通過物理治療服務者 148 人次、職能治療服務者 327 人次、語言治療服務者 501 人次，合計通過 976 人次，1,639 小時。

根據 2022 年《特殊教育統計年報》之結果，2021 學年度申請相關專業服務之學生人數總計為 47,088 人，共有 150,882 人次接受服務，平均每人每年僅能獲得 3.2 次的服務（教育部，2022）。楊廣文、成戎珠（2013）的文獻回顧研究也指出，多數學生每週可分配到的專業團隊服務時數約僅有 0.5～1.5 小時。

♥♥♥ 參、協調與溝通不良

專業團隊在運作上常常有溝通不良的情形發生，主要源自於制度上或運作上缺乏溝通機制，以及專業人員間彼此欠缺溝通的能力（劉雅鳳，2007）。台灣目前以「多專業整合的模式」為主，在制度上，往往專業人員間沒有接觸與溝通的機會（江煒堃，2003），各專業人員各司其職，個別與個案、家長或教師溝通，但專業人員很少彼此分享對個案的治療目標及治療方式。孫世恆、王天苗（2004）的研究調查也顯示，治療師在評估身心障礙學生時，以「進入教室或活動場所，獨自評估」或「把學生帶離教師，獨自進行評估」為主，鮮少有相關治療師和教師以團隊方式共同評估學生的需求，家長參與評估的比例亦不高。這個現象說明了專業間合作溝通的情形仍有改進空間。

除專業人員間溝通不良外，專業人員與教師間也常有溝通不良的情形發生（劉雅鳳，2007）。由於專業人員大多由醫院之治療師兼任，往往評估報告、服務記錄、治療活動建議，甚至現場諮詢的用語，常常使用過多的醫學專業術語，以致教師在理解上產生困難。除此之外，由於無法深入了解教育環境的資源與限制，建議的治療活動內容常常無法有效地在學校環境中執行。

另外，服務時數不足也是造成專業人員與教師溝通不良的原因之一。因為服務時數的不足，治療師在進行服務時多選擇直接服務方式，專業人員合作的模式也多採多專業合作的模式（李偉強，2011；李靜宜，2012；楊廣文、成戎珠，2013）。胡藝馨（2019）針對台北市專兼任治療師的研究調查也發現，專任治療師與兼任治療師使用直接服務與間接服務的比例皆為 50%，但專任治療師有較高的比例使用跨專業服務模式，而兼任治療師則多數使用多專業合作模式。因為服務時數的不足，以及大多數治療師多為兼職的情形下，治療師較少有與他人討論的時間，且特殊教育團隊成員之間缺少溝通協商的機會（李偉強，2011；李靜宜，2012；楊廣文、成戎珠，2013）。邱佳榛、佘永吉（2019）探討台北市學前特殊教育老師與專業人員共事時的參與程度與滿意度發現，在與專業人員共事時，行政支援服務的困難程度最高，其中便提及學前特教教師認為：「相關專業人員間沒有共同討論的時間，以致所提供的建議缺乏統整性」。林秀慧、佘永吉（2020）針對桃園市特殊教育教師參與專業團隊服務現況之研究也提到，特教教師能夠清楚各專業人員的服務內容，當學生有需求時也能夠主動諮詢相關專業人員，然而對於專業人員間沒有共同討論時間，以至於無法提供統整性的建議，仍感到困擾。

第六節　相關專業服務運作的相關建議

❤❤❤ 壹、相關專業人力聘用與福利問題

目前，台灣物理治療、職能治療、語言治療的專業人力大多在各醫療院所服務；兼任治療師的人力相當不穩定，福利也不佳，因此難以吸引優秀的專業人員從事教育體系的相關工作。地方政府應正視這樣的問題，增加經費，聘用專任治療師。治療師人力的需求應以特殊學生的需求來估算，以大學區制，將鄰近學校規劃成一大學區，統計身心障礙學生人數與需求，規劃以共同聘用專任治療師為目標，逐漸增加專任治療師人力，以減少兼任人力不穩定的現象。

❤❤❤❤ 貳、加強專業人員的教育知能

　　台灣各相關專業人員大多在醫療體系服務，缺乏在教育體系服務的理念及經驗，為使專業人員能在教育體系下發揮所長，應在相關專業的養成教育過程中，規劃與教育相關之理念及實務，或加入「特殊教育導論」課程，以加強教育背景相關之概念與知識。

　　此外，顏倩霞（2005）的研究也建議，可辦理專業團隊合作知能研習，以增加專業成員間的了解及合作。對於已畢業的專業人員應在職前或在職訓練，以研習會或繼續教育課程的方式，加強特殊教育相關知能，來補足專業養成教育中之不足。有鑑於此，《高等教育階段學校特殊教育專責單位設置及人員進用辦法》第 11 條即規定，特殊教育相關專業人員及身心障礙學生助理人員，每年應接受學校或中央主管機關辦理 6 小時以上之在職訓練（教育部，2013）。各縣市專業人員參與在職訓練之比例亦納入縣市特教評鑑項目之一（教育部，2014）。

❤❤❤❤ 參、充分行政支援

　　為配合專業人員的諮詢服務或直接治療（抽離式或融合式），學校課表宜做彈性調整來配合。Adams 與 Cessna（1991）提到如何在課表上做彈性的調整：首先必須了解學童的需求為何，依學童需求設計不同活動並以不同專業人員的介入來調整課程，例如：資源方案是為學障、情障、語障及輕度智能不足兒童設立的團體，該團體由特教教師、語言治療師以及社工人員共同主持每週一個半小時至十小時的課程，提供團體治療性的課程。另外，對於有些需要個別治療的特殊需求兒童，則可以利用一些活動課或協同教學的時間（將兩班以上合併教學），來進行個別治療，或尋求義工協助有特殊需求的學生。

❤❤❤❤ 肆、促進團隊共識

　　專業團隊要達到合作的目的，成員間彼此要有共識，共同為團隊目標來努力（Evans, 1991）。Cook 與 Friend（1991）在文中提到，合作的原則基於成員共同分享目標，參與部分工作，為決策及執行結果負責，並共同分享所有的資

源。Adams 與 Cessna（1991）亦提到要促進團隊的合作，首先必須讓成員了解共同目標以及各自的責任，可藉由各種會議來達到此目的。

目前台灣專業整合的運作常是各行其是，彼此不了解其他團隊成員之目標，亦未共同訂定整體教育計畫。實有必要藉由在職訓練提供專業間了解彼此的專長，並訂定會議時間，共同討論、擬定個案之教學計畫（Giangreco et al., 1991）。

Beninghof 與 Singer（1992）利用在職訓練活動，讓專業人員了解「貫專業團隊合作」的理念及作法。他們將人員分成三組，每個人都有一些美工材料。第一組人員被要求不可和同組人員交談或分享自己的作品；第二組人員允許和其他成員交談，但不分享材料；第三組人員可以分享材料並共同完成一件作品。結果顯示，第一組成員的作品，彼此間無關聯，也較其他組缺乏創造力；第二組成員會想和他人一起工作，對別人的作品有好奇心，但作品仍呈現片斷、分離；第三組成員之作品則具有創作力，很完整。由此可知，溝通互動的結果會造成一個完整的成品，就如同「貫專業整合模式」透過成員彼此溝通了解，發展出一個以孩童為中心（child-centered）、整體的計畫模式。

♥♥♥ 伍、加強專業間溝通

有效的溝通是達到專業整合最重要的要素，唯有透過不斷的溝通，專業間才能了解彼此的想法，達成團隊的共識。溝通又分為正式與非正式溝通。正式的溝通可透過檔案、病歷的書寫以及個案會議來達成；而非正式的溝通，可藉由面對面、電話或溝通簿來達成。Price（1991）的文中提到聽話者必須主動聆聽（active listening），才能使溝通成為雙向。

Idol 與 Nevin（1986）提到溝通時不要用專業術語。目前台灣各相關專業多附屬於醫學院中，常使用醫療體系所用之專業術語來作溝通，但對教育體系中的老師和家長而言，可能會因不了解專業術語，而造成溝通上的障礙，因此專業人員必須減少使用專業術語，同時提升教育體系對不同專業的認識與了解，才能促進良好的溝通。唯有不斷、良好的溝通，才能使專業間共同為特殊需求兒童擬定完善之教育計畫。

第七節　結語

　　本章從專業團隊的法源依據、各專業的功能、專業團隊的服務模式、專業團隊的整合模式、良好專業整合的要素、專業人力的資源以及實施現狀等不同層面分析，深刻了解唯有這些層面縝密的配合，才能提供特殊需求兒童最適當的學習情境，促進學童最有效率的學習，同時減少家長與教師的操勞。藉由專業整合制度之施行，專業間彼此密切互動的頻率增多，彼此從其他成員汲取知識的機會增加，各專業成員也可獲得成長。適當的專業整合也可以減少行政的負擔（如減少行政協調上的困難），以及減少浪費（如貫專業模式所需經費較少）。學校系統中的專業整合近年於台灣逐漸啟動，並且累積不少寶貴的經驗，未來宜增加經費，增聘專任的專業人員，增加溝通交流，期使相關專業服務更臻完善。

問題討論

1. 相關專業人員常見提供服務的方式有哪幾種？
2. 相關專業服務團隊整合的模式可分為哪幾種？並比較差異為何？
3. 目前台灣學校系統相關專業服務運作的困難為何？

 參考文獻

❖ 中文部分

王天苗（主編）（2003）。**特殊教育相關專業服務作業手冊**。教育部特殊教育工作小組。

王文科（1992）。殘障者回歸社會的有效途徑。**特教園丁，7**（3），4-9。

王志全（2002）。特殊教育專業團隊之運作。載於中華民國特殊教育學會 2002

年刊：特殊教育資源整合（頁 73-91）。中華民國特殊教育學會。

王雅瑜、李淑真、孫世恆、王慧儀、白偉男、林素華（2001）。台灣地區物理治療專業對身心障礙學生服務現況調查。**物理治療**，26（6），277-289。

江煒堃（2003）。**特殊教育專業團隊運作現況及需求之研究**（未出版之碩士論文）。台中師範學院。

李宗伊（1999）。聽力師於特殊教育之服務。載於**專業整合問題與對策研討會會議記錄**（頁 31-33）。台灣師範大學特殊教育中心。

李偉強（2011）。**專業團隊對學校身心障礙學生服務及模式之探討：以桃園縣為例**（未出版之碩士論文）。中原大學。

李靜宜（2012）。**台中市教師及不同專業團隊人員對提供國小特殊教育專業團隊服務之研究**（未出版之碩士論文）。台中教育大學。

汪宜霈、王志中（2002）。高雄市身心障礙兒童專業團隊中之職能治療。**台灣職能治療學會雜誌**，20，75-94。

邱佳榛、佘永吉（2019）。台北市學前巡迴輔導老師及學前分散式資源班老師和特殊教育相關專業人員共事現況之調查研究。載於**中華民國特殊教育學會年刊（108 年度）**（頁 25-36）。中華民國特殊教育學會。

周天賜（1994）。特殊教育相關服務的問題與趨勢。**特殊教育季刊**，53，1-7。

林秀慧、佘永吉（2020）。桃園市特殊教育教師參與特殊教育專業團隊服務現況之研究。**身心障礙研究季刊**，18（1），58-81。

胡永崇（2016）。論特殊教育與醫療的分合關係。**特殊教育發展期刊**，62，1-13。

胡藝馨（2019）。**台北市特殊教育相關專業人員提供服務之現況與困擾調查**（未出版之碩士論文）。台灣師範大學。

孫世恆、王天苗（2004）。台灣地區特殊教育相關專業服務實施及意見調查之研究。**特殊教育研究學刊**，26，19-43。

教育部（2013）。高等教育階段學校特殊教育專責單位設置及人員進用辦法。2013 年 10 月 21 日訂定發布。

教育部（2014）。**103 年教育部對地方政府特殊教育行政績效評鑑手冊**。作者。

教育部（2015）。**特殊教育支援服務與專業團隊設置及實施辦法**。2015 年 7 月 3 日修正發布。

教育部（2019a）。**特殊教育法**。2019 年 4 月 24 日修正公布。

教育部（2019b）。**特殊教育學校設立變更停辦合併及人員編制標準**。2019 年

5 月 8 日修正發布。

教育部（2020）。**高級中等以下學校特殊教育班班級及專責單位設置與人員進用辦法**。2020 年 6 月 28 日修正發布。

教育部（2022）。**特殊教育統計年報**。

盛華（1999）。語言治療師在特殊教育專業團隊之服務。載於**專業整合問題與對策研討會會議記錄**（頁 27-30）。台灣師範大學特殊教育中心。

莊妙芬、陳彩緹（2002）。從專業整合談專業團隊服務之模式與運作。載於**中華民國特殊教育學會 2002 年刊：特殊教育資源整合**（頁 39-55）。中華民國特殊教育學會。

莊育芬（2004）。國內專業團隊服務於學校系統之現況。**物理治療，29**，324-331。

陳映雪（1999）。精神科醫師在特殊教育領域所提供的服務。載於**專業整合問題與對策研討會會議記錄**（頁 39-40）。台灣師範大學特殊教育中心。

陳麗如（2004）。**特殊教育論題與趨勢**。心理。

彭淑華（1999）。特殊教育相關專業人員提供教師之服務內容：社會工作師部分。載於**專業整合問題與對策研討會會議記錄**（頁 34-38）。台灣師範大學特殊教育中心。

鈕文英、洪儷瑜（1995）。其他專業人員參與學校教育之現況與展望。載於**中華民國特殊教育學會 1995 年刊：教學與研究**（頁 95-124）。中華民國特殊教育學會。

楊威俊（2003）。**特殊學校專業團隊服務之調查研究**（未出版之碩士論文）。屏東師範學院。

楊廣文、成戎珠（2013）。臺灣學校中特教專業團隊運作模式：系統性回顧。**物理治療，38**（4），286-298。

趙可屏（1997）。台灣地區國民教育階段在家教育學童專業整合服務之現況研究（未出版之碩士論文）。彰化師範大學特殊教育學系。

廖華芳（主編）（2021）。**小兒物理治療學**（第四版）。禾楓。

劉雅鳳（2007）。從專業治療師的取向探討現行專業團隊之運作。載於台中教育大學特殊教育中心（主編），**特殊教育叢書**（頁 93-101）。http://www.ntcu.edu.tw/spc/aspc/cindex.htm

蕭夙娟、王天苗（1998）。國中小啟智班實施專業整合之意見調查研究。**特殊教育學刊，16**，131-150。

顏倩霞（2005）。身心障礙專業團隊服務評鑑。身心障礙研究，3，216-228。

羅鈞令（1999）。職能治療師在學校體系中的角色。載於專業整合問題與對策研討會會議記錄（頁45-47）。台灣師範大學特殊教育中心。

❖ 英文部分

Adams, L., & Cessna, K. (1991). Designing systems to facilitate collaboration: Collective wisdom from Colorado. *Preventing School Failure, 35*(4), 37-42.

Bazyk, S., & Case-Smith, J. (2010). School-based occupational therapy. In J. Case-Smith & J. C. O'Brien (Eds.), *Occupational therapy for children* (6th ed.) (pp. 713-743). Mosby Elsevier.

Beninghof, A. M., & Singer, A. L. (1992). Transdisciplinary teaming: An inservice training activity. *Teaching Exceptional Children, 24*(2), 58-60.

Cook, L., & Friend, M. (1991). Principles for the practice of collaboration in schools. *Preventing School Failure, 35*(4), 6-9.

Evans, S. B. (1991). A realistic look at the research base for collaboration in special education. *Preventing School Failure, 35*(4), 10-13.

Gallivan-Fenion, A. (1994). Integrated transdisciplinary team. *Teaching Exceptional Children, 26*(3), 16-20.

Giangreco, M. F., Edelman, S., & Dennis, R. (1991). Common professional practice that interfere with the integrated delivery of related services. *Remedial and Special Education, 12*(2), 16-24.

Golin, A. K., & Ducanis, A. J. (1981). *The interdisciplinary team*. Aspen.

Idol, L., & Nevin, A. (1986). *Collaborative consultation*. Aspen.

Price, J. P. (1991). Effective communication: A key to successful collaboration. *Preventing School Failure, 35*(4), 25-28.

第 14 章

輔助科技的應用

吳亭芳、陳明聰

✻

前言

本章主要討論輔助科技在特殊教育的應用，說明在特殊教育常用的輔具資源。首先從輔助科技的定義和台灣及國外相關法案、服務模式與評估流程做一說明，接著介紹各種常見的輔具及如何應用在教室情境。

第一節　輔助科技的定義及相關法案

♥♥♥ 壹、輔助科技的定義

根據美國《輔助科技法案》（Assistive Technology Act of 2004）的定義，輔助科技是指應用輔助科技設備（assistive technology device），或輔助科技服務（assistive technology service）之科技。輔助科技設備指，「任何用以增進、維持或改善身心障礙者功能之市售的、經改造的或量身訂製的物件、設備或產品系統」。至於輔助科技服務，則是指任何直接協助身心障礙者選擇、獲得和使用輔助科技設備的服務，包括：

1. 評量身心障礙者輔助科技的需求。
2. 購買、租用或其他協助障礙者獲得輔助科技設備之服務。

3. 輔助科技設備的選擇、設計、調整、訂做、修改、申請、維護、修理與替換。

4. 協調與輔助科技設備相關之治療、介入與服務，例如：在教育和復健計畫中的治療、介入與服務配合。

5. 提供障礙者或其家人、看護等輔具使用訓練與技術協助。

6. 提供專業人員、雇主或其他提供服務者輔具使用訓練與技術協助。

7. 增加障礙者獲得技術（電子、資訊）的可及性。

從上述的定義可知，輔助科技包括相關設備的評估、取得、使用訓練以及日後的維護，是一個範圍相當廣泛的課題。

❤❤❤ 貳、台灣及國外輔助科技相關法案

一、美國輔助科技相關法案

美國關於輔助科技的立法相當多，其中以《復健法案》（Rehabilitation Act）、《身心障礙者教育法案》（簡稱 IDEA）、《美國障礙者法案》（Americans with Disabilities Act）、《輔助科技法案》（Assistive Technology Act）等法案較為重要。以下將一一說明。

(一)《復健法案》

1973 年的《復健法案》，強調利用科技來協助身心障礙者，使他們增加對自我生活的控制，參與家庭、學校及工作，和他人互動。此法案中規定職業復健機構必須替個案擬定個別化書面復健方案（individualized written rehabilitation program，簡稱 IWRP），方案中必須包括必要之輔助科技設備與服務。個別化書面復健方案在 1998 年修法時，更名為「個別化就業計畫」（Individualized Plan for Employment，簡稱 IPE）。

(二)《身心障礙者教育法案》

1975 年的《殘障兒童教育法案》（《94-142 公法》）中提到，應運用科技來協助身心障礙者在教育環境下學習。在 1990 年的修正法案——《身心障礙者教育法案》，除了採取與《身心障礙者相關科技輔助法案》（Technology-Related Assistance for Individuals with Disabilities Act）一致定義的輔助科技設備與服務，並強調在早療、中學及轉銜服務中，都需加入科技設備與服務（Swinth, 2005）。在學生的個別化教育計畫，必須寫上輔助科技的需求，而輔助科技可以用在特殊教育，也可以用在相關服務所需或補充性協助或服務（supplemental aids and services），以讓身心障礙學生能在普通教育環境中接受教育（Kentu-cky Assistive Technology Service Network, 1998; Parette et al., 1993）。

(三) 《美國障礙者法案》

1990 年通過的《美國障礙者法案》被視為是自 1964 年的《民權法案》（Civil Rights Act）以來，美國最重要的人權法案，該法案旨在實踐反歧視（antidiscrimination）的精神，以及確保所有障礙者都能均等的接近所有的機會（Feldblum, 1993）。

該法有二個重要名詞：一是合理的調整（reasonable accommodation），主要是用在工作上，其調整包括工作環境的可及性、職務重組、彈性工時、個人助理、工作設備、考試或訓練教材的調整；另一個是公共調整（public accom-modation），主要在各項公共服務方面，包括：政策、實務、程序的調整、提供輔助協助與服務，以及公共空間的無障礙（Feldblum, 1993）。

在本法第三章中所規定必須提供公共調整的單位，各級學校便是其中之一。各級學校均須調整以便讓學生皆能享受教育服務。而其所謂輔助協助與服務包括提供視障者報讀、錄音文件、聽覺記錄、點字或放大字體的文件；提供聽障者做筆記、抄寫服務、助聽器、輔聽系統、電視螢幕字幕、聾人的電訊溝通器（telecommunications devices for deaf persons, TDDs）等。主要在提供身心障礙者均等接觸各種資訊的機會。

(四) 《輔助科技法案》

1988 年，美國國會通過第一個以輔助科技為名的法案《身心障礙者相關科技輔助法案》，強調政府應提供障礙者必要之輔助科技「設備」與「服務」。上述關於輔助科技設備與服務之定義源自於此法案。其具體作法為：「在身心障礙者自然的生活、學習或工作環境下，評估使用者之需求，進而提供或租用

儀器設備，必要時協助選擇、設計、修改、維護，並修理相關設備，同時協助其他服務提供者、身心障礙者個人或其家人、專業人員及雇主，提供訓練以便使用輔助科技。」由此可見，此一定義強調設備與服務之雙向功能，不可偏廢。

《身心障礙者相關科技輔助法案》在 1998 年再次修正時，直接以《輔助科技法案》來命名，彰顯對輔助科技之重視，並加入「通用設計」的觀念。「通用設計」是指產品、環境及通訊無須改良或特別設計就能為所有人使用，也就是未來在設計各種產品時，除了考量身心障礙者和其他弱勢使用族群的特質外，也應考量到一般使用者的個別差異及各種需求，例如：年長者、年幼者。通用設計不僅考量使用者的使用情形，還須顧慮到使用者的心理感受。有關通用設計的詳細介紹請參閱本書第 11 章。

二、台灣輔助科技相關法案

台灣相關法規中並無「輔助科技」一詞，但使用輔具為法規的用詞。關於輔助科技的相關規定主要以《特殊教育法》以及《身心障礙者權益保障法》為主，分述如下。

(一)《特殊教育法》及相關子法

2009 年修訂的《特殊教育法》規定，學校應提供身心障礙兒童教育輔助服務，其中第 33 條規定：「學校、幼稚園、托兒所及社會福利機構應依身心障礙學生在校（園、所）學習及生活需求，提供必要之教育輔助器材及相關支持服務；其辦法，由中央主管機關定之。」於 2019 年《特殊教育法》再次修訂時，第 33 條修訂為：「學校、幼兒園及社會福利機構應依身心障礙學生在校（園）學習及生活需求，提供下列支持服務：(1)教育輔助器材。(2)適性教材。(3) 學習及生活人力協助。(4)復健服務。(5)家庭支持服務。(6)校園無障礙環境。(7)其他支持服務。」（教育部，2019）將教育輔助器材定義為支持服務的一種，然而其他相關的評估、服務、請購管道及專業人員等，皆無明文的規定。

此外，2013 年頒布的《身心障礙學生支持服務辦法》（教育部，2013）以第 3 條來定義教育輔具：「視身心障礙學生教育需求，提供可改善其學習能力之教育輔助器材，包括視覺輔具、聽覺輔具、行動移位與擺位輔具、閱讀與書

寫輔具、溝通輔具、電腦輔具及其他輔具。」

第 4 條規定：「前條教育輔助器材，學校（園）及機構應優先運用或調整校內既有教育輔助器材，或向各該管主管機關申請提供教育輔助器材，並負保管之責。各級主管機關應依學校（園）及機構之需求，辦理教育輔助器材購置、流通及管理相關事宜，必要時，得委託學校或專業團體、機關（構）辦理。」

各縣市政府也在 1997 年《特殊教育法》修訂後，陸續訂出縣市政府特殊教育輔具借用的相關辦法（陳明聰、洪瑞成，2007）。以新北市為例，為落實《身心障礙學生支持服務辦法》之規定，提供身心障礙學生必要的輔助器材，促進學生的學習及生活適應，而訂定《新北市身心障礙學生教育輔助器材及適性教材借用與管理實施要點》。就讀於新北市之特殊教育學生均能依其個別學習需要，獲得必要之教育輔助器材，學校因應校內特殊教育學生需要，經特教教師與專業人員共同評估討論後，可向新北市特殊教育資源中心辦理借用輔具。學生畢業、休學或轉學或該項教具輔具不符合學生學習所需，則需歸還輔具給原單位（新北市教育局，2017）。然而，目前台灣特殊教育中的輔助科技，仍偏重在設備的提供，而忽略了輔具服務的需求；所提供的設備類別上亦偏重肢體障礙、感官障礙學生的需求，而較少考慮到其他障礙類別學生的需要，例如：學習障礙學生的閱讀輔具、無口語能力學童的溝通輔具等（陳明聰、洪瑞成，2007）。

(二)《身心障礙者權益保障法》及相關子法

《身心障礙者權益保障法》於 2007 年修正，於 2021 年再次修正（衛生福利部，2021）。在 2007 年該次修訂將名稱從《身心障礙者保護法》更名為《身心障礙者權益保障法》，強調身心障礙者自身的權益不可被忽視。關於身心障礙者權益保障措施，由各相關目的事業主管機關依職權規劃辦理。輔具之項目依其對身心障礙者醫療、教育、就業，或休閒之不同目的，由不同之主管機關辦理。然而，此法僅提供相關的法規規定，並未積極提供輔具臨床之服務（李淑貞、楊雅馨，2007）。

根據《身心障礙者權益保障法》第 71 條第 2 項之規定，政府亦訂定《身心障礙者輔具費用補助辦法》（衛生福利部，2022），補助身心障礙者尚未納入

全民健康保險給付範圍內之醫療復健費用以及輔助器具。此法所稱之輔具，指協助身心障礙者改善或維護身體功能、參與活動，或便利其照顧者照顧之裝置、設備、儀器、軟體及其他相關產品。輔具補助類別包含：個人行動輔具；溝通及資訊輔具；身體、生理與生化試驗設備及材料；身體、肌力及平衡訓練輔具；預防壓瘡輔具；住家家具及改裝組件；個人照顧及保護輔具；居家生活相關輔具；矯具及義具；其他輔具。輔具補助項目、最高補助金額、最低使用年限、補助對象、評估人員、方式、輔具規格或功能規範及其他相關事項等，應符合《身心障礙者輔具費用補助辦法》之規定（衛生福利部，2022）。

第二節　輔助科技服務模式與評估

❤❤❤ 壹、輔助科技服務模式

輔助科技服務模式旨在引導專業團隊實踐完善服務而發展的策略，為了提升輔助科技設備介入的成效，有必要建立輔助科技服務的模式（Watts et al., 2004）。國外有許多輔助科技的服務模式，常見的模式包括人與科技適配模式（matching person and technology model，簡稱 MPT）（Scherer, 2004; Scherer & Galvin, 1996）；學生、環境、任務與工具參考架構（student, environment, task, and tool frame，簡稱 SETT）（Zabala, 1995, 2002）；人、活動與輔助科技模式（human activity assistive technology model，簡稱 HAAT）（Cook et al., 2020）。

一、人與科技適配模式（MPT）

此模式是由 Scherer 等人所發展，強調環境（milieu）、個人（personal）以及科技（technology）三要素的整合，以使用者為中心，利用結構化的評估過程與評估量表，探討如何讓個人與科技、環境達到最有效的媒合，三者的適配程度將影響輔助科技應用的成效（Scherer, 2004; Scherer & Galvin, 1996）。環境部分，必須考量個案使用輔助科技設備的環境與社會心理情境。個人部分則需考量個案本身的功能狀態、喜好、態度與自我效能等。至於在科技因素，則需

考量科技設備本身的特性，例如：設備是否易於取得？是否安全、可靠與舒適？是否容易使用和方便維修？

　　Scherer等人依據此模式的概念，發展出六個步驟的評估流程，及相關的評估量表，每個步驟都必須同時考量環境、個人與科技三個因素。

　　步驟一：使用MPT「初評表單」（Initial Worksheet），用以了解個案的起始行為、目標與期待。

　　步驟二：藉由「輔助科技使用回顧表」（Technology Utilization Worksheet）來調查個案過去使用輔助科技的情形。藉由回顧使用者過去科技使用經驗、滿意度，及無法滿足的需求，進一步確認輔助科技的需求。

　　步驟三：首先須完成「科技使用調查表」（Survey of Technology Use），及「輔助科技設備適性評估表」（Assistive Technology Device Predisposition Assessment），協助評估者與個案選擇目前所需要的輔助科技，接著考慮個案所處環境，包括教育情境、職場情境，或在健康照護上，探討如何利用輔助科技協助個案解決生活上的問題，找出適配的輔具。

　　步驟四與步驟五：以口頭討論的方式與個案溝通使用輔助科技時，可能發生的問題、影響使用成效的因素和解決問題的策略。

　　步驟六：根據以上的評估結果及討論，擬定輔具計畫。

二、學生、環境、任務與工具參考架構（SETT）

　　此模式是由Zabala（1995, 2002）所發展，強調在思考身心障礙學生輔助科技需求時，應同時從學生（student）、環境（environment）、任務（task），以及工具（tool）等四個層面加以思考並蒐集相關資料，以協助個別化教育計畫團隊成員做統整的考量。

　　在學生部分主要考量學生從事哪些活動？學生從事活動時，目前的能力與特殊的需求是什麼？了解學生參與活動可能的障礙。在環境部分則要了解學生置身在哪些環境？包括物理環境以及社會環境。學生的教學與物理環境會如何安排？在目前的物理環境中，設備是否足夠？教學環境是否必須做調整？在社會環境中，周遭他人對學生所持的態度和期望為何？周遭的人可以提供什麼樣的支持？在任務部分要了解學生的任務為何？是否需要根據學生的特殊需求做

調整或修改？科技的支持是否可以協助學生主動參與這些任務？最後在工具的部分，必須思考是否有合適的輔助科技設備與服務可以增進學生的表現。低科技和高科技的運用都必須被考量，並將工具運用在學生的環境中。

　　SETT 模式適用於學校系統中的身心障礙學生，藉由回答一系列的問題，蒐集必要的資料，以提供個別化教育計畫團隊成員為學生做相關輔助科技時的最佳考量。

三、人、活動與輔助科技模式（HAAT）

　　此模式是Cook等（2020）修改Bailey的人類表現模式（human performance model）而成的，強調考量情境（context）、人（human）、活動（activity）以及輔助科技（assistive technology）四個因素。HAAT 模式定義所謂輔助科技系統，是指個人在特定情境下，利用輔助科技設備完成應執行的活動。此模式充分反映活動與環境的特質會影響人的表現。

　　在「人」的部分，主要評估個人各項能力，包括：感官、認知、動作、語言和情緒等方面的能力。「活動」分成日常生活活動、工作與生產性活動（work and productive activities），以及遊戲與休閒等三部分。考量個人所需從事之活動，可以從其所扮演之生命角色加以考量，評估時得先考量個案需要扮演哪些角色？這些角色需要從事哪些活動？再細分這些活動需要完成哪些工作？接著則檢視個體是否有能力完成工作？至於情境因素部分，主要得考量物理情境（physical context）、社會情境（social context）、文化情境（cultural context），以及個人所處之環境（setting）。「輔助科技」要素包括人機介面（human/technology interface）、處理器（processor）、活動輸出（activity output）、環境介面（environmental interface）等。HAAT 模式強調四個因素是互相影響的，因此評估結果是指在特定情境下，個人、活動與輔助科技的整合。

❤❤❤ 貳、輔助科技服務的評估與流程

　　輔助科技設備功能能否發揮，端視該項設備能否滿足使用者的需求以及能力，所以如何評估使用者的能力與需求，以作為選擇合適設備的依據是重要的工作。不過由於輔助科技的服務需要不同領域的專業人員共同努力，本節將就

輔助科技評估團隊的組成成員，以及評估流程做進一步的介紹。

一、輔助科技的評估團隊

　　輔助科技的評估通常是以跨專業團隊合作的模式來進行。團隊成員來自不同專業，提供各自專業相關的知識，通常包括（Lane & Mann, 1995; Struck, 1996）：

‧建築師：負責環境的改造，提供身心障礙者無障礙的生活、學習及工作環境。
‧醫師：提供身心障礙者相關的醫療知識與介入。
‧職能治療師：負責評估身心障礙者肢體動作與感官知覺能力。
‧物理治療師：負責評估身心障礙者肢體功能。
‧語言治療師：負責評估身心障礙者語言功能。
‧復健諮商人員：負責身心障礙者的職業能力評量、職業目標的訂定。
‧復健工程人員：負責輔助科技設備的製作與維修。
‧社會工作人員：協調身心障礙者各項服務，並提供社會資源相關訊息。
‧特殊教育教師：擬定身心障礙者個別化教育計畫。

　　其他相關專業如電腦工程師，常也參與評估，以提供團隊更多關於個案的資訊。

二、輔助科技的評估流程

(一) 需求評估

　　藉由查閱身心障礙者個人的醫療與教育相關資料，與個案、家屬會談或填寫問卷等方式，來蒐集身心障礙者的醫療史、學校學習狀況、日常生活情形、家屬對身心障礙者的期望、過去使用輔具之情形與成效等相關資料。並由蒐集來的資料分析個案的需求（Cook et al., 2020）。

(二) 個案能力評估

1. 感官知覺能力的評估

　　感官知覺能力的評估，首先要評估個案的視力與視野。視力與視野會影響

所選擇輔具的大小以及擺放位置。視覺追視、眼球動作與視知覺的能力（包括視覺完形、物體恆常、前景背景區分能力、深度知覺等），會影響到個案使用電動輪椅的安全性以及電腦螢幕上選項呈現的大小。

在觸覺功能方面，應評估個案是否有觸覺功能喪失或觸覺防禦的現象。觸覺功能喪失的個案容易造成褥瘡，尤其在身體承重的部位，因此在擺位輔具的選擇，要特別注意是否可以減壓，避免造成褥瘡。至於觸覺過度防禦的個案，會排斥觸摸特定材質的物品，因此要注意所選擇的輔具是否會讓個案過度敏感而排斥。

此外，還需評估個案的聽覺能力，應對聽覺能力喪失的個案提供其他感覺管道的回饋，例如：當聽覺喪失的個案按下特殊開關時，以閃燈的方式取代聲音的回饋。

2. 肢體動作能力的評估

肢體動作能力的評估包括個案的肌肉張力、關節活動度、反射型態、姿勢控制和自主動作的控制。在肌肉張力方面，應評估個案目前的張力是否過高或過低，以及肌肉張力對動作和姿勢的影響。對於身體姿勢的改變（如輪椅往後傾時）、外在的刺激（如噪音）或內在的刺激（如快樂或失望）對肌肉張力會造成什麼影響，都應該要注意。

在關節活動度方面，除了要測量個案目前的主動關節活動度，還要考量關節活動度是否會因為病程而逐漸惡化，如此才能了解個案肢體的活動範圍。

在反射方面，應評估個案是否還會受到原始反射的影響，例如不對稱頸部張力反射。在姿勢控制方面，則要評估個案的姿勢控制能力及近端關節的穩定度。以上能力都會影響到個案自主動作的控制能力。動作能力評估必須了解個案自主控制動作的能力，才能決定個案使用輔具的肢體部位以及輔具的種類。

3. 認知功能的評估

認知功能的評估包括動機、智力、判斷力、注意力持續度、問題解決能力及記憶力，這些能力會影響輔具操作的複雜度。若認知能力不佳的個案，應避免操作複雜的輔具。輔具的選擇應配合個案的認知能力。

4. 語言能力的評估

語言能力的評估包括分類能力、排序能力、配對能力、社交溝通技巧、接

受性語言技巧（receptive language skill）、表達性語言能力及發聲能力。這些能力對於溝通輔具的選擇尤其重要，必須配合個案的語言能力來選擇合適的輔具。

（三）根據個案需求及能力選擇合適的輔具

從上述的第一及第二點，並配合各種輔具的用途及特徵，找出數種可能適宜的輔具，與團隊成員、家屬、個案做討論，並提供個案嘗試使用，再決定申請或購買何種輔具。

（四）訓練個案使用輔具並做記錄

購買輔具並將輔具架設好，讓個案嘗試去使用，藉此了解個案使用輔具的情形、材質是否適合、是否需要做任何調整。

（五）定期追蹤個案使用輔具的情形

定期追蹤個案使用輔具的情形，並評估個案使用輔具的成效，適時對輔具做調整。尤其當身心障礙者的狀況改變，或隨著年紀增長，輔具已不合需求時，則必須重複上述的過程，重新評量。

第三節　控制介面的選擇與應用

❤❤❤ 壹、控制介面的介紹

控制介面指的是能讓一個人更接近設備的介面，就像是電器的開關。控制介面在輔助科技中扮演極重要的角色。我們為個案選擇一個適合的輔具，同時也要考量控制的介面，否則只有輔具但沒有可供操作的介面，對嚴重肢體障礙的個案而言仍是無法使用，因此控制介面的選擇與應用就顯得相當重要。

在控制介面中，特殊開關的使用最為廣泛，是相當重要的一部分。對嚴重肢體障礙的個案而言，只要能夠主動控制某一個動作，便能使用特殊開關來操控各式各樣的輔具。

特殊開關根據其不同的原理，可分成機械式、電磁式、紅外線式，以及聲波式等四類，以下分別說明之。

一、機械式開關

這類的開關需要壓力才能接通電路、啟動電器，常運用在電動輪椅、電腦及環境控制系統中。以下舉例說明各種不同形式的特殊開關（如圖14-1 所示）（朱經明，1997；Sprigle & Lane, 1995）：

圖 14-1 各式特殊開關

1. 按壓式開關（push switch）：以各種按壓的方式來啟動，有各種不同大小、形式以及操作所需的壓力。
2. 力臂式開關（lever switch）：力臂的一端是固定的，另一端則是可活動的，按壓此端至不同的位置，即可啟動開關。力臂的長短及形狀不拘。
3. 大拇指式開關（thumb switch）：以大拇指尖端按壓即可啟動開關，因此此設備之體積較小，可握在手掌心中。
4. 軟枕鍵（pillow switch）：以軟的或彈性的覆蓋物遮蓋在對壓力靈敏度高的設備上，有各種不同的靈敏度、大小及形狀。
5. 搖桿（joystick switch）：提供上、下、左、右四個方向的控制，適用於肢體精細動作差，但大肢體動作控制尚可的個案，可以用手或腳來操控。
6. 多向式推桿開關（wobble switch）：有點類似搖桿式開關，這種開關在靜止位置時是關閉的，以粗動作往各個方向推動即可啟動開關，並沒有特定的方向性。
7. 下巴按鍵組（chin switch bracket）：以下巴的按壓動作或聳肩的動作來啟動開關，適用對象是手腳操控能力差，但頭頸部的維持及控制能力還不錯的個案。
8. 雙向舌推桿（tongue switch）：以舌、鼻、下巴或手指來啟動開關，啟動開關所需的力量或距離都比較小。
9. 葉片式開關（leaf switch）：以折彎的方式來啟動開關，所需的力量不大。

10. 微氣動鍵（air cushion switch）：類似槌鍵式開關，但是以氣流變化的方式來啟動開關，而非以按壓的方式，因此靈敏度很高。

11. 傾斜式／水銀式開關（tilt/mercury switch）：當此開關被傾斜時會因而啟動開關裝置，此種開關通常被安裝在個案的頭部、手腕或帽子上。

12. 眨眼式開關（blink switch）：在眉毛或前額上裝設感應器，當閉眼而牽動小肌肉，且超過設定時間時，即可啟動此開關。

13. 聲控式開關（sound input switch）：當使用者發聲時便可啟動開關，靈敏度較差。

二、電磁式開關

當磁波進入感應器的範圍內，便可啟動特殊開關。

三、紅外線式開關

以紅外線來啟動開關，通常用在電視或音響。

四、聲波式開關

以 α 聲波作為啟動的開關，優點是便於攜帶，缺點是發訊器必須對準接收器才能使用。

除了上述的分類外，特殊開關也可依操作模式分為三種，分述如下：

1. 瞬間式開關（momentary switch）：在按壓的瞬間才能啟動開關，放開的瞬間開關則立即關閉，例如：汽車喇叭。

2. 彈簧鎖式開關（latching switch）：按第一次啟動開關，按第二次則會關閉開關，例如：電燈的開關。

3. 比例式開關（proportional switch）：依照按壓壓力的比率來漸進式的啟動或停止設備，常用在電動輪椅。

●●● 貳、特殊開關的選擇

不同種類的特殊開關及不同的操作模式，都各有其特徵。以下幾點可作為特殊開關的選擇與應用時的參考：

1. 需要多大的壓力（pressure）才能啟動特殊開關？個案按壓的力氣是否足夠啟動特殊開關？當個案力氣不足時，可選用所需力氣較小即可啟動的開關。

2. 啟動或關閉特殊開關的動作與出現反應之間的時間要多久？

3. 特殊開關提供何種回饋方式？大部分開關都是以觸覺作為回饋方式，除了微氣動鍵、水銀式開關、眨眼式開關及聲控式開關。有些特殊開關與電腦相關輔具連接，因此啟動開關時電腦螢幕就會出現反應，這種就是以視覺作為回饋方式；有些特殊開關與溝通輔具相連接，因此啟動開關時就會出現聲音反應，這種就是以聽覺作為回饋方式；有些開關則是以震動覺作為回饋方式，當開關啟動時就會出現震動反應，如此一來，個案就可以知道開關已被啟動。

4. 控制介面的接觸面積大小為何？肢體動作控制較差者，可能需要較大的接觸介面。關節活動度受限，但精細動作仍佳者，則考慮接觸面積較小之控制介面。

5. 特殊開關與其他輔具連結之接頭是哪一種形式？特殊開關與不同的輔具相連結，就可能因為輔具的不同而需要不同形狀或大小的接頭。必須根據上述幾點考慮個案的能力以及個別特殊開關的特性，做一個良好的配對，才能為特殊需求兒童選取最適合的特殊開關。

●●● 參、特殊開關的應用

肢體動作控制困難的學童，必須透過特殊開關才能操作各種輔具，因此與不同輔具連結，就可產生不同功能，常見輔具如下：

一、改裝玩具

　　大部分以電池作為動力的玩具，其開關都很小，對精細動作控制能力差的個案而言，很難去操控這類玩具。若我們將此類玩具與特殊開關做一連結（如圖 14-2 所示），改變開關介面的大小，啟動所需的力量以及靈敏度，就可以讓個案自主的操控這些玩具（Mistrett & Lane, 1995）。

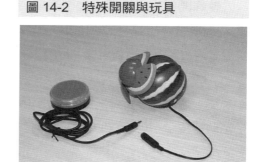

圖 14-2　特殊開關與玩具

二、電腦語音溝通輔具

　　溝通輔具通常是利用已設定好的軟體及面板，讓個案以觸碰的方式直接點選出所要表達的意思。然而，對部分肢體動作操控不佳的個案，可能會無法控制肢體做直接點選，因此必須利用特殊開關以掃描或編碼的方式來點選。

三、電腦輸入介面

　　電腦主要是以鍵盤或滑鼠來輸入，而鍵盤及滑鼠本身就是一種控制介面，當個案無法操控一般的鍵盤或滑鼠時，就要對鍵盤及滑鼠做一些調整，例如：擴大鍵盤、迷你鍵盤、螢幕鍵盤、軌跡球、搖桿等，甚至連結特殊開關，配合螢幕鍵盤的建置，改以掃描或編碼的方式操作。

四、電動輪椅

　　在使用電動輪椅時，特殊開關的運用常是不可或缺的。最常見的特殊開關有搖桿式開關，甚至還有下巴按鍵組、雙向舌推桿，或甚至水銀開關。個案以搖捍式的特殊開關控制電動輪椅前、後、左、右的方向，或是以多個特殊開關分別控制輪椅前、後、左、右的動力，這適用於動作控制不佳之個案，須以分別的動作控制不同的方向。

五、環境控制系統

特殊開關也可與環境控制系統結合，對於長期臥床或高位脊髓損傷的個案，可藉由特殊開關與環境控制系統結合，操控環境中的各種電器用品，例如：電視、錄放影機、烤麵包機、電扇、冷氣、音響、開關門窗，及電話的使用等。

從上述可知，特殊開關的應用相當廣泛，通常結合其他的設備一起使用，是輔助科技中不可或缺的輔具。

第四節 擺位輔具的選擇與應用

肢體障礙學生常因缺乏維持坐姿與坐姿平衡的能力，而限制他們執行日常生活食、衣、住、行、育、樂和學習等活動，甚至影響其他方面的發展。因此，良好的坐姿對肢體障礙學生而言，是相當重要且不可或缺的。鑑於上述理由，在考量輔具的提供時，首先要考慮坐姿擺位的評估。

♥♥♥ 壹、擺位系統的重要性與評估

從復健醫學的觀點來看，適當的擺位有以下的優點（Bergen et al., 1990; Cook et al., 2020; Sprigle & Lane, 1995）：

1. 正常化或降低不正常張力和反射對姿勢控制的影響。
2. 誘發正常的動作。
3. 維持神經骨骼的正常排列和關節活動度。
4. 控制或預防變形或肌肉攣縮。
5. 預防壓瘡的產生。
6. 增加姿勢的舒服和耐受力。
7. 減低疲勞的產生。
8. 加強呼吸、口腔動作和消化功能。
9. 增加姿勢穩定度以達到提升功能的目的。

10. 使其他照顧（如治療、護理和教育）能順利提供。

　　由上述幾點可以了解，個案有良好的擺位，對其生理影響相當大。而要提供適當的擺位，正確且有系統的評估十分重要，通常需由物理治療師或職能治療師來執行。除了第二節介紹的評估外，還需考量骨科方面的評估（Bergen et al., 1990）。骨科方面的評估必須測量個案的關節活動度、骨骼是否有變形和骨骼排列的情形。首先讓個案躺在軟墊上，觀察骨盆的位置是否在正中或略前傾的位置？對稱與否？有重力和無重力時的關節活動度如何？接著觀察軀幹是否有脊柱側彎、前彎或後彎的情形？再接著看髖關節的關節活動度，是否有不正常的內轉、外轉？彎曲角度是否足夠？接下來再看膝關節、踝關節、頭頸及上肢的活動度，之後再檢查骨骼變形的情形。對於已定型的骨骼變形，擺位應採取配合變形或者開刀的方法；對於未定型的骨骼變形，則採取矯正變形的方法。平躺姿勢評估完接著改成坐姿，評估項目及內容與平躺姿勢雷同。

❤❤❤ 貳、擺位的設備

一、椅墊的選擇

　　輪椅椅墊的選擇常關係到個案是否能夠維持坐姿的平衡，常用的椅墊有三類（Bergen et al., 1990; Cook et al., 2020）：第一類是平面板墊（planar），此類椅墊支撐最少，通常用於姿勢控制不錯的個案；第二類是輪廓型椅墊（contoured），此類椅墊，除了平面板墊外，還加上了一些泡棉，以求盡量符合使用者的身體輪廓，對於姿勢控制較差的個案，提供更多的支援；第三類是完全根據個案身體輪廓塑型製成的椅墊（model），此種椅墊因為是根據個案身體輪廓量身訂做，因此與個案身體輪廓能完全達到吻合，適用嚴重變形之個案。

二、骨盆與下肢的擺位

　　在骨盆與下肢的擺位方面，要注意能否提供足夠的支撐（Bergen et al., 1990; Cook et al., 2020）。對於軀幹控制不佳的個案須有較高的椅背；對於需要較大活動度的個案，則須選擇較低的椅背以利上肢活動。此外，座椅的深度也必須加以考量，座椅不能太深，否則易造成駝背；座椅也不可以太淺，否則易引發

背部伸肌的張力。座椅上的安全帶以45度斜向綁在髖關節上，同時也要注意座椅是否會太寬而造成骨盆的不對稱。大腿部分，若大腿內收的張力較強，則可以在大腿上加上安全帶來協助固定，或以一阻隔物（medial knee block）隔開兩大腿；足部若有內、外翻轉的情況發生，則可以用一安全帶（foot strap），以45度方向固定足部。

三、身體軀幹的擺位

在身體軀幹部分，可以用曲線泡棉（curved）、肩胛骨阻隔板（scapular block）等來防止肩胛骨出現後縮的情形。對於張力太低者，腰椎稍微伸直有助於維持穩定。對於張力太強者，軀幹和髖部屈曲角度（flexion）稍大有助於維持身體直立。背肌太弱無法維持軀幹直立者，可使用安全帶。張力太低、肌力不足或屈曲張力太強者，軀幹會向前彎，雖然將椅背往後傾可減少身體前彎，但功能性卻會降低，可考慮使用訂做的椅背，加上Y型安全帶（Y style strap）或H型安全帶（H style strap）的方式，來達到最佳擺位。若軀幹有非定型性的脊椎側彎，可使用三點式側支撐物，一點在脊椎凸出點，另兩點在對側脊椎的上下處。對於側彎太大者、有好幾個側彎或側彎主要在腰椎者，並不建議開刀，應採取穿背架或訂製椅背的方法矯正（Bergen et al., 1990; Cook et al., 2020）。

四、上肢的擺位

在上肢部分，也應提供足夠的支持以達到最大的功能，所以應注意是否有聳肩，肩胛骨後縮、前凸等情形，若有上述情形則可用安全帶或阻隔物來改善。前臂的穩定也要注意，可以讓個案抓握桿子或手臂板或彈性安全帶來改善（Bergen et al., 1990; Cook et al., 2020）。

五、頭頸方面

在頭頸方面，同樣可用安全帶來處理頸部無力、張力過高或側彎的情形，必要時還可用頭部支撐帶（headbands）、頭盔（helmet）、下巴支撐物（chin support）來協助頭頸擺在良好正確的姿勢。

六、減少褥瘡

最後是控制壓力造成褥瘡的擺位類輔具。造成壓瘡的原因很多，其中以外力為主因，包括壓力、剪力和磨擦力。當外力施加於組織時，會造成血流量和供氧量減少，持續一段時間後會造成組織細胞改變，引起細胞死亡，此種情形易發生在活動受限、久臥在床或長期坐輪椅的人。其中易發生壓瘡的部位是承重的骨頭凸出處，例如：坐骨、股骨大轉子、薦骨和尾骨（Cook et al., 2020）。

第五節　電腦相關輔具之應用

近年來，由於資訊工業的發達，電腦已成為個人、家庭、學校及工作場所中不可或缺的工具。特殊教育及復健工作者更期望電腦能擴大（augment）身心障礙者的能力，繞過（bypass）無法發揮之能力，或補償（compensate）較為不足或有待提升之能力（Lewis, 1993）。雖然電腦可以幫助身心障礙者學習或就業，但是，身心障礙者由於動作控制不佳或認知能力缺損，常面臨使用的困難。

電腦是輔助科技的一項設備，它可以單獨使用，也可以配合其他設備一同使用，比如結合環境控制系統。電腦輔具的定義是為「特殊需求者」所特別考慮的電腦介面（interface）。換言之，針對特定的人士，因為肢體、感官、行動、認知或其他身體機能的缺損與限制，必須藉助特殊的設備、設計或調整，以便和一般人一樣順利操作電腦，這種設備上的調整、設計就是「電腦輔具」（李進寶等，1997）。藉由電腦輔具，希望能建置一個「無障礙的電腦操作環境」，其中解決障礙者使用電腦的問題，選擇適當的電腦輔具或調整電腦輸入的方法，便成為最基本的要求（王華沛，1997；Oddo, 1995; Sprigle & Lane, 1995）。電腦輔具可以依據電腦的使用分為輸入系統以及輸出系統的調整。

壹、電腦輸入系統的調整

電腦常用的輸入設備包括鍵盤和滑鼠，然而標準的鍵盤和滑鼠是為一般人所設計，需要許多動作的協調與控制。對於部分身心障礙者，尤其是上肢肢體

障礙者而言，標準鍵盤和滑鼠的使用相當困難。所幸，目前市面上已有許多設備可以用來代替標準輸入方式。調整電腦設備的原則是由簡至繁，在輸入系統的調整順序為提供「控制加強設備」，再「對標準鍵盤進行適度的調整」，或再「使用替代鍵盤」與「使用替代滑鼠」，最後才是不考慮使用鍵盤而「使用其他特殊輸入設備」（Alliance for Technology Access, 2004; Anson, 1994, 1997; Galvin & Scherer, 1996; Male, 1997; O'Leary, 1996; Wright & Nomura, 1991）。

一、提供加強上肢動作控制的設備

加強控制設備（control enhancers）即藉由提供輔具來增加個案上肢動作控制的能力，以提升個案輸入的速度及正確率。加強控制設備包括前臂／手腕支撐器（arm / wrist supports）、點選輔助設備（pointing aids）。

(一) 前臂／手腕支撐器

在打字或是使用滑鼠時，提供前臂／手腕穩定與支撐的設備；常使用在打字或是使用滑鼠的時候。當評估發現個案需要支撐以避免疲憊或疼痛時，或可以從手臂穩定中受益時，便可以選擇這項輔具。

(二) 點選輔助設備

點選輔助設備是一個棒子或是桿子的形狀，用於敲擊鍵盤上的按鍵，可以戴在頭上（頭杖）、用嘴咬住（口杖）、固定在下巴或是固定在上臂、手腕。適用於無法靈巧使用手指、必須用其他的肢體動作來替代手部精細動作者，可用在標準鍵盤或替代性鍵盤上鍵入文字或資料，或用以操作軌跡球、觸碰式螢幕。同時可搭配作業系統提供的相黏鍵的設定來使用。

二、對標準鍵盤進行適度的調整

利用一些簡單的輔具放置在標準鍵盤上，以達到增進個案輸入的能力。這類輔具包括鍵盤護框（keyguard）、替代性標籤（alternate label），以及使用作業系統的設定來調整標準鍵盤等。

(一) 鍵盤護框

鍵盤護框又叫「洞洞板」，是一種有洞的硬塑膠覆蓋物，可加裝在標準鍵盤上。適用於手部控制不穩定者，如徐動型腦性麻痺患者，或使用點選輔具（如口杖、手杖、頭杖）者，避免敲擊到不想按的按鍵（王華沛，2002）。

(二) 替代性標籤

替代性標籤為一種標籤，用於增加按鍵的視覺清晰或是觸覺訊息。由於標準鍵盤上的文字、符號或字母，對某些認知障礙者可能太過複雜，而造成輸入的困難。利用單一按鍵的護套或貼紙，改變鍵盤的外觀，或在按鍵的表面上增加顏色對比，以利鍵盤的視覺索引，避免碰觸到不必要的按鍵（王華沛，2002）。

(三) 使用作業系統的設定來調整標準鍵盤

利用軟體程式來調整標準鍵盤的功能，目前 Windows 10 作業系統中，在「設定」下的「裝置」就具備一些調整的功能，可以依使用者個人的需求，調整不同的設定值，以適應他們的需求和增進電腦操作的效能。

1. 相黏鍵（sticky-keys）設定

在視窗作業環境下，經常要同時按住二個鍵來增進效率，例如：Ctrl+C（複製功能）。然而對身心障礙者而言，要同時按住二或三個按鍵相當困難。相黏鍵的設定允許使用者在按組合鍵時可以分開來按，也就是只需要一鍵一鍵的按便可輸入組合鍵，例如：重新開機需要同時按 Ctrl+Alt+Del 三個鍵，使用者若設定相黏鍵，只需一一輸入按鍵，就可以達到組合鍵的功效。適用對象為僵直型的腦性麻痺患者或脊髓損傷者（李天佑等，2002）。

2. 篩選鍵（bounce-keys）

對於肢體障礙者，因動作控制困難導致無法自如的操作鍵盤，常常按下按鍵之後無法及時放開，造成輸入一連串相同的字母；或為了按其中一個按鍵，而誤觸其他的按鍵。透過篩選鍵的設定，可以有效略過快速的按壓（誤觸），以及略過重複的按鍵（壓著按鍵不放），增加使用者輸入的正確性。

3. 切換鍵（toggle-keys）

適用對象為視障者。切換鍵設定後，當鍵盤的狀態改變，例如：當大寫上鎖鍵（caps lock）、捲頁上鎖鍵（scroll lock），或數字上鎖鍵（numeric lock）改變狀態時，電腦的揚聲器會發出聲音，提供視障者聽覺的回饋（李天佑等，2002）。

三、使用替代鍵盤

若利用上述方式對標準鍵盤進行調整後，個案仍無法使用電腦鍵盤來輸入，則考慮使用替代鍵盤（alternative keyboard）。替代性鍵盤主要目的在於提供個案多樣可選擇的尺寸大小、版面設計、複雜程度的替代性鍵盤來作為電腦輸入設備，讓個案可以更為容易與便利的操作電腦。這類輔具包括擴大鍵盤（expended keyboard）、迷你鍵盤（miniature keyboard）、可程式化鍵盤（programmable keyboard）、螢幕鍵盤（on-screen keyboard）等。

(一) 擴大鍵盤

擴大鍵盤兩個按鍵之間的空間通常較寬，按鍵數目較少而尺寸大。在按鍵設計上常藉由圖片、照片、物體來表示，並且採用薄膜式（membrane）設計，使觸鍵更輕巧、靈敏度更高，適合手部控制能力不佳的個案使用。常見的擴大型鍵盤有 TASH 公司出品的 King Keyboard（如圖 14-3 所示）。

(二) 迷你鍵盤

迷你鍵盤的按鍵空間設計較密，通常重量輕而尺寸小，允許個人可以用小的動作範圍來操作全部的按鍵，適用於關節活動度受限的個案。常見的迷你鍵盤有 TASH 公司出品的 Mini Keyboard（如圖 14-4 所示）。

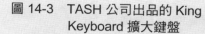

圖 14-3　TASH 公司出品的 King Keyboard 擴大鍵盤

圖 14-4　TASH 公司出品的 Mini Keyboard 迷你鍵盤

（三）可程式化鍵盤

可依個案需求自行設計版面按鍵大小、版面設計複雜程度，或用圖片替代文字輸入，或可簡化輸入的按鍵數等，例如：IntelliKeys 智慧電腦鍵盤及滑鼠組，直接插入電腦鍵盤插座即可操控鍵盤及滑鼠，目前提供八種不同的鍵盤和滑鼠的版面設計，也可與電腦連線自行設計版面。

（四）螢幕鍵盤

螢幕鍵盤將標準鍵盤或替代性鍵盤的版面放置在螢幕上，透過滑鼠、觸摸式螢幕、軌跡球、搖桿等輸入輔具來選擇螢幕上的按鍵。適用於需要操作電腦，但無法使用實體鍵盤的個案。目前市售的螢幕鍵盤均為英文輸入，而在中文方面，有許多的中文輸入軟體雖然也有螢幕鍵盤，但是大小均太小而不利於身心障礙者使用。台灣自行研發的「改良式螢幕鍵盤」可以提供不同的輸入模式，包括點選、暫留、掃描；支援多種輸入法，包括：英文、注音、新注音、倉頡、嘸蝦米、自然注音；並可自訂按鍵的位置大小、鍵盤透明度、滑鼠操控、功能表組鍵、掃描方式等多樣功能，此「改良式螢幕鍵盤」經三位重度肢體障礙者測試，可以成功應用在 Microsoft Word 2000、Microsoft Excel 2000、Microsoft Internet Explorer 6.0 等 17 種不同的軟體（如圖 14-5 所示）（陳昀辰，2007）。

圖 14-5　「改良式螢幕鍵盤」之畫面

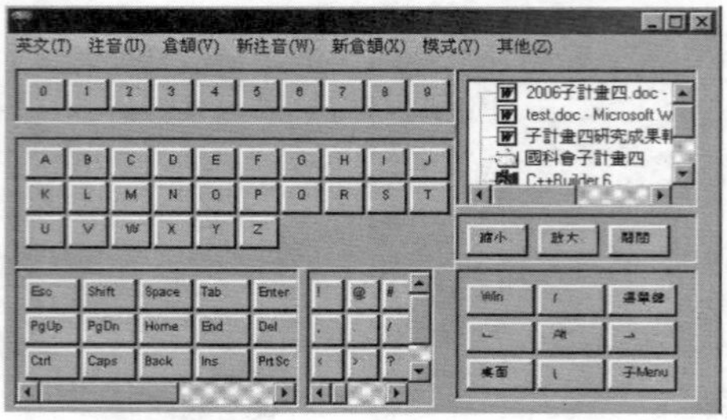

四、使用替代滑鼠

除了標準鍵盤之外，滑鼠是個人電腦常用的輸入設備，在圖形式使用者介面，透過滑鼠，可讓使用者減少許多指令的輸入動作，並提供較人性化的控制介面。然而，滑鼠的操控對於肢體障礙者而言，因為需要更高的手眼協調及視動統合功能，所以比使用鍵盤有更多的困難（王華沛，1997）。在考慮身心障礙者使用滑鼠的調整，可從滑鼠的功能來剖析，從移動游標、點選以及拖曳等功能性任務加以考量。針對移動滑鼠游標有困難的個案，可以提供替代性滑鼠來操作電腦。目前市售的替代性滑鼠包括：軌跡球（trackball）、搖桿（joystick）、滑鼠鍵、多鍵開關滑鼠、電子式點選設備（electronic pointing device）等。

(一) 軌跡球

軌跡球像是一個翻過來的滑鼠，為一個滑動球置於不動底部，操作上比傳統的滑鼠簡單。使用者可以用手或其他大動作來操作基座上的滑動球體，以控制螢幕上游標的功能。對於使用點選輔具或單獨一個手指操作電腦者，亦可利用軌跡球來代替滑鼠的功能。

(二) 搖桿

搖桿可以用來作為替代性輸入設備。使用者須將搖桿連接在滑鼠連接埠，並用驅動程式加以驅動，才可以使用搖桿來控制螢幕上游標的功能。使用搖桿

可以增加個案使用電腦的動機，並可以用身體不同部位來操控電腦。對於需要操作電腦但無法使用手輸入按鍵者，可以藉由搖桿的使用，配合螢幕鍵盤來鍵入文字或資料，是一個合適的替代方案。

(三) 滑鼠鍵設定

利用 Windows 10 作業系統中「設定」的「輕鬆存取」中之「滑鼠」項目，開啟切換開關下方的「控制您的滑鼠數字鍵台」，可以將標準鍵盤的使用者右手邊的數字鍵，轉換成滑鼠的操作模式，例如：按下數字鍵 1，滑鼠游標會往左下移動；按下數字鍵 2，滑鼠游標會往下方移動等。

(四) 多鍵開關滑鼠

利用多鍵開關滑鼠執行滑鼠游標移動任務，通常需要改裝或連接滑鼠轉接器。多鍵開關如臂壓鍵（如圖14-6所示）的每一按鍵，可以分別執行滑鼠游標移動往上、往右、往下、往左以及點選。

圖 14-6　臂壓鍵

(五) 電子式點選設備

電子式點選設備允許個案應用超音波或紅外線光束來控制游標。頭控滑鼠的使用者必須具有良好的頭部控制能力，方可使用此種設備。

此外，若個案在操作滑鼠點選有困難，可利用下列方式加以調整。

(一) 微軟視窗作業系統的調整

利用微軟視窗作業系統之「設定」的「滑鼠」設定，可以將滑鼠左右鍵功能互換，適用於因腦傷或手部外傷造成右手功能喪失或控制能力較差者。也可以調整滑鼠或游標反應速度，或調整滑鼠雙擊間的反應時間，或將雙擊改成按一次即可反應，以利手部控制能力不佳的個案。此外，動作能力較差的個案無

法點選或關閉檔案，常是由於桌面上的圖示、視窗捲軸、視窗框線太小，不利操作。針對這樣的個案，可以利用微軟視窗作業系統「設定」的「顯示器」設定，調整電腦螢幕顯示的大小與方向。

(二) 單鍵開關代替左或右鍵的功能

動作能力較差的個案常無法順利完成滑鼠左鍵或右鍵的單擊或雙擊，此時可將滑鼠或軌跡球改裝，以特殊開關取代滑鼠或軌跡球的左鍵或右鍵。

(三) 自動點選功能

若上述調整仍無法解決個案點選的困難，可以利用軟體設定自動點選，此功能可以設定滑鼠停留在定點一定時間後，便自行點選。若個案在拖曳方面有所困難，可以將左鍵改成單鍵開關，執行拖曳時，以一手按壓開關另一手移動滑鼠方式進行拖曳。此外，也可以利用快速鍵執行拖曳，例如：使用相黏鍵將所需拖曳文字或符號反白後再使用 Ctrl+C 與 Ctrl+V 方式進行貼上。

五、其他特殊輸入設備

若上述簡單的設定方式無法改善個案輸入的困難，則必須考慮應用其他特殊的軟、硬體輸入設備，包括觸控螢幕、語音辨識系統、光學文字辨識系統（optical character recognition and scanners）、摩斯碼輸入等。

(一) 觸控螢幕

這是一種加裝於螢幕上的設備，或是直接建置在螢幕，使用者可以直接觸摸螢幕來顯示或執行電腦程式，增加使用電腦的動機；配合螢幕鍵盤來鍵入文字或資料；以及在螢幕上點碰而可做直接的選擇。適用於需要較直接的方式來移動螢幕上的游標者；可以跟資訊做好的互動，但是需要一個簡單的輸入方式者；可以跟資訊做好的互動，但是要求有趣與引起動機的方式，或須用緊密因果關聯來引起環境互動者使用。

(二) 語音辨識系統

此系統允許使用者用聲音來輸入資料或控制電腦。適用於口語清晰，但因動作控制差而無法有效使用鍵盤者，例如：高位頸髓損傷個案。

(三) 光學文字辨識系統

此系統是利用連接於電腦的掃描器掃描原稿後，將原本的圖像文字整編一次辨識成可供編輯的文字，以改變字的尺寸、字體。並且可以透過語音合成系統、擴視系統或是點字轉譯系統來讓視覺障礙個案閱讀。台灣較成熟的產品有「丹青文件辨識系統」。

(四) 摩斯碼單鍵輸入系統

摩斯碼是將所有字母、數字、標點符號，用點號（‧）、間號（－），以及點號（‧）與間號（－）的間隔組合而成的時序訊號來代表，例如：‧‧‧－－－‧‧‧的摩斯時序即表示英文字串的 SOS。適用於只能控制一兩個動作者使用，以兩個單鍵開關分別代表點號（‧）、間號（－），可用來輸入文字或資料。

♥♥♥ 貳、電腦輸出設備

電腦制式的輸出設備主要是螢幕顯示與印表機輸出兩種。這兩種輸出設備對其他類障礙者可能不會造成太大的困擾，但卻對視覺障礙者十分不利。正因如此，下列電腦輸出設備大多是為視覺障礙者所設計。

一、弱視者的替代性視覺顯示

對於弱視者，電腦的螢幕可以將字體或圖片放大數倍。對於視覺接收有困難的個案，可以改變螢光幕上的顏色、對比、背景來加強區分，以增加其在閱讀上的便利性。可依個案需要調整字體大小（垂直高度）、字的間隔（水平空間）、前景與背景的反差。以目前微軟視窗作業系統而言，「設定」中的「輕鬆存取」裡的「顯示器」選項，提供高反差的色彩來呈現螢幕的輸出，可藉由

對比明顯，來凸顯文字內容，利於對形象背景區分有困難者。

在「擴視處理設備」方面，對於弱視者，電腦螢幕可將字體或圖片放大數倍，也可改變螢幕的顏色、對比、背景來加強區分，以增進其在閱讀的便利。而微軟視窗作業系統中「設定」中的「輕鬆存取」裡的「放大鏡」選項亦有字體放大的效果。

二、全盲者的替代性視覺顯示

全盲者使用的替代性視覺顯示，包括點字顯示器（refreshable Braile displayer）、點字印表機、語音合成系統（speech synthesizers）、螢幕閱讀器（screen reader）等。

(一) 點字顯示器

點字顯示器可以使電腦產生的文字成為浮凸的點字。台灣已有相關產品，例如：淡江大學研發的「金點二號點字觸摸顯示器」，該設備能符合即時顯示中文功能及操作方便之特性，其優點為成本低、維修容易、中英文通用。又淡江大學研發的「超點點字觸摸顯示器」，能考量盲胞的操作習慣，前方採斜面圓弧設計來增加盲胞使用時的舒適性；另外可搭配智慧型語音合成器，使螢幕訊息能以點字輸出，亦能以語音輸出。台灣所開發的盲用電腦可以透過多功能轉接器搭配本土研發的點字觸摸顯示器（超點系列），並且能將電腦上的資訊轉成語音後，透過聲霸卡輸出語音，且能同時處理中、英文。

(二) 點字印表機

可以將電腦文件以點字方式印在特殊的報表紙上。

(三) 語音合成系統

是應用軟體或硬體提供的語音合成系統，可以接收螢幕上的字母、數字、標點符號的訊息，然後以發出聲音的方式表達訊息。可以說出電腦上的文字、練習字母與聲音的辨別。可用於閱讀能力比其潛能程度差者、當螢幕文字太小時需要聽覺的協助者、可以從聽覺回饋中受益者，以及了解訊息但需要維持注

意力至工作上者。

(四) 螢幕閱讀器

　　為一種與語音合成的系統，可連結報讀螢幕上的文字，以及各操作選項的軟體程式。目前為全盲或嚴重弱視者所廣泛使用，常見的包括中文化的 NVDA（NonVisual Desktop Access）和國外的 JAWS（http://www.freedomscientific.com）。

　　以上所列舉的電腦輔具是較常見的，特殊教育工作者必須了解市面上有哪些東西適合特殊兒童使用，再配合特殊兒童的能力，才能選出最合適的輔具，以利電腦學習。

第六節　輔助溝通系統之應用

　　人類將語言或文字作為主要的溝通工具以傳達與交換信息、建立關係、聯絡感情，進而形成人類社會中綿密的人際網路。然而，對於身心障礙者而言，由於認知、動作、感官等困難，無法像一般人利用語言作為主要的溝通勢力，只好依賴其他的管道或方式，以建立其個人與外界聯繫溝通的模式。

　　擴大性及替代性溝通（augmentative and alternative communication，簡稱 AAC；中文可簡稱為「輔助溝通」）著眼於利用各種可能的途徑，以增進障礙者的溝通功能。

♥♥♥ 壹、輔助溝通系統之介紹

　　輔助溝通大致可分為兩大類（Beukelman et al., 2012）：第一類係指不需要依靠個體以外的器材或設備就可以進行溝通的方式，例如：手勢、表情，甚至手語等；第二類指的是必須在其他外在物品的協助下，才能完成溝通的模式，這類的輔助溝通從簡單的紙筆（筆談）、打字、字母表或圖片，到高科技的電腦化溝通器等，正是 AAC 領域中核心的部分。在高科技化的輔助溝通系統下，

使用者如何操作使用溝通輔具,是建立輔助溝通系統的首要考量。

　　基於溝通者本身的身心特質以及溝通輔具所能展現的功能,一般係將輔助溝通系統使用方法分成直接點選(direct selection)和掃描(scanning)兩種(Church & Glennen, 1992)。所謂直接點選,就是讓溝通者自己直接指出他所要表達的目標(圖片、符號或文字);而掃描點選則是由他人(或電腦)逐一指出目標物,直到溝通者所要選定的目標物出現為止。因此,直接點選較具有主動性,較為直接,雖然偶爾必須藉助其他器材,如頭杖、口杖或光筆等以指出目標物,但還是能為溝通者自行掌控。然而,如果溝通者因肢體動作不靈活,以至於無法直接指出目標物,掃描點選就成為唯一的操作方法了。

　　目前台灣也有一些電腦語音溝通板的產品,有大型的、攜帶型、六句式的,可依使用者的語言、認知及動作能力而有不同的選擇。任何在表達性語言的運用有困難的學生,都是輔助溝通設備的潛在使用者,其中可能包括下列學生(Beukelman et al., 2012; Church & Glennen, 1992; Higginbotham et al., 1995):失語症(aphasia)、語言發展遲緩、構音困難、自閉症、智能不足者、腦性麻痺或中風或腦傷以致口語溝通困難者。不管是哪一種障礙類型者,只要有溝通的問題,均可以利用輔助溝通系統加以改善。

●●● 貳、輔助溝通系統的選擇與評量

　　當我們要為特殊需求學生選擇一項合適的溝通輔具時,面對各式各樣的科技產品,往往會不知道該如何選擇,才能真正使溝通輔具幫助學生達成溝通的需求。唯有透過系統性的評估,才能針對特殊兒童的需求選擇最合適的輔具。因此除了在第二節已介紹過的評估外,再針對輔助性溝通系統提出相關評估項目如下(Cook et al., 2020)。

一、控制介面的評估

　　誠如第二節所言,應先評估個案的坐姿與擺位需求,接著再評估個案應使用何種控制介面。

二、認知與語言相關評估

1. 語言理解：評估個案對語言的理解程度。

2. 語言表達：評估個案在構音、發聲等方面的能力。

3. 相關認知：評估個案在符號類型、類別、順序、配對以及分類等能力。

　　符號表徵能力評估要評估個案能否了解符號與實物間的關係、能否以符號代替實物、此符號要多大個案才看得見等能力。如果兒童對於符號與實物之間的關係有了相當了解，就要進一步測量他在日常生活中運用符號的能力。我們可以要求他以符號來回答問題。舉例來說，我們可以利用稀飯、車子、襯衫三種符號詢問受試者：「你今天早餐吃什麼？」藉以得知受試者運用符號的能力。更進一步，我們可以讓兒童在無法清楚表達意思的時候，以符號來表達他的要求。舉例來說，當我們不清楚兒童的表達意願時，可以問：「我不懂你要什麼，你能選出一個符號來告訴我嗎？」藉以得知受試者是否有使用符號來要求的動機。

第七節　移行輔具

壹、輪椅的選擇與考量

　　對於移位有困難的兒童，輪椅是很好的選擇。輪椅基本上分為骨架（frame）、手握圈（handrim）、把手（push handle）、交叉桿（crossbar）、傾斜桿（tipping lever），以及煞車（brake）等部分。交叉桿的作用是便於輪椅的收放；傾斜桿的目的是可以讓輪椅輕易自後傾斜，便於通過台階或地面的突起物。一般而言，輪椅的選擇不外幾個目的：達到最有效的獨立移動；避免關節攣縮、骨骼變形或壓瘡產生；改善個案不良的姿勢；增加上肢及手的功能，因而促進個案應對環境的能力，增加經濟效益以及建立健康的身體形象（body image）。因此本節將就輪椅的評估、選擇及應用做一簡單介紹。

　　輪椅的評估可分成四個向度來考量（Cook et al., 2020）：

1. 使用者概況的了解：即評估者要先了解個案患的是什麼疾病、發病日期、預後的好壞、個案的體型大小及重量。

2. 使用者需求的評估：可藉由與個案及其重要照顧者討論，以了解此輪椅主要的需求為何，包括：是否會要求個案自行推輪椅移動？還是個案能力太差或年紀太小，因此主要目的是方便家屬移動個案？個案最常使用輪椅的地點在哪裡？是室外或室內？運送此輪椅的工具是什麼？此輪椅的耐用程度如何？經濟上是否有其他補助？輪椅的後續維修怎麼處理？

3. 生理及感覺方面的評估：此部分包括肌肉張力、肌肉力量、關節活動度、動作控制能力、視知覺、本體覺、聽覺、觸覺、認知能力等的評估。

4. 功能性技巧：即評估個案的轉位能力及操作輪椅能力。

　　電動輪椅除了以上的評估外，還要評估個案對指令的理解力、視覺敏銳度、聽覺敏銳度、反應速度、動作反應時間，以及認知功能等。

❤❤❤ 貳、輪椅的形式

　　輪椅基本上分為以下三種形式。

一、照顧者推進式輪椅（attendant-propelled chair）

　　這種形式的輪椅主要由照顧者來推動，個案可能年紀太小，或肢體障礙嚴重而無法訓練個案來自行推動輪椅，且這類輪椅的使用者通常是體重較輕、轉位方便者。

二、手動式輪椅（manual wheelchair）

　　會選擇手動式輪椅，主要是個案有潛能可被訓練為將來能自行推動輪椅。手動輪椅的式樣可分為幾種：第一種是標準型輪椅；第二種是載重型輪椅（heavy-duty），適合體重超過 82 公斤的個案，這種椅面通常超過 20 吋，適合體重較重的個案，椅面下會加裝鐵桿，因此這種輪椅是無法收起來的；第三種是輕便型輪椅（light weight），這種輪椅的重量通常是一般輪椅的 1/2～2/3，優點是很輕、運送容易，但缺點是穩定度不夠，容易翻倒；第四種是運動型輪椅，適於運動時使用；第五種是成長型輪椅（growing model）。對兒童而言，

使用的輪椅與成人最大的不同是兒童仍會一直成長，因此輪椅的選擇必須考慮這項因素，而採用可調整式輪椅。

　　輪椅根據骨架的不同又可分為室內型（indoor type）、室外型（outdoor type）及截肢型（amputee type）。室內型輪椅的大輪子在前方，小輪子在後方，優點是迴轉半徑小，因此適用於狹小空間，缺點是轉位時較容易卡到，而且推動及旋轉較不容易；室外型輪椅則是小輪子在前方，大輪子在後方，一般都是這種輪椅居多；截肢型輪椅，因要避免截肢者往後傾倒，所以輪子要往後移。

三、電動輪椅（power mobility devices）

　　此種輪椅適用於只能短距離推動輪椅的個案，或會因推動輪椅而造成上肢無力、呼吸困難或姿勢不對稱的個案。電動輪椅的優點是可增進個案的動作控制經驗，並促進社交、認知、知覺及功能等方面的發展。

　　電動輪椅與手動式輪椅最大的不同是控制介面的選擇，電動輪椅上的控制介面可以有多種選擇，包括搖桿以及各式多鍵開關（方向鍵、臂壓鍵等），可以讓個案以手、下巴、頭或其他身體部位來操控輪椅前、後、左、右的移動。

第八節　生活相關之輔助科技

　　特殊兒童常缺乏自我照顧的技能，輔助科技可協助兒童學習這方面的技能，達到獨立生活的目標。一般而言，對於肌肉力量不足的個案，通常可以選用較輕的輔具、電動輔具或利用重力及力學原理等方法來改善力量的不足；對於身體半側功能喪失者，則可將物體固定住或以單手替代等方法來改善；對於關節活動度受限者，則可使用調整後的輔具來代償抓握能力或減少彎腰的機會；協調性差或距離感差者可固定或加重物體、增加摩擦力、穩定身體近端，或甚至使用輔助科技來改善這樣的問題。

　　因此，本節擬從進食、盥洗、穿脫衣物、上廁所、洗澡、功能性移動、複雜性日常生活等方面造成的問題，來介紹可選用的輔具（Sprigle & Lane,

1995）。

❤❤❤ 壹、進食

　　在進食方面可用的輔具有很多種，因此必須先評估是什麼原因造成個案進食上的困難。首先，若個案的抓握能力不好，可考慮將湯匙的握柄加粗，方便個案抓握；若個案連抓握的能力都沒有，則可選用萬用套（universal cuff），這種套子是戴在個案的手掌上，可以直接將湯匙或叉子插在套子上，個案不需抓握湯匙或叉子就可進食。若個案因關節活動度受限，則可選用有角度的湯匙、旋轉湯匙（swivel spoon）、湯叉（spork）或加長柄的湯匙。有角度的湯匙，握柄與湯匙面之間有一定的折角，而旋轉湯匙的握柄與湯匙面可360度任意旋轉，使湯匙面一直朝上，這兩種湯匙適用於關節活動度不足的個案；湯叉是把湯匙和叉子合併在一起，讓個案在使用時不必交換使用湯匙及叉子；將湯匙的把柄加長的目的，是讓有肘部或肩關節活動度較差的個案，便於將食物從盤子中舀到嘴中。

　　若個案的手臂耐力不夠，則可用活動式手臂支架（mobile arm support），這種支架可以讓個案將手臂放在支架上面，且增加活動度。其他有關的輔具有止滑墊、長吸管、吸管架、邊緣加高的盤子等。止滑墊的目的是要增加桌面與碗盤或杯子等用品的摩擦力；長吸管是針對頭部活動度受限的個案而設計的；吸管架則是針對手持吸管能力不好的個案而設計；而邊緣加高的盤子是針對個案手部控制能力不好，易將食物舀出盤子外而做的設計。

❤❤❤ 貳、盥洗

　　若個案沒有抓握的動作，則可選用萬用套來協助完成盥洗動作。萬用套的使用方法跟進食時的使用方法相同，但是改插梳子、牙刷。加粗或摩擦力加大的把柄，可減少抓握時所需的關節活動度。加長把柄的梳子、牙刷，可用來協助關節活動度受限的患者完成盥洗的動作。如果以上的方法都不能改善個案從事盥洗的能力，則以電動刮鬍刀、電動牙刷等，來協助協調性差或動作控制不良的患者完成盥洗動作。

♥♥♥ 參、穿脫衣物

對於精細動作較差的個案，可在衣服拉鍊上加一個大一點的圓環，讓個案不需以精細動作來拉鍊環，而可以將手鉤住拉鍊上的圓環就可拉起拉鍊，或者可以黏扣帶的方式來改裝衣服，在衣服的袖口加裝黏扣帶，讓個案不需扣扣子，而以黏貼的方式來穿衣服；但為了保持患者的自尊心，仍常常會在衣服外層縫上扣子。手部的機械原理（tenodesis）也可用來協助抓握能力差的個案穿脫衣物，手的機械原理是指當手腕彎曲時，手指會因為肌腱收縮或伸長的原理而較容易呈現伸直的姿勢，可以用在當物體握在手中，手指不容易放開的時候；而當手腕翹起時，手指較容易呈現彎曲的姿勢，可以用在要抓握物品時，協助抓握的能力。

其他如穿襪器、長柄鞋拔、穿衣桿、長柄取物夾等，都可以用來協助關節活動度受限的個案。穿襪器是一帶狀物，可套在襪子裡，協助個案穿上襪子；長柄鞋板的用意也是差不多，目的在協助個案穿上鞋子；長柄取物夾顧名思義是一長長的夾子，可協助個案將距離較遠的物體鉤住，並拉近以助取物，可用於坐在輪椅無法拿高處東西者以及其他無法靠近取物者。

♥♥♥ 肆、如廁與沐浴

可給患者一面有折角的鏡子，讓患者自行練習檢查是否有褥瘡的產生。最常用來協助關節活動度受限患者的輔具是馬桶座墊增高器，此用具可增高馬桶的高度，方便個案做轉位，或讓髖關節活動度受限的個案得以使用。

沐浴時可採用的輔具包括：淋浴椅、轉位椅（transfer bench）、肥皂上加上一條繩子、長柄海綿刷、浴室止滑墊及安全抓握把。淋浴椅是針對站立能力差或穩定度差的個案而設計的；轉位椅是針對個案轉位能力不好，難以自行從輪椅轉位到浴缸中而提供的輔具，以協助個案由輪椅轉位到浴缸；肥皂上加上一條繩子或長柄海綿刷是針對個案關節活動度受限而做的設計；浴室止滑墊可以增加個案或淋浴椅在浴室中的摩擦力，以避免跌倒情況的發生；安全抓握把可提供穩定度或站立能力不佳的個案支持的力量。

❤❤❤ 伍、複雜性日常生活

開罐器、開袋器（bag opener）、鑰匙固定器（key holder）、鍋子固定器（pan holder）、削皮機（peeler with fixation）、切藥器（pill splitter）、加粗或加寬把柄的刀子、取物器、把柄加長，或免持聽筒的電話、將把柄或物體加重，或加大物體體積，都可以協助個案完成複雜性的日常生活活動。

❤❤❤ 陸、環境控制系統

能自主控制環境，對普通人而言，是掌控環境及自尊心的重要關鍵，更何況是肢體有缺陷的人，環境控制的自主能力能增強他們的自尊心，並達到一定的生活品質。環境控制系統是指經由電子設備來成功的操弄環境或與環境互動，這裡指的電子設備包括開關、遙控器、電腦介面及其他輔助科技。環境控制系統的目的，在於使個案能在家中、學校、工作及休閒環境中，發揮最大的功能性能力。

一、環境控制系統的選擇方式

操控環境控制系統的選擇方式有三種，以下一一說明：

1. 直接點選：控制器上有許多按鍵，直接點選某一按鍵就可執行相對應的功能，例如：TASH 公司出品的 Ultra-4，該產品在控制面板上有四個選項，可對應至四種不同的電器，個案只須按壓四個按鍵中的任何一個，便能啟動相對應的電器用品。直接點選的方式較有效率、省時省力，但需要較高的動作控制能力。

2. 掃描點選：屬於間接點選的方式之一，適用於動作控制能力較差的個案。控制器面板上會列舉出所有的按鍵，以掃描的方式依序出現，個案只要算準時間，等待所需選擇項目出現的那一瞬間再按下按鍵，即可啟動相對應的電器，例如：Ultra-4 也有掃描的功能，四個選項依序出現，若個案要選擇的是第二個選項，則待掃描到第二個選項時按下開關，則可以啟動相對應的電器。此方式需等待較長的時間完成點選，費時費力，但適合動作控制較差的個案。

3. 編碼點選：也是屬於間接點選的方式之一，以解碼方式來選擇，例如以摩斯碼來編碼，以編碼來相應某個電器。

二、環境控制系統的傳播方式

環境控制系統的傳播方式可分為四種，以下一一說明：

1. 居家電路（house wiring）：即以電線作為傳導方式，多數的電器設備都是以此線路作為傳播的媒介，而電線線路的優點是不需額外安裝；缺點是無法攜帶。

2. 超音波（ultrasound）傳播：此方式所使用的聲波頻率通常較高，約四萬赫茲，不會被人類的耳朵所聽到。一般來說，超音波傳播設備通常包括一個傳播器及一組接收器，傳播器可以是手握式的或已架設在輪椅上的，用超音波作為傳播方式的開關通常採用彈簧式開關（latched mode）。超音波傳播的優點是攜帶方便，藉由空氣傳播，因此傳播距離可達幾百公尺；缺點是控制器與接收器必須在同一直線上，因為超音波會被固體阻擋而無法傳播。

3. 紅外線（infrared, IR）傳播：一般來說，許多遠距離的設備都是以紅外線作為傳播媒介，如電視、錄放影機以及電纜，以紅外線作為傳播方式的優點是不需安裝費（相較於居家線路），便於攜帶；缺點是傳播器與接收器必須在同一直線上。

4. 無線電波（radio-frequency, RF）傳播：優點是不會被一般的固體擋住，但仍然會被金屬所擋住，且傳播的距離較遠。雖然它的受限較少，但也有缺點，就是缺乏隱私權。要改善隱私權的問題，可以將傳播器與接收器的距離縮短或備有數個頻道，使用者可以在數個頻道中做切換，以找到較強訊號，如此一來，因為不斷的在改變頻道，也較具有隱私權（Cook et al., 2020）。

以上四種傳播方式各有優缺點，當考慮個案需求時，應評量個案動作控制能力以及認知功能，並考量家庭經濟等相關因素，才能決定何種方式最適合個案的需求。

第九節 感官類輔具

在我們生活的世界裡，總是透過眼睛看、耳朵聽、鼻子聞、舌頭嘗或是觸摸方式認識、接觸生活周遭一切的人事物。視覺、聽覺、嗅覺、味覺、觸覺這些都是屬於感官知覺。若是感覺器官受損，勢必對於我們接收外界訊息的完整性有所限制，甚至危害自我保護的能力。感官輔具的性質通常包含兩種意義，一是擴大性，協助加強感覺器官原有接收訊息的能力，例如：擴視機；一是替代性，以另一種捷徑代替感覺器官已受損的傳輸接收訊息管道，以協助身障者得到外界的資訊，例如：人工電子耳。本節主要列出視覺、聽覺障礙者可運用的感官相關輔具（Cook et al., 2020），以下分別介紹。

●●●● 壹、視覺感官輔具

由於視障者的視覺感官能力消失或逐漸失去感應的能力，我們可以藉由輔助器具，讓視障者在學習、居家生活或工作等環境中，得以運用其他的感官能力適應環境的變化以及工作任務。

1. 語音輔具：將視覺訊息轉換為聽覺訊號，讓視障者透過聽取語音的方式學習或適應環境，例如：數位語音標籤筆、數位有聲書播放機、文字MP3、語音手錶等。
2. 點字輔具：運用觸覺能力，使用點字觸摸方式接收或傳輸文字訊息，例如：盲用電腦、點字板、點字觸摸顯示器等。

另外，亦可透過輔具加強視覺感應能力，協助視障者運用殘餘的視覺能力辨認外界訊息，例如：放大鏡、擴視機（桌上型、可攜式）。

●●●● 貳、聽覺感官輔具

指的是可輔助聽障者察覺居家生活與工作環境有所變化的視覺訊號與震動的裝置，或是加強聽障者在學習、生活與工作環境中，得以使用的助聽輔具。

1. 警示、指示、信號輔具：可將聲音轉換為視覺、觸覺或震動的訊號。例如：

門鈴警示燈、震動警示器等。

2. 擴音輔具：將聲音擴大，協助仍有殘餘聽覺能力的聽障者接收外界訊息。例如：助聽器（氣導型、骨導型）、鈴聲放大器等。

3. 調頻輔具：由發射器與接收器組成。說話者使用麥克風並配戴發射器，而聽障者配戴接收器，透過無線調頻方式，讓聽障者在學習環境當中能夠排除干擾的噪音，順利接收其所要的語音訊息。例如：FM 無線調頻系統。

4. 人工電子耳：取代原本傳導處理聲音訊息的耳蝸受損功能，直接刺激聽覺神經，讓聽障者得以透過電子耳接收外界聲音訊息。

　　感官輔具目前仍以視聽感官輔具居多，其他如觸覺、嗅覺、味覺等相關感官輔具較少，仍須透過專家學者持續研發，提供有需求的人得以運用相關輔具，加強保護自我的能力。

第十節　輔助科技在特殊教育中的角色

　　世界衛生組織（World Health Organization）於 2001 年發布「國際健康功能與身心障礙分類系統」（簡稱 ICF），以生物—心理—社會模式將身心障礙定義為個體與環境互動的障礙。對於障礙的觀點除考量個人的疾病與損傷外，同時納入環境因素對個體的影響（李淑貞譯，2009）。此架構強調提供環境的支持，以促進個體的活動與參與。環境因素則包含產品與科技，如何在教育環境中提供產品與科技，以促進學生的各項學校的活動與參與，實為特殊教育之重要任務（陳明聰，2016）。

　　此外，1990 年《美國障礙者法案》（簡稱 ADA）通過之後，「合理調整」（reasonable accommodation）這個理念開始運用到身心障礙者的工作和教育方面，於教育現場提供各類輔助科技往往是合理調整的重要一環（Feldblum, 1993）。而聯合國於 2006 年頒布《身心障礙者權利公約》（The Convention on the Rights of Persons with Disabilities，簡稱 CRPD），旨在「促進、保護和確保實現身心障礙者所有人權和基本自由充分、平等享有，並促進對身心障礙者固有尊嚴的尊重」。台灣也在 2014 年通過《身心障礙者權利公約施行法》（衛生

福利部，2014），以實踐 CRPD 的精神，並於 2017 年公布《身心障礙者權利公約》。CRPD 強調透過合理調整，讓障礙者能在平等基礎上，充分享有基本人權及自由。所謂的「合理調整」是指「根據具體需要，在不造成『過度或不當負擔』（undueburden）之情況下，進行必要及適當之修改與調整」。輔助科技也是合理調整的措施之一。

　　要如何提供具挑戰性之普通課程給身心障礙學生學習？輔助科技在身心障礙者接近並使用普通課程方面，扮演重要的角色，尤其是在融合的教育環境中。因為藉由輔助科技的提供，不但可以達到融合教育的目標，還可以解決課程可及性（curriculum accessibility）的問題，讓身心障礙學生得以更容易的使用課程來學習。

　　從融合的觀點來看，融合應該達到物理的融合、社會的融合，以及功能的融合（O'Hanlon, 1993）。也就是說，身心障礙者不但應該與其他同學在一起學習，彼此也要有所互動，而且能發揮身為班級一份子的責任與功能。藉由輔助科技的協助，不但能達到這些目標，而且更能進一步協助這些學生的學習。要達到課程可及性（curriculum accessibility），必須先從物理環境可及性（physical accessibility）、介面可及性（interface accessibility）做起，進而做到教材形式的多樣化（format variety），以及課程內容可調整性（content adaptation），最後達到課程可及性的目標（如圖 14-7 所示）。

圖 14-7　身心障礙學生的課程調適

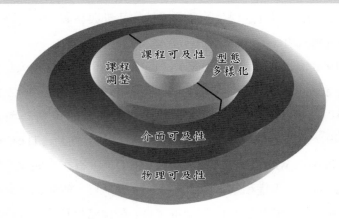

1. 物理環境可及性的問題：就是學生能否順利的進入班級上課，這是融合教育的最低標準。有些嚴重肢體障礙的學生，過去可能必須在家自行教育或被送到教養機構，現在藉由移行輔具以及擺位輔具的協助，就可以進入一般班級接受教育。

2. 介面可及性的問題：這裡的介面包括兩部分，一是人與人互動的介面；一是人與機器的介面。人與人的溝通是社會融合的基礎，過去有些缺乏口語表達能力的學生，雖然和其他同學在同一班級就讀，但卻可能始終沒有交集，因為無法溝通彼此的意見。藉由溝通輔具的協助，這些學生可以向其他人傳達想表達的意見。至於人機介面的問題，則是要學生能使用班級各項設備與同學共同學習，甚至盡到班級一份子的責任，例如：過去肢體障礙的學生可能因行動或動作能力的問題，而無法學習使用教室中的視聽設備，現在只要藉由控制介面，如單鍵開關，學生就可以使用各種電器設備了。

3. 教材形式的多樣化：過去教材的呈現方式多以書本為主，這並不利於身心障礙學生的學習，尤其是對感官障礙或肢體障礙的學生。現在藉由電腦輔具、電子書以及多媒體的協助，視障學生可以用螢幕閱讀器聽到課程的內容，肢體障礙學生可以使用特殊開關來使用電腦閱讀電子書，認知障礙的學生也可以使用語音合成軟體來閱讀文章。

4. 課程內容的調整：除了原本的學習內容，藉由提供主要概念的摘要、學習與類化的鷹架，以及提供背景知識，可以協助認知障礙學生更有效的學習（Orkwis & Mclane, 1998）。這些課程同樣可以經由電子書或多媒體的發展，來調整課程的內容。

　　此外，為了提供身心障礙學生更具挑戰性的課程，全方位的課程設計觀（universal curriculum design）也逐漸受到重視，如何發展包括身心障礙學生在內，大多數人均可使用與學習的課程是努力的目標，而電腦與網際網路則在其中扮演著重要的角色（Orkwis & Mclane, 1998）。至於如何解決人與電腦介面間的障礙之議題，則有待其他輔具的協助。所以，輔助科技應可以協助身心障礙學生更容易地參與普通班的學習。

問題討論

1. 請說明輔助科技的定義。
2. 請介紹輔助科技常用的模式。
3. 請說明輔助科技評估的流程。
4. 請說明輪椅的評估應考量的重點。
5. 請說明如何將輔助科技應用在特殊教育。

參考文獻

❖ 中文部分

王華沛（1997）。肢體障礙者之就學就業之科技支援。載於陪你踏出第一步：身心障礙者就學就業之科技支援研討會會報（頁 73-79）。國家科學委員會。

王華沛（2002）。各類障礙者的綜合性需求：善用電腦科技。載於王華沛（主編），輔助科技之應用（頁 25-32）。中華民國輔助科技促進職業重建協會。

朱經明（1997）。特殊教育與電腦科技。五南。

李天佑、孟令夫、林雲龍、古艾巧（2002）。電腦作業系統 Windows 的協助工具。載於王華沛（主編），輔助科技之應用（頁 43-73）。中華民國輔助科技促進職業重建協會。

李淑貞（譯）（2009）。國際健康功能與身心障礙分類系統編碼。陽明大學。

李淑貞、楊雅馨（2007）。電腦類輔具評估。載於吳英黛（主編），輔具評估專業技術手冊（頁 213-236）。中華民國物理治療學會。

李進寶、周二銘、王華沛（1997）。電腦相關輔具分析調查研究報告。內政部委託資訊工業策進會調查報告。

教育部（2013）。身心障礙學生支持服務辦法。2013 年 9 月 27 日修正發布。

教育部（2019）。特殊教育法。2019 年 4 月 24 日修正公布。

陳昀辰（2007）。改良式螢幕鍵盤對肢體障礙者操作功能選單效能之比較研究（未出版之碩士論文）。台灣師範大學。

陳明聰（2016）。從特殊教育相關法規用詞談輔助科技的內涵。**雲嘉特教期刊，24**，1-8。

陳明聰、洪瑞成（2007）。各縣市政府教育補助器材法規之探究。載於**中華民國特殊教育學會年刊：特殊教育的資源與支援**（頁 333-348）。中華民國特殊教育學會。

新北市教育局（2017）。**新北市身心障礙學生教育輔助器材及適性教材借用與管理實施要點**。2017 年 11 月 22 日修正。

衛生福利部（2014）。**身心障礙者權利公約施行法**。2014 年 8 月 20 日制定公布。

衛生福利部（2021）。**身心障礙者權益保障法**。2021 年 1 月 20 日修正公布。

衛生福利部（2022）。**身心障礙者輔具費用補助辦法**。2022 年 10 月 20 日修正發布。

❖ 英文部分

Alliance for Technology Access. (2004). *Computer resources for people with disabilities: A guide to exploring today's assistive technology* (4th ed.). Hunter House.

Anson, D. K. (1994). Finding your way in the maze of computer access technology. *American Journal of Occupational Therapy, 48,* 121-129.

Anson, D. K. (1997). *Alternative computer access: A guide to selection.* F. A. Davis.

Assistive Technology Act of 2004. https://www.disability.gov/technology/laws_%26_regulations.

Bergen, A. F., Presperin, J., & Tallman, T. (1990). *Positioning for function.* Valhalla Rehabilitation Publications.

Beukelman, D. R., Mirenda, P., Garrett, K., & Light, J. (2012). *Augmentative and alternative communication: Supporting children and adult with complex communication needs* (4th ed.). Paul H. Brookes.

Church, C., & Glennen, S. (1992). *The handbook of assistive technology.* Singular.

Cook, A. M., Polgar, J. M., & Encarnação, P. (2020). *Assistive technology: Principles and practice* (5th ed.). Mosby.

Feldblum, C. R. (1993). Antidiscrimination requirements of ADA. In L. O. Gostin &

H. A. Beyer (Eds.), *Implementing the American with Disabilities Act*. Paul H. Brookes.

Galvin, J. C., & Scherer, M. J. (1996). *Evaluating, selecting and using appropriate assistive technology*. Aspen.

Higginbotham, D. J., Lawrence-Dederich, S., Sonnenmeier, R. M., & Kim, K. (1995). In W. C. Mann & J. P. Lane (Eds.), *Assistive technology for persons with disabilities* (2nd ed.) (pp. 99-127). American Occupational Therapy Association.

Kentucky Assistive Technology Service Network. (1998). *Assistive technology and IEP*. http://www.iglou.com/katsnet/facts.html

Lane, J. P., & Mann, W. C. (1995). Technology, disability, professional services. In W. C. Mann & J. P. Lane (Eds.), *Assistive technology for persons with disabilities* (2nd ed.) (pp. 5-24). American Occupational Therapy Association.

Lewis, R. B. (1993). *Special education technology classroom applications*. Cole.

Male, M. (1997). Providing access. In *Technology for inclusion: Meeting the special needs of all students* (3rd ed.) (pp. 153-177). Allyn & Bacon.

Mistrett, S. G., & Lane, S. J. (1995). Assistive technology for persons with speech or cognitive disabilities. In W. C. Mann & J. P. Lane (Eds.), *Assistive technology for persons with disabilities* (2nd ed.) (pp. 131-163). American Occupational Therapy Association.

Oddo, C. R. (1995). Technology and higher education. In W. C. Mann & J. P. Lane (Eds.), *Assistive technology for persons with disabilities* (2nd ed.) (pp.167-194). American Occupational Therapy Association.

O'Hanlon, C. (1993). *Special education integration in Europe*. David Fulton.

O'Leary, S. (1996). *Computer access for persons with spinal cord injury: High tech and low tech assistive devices, techniques, and resources for independence*. Disability Information Resources.

Orkwis, R., & Mclane, K. (1998). *A curriculum every student can use: Design principles for student access*. http://www.ericec.org/osep/udesign.htm

Parette, H. P., Hourcade, J. J., & Vanbiervliet, A. (1993). Selection of appropriate technology for children with disabilities. *Teaching Exceptional Children, 25*(3), 18-22.

Scherer, M. J. (2004). *Connecting to learn: Educational and assistive technology for people with disabilities*. American Psychological Association.

Scherer, M. J., & Galvin, J. C. (1996). An outcome perspective of quality pathways to most appropriate technology. In J. C. Galvin & M. J. Scherer (Eds.), *Evaluating, selecting, and using appropriate assistive technology* (pp. 1-26). Aspen.

Sprigle, S., & Lane, J. P. (1995). Assistive technology for persons with physical disabilities. In W. C. Mann & J. P. Lane (Eds.), *Assistive technology for persons with disabilities* (2nd ed.) (pp. 33-74). American Occupational Therapy Association.

Struck, M. (1996). Assistive technology in the schools. In J. Hammel (Ed.), *Technology and occupational therapy: A link to function*. American Occupational Therapy Association.

Swinth, Y. (2005). Assistive technology: Low technology, computers, electronic aids for daily living, and augmentative communication. In J. Case-Smith (Ed.), *Pediatric occupational therapy and early intervention* (5th ed.) (pp. 615-654). Elsevier Mosby.

Watts, E. H., O'Brian, M., & Wojcik, B. W. (2004). Four models of assistive technology consideration: How do they compare to recommended educational assessment practices? *Journal of Special Education Technology* [Electronic version]. http://jset.unlv.edu/19.1/watts/watts.pdf

Wright, C. D., & Nomura, M. (1991). *From toys to computers: Access for physically disabled child*. Author.

Zabala, J. (1995). *Introduction to the SETT framework*. http://sweb.uky.edu/~jszaba0/SETTintro.html

Zabala, J. (2002). *Update of the SETT framework*. http://sweb.uky.edu/~jszaba0/SETTupdate2002.html

第 15 章

早期療育

蔣明珊、沈慶盈

前言

障礙兒童的早期療育或稱早期介入（early intervention），受到哲學、心理學、醫學、特殊教育，和早期兒童教育等的影響（Summers & Innocenti, 1991），已匯集成一種學說，成為一個快速成長的新興領域。台灣近幾十年來亦大力推動發展遲緩兒童的早期療育活動，雖已有不少成果，卻也仍存在一些問題。因此，本章擬從理論與實務的角度，分別探討早期療育的內涵，期望能對早期療育的認識與推動，有進一步的幫助。

第一節 早期療育的基本概念

壹、早期療育的目標與內涵

早期療育的基礎源自於早期經驗對未來發展有重要影響的概念（Marfo & Cook, 1991），它可能是一項治療、教育或服務，亦可能是一種特定的服務體系。Bailey 等（1994）認為：早期療育可以定義為對障礙兒童及家庭提供教育治療、預防及家庭支持的服務，它的前提是藉由愈早提供這些服務給兒童，來提高兒童未來成功的可能性，並且在兒童成長和家庭調適的重要期間給予支持。

Aytch 等（2004）強調早期療育是一種複雜的服務系統，涉及多元的服務設施、多專業的參與、服務協調、跨機構的合作，及異質性的幼兒與家庭。萬育維、莊凰如（1994）認為：所謂「早期療育」是指針對學前兒童（出生至 6 歲）具有特殊需求的嬰幼兒及家屬，所提供的各項專業整合性服務，希望經由及早的醫療、復健或福利方案等措施，防患未然地培育幼兒生活適應能力。郭煌宗（1995）對早期療育所下的定義則是：利用多專業整合性服務，來解決發展遲緩或發展障礙兒童（尤其是 0 至 6 歲）的各種醫療、教育、家庭及社會相關的問題，以便一方面早期治療可協助的相關問題，一方面開發孩子的潛力及減少併發症，最後讓孩子在適當的年齡及能力之下整合入社會團隊中，有效減少長期的社會成本，所採用的一種人性化、主動而完整的關切服務系統。台灣的《兒童及少年福利與權益保障法施行細則》（衛生福利部，2020）第 8 條則明訂早期療育為：「由社會福利、衛生、教育等專業人員以團隊合作方式，依未滿 6 歲之發展遲緩兒童及其家庭之個別需求，提供必要之治療、教育、諮詢、轉介、安置與其他服務及照顧。」由此可知，早期療育是針對學前的發展遲緩或障礙兒童及其家庭所實施的一種跨專業團隊合作的療育服務。

朱鳳英（2007）指出，早期療育的介入服務，是透過各種專業整合性服務解決發展遲緩或身心障礙兒童的各種醫療、教育及家庭和社會的相關問題，以便能支持並加強孩子的發展，一方面開發孩子的潛能，另一方面減輕障礙程度及併發症，使發展遲緩兒童或身心障礙兒童能增強與同齡孩子過正常生活的能力與機會。Simeonsson（1990）也認為，早期療育服務的目標主要是透過初級、次級和三級預防，有效減少障礙兒童的產生，減輕其障礙狀況和防制惡化的情形，並透過早期的訓練與教育彌補發展遲緩的現象，有效控制因生理缺陷導致發展遲緩止於某個程度。

雖然早期療育預防與實施的最終目標在於增進兒童的發展，但卻可從父母—兒童系統的不同層面著手，包括：(1)兒童；(2)父母；(3)兒童與父母的互動或關係；(4)父母功能及兒童功能領域（Landy & Menna, 2006）。Dunst 等（1998；引自鄭夙芬等，2005）即重視家庭的功能，認為早期療育的目標為透過使能（enable）及充權（empower）家庭，增進家長的參與及機會，進而協助家庭建立一個支持系統。Bricker（1989）則認為，早期療育的實施應達成以下

四種目標：(1)促進兒童的發展；(2)預防其後的二度障礙；(3)使家庭更具能力並給予支持；(4)提供具有成本效益（cost-effective）的服務。

　　而在早期療育的服務對象方面，綜合台灣及國外學者的看法（王天苗，1989；王國羽，1996；郭煌宗，1995；莊凰如，1995；黃美涓，1996；賴慧貞等，1993；萬育維、莊凰如，1994；Garland, 1992），筆者以為可分為下列幾類：

1. 有明顯障礙的嬰幼兒：如智能障礙與各種感官及機能障礙、遺傳異常或代謝異常、情緒障礙等。

2. 發展遲緩高危險群幼兒：包括有下列發展遲緩情形的嬰幼兒：(1)認知發展；(2)身體發展，包括視覺和聽覺；(3)溝通發展；(4)社交和情緒發展；(5)適應性發展。

3. 環境不利的幼兒：如貧童、早產兒、受虐兒、外來移民兒童等。

4. 上述三類嬰幼兒的家庭，包括發展遲緩兒的父母、養父母或監護人及家庭相關成員。

　　至於早期療育的內涵則有幾個要點：(1)在性質上：早期療育屬於一種整合性的服務；(2)在服務對象方面：多以兒童（包括發展遲緩、身心障礙或有發展危機的兒童）及家庭為主；(3)在服務提供的時間方面：強調愈早提供愈好；(4)在服務的內容方面：包括醫療服務（如早期的發現與診斷、評估鑑定、一般治療、物理治療、職能治療、行為治療、語言治療、營養治療、心理治療等）、教育服務（指由特殊教育專業人員提供認知、動作、溝通表達、情緒／社會、遊戲及生活自理等教學內容）、家庭服務（包括經濟的支持、家庭功能重建、社會支持網絡建構等服務）及社會福利服務（負責療育措施的社會福利機構，由社會工作人員負責不同機構間的聯繫、服務輸送等過程）；(5)在服務的提供方式上：多採專業整合的方式進行，至於整合的方式，則視情況及需要而有不同；(6)服務的目的：透過提早介入計畫的實施，增加兒童的適應能力和學習準備度，激發潛能，使有效減少長期的社會成本（許天威主編，1994；葉淑文，1999）。

♥♥♥ 貳、 早期療育的重要性

　　早期療育對兒童的重要性已毋須多言，至於之所以必須實施早期療育的理由，則可歸納為以下幾點（孟瑛如，1997；周文麗等，2000；張秀玉，2003；施怡廷，1998；萬育維，1996；Bailey et al., 1994; Ysseldyke et al., 1992）。

一、法案及法規的要求

　　美國許多聯邦法案，例如：《1986年殘障兒童教育法修正案》和《102-119公法》，為提供早期療育服務給學前兒童（3至5歲），及提供嬰幼兒（出生未滿36個月）刺激和引導，建立法律的基礎。《美國障礙者法案》也要求公立機構，包括公立的日間照顧中心，要提供適合所有兒童的物理環境，且不能拒絕障礙兒童加入。在台灣的法案中，《兒童及少年福利與權益保障法》、《特殊教育法》及《身心障礙者權益保障法》等，皆對特殊或身心障礙兒童的早期療育有相關的規定。

二、發展潛能的激發

　　早期療育廣被肯定的主因之一，是其可促進特殊幼兒能力發展的最大表現。Meisels（1989）指出，發展遲緩兒童需要早期療育介入的理由是基於兒童的智能和發展能力是動態的，並且會受環境影響，因此可經由一連串持續性及系統性的努力，來協助出生至3歲有殘障或發展危機的兒童及其家庭發揮最大的潛能。如果能及早開始介入，障礙兒童的心智功能應是可以改善的，更可以防止心智功能進一步的惡化。而各種領域的研究亦顯示，早年的經驗是成長和發展的一個重要基礎，尤其是對社會認知、語言和動作發展有特別重要的影響（Goyer, 1993; Needleman & Gatsonis, 1990; White et al., 1993）。許多追蹤研究亦發現，曾接受早期療育的嬰幼兒，其在未來進入小學後，被安置在普通班就讀的比率顯著增加，往往能得到較高的學業成就測驗分數，有較低的留級率，及較易為學校同儕接納；同時在其成長離校後，亦較少表現墮落及違法行為。研究亦支持早期療育對於因出生體重過輕或早產兒等危險群幼兒有正面的影響（引自 Bailey et al., 1994）。凡此種種皆說明早期療育對發展遲緩兒童潛能激

發的重要性。

三、二次障礙的預防

人是一個整體，一個人的身體與心理各層面是會互相影響的。如果一個人無法接納或適應其生理上某部分的障礙，則其生理或心理的其他部分亦可能會受到影響。特殊嬰幼兒若是能愈早接受早期療育，愈能減輕或消除原有障礙的程度及該障礙對嬰幼兒的影響，例如：聽覺障礙的嬰幼兒若能及早接受適當療育，除了能減輕聽覺的問題外，還能預防日後聽覺障礙所造成的情緒障礙或智能障礙。

四、經濟效益的提升

一般人覺得實施早期療育要花費不少金錢，但從教育投資的長期觀點來看，實施早期療育其實是頗為值得。許多研究證實，早期的學習關鍵時刻對幼兒日後能力的發展有非常重大的影響，如果錯失某一學習時機，極有可能失去未來發展該一能力的可能性，抑或日後即使還能學習該能力，但其成就水準會較差。因此，若在早期給予兒童適當的療育，則日後他依賴社會救助或社會福利系統的比例會下降。根據 Wood（1980）的研究指出，一個特殊兒童若是在入小學時才接受特殊教育，則到 18 歲所花的教育成本要較 2 歲以前即開始接受特殊教育的兒童，幾乎高出一倍（引自孟瑛如，1997）。

五、兒童權益的維護

兒童是未來的主人翁，但是當兒童尚未發展成熟，自我照顧不足，是非常容易受傷害的一群弱勢團體。因此，不論是聯合國宣言或兒童宣言，都將兒童的醫療保障列為優先尊重的權利；當兒童有接受醫療的必要時，所有的照顧者需使其接受適當的照顧。因此當兒童有需要接受早期療育的服務時，即應給予適當的相關服務。

六、社會資源的公正運用

經濟弱勢家庭的父母因忙於負擔家計，往往較不會注意兒童發展的問題，

使其孩子較容易受到疏忽，或較接受不到良好的社會刺激。而即使他們發現到小孩的問題，亦往往無力負擔昂貴的療育費用。因此，社會有必要建立早期療育遞送體系以服務這類的兒童及家庭。

七、提供家庭支持與協助

通常家長在初次得知自己的小孩為特殊兒童時，會極為震驚與無助，往往是最需要關注的時刻。此時，若能即時給予適當的家庭支持，不僅可以提供特殊嬰幼兒良好的教育，同時亦能避免許多婚姻悲劇的產生。家庭支持在家庭開始學習面對兒童的障礙、尋求適當的服務及重新調整對生活的期待上特別重要。許多資料證明早期療育對家庭支持扮演一個重要的角色。早期療育對家庭的功能是多元的，除了壓力紓解及心理支持外，亦能協助家長獲得其所需要的教養訊息、教養技巧訓練，及社會福利資訊。

八、家庭二次傷害的避免

在有特殊兒童的家庭，由於父母親通常需要花絕大部分的精力與時間在特殊兒童的身上，使得特殊兒童的正常手足往往要面臨被迫「提早成熟」的情境。精疲力竭的父母常會要求正常的小孩要獨自處理許多事務，甚至分擔家務，造成這些小孩缺乏父母的關愛，甚至常需負擔精神上的壓力與面臨處理超齡事務的恐慌；進入青春期後則可能會伴隨許多問題行為，造成家庭的二次傷害。早期療育工作的推動，不僅協助父母與特殊兒童營造良好的互動關係，更提供父母教養特殊兒童的正常手足應有的技巧與資訊，對維繫家庭的關係有正面的功能。

以上所討論的理由皆顯示實施早期療育的必要性。

第二節　早期療育的發展

不論是美國或台灣，早期療育的發展均經過幾個重要的階段，其中，法源的依據是影響早期療育工作推展的一個重要因素。以目前實施早期療育較為先

進的美國為例，在實施此項服務時，即以多項法源為基礎，落實資格之認定與
確認服務之品質（傅秀媚，1996）。以下僅就影響美國和台灣早期療育發展的
相關法令做一介紹。

♥♥♥ 壹、美國早期療育的重要法案

　　美國對於特殊需求兒童早期療育的重視，雖然可以溯自 20 世紀初民間兒童
托育運動和特殊教育的發展，但是許多重要法案的通過和聯邦政府的大力提倡
都是從 1960 年代開始（萬育維，1993）。以下將簡單介紹美國有關早期療育重
要法案發展的三個階段。

一、1965 年的「啟蒙教育方案」到 1968 年的 HCEEP

　　由於「貧窮作戰計畫」（War on Poverty）的推動，美國聯邦政府於 1965
年首先通過了服務 3 到 4 歲文化不利幼兒的「啟蒙教育方案」（Project Head
Start）。該方案由學校教師進行家庭訪問，帶領孩子從遊戲中學習，並指導家
長有關教養子女的方法，以改善低收入家庭中的幼兒文化環境，從而減少其入
學後的學習困難（引自黃世鈺，1998）。在 1968 年實施的「續接方案」（Pro-
ject Follow Through），則以幼兒園至小學三年級的低收入家庭之兒童為對象，
試圖建立各種教育模式，並進行長期追蹤研究。同時，美國國會亦通過《殘障
兒童早期教育方案》（《90-538 公法》，Handicapped Children's Early Education
Program，簡稱 HCEEP），以經費補助、支持並授權聯邦政府教育行政主管，
可依各州實際需要，規劃具實驗性質的早期教育方案和實驗學校（Shonkoff &
Meisels, 1990）。

二、1972 年的《經濟機會修正法案》到 1975 年的 EAHCA

　　1972 年實施的《經濟機會修正法案》（Economic Opportunity Act Amend-
ments，《92-424 公法》）要求學校保留 10% 的名額供殘障學生註冊就學，這
是將特殊教育普及化的一個重要步驟。1975 年通過的《殘障兒童教育法案》
（《94-142 公法》，簡稱 EAHCA）則強調為 3～21 歲學齡殘障者提供早期教
育的各種服務，保障其享有接受免費、適當、公平的公共教育之權益，並且發

展「個別化教育計畫」（簡稱IEP），強調兒童應在最少限制的環境中學習（黃世鈺，1998；萬育維，1993）。

三、1986 年《殘障兒童教育法修正案》到 1991 年的 IDEA

1986 年制定的《殘障兒童教育法修正案》（《99-457 公法》）是早期療育相關法案中的里程碑。這個法案要求全美各州為出生至 3 歲的嬰幼兒建立完善的早期療育和相關的服務，以降低障礙所造成的傷害，減低嬰幼兒入學後的學習挫折與教育成本；同時提供個別親職教育和個別化家庭服務計畫（簡稱 IFSP），提升家庭處理障礙嬰幼兒的知識與能力；此外還需提供 3 至 5 歲身心障礙兒童學前特殊教育及相關服務（Kirk & Gallaggher, 1989，引自黃世鈺，1998；陳英進等，2007）。所謂的 IFSP 是一份包含父母、其他家庭成員、服務協調者與其他專業以跨專業及合作性團隊為前提，提供嬰幼兒早期介入服務的正式文件（Zhang & Bennett, 2003；引自張秀玉，2011）。因為這個法案的頒布，使得早期療育服務的核心從兒童轉變成家庭，早期療育服務的功能也被推廣至提供家庭相關之支持性服務（Dunst, 2000；引自張秀玉，2011）。

1990 年公布的《啟蒙教育擴展與品質改進方案》（Head Start Expansion and Quality Improvement Act，《101-501 公法》），重新審視各項啟蒙教育方案，增修更符合個別需求的課程，減少班級中的師生人數比例，並提升教師素質，增添教學設備。同年，亦修正《殘障兒童教育法案》（《94-142 公法》）為《身心障礙者教育法案》（《101-476 公法》，簡稱 IDEA）。1991 年，IDEA 的 H 部分明訂更多種類與詳盡的特殊性個別化教育、服務內容和方法（黃世鈺，1998）。IDEA 的 H 部分提供 36 個月以下殘障或高危險群嬰兒所實際需要的服務，在定義上則採較彈性之說法，對早期療育有很大的影響。

IDEA 實施之後，早療法令大致完備。其後的法規大多隨著早療觀念的改變而在 IDEA 的基礎上進行修訂，例如：1997 年的修正案將「兒童發現系統」（child find system）擴及就讀私立學校的身心障礙兒童，以「家庭導向」提供早期療育服務，並邀請普通班教師參與障礙學生的個別化教育方案團隊；而 2004 年頒布的《身心障礙者教育促進法案》（《108-446 公法》，簡稱 IDEA 2004）C 部分則協助各州政府為身心障礙嬰幼兒及其家庭建立和維持一個協調

的、多專業的、跨機構的早期療育服務系統（引自沈美君，2009）。

❤❤❤ 貳、台灣早期療育的發展

　　台灣地區早期療育的發展係於 1980 年代，由民間的學前障礙兒童照顧及訓練機構在部分縣市展開少量的服務。當時台灣的特殊教育也只限於在學齡階段提供特殊班級的協助，特教師資的培訓亦只有在職進修的形式。1980 年代前後，由國外留學回國的特殊教育專業人員投入學前機構服務，並開始從事特殊幼兒的早期介入研究，此時醫療領域亦開始有復健醫學和小兒心智醫學的發展。至於台灣第一個早期療育中心，應算是 1991 年間由台北市政府社會局委託心路文教基金會辦理的「心愛兒童發展中心」，其後才陸續有一些早期療育服務方案開辦。但在此階段尚無法案的支持，服務量亦小，社會對早期療育也缺乏認識。而家長團體向立法機關的倡導與遊說，使在 1993 年修正的《兒童福利法》增加了有關發展遲緩兒童的相關條文，明確規定中央與地方縣市政府在早期療育服務的角色與職責（周文麗等，2000；陳嬿如，2003），台灣的早期療育從而進入正式立法的階段。而從 1994 年開始，台北市首先嘗試在婦幼醫院的心智科、台大醫院、榮民總醫院、和平醫院及市立療養院等成立醫療團隊，為早期療育服務的開展打下基礎。內政部社會司（現為衛生福利部社會及家庭署）於 1994 年開始推動 0 至 6 歲殘障者職能評估及個案管理工作，委託伊甸基金會及高雄市智障福利家長促進會，先行試辦發展遲緩嬰幼兒的個案管理工作，另外委託家長總會在台北及花蓮推出早期療育方案。以上這些都是台灣早期療育發展的重要契機。

　　1996 至 1999 年間，可說是台灣發展遲緩兒童早期療育服務快速發展的時期。此期間不但有各式相關的研究案進行，政府亦主導縣市實驗計畫的試辦與建立服務模式，例如：1997 年內政部補助台北市、台中縣、台南市、高雄縣與花蓮縣辦理「發展遲緩兒童通報轉介及個案管理服務計畫」，同時頒布「發展遲緩兒童早期療育服務實施方案」；其中，台北市政府社會局專責成立通報及轉介中心，並由各公立托兒部分收托發展障礙幼兒，可說是政府單位正式全力主導早期療育運作的開始。

　　內政部兒童局在 1999 年成立後，早療相關業務的主責由社會司移轉至兒童

局，開始有專門負責早療的人力與資源，致力於地方層級早療業務的推展，將早期療育通報轉介、個管服務與聯合評估服務工作普遍推展至台灣各個縣市地區（2013 年已整合至衛生福利部）。行政院衛生署（即現今之衛生福利部）亦於 1999 年補助成立十家發展遲緩兒童聯合評估中心，各地方政府依據兒童局 2000 年訂頒的「發展遲緩兒童早期療育實施方案」及 2001 年公布的「發展遲緩兒童早期療育實施三年計畫」執行早期療育工作，直到 2002 年台灣 25 個直轄市、縣（市）政府皆成立發展遲緩兒童早期療育通報、轉介及個案管理中心，至 2011 年各地醫院共成立了 35 個兒童發展聯合評估中心（內政部兒童局，2011）。至於相關公私立機構，則提供個案所需的療育與訓練，依資源狀況不同採取不同的模式提供服務。由此可知，台灣在早期療育服務的推動，目前朝強化特教、醫療、社會之整合與多元服務的方向進行（周文麗等，2000；陳嬿如，2003；張秀玉，2003；黃劍峰，2006；盧麗卿，2004；羅秀華，1996）。

　　陳順隆（2004）及黎蓮嬌（2004）整理上述與早期療育服務較相關的法規，發現其共同點在於：

1. 重點特色：強調「早期」的發現、通報及介入，宣示早期介入的責任。
2. 主管機關：中央與地方政府依權責分別執行早期療育，成為兒童福利服務的重要工作之一。
3. 服務對象：以「發展遲緩兒童」及「身心障礙者」為主。建立各相關的評估鑑定機制，以確認服務對象（如身心障礙學生／特殊教育學生鑑定安置準則、發展遲緩兒童聯合評估、身心障礙鑑定），作為後續相關服務的依據。
4. 相關服務：規範相關單位須提供的相關服務項目及方式、原則，以及相關補助項目。服務內容包括篩檢、通報（實務上包括了現行的特教通報系統、早期療育個案管理系統，及身心障礙者個案管理系統）、轉介、評估、安置、轉銜系統，並適時提供醫療復健、諮詢輔導、親職教育及經費補助（包括醫療、醫療輔助器具、交通費、教育費、生活、托育及養護托育費）。
5. 服務提供方式：強調福利、衛生、教育機關（單位）等相關部門必須分工，且以「專業團隊合作」的機制提供服務。

　　何華國（2006）比較台灣與美國的早期療育法案內容，指出兩國的相似之處在於強調個別化教育方案與家長參與、重視各種服務的整合與團隊合作、注

重早療專業人員的培育與任用，及強調科技輔具的運用；不過台灣立法的精密度不足，未曾針對早期療育特別立法，在 3 歲以前的資源投入較少，且對學前特殊嬰幼兒轉銜服務的立法不夠明確。

　　目前，台灣與早期療育有關的法規包括：《兒童及少年福利與權益保障法》（衛生福利部，2021a）、《兒童及少年福利與權益保障法施行細則》（衛生福利部，2020）、《身心障礙者權益保障法》（衛生福利部，2021b）、《身心障礙者權益保障法施行細則》（衛生福利部，2016）、《特殊教育法》（教育部，2019），以及《特殊教育法施行細則》（教育部，2020）等。

第三節　早期療育的理論與模式

❤❤❤ 壹、早期療育的理論觀點

　　早期療育最初的發展主要是基於早期經驗對未來發展有重大影響的信念，但理論的討論似乎總是發生在方案執行之後。在 1960 年代晚期，早期療育的信念開始受到質疑，許多有助於了解兒童發展的理論取向也開始被引進早期療育領域，提供實務工作者選擇服務策略的建議。雖然我們並不期待早期療育的服務提供者能深入了解所有的理論取向，但他們至少應該能熟悉與彈性考量各理論取向在實務情境中的重要性（Landy & Menna, 2006）。以下茲簡單說明重要的理論觀點（何華國，2006；Blasco, 2001/2005; Fabes & Martin, 2003/2006; Landy & Menna, 2006; Papalia et al., 1997/2001）。

一、生物學理論觀點

　　生物學理論取向主要試圖解釋各種生命形式如何生存與發展。相關的理論有演化論、動物行為論、神經發展取向及依附理論等。此理論取向認為適應是進化的基礎過程，此過程使生物發展出能在某一特殊環境生長的特性。從生物學理論觀點來看，兒童的發展有一定的階段、順序與主要項目，兒童能夠依據基因規定的順序自然成熟，並不需成人的介入即可達成獨立的狀態。而其身心

狀況，特別是神經系統，是影響其健全發展或早期療育成敗的重要基礎（何華國，2006）。生物學理論認為內在的成熟比外在環境的影響更重要，如果兒童足夠成熟，能靠自己處理複雜的刺激，即能有效地適應環境，過獨立的生活。

約翰‧鮑比（John Bowlby）在 1950 年代提出的依附理論（attachment theory），則強調嬰幼兒與照顧者之間所建立的情感連結。許多研究發現，不管父母如何對待其子女，依附行為皆會產生，且依附關係與幼兒的社會學習發展有密切的關係。如今，依附被視為是一種生命全期的現象（lifespan phenomenon），早期親子互動所形成的情感連結，經過子女本身的內化，會持續影響其在生命各階段與他人建立關係及調適環境的功能。

生物學理論觀點提供早期療育許多重要的啟示，包括：(1)療育的目標應和診斷工作緊密結合；(2)充實的環境經驗對神經系統的發展有正面影響；(3)醫學復健對運動障礙應有其價值；(4)語言學習應把握其關鍵期；(5)重視營養對兒童發展的重要性（何華國，2006）。其目的在於幫助障礙幼兒獲得適合其年齡的各種發展技巧。Landy 與 Menna（2006）亦認為，應進行發展評估以了解兒童發展狀況與重要的發展里程碑間的差距，並提供父母如何促進其子女發展的資訊與指導。而此時，父母最重要的角色在於提供幼兒安全穩定的接納與關懷，使其在成長過程中得到足夠的關愛。

二、心理分析理論觀點

佛洛伊德（Sigmund Freud）的性心理發展理論認為，人格是在兒童處理先天的生物衝動與社會要求間的潛意識衝突時所形成，其組成包括本我（id）、自我（ego）及超我（superego）三個部分。至於人格的發展（性心理發展）會經過五個階段：口腔期、肛門期、性器期、潛伏期及生殖期，兒童如果在前三個階段所接受的愉悅感過度或不足，便可能產生固著，而不斷做出適合於早期發展階段的尋求快樂或減少焦慮的行為。佛洛伊德認為兒童早期和父母相處的生活經驗，將會影響其未來的社會化和人格發展，所以幼年時期的教育與教養方式極為重要。艾瑞克森（Erik Erikson）的心理社會理論則認為自我的發展是持續一生的過程，他將人的生命週期從嬰兒到老人，共分成八個階段，每一階段都有需要面對的發展危機，必須適當解決才能有健康的自我發展，亦即個體

需在自己與社會環境之間達到平衡，才能成功解決各階段的危機。艾瑞克森同樣強調父母與子女關係的重要性，因早期的社會心理危機是透過與父母和照顧者的關係才能順利解決，進而能與他人建立親密關係。3 至 6 歲的幼兒則面臨「自動自發」對「退縮愧疚」的心理危機，而父母所提供的心理社會支持，有助於幼兒心理社會的發展。

心理分析理論觀點認為人的因應方式受到許多因素影響，例如：性別、人格、可用資源、人際關係性質及生活經驗等，我們應尊重個體的獨特性與複雜性，重視積極的預防工作，並採取長期發展的觀點來實施早期療育（何華國，2006）。此外，服務提供者應持續評量與診斷兒童的發展，並依據發展遲緩兒童在特定發展階段的關鍵需求來設計服務方案。而由於父母對兒童發展的關鍵影響，早期療育應強調情感與關係因素的重要，評估父母的過去經驗、防衛機制與目前的適應行為如何影響其與小孩的互動，並加強照顧者的情意輔導。

三、認知理論觀點

認知是指個體對經驗的組織與解釋意義的過程，主要有皮亞傑的認知階層理論、維高斯基的認知發展（社會文化）理論，及訊息處理途徑等。皮亞傑是認知發展論之代表人物，其認為個體的認知發展須經過感覺動作期、前運思期、具體運思期、形式運思期等四個時期，並透過同化與調適的過程，來對環境中的事物做出反應。學齡前幼兒的發展處於前運思期階段，他們時常無法了解事情之相關性，也無法預測事件發生的後果。維高斯基則強調社會、文化與歷史情結等社會互動對個體發展的影響，其認為兒童會使用心理工具（尤其是語言），去發展較高層次的思考，成人則必須協助指導並培養兒童探究的能力。從認知理論的觀點，早期療育服務提供者應先改變父母對其子女所抱持的不適當信念，如對子女有過高的期待或過於保護皆不利兒童的發展。其後則應協助父母了解幼兒會主動探索與學習，父母應做的是提供良好的環境以引發其學習動機，並了解其子女的發展狀況，提供合適的鷹架來協助特殊幼兒的認知發展。

四、學習理論觀點

學習理論的早期發展來自心理實驗室對行為的研究結果，因此稱為行為取

向。在此時期的研究重點為聯結學習，認為人的行為不只是遺傳或自然發展的結果，而是受到環境影響而產生的一種刺激與反應之間的連結。斯金納是行為取向的著名學者之一，其認為應用增強、制約、消弱及處罰原則等技巧即可建立幼兒的行為規範。許多研究亦證實行為修正對特殊需求兒童特別有效。班度拉的社會學習論則從觀察學習與模仿來解釋個體行為的習得歷程，其特別強調觀察學習的重要性，認為兒童藉由觀察與模仿示範者來主動學習社會行為，因此強調「身教重於言教」。從學習理論觀點，早期療育提供者可教導父母管理子女行為的適當技巧，來引導其子女的發展，並提醒父母注重身教與言教所產生的潛移默化影響。

五、環境系絡觀點

環境系絡觀點認為個體的發展只有在其社會系絡中才能被理解。目前解釋個體與環境互動最為完整的理論是布朗芬布倫納（Bronfenbrenner, 1979）所提出的生態系統理論（ecological system theory），其認為發展是個人與環境互動的複雜過程，而這些環境系絡系統包括微視系統、中介系統、外部系統、鉅視系統與紀年系統等五種。個體和環境互動的模式不只介於同一層環境系統中，而是多層環境系統中的交互作用。換言之，環境系絡觀點認為我們應從不同面向，以不同的切入角度與觀點來分析個人與其社會脈絡之間的關係，如此才能了解不同系統間的互動機制及其與個人發展之間的關聯。

環境系絡觀點認為兒童和其環境會彼此不斷地進行調適，如要提供有效的早期療育的服務，則應結合兒童環境的各個層面。兒童須是一個主動的參與者，家長亦應直接參與兒童的活動。Sameroff（1975）則認為，家庭與介入活動之間會維持著動態與持續的互動關係，因此介入活動需強調家庭參與的重要性。

六、家庭系統理論

米紐慶（Salvador Minuchin）的家庭系統理論也提供了早期療育的理論基礎（Minuchin,1974）。家庭系統理論認為家庭是一個交互作用的系統，用來調和內在和外在的壓力。家庭是一個社會系統的運作單位，其存在於一個較大的生態系統（社區機構、服務、朋友）內。同時，家庭系統內部有不同階層的家

庭單位（父母、手足、大家庭）在運作，其成員是相互依賴的。任何一個家庭
單位發生的事件和變化將會引起其他家庭單位的改變；換言之，一個成員受影
響，連帶地所有的成員都將受到影響。由於這些理論的發展，早期療育服務開
始著重障礙兒童的家庭所受到的衝擊，強調在介入的歷程中，個別兒童的需求
及其與所有家庭成員間的關係和互動情形。

七、早期療育理論的整合取向

　　由於相關理論的發展，促使早期療育的服務方法逐漸多元，也促成早期療
育理論模式的建立。其中一個突破性的發展是兒童的障礙問題不再被視為是使
兒童受限的唯一因素（Sameroff & Fiese, 1993），早期療育服務方案也從強調
特殊兒童教學的內容和方法，逐漸轉而重視整體服務體系的建構。

　　Mallory（1992）等人建議早期療育不應只採用一種理論取向，而是應適當
整合不同理論取向來創造新的介入理論模式與方法（Landy & Menna, 2006）。
整合取向的觀點來自於跨專業評量和整合介入服務的運動。此取向提供一個調
整實務工作的思考方向，其強調理論間關係的重要性，特別是在生態學和發展
取向間的關係；並建議在不同理論模式間相互截長補短，用以一起發展有效的
早期療育方案。至於整合理論的方法，一個是由服務提供者針對特殊兒童及其
家庭的不同情況分辨出最適合實務的理論，並自由選擇與組合，以便能對症下
藥，滿足個別兒童的需求。另一個方法則是藉由促進專家間的合作，來增強彼
此互動的能力，以達成服務的連續性。

❤❤❤ 貳、早期療育的服務模式

　　早在 1960 年代晚期或 1970 年代早期，即有少數的早期療育方案提供給智
能障礙或多重障礙的嬰兒或學前兒童。有兩篇在 1960 年代出版的學術性報告
（Hunt, 1960; Bloom,1965；引自 Panitch, 1993）強調充實環境的重要性和智力
功能的可塑性，它們是在早年頗受矚目的影響性文獻。同時，障礙兒童的家長
為了爭取他們的孩子受教育的機會，和其他家長接觸，組織家長團體，宣稱他
們的孩子應該生活在自己的社區中。雖然在當時只有屬於照管方式的住宅式選
擇服務（Bailey & Bricker, 1984），但受到這些思潮的影響，家庭支持和早期療

育開始走向一個提供完整的、以社區為中心,且為連續性照顧的服務體系,逐漸建立起為中度到重度障礙嬰兒或學前兒童服務的早期療育模式。目前早期療育的實施有兩項基本假設:一是沒有任何一個專業訓練能夠提供各種服務來處理幼兒可能遇上的各種問題,因此需要專業間的合作;二是體認到兒童必須生活在家庭中,而家庭是存在於一個較大的社會體系之中。因此,早期療育服務須支持並加強家庭的力量和能力,以促進兒童發展(Meisels & Shonkoff, 1990)。

早期療育的服務範圍很廣,包括短期對低初生體重嬰兒的照顧,到長期的對有多重健康問題和發展障礙兒童實施的完整醫療、教育和心理的介入。服務的內容包含醫院的診斷與鑑定、隔離式或整合式日間照顧、復健服務、到家訪視、諮詢、特殊教育和轉介服務等。傳統的早期療育方案,是以促進障礙幼兒的發展為理論依據,內容著重於障礙幼兒的教育訓練。近年來的早期療育方案則轉以支持家庭的權利與能力為主要導向。家庭導向介入方案有三個基本的改變:(1)發展結合早期療育評量、介入和評鑑歷程的系統性方法;(2)強調教導兒童和他們社會環境的日常互動中所需要的功能性技能;(3)認為家庭有其自身的需求,而早期療育方案應能提供如資訊、訓練、兒童照顧、社區服務、個案管理,或經濟協助等支持,以滿足家庭的需求。

早期療育服務方案的設計也反映了上述兩種取向,大部分的服務方案皆可根據它們的理論依據而分類為兒童中心(child-centered)或家庭導向。家庭導向又可分為家庭焦點(family-focused)或家庭中心(family-centered)兩種。以下分別介紹這三種不同方案設計的重點、活動內容,及家長和專業人員的角色(引自 Panitch, 1993),表 15-1 並比較這三種方案設計的異同。

一、兒童中心服務方案

(一) 方案的重點

兒童中心的介入方案(child-centered programs)是以行為和發展理論為基礎,其基本原則認為外在的環境刺激是必需的,因為有發展問題的兒童需要更多或不同的早期經驗。此類的方案在 1960 年代和 1970 年代特別盛行,目標優

表 15-1　兒童中心、家庭焦點、家庭中心三種方案的比較

項目 ＼ 方案	兒童中心	家庭焦點	家庭中心
方案重點	兒童： 強調兒童的弱點、缺陷、發展遲緩	兒童和家庭： 強調家庭與兒童的互動	在社會文化中的兒童和家庭： 強調家庭需求能力及其獨特性
方案設計	透過評量設計適合兒童的方案	個別化家庭服務計畫（IFSP）	IFSP的發展強調家長和專案人員的協調合作
方案的活動及服務	活動強調嬰幼兒發展的需求	教導家長技能，活動以適合家庭日常生活為主。給予家長經濟或情緒上的支持	強調家庭的能力和權力，尊重家庭的自主權，促進技能、知識和所需的能力，以便獲得及控制資源
家長的參與	沒有特別指定家長的角色，有限的參與	參與的幅度從自願性的半參與到主動參與	家長主動地參與方案的設計和實施
專業人員的角色	專家各自工作	給家長建議，教導家長，支持他們的需求	和家長是共同合作的伙伴，家長決定方案實施的角色及相關的支持型態和所需的資源

註：Panitch（1993）。

先考慮直接和兒童發展或他們的行為相關的需求，及利用治療活動處理兒童的問題。強調藉由訓練有素的工作人員擔任教師或治療者的角色，透過感官的刺激或治療改善兒童發展的缺陷。

(二) 方案的活動設計

　　儘管兒童中心的介入方案仍有以兒童為主，或以教師為主兩種不同教學方式的差異。Bricker 與 Cripe（1992）認為這類方案的活動設計主要是透過各種特殊的策略，例如：規律的、有計畫的，或由兒童引發的活動，及利用所發生事件的前因後果來幫助兒童發展功能性的技能，使其能類化到不同的情境之中。

(三) 家長和專案人員的角色

雖然家長可以陪同他們的孩子去做治療，但家長在兒童中心方案中，並不扮演一個主動的角色，而是由專案人員負責，家長甚至常被排除在服務方案之外。

兒童中心方案所受到的批評，主要是其無法確認兒童的潛能及家長在介入歷程中應扮演的角色，它也忽略了兒童發展和環境間、家庭生態及家庭和社區間的動態關係。在 1970 年代晚期和 1980 年代早期，早期療育方案開始將焦點從嬰幼兒轉移至家長與嬰幼兒間的互動關係。家庭導向介入方案的興起部分是由於對兒童中心導向的批評所致。在家庭導向的眾多方案中，則以家庭焦點和家庭中心兩種方案設計較為人所熟知。

二、家庭焦點服務方案

(一) 方案重點

家庭焦點的介入方案（family focused programs）是由 Bailey 等（1986）所提出的，此類方案的基本假定是認為兒童發展的網絡包含了家庭和環境，家庭成員和兒童的關係尤其重要，因此早期療育服務也應同樣的在這個網絡中產生。換句話說，此類方案認為如果兒童是在自己熟悉的家庭環境中學習有關的文化價值和生活型態，那麼統整便會自然發生，行為也將得以維持。Jesien（1988；引自 Panitch, 1993）所提出的 Portage 方案便是家庭焦點取向的一個代表。Portage 方案有四個基本重點：(1)維護家長的權利，並要求家長確認滿足家庭需求的必需資源；(2)將家庭視為一個自然的學習環境（教室內的方案需繼續帶入家庭中）；(3)認為每個兒童和家長的需求及能力都是獨特的；(4)相信實際的、可觀察的、可改變的及行為的方法。

(二) 方案的活動設計

家庭焦點介入方案的設計係以家庭功能為基礎，認為家庭是一個主動的角色，能了解他們自己的獨特需求，因此強調個別化服務的重要性（Bailey & Simeonsson, 1991）。此類方案的設計與執行通常包括六個步驟：(1)一個完整的兒童和家庭評量；(2)產生介入目標的假設；(3)晤談並討論家庭的需求，商議介入的目標；(4)設定目標；(5)實施介入服務；(6)進行評鑑。

(三) 家長和專案人員的角色

在早期療育的家庭焦點取向中，家長被教導治療和教育的方法。他們（特別是母親）被視為自然的增強媒介，一個主要的改變動力，只要加以訓練便能獲得處理新行為的技巧。這個取向增強家庭對於促進、引導和支持孩子發展的覺醒，也提供家庭（包括父親、手足和其他家庭成員）參與教學歷程的真實機會。至於專案人員的角色則變成發展策略來教導家長並整合發展的活動，及提供家長對於需求和兒童成長發展的諮詢，而非只注意兒童的障礙問題。

三、家庭中心方案

(一) 方案重點

家庭中心的介入方案（family-centered programs）受家庭系統理論的影響而產生於 1980 年代中期以後。家庭系統理論視家庭是一個在資源、生活、情感等各方面互動的系統，兒童的行為則是深藏於家庭互動之中。在家庭中心的介入方案中，家庭是基本的單位，也是服務的焦點和方案的中心，兒童只是家庭和社會網絡的一部分。這個模式假定沒有一個最好的方法來幫助孩子，但是專業人員應該與家長共同工作，給予每一個家庭必要的支持以解決家庭的問題。

家庭支持是家庭中心介入方案的核心服務，此類方案的基本目標主要包括：(1)支持家庭有關養育和照顧發展遲緩兒童的需求；(2)協助家庭確認並發展能力，使家庭有權力和有能力（empowerment and enablement）來掌控家庭的功能；(3)以家庭需求和支持為基礎，不僅強調家庭物質生活的滿足，亦重視情感支持的部分。因此，促進家庭環境的穩定和兒童的發展，同樣都是此類方案所重視的目標。

(二) 方案的活動設計

家庭中心介入方案的設計重點，主要在考慮家庭的能力和獨特性之下，滿足社會體系中的兒童及家庭的需求。因此，方案的設計必須考慮到每個家庭的結構、角色、價值、信仰、處遇型態及種族、倫理和文化差異等的不同，並確實和家庭做充分的溝通。服務強調是彈性的、容易取得的，且能真實地反映家庭的需求，內容則包括加強家長對影響兒童成長和發展因素的了解、學習鼓勵兒童發展的技能，並強調幫助家長有效地運用早期療育服務。此外，這類方案包含一個開放性的與家庭共同評量、傾聽、磋商的歷程，以達成一個相互可接受及有意義的服務計畫。有關家庭的主動性、獨立性和做決定等，都是透過家長和專業人員共同發展「個別化家庭服務計畫」（IFSP）而達成。在服務計畫的執行上，專業人員可以透過協助發展和加強非正式的支持系統，來支持家庭的功能，例如：協助家庭選擇需求的優先等級，並提供尋求正式服務的管道。

(三) 家長和專業人員的角色

在家庭中心的早期療育方案中，家長扮演著非常重要的角色，因為家長是基本的改變媒介。專業人員的角色則是必須根據家庭獨特的需求和生活型態而改變，因為兒童照顧的品質是受到早期療育專業人員能否創造機會、流通資源、協助家長一起隨著生活的改變而適應與成長所決定。文獻指出，專業人員的新角色增加了有關如何支持家庭及促進家庭權利的知識，必須有能力與家長以平等的夥伴關係合作，傾聽家庭及支持他們的決定，協助家庭獲得能力及控制他們孩子生活的方法，並重視不同專業間的價值。因此，專業人員必須承認家長有能力解決問題，並且真誠地尊重及鼓勵家長，使彼此都可以從分享不同的觀點、經驗及教育兒童的目標中共同獲益。

近年來，以家庭為中心實施早期療育服務是台灣實務、學術與政策上一致的理念，而家庭中心取向遂成為早期療育的主要服務模式（林詩韻，2009；許素彬，2007）。

第四節　台灣早期療育服務實施的概況

　　1993 年修訂通過的《兒童福利法》，將發展遲緩兒童與其家庭的早期療育服務納入該法的保障中（王國羽，1996），此法已於 2004 年廢止。2003 年《兒童福利法》與《少年福利法》合併為《兒童及少年福利法》，2011 年更名為《兒童及少年福利與權益法》；內政部也自 1995 年成立「發展遲緩兒童早期療育推動小組」，以跨醫療、教育與社政三部會的任務編組方式推動。1997 年訂定「發展遲緩兒童早期療育服務實施方案」，並經多次修訂。2009 年的修訂將早期療育服務的工作項目區分為「綜合規劃」、「發現與篩檢」、「通報與轉介」、「聯合評估」、「療育與服務」及「宣導與訓練」。內政部兒童局（2013 年已併入衛生福利部）則認為在三級預防的觀點上，應該更積極去「預防」發展遲緩的發生。

　　以下僅就衛生福利部社會及家庭署（2020）「發展遲緩兒童早期療育服務流程」及林雅容主編（2019）的《兒童發展通報轉介暨個案管理中心工作手冊》，根據「發現通報」、「通報轉介及個案管理」、「聯合評估」、「療育與服務」等服務內涵說明台灣早期療育服務的流程與內容。

♥♥♥ 壹、發現通報階段

　　台灣臨床上可經由產前檢查、新生兒先天性代謝異常篩檢、高危險性嬰幼兒之監測及兒童定期身體健康檢查、嬰幼兒的發展追蹤、幼兒遊戲篩檢活動、社區親職教育的提供與公共衛生教育的實施等方式，以發現兒童是否有發展遲緩方面的問題。而「台北市學齡前兒童發展檢核表」目前為基層工作人員普遍使用的初篩工具之一，此檢核表亦在台北市早期療育服務網（https://eirrc-health.gov.taipei）供一般民眾自行下載檢核參考。

　　至於 3 至 6 歲的兒童因無須配合之預防接種，兒童健檢之利用率下降，而該年齡層之兒童大多開始接受幼托服務，因此篩檢的重點轉為以幼兒園為主。兒童進入幼兒園時，需配合衛生單位要求出示身心健康紀錄卡，且至少兩年做

一次全面性身心發展檢查，由學校建立其健康管理資料，如有異常則由學校適時轉介就醫。

《兒童及少年福利與權益保障法》第 32 條規定：「各類社會福利、教育及醫療機構，發現有疑似發展遲緩兒童，應通報直轄市、縣（市）主管機關。直轄市、縣（市）主管機關應將接獲資料，建立檔案管理，並視其需要提供、轉介適當之服務。」（衛生福利部，2021a）因此，包括家長、保母、保育人員、教保人員、社會工作員、醫師、護理師、相關醫療專業人員、特教教師、幼教教師等人員，及社區保母系統、托嬰中心、教養機構、身心障礙福利機構、醫療院所、衛生所和各公、私立幼兒園、學校等機構或單位都有通報的責任。此階段可說是整個服務輸送流程的樞紐，若通報功能無法發揮，將會影響到後續服務的輸送與提供（張秀玉，2003）。因此地方主管機關應加強法定通報單位及其他照顧未滿 6 歲兒童者的兒童發展認知，並協助兒童進行發展篩檢，一旦發現疑似發展遲緩，就要向各縣市通報轉介中心進行通報或是運用發展遲緩兒童通報暨個案管理服務網進行線上通報。

❤❤❤ 貳、通報轉介及個案管理階段

經過通報的發展遲緩兒童，必須能針對兒童及其家庭的需求轉介至相關的單位接受服務，透過轉介讓發展遲緩兒童及其家庭與社會資源接軌並運用；若是個案在通報前尚未接受過任何醫療評估，則必須先轉介至醫療體系進行醫療評估，再根據評估結果轉介適當的療育資源給個案及家庭（內政部社會司，1997；張秀玉，2003）。台北市政府於 1997 年試辦發展遲緩兒童早期療育個案管理服務，並成立全國第一家跨市府局處「台北市發展遲緩兒童早期療育綜合服務中心」；同年，內政部衛生署（現衛生福利部）也在花蓮、台中、高雄、台南和台北等五個縣市分別成立發展遲緩兒童聯合評估中心，進行特殊兒童與家庭的評估鑑定服務（周映君等，2019）。至今各縣市政府也依《發展遲緩兒童早期療育服務實施方案》（衛生福利部社會及家庭署，2019）設立單一窗口，共有 35 處通報轉介中心統籌彙整疑似發展遲緩兒童資料，以及 55 所個案管理中心服務個案家庭（衛生福利部，2023）。

通報轉介中心受理通報後要進行開案評估，將確認開案的個案及家庭資料

轉介給個案管理中心，對於不開案的個案視需求轉介相關單位，最後填表回覆給通報單位。個案管理中心接案後，要進行家庭需求評估，依評估結果進行個案分級，且按照《兒童及少年福利與權益保障法》第54條規定，若知悉個案未獲適當照顧之虞時，應依法通報地方政府主管機關。

通報轉介中心與個案管理中心的設置樣態大致可分為獨立模式及分立模式兩大類型，獨立模式是指通報轉介中心與個案管理中心整合為同一單位，又可因地區特性及幅員、人口規模而在同一縣市設立一個或多個中心；分立模式則是指通報轉介中心與個案管理中心分由不同單位辦理，亦可依個管中心數目分為一對一或一對多兩類（林雅容主編，2019）。獨立模式讓家長容易聯繫，有助提升使用服務的意願；分立模式則讓家長較易就近找到服務單位，但需聯繫較多單位，且可能會遇到兩個中心評估不同的情形（林雅容主編，2019）。

♥♥♥ 參、聯合評估階段

對於通報轉介的個案，經初步篩檢若發現有疑似發展遲緩的現象，則需轉介至聯合評估中心或評估醫院進行評估，以作為其後續安置及服務的依據。至2023年，全國共有75間醫療院所簽約成立兒童發展聯合評估中心，許多醫療院所也成立兒童早期療育相關部門，提供發展遲緩兒童評估與介入服務（衛生福利部國民健康署，2023）。不過各醫院的兒童發展評估流程，與專業團隊運作模式並不完全相同。目前，台灣的聯合評估方式包括聯合門診與特別門診，聯合門診的診斷方式是經由醫療專業團隊聯合會診的方式進行，評估鑑定的科別主要包含小兒心智科、小兒神經科、耳鼻喉科與復健科醫師，及物理治療師、職能治療師、語言治療師、社會工作師、臨床心理師、特教教師等，依兒童的狀況決定由哪些科別或治療師進行評估。特別門診的診斷主要是以醫院小兒心智科、小兒科、小兒神經科、小兒復健科任一科為主，每週開闢特定門診時間，再視需要轉介至其他科別進行評估（內政部兒童局，2013）。

♥♥♥ 肆、療育與服務階段

在發展遲緩兒童完成醫療單位評估鑑定，確定發展遲緩的狀況後，便由通報轉介中心或個案管理中心協助這些家庭連結療育資源與服務，並提供療育諮

詢建議。早期療育主要是提供發展遲緩兒童及其家庭有關醫療、教育及社會福利等資源與服務，以使兒童能發展潛能並參與社會（周映君等，2019）。目前台灣的療育資源與服務包括醫療院所提供的復健醫療、托嬰中心或幼兒園安置、早期療育機構安置或時段療育、其他療育及家庭支持服務等。台北市兒童發展篩檢流程則將轉介的早期療育服務分為醫療復健（兒童發展評估，門診檢查，物理、職能、語言及心理治療，長期照顧等）、托育服務（機構及巡迴輔導）、學前教育〔幼兒園與國小的普通班、特幼（教）班、資源班，特殊學校，巡迴輔導等〕、日間服務機構（日間托育、時段療育）、家庭支持（早期療育社區資源中心，幼兒專業輔導服務，社福機構）及其他（身心障礙鑑定，輔具評估，福利補助）六類（台北市府社會局早療通報轉介中心，2021）。如依衛生、教育及社政等不同單位提供的療育與服務區分，衛生（醫療）單位的介入是以全民健保給付作為經費來源，由衛生局與醫療院所簽約，提供各專業治療服務；教育單位的介入則是以幼兒園安置為主，包含在普通班接受特教服務，學前巡迴輔導班及學前特教班；社政單位的介入則包含個人的早期療育及家庭支持服務（如個別化家庭計畫、到宅療育、親職教育及福利補助、臨托、交通與居家照顧服務與社區早療等福利服務）（周映君等，2019）。如以服務內容區分則可分為：(1)醫療方面：一般治療、物理治療、職能治療、聽語治療、行為治療、心理治療（常用遊戲治療、藝術治療、音樂治療）、感覺統合等；(2)教育方面：認知訓練、動作、溝通表達、社會能力、遊戲、親職教育等；(3)社政方面：經濟支持、家庭功能重建、社會支持網絡建構等（引自林雅雯，2003；發展遲緩兒童基金會，2017）。

　　台灣過去的早期療育介入主要是以兒童為中心，療育服務的提供不是在機構就是在家庭，機構式服務的提供是在特定的早期療育發展中心、身心障礙福利機構、醫院、學前特殊學校或學前特殊班級等處進行，兒童與家長定期前往中心接受訓練與治療（林惠芳，2010b）。家庭式的服務又稱為「到宅服務」或「在宅服務」，著重嬰幼兒於家庭自然情境中接受療育服務，其理念在於訓練讓家長成為孩童療育活動的主要教導者（劉蔚萍，2006）。

　　以兒童為中心的早期療育服務往往強調專業介入，在療育過程中多半著重在傳授家長知識或增強居家練習指導技巧，很少將家庭視為合作夥伴，而未提

升家庭權能，增加家長參與及主導介入的角色，使得療育成效有限，而且國際趨勢及實證研究發現家庭參與是早期療育成功的關鍵，使政府與民間開始推展以家庭為中心的概念，強調家庭增強權能與參與（周映君等，2019）。

衛生福利部在 2016 年提出「發展遲緩兒童社區療育服務實施計畫」，以疑似發展遲緩、發展遲緩、學齡前身心障礙兒童及其家庭為主要服務對象，透過定點式服務、走動式服務和到宅服務三種服務型態推動以家庭為中心、以社區為基礎的早期療育服務。其服務內容主要為：(1)建立以家庭為中心，以社區為基礎之服務模式；(2)在自然生活情境中以團隊合作方式，協助兒童及其家庭的增能與賦權；(3) 了解當地文化並善用社區資源，建構家庭支持系統；(4) 連結與培力社區，促進社區融合（衛生福利部，2022）。

中華民國智障者家長總會在 2018 年分析各縣市早期療育通報轉介及個案管理中心辦理的家庭支持服務方案，結果發現服務對象以父母及主要照顧者為主，服務內容主要包括親子活動、親職教養、轉銜服務、喘息服務、情緒支持、家長增能、社區宣導等，目標則以強化家庭對早期療育的投入與參與較多，還有親子互動與紓壓，及建立與其他家長的彼此支持等（林雅容主編，2019）。

最後在計畫完成或是執行六個月後，再由個案管理中心對服務成效進行評估，適當調整服務內容或是進行結案評估，確認結案後要回傳通報轉介中心。

第五節　早期療育的發展趨勢與挑戰

周映君等（2019）指出在早期療育方面目前台灣現況待調整的問題，包括早期療育資源分布不均、醫療系統療育在健保制度下的問題、以家庭為中心之早期療育核心精神仍有待推展、早期療育各系統間合作與跨專業團隊合作亟需提升、早療專業人員的專業發展、以實證為基礎的早期療育支持介入策略及服務模式、長照 2.0 中有關身心障礙兒童部分仍需細部規劃等等；因此，社會大眾對於早療知識、早療兒童和家庭接受度仍有進步空間。政府對於療育資源的盤點及分配、健保對相關治療給付、醫院療育環境發展，也可展開進一步規劃。綜合前述早期療育的理論及實務方面的介紹，本節進一步擇要討論台灣早期療

育服務實施的未來發展趨勢與挑戰。

♥♥♥ 壹、加強行政與專業的統整

　　早期療育的服務遞送體系，從政策面到實務面牽涉到許多行政系統與專業，由於彼此不相統屬，整個體系如何有效地協調運作，一直是早期療育服務的挑戰之一。在實務方面，沈美君（2009）指出，台灣早期療育各相關單位的專業人員經常是臨時編組，且各自又有所屬的主管單位，常造成權責無法統一的現象。由於提供早療服務的單位牽涉到醫療、社會福利與教育等多種專業機構，然而不同的專業間有不同的專業術語和認知，導致溝通與統整的困難（張秀玉，2003）。未來如何加強跨專業與跨機構的合作，或設置專責的協調與整合早期療育服務的單位或機制（葉庭鳳，2010），甚至如周文麗等（2000）所提，在跨專業的合作模式進展到無隙縫的轉銜團隊（transdisciplinary team），或者藉由社會福利、衛生與教育三個體系專業團隊的研討、實務工作的檢視，以建立台灣遲緩兒童與其家庭的轉銜服務模式（內政部兒童局，2011）等，仍是一大挑戰。周映君等（2019）的報告亦指出，雖然中央及各縣市大多設有跨部門工作小組和推動委員會，跨部門分工尚清楚，但跨部門協力合作仍未落實，仍需協調整合。可見得從以往迄今，行政和專業的整合一直是待解決的問題。

♥♥♥ 貳、加強家庭的支持與介入

　　由於家庭系統理念的採用，早期療育的焦點已逐漸從兒童本身，轉向以家庭為介入服務的接受者，介入的目標亦以家庭為優先考量，強調必須反映家庭和兒童的需求，並運用同儕支持及家長團體作為重要的服務遞送機制，提供普遍、預防性的家庭服務。然而目前許多早療方案係以醫療模式為主，自1999年兒童局成立（現已併入衛福部社會及家庭署），責成各縣市政府設立早期療育通報轉介與個案管理中心，提供發展遲緩兒童服務，「早期療育」與「個案管理」即成為早期治療、復健、特殊教育等主要的方案內容。但早療工作者在與家庭共事時，是否應該僅強調「療育」的醫療模式觀點（周月清、許昭瑜，2002），則是許多人思考的問題，例如：周文麗等（2000）即認為，若欲達到早期療育預期之效果，服務計畫應以家庭為服務中心，而父母或祖父母則是接

受親職教育的最佳對象。高玉馨、藍瑋琛（2020）指出發展遲緩兒童到宅服務為近年早期療育的趨勢，主張在自然環境提供發展遲緩兒童早期介入，並強調家庭專業合作取向。儘管衛福部已開始推動社區療育服務，但誠如周映君等（2019）的報告仍指出推動以家庭為中心的早療服務，受限於專業支持系統而有質與量的不足。因此，推動早期療育如何加強家庭的功能與支持，落實以家庭為中心的服務機制，仍是未來的趨勢與挑戰之一。

♥♥♥ 參、加強療育資源的提供與分配

目前台灣各地早期療育的資源，不論是醫療或療育，長期以來呈現不足且分布不均的狀況。周映君等（2019）亦指出城鄉特質及需求不同，偏鄉地區須建構更多早療資源和支持。另根據林敬殷（2023）的報導指出：不僅早療評估量能不足，還有嚴重分配不均的問題。以彰化市為例，彰化市是六都以外人口最多的縣市，但聯合評估中心卻只有兩所，更只有個位數的專業人力，根本無法服務所有兒童的早療評估，有家長等待評估的時間竟長達六個月，錯過孩童的黃金治療期。因此，加強療育資源的提供與分配仍是現今待解決的問題與挑戰。

♥♥♥ 肆、服務模式仍待發展

儘管每個縣市因地制宜發展出不同的工作模式，但其模式的規劃與落實，則依據地方政府重視早期療育的程度而定，也深受社會福利資源配置排擠效應的影響（周文麗等，2000）。因此，針對不同地區是否能發展出更有效的服務模式，以提升服務品質，甚至針對發展遲緩與身心障礙兒童規劃不同層面的服務（楊靜芳，2009），應是未來有待發展的挑戰之一。值得注意的是目前有一些計畫嘗試結合科技解決偏鄉的早療相關問題。例如國科會（2019）補助的科技突圍「偏鄉早療跨領域專業整合平台」計畫，於 2019 年 9 月 1 日通過審查啟動。該計畫旨在藉由科技創新與整合應用，解決偏鄉早療痛點（pain），建置以家庭為中心之早療跨領域專業資訊整合平台，以科技人本化的跨領域應用創新，回應偏鄉早療問題及迫切需求，提出有速度亦有溫度的科技解決方案。計畫亦同時整合了特殊教育、臨床醫學、物理治療、職能治療、資訊科技等領域

專家，組成跨領域團隊，以建立效率化的跨領域合作模式。而其特色則包括遠距早療服務模式、居家復健系統、智慧評估系統等，類似此一結合新興科技的服務模式亦反映了時代的趨勢。

♥♥♥♥ 伍、增加專業人力並提升專業人員的專業知識能力

朱鳳英（2000）與周文麗等（2000）皆提出，目前提供早期療育直接服務的人力仍有不足的現象。例如依據衛福部國民健康署 2022 年資料顯示，負責評估疑似遲緩兒童個案的醫事人力，包括職能治療、物理治療、臨床心理、語言治療與社會工作等，總共不到 1,000 人，完成聯合評估的孩童人次僅 18,978 人，量能明顯不足（林敬殷，2023）。而林惠芳（2010a）整理相關研究亦指出，專業工作者早療相關專業知識能力有待提升。早療工作者的專業發展包含專業人員教學與學習活動設計，以支持並獲得專業與早期療育服務相關知識與技能，並將其轉化到實務執行上。專業人員發展的課程，需要包含實證研究為基礎的介入，專業發展課程可以用運用多層次（tier model）支持模式，透過不同層次支持每一專業人員，進而提升早期療育的品質（周映君等，2019）。有鑑於此，衛生福利部社會及家庭署（2023）為提供各直轄市、縣（市）政府辦理早期療育專業人員在職訓練相關事宜，強化其專業知能與實務技巧及提升服務品質，於 2023 年訂定早期療育專業人員在職訓練課程實施計畫，依實務需求規劃法規政策與倫理、基礎概念、個別化服務、家庭支持服務、個人成長及機構運作與安全等類別課程，此一計畫的實施應有助於提升專業人員的專業知能及服務品質。

♥♥♥ 陸、加強早期療育的宣導

近年少子化雖然總體生源減少，但特教學生人數卻是不減反增（趙有寧，2023）。根據衛福部社會及家庭署的統計，台灣早期療育服務個案通報人數自 2011 年起開始逐步緩升，2019 年新冠疫情爆發之前，通報人數已超過 2 萬 5 千人，2020 年、2021 年因為疫情爆發，通報人數較無明顯波動，2022 年則是大幅跳升至 30,907 人，不但超過三萬人次，也創下 2011 年以來的新高（張向晴、李佩璇，2023）。儘管根據內政部戶政司（2011）的資料顯示，從 2000 年起，

台灣每年接獲通報轉介及接受個案管理療育服務的發展遲緩兒童人數有逐年增多之趨勢。然而根據主計總處發布 2021 年底發展遲緩兒童早期療育個案人數統計，顯示仍有三成四個案未在 6 歲的黃金期前先期療育（陳素玲，2022）。根據世界衛生組織之研究推估，發展遲緩兒童發生率約占兒童人口數的 6%～8%（黃美涓，2002），而根據內政部戶政司人口統計資料，2022 年底台灣 0 至 6 歲的學齡前兒童為 1,214,244 人（內政部戶政司，2023），發展遲緩兒童早期療育服務個案通報共 30,907 人（衛生福利部統計處，2023）。以發生率來推估，則台灣應該約有 72,855～97,140 名孩子為潛在的疑似發展遲緩兒童，可見得實際的通報與潛在需要早期療育服務的人數仍有落差，因此早期療育的宣導和通報量上仍有待加強。

　　綜合上述的討論，可知台灣早期療育的推展在近幾年已有顯著進步，但如要提升服務的績效，未來仍有許多問題與挑戰有待克服。期待未來有更多不同領域的專業與工作人員加入，或持續投入早期療育的領域，使台灣早期療育的服務更臻理想境界。

問題討論

1. 早期療育的意義與內涵為何？
2. 實施早期療育的重要性為何？
3. 試比較早期療育服務方案中的「兒童中心方案」與「家庭中心方案」的差異。
4. 試說明早期療育的服務型態有哪些？
5. 台灣地區早期療育服務的流程為何？

參考文獻

❖ 中文部分

內政部戶政司（2011）。人口年齡結構重要指標。http://www.ris.gov.tw/version96/population_01.html

內政部戶政司（2023）。**人口統計資料**。https://www.ris.gov.tw/app/portal/346

內政部兒童局（2013）。**發展遲緩兒童早期療育**。http://www.cbi.gov.tw/CBI_2/internet/main/doc/doc.aspx? uid=228

內政部社會司（1997）。**發展遲緩兒童早期療育服務實施方案**。內政部。

王天苗（1989）。去除界限，保障品質：出席 1990 年國際特殊兒童學前教育研討會紀要。**特殊教育季刊**，37，20-26。

王國羽（1996）。身心障礙兒童早期療育政策的相關理論模式與台灣法令之解析。**東吳社會工作學報**，2，333-350。

台北市府社會局早療通報轉介中心（2021）。**通報服務轉介檢流程**。https://www-ws.gov.taipei/Download.ashx? u=LzAwMS9VcGxvYWQvNTg5L2NrZmlsZS9kNDg2YzJlMC0wNGUzLTQ0NmYtYjkxNy1jZjA1YzEwYjA5NzUucGRm&n=6YCa5aCx6L2J5LuL5pyN5YuZ5qqi5rWB56iLKDExMOW5tDHmnIjniY gpLnBkZg%3d%3d&icon=.pdf

朱鳳英（2000）。**台灣發展遲緩兒童通報轉介及個案管理服務現況：以台北市為例**。智障者家長總會早期療育研討會。

朱鳳英（2007）。台北市早期療育服務社區照顧經驗。**護理雜誌**，54（5），18-22。

何華國（2006）。**特殊幼兒早期療育**。五南。

沈美君（2009）。**台灣與美國身心障礙兒童早期療育政策之比較研究**（未出版之碩士論文）。暨南國際大學。

周文麗、鄭麗珍、林惠芳（2000）。台灣早期療育的發展與未來展望。**文教新潮**，5，7-12。

周映君、吳佩芳、童寶娟、廖華芳、潘懿玲、劉瓊瑛、盧璐（2019）。早期療育。載於熊昭、張美惠（總編輯）。**2030 兒童醫療與健康政策建言書**（頁193-212）。財團法人國家衛生研究院。

周月清、許昭瑜（2002）。「早期療育」醫療模式與社會模式觀點：以早期療育個案管理兒童家為例。載於「**挑戰與躍升：打造新世紀長期照護體系**」研討會論文集（頁 261-288）。台灣大學。

孟瑛如（1997）。學前特教開步走，不要輸在起跑點：談早期療育的重要性。**新幼教**，15，4-9。

林惠芳（2010a）。台閩地區早期療育的實施。載於劉瓊瑛（主編），**早期療育與社會工作**。揚智。

林惠芳（2010b）。早期療育。載於劉瓊瑛（主編），**早期療育與社會工作**。揚智。

林雅雯（2003）。**台北市身心障礙兒童早期療育需求與服務體系之研究**（未出版之碩士論文）。國防大學。

林雅容（主編）（2019）。**兒童發展通報轉介暨個案管理中心工作手冊**。中華民國智障者家長總會。

林敬殷（2023，4 月 11 日）。發展遲緩兒童早療資源不足，立委籲撥補經費人力。**中央通訊社**。https://tw.news.yahoo.com/news%2F%E7%99%BC%E5%B1%95%E9%81%B2%E7%B7%A9%E5%85%92%E7%AB%A5%E6%97%A9%E7%99%82%E8%B3%87%E6%BA%90%E4%B8%8D%E8%B6%B3-%E7%AB%8B%E5%A7%94%E7%B1%B2%E6%92%A5%E8%A3%9C%E7%B6%93%E8%B2%BB%E4%BA%BA%E5%8A%9B-044044738.html

林詩韻（2009）。**家庭中心實務感知與親職效能感之相關性探究：以台北市接受早期療育服務之主要照顧者為例**（未出版之碩士論文）。台灣大學。

施怡廷（1998）。**發展遲緩兒童家庭對兒童照顧需求之研究**（未出版之碩士論文）。東海大學。

高玉馨、藍瑋琛（2020）。發展遲緩兒童到宅服務之家庭專業合作取向：家長參與評量的初探。**特殊教育發展期刊**，69，75-90。

孫淑柔（1993）。談特殊兒童的早期療育與回歸主流。載於中華民國特殊教育學會（編印），**學前特殊的發展**（頁 35-54）。中華民國特殊教育學會。

張向晴、李佩璇（2023，4 月 14 日）。早療通報人數創十年新高 醫：疫情影響兒童語言及社交發展。**親子天下**。https://www.parenting.com.tw/article/5095240

張秀玉（2003）。**早期療育社會工作**。揚智。

張秀玉（2011）。以家庭優勢為焦點的個別化家庭服務計畫：任務性團體過程與成果。**特殊教育研究學刊**，36（1），1-26。

教育部（2019）。**特殊教育法**。2019 年 4 月 24 日修正公布。

教育部（2020）。**特殊教育法施行細則**。2020 年 7 月 17 日修正發布。

國科會（2019）。「偏鄉早療跨領域專業整合平台」計畫。**科技突圍**。https://events.businesstoday.com.tw/2018/breakoutmost/plan03.html

莊凰如（1995）。**發展遲緩兒童早期療育轉介中心實驗計畫評估**（未出版之碩士論文）。陽明大學。

許天威（主編）（1994）。**學齡前特殊兒童家長通報、安置暨早期療育手冊**。彰化師範大學特殊教育中心。

許素彬（2007）。特殊幼兒之家庭生活品質分析。**東吳社會工作學報，17**，137-169。

郭煌宗（1995）。發展遲緩兒童早期療育轉介中心實驗計畫花蓮地區執行成果報告。載於內政部，**發展遲緩兒童早期療育轉介中心實驗計畫執行成果報告**。

陳素玲（2022，9 月 21 日）。今年發展遲緩兒童早療，有三成四未在 6 歲前療育。**聯合報**。https://money.udn.com/money/story/5613/6628197

陳英進、吳美姝、楊育昇（2007）。**早期療育**。華都文化。

陳順隆（2004）。**早期療育服務資源網絡運作之研究：以南投縣為例**（未出版之碩士論文）。暨南國際大學。

陳嬿如（2003）。**台灣早期療育政策過程研究：以倡議團體之角色分析**（未出版之碩士論文）。中正大學。

傅秀媚（1996）。從美國法案談早期療育與學前特殊教育之法律基礎。**特教園丁，36**（3），7-9。

黃世鈺（1998）。特殊兒童之早期教育。載於王文科（編），**特殊教育導論**（頁 594-630）。心理。

黃美涓（1996）。復健醫學會 86 年度期中研討會。**復健新趨勢**，10-16。

黃美涓（2002）。早期療育：幼吾幼以及人之幼。**長庚醫訊，23**（3），6-9。

黃劍峰（2006）。**家扶基金會推動早期療育服務之社會工作專業實踐**（未出版之碩士論文）。輔仁大學。

發展遲緩兒童基金會（2017）。**療育種類介紹**。https://www.fcdd.org.tw/treatment/2/1

楊靜芳（2009）。**發展遲緩兒童早期療育社會服務品質及其成效之研究**（未出版之碩士論文）。暨南國際大學。

萬育維（1993）。長久以來被忽略的問題：談學齡前兒童早期療育的規劃。**社會福利，115**，18-26。

萬育維（1996）。**談早期療育服務與政府在規劃上應有的認識**。內政部全國發展遲緩兒童早期療育服務研討會，台北，內政部。

萬育維、莊凰如（1994）。從醫療與福利整合的角度探討台灣發展遲緩兒童之早期療育制度之規劃。**社區發展季刊，72**，48-61。

葉庭鳳（2010）。台北市早期療育綜合服務中心服務整合之研究（未出版之碩士論文）。台北教育大學。

葉淑文（1999）。心智障礙兒童家長早期療育服務使用研究（未出版之碩士論文）。中國文化大學。

趙宥寧（2023，4 月 17 日）。特教生不減反增　立委提案特教預算修法達 5%。聯合報。https://udn.com/news/story/6885/7102966

劉蔚萍（2006）。早期療育的實施模式。載於曹純瓊、劉蔚萍等（總校閱），早期療育（頁 3-1～3-19）。華騰。

衛生福利部（2016）。身心障礙者權益保障法施行細則。2016 年 2 月 19 日修正發布。

衛生福利部（2020）。兒童及少年福利與權益保障法施行細則。2020 年 2 月 20 日修正發布。

衛生福利部（2021a）。兒童及少年福利與權益保障法。2021 年 1 月 20 日修正公布。

衛生福利部（2021b）。身心障礙者權益保障法。2021 年 1 月 20 日修正公布。

衛生福利部（2022）。發展遲緩兒童社區療育服務實施計畫。2022 年 8 月 2 日修正公布。https://www.sfaa.gov.tw/SFAA/Pages/Detail.aspx? nodeid=1203& pid=9447

衛生福利部（2023，5 月 18 日）。衛生福利 e 寶箱——發展遲緩兒童早期療育。https://www.mohw.gov.tw/cp-88-238-1-48.html

衛生福利部社會及家庭署（2019）。發展遲緩兒童早期療育服務實施方案。https://www.sfaa.gov.tw/SFAA/Pages/Detail.aspx?nodeid=1203&pid= 9447

衛生福利部社會及家庭署（2020，2 月 3 日）。發展遲緩兒童早期療育服務流程。

衛生福利部社會及家庭署（2023）。早期療育專業人員在職訓練課程實施計畫。中華民國 112 年 3 月 20 日社家支字第 1120960224 號函訂定。

衛生福利部國民健康署（2023，3 月 10 日）。兒童發展聯合評估中心服務聯絡資訊。https://www.hpa.gov.tw/Pages/Detail.aspx? nodeid=1602&pid=548

衛生福利部統計處（2023）。發展遲緩兒童早期療育服務個案通報人數。https://dep.mohw.gov.tw/dos/cp-5337-62357-113.html

鄭夙芬、鄭期緯、林雅琪（2005）。以充權為觀點的早期療育家庭之家庭功能探討。台灣社會工作學刊，3，51-95。

黎蓮嬌（2004）。台灣地區早期療育機構實質環境調查研究（未出版之碩士論文）。東海大學。

盧麗卿（2004）。高雄市社會福利系統早期療育服務之研究（未出版之碩士論文）。高雄師範大學。

賴慧貞、潘文弘、徐弘正、吳坤霖、許國敏（1993）。台灣早期療育資源探討。復健醫學雜誌，21，125-132。

羅秀華（1996）。發展遲緩兒童之服務如何落實於家庭與社區社會工作。社區發展季刊，77，83-92。

Blasco, P. M.（2005）。早期介入：嬰幼兒及其家庭（廖華芳譯）。華騰。（原著出版年：2001）

Fabes, R. A., & Martin, C. L.（2006）。兒童發展（白玉玲、王雅貞譯）。雙葉。（原著出版年：2003）

Papalia, D. E., Olds, S. W., & Feldman, R. D.（2001）。人類發展：兒童心理學（張慧芝譯）。桂冠。（原著出版年：1997）

❖ 英文部分

Aytch, L. S., Castro, D. C., & Selz-Campbell, L. (2004). Early Intervention Services Assessment Scale (EISAS): Conceptualization and development of a program quality self-assessment instrument. *Infants & Young Children, 17*(3), 236-246.

Bailey, D., Buysse, V., & Pierce, P. (1994). *Research synthesis on early intervention practices*. (ED386859)

Bailey, D., & Simeonsson, R. (1991). Family focused intervention: Clinical, training, and research implications. In K. Marfo (Ed.), *Early intervention in transition: Current perspectives on programs for handicapped children*. Praeger.

Bailey, D., Simeonsson, R., Winton, P., Huntington, G., Comfort, M., Isbell, P., O'Donnell, K., & Helm, J. (1986). Family-focused intervention: A functional model for planning, implementing, and evaluating individualized family services in early intervention. *Journal of the Division for Early Childhood, 10*(2), 156-171.

Bailey, J., & Bricker, D. (1984). The efficacy of early intervention for severely handicapped infants and young children. *Topics in Early Childhood Special Education, 43*, 30-51.

Bricker, D. (1989). *Early intervention for at-risk and handicapped infants, toddlers and preschool children.* VORT Corp.

Bricker, D., & Cripe, J. J. (1992). *An activity-based approach to early intervention.* Paul H. Brookes.

Bronfenbrenner, U. (1979). *The ecology of human development: Experiments by nature and design.* Harvard University Press.

Garland, C. (Ed.) (1992). *A guide to early intervention: A resource for families.* (ED361964)

Goyer, R. A. (1993). Lead toxicity: Current concerns. *Environmental Health Perspectives, 100,* 177-187.

Landy, S., & Menna, R. (2006). *Early intervention with multi-risk families: An integrative approach.* Paul H. Brookes.

Mallory, B. L. (1992). Is it always appropriate to be development? Convergent models for early intervention practice. *Topics in Early Childhood Special Education, 11* (4), 1-12.

Marfo, K., & Cook, C. (1991). Overview of trends and issues in early intervention theory and research. In K. Marfo (Ed.), *Early intervention in transition: Current perspectives on programs for handicapped children* (pp. 3-40). Praeger.

Meisels, S. J. (1989). Early childhood intervention in the nineties. *American Journal of Orthopsychiatry, 59,* 451-460.

Meisels, S. J., & Shonkoff, J. P. (1990). Early intervention: The evolution of a concept. In S. J. Meisels & J. P. Shonkoff (Eds.), *Handbook of early childhood intervention* (pp. 3-31). Cambridge University Press.

Minuchin, S. (1974). *Families and family therapy.* Harvard University Press.

Needleman, H. L., & Gatsonis, C. A. (1990). Low-level lead exposure and the IQ of children. *Journal of the American Medical Association, 263,* 673-678.

Panitch, M. (1993). *A literature review of early intervention.* (ED390199)

Sameroff, A. (1975). Early influence on development: Fact or fancy. *Merrill-Palmer Quarterly, 21,* 267-294.

Sameroff, A. J., & Fiese, B. H. (1993). Transactional regulation and early intervention. In S. J. Meisels & J. P. Shonkoff (Eds.), *Handbook of early childhood intervention* (pp. 135-159). Cambridge University Press.

Shonkoff, J. P., & Meisels, S. (1990). Early childhood intervention: The evolution of a concept. In S. J. Meisels & J. P. Shonkoff (Eds.), *Handbook of early childhood intervention* (pp. 3-31). Cambridge University Press.

Simeonsson, R. J. (1990). Primary, secondary, and tertiary prevention in early intervention. *Journal of Early Intervention, 15,* 124-134.

Summers, M., & Innocenti, M. S. (1991). Early intervention in the United States. In K. Marfo (Ed.), *Early intervention in transition: Current perspectives on programs for handicapped children*. Praeger.

White, R. G., Diamond, S. P., Morey, C., & Hu, H. (1993). Residual cognitive deficits 50 years after lead poisoning during childhood. *British Journal of Industrial Medicine, 50,* 613-622.

Ysseldyke, J. E., Algozzine, B., & Thurlow, M. L. (1992). *Critical issues in special education* (2nd ed.). Houghton Mifflin.

第 16 章

生涯與轉銜

邱滿艷

✳

第一節　生涯與生涯發展

♥♥♥♥ 壹、生涯與生涯發展

　　有關「生涯」（career）定義的看法頗多，例如：生活方式的概念、一生的發展與進步、生活之道、工作所需的專業或職業訓練、恃以營生之事業等，切入的角度不同，主張也隨之有異。雖有人將生涯較聚焦於職位、職務、職業或行業的角度，但也有不少人認為工作者角色只是生涯的一部分。從較廣義的觀點加以解讀，生涯意涵著生活中各種事件發展的方向和歷程，也涵蓋各種職業與生活的角色，例如：孩童、學生、公民、工作者及家庭成員等，故也包括人自青春期至退休間有酬或無酬職位的綜合，以及和工作有關的角色（田秀蘭，2015；金樹人，2011；Super, 1976）。林幸台（2007）則認為，生涯是個人一生所經歷的大小事件匯聚而成的生命之路，狹義來講，是指生活之計、謀生之業，與現代人所稱之工作或職業意義相近；廣義言之，是隱含個人對生活的態度、生命的追尋與期許。

　　從較廣的觀點看生涯發展，是終生的歷程，隨著年齡階段及身心發展狀況，有不同的發展需要與發展目標，這其中會扮演各種的角色，並發揮該有的功能，表現獨特的風格，此為每個人生涯發展的課題。

　　Super（1990）的生涯彩虹圖是由不同之生活廣度（life-span）和生活空間

（life-space）交織而成。「生活廣度」是指不同的生命階段，包括：成長期（出生至 14 歲）、探索期（15～24 歲）、建立期（25～44 歲）、維持期（45～64 歲），到衰退期（65 歲以上）（Super et al., 1996）。探索階段可再細分為：幻想期、試驗期、實際期；建立階段可再細分為：嘗試期、穩定期。當一個階段至下一個階段的「轉換期」，或人的需求改變、生病、受傷、社會經濟事件或個人事件等等而導致勞動力減弱無法順利建立時，就會發生「小循環」，這些不穩定或多元嘗試的生涯都意味著新的成長、再探索，及再建立的歷程。「生活空間」指由各種角色（包括兒童、子女、學生、休閒者、公民、工作者、照顧者、退休者等）的扮演和互動，而形成生涯的樣貌。

舉例來看，上述「成長期」的兒童經由家庭或學校中之重要他人認同，覺察到自我概念，主要的生涯發展任務包括：了解自己優缺點、了解工作的意義與培養面對職業世界的正確習慣與態度。「探索期」的青少年則藉由在學校、家庭、社區活動及各種工作經驗中，進行職業探索，了解自己的需要、興趣、能力、機會與限制，做出暫時性的決定與嘗試，並嘗試將之化為長期的工作。在「建立期」的成人，需在某一適當的職業領域中確立穩固的職位。在「維持期」的個人具有職場的地位、責任和成就。「衰退期」的個人逐漸衰退，考慮退休、養生，或安排休閒活動。

●●● 貳、身心障礙者的生涯發展

職業輔導在 20 世紀初融入生涯發展理論，是最早的生涯發展實務，反映出當時社會、政治、經濟與立法的狀況，也影響之後理論的發展（Herr, 2001），至 1990 年已有多元的理論和相關的構念，一方面可歸因於職業研究的多元特性，另一方面可歸因其發展得較早（Brown, 1990; Schein, 1986）。

可惜當時生涯發展與生涯選擇的概念很少應用至身心障礙者。追溯至 1920 年時美國即因第一次世界大戰戰後受傷士兵問題，而開始職業復健的服務（Jenkins et al., 1998），但直到 1960 年代中期才開始有系統的注意到身心障礙者生涯發展的概念，也就是說，早期在提供身心障礙者生涯發展或規劃的輔導時，少有相關理論供作依循。Osipow 等（1976）的解釋是，因為身心障礙者無法呼應許多理論的假設，而且也沒有理論立基於非障礙者（通常是中產階級的

男性白人）的經驗，這些理論認為生涯發展是系統性、連續性發展，而不是連續的壓力。也就是說，當生涯選擇和發展的模式主張「人有許多生涯的選擇，其在選擇時相當自由」的時候，往往不適用於身心障礙者，因為身心障礙者的經驗和選擇通常是受限的，而其生涯發展常是混亂、不連續或飽受壓力，所以難以和當時的理論有交集。

第二節　生涯發展理論

　　各種生涯發展理論的論述，目的在於解釋並幫助我們了解人的生涯內涵與歷程，透過它，我們可以掌握身心障礙者生涯發展的需求，並進一步協助其做好規劃，這在提供生涯輔導時是非常重要的。Parsons（1909）認為，職業選擇包括三步驟：蒐集個人資料、了解工作世界資料，及媒合個人與工作，可說是最早提出的生涯理論，至今仍是當前許多生涯諮商的基礎。40 年後，Ginzberg 等（1951）幾位學者提出修正的看法，力主「職業選擇會隨著發展階段不同而呈現不同的情形」，而非是單次決定的事件。1953 年生涯發展大師 Super 也提出生涯發展為一複雜、多面向且持續一生的歷程（Super, 1953, 1957）。早期的生涯發展理論，若未能做適當的調整，較無法適用於某些身心障礙者的生涯發展歷程；直到 1960 年代才漸漸有生涯理論特別注意到身心障礙者這個族群。以下將簡述一些與身心障礙者較為有關的生涯發展理論。

♥♥♥ 壹、人境互動論

　　人境互動論（person-environment interaction theory）早期的主張是單純指將個人的特質與工作的特性加以分析後予以配對。後來的人境互動論內涵有一些修正，強調：(1)個體會向外探索且創造環境；(2)個體與環境適配的程度相對影響配對的結果；(3)個人與環境的互動是雙向的，個體會影響環境，環境也會影響個人。

　　工作適應理論是人境互動論的一支，是第一個考慮到身心障礙者生涯發展的理論，其聚焦在身心障礙者及非身心障礙者如何克服他們的工作環境，包括

兩個主要的模式，其中一派強調人和環境的配對（Lofquist & Dawis, 1969），另一派強調發展的角色（Hershenson, 1974, 1981），兩種模式都有實證的基礎，一直都有進展，也常為日後的身心障礙者職業重建實務領域所參考。

明尼蘇達工作適應理論（Minnesota theory of work adjustment, MTWA）也是人境互動論的一支。1969～1981 年間對職業行為的研究漸漸成形，主張個人特質和環境因素的一致性會影響工作適應；若個人滿意環境所提供的條件（satisfaction），環境也滿意個人表現（satisfactoriness），表示個人與環境的一致性較強，通常留在該工作的時間也愈長，而上述的一致性會不斷的受生態和時間的影響。明尼蘇達工作適應理論將所提理論應用於身心障礙者後，人境互動論成為復健諮商（身心障礙者職業重建）學門的重要基礎，它將諮商融入至理論，考量了身心障礙者障礙的影響，也強調環境的調整。其中，也有學者特別提醒，不是單考量上述要件就足夠，從理論到實際的情境中也應更加謹慎才是。

Hershenson（1996）之工作適應發展模式（model of work adjustment development）是人境互動論的另一派別，主張工作適應是個人（工作人格、工作能力、工作目標）與環境（工作表現、工作角色行為、工作滿意度）兩個重要因素不斷交錯、謀合的結果。隨著時間或生態的改變，個人也會跟著改變，例如障礙剛開始時，會影響工作能力，但之後也會擴及影響工作人格和工作目標。又如對後天障礙的人，工作適應可能因工作能力受限的影響較大，但對先天障礙的人而言，工作適應可能受早期發展的工作人格影響較多。

工作適應發展模式是特別為應用至身心障礙者而設計的，根據這個理論（Hershenson, 1996），障礙的情形最先影響的是工作能力，雖然很快也會擴及工作人格和工作目標。對後天障礙者而言，障礙最先影響的是下列事情的交互作用，包括：建立工作能力、因障礙而導致的功能限制、現有的特定工作、特別設計出來的職位、職務再設計的可能性等。因此，以同樣罹患風濕性關節炎而言，裁縫師傅可能比律師在工作的適應上會更辛苦。

對先天障礙者而言，情形有些不同。工作人格早在障礙影響到工作前就已發展，障礙的孩子很可能在學齡前的工作人格及在學中的工作能力中，就體驗到衝突的狀況，因此從家庭轉銜到學校（第一次轉銜）很可能就沒有銜接得很好，這會對生涯第二次轉銜（從學校到工作）有負面的影響。下面即為一例：

有一個智商在一般人以上，但有特殊學習障礙的孩子，或許其在入學前即已發展了很強、正向的工作人格，然而面對學校的功課時，其他較不聰明的學生都可輕易學會，他卻被擊敗了，這時，他原先已建立的工作人格就開始混亂，或許會導致工作目標太高或太低（Hershenson, 1984）。

♥♥♥ 貳、特質論

特質論基本上是個人—環境間的配對理論，代表性人物為 Holland（1992, 1997），其將人分為六個組型，包括：務實型（realistic）、研究型（investigative）、藝術型（artistic）、社交型（social）、商業型（enterprising）、傳統型（conventional）；而工作環境也分成相同的六個組型，根據適配性可以預測個人的職業選擇、工作穩定性、工作成就、適應行為及教育選擇等。根據其理論，後續發展出許多測驗，例如：「職業自我探索」（Self-Directed Search, SDS）、「我的職業情境量表」（My Vocational Situation, MVS）、「生涯態度與策略方法」（Career Attitudes and Strategies Inventory, CASI）。

上述測驗均可適用於身心障礙者，因其不需太高的文字閱讀程度，受世代的影響也較少，但仍需提醒可能需要針對不同身心障礙者的障礙限制，而調整施測的進行。

♥♥♥ 參、生涯發展理論

生涯發展理論（life-career development theory）由 Super（1990）提出，包括 14 個核心理念：(1)每個人的能力、人格、需求、價值、興趣、特質和自我概念有個別差異；(2)具備某些特質的人，各會適合某些職業；(3)每一職業均要求某些特定的人格特質；(4)職業喜好、能力和（生活）工作情形等會隨時間改變自我概念，但在青少年期後漸漸穩定；(5)改變歷程可分為「大循環」：成長、探索、建立、維持、衰退，及「小循環」（每一個階段至下一個階段之間的轉換期）：新的成長、再探索，及再建立的歷程；(6)生涯型態受社經階層、心理狀況、教育、技巧、人格特質、生涯成熟及生涯機會影響生涯發展；(7)生涯階段是否能成功因應環境需要和個體需求，取決於個人的準備度或生涯成熟度；(8)生涯成熟度是一個假設性概念，很難定義，不是單一向度的特質；(9)生

涯階段中的發展是可以被引導的；(10)生涯發展歷程是發展和實踐職業自我概念的歷程，而自我概念是遺傳、體能、機會、結果等交互作用中的產物；(11)個人與社會間、自我概念和現實間是從回饋中學習的歷程；(12)工作與生活滿意度決定於個人如何為自己尋找到適當的出口；(13)個人滿意的程度，取決於實現自我概念的程度；(14)對大多數人而言，工作和職業是提供人格組成的要項。

　　該理論較其他生涯發展理論對身心障礙者與其他少數團體似乎更適用，因為它考慮到先天障礙者和中途致障者在生涯發展的需求：在各階段間的小循環——亦即在前一階段轉至下一階段，需面對損傷、生病、能力減退而有新的成長、再探索，及再建立的歷程，對身心障礙者情況亦多能解釋。通常先天障礙者的生涯發展是一直受限的，而中途致障者的生涯發展則有可能是退化的現象（Thomas & Parker, 1992）。Super（1990）透過生命階段討論生涯發展的進展時即提出，若跳過正常的循環階段，可能會導致之後階段發展上的困難（例如：跳過探索的階段，會導致職業選擇的困難）。Super 的生涯成熟的概念，對於先天障礙的人或於工作初期中途致障的人是相當有用的，那可使專業人員了解，欠缺早期的經驗，會阻礙服務對象的生涯計畫與生涯決定。此外，專業人員可依服務對象欠缺的內涵而發展復健計畫，彌補並促使服務對象積極參與生涯的計畫。

❤❤❤ 肆、認知相關理論

　　此理論重視個人看待及解釋自己生涯形成的看法，以及其對生涯發展的影響，認知相關理論涵蓋幾個重要支派。Kelly（1955）的個人建構論，主張每一個人對於周遭的事，會用自己的方式加以解釋，漸漸形成自己對外界的看法，並依據預期的看法採取行動，經過上述的經驗，會調整自己原先的方式和預期，而逐漸建構起自己的生涯。

　　生涯決定社會學習論（social learning theory of career decision making，簡稱SLTCDM）是另一支派，以 Krumboltz 為代表性人物，係應用 Bandura（1977）社會學習的概念建構生涯發展的想法，由日常生活事件來解釋生涯決定與過程，認為影響個人生涯決定歷程的因素包括：遺傳、環境、學習經驗及技巧，強調

人會依據自己的行為目標與需要去控制環境，也會從學習經驗去推論自己觀察到的現象及社會的看法。

　　而生涯選擇與諮商的學習理論（learning theory of career counselling，簡稱LTCC）其核心概念包括：(1)人們會發展自己的能力與興趣，而不單單只是依照人格特質來做決定；(2)人們會有轉換工作的想法，而非將職業始終維持在某一狀態；(3)人們需要被鼓勵積極行動，而不只是被要求與被診斷而已；(4)諮商師需要扮演一個處理生涯問題的主要角色，而不只是做生涯選擇的協助而已。Krumboltz（1988, 1994）的LTCC理論應對於復健諮商（身心障礙者職業重建）在改變勞動市場的效能上有某種程度的影響。

　　社會認知生涯理論（social cognitive career theory，簡稱 SCCT）（Lent, 2005; Lent et al., 2002）擴展社會學習理論的自我效能至「生涯發展」而自成一格，強調「自我效能」、「結果預期」與「個人特質」等因素。結果預期指評估行為能否達到特定目的，而自我效能預期指評估自己能否成功地執行特定行為。SCCT 的自我效能與結果預期的主張是一個具有影響力的學說，它對提供身心障礙者生涯發展與復健方法的研究上，引導個人克服生涯選擇阻力、擴展可行的方式、促進自我效能，以及促進正向的轉銜服務，具有很大的啟發性（Lent et al., 2002; Strauser et al., 2002）。

♥♥♥ 伍、發展脈絡論

　　發展脈絡論（developmental contextualism）強調人格特質與社會中的個體相關背景因素的影響，對一個人來說，它是外在的，包括年紀（如成熟、學校畢業）、歷史（如戰爭）或生活中的意外事件〔如中樂透、繼承家族遺產，和相關的立法如《美國身心障礙者法案（ADA）》〕等。此理論也強調多層次取向，因為人生活的場域存在著多層次（如生物、個人心理、組織、交際、社會、文化、物質生態、歷史）的影響因子，而這些因子彼此間亦有交互作用（Vondracek et al., 1986）。

♥♥♥ 陸、社會學和經濟學觀點

　　社會學和經濟學的觀點中，主張工作是個人生產與提供服務所表現出來的

活動，通常在社會所建構的情境中進行。該理論（Hotchkiss & Borow, 1990）探討與生涯發展有關的兩大主軸究竟是(1)規範決策─自由意志？抑或(2)個人改變以適應社會─改變社會以適應個人？而其間是受社會化（受到父母職業、性別、社會地位、種族的影響）及專業導引（受到父母、教師、職業諮商師等外在標準所引導）的影響。

❤❤❤ 柒、組織生涯理論

　　此理論主要談到的是組織發展會限制或影響個人的生涯抉擇，而組織發展理論中最常被使用以促進組織成員有好的生涯發展的方法，主要有二：生涯規劃（career planning）與生涯管理（career management），這兩種方法也在在影響身心障礙者的生涯發展（Gutteridge et al., 1993）。因為身心障礙者也是組織下的成員，因此在應用上，諮商者在進行生涯諮商時除考慮個人因素之外，也應考慮大環境的結構性因素。

❤❤❤ 捌、職業行為的生態學模式

　　此模式認為生涯發展是從個人出生開始，一直延續至生命終止的複雜歷程。生涯發展歷程受到個人的異質性影響，並和個人生活脈絡息息相關。除了一般性的理論結構，也特別重視障礙及少數族群與生涯發展相關的議題。大致來講，該模式的兩大主軸可分為結構因素與歷程因素，其中結構因素包括：個人因素、脈絡因素、中介因素、環境因素、結果因素五種；歷程因素包括：「一致」、「抉擇」、「發展」、「社會化」、「專業引導」、「機會」和「勞動市場趨力」七個因素（Szymanski et al., 2010）。

　　上述的生涯發展理論，有些並未特別強調是否適用於一般人或身心障礙者，然而可確定的是，早期有關身心障礙者生涯發展的理論很少，一方面可能是理論應用於諮商的實務是晚近的事，也有可能是創始者的背景較難體會身心障礙者的生涯困境之故。早期的理論普遍認為生涯發展為一系統性、持續性的發展，且不會有持續的壓力，與身心障礙者實際上所遭遇的情況並非全然是系統性、持續性的發展有所差異。

　　雖然生涯發展的學派、理論、模式頗多，但沒有一個理論是完全可以應用至某個特殊的族群，也沒有一個是完全不可以應用至某個特殊族群的；應用至身心障礙者的生涯輔導上亦是如此。再者，生涯發展及職業行為的複雜度很高，且一直不斷的在變動，因此應用時需非常謹慎。林幸台（2007）綜合各相關生涯發展理論，歸納出下列重要結論給實務界參考：(1)生涯是一個發展的歷程，早期的發展必然影響後期；(2)就生涯發展的觀點，自我是發展論的核心概念；(3)生涯發展與個人信念、自我效能，乃至其生涯建構均有密切關係；(4)大多數生涯發展理論係以個人變項為主要考量，近年雖有逐漸重視環境變項的趨勢，但似乎尚未統整（Dobren, 1994）；(5)外在環境條件對身心障礙者構成另一不利的條件；(6)人境適配論採取較傳統特質論更為寬廣的角度，除注意到個人特質與環境條件的配合外，亦強調個人擁有積極探索、規劃生涯的主動性。

第三節　生涯教育

　　19 世紀的工業革命造成許多國家在工作環境上的衝擊，生涯發展與輔導相對被重視，至 20 世紀有許多學者對生涯發展進行大量且廣泛的研究，當時的美國也曾因學校教育與社會要求的落差，因而出現許多畢業後的學生難以適應社會及職場的要求。林幸台（2007）提及，美國的聯邦政府教育部歷經 1971 年提出「生涯教育」一詞、1972 年提供推動的經費、1974 年設生涯教育教育司、1977 年國會通過《生涯教育誘因法案》（Career Education Implementation Incentive Act，《95-207 公法》），近五十年間，透過專業團體、學界和政府的努力，發展出不少生涯教育模式。

　　當時有許多中小學將生涯教育模式融入課程中，雖經研究證實有所助益（Baker & Taylor, 1998），但也發現不少問題。像過分重視職業教育、課程設計未結合社區及職場需求、教材不足、缺乏需求與成效評量工具、各部門欠缺協商、缺乏教育體系長期支持等（Roessler, 1988），雖然美國後來因行政整併及立法修正的因素，生涯教育的重點移至轉銜服務等其他措施，生涯教育政策的推動不能說是失敗，但該國走過的經驗，我們或可從中有所借鏡。

　　亦即，站在全人的觀點，去整合或應用適當的模式及理論頗為重要，從一個階段到另一個階段的發展過程應是全面性而不是片面、間斷的，因此生涯發展教育不只是在傳統的每一教育階段課程中隨意增加一個額外的科目或單元，而應將生涯發展的理念融入現有的課程中，有助於學生連結。正如 Jesser 等人（1976）提及，好的生涯教育包括引導學生對工作世界正確的認知、對經濟與職場有宏觀的想法、對職業有深入的探索與準備，並有考慮到學生的就業安置。學校中生涯教育也宜從接續性、長期性的角度，從學前階段到學齡階段，再到成人階段，各階段的生涯教育應是連貫的將生涯發展的概念融入教導及學習活動中，讓學生的視野從學校課程延伸到職場、從學校延伸到社區。

　　綜合言之，生涯教育（career education）或生涯發展教育（career development education）係指在各教育階段（包括從中小學教育到高等教育階段）的課程中，設計相關活動，幫助學生獲取與自我及工作相關的知識，在普通教育中建立職業的概念，使教育經驗能延伸至工作生活中，教會學生在社會中謀生和工作，並能順利從學校轉換至職場，培養學生創造有價值的人生。生涯發展活動的內涵，包括生涯覺察、生涯探索、生涯決定、生涯規劃、生涯準備（如求職、面試等）等生涯技巧（Herr & Cramer, 1996）。也就是說，生涯教育兼顧課業學習（升學準備）與職業技能學習（就業準備），其主要目的在於，將生涯發展的概念融入學校中各學習領域，透過探索自我與未來工作的活動，讓學生了解教育的內容，和其未來在選擇工作或在職場適應時均有關。

第四節　不同教育階段的生涯教育

　　在 1970 年代，美國生涯教育的相關研究很多，其中以生活中心生涯教育（life centered career education，簡稱 LCCE）模式最常被提及，LCCE 模式由 Brolin 於 1970 年開始發展，其間修正數次，目的在促使身心障礙學生成為有生產力的工作者、家庭成員以及社區中優良的公民（Brolin, 1995），此模式提出身心障礙學生適應社會需要的主要技能，包括：日常生活技能、人際社會技能、職業技能三大類。日常生活技能包括：處理個人財務、選擇並處理居家事務、

照顧個人、婚姻與養育責任、購買、準備食物、盡公民責任、參加休閒娛樂活動、參與社區活動等九項。人際社會技能包括：了解自己、有自信心、負責、有好的人際關係、獨立、適當的選擇、溝通等七項。職業技能包括：了解職業機會、選擇就業途徑、良好工作習慣、能求職與就業、靈活操作、特定型職業等六項。三大類之下共涵蓋 22 個項目。

此模式將上述的技能，依國小至高三的身心障礙學生發展需求與任務，將課程分為：生涯覺察（career awareness）、生涯探索（career exploration）、生涯準備（career preparation）和生涯融合（career assimilation）四階段。

生涯覺察階段從國小開始，配合生涯相關議題融入教學中，藉以引導學生對職業世界、工作態度、價值觀和基本生活技能有正確的認識。國小高年級與國中時進入生涯探索階段，透過認識職業及社區環境等活動，協助學生檢視自己的興趣、能力與限制，以體會生涯對自我發展的意義。高中時進入生涯準備階段，透過職訓與職場實習，使學生確立就業目標，為就業做準備。身心障礙學生踏入社會時開始了生涯融合階段，此時著重安置、追蹤及成人教育，強調學校教師、家長與社區身心障礙機構人員間的各司其職。上述四個階段中生涯覺察、生涯探索、生涯準備和生涯融合的課程由少至多，但對各教育階段學生的生涯發展而言都舉足輕重，其間需要相關教師及專業人員之協助，方能使其勝任各種角色之任務。

台灣於 2014 年 11 月發布、2021 年修正的「十二年國民基本教育課程綱要總綱」（教育部，2021a），本於全人教育的精神，強調培養以人為本的「終身學習者」。其中「促進生涯發展」是四項總體課程目標之一，所謂「促進生涯發展」係指「導引適性發展、盡展所長，且學會如何學習，陶冶終身學習的意願與能力，激發持續學習、創新進取的活力，奠定學術研究或專業技術的基礎；並建立尊嚴勞動的觀念，淬鍊出面對生涯挑戰與國際競合的勇氣與知能，以適應社會變遷與世界潮流，且願意嘗試引導變遷潮流。」

本課綱分為三個教育階段、五個學習階段，課程類型區分為二大類：「部定課程」與「校訂課程」。「部定課程」由國家統一規劃，以養成學生的基本學力，並奠定適性發展的基礎；「校訂課程」由學校安排，以形塑學校教育願景及強化學生適性發展。部定課綱學習範疇包括：語文、數學、社會、自然科

學、藝術、綜合活動、科技、健康與體育八大領域，提供學生基礎、寬廣且關聯的學習內涵，獲得較為統整的學習經驗，以培養具備現代公民所需之核心素養與終身學習的能力。生涯規劃（生涯教育）常被歸類至八大領域中的綜合活動課程，此外，學校亦可依安置在不同教育情境中的身心障礙的特殊學習需求，經專業評估後，提供生活管理、社會技巧、學習策略、職業教育、溝通訓練、點字、定向行動、功能性動作訓練、輔助科技應用、創造力、領導才能、情意發展等特殊需求領域課程，而生涯規劃或職業探索體驗的內容可規劃融合其內，亦可以加深加廣（選修）課程的方式來設計、安排課程，因此，生涯規劃（生涯教育）課程透過此課綱，學生是「終身學習者」，學習的過程是一貫的、生涯發展導向的，換言之，身心障礙學生是融合在主流的教育環境中，但又容許有足夠的空間彈性，以適切調整學習時需要的內涵和方法。

在本課綱總綱下有各領域的課綱（教育部，2018），茲以生涯規劃科目為例，其學習重點包含「學習表現」與「學習內容」。以生涯規劃領域為例，其「學習表現」是由三個主題軸及十二個主題項目（參見表 16-1）建構而來；「學習內容」則涵蓋本領域的重要概念、知識與原理原則等，提供課程設計、教材發展的參考，並透過教學予以實踐。

表 16-1　綜合活動領域的內涵架構的三個主題軸及十二個主題項目

主題軸	1.自我與生涯發展	2.生活經營與創新	3.社會與環境關懷
主題項目	a.自我探索與成長	a.人際互動與經營	a.危機辨識與處理
	b.自主學習與管理	b.團體合作與領導	b.社會關懷與服務
	c.生涯規劃與發展	c.資源運用與開發	c.文化理解與尊重
	d.尊重與珍惜生命	d.生活美感與創新	d.環境保育與永續

在每一主題軸下層，是進一步的學習內涵，以下係用主題軸 1 為例：

主題軸 1：自我與生涯發展

a. 自我探索與成長：了解自己的潛能與感受，欣賞與接納自己，探索與發展自我價值，確立適切的人生觀，並促進個人與家庭健全發展，追求幸福人生。

b. 自主學習與管理：探究自我的學習方法，規劃、執行學習計畫；覺察自我需求與目標，培養自律與負責的態度，運用批判思考與系統分析，積極面對挑

戰，解決問題。

c. 生涯規劃與發展：探索生涯發展資源與自我的關聯，統整生涯資訊，掌握未來社會發展趨勢，規劃個人生涯抉擇，促進適性發展與彈性適應的能力。

d. 尊重與珍惜生命：覺察與調適自我的情緒，探索生命的變化與發展歷程，了解生命的意義，體會生命存在的價值，具備適切的人性觀與自我觀，達到身心靈健全發展。

　　依上述主題軸及主題項目，循序漸進發展出各教育階段及加深、加廣，或特殊的學習重點，如下所述。

（一）國民小學教育階段的學習重點

　　本教育階段之學習重點中，學習表現與學習內容可以有不同的對應組合方式，教師可視教學需求，彈性對應，進行教學設計，如表 16-2。

表 16-2　國民小學教育階段自我與生涯發展學習重點

類別	主題項目	學習表現	學習內容
A. 自我與生涯發展	c. 生涯規劃與發展	覺察工作的意義與重要性。	工作的意義。 各種工作的甘苦。 各行業對社會的貢獻。
		運用生涯資訊，初探自己的生涯發展。	職業與能力。 職業興趣。 未來職業想像。

（二）國民中學教育階段的學習重點（如表 16-3）

表 16-3　國民中學教育階段自我與生涯發展學習重點

類別	主題項目	學習表現	學習內容
A. 自我與生涯發展	c. 生涯規劃與發展	澄清個人價值觀，並統整個人能力、特質、家人期許及相關生涯與升學資訊。	家庭文化傳承與對個人的意義。 家人期許與自我發展之思辨。 自我生涯探索與統整。 適性教育的試探與資訊統整。
		探索工作世界與未來發展，提升個人價值與生命意義。	服飾的選搭、美感展現與個人形象管理。

（續下表）

類別	主題項目	學習表現	學習內容
A.自我與生涯發展	c.生涯規劃與發展		生活用品的創意設計與製作,以及個人興趣與能力的覺察。 服務活動的反思與多元能力的展現。 生涯發展、生涯轉折與生命意義的探索。 工作意義、工作態度、工作世界,突破傳統的性別職業框架,勇於探索未來的發展。
		運用生涯規劃方法與資源,培養生涯抉擇能力,以發展個人生涯進路。	個人與家庭生活的金錢及時間管理。 生涯進路的規劃與資源運用。 生涯決策、行動與調適。

(三) 普通型高級中等學校生涯規劃科的學習重點

「生涯規劃」以深入分析與統整個人特質,發展職業興趣與休閒生活的知能,連結人生各階段的發展任務,具備生涯轉折與調適的能力等為主要學習內涵。學習重點包括三個類別:「自我探索」、「環境探索」與「決策行動」,和本領域三個主題軸、十二個主題項目密切相關。詳如表 16-4:

表 16-4　普通高中生涯規劃科學習重點

類別	主題項目	學習表現	學習內容
A.自我探索	a.生涯發展與自我調適	連結人生各階段的發展任務,具備生涯轉折與調適的能力。	人生各階段的發展任務。 青年生涯發展特徵與需求。 生涯轉折與應變能力。
	b.成長歷程與生命主題	覺察個人生涯規劃的重要性,主動建構個人生涯意義。	個人過去、現在與未來的成長脈絡。 建構個人生涯規劃的意義與內涵。
	c.自我覺察與個人統整	分析與統整個人特質、價值觀、生涯態度及信念。	個人能力和興趣。 個人生涯態度和信念。 個人性格和價值觀。
		釐清個人生活角色,開展生涯故事。	生活角色與生活型態,包含性別、族群、階層等多元文化和人際互動與經營等。

（續下表）

類別	主題項目	學習表現	學習內容
B. 環境探索	a.教育發展與職業選擇	具備運用資訊分析個人特質與生涯進路的能力。	高中生涯進路。 特質與生涯進路。 特質與大學學群。 大學學習內涵與生活。 大學生涯與職業選擇。
	b.職業生活與社會需求	具備職業道德與工作倫理，以適應未來職涯生活。	職業生活與工作倫理。 市場變動與未來發展。
C. 決策行動	a.生涯評估與智慧抉擇	能使用生涯評估與抉擇的方法，規劃未來。	抉擇歷程與評估工具。 生涯反思與變化因應。
	b.自我管理與態度培養	善用學習方法與策略，進行有效學習，養成終身學習的習慣。	自主學習的方法與策略。 時間管理與壓力調適等。
	c.生涯行動與實踐	能運用生涯檔案認識自己並自我推銷。	生涯願景與行動方案。

(四) 普通型高級中等學校生涯規劃科加深加廣（選修）課程

　　透過個人成長發展脈絡，想像未來，進行個人成長歷程、生活角色與生涯發展任務的探索，使每位學生能維持主動積極的學習動機與態度，具備時間、壓力管理的概念，並且能探索想像未來市場變動與全球產業發展的趨勢，培養職場人際關係與跨界合作的能力，以因應未來生涯變化與轉折，運用生涯資訊分析統整，進而選擇適當的生涯進路，成為具有社會適應力與未來應變力的終身學習者。參見表 16-5：

表 16-5　普通高中生涯規劃科加深加廣課程習重點

類別	主題項目	學習表現	學習內容
A. 自我探索	a.生涯發展與自我調適	連結人生各階段的發展任務，具備青年應有的生涯能力。	人生各階段的發展任務。 青年生涯發展特徵與需求。
		因應各階段可能的生涯變化，善用人生中的轉折與機緣。	生涯轉折與應變能力。 生涯機緣與機會創造。 生涯調適與終身學習。 生涯危機處理與管理。

（續下表）

類別	主題項目	學習表現	學習內容
A.自我探索	b.成長歷程與生命主題	覺察個人成長歷程與生涯發展的關係,主動建構個人生涯意義。	個人成長歷程與發展脈絡。 未來想像與生涯憧憬。
	c.自我覺察與個人統整	釐清個人生活角色,兼顧工作與休閒生活。	生活角色與生活型態,包括性別、族群、階層等多元文化、人際互動與經營等。 未來工作與休閒生活的安排。
B.環境探索	a.教育發展與職業選擇	具備運用資訊分析個人特質與生涯進路的能力。	運用資訊分析未來可能的生涯進路。
	b.職業生活與社會需求	了解職業的內涵,探討市場變動與全球產業發展的趨勢。	職業內涵與社會需求。 市場變動與未來發展。 國際趨勢與生活型態。
		培養經營職場人際關係與跨界合作的能力。	職場的人際溝通與團隊合作。 性別、族群、文化、專業領域、區域等之跨界合作。
C.決策行動	a.生涯評估與智慧抉擇	具備生涯評估與抉擇的方法,展現反思與彈性因應的能力。	抉擇歷程與評估工具。 生涯設限與妥協歷程。 生涯反思與彈性因應並正向看待不確定性。
	b.自我管理與態度培養	具備主動積極的學習動機與態度。	跨科學習與自主規劃學習進度。
		學生學會建立自己的學習檔案,並能在需要時使用之。	E化生活與生涯管理。
		具備時間與壓力管理的概念,並了解其在生涯危機管理之重要性。	未來生涯策劃與時間管理。 未來生涯危機管理與壓力調適。
	c.生涯行動與實踐	確認階段性生涯目標,實現夢想的承諾。	生涯願景建構與夢想實現,以具備現實感、未來感與責任感。 未來生涯願景與使命宣言。

(五) 集中式高級中等學校特殊教育班服務群科課程（教育部,2021b）

在集中式的高級中等學校特殊教育班係以類群科方式歸屬,服務群下設置汽車美容服務科、門市服務科、農園藝整理服務科、包裝服務科、居家生活服

務科、餐飲服務科、旅館服務科、保健按摩服務科、綜合職能科等九個科別，科目性質分為一般科目、專業科目及實習科目。

　　為使各群科課程能落實教育相關法律及國家政策綱領，該課綱中列出十九項議題之學習目標，其中「生涯規劃教育」即是一重要學習議題，以協助學生了解個人特質、興趣與工作環境；養成生涯規劃知能；發展洞察趨勢敏感度與應變行動力的目標。

(六) 十二年國民基本教育身心障礙相關之特殊需求領域課程
　　　（教育部，2021c）

　　此外，教育部亦依身心障礙學生之個別需求，研訂包括：生活管理、社會技巧、學習策略、職業教育、溝通訓練、點字、定向行動、功能性動作訓練、輔助科技應用等支持性課程。同樣的，「生涯規劃教育」亦是十九項議題中的重要學習議題。

第五節　轉銜服務

♥♥♥ 壹、轉銜服務的重要性

　　正因為生涯涵蓋人的每個生命階段，而各階段的發展任務與狀況不一，因此前述各個階段的生涯教育，是用來協助個人完成該生命階段的使命。除了完成每一生涯階段的任務之外，階段和階段間的銜接也相當重要，即便前一個階段發展得頗為順利，但若在轉換的關鍵落空，連帶也會影響下一個階段的發展任務。

　　早期相關學說主張，生涯發展為一系統性、持續性的發展，且不會有持續的壓力，可惜應用至身心障礙者身上往往解釋不通，因為「障礙」的關係，使得原本是系統性、持續性的發展因而中斷或間歇，因此這期間的轉銜服務的角色相當重要，因為透過轉銜的相關措施，可以協助身心障礙者解決轉換階段；而無接縫轉銜（seamless transition）的生涯規劃模式是常被探討的議題（Test,

2008）。無接縫轉銜來自於終身教育的理念，係指人生的各階段間以不著痕跡的方式來銜接，舉一個例子來看，若身心障礙學生畢業後的職場及社會活動與畢業前相同，那麼原本在畢業後的職業適應早在畢業前即已建立，且畢業後繼續有相同機構的支持，可說是與畢業前沒什麼兩樣。也就是說，在此兩個生命階段有相同的工作、相同的社區活動，以及相同的人力支持，當有助於該生在這兩個生命階段的銜接（Luecking & Certo, 2003）。

♥♥♥ 貳、轉銜服務的立法與歷史

先進國家無不重視國民的轉銜服務，尤其是在學校過渡至成人生活的階段。以美國為例，轉銜服務始見於 1975 年的《殘障兒童教育法案》，至 1986 修法，規定應為身心障礙兒童撰寫轉銜計畫，1990 年修正通過的《身心障礙者教育法案》（簡稱 IDEA），規範了提供中學即將畢業的學生個別化的轉銜服務（Brolin & Loyd, 2004），1991 年為未滿 3 歲的幼兒提供個別化的轉銜服務。到 1997 年 IDEA 的修法明列轉銜服務始於 14 歲，增列的服務亦包括畢業後的教育、職業訓練。許多相關的文獻都顯示，高中職畢業後的就業轉銜是轉銜服務的重點（周台傑等，2003；林幸台，2004）。2004 年《身心障礙者教育促進法案》再一次修法，又修正了與轉銜服務的相關規定包括：轉銜服務的提供由14 歲開始修正為不得晚於 16 歲；成果導向（outcome-oriented process）修正為結果導向（results-oriented process）；轉銜服務的提供除考量學生的需要、喜好、興趣外，亦加上「優勢」的考量；轉銜目標必須是依教育、訓練、就業、獨立生活技巧有關的評量而來，而轉銜服務應能協助學生去達到所定的轉銜目標（National Center on Secondary Education and Transition, 2011）；轉銜目標包括：畢業後的教育、職業教育、整合性就業、成人教育、成人服務、獨立生活、社區參與活動等；轉銜服務包含教學、相關服務、社區經驗、就業、其他的成人生活目標、轉銜服務、實用性的職業輔導評量（林宏熾，2006；National Center on Secondary Education and Transition, 2011）。

台灣亦有類似的現象，可於教育機關相關的法規中見諸一斑。2020 年修正後的《特殊教育法施行細則》第 9 條明定，特殊教育及相關服務計畫所涵蓋的五大項內容之一，即包含學生之轉銜輔導及服務內容。而轉銜輔導及服務的內

容包括：升學輔導、生活、就業、心理輔導、福利服務及其他相關專業服務等
項目。而上述的轉銜服務是融入在個別化教育計畫裡，有必要時是可以容許調
整的，也強調專業間的合作與協商。

　　轉銜服務的規範與內涵隨著生命階段及其任務而有所不同，有一些轉銜服
務強調教育階段的轉銜，例如：陳麗如（2000）將轉銜服務歸納成三個主要的
階段，包括：早期療育階段的轉銜、中學階段的轉銜，以及中學階段後的轉銜；
另一些則從更廣的層面來看，包括出生至老死間各個生命階段的銜接。然而有
更多對轉銜的關注來自於對畢業後社區生活適應的情形，大部分指的是中學階
段後之轉銜。以下三節將分別針對教育階段的轉銜服務、從職業重建觀點看轉
銜服務和全生涯階段的轉銜加以探討。

第六節　教育階段的轉銜服務

壹、各教育階段轉銜服務的流程與內涵

　　Kohler（1996）從研究歸納出轉銜方案的主要成分包括：「以學生為中心
的計畫」、「學生的發展（課程）」、「家長參與」、「跨機構的協調」、
「服務方案的設計與評鑑」，常被作為重要的參考。台灣除上節提及的《特殊
教育法施行細則》（教育部，2020）第 9 條明定轉銜服務的內容外，教育部
2012 年修正通過「各教育階段身心障礙學生個案轉銜服務資料通報注意事
項」，該注意事項中特訂定各教育階段身心障礙學生個案轉銜服務各類資料表，
明確規範轉銜服務的流程與內涵。

　　各教育階段身心障礙學生轉銜服務流程中，學齡前至小學階段的轉銜，是
身心障礙的學生和其家長最早面臨的轉銜課題（謝淑珍，2001），兩階段的銜
接若很順利，當有利於身心障礙學生在小學教育階段的適應，反之則不然。有
不少的研究發現，學齡前轉至小學階段的身心障礙學生會遭遇不少困難，例如：
障礙的限制、學習的環境、學習的內容、教師角色的差異等，而影響到學生的
適應（白淑華，2003；Eutwisle & Alexander, 1998）。也有研究發現學生所需的

轉銜需求高，但卻未能獲得所需的服務（林巾凱，2003）。王欣宜、高宜芝（2005）建議加強專業團隊的運作、教育人員的參與、兒童的準備度、家庭的參與，與生態環境的配合，以促使學齡前至小學階段的轉銜更為順利。

國小至國中階段的轉銜服務相對單純，從涂振源（2008）的研究發現，國小轉銜至國中的服務項目，有些執行情形較好，例如：轉銜服務的評估、撰寫個別化轉銜計畫（ITP）內容、切實召開 ITP 會議、資料建立與轉移、依據 ITP 內容進行轉銜服務、個別化及訓練學生獨立生活的能力等項目；但也有些是需改進的，例如：學生參與 ITP 的擬定、成立健全的轉銜服務小組、追蹤學生轉銜適應的狀況、以社區本位對學生進行教學及規劃學生家庭輔導方案等項目。楊宜瑾（2008）的研究有類似上述的發現，而同一研究也發現，除「資料轉移與追蹤」向度外，其他項目在重要程度的評分皆高於執行程度，且皆達顯著差異，表示除「資料轉移與追蹤」向度外，其他項目的「認為重要」和「實際執行」間是有落差存在的。

一般言之，國中至高中職的轉銜服務包括七大實務：轉銜目標、轉銜會議、家庭參與、團隊合作、個別化轉銜教育計畫、轉銜資料、轉銜通報網。陳文鎧（2005）的研究透過教師的觀點來看上述七大服務的情況如下：(1)國中三年級特殊學生轉銜的目標多為升學；(2)大多數教師參加過各類型的轉銜會議；(3)教師認為家長參與轉銜會議最大的困難在時間的配合；(4)特教教師認為校內特教專業團隊有合作的難題；(5)特教教師有依規定填報轉銜通報網的資料；(6)轉銜資料的蒐集、移送以規定的內容為主；(7)轉銜通報網的執行情形良好。同一研究也發現，教師在轉銜服務的訓練不足，且服務年資有差異。

台灣教育部在 2013 年公布《身心障礙學生升學輔導辦法》（教育部，2013），大幅放寬障礙學生升學的政策，使得大多數國中三年級特殊學生轉銜的目標為升學，且也增加高中職升大學的人數（陳文鎧，2005），此和美國高中職身心障礙學生升大學的人數比例低、升大學的人大部分是讀社區大學及職業技術學校、且輟學率高（Blackorby & Wagner, 1996; College and Career Transition Initiative, 2003; Education Commission of the States Policy Brief, 2000; Mpofu & Wilson, 2004）的現象頗為不同。Dutta 等（2009）的研究發現，高中職升大學階段，有三個重要轉銜服務的需求，包括：在大學中重視輔助性科技的研發、

減少不必要的作為（資源重複）及協助移除就業的障礙。這種以「觀念作為的改變」來營造有利轉銜的服務，而不是以「障礙」是不可改變的事實而提供優惠措施的轉銜服務之作法，對近年來台灣高中職升大學的障礙學生大幅增加，似有若干啟示的作用。

❤❤❤ 貳、從就業轉銜到涵蓋職業重建的多元化轉銜服務

美國 1980 年代初期，在中學階段施行的生涯教育過於強調職業教育或職業輔導，使得有若干未能落實學生所需的全面性服務，導致離開學校後到社區的階段，有許多問題相繼產生，例如：無法就業、無法融入社區生活等，轉銜服務的概念因而產生。最早提出的轉銜概念（如圖 16-1 所示，係在 1984 年由當時的教育部特殊教育暨復健司司長及其同事提出）與 Brolin 在 1993 年所提的擴充模式（如圖 16-2 所示）相較，雖然兩者均依障礙學生的需求提供不同程度的服務，其目的希望能促使畢業的學生就業，但轉銜服務的意涵和方式不斷修正，Brolin 所提模式，顯示轉銜除考慮就業的導向外，也需顧及社會化和社區生活。也就是說，轉銜服務不再單以「就業」為導向，而是朝向「多元」目標的方向提供服務，正如 Volpiansky（2003）主張，在高中職的階段，學生想要做什麼？需要進一步的教育或訓練嗎？未來在哪裡生活？如何生活？如何融入社區？等思考項目，都應是決定轉銜目標及內容的重要參考指標。

在台灣，1994 年開始對智障學生提供國中後職業教育，是轉銜服務重要的里程碑，當時透過第十年技藝班及高職特教實驗班二種模式進行試辦，評量學

圖 16-1　轉銜過程內涵模式（OSERS Model）

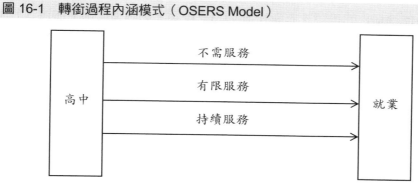

註：Will（1984）。

圖 16-2　轉銜過程內涵擴充模式

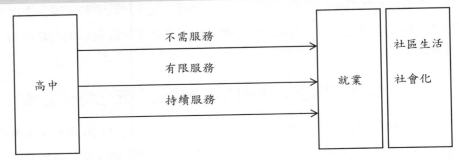

高中　　不需服務　　有限服務　　持續服務　　就業　　社區生活　社會化

註：Brolin（1993）。

生能力、規劃學科課程、提供實習課程與社區參與機會，協助學生畢業後順利過渡至成人的生活。1996 年教育部的「發展與改進特殊教育五年計畫」提出「加強特殊學生的職業與生涯輔導」的想法，2019 年通過修正的《特殊教育法》（教育部，2019）第 31 條指出，為使各教育階段身心障礙學生服務需求得以銜接，各級學校應提供整體性與持續性轉銜輔導及服務。

　　林幸台（2002）從行政人員、導師、專任教師、家長及 40 所機構代表的觀點，探討高職特教班智能障礙學生轉銜制度現況與運作模式，結果發現：(1)各類樣本對高職特教班的實施多持正向評價，但實施與理想仍有相當距離；(2)各類樣本之間對現況的認知或了解亦有相當差距，不論是學校與家長間，或校內行政單位與教師間；(3)樣本之間在應然面上反應差距較小，顯示彼此對轉銜服務的目標與方向有共通的理念；(4)學校與機構間反應的差異顯示學校與社區、相關單位與機構之間仍缺乏溝通管道；(5)學校在推動轉銜服務上所遭遇的困難，有甚多非學校所能為力者，包括法令之不足、制度之不全，乃至社會對身心障礙者的接納態度等。

　　由於台灣近年來身心障礙學生升學的管道暢通，以就業為導向的學生，集中在高職綜合職能科，普通班有特殊需求的學生傾向升大學，在探討就業相關的研究，常以高職綜合職能科的學生為目標群，高中職普通班及大學畢業學生的就業議題相對較少，然近年來台灣積極發展多元的升學管道，及鼓勵身心障礙學生進入大專校院就讀（包括智力障礙類學生），隨著高等教育的普及與特

殊教育政策的多元發展，積極了解身心障礙學生在大專校院中就學、生活、就業準備等轉銜議題，包括學生相關議題，如：(1)自我管理能力的培養、環境適應能力的提升、家長期待的溝通；(2)學校轉銜的準備，如：實用知能與技能的延續、實習機會的運用、職業性向的探索、提早轉銜機制、就業後追蹤、其他就業管道；(3)對就業市場的認識，如：對系所畢業後常見出路的認識、對基層工作的了解等（胡心慈主編，2021），很值得日後關注。

參、轉銜服務立基於專業團隊的合作

「為有特殊需求的學生審慎規劃並提供必要的服務，促使其從學校畢業後可以順利進入職場」的想法，在美國相關文獻上持續著幾十年，這個概念約在20 世紀後 20 年逐漸有了改變，提供服務的單位常被要求需積極運用各種合作機制，促使轉銜過程成功（Wehman et al., 1989）。《美國障礙者法案》除具備「以學生為中心」、「結果導向」及「提供轉銜服務」的精神外，亦強調專業團隊合作（Johnson, 2004）；也就是說，轉銜與轉銜服務的潮流漸由單純的就業導向朝向銜接各種資源，涵蓋生活各層面的意涵。在台灣亦同，不論是教育、社會福利、衛生，或就業相關部門都有共識，均指出對於身心障礙學生之評量、教學及輔導工作，應以專業團隊合作進行為原則，並得視需要結合衛生教育、醫療、社會工作、獨立生活、職業重建相關等專業人員，為身心障礙者提供擬定轉銜服務，由 2019 年的《特殊教育法》第 28 條與第 31 條、2020 年的《特殊教育法施行細則》第 12 條，以及《身心障礙者權益保障法》和《精神衛生法》等相關規定也可見諸一斑。

正如 Halpern（1994）所提，40 年來美國中學階段的轉銜走過以職業教育為主的工作學習方案（work-study programs）階段、以終身教育為主的生涯教育運動（career education movement）階段、強調從學校走到職場的就業轉銜（employment transition）階段，以及範圍較廣的轉銜服務（transition services）階段。而 Levinson（2004）所提的跨專業的轉銜模式（transdisciplinary transition model）就是一例（如表 16-6 所示），該模式將轉銜服務分為評估、計畫、訓練、安置、追蹤五個階段，每個階段各有其任務，在轉銜服務的計畫中除強調目標外，亦強調使用的方法、在何種場所執行、負責的單位或人員等事項。

表 16-6 轉銜計畫內容

評估			計畫			訓練			安置		追蹤
需求	執行	負責人	場所	負責	目標	場所	執行	職業模式	住宿	執行	
認知	測驗訪視	學校心理師	職場	學校人員	認知	學校	教師	一般就業	獨立生活	學校人員	
學業	觀察	教師	居住地	職業復健師	學業	居住地	設置	支持性就業	單身之家	職業復健師	提供支持
社會人際	評量表	諮商員、職能評估員	社區	心理復健師	社會人際	社區設置	職業復健師	庇護性就業	團體		
職業	工作樣本、情境評估	社工師語言治療師		服務機構人員	職業		社工師工作教練		支持家庭	心理復健師	評估服務
獨立生活		校護		雙親	獨立生活		雇主雙親		團體家屋	社服機構人員	
物理知覺		職能物理治療師		學生	物理知覺		語言治療師職能治療師物理治療師		機構照護之家醫院	社服機構個人化就業	

註：Levinson（2004）。

第七節 （勞政機關主責的）就業轉銜服務

在台灣，除了教育部門的努力外，也看得到勞工行政部門的努力，例如：2002 年，當時的行政院勞工委員會訂定「身心障礙者就業轉銜服務實施要點」，開始推動就業轉銜的服務，該要點（如圖 16-3 所示）並於 2008 年再次修訂；另外，也訂定促進身心障礙者就業中程計畫（2003～2006 年及 2007～2010 年）來落實身心障礙者就業轉銜服務，包括：建置就業轉銜服務資訊管理系統、協助各地方政府建立就業轉銜服務資訊管理系統、設置並培訓就業轉銜窗口及人員、補助地方政府設置就業轉銜專業人員經費、督導縣市整合

圖 16-3　身心障礙者就業轉銜作業流程

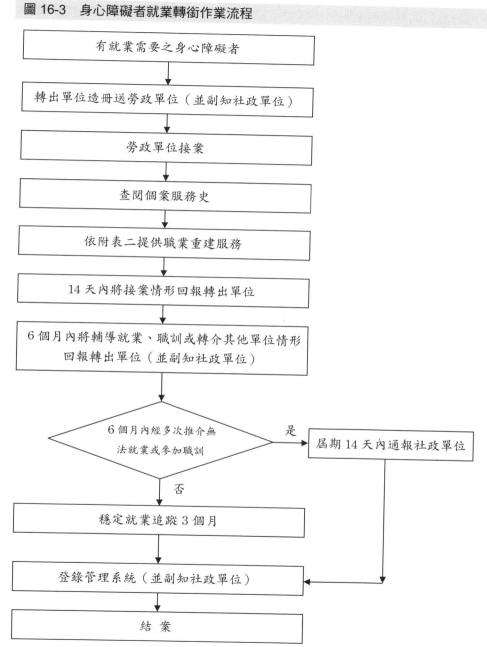

註：行政院勞工委員會（2008）。

當地資源召開就業轉銜服務協調會議協調，或解決有關就業轉銜業務之問題、辦理就業轉銜服務評鑑等。

　　《身心障礙者權益保障法》（衛生福利部，2021）更從權益及需求觀點，提供障礙者個別化的職業重建職務，該法第 33 條規範各級勞工主管機關應參考身心障礙者之就業意願，由職業重建個案管理員評估其能力與需求，訂定適切之個別化職業重建服務計畫，並結合相關資源，提供職業重建服務，必要時得委託民間團體辦理。第 35 條訂定，勞工主管機關應設立或獎勵設立職業訓練機構、就業服務機構或庇護工場，依身心障礙者實際需要，提供職業訓練、就業服務與庇護性就業服務；第 37 條規定，勞工主管機關應分別訂定計畫，自行或結合民間資源辦理職業輔導評量、職務再設計及創業輔導等，透過職業重建服務的多元化，強化就業轉銜的實質內容。上述的服務均可透過各縣市政府勞政機關的職業重建窗口尋找服務。

　　除了一般的就業轉銜外，若干縣市有辦理高中職身心障礙學生社區化就業轉銜服務實施計畫，為勞政機關和教育機關攜手合作，在高三上學期即以合作的方式，由學校教師評估並確認學生意願、潛能和態度等，之後勞政的職業重建人員會提早介入，共同為學生提供轉銜服務，實施流程包括：(1)評估觀察；(2)彙整資料；(3)轉銜服務；(4)訪視輔導；(5)追蹤輔導。這與美國的轉銜服務整合模式（transition service integration model）或 SEARCH 方案相似，基本上是為克服教育、職業復健、福利等三個主管機關合作的問題而合作的方法，提供給高三畢業生畢業前即能獲得有薪資的工作及參與社區的活動，一直延續至畢業後；由於畢業前後是一致的，所以有利於學生的適應（Rutkowski et al., 2006）。

　　在就業轉銜服務方面，各縣市的作法不同。有些縣市係由勞政機關與教育機關達成共識，由教育局發函各校，重申配合於學生離校一個月內名列畢業生清冊以詳實說明其安置情況並函送勞工局之必要。但也有縣市的勞工機關還是侷限於扮演被動接受通報的角色，並未及早參與身心障礙學生離校轉銜規劃，在「服務銜接」及「服務關係銜接」的轉銜責任分工上，較缺乏跨機構合作及掌握服務資源適當配置的主動性功能發揮，值得多予檢討並改善。

　　除了運用高中職專有的就業轉銜管道及現有的職業重建資源外，即將進入

就業市場或已就業的高中職（畢業）生，亦可運用公立就業服務機構。該類型機構主要服務對象以一般民眾（含弱勢族群）為標的群。提供求才求職登記、開發職缺、就業媒合、職業介紹、就業諮詢、申請失業給付之失業認定、僱用獎助與就業獎勵津貼等，對在學階段只有取得障礙鑑定證明而沒有身心障礙證明者，是一項很有用的資源。

第八節　全生涯的轉銜服務

　　台灣身心障礙者轉銜服務的發展和理念受美國影響很大，雖起步較晚，尚需多所建置，但似乎快速走過 Halpern（1994）所提 40 年美國高中階段的轉銜工作學習方案階段、生涯教育運動階段、就業轉銜階段，而來到整體轉銜服務階段，也就是推動轉銜服務時，很快就能融入生涯發展與整合資源的概念。在台灣，從 2002 年由中央政府四個部會會銜發布「身心障礙者服務整合實施方案」，企圖整合生涯轉銜相關服務，該方案由當時的內政部、教育部、行政院衛生署、行政院勞工委員會四個單位共同策劃，依據福利、教育、醫療、就業相關法規與要點而訂定，係以台灣 22 個縣市為主辦單位。其主要目的是建置身心障礙者個案管理系統、確立各相關單位分工權責、促進各主辦單位服務銜接、資源整合及專業服務間之有效轉銜。到 2013 年該方案修正為實施辦法——「身心障礙者生涯轉銜計畫實施辦法」（參見表 16-7），已呈現出整合轉銜服務的規範，縱向涵蓋由出生至年老，橫向包含就業、就學、就醫等層面。頗能與 2021 年修正通過的《身心障礙者權益保障法》第 48 條規定：「為使身心障礙者不同之生涯福利需求得以銜接，直轄市、縣（市）主管機關相關部門，應積極溝通、協調，制定生涯轉銜計畫，以提供身心障礙者整體性及持續性服務」相呼應，並強調相關的部會應共同合作完成。

　　台灣的身心障礙者轉銜服務相關規定似已具備，從學齡前兒童到國小、國中、高中職及五專、大專校院，到成年障礙者，最後連老年身心障礙者的轉銜服務，似乎均已有所規範。然而，身心障礙者生涯轉銜服務卻仍需突破若干困境，包括：(1)轉銜窗口專責單位人員不明確；(2)專業人員互助互信不足；(3)資

表 16-7　身心障礙者生涯轉銜計畫實施辦法

第 1 條	本辦法依身心障礙者權益保障法（以下簡稱本法）第四十八條第二項規定訂定之。
第 2 條	主管機關、各目的事業主管機關及相關機關（構）依本辦法規定辦理身心障礙者生涯轉銜服務時，應尊重身心障礙者意願及以其最佳利益為優先考量。
第 3 條	直轄市、縣（市）主管機關及各目的事業主管機關，為受理轉銜服務計畫之通報及提供轉銜服務，應設身心障礙者生涯轉銜通報及服務窗口（以下簡稱轉銜窗口）。 前項轉銜窗口得委託公私立學校、機構、財團法人或社團法人辦理。
第 4 條	主管機關及各目的事業主管機關、相關機關（構）、學校或其他場所（以下簡稱轉出單位），除另有規定外，應於身心障礙者生涯階段轉銜前一個月邀請轉銜後生涯階段之機關（構）、學校或其他場所（以下簡稱轉入單位）、身心障礙者本人、其家人及相關人員，召開轉銜會議確定轉銜服務計畫，並填具轉銜通報表通報所屬轉銜窗口。 前項轉銜服務計畫內容應包括下列項目： 一、身心障礙者基本資料。 二、轉銜原因。 三、各階段專業服務資料。 四、家庭輔導計畫。 五、個案身心狀況及需求評估。 六、個案能力分析。 七、未來服務建議方案。 八、轉銜服務準備事項。 九、受理轉銜單位。 十、其他特殊記載事項。
第 5 條	轉出單位依前條規定辦理轉銜服務，應將轉銜服務計畫，於轉銜會議後十四日內送達轉入單位。 轉入單位應於轉銜後十四日內，將受案情況填具轉銜通報回覆表，通報所屬轉銜窗口，該轉銜窗口並應即通知轉出單位轉銜服務結果。
第 6 條	身心障礙者經轉銜服務完成後，轉出單位應持續追蹤六個月。
第 7 條	身心障礙者進入幼兒園（所）、跨教育階段及離開學校教育階段之轉銜服務，依各教育階段身心障礙學生轉銜輔導及服務辦法之規定辦理。
第 8 條	轉出單位認身心障礙者有轉銜至長期照顧階段需要者，應通知直轄市、縣（市）主管機關進行服務評估，其評估結果應載明於轉銜服務計畫。 身心障礙者依直轄市、縣（市）主管機關評估結果有轉銜需要者，轉出單位應即辦理轉銜服務至長期照顧機關（構）或其他適當之福利及照顧服務機關（構）。

（續下頁）

第 9 條	身心障礙者經醫院評估需住院治療者，該醫院應依據本法第二十三條第二項規定，提供出院準備計畫，辦理轉銜服務。
第 10 條	為推動轉銜服務工作，直轄市、縣（市）主管機關應至少每半年召開一次轉銜服務工作聯繫會報，並得視需要邀集目的事業主管機關組成身心障礙者生涯轉銜服務工作小組，擬定身心障礙者生涯轉銜服務整合實施方案。
第 11 條	直轄市、縣（市）主管機關應定期評估、彙整轄區內轉銜服務執行成效，並於年度結束一個月內函報中央主管機關及中央目的事業主管機關備查。 前項轉銜服務成效，應列入中央主管機關及中央目的事業主管機關年度績效考核項目。
第 12 條	推展轉銜服務所需經費，由主管機關及目的事業主管機關按年度編列預算配合辦理。
第 13 條	本辦法所需書表格式，由中央主管機關會商中央目的事業主管機關定之。
第 14 條	本辦法自發布日施行。

註：衛生福利部（2013）。

料與服務經驗未能傳承；(4)轉銜後援供給資源不足；(5)缺乏轉銜共同表單之編製；(6)未建立轉銜服務流程及資料傳送追蹤時間機制（陳文鍠，2005）。一般而言，轉銜服務的成效雖獲肯定，然因其涉及的單位和專業多元、複雜，因此機構間的協調、合作是轉銜服務成敗的關鍵（林幸台，2007；Dutta et al., 2009; Luecking & Wittenburg, 2009; Oertle & Trach, 2007），突破這個關鍵的困境，當是台灣轉銜服務業務未來努力的方向。

問題討論

1. 何謂「生涯」？
2. 試舉出三種「生涯發展」的理論，並指出其特色。
3. 早期「生涯發展」的理論較難以適用於身心障礙者身上，可能來自於哪些原因？
4. 何謂「生涯教育」？

5. 請舉出一個「生涯教育」的模式。

6. 實施「生涯教育」時常會遇到什麼問題？

7. 「轉銜服務」的內涵包括哪些重要元素？

8. 以團隊合作方式提供轉銜服務時，有可能遇見什麼挑戰？

 參 考 文 獻

❖ 中文部分

王欣宜、高宜芝（2005）。我國目前幼小轉銜之困境與相關影響因素探討。**特殊教育現在與未來**，96（1），1-12。

內政部、教育部、行政院衛生署、行政院勞工委員會（2013）。**身心障礙者生涯轉銜計畫實施辦法**。

田秀蘭（2015）。**生涯諮商與輔導：理論與實務**。學富。

白淑華（2003）。**發展遲緩之幼兒入小學轉銜服務之研究：以台中縣一社會福利機構之經驗為例**（未出版之碩士論文）。彰化師範大學。

行政院勞工委員會（2008）。**身心障礙者就業轉銜服務實施要點**。作者。

周台傑、葉瓊華、詹文宏（2003）。啟智學校高職部學生就業轉銜服務現況與需求之研究。**特殊教育學報**，18，181-211。

林巾凱（2003）。**台灣地區腦性麻痺學童學前轉銜需求、轉銜服務與國小生活適應關係之研究**（未出版之碩士論文）。彰化師範大學。

林宏熾（2006）。轉銜服務特教中途之回顧與前瞻：身心障礙學生成年轉銜服務之發展與省思。**特殊教育季刊**，100，16-27。

林幸台（2002）。高職特教班智能障礙學生轉銜模式之研究：組織與運作模式之探討。**特殊教育研究學刊**，22，189-215。

林幸台（2004）。高職特教班教師參與轉銜服務工作及其對專業合作態度之研究。**特殊教育研究學刊**，26，1-17。

林幸台（2007）。**身心障礙者生涯輔導與轉銜服務**。心理。

金樹人（2011）。**生涯諮商與輔導**（第二版）。東華。

胡心慈（主編）（2021）。**第一次處理大專情緒行為學生問題就上手——與專業同行**。國立台灣師範大學特殊教育中心出版。

涂振源（2008）。台東縣國小轉銜服務實施現況之研究（未出版之碩士論文）。台東大學。

教育部（2013）。身心障礙學生升學輔導辦法。2013 年 8 月 22 日修正發布。

教育部（2018）。十二年國民基本教育課程綱要國民中小學暨普通型高級中等學校綜合活動領域。2018 年 10 月 23 日訂定發布。

教育部（2019）。特殊教育法。2019 年 4 月 24 日修正公布。

教育部（2020）。特殊教育法施行細則。2020 年 7 月 17 日修正發布。

教育部（2021a）。十二年國民基本教育課程綱要總綱（111 學年度實施）。作者。

教育部（2021b）。十二年國民基本教育高級中等教育階段學校集中式特殊教育班服務群科課程綱要（以學年度實施）。

教育部（2021c）。十二年國民基本教育身心障礙相關之特殊需求領域課程綱要。

陳文鎧（2005）。台北市國中資源班轉銜服務現況與教師意見之調查（未出版之碩士論文）。台北教育大學。

陳麗如（2000）。高中職特殊教育學校（班）學生離校轉銜服務之研究（未出版之博士論文）。彰化師範大學。

楊宜瑾（2008）。中部三縣市國民小學資源班教師執行轉銜服務現況調查之研究（未出版之碩士論文）。台中教育大學。

謝淑珍（2001）。特殊需求幼兒轉銜服務之探討。國小特殊教育，31，48-54。

衛生福利部（2013）。身心障礙者生涯轉銜計畫實施辦法。2013 年 3 月 18 日訂定發布。

衛生福利部（2021）。身心障礙者權益保障法。2021 年 1 月 20 日修正公布。

❖ 英文部分

Baker, S. B., & Taylor, J. G. (1998). Effects of career education interventions: A meta-analysis. *Career Development Quarterly, 46,* 376-385.

Bandura, A. (1977). *Social learning theory*. Prentice-Hall.

Blackorby, K., &Wagner, M. (1996). Longitudinal postschool outcomes of youth with disabilities: Findings from the National Longitudinal Transition Study. *Journal of Exceptional Children, 62*(5), 399-413.

Brolin, D. E. (1993). *Life-centered career education (LCCE) development activity book.* The Council for Exceptional Children.

Brolin, D. E. (1995). *Career education: A functional life skills approach* (3rd ed.). Merrill/Prentice-Hall.

Brolin, D. E., & Loyd, R. J. (2004). *Career development and transition services.* Prentice-Hall.

Brown, D. E. (1990). Summary, comparison, and critique of the major theories. In D. Brown & L. Brooks (Eds.), *Career choice and development: Applying contemporary theories to practice* (2nd ed.) (pp. 338-363). Jossey-Bass.

College and Career Transition Initiative. (2003). *Clearing the path to life's work: League for innovation in the community college.* http://www.league.org/league-projects/ccti

Dobren, A. A. (1994). An ecologically oriented conceptual model of vocational rehabilitation of people with acquired midcareer disabilities. *Rehabilitation Counseling Bulletin, 37*(3), 215-228.

Dutta, A., Schiro-Geist, C., & Kundu, M. M. (2009). Coordination of postsecondary transition services for students with disabilities. *Journal of Rehabilitation, 75*(1), 10-17.

Education Commission of the States Policy Brief. (October, 2000). *Building bridges not barriers: Public policies that support seamless K-12 education.* http://www.communitycollegepolicy.org/html/publications_main.asp

Eutwisle, R. D., & Alexander, K. L. (1998). Facilitating the transition to the first grade: The nature of transition and research on factors affecting it. *The Elementary School Journal, 98*(4), 351-363.

Ginzberg, E., Ginsburg, S. W., Axelrad, S., & Herma, J. L. (1951). *Occupational choice: An approach to a general theory.* Columbia University Press.

Gutteridge, T. G., Leibowitz, Z. B., & Shore, J. E. (1993). *Organizational career development: Benchmarks for building a world-class workforce.* Jossey-Bass.

Halpern, A. S. (1994). Quality of life of students with disabilities in transition from school to adulthood. *Social Indicators Research, 33*(1-3), 193.

Herr, E. L. (2001). Career development and its practice: A historical perspective. *Career Development Quarterly, 49,* 196-211.

Herr, E. L., & Cramer, S. H. (1996). *Career guidance and counseling throng the life-*

span: Systematic approaches (5th ed.). HarperCollins.

Hershenson, D. B. (1974). Vocational guidance and the handicapped. In E. Herr (Ed.), *Vocational guidance and human development* (pp. 478-501). Houghton Mifflin.

Hershenson, D. B. (1981). Work adjustment, disability, and the three of vocational rehabilitation: A conceptual model. *Rehabilitation Counseling Bulletin, 25,* 91-97.

Hershenson, D. B. (1984). Vocational counseling with learning disabled adults. *Journal of Rehabilitation, 50,* 40-44.

Hershenson, D. B. (1996). Work adjustment: A neglected area in career counseling. *Journal of Counseling and Development, 74,* 442-448.

Holland, J. L. (1992). *Making vocational choices: A theory of vocational personalities and work environments* (2nd ed.). Psychological Assessment Resources.

Holland, J. L. (1997). *Making vocational choices: A theory of vocational personalities and work environments* (3rd ed.). Psychological Assessment Resources.

Hotchkiss, L., & Borow, H. (1990). Sociological perspectives on work and career development. In D. Brown, L. Brooks, & Associates (Eds.), *Career choice and development: Applying contemporary theories to practice* (2nd ed.) (pp. 262-307). Jossey-Bass.

Jenkins, W., Patterson, J. B., & Szymanski, E. M. (1998). Philosophical, historic, and legislative aspects of the rehabilitation counseling profession. In R. M. Parker & E. M. Szymanski (Eds.), *Rehabilitation counseling: Basics and beyond* (3rd ed.) (pp. 1-40). Pro-Ed.

Jesser, D. L., & Council of Chief State School Officers, W. C. (1976). *Career education: A priority of the chief state school officers.* Olympus Publishing Co.

Johnson, D. R. (2004). Supported employment trends: Implications for transition-age youth. *Research & Practice for Persons with Severe Disabilities, 29*(4), 243-247.

Kelly, G. A. (1955). *The psychology of personal constructs.* W. W. Norton.

Kohler, P. D. (1996). *Taxonomy for transition programming: Linking research and practice.* Illinois University, Champaign. Transition Tesearch Inst. (ERIC Document No.ED 399722).

Krumboltz, J. D. (1988). *Career beliefs inventory.* Consulting Psychologists Press.

Krumboltz, J. D. (1994). Improving career development theory from a social learing perspective. In M. L. Savickas & R. W. Lent (Eds.), *Convergence in career de-*

velopment: Implications for science and practice (pp. 9-31). Consulting Psychologists Press.

Lent, R. W. (2005). A social cognitive view of career development and counseling. In S. T. Brown & R. W. Lent (Eds.), *Career development and counseling* (pp. 101-127). John Wiley & Sons.

Lent, R. W., Brown, S. D., & Hackett, G. (2002). Contextual supports and barriers to career choice: A social cognitive analysis. *Journal of Counseling Psychology, 47,* 36-49.

Levinson, E. M. (2004). *Transition from school to post-school life for individuals with disabilities: Assessment from an educational and school psychological perspective.* C. C. Thomas.

Lofquist, L. H., & Dawis, R. V. (1969). *Adjustment to work: A psychological view of man's problems in a work-oriented society.* Appleton-Century- Crofts.

Luecking, R. G., & Certo, N. J. (2003). A model that works. *American Rehabilitation, 27*(1), 2-9.

Luecking, R. G., & Wittenburg, D. (2009). Providing supports to youth with disabilities transitioning to adulthood: Case descriptions from the youth transition demonstration. *Journal of Vocational Rehabilitation, 30*(3), 241-251.

Mpofu, E., & Wilson, K. (2004). Opportunity structure and transition practices with students with disabilities: The role of family, culture, community. *Journal of Applied Rehabilitation Counseling, 35*(2), 9-16.

National Center on Secondary Education and Transition. (2011). *Key Provisions on Transition IDEA 1997 compared to H.R. 1350* (IDEA 2004). http://www.ncset. org/publications/related/ideatransition.asp

Oertle, K. M., & Trach, J. S. (2007). Interagency collaboration: The importance of rehabilitation professionals' involvement in transition. *Journal of Rehabilitation, 73*(3), 36-44.

Osipow, S. H., Carney, C. G., Winer, J. L., Yanico, B., & Koschier, M. (1976). *The Career Decision Scale* (3rd ed.). Psychological Assessment Resources.

Parsons, F. (1909). *Choosing a vocation.* Houghton Mifflin.

Roessler, R. T. (1988). Implementing career education: Barriers and potential solution. *Career Development Quarterly, 37,* 22-30.

Rutkowski, S., Daston, M., Van Kuiken, D., & Riehle, E. (2006). Project search: A demand-side model of high school transition. *Journal of Vocational Rehabilitation, 25*(2), 85-96.

Schein, E. H. (1986). A critical look at current career development theory and research. In D. T. Hall (Ed.), *Career development in organizations* (pp. 310-331). Jossey-Bass.

Strauser, D. R., Ketz, K., & Keim, J. (2002). The relationship between self-efficacy, locus of control, and work personality. *Journal of Rehabilitation, 68*(1), 20-26.

Super, D. E. (1953). A theory of vocational development. *American Psychologist, 8,* 185-190.

Super, D. E. (1957). *The psychology of careers*. Harper & Row.

Super, D. E. (1976). *Career education and the meaning of work*. The Office of Career Education, US Department of Education.

Super, D. E. (1990). A life-span, life-space approach to careers. In D. Brown & L. Brooks (Eds.), *Career choice and development: Applying contemporary theories to practice* (2nd ed.) (pp. 167-261). Jossey-Bass.

Super, D. E., Savickas, M. L., & Super, C. M. (1996). The life-span, life-space approach to careers. In D. Brown & L. Brooks (Eds.), *Career choice and development* (3rd ed.) (pp. 121-178). Jossey-Bass.

Szymanski, E. M., Enright, M., Hershenson, D. B., & Ettinger, J. M. (2010). Career development theories, constructs, and research: Implications for people with disabilities. In E. M. Szymanski & R. M. Parker (Eds.), *Work and disability: Issues and strategies in career development and job placement* (2nd ed.) (pp. 87-131). Pro-Ed.

Test, D. W. (2008). Seamless transition for all. *Research & Practice for Persons with Severe Disabilities, 33*(3), 98-99.

Thomas, K. T., & Parker, R. M. (1992). Applications of theory to rehabilitation counselling practice. In S. E. Robertson & R. I. Brown (Eds.), *Rehabilitation counselling: Approaches in the field of disability* (pp. 34-78). Chapman & Hall.

Volpiansky, P. (2003). *Specific learning disabilities and transition planning*. Author. http://www.dpi.state.wi.us/dpi/dlsea/een.ld.html

Vondracek, F. W., Lerner, R. M., & Schulenberg, J. E. (1986). *Career development: A lifespan developmental approach*. Lawrence Erlbaum Associates.

Wehman, P., & Others, A. (1989). *Emerging trends in the national supported employment initiative: A preliminary analysis of twenty-seven states*. Virginia Commonwealth University, Richmond Rehabilitation Research and Training Center.

Will, M. (1984). OSERS programming for transition of youth with disabilities. In *Bridges from school to working life*. Office of Special Education and Rehabilitative Services, U.S. Department of Education, Office of Information for the Handicapped.

第 **17** 章

特殊教育與社會工作

沈慶盈、蔣明珊

✱

前言

　　特殊教育教師在許多不同的工作環境，例如：學校、療育機構、醫院、學生家裡等，運用及發展特殊設計的輔具及教材以滿足特殊學生的需求，並運用不同的教學策略及教法以確保學生的學習潛能得以發展。社會工作者同樣在許多不同的工作環境，例如：社福機構、醫院、療育機構、學校、案主家庭等，開發及運用各種正式及非正式社區資源，並使用不同的工作方法與服務以滿足案主及其家庭的需求，進而提升案主及其家庭的社會功能。雖然特殊教育與社會工作分屬不同的學科專業，且大部分的特殊教育教師在公立學校工作，而大部分的社會工作者則在社福機構工作，但彼此之間有許多相似及相關之處。

　　教育的目的在於促進個人潛能的發揮，使其能適應當前的社會，並為未來的生活做準備，這也是社會工作的目的之一。教育體系亦經常被要求解決並預防社會問題，這亦是社會工作的主要服務範圍。此外，教育體系必須注意與輔導學生的情緒或行為困擾、酗酒，和藥物濫用等問題，這些皆是社會工作的服務對象。而特殊教育的主要對象是資賦優異與身心障礙的學生，身心障礙學生也是社會工作的主要服務對象之一，彼此間必須密切合作才能提升服務的效率與效能。

　　在美國，社會工作與教育體系的合作已有近百年的歷史，而 1975 年通過的《殘障兒童教育法案》(《94-142 公法》)，著重身心障礙學生的教育權，要求

提供最少限制的環境，並促使社會工作與特殊教育的關係更加密切。如今，社會工作者在學校中已占有一席之地。然而在台灣，雖然提供身心障礙者跨專業的團隊服務亦已見諸於教育及社會福利的相關法令規章中，社會工作者亦隨著1997 年「國民中學試辦專業輔導人員實施計畫」的推動而進駐學校，且逐漸在教育系統內站穩腳步，但其規模仍難以擴張，與特殊教育系統間的關係則仍在發展階段。究其原因之一，應與當前特殊教育相關專業在教育訓練上大多皆是不同專業各自發展，彼此不熟悉其他專業的服務內容，在專業團隊的實務運作上亦多著重分工，專業間缺少合作經驗所造成。由於教師、各專業人員、行政人員間各自分別提供專業服務，鮮少整合彼此的服務內容，因而大部分的學校教師並不清楚社會工作人員在做些什麼，亦不了解社會工作者對於特殊教育需求學生能有何幫助。另一方面，社會工作者開始是以專業輔導人員的角色進入學校，主要處理中輟、藥物濫用、家庭暴力等議題為主，身心障礙學生的輔導並非其主要任務，因此彼此的熟悉度與合作關係皆發展緩慢。本章的目的即在介紹社會工作與特殊教育相關服務領域的基本概念與服務內容，以協助特殊教育教師及學校相關人員對於社會工作的了解，期能促進不同專業間的溝通與合作，提供身心障礙者及其家庭更有效率及效能的服務。

特殊教育教師與社會工作人員有很多相遇的機會，尤其是在身心障礙、早期療育與中小學學校系統，但畢竟分屬不同專業，彼此之間對於對方的專業理念、服務內容與工作模式都不見得熟悉，更別說是了解與接納，如此可能增加彼此合作的困難。因此本章第一節介紹社會工作的基本概念及其與特殊教育的異同之處，第二節介紹學校社會工作，第三節則介紹社會工作與特殊教育密切相關的服務技能，亦即個案管理與倡議。

第一節　特殊教育與社會工作的連結

♥♥♥ 壹、社會工作的基本概念

一、社會工作的發展

　　社會工作與特殊教育一樣，都是屬於應用性的學科。社會工作起源於政府、民間及宗教團體所舉辦的各種救助及慈善活動，十九世紀中期歐美的慈善組織會社（Charity Organization Society，簡稱 COS）及睦鄰組織運動（the settlement movement）才開始奠定社會工作成為一門專業的發展基礎。慈善組織會社是從改變個人著手，睦鄰組織運動則試圖改變社會環境，此二者亦促成社會工作專業服務同時注重個人與環境間的平衡。不過在 1920 到 1950 年代，社會工作為了建立科學專業而深受心理學，尤其是心理治療的影響，1960 年代才又轉而兼顧環境改變與個人治療，重視個人的社會適應與社會的公平正義。

　　整體而言，社會工作的發展可簡單分為三個階段，第一階段在 1920 年代以前，雖深受社會學的影響但尚未發展出理論基礎與專業背景，只是基於個人善心的行動，主要在救濟受到社會問題影響的民眾以彌補正式福利服務的不足；第二階段約在 1920 至 1960 年代，社會工作開始試圖成為一門專業，大規模採用由佛洛伊德發展出來的醫療模式（medical model）的觀點（Zastrow, 1995/1998），強調以有組織的行動來協助服務對象處理其個人的問題；第三階段則從 1960 年代開始，質疑醫療模式的有效性，轉而使用生態系統架構來評量人類行為，強調提供服務對象符合專業的服務。如今社會工作從許多不同的專業領域吸收了豐富的知識，因此在判斷服務對象的問題時，會從個人、家庭、群體、社會等不同層面著手，進行完整的評估，並結合及運用各種可用的資源來幫助案主解決問題。

二、社會工作的定義

基於社會工作的歷史傳統與價值，社會工作的服務對象以兒童、青少年、婦女、老人、貧民、身心障礙者、勞工、原住民等弱勢團體為優先。就問題的性質而言，社會工作經常處理的社會問題包含貧窮、失業、疾病、婚姻與家庭問題、藥物濫用、酗酒、犯罪、種族歧視等。而在確定服務對象及了解其遭遇的問題之後，需要進一步探究服務對象在個人、家庭、團體、機構、社區及社會等各個社會單元的需求為何。社會工作就是評估服務對象的問題性質與需求及幫助其滿足需求與解決問題所需進行的所有活動。

至於社會工作的定義為何？因為人類行為的複雜性與問題的多變性，使得從不同的角度所觀察到的社會問題亦不相同，用以解決問題的方式也不一樣，而使社會工作難有一致認可的定義。Skidmore 等（1997）定義社會工作為「一種幫助人們解決個人、群體（尤其是家庭）和社區問題的藝術、科學及專業。其藉由社會工作實務來獲得滿意的個人、群體和社區關係」（p.6）。國際社會工作者聯合會（International Federation of Social Workers，簡稱 IFSW）和國際學校社會工作協會（The International Association of Schools of Social Work，簡稱 IASSW）在 2014 年的年度大會通過社會工作專業的全球定義為：「社會工作是一個以實踐為基礎的專業，也是一門促進社會變革和發展、提升社會凝聚力及賦予人們權力和解放的學科。社會正義、人權、集體責任和尊重多元的原則是社會工作的核心。在社會工作理論、社會科學、人文科學和本土知識的支援下，社會工作促使人們參與和改變其所在環境的社會結構，解決生活中的挑戰，以提升福祉」。由以上定義可知，社會工作是一門助人的藝術、科學與專業技術，其宗旨在於藉由幫助人們增進其解決問題與改變社會的能力，以預防和克服社會問題，恢復並增強人們的社會功能，達到個人、團體、社區和整體社會的最佳福利狀態。

三、社會工作的服務目標與作為

社會工作是一門以人為本的應用學科，它是本著對人的尊重與關懷所發展起來的專業。美國社會工作者協會（National Association of Social Workers，簡

稱NASW）主張社會工作實務具有四大目標：強化個人問題解決、因應與發展的能力；強化個人與體系間的互動，並提供所需的資源、服務與機會；增進體系的有效運作，提供個人所需的資源服務；發展及改善法規與社會政策（Zastrow, 1995/1998）。在強化個人問題解決、因應與發展能力方面，社會工作的目標之一在恢復個人受損的社會功能，以一個聽力障礙兒童而言，社會工作者需要幫助其獲得適當的醫療服務與輔具（如助聽器），以使其聽力在生理上能維持在可達到的最佳狀態；此外，還需提供其心理諮商與支持，以使其接納現況，願意使用助聽器，並增強其權能，克服其可能習得的無助感，協助其重新建構個人的互動模式與重建人際關係，以使其社會功能回復到以前的水準或至少維持目前的水準。在另一方面，社會工作者亦具有協助服務對象發展其最大潛能，以增進其社會功能的目標，這部分主要是透過輔導與教育來進行。例如，一位學校社會工作者可能透過個別學生的生活輔導，以幫助學生了解自己的興趣及性向，使其能發展自己的潛能。

　　在強化個人與體系間的互動方面，由於弱勢群體往往遭受社會的不平對待，因此首先需做好預防的工作，及早發現、控制及消除可能減損服務對象社會功能的條件和情境，以避免發生社會功能障礙。在個人或團體層面，社會工作者主要是藉由提供溝通、諮商與提供訊息等服務，提升服務對象的社交能力，避免其遭遇可能的適應困難，例如針對危機學生提供諮詢服務以助其適應學校生活，預防其適應不佳，甚至中輟等個人問題。在社會體系層面，社會工作者則主要是藉由及早發現社會問題，分析問題的成因以找出控制的方法。社會問題的預防常由社區機構進行，例如以社區服務的方式，針對社區的不特定青少年進行外展、訪談，及提供其活動的場所，以預防青少年遭受社會排除，甚至誤入歧途。

　　在增進體系的有效運作、提供個人所需的資源服務方面，隨著經濟情況的變動、政府財源的緊縮，加上社會福利服務輸送系統的複雜化，要求社會福利服務提出責信（accountability）證明的聲音也愈來愈強，因此，如何控制成本及運用最少資源達到最大的服務效果，已是當前社會工作的重要議題。由於社會變遷造成新的社會問題層出不窮，因此必須投入新的社會資源，或是將已不是主要社會問題的部分資源，移轉到更加急迫的社會問題上。社會工作者除了

連結既有資源以滿足服務對象需求外,還需提升已經存在的社會資源的使用效能,避免資源量浪費,例如,社會工作者研究比較及驗證不同的生涯輔導服務方式的優缺點,進而提供較有效的處遇服務,提升服務的效能。此外,社會工作者亦需進行社會大眾宣導或教育,以開發新的社會資源,使社會能滿足那些尚未被滿足的特殊需求,增進社會體系的有效運作。

在發展及改善法規與社會政策方面,社會工作者主要是透過不同的策略進行社會倡導,例如結合不同利益團體,或教育立法人員及社會大眾,使其認知到目前法令規章的不合理,或制訂新的政策的重要性,而願意修改或制訂法規與社會政策。例如,一位社會工作者透過媒體探討青少年犯罪中的親子問題及促進親子關係的重要性,以期能修訂相關政策,增加親職教育資源及訂定強迫親職教育等措施,以促進非行青少年家庭關係的和諧。

❤❤❤ 貳、特殊教育與社會工作的異同

特殊教育與社會工作都是屬於人文社會學科,也皆是屬於應用性的專業學科,彼此間有許多的相似性,也有彼此差異之處。在專業知識基礎方面,由於人類問題的複雜性,特殊教育與社會工作的專業基礎都是仰賴從其他學科所獲得的許多理論與概念,在發展過程中亦從實務工作中發展出許多的理論模式。社會工作的發展深受社會學、精神醫學和心理學理論的影響,而隨著社會工作服務領域的擴展,社會工作又進一步吸收人類學、社會心理學、政治學、經濟學、法律學、公共衛生及公共行政等學科的知識與理論,使得社會工作的知識基礎非常多元化。特殊教育的理論基礎則包括心理學、醫學、教育學及社會學等,但主要是受心理學和醫學的影響。由於特殊教育與社會工作皆是助人的專業,兩者皆強調建構以證據為基礎(evidence-based)的實務工作,但在不同的學科理論基礎的影響下,特殊教育的介入模式主要是以個人為中心,而社會工作則是採取個人與社會的雙重焦點,會依狀況不同而採用個人中心、家庭中心,甚至以社區為基礎的介入模式。此外,兩者在提供服務的過程皆需進行詳細的問題評估與服務計畫,在法規的要求下,特教老師需要撰寫個別化教育計畫,早療領域的社工則是撰寫個別化家庭服務計畫。

對於身心障礙的觀點,特殊教育專業人員與醫療領域人員通常採取個人或

醫療模式的觀點，習慣從生物醫學的觀點來定義身心障礙學生的特殊需求（張恆豪，2007），著重學生個人潛能的發揮。個人模式主要是由專業人員決定身心障礙者所需治療、保護、照顧等需求。社會工作者的專業訓練則強調人與環境的雙重焦點，其所扮演的角色除了諮詢與教育者之外，亦受「社會模式」觀點的影響。社會模式認為身心障礙是一種社會壓迫（social oppression）的形式，會阻礙身障者的社會參與（Symeonidou & Chrysostomou, 2019；引自陳心怡、唐宜楨，2020），其強調身心障礙者應參與決策，並在他們熟悉的社區中接受服務，以消除社會歧視及改變社會組織結構，使身心障礙者能平等地參與社會。因此社會工作者還需扮演充權身心障礙者及提升其社會接納與公平對待的倡議者角色。此種對身心障礙觀點的差異，也許是導致彼此不易熟悉與缺乏合作的原因之一。

　　在價值觀念方面，由於教育是落實社會化與實現社會控制的一個重要機制，往往比較保守，特殊教育是教育的一環，自是受到一般教育文化的影響。在倫理價值方面，教師在傳統上相當重視權威，對學生會抱持教育而不是服務的價值觀，往往認為學生應該聽老師的話，遵守老師的規定，甚至可能要求「有事弟子服其勞」（林勝義，2015），所以對於學生自決的接納度會較學校社會工作師低。雖然社會工作者提供福利服務也帶有社會控制的角色，不過案主自決是社會工作者應遵守的專業倫理之一，另在後現代理論及人權意識的影響下，社會工作專業有很多針對專業霸權和社會控制的反省與討論，因此社會工作比較會帶著服務的價值觀，站在平等的角度面對服務對象，對於案主自決的接納度也較高。

　　在服務對象方面，台灣的特殊教育包含身心障礙及資賦優異兩極的學生，社會工作的服務對象則包含了各種不同的弱勢群體，如兒童、青少年、婦女、老人及身心障礙者等，所以身心障礙學生也是社會工作的服務對象之一，但資賦優異學生除非有法定福利服務的需求，否則很少會成為社會工作的服務對象。至於在介入的改變標的方面，以學校為例，特殊教育教師主要是以身心障礙學生為主，隨著融合教育的推展擴展到家長、普通教師、普通學生到學校行政人員，而社會工作師可能的改變標的除了校內的所有人員和學生家長之外，還包含其他影響學生社會適應的校外環境因素。

　　在特殊需求學生情緒行為的輔導方面，特殊教育教師與社會工作師都是輔導團隊的一員，在三級輔導的機制下，特教老師主要負責一級發展性輔導的工作，亦可能參與二級介入性輔導，學校社工師則主要負責三級處遇性輔導的工作，亦可能參與二級介入性輔導。

　　另外，特殊教育與社會工作也有同病相憐之處。在社會地位方面，特殊教育教師與社會工作師皆是以女性居大多數，容易被貶低為女性的工作。在工作場所方面，特殊教育教師與社會工作師大多是受聘於機構（學校或社福機構）之中，皆會受到科層體制的限制，換言之，皆有可能遭遇組織目標與專業目標不一致的衝突，而且在學校體系之內，主要專業是以普通教育為主，特殊教育與社會工作皆不是主導專業，因此對於學校運作的影響力有限，也很難做到完全的專業自主。

●●● 參、社會工作與特殊教育的互動

　　李增祿（1995）將社會工作的服務領域分為個人福利與機構服務兩大類。個人福利服務以服務對象區分，包含兒童福利、青少年福利、老人福利、身心障礙福利及婦女福利等；機構服務則以工作場所或問題性質區分，分為醫務社會工作、家庭社會工作、學校社會工作、工業社會工作、矯治社會工作、藥物濫用與社區心理衛生服務等。其中身心障礙福利與學校社會工作是與特殊教育接觸機會較多的領域。身心障礙福利是針對有身體或心理缺陷導致功能喪失或減少的人所提供的服務，身心障礙者包括發展遲緩兒童、身心功能缺損的成年人，及體弱多病的老人等不同的人口群，類型非常多元且含括不同的年齡層。因身心障礙者的類型多元且福利需求貫其一生，這些不同類型與年齡障礙者的福利服務需求差異極大，可能包括早期療育、復健、學前教育、義務教育、成人之就業促進、老年照護等，而相關的福利需求則有經濟保障、健康照顧、教育與就業機會平等及權利維護、居住、休閒、運動、文化、交通、通訊、無障礙環境及轉銜等（周月清，2002）。

　　在對身心障礙者的實務工作上，特殊教育人員在早期療育與學齡階段扮演較多的角色，對於身心障礙者的成人繼續教育與失能老人的教育部分則極少提供服務。社會工作者在身心障礙者學齡前、成人及老年階段的服務則皆投入甚

多，不過對學齡階段的身心障礙學生則介入不多，因為學生大部分時間在校園裡面，而非學校人員不易在上課期間進入校園。因此，目前特殊教育與社會工作人員主要在早期療育領域有較多的接觸與互動機會。早期療育是由社工、教育、醫療等專業人員透過團隊合作的方式來提供服務。社會工作者是專業團隊的成員，除了在療育會議中扮演專業人員與家庭的溝通者外，還要負責個別化家庭服務計畫（IFSP）後續的執行（張秀玉，2009），而其實際執行的業務則包括建立個案基本資料、規劃服務流程、與案主簽訂契約、參與個別化教育計畫（IEP）會議、提供轉銜服務、執行家庭支援服務（包括家訪、家庭需求轉介、親子互動、親職教育等）、協助成立家長自治會、建立案主權益申訴制度等直接與兒童及其家庭有關的事項，以及辦理員工在職訓練、志工招募與管理、方案計畫、機構協調及社區合作與資源開發等機構內外溝通協調事項，另外也要針對不當的政策與規定進行倡導（周月清，2002），這些業務內容反映社會工作所採用的「人與環境」的雙重焦點。張秀玉（2009）整理文獻後亦指出，早期療育社會工作者的重要工作任務可分為兩部分：(1)在家庭服務部分：以家庭中心（family-centered）理念為基礎，提供家庭支持、諮商等直接服務，並透過教育與資源連結，提升家庭參與服務與獲取資源的能力，達到增強家庭權能的目的；(2)在環境介入部分：減少僵硬的專業人員與官僚系統所帶來的負面影響（Oliver et al., 2012/2014）；協助家庭參與或加入相關團體，以爭取自己權益；並倡導與宣傳社會接納，改善不合理的社會政策，達成社會公平正義的目標。

　　一般早期療育服務機構的專業團隊成員有特殊教育人員、社會工作人員，再加上其他各種專業人員，特教／教保老師往往負責發展遲緩兒童日常的教育訓練、個別支持、家庭支持與親師溝通等。在法規或是補助規範的要求下，ISP、IFSP 會議會穩定召開，團隊成員間的溝通一般順暢。而從概念上來說，特教老師適合擔任主責個案管理員，因為其會跟發展遲緩兒童和家長一起工作，照理可以蒐集到最多的資訊，也容易統整相關團隊成員的建議，再與家長討論。不過，特教老師雖然理解自己是專業團隊的一員，但多數傾向定位自己是教師的角色，因台灣目前還是比較偏向多專業團隊的服務模式，孩子的特定問題傾向找所需專業的治療師來處理，很少真正建立跨專業團隊，專業人員間較常分

工而不是合作，畢竟協調整合需要花費很多時間。

　　在學校體系，社會工作人員與特殊教育產生連結始於 1999 年發布的《特殊教育相關專業人員及助理人員遴用辦法》（後於 2013 年廢止），該法將社會工作師納入特殊教育相關專業人員，各特教學校則從 2002 年起陸續聘任一名社會工作師。不過不管是先前的《特殊教育相關專業人員及助理人員遴用辦法》或 2012 年發布的「高級中等以下學校特殊教育班班級及專責單位設置與人員進用辦法」，要獲得特殊教育學校的聘用需先具備社工師證照及公務人員資格，而且實際開出的員額也非常稀少。

　　學校社會工作是在教育體系（尤其是在學校），運用社會工作的方法以協助學生獲得良好的適應與健全發展；其工作內容包括：提供情緒困擾、適應不良、逃學或行為偏差的學生個案輔導、諮商、團體服務及親職教育等服務，倡導教育法案與家庭權益，預防酗酒、藥物濫用和校園暴力，參與跨專業整合團隊，及改善學校制度與服務輸送系統等。社會工作人員可以從學校外部或以校內專業輔導人員的角色服務所有學生，也包括特殊教育需求學生。下節進一步介紹特殊教育與學校社會工作，期能增進特殊教育相關人員對學校社會工作的認識，以促進彼此的互動。

第二節　特殊教育與學校社會工作

●●● 壹、學校社會工作的內涵與發展

　　Costin 在 1969 年為學校社會工作定義：「學校社會工作，是運用社會工作的理論與方法來實現學校社會工作的主要目的；而學校的主要目的，是為學生提供教與學的場所，使學生能為現在居住的世界及未來可能面對的世界為他們自己做準備」（林勝義，2015）。美國社會工作者協會（NASW）的網站則介紹：「學校社會工作者是學校、家庭和社區之間不可或缺的紐帶，以幫助學生取得學業成功。他們直接與學校行政部門以及學生和家庭合作，在制定學校紀律政策、心理健康介入、危機管理和支持服務方面發揮領導作用。作為幫助學

生成功的跨學科團隊的一員，學校社會工作者在倡導學生成功之時，還促進社區參與學校。」（NASW, 2023）可知學校社會工作的功能在於連結家庭、學校與社區，以提供良好學習環境，協助學生及其家庭克服妨礙學生學習的社會及個人障礙，促進學生的學業成功，並確保每一個學生的教育機會均等。學校社會工作者身為學校工作團隊的一份子，提供學生、家長、教師、學校工作人員和社區民眾等直接和間接的服務，以促進和支持所有學生的學業與社會成功為目的。其工作內容包括進行生理心理社會評估和社會歷史調查，評估學生各類問題並提供直接處遇服務，提供特殊需求學生直接和間接的服務，提供教師、學校工作人員和家長諮詢與講習，個案管理，危機管理，實施以學校為基礎的預防計畫，整合學校和社區資源，家訪、社區合作和外展，倡導學生服務和學生的最大利益，準備報告給法院等。

一、在美國的發展

學校社工的工作範圍受社會問題與政策的影響而改變。以美國為例，學校社會工作在 1906 年開始發展時，社會工作者是擔任訪問教師的角色，用以加強學校與家長的溝通，協助學生解決問題與發揮潛能（林勝義，2015）。1920 年代，學校社工轉向情緒與行為困擾學生的個案工作；1930 年代則因經濟大恐慌，學校社會工作者著重於服務不利的社會情境與滿足學生的生理需求；1940 至 1950 年代，學校社工又轉向注重臨床治療服務；1960 至 1970 年代，聯邦政策與一些法庭案例使學校社會工作採用生態系統架構為服務基礎，並著重於修訂影響學生的學校情境與政策，尤其是 1975 年的《殘障兒童教育法案》要求提供身心障礙學生最少限制的環境，並認知到社會工作的貢獻，使社會工作者成為身心障礙服務團隊的正式成員之一；1980 至 1990 年代，由於有學習與行為問題的學生增多，且強調多元化，使得學校社會工作的服務內容更加擴展到少女懷孕、藥物與暴力預防、早期療育、衝突解決與同儕調解、父母參與等領域（Dupper, 2003）。到了 1990 年代則強調全方位服務（full-service）的學校，為高風險案主及其家庭提供完整及整合的醫療、心理健康、社會和人群服務及其他服務（ERIC, 2002）。全方位服務學校的概念使其與特殊教育相結合，因為強調預防有助於問題的早期發現和介入，而整合多種服務能使來自多重需求

家庭的身心障礙學生方便獲得其所需的服務，能提供適當支持，改善其學習成果。在此一時期，融合教育的理念亦開始被倡導及推廣，期待特殊需求學生能盡可能的安置在普通班級，並透過抽離或是外加的方式，以部分時間到資源班接受個別化的教育與輔導。而隨著《目標 2000 年：美國教育法案》（Goals 2000: Education America Act）及 2002 年《不讓任何孩子落後法案》（NCLB）訂定，學校社工師被期待要服務身心障礙、認知或情緒障礙、原住民、新移民、中輟等學習落後的學生，且需參與學校改革活動，協助校長、教師、學生、家長、社區等達成法案的目標（林曉萍，2015）。

二、在台灣的發展

　　學校社會工作在台灣的實際施行自 1977 年才開始，是由中華兒童福利基金會派社工員到學校服務，主要服務內容包括個案輔導、團體工作與「鄭姐姐信箱」等（中華兒童福利基金會，1998）。隨著社會變遷，台灣單親與再婚家庭人口增多，青少年容易產生生活困擾與情緒問題，有偏差與暴力行為的青少年亦增多。為了解決青少年問題，教育部於 1997 年規劃「青少年輔導計畫」，以學校輔導為核心，試圖結合整體資源，落實輔導工作（鄭崇趁，1998）。「青少年輔導計畫」中有一個項目為執行「國民中學試辦專業輔導人員實施計畫」，此項計畫讓學校能進用心理、輔導或社會工作學科背景的專業輔導人員，才開始有專任的學校社會工作人員進駐學校，但其發展卻仍一直處在不穩定及規模難以擴張的狀態。

　　兒童及少年權益保障法推動聯盟在 2010 年 4 月 28 日於立法院召開記者會，明確指出長期缺乏「學校社工」制度，是無法提前預防兒少重大危害案件的主要癥結所在，並訴求全台灣僅有 55 名學校社工配置的嚴重不足，建議至少要增聘 2,500 位學校社工。《國民教育法》第 10 條則在 2011 年 1 月 26 日修正公布，明訂各國民中學、24 班以上國民小學均需設專任輔導教師；此外，國民小學及國民中學班級數達 55 班以上者，應至少置專任專業輔導人員 1 人。直轄市、縣（市）政府所屬國民小學及國民中學校數合計 20 校以下者，置專任專業輔導人員 1 人，21 校至 40 校者，置 2 人，41 校以上者類推。2014 年公布的《學生輔導法》進一步規定輔導教師需符合學校輔導教師資格，專業輔導人員

則需具有臨床心理師、諮商心理師或社會工作師證書。至於專業輔導人員之服務內容，《高級中等以下學校及各該主管機關專業輔導人員設置辦法》（2020）第 17 條的規定如下：

1. 學生及幼兒學習權益之維護及學習適應之促進。

2. 學生及幼兒與其家庭、社會環境之評估及協助。

3. 學生及幼兒之心理評估、輔導諮商及資源轉介服務。

4. 教育人員、教保服務人員、父母、監護人或其他實際照顧學生與幼兒之人，其輔導學生與幼兒之專業諮詢及協助。

5. 學校及幼兒園輔導諮詢服務之提供。

6. 其他由學校主管機關指派與學生及幼兒輔導或兒童少年保護相關之工作。

　　原先以為學校社會工作可以隨著專任專業輔導人員的設置而蓬勃發展，然而在教育單位的保守心態之下，以教師資格的限制將大部分社工人員拒於學校之外。其實本來就因為社會變遷，學生問題的複雜化及多元化，導致原有學校輔導機制的失能，才有引進學校社工制度倡議，結果在民間單位努力之後，雖然專任專業輔導人員的人數有些微增加，但原有的輔導結構卻未有明顯改變，學校輔導功能能否真正有所提升是值得持續關注的事。

♥♥♥♥ 貳、學校社會工作的實務模式

　　學校社會工作的實務模式隨著服務焦點與社工專業發展而建立，從早期的強調學校與家庭連結，慢慢移轉到學童本身，接著轉向改善學校的失功能（學校變遷），慢慢擴展到學校社區模式，再進到服務整合（Dupper, 2003）。Hancock（1982）將美國學校社會工作分為傳統臨床模式（traditional-clinical model）、學校變遷模式（school change model）、社區學校模式（community school model）三種（引自徐震、林萬億，1983）。林勝義（2015）在其書中則介紹了傳統臨床模式、學校變遷模式、社區學校模式、社會互動模式（social interaction model）、反應介入模式（response to intervention model，簡稱 RTI 模式）及全國學校社會工作實務模式（national school social work practice model）等。以下簡單介紹美國常見的學校社工實務模式的內容（王靜惠、林萬億，2004；李麗日，1996；林勝義，2015；徐震、林萬億，1983）。

一、傳統臨床模式

傳統臨床模式主要是受精神分析學派的影響，認為學童的學習與適應問題主要源自於個人及其家庭，學校社工的主要任務在於協助學生及其家長處理心理與行為問題，及適應既有的學校環境（林萬億、黃伶蕙，2002）。學校社工人員針對有社會、行為或情緒困擾的學童與其家長，以個案工作的方法提供情緒支持與諮商服務。至於處理學生問題的步驟主要可歸納為：(1)接納、同理與提供情緒支持；(2)傾聽與引導情緒發洩以使其平靜；(3)理智開導以助其面對現實，共同發展解決問題的方法（徐震、林萬億，1983）。由於此模式符合台灣教育界的傳統概念，且從學生本身著手也較容易執行（王靜惠、林萬億，2004），因此成為台灣學校社會工作實務的主要模式。

二、學校變遷模式

學校變遷模式是從省思社會的不公平而發展起來。在1960年代，由於美國社會變遷快速及學校功能欠佳，學校社會工作乃以學校體系為變遷對象。此模式假設學校未能適當因應社會變遷，導致其既存的環境、政策與規範不利某些學生的學習，致使學生產生適應的問題。因此，學校社工必須確認學校失功能的規範及危機情境，例如：不適當的處罰或出席政策、能力分班制度、過度強調學業成績、不一致或有差別的評分程序、缺乏吸引學生興趣或創新的課程、低學業期待的學校氛圍、犯罪與暴力及校內外幫派活動等。學校社工並應運用策略改變學校系統本身及其制度、政策與條件，以修正學校的失功能。不過，台灣學校社工的發展由於仍在起步階段，加上不具教師資格，往往對學校的影響力薄弱，因此很少嘗試進行學校變遷。

三、社區學校模式

社區學校模式認為學校可以引導社區的變遷與發展。此模式認為學生的適應問題是家庭、學校與社區三者互動的結果，因此學校社工的工作重點之一為處理與催化三者的關係，包括向社區人士解釋學校方案、向學校人員分析社區動態，並結合雙方資源以創造良好的學習環境。徐震、林萬億（1983）認為，

學校社工人員在此模式的工作內容包括追蹤輔導離校學生、結合學生組成社區服務團隊、維繫學校與家長的關係以支持或反映學校政策，及協調社區機構推行社區教育。

四、學校連結服務模式

學校連結服務模式是以學校中心為取向，連結教育、衛生和社會服務，為兒童提供整合服務，其主要目的為整合社會服務體系與教育體系的各類服務項目，組成一種「無隙縫」學校，以改善僵化的服務輸送系統並減少重複浪費，滿足兒童與家庭的多元需求，提升服務品質與效率。學校社工人員必須了解各項福利服務的相關措施，並尊重學校及案主的文化差異，保持彈性以結合校外資源。在學校連結服務模式的運作中，學校社工人員的主要工作任務之一在於進行資源整合，以建構學校為中心的福利服務輸送系統。

五、全國學校社會工作實務模式

全國學校社會工作實務模式是由 Frey 等人所發展（林勝義，2015），並被美國學校社會工作協會（School Social Work Association of America，簡稱 SSWAA）訂為提供學校社會工作服務的官方政策與總體框架。該實踐模式的目的在於：(1)闡明可以期待學校社會工作者提供的技能和服務；(2)促進大學本科和研究所社會工作教育、認證和專業實踐的一致性，以改善學術和行為的成果。在該實務模式的框架上包含四個關鍵結構：(1)促進家庭─社區的連結；(2)遵守倫理守則與各層級教育政策的規定；(3)針對影響教育品質與學業成就的社會結構與經濟的不平等議題進行教育權利倡議；(4)運用最佳的新近研究資料來設計與改善介入決定與實務。至於該實務模式的服務內容主要為：(1)提供以證據為基礎的教育、行為和心理衛生服務；(2)促進有利於學生卓越學習和教學的學校氛圍和文化；(3)最大可能地取得以學校和社區為基礎的資源（Frey et al., 2013）。

❤❤❤ 參、學校社會工作對身心障礙學生的服務

美國 1997 年通過《身心障礙者教育法修正案》（IDEA 1997），要求身心

障礙學生的家長參與特殊教育服務的過程，及障礙學生的班級教師和相關人員
（含學校社會工作者），參與學生個別化教育計畫團隊（Duppper, 2003）。台
灣之《特殊教育法》亦將社會工作師列為特殊教育相關的專業人員之一。學校
社會工作者對於身心障礙學生的服務，主要在於協助確保身心障礙學生的教育
權利獲得保障，並得到適當的教育及相關服務。這些教育權益包括：(1)進入學
校就讀；(2)優勢及需求得到公平評量；(3)在學校獲得有益經驗；(4)融合於普通
教育課程；(5)獲得公平的對待；(6)融入於決策過程（林勝義，2015）。

　　為了服務身心障礙學生，學校社會工作人員必須具備身心障礙者教育法案
及其相關規定的知識，並且有責任知會與倡導身心障礙學生家長有關法案規定
的合法權利與保障。其次，學校社工員必須參與個別化教育計畫規劃會議，並
具備執行個別化教育計畫所需的知識與技能，以促進計畫目標的達成。

　　張如杏（2006）認為，社工師在特教體系可扮演的角色與任務，除了對家
庭與學生的評估和介入外，還包括：(1)進行權益倡導，參與特教政策的規劃建
議；(2)參與鑑輔會、特教資源中心及其他相關組織等以提供特教支援服務；(3)
以專業團隊方式提供統整性的特殊教育及相關服務；(4)提供教師及其他專業人
員諮詢服務；(5)提供身心障礙學生家庭支援服務、家長諮詢，及親職教育；(6)
提供學生能力及生活環境之評量與安置建議；(7)提供身心障礙弱勢與高風險
（單親、外配、貧窮等）家庭之評估與處遇；(8)參與各項特教相關計畫之擬定
與會議，如個別化教育計畫、個別化家庭服務計畫，與個別化轉銜計畫等；(9)
提供個案管理服務。安秋玲（2009）建議，社會工作者在特殊教育的服務內容
可包括：(1)介入特殊兒童的發現與評估；(2)維護特殊兒童在校的權利；(3)提供
特殊兒童的社會支持；(4)提供特殊兒童家長的支持；(5)促進家庭─學校─社區
的溝通。劉斌志（2010）則認為，社會工作者在特教體系的任務包括：(1)參與
特殊兒童的發現、篩選與評估；(2)針對家長、教師及服務團隊提供專業意見並
參與相關服務計畫；(3)提供特殊兒童安置的建議與個案管理服務；(4)提供專業
團隊管理與資源支持；(5)保護特殊兒童合法權益，促進特教政策完善。

　　整體而言，學校社會工作人員的主要服務項目包括：(1)參加特殊教育評估
會議以及個人教育規劃會議；(2)處理孩子生活狀況中影響孩子適應學校的問題
（家庭、學校和社區）；(3)準備障礙兒童的社會或發育史；(4)提供諮詢（團

體、個人和／或家庭）；(5)調動家庭、學校和社區資源，使孩子能夠在他們的教育計畫中盡可能有效地學習；(6)協助制訂正向行為的干預策略（SSWAA, 2013）。美國學校社會工作協會的網站針對學生、父母／家庭、學校行政人員、學校─社區聯繫及所在地區的服務皆有列舉更詳細的項目。此外，學校社工人員亦必須監督學校，避免身心障礙者受到不適當的處罰與對待。

在實務上，學校社工師除了陪伴身心障礙學童，還會連結教育、社政、警政、勞政等資源，以提供家庭支持，此外還需協助學生及家庭解決相關問題，提升生活品質。畢竟很多學生的問題都和家庭穩定性有關。臺東大學附屬特殊教育學校社工師高惠蓮舉例，一位中度智能障礙的學童「由於在校行為異常，藥物治療及管教效果不佳，親師關係緊張，換了兩所學校」，她先花費心力與孩子的媽媽建立信任關係，協調學校同仁與媽媽的關係，也協助家庭獲得不同資源，使家庭逐漸穩定。至於其主要工作內容，在小孩方面提供關懷，透過遊戲協助該生抒解各種負面情緒；在媽媽方面則達成建立該生的正常作息與生活規範的共識，像規律回診、每天簽聯絡簿、維持孩子的清潔衛生等。另有一位學生在校能力非常好，但是因家長擔憂孩子進入一般職場會被欺負或霸凌，不願孩子出去找工作，限制了孩子的未來發展。經過與家長溝通及鼓勵下，在學生畢業後終能順利就業（徐恩容，2021）。

由以上文獻可知，社會工作者在特殊教育體系的工作內容相當多元，主要包括提供特殊需求兒童及其家庭直接服務與個案管理，保障兒童權利，連結資源，促進家庭、學校與社區間的溝通合作，及倡導社會公平正義，改善不合理的政策等，可見，學校社會工作與特殊教育彼此間的協調合作非常重要。不過，張如杏（2006）指出，台灣的學校社會工作的發展與特教專業團隊雙軌進行，彼此並未建立合作機制，僅偏重少數個案的轉介，至於社會工作很少參與特殊教育的原因包括：(1)早期社工人員缺乏教師資格，無法長期深入學校；(2)外部支援或方案委託的學校社工師與專業團隊未連結；(3)社工師缺乏對特教法規、方法與工作模式的養成訓練；(4)特教專業服務體系制度尚未完備，難以吸引社工師長期投入；(5)學校社工缺乏專業學會推動特教體系的服務支持、訓練與督導。雖然目前學校社會工作人員服務身心障礙學生的類型與人數都有增加，但彼此間的合作仍不緊密。此外，就理念而言，特教老師應是最適合擔任特殊需

求學生個管員的人員，但是以往特殊教育系所較少提供相關訓練，所以多數特教老師認為自己就只是特教老師，工作內容也主要聚焦在學生的教學方面，並不認為自己具有個管員的角色。當學生或家庭有多重議題（如家暴、經濟扶助、脆弱家庭等）而有學校外部社會工作人員介入時，雖然社工會校訪或與老師聯繫，但大多也是表面上的交換資訊，然後彼此各行其是，很少建立固定的溝通協調管道。當學校有專業輔導人員（含社工師）時，雖然同屬學校系統，但輔導跟特教之間的連結也不是都很緊密，特殊教育需求學生很容易只被看見障礙問題，其他學生本身及其家庭的需求反而容易被忽略。這些情況很大部分的原因是兩專業間彼此不了解所致，期待未來特殊教育教師與學校社會工作人員彼此的互動能有明顯增長。

第三節　個案管理與倡議

特殊教育的發展有幾項演變（毛連塭，1999；引自于曉平、張靖卿，2015）：「（一）由養護導向而教育導向而職業導向。（二）由隔離而融合。（三）由分類走向不分類。（四）由輕度障礙教育朝向重視重度障礙者的教育權利。（五）由明顯障礙者朝向開始提供隱性障礙者的教育。（六）由絕對論走向相對論。（七）由殘障的有無朝向需要的有無。（八）由學齡特殊兒童教育擴展至學前特殊幼兒教育。」從這些轉變可知特殊教育的發展亦受到障礙人權發展與後現代社會變遷的影響，而隨著時代的變遷，特教教師的工作內容也勢必跟著改變，傳統特教教師僅著重身心障礙學生的特質與教學的認知及作法應已不敷當前社會的期待。

Urbach 等人（2015）指出，特教教師於學校中扮演五種主要的角色：(1)教導者（提供個別化教學）；(2)個管者（連結與管理資源）；(3)合作者（與普通教育合作）與溝通者（與學校人員及家長的溝通）；(4)建構者（與學生建立關係）；(5)支持者（替自身或學生倡議），因此本節介紹特教教師在當前融合教育下需具備但過去較少運用的兩項技能：個案管理（case management）及倡議（advocacy）。

♥♥♥ 壹、個案管理

　　身心障礙學生在不同就學階段往往需要醫療、教育、特殊教育、社政、勞政等方面的服務。由於身心障礙學生大部分時間在校園內活動，且有很多時間與特教教師接觸，特教教師可說是校內最了解身心障礙學生問題與需求的人員。而在當前融合教育及全方位學校發展的趨勢下，學校須負起統整協調各項資源，促進家長、普通教師及其他專業人員的溝通與合作的責任，加上以學校為基礎的服務模式的推廣，因此對個案管理的應用日漸增多。雖然台灣的學校社會工作已逐步制度化，且人數有稍微增加，但在現階段負責的業務主要是以輔導為主，如要將身心障礙學生納入主要服務對象，則需克服專業輔導人員服務內容調整、學校行政配合、特殊教育相關專業能力培養等許多問題，可預期學校社工人員在短期內的服務對象不會以特殊教育需求學生為主，因此，特殊教育教師最有可能需負起連結資源與個案管理的責任。

　　曹玲玲（1998）認為，特教教師有專業訓練且有較多時間與學生接觸，應是最適合的個案管理者之一。顏秀雯（2001）亦指出，特教教師最了解學生的進步狀況，而且由特教教師來統籌協調各項資源，較能和其他專業人員或任課教師溝通及協調，且有能力將其他專業人員的建議轉化，融入平時的教學活動，或提供普通班教師參考，因此是最適當的個案管理者。王天苗（2003）主編的《特殊教育相關專業服務作業手冊》亦指出，對於就讀於資源班、特殊班或特殊學校的學生而言，特殊教育教師責無旁貸地應該擔任學生管理者的角色，主導專業團隊的運作，而如果校內沒有特教教師或是普通班老師能勝任處理學生問題的情形下，學生的管理者就是班級導師或普通教育教師。美國在實務上，每個特教學生從發展 IEP 時就會有一個個案管理者，大多數是特教教師。國內在 2011 年教育部公告的「國民教育階段身心障礙資源班實施原則」中則明列，資源班應負責身心障礙學生的個案管理工作，並指明「個案管理包含擬訂個別化教育計畫、建立個案資料、必要時報請學校召開個案會議、進行轉銜與追蹤、連結校內外資源等事項」。可見特教教師應該學習個案管理的技能，以便能承擔個案管理者的角色。

一、個案管理的基本概念

　　個案管理是一項針對遭遇複雜且有多重問題或障礙的個人和家庭所提供的服務。由於一個受服務對象或案主（client），可能須同時獲得來自不同機構或單位的服務，才能滿足其需求，但往往卻因為不知如何面對龐雜的服務體系而無法獲得及時的服務。此外，當不同的服務系統或機構面對同一個案主時，彼此間的責任與分工有必要釐清與協調，以避免資源的浪費，在這些狀況下，個案管理乃應運而生，其主要目的在於整合服務資源以快速地回應案主的需求，並避免提供案主不需要或不適合的服務，進而達到增加效率與控制成本的目的（Skidmore et al., 1997）。

　　1970 年代初期，美國提倡案主為自己爭取權利（empowerment）的趨勢興起，加上美國聯邦政府認同社會服務協調與整合的重要，才使個案管理受到注意。在 1975 年所制訂的《殘障兒童教育法案》（《94-142 公法》），首次出現個案管理的名詞並明訂其工作內容。而在 1986 年通過的《障礙兒童教育法修正案》（《99-457 公法》）與 1988 年的《家庭支持法案》（Family Support Act of 1988）（《100-485 公法》），更是明訂應提供個案管理服務。如今，個案管理已是社會工作、公共衛生、教育、醫療與長期照護等不同實務領域的重要服務模式。

　　美國馬里蘭州教育局（Maryland State Department of Education, 1991）說明個案管理是一個以案主為中心、以目的為導向的過程，其目的是用來評估個人對特定服務的需求，並幫助其獲得那些需要的服務。Rothman（1992）認為，個案管理的兩個中心功能是：「(1)提供個別化的建議、諮商與治療給社區中的案主；(2)連結案主到社區機構與非正式助人網絡，以獲得其所需的服務與支持」（引自 Skidmore et al., 1997, p. 337）。如要達成個案管理的目的與中心功能，針對其服務對象的特質，個案管理者通常有兩個工作重點：一個工作重點是找出案主所需的各項服務的提供者，並增強案主使用資源的動機、知識與技巧，以使案主能有效地取得及運用資源網絡，增進服務的可及性；另一重點是發展和協調案主可用的資源網絡，促進服務提供者之間的合作關係，以增進服務輸送之效率及確保服務之連續性，進而協助案主解決問題（沈慶盈，

1999）。

二、個案管理的服務模式

　　個案管理的服務範圍可從只提供案主極少的服務，到提供複雜而完整的服務項目與內容。因此，有些個案管理者的工作只是在紙上評估案主的進步狀況，此功能只需受過訓練的行政人員即可執行；有些則提供諮商、治療、評估、計畫、協調整合，及倡導等複雜而多樣的全套式密集服務，因此需要具備充分的專業技能及長期的工作經驗才能勝任。

　　Ross（1980）依據個案管理服務範圍的概念，將個案管理區分為三個服務型態：極小模式（the minimal model）、協調模式（the coordination model）、完整模式（the comprehensive model），如表 17-1 所示（引自 Hardcastle et al., 1997）。這三種型態只是一種概念上的區分，並非實務工作的實例。

　　極小模式是所謂的評估轉介模式，個案管理者只提供簡單的個案組織、計畫與轉介服務，以便能夠評估案主所需的社區資源，並將案主轉介到其他適當的機構，因此不需要非常深度的專業技巧，可由經過訓練的非專業人員擔任。

表 17-1　個案管理的三種模式

極小模式	協調模式	完整模式
外展（outreach），案主評估； 個案組織與計畫； 轉介至服務提供者。	外展，案主評估； 個案組織與計畫； 轉介至服務提供者； 案主倡導、仲介、談判、簽約； 直接個案工作； 發展案主支持系統； 重新評估。	外展，案主評估； 個案組織與計畫； 轉介至服務提供者； 案主倡導、仲介、談判、簽約； 直接個案工作； 發展案主支持系統； 重新評估； 倡導資源的發展； 監督服務品質； 公共教育； 危機處理； 示範與教育。

註：Hardcastle 等（1997, p. 393）。

　　協調模式是以案主為中心。除了提供所有極小模式的服務之外，當案主所需的服務不存在或無法取得時，需要為案主發展一個服務系統，並助其運用資源。而要達成此目標，個案管理者需要與案主溝通及協調，提供諮商服務，並為其發展支持系統，因此需要由專業人員來擔任。

　　完整模式則除了提供所有協調模式的服務之外，在社會層面，還需要能夠做到社會倡導，將案主個人的問題轉換為大眾關心的議題，以創造服務資源及促進社區發展；在案主個人層面，則還需能夠做示範與教育案主如何發展並管理其資源與支持系統，以增進案主的自我效能，使其能更有效地管理其生活。因此，需要更專精與長期的教育及專業訓練。學校中的個案管理服務會採取哪種模式，需視特殊學生或其家長本身的能力、需求的複雜性及個案管理者本身的能力來決定。

　　在實務工作上，個案管理依不同領域的需求發展出非常多的模式，例如治療或復健（clinic or rehabilitation）模式、通才或仲介（generalist or brokerage）模式、專業間或機構間團隊（interdisciplinary or interagency team）模式，優勢（strengths）模式、學校連結（school-linked）模式、三 D（triple D）模式等（劉錦昌等，2020；Early & Poertner, 1993; Mas-Expósito et al., 2014; Rothman & Sager, 1998; Wang et al., 1995; Wong et al., 2015），不同領域主要運用的個案管理模式有所不同，如治療模式在醫療機構運用較多，專業間團隊模式則在早期療育應用較多。雖然大多數的個案管理模式提供相同的核心功能與服務過程：評估，計畫、資源連結和監督評鑑等，但不同模式的執行重點則各不相同。茲簡述特教教師較可能運用的模式如下。

(一) 仲介模式

　　在此模式中，個案管理者的主要責任是幫案主安排以取得所需的服務。仲介模式認為現存的服務遞送系統的協調既差又缺乏彈性，因此必須有一個知道有哪些服務、如何取得服務，且能幫案主獲得服務的人，才能使身心障礙學生獲得所有其所需的幫助。這個模式的個案計畫，是由個案管理者評估特殊需求學生與其家庭的需求後自行訂定。資源連結如何進行在方法上變異很大，例如：有些個案管理者只提供訊息，有些則會幫案主安排好服務時程。此模式比較常

被批評的問題是特教教師對於資源並不熟悉，且學生與家長需到校外使用資源不易。

(二) 優勢模式

在此模式中，評估的目標主要在發現兒童的個人能力及家庭的內在優勢，以便發揮這些優勢成可用資源。任何兒童或其主要照顧者做得較好的事及過去成功經驗皆是其優勢，這些優勢是個案計畫的基礎。個案計畫是由個案管理者與案家共同訂定，其主要在於設定目標，而非以問題為重點。連結資源的責任是由個案管理者與兒童及其家庭共同負責，因此必須確定獲得資源的步驟，並明確分配彼此的工作內容。此模式的成功關鍵在於必須充權學生及其家長，促進其自我決定與自主，但這些與傳統特教的理念與專業訓練似乎不太一致。

(三) 學校連結模式

學校連結模式主要是以學校為單位，將學校建構成一個個案服務中心，連結所有學生所需要的資源，並將其引入學校來提供服務。此模式認為學校早就已扮演一些提供健康與社會服務（如免疫注射、營養午餐等）的角色，再加上學生主要的時間皆在學校活動，因此是最適合提供服務的場所（Larson et al., 1992）。不過學校常被批評為非價值中立，無法提供一個中立、接納、無威脅性的環境，以使學生安心接受服務；此外，學校是有許多規定又缺乏彈性的階層結構，無法快速針對有特殊需求學生的需求做出適當的反應（Chaskin & Richman, 1992），亦不容易讓校外單位及非教育人員進入校園，可見除非由教育單位自己推動，否則要落實此模式有其困難。

(四) 三 D 模式

三 D 模式的三個 D 以診斷（Diagnostics）、對話（Dialogics）和教學法（Didactics）來創建一個特殊學校的個案管理系統。診斷階段是針對特殊需求學生進行心理教育評估，並分析結果以了解每個學生的優勢和個人需求。對話階段則是指特教教師與學生、家長和其他相關人員協商評估結果以達成共識的過程，協商重點在於相互溝通，並驗證彼此對內容意義的認知與語境理解是否

一致。這些人員可組成個案管理團隊,共同擬定特殊需求學生的 IEP。教學階段涉及教學人員、策略與教材的選擇且經學生家長同意,並定期監控學生的學習表現和進展情況。此模式偏向以跨專業團隊的形式來提供特殊教育,不過團隊成員要達成共識與合作可能需花費許多時間,不易落實。

三、個案管理的服務流程

不同的學者將個案管理的服務流程分成不同的階段(Ballew & Mink, 1996/1998; Rothman & Sager, 1998; Skidmore et al., 1997),不過究其內涵則大同小異。以下簡單依據 Ballew 與 Mink(1996/1998)所列的六個階段來介紹個案管理的服務程序與工作重點。需要特別注意的是,各階段之間並無時間的先後順序,有可能數個階段的工作同時進行,或是在各階段間重複循環,亦可能跳過某些階段而結束。

(一) 建立關係

個案管理者與案主之間的專業關係是提供有效服務的基礎。就特教教師而言,當一個特殊教育需求學生確定由其提供服務時,即開始進行建立關係的過程,此時特教教師必須主動與學生及其家長或主要照顧者直接接觸,最好能安排見面的時間,介紹自己及工作角色,並蒐集相關資料,而不是等到開學再說。個案管理者在此階段的主要任務為:(1)與案主及其家庭建立互信的關係;(2)澄清及協商彼此的角色與期待;(3)採取具體行動以示範自己的能力,增進案主對服務的信心(Ballew & Mink, 1996/1998)。角色與期待的澄清是此階段最重要的一件工作,有些父母期待其子女接受特殊教育或治療之後就能與一般兒童無異;有些父母對其子女能力的期待太低,而過度保護;有些父母對其子女則漠不關心,覺得特殊教師應負起一切責任。特教教師應與父母詳細討論,釐清彼此的歧異,並達成共識。

(二) 評估

評估是用來決定案主的需求及其在環境中的優缺點的過程(Rothman & Sager, 1998)。在此階段,特教教師繼續與特殊需求學生建立良好的人際關係,並

蒐集其個人、家庭與班級的重要資料以發展個案的處遇目標。評估時，需考量特殊學生及其家庭的收入、居住、就業、健康、心理衛生、社會及人際關係、休閒、日常生活活動、交通、法律協助及教育等層面的問題與需求，判斷特殊學生在生理、認知、情緒與行為方面的功能，並列出特殊學生及其家庭所需的內、外在資源。因此，特教教師必須熟悉解決不同問題的具體可行方法及各方法可能需要用到的資源，以便連結學生與資源。此外，還必須非常了解社區中所具有的正式與非正式資源，及取得這些資源應具備的條件。

(三) 計畫

計畫是一個理性思考與做決定的過程，將在評估階段所蒐集的資料轉換成具體目標，並與特殊需求學生、家長及其他相關人員共同參與會議，擬定和確認教育目標及行動步驟，以協助學生發展出滿足自己需要及環境要求的能力。計畫階段的主要任務為依據與學生及其家長共同訂定的個別化教育計畫，選擇執行的人員、策略、手段、技術與所需資源，然後發展行動計畫的具體步驟，明訂執行計畫的過程與工作項目，並確定評鑑成果的時間及程序（Ballew & Mink, 1996/1998; Rothman & Sager, 1998）。此外，只要有適當的資料支持，任何時候皆可更改計畫，不過應當詳細記錄。一個計畫是否可行、有效、能被案家接受，且能付諸實行，端賴個案管理者的判斷能力，因此特教教師必須具備發展教育及服務計畫的知識與技能，培養良好的判斷力，並能果斷地下決定。

(四) 獲取資源

獲取資源乃是將計畫實際付諸行動，此階段的主要任務為先找尋可用的正式與非正式的外在資源，及個人和家庭的內在資源，然後將資源與案主成功地連結在一起，並於必要時進行協商或倡導，以確保資源的提供（Ballew & Mink, 1996/1998）。正式的外在資源包括校內的行政、教師及校外的醫療、社福等單位所提供的服務。非正式外在資源則包含校內同學、志工媽媽（爸爸）、校外的親戚、宗教團體及鄰里等，大部分提供的是社會支持，而非具體的服務。特教教師在此階段的工作重點，是克服獲取資源的外在環境障礙，幫助學生與家長發展內在資源，並協助普通班教師及其班上同學了解特殊需求學生，使其能

受到接納與支持。

(五) 協調與整合

此階段的工作為促進及維持特殊需求學生所需資源的協調與整合，其最終目的則在於幫助學生或其家長發展管理資源網絡的能力，因此案家的參與和自主是達成目標的必要條件。個案管理者的主要任務包含提供個案資料，使所有服務提供者都能清楚掌握學生的現況，並在各成員間取得共識，確保案主得到持續的服務，並記錄服務過程（Ballew & Mink, 1996/1998）。

(六) 結束個案管理

結束階段的主要任務是評鑑服務的成效以及案主自行運用資源的能力，以決定是否可結束服務。一般而言，「結案」的概念並不適用於發展仍快速變動階段的兒童或青少年，或是有嚴重問題且仍持續而未穩定的家庭（Webb, 2003/2006）。至於特教教師結束扮演個案管理者角色的原因，可能是因為學生轉班、轉校或畢業，此時特教教師與學生的專業關係也跟著結束。

如本節所述，個案管理的應用愈來愈廣，但個案管理者需要具備複雜的特殊技巧與能力，並非僅僅修習一門課即可習得。依據台灣的現況，由於資源缺乏，個案管理者需要加強開發新資源的能力。因此，下一小節將介紹倡議的技能。

♥♥♥ 貳、倡議

聯合國 2006 年通過的《身心障礙者權利公約》（簡稱CRPD）中明確規範身心障礙者所享有的權利。第 24 條中明確說明締約國確認身心障礙者享有受教育的權利，能不受歧視及機會均等之基礎上實現權利，並需以融合教育與終身學習為方向。立法院更於 2014 年 8 月通過《身心障礙者權利公約施行法》（簡稱《CRPD 施行法》），致力推動聯合國《身心障礙者權利公約》各項條文國內法化，期能提升台灣的障礙者權利意識，消除國人對障礙者的歧視，使身心障礙者的人權能夠獲得保障。

　　根據教育部全球資訊網 2021 年版教育統計中可知，高級中等學校以下學校身心障礙學生有 96.08% 安置於一般學校，安置於特殊學校的人數只占比 3.92%；若以班別類型來看，高級中等學校以下的身心障礙學生有高達 89.62% 是安置於普通班，但額外接受分散式資源班（56.74%）、巡迴輔導（21.95%），或是普通班特教服務（10.93%）（教育部，2021）。由此可知目前融合教育在台灣已成主流，但融合教育的推動並非可自動成功，需要有相關環境中人事物的搭配合作與資源投入，否則可能反而對於特殊需求學生有負面的影響（Kavale, 2000）。身心障礙學生於普通教育環境下學習，需要有好的學習環境與具體的支持，若未能從根本改變教育的體制結構，則光推展融合教育並無助於改善身心障礙學生所可能遭遇的不平等對待與壓迫。

　　目前國內融合教育仍然面臨許多待改善之處。社團法人台灣障礙者權益促進會（2021）提出的「身心障礙者權利公約第二次國家報告」2021 替代報告，在教育部分指出仍有以下待改進事項：(1)應以融合教育為目的，卻同時興建特殊學校；(2)欠缺滿足個人需求的教育支持體系；(3)融合教育的普通教師對於合理調整的專業知能不足；(4)各級學校大門設置路阻之歧視行為；(5)教育部沒有主管全國特殊教育事務的主責行政機關；(6)智能障礙者缺乏成人教育服務。衛生福利部（2022）公告的「身心障礙者權利公約（CRPD）第二次國家報告」國際審查會議結論性意見中，國際委員針對教育部分則建議：

1. 促進融合教育，確保所有學習者在同一系統內充分參與，使多樣性得到重視且個人教育需求得到滿足，以符合聯合國身心障礙者權利委員會的第 4 號一般性意見。

2. 將促進融合性教育的責任從特殊教育轉移到普通教育。

3. 提高普通教育教師、特殊教育教師和行政人員將身心障礙學生納入一般班級的能力，藉由將培訓重點從身心障礙議題轉向通用學習設計、教導具有不同學習需求和特質的學生，以及包括高等教育在內各層級的合理調整。

4. 移除父母支持身心障礙兒童在學校的所有責任，無論是透過在經濟上的支持或是提供個人支持。

5. 將身心障礙議題納入「十二年國民基本教育課程綱要」和「幼兒園教保活動課程大綱」，以便讓特殊教育和普通教育的教師和學生了解、欣賞和融合身

心障礙學生。

6. 確保少年矯正學校和安置機構中的身心障礙兒童接受教育，而不是簡單地認為他們在接受「刑事處罰」。

7. 擴大特教學生助理人員的學校服務時間，充分支持身心障礙學生的校園生活。

8. 主動加強教師們的知識和技能，例如正向行為支持，為教師們提供巡迴支持，並採用倫理守則來管理特殊教育學生的行為。

由以上報告的建議可知，雖然台灣大力推展融合教育，但對於融合教育目標的達成，及身心障礙學生歧視的消除與人權的充分保障仍有許多努力空間，不管是政策的改變、責任的移轉、人員的訓練還是支持資源的提供皆需要持續進行倡議。中華民國智障者家長總會（2023）在網站上的教育倡議亦指出，促進融合教育的最大問題是只有特教界在關注，在教育現場缺乏更全面性且整體性的規劃，以致普通教育環境下的老師缺乏回應特殊需求學生學習需要的準備；學校也無法有效回應身心障礙學生的學習及學校生活需要，使校園中忽視、霸凌、學生情緒行為激化、家長衝突的問題更常發生。因此，如何幫助與充權學生，以於融合環境中排除其不平等之對待並獲得所需的各種資源就相形重要。而要達此目標，不管是進行社區及校園的特殊教育宣導，營造無障礙校園環境，加強無障礙心理支持環境，鼓勵全校教職員生接納及協助身心障礙學生，重視並保障家長參與鑑定安置、個別化教育方案會議等法定權益，及連結與提供身心障礙學生家庭支援服務等，皆需特殊教育教師（或個案管理師）於實務現場中扮演協助與倡議者的重要角色，故以下介紹倡議的概念與方法。

一、倡議的基本概念

倡議亦稱倡導，是指一個個體或群體藉由一些有目的性的活動，來改變當前或是研議中攸關特定個體或群體權益的公共政策、經濟或社會系統；或是間接促成社會環境改變以符合特定個案或其群體的相關需求（Obar et al., 2011）。早期倡議起源於法律領域，律師透過辯護的方式及辯護的過程來為被告爭取有利的判決。Schneider 與 Lester（2001；引自王篤強，2009）根據文獻將倡議界定為：以弱勢個體或群體之需求為核心，增強其權能並共同訂定倡議行動計畫，針對不公義或不友善的體制環境，透過系統性的行動促進社會變革或影響決策，

以謀取弱勢個體或群體之權益、維護社會正義。Trainor（2010）認為倡議是一種行動或是訴說其他人或團體的偏好、優勢和需求的方式。謝秀芬（2016；引自李惟農，2018）則指出倡議主要包含三種目的：(1)協助取得資源或服務；(2)協助促成不適切、不合宜法律、政策、措施等的修訂；(3)倡導創新的服務或措施。換言之，倡議企圖為弱勢個體或群體去改變社會制度、社會政策，轉變社會負面的價值及態度，或獲得所需資源及創新服務，以實踐社會公平正義。

　　不同的學者或倡議機構依倡議的目的、對象、範圍或方法提出非常多的倡議類型，如自我倡議（self advocacy）、個案倡議（case advocacy）、同儕倡議（peer advocacy）、家庭倡議（family advocacy）、團體倡議（group advocacy）、公民倡議（citizen advocacy）、專業倡議（professional advocacy）、社區倡議（group advocacy）、系統／政策倡議（system/policy advocacy）和付費獨立倡議（paid independent advocacy）等（Center for Excellence in Disabilities, 2023; Murry, 2005; The Adovcacy Project, 2023）。這些類型之間，彼此並非互斥，也沒有重要性的差異，可同時針對不同情境或需求運用不同類型的倡議。以下簡單介紹三種倡議類型（Center for Excellence in Disabilities, 2023）。

(一) 自我倡議

　　自我倡議就是為自己發聲。一個人確定自己的目標，透過有效溝通、宣傳、談判或結合其他相同主張的人，將自己的利益、願望、需求和權利等傳達給他人。過去對於身心障礙學生的權利與需求主要都是由身心障礙學生家長，或家長們組成的自我倡導團體為自己說話。一般而言，自我倡議團體是人們互相支持的好方法，可以讓成員更有信心為自己說話，也能對外界發揮更大的影響力。

(二) 個案倡議

　　也可稱為危機或短期倡議。個案倡議是積極維護正面臨不利情境的特定個案或對象群體（某一家庭、兒童、青少年等），例如針對缺乏服務資源或不兌現已承諾的服務等情境進行聲援行動，以確保或提升其所需的服務、資源或權益。個案倡議又可分指導式倡議（instructed advocacy）和非指導式倡議（noninstructed advocacy）兩種形式（The Adovcacy Project, 2023）。指導式倡議是由需倡議者告訴倡議者希望他們說什麼和做什麼。倡議者與需倡議者合作，支持他們想要實現的目標，清楚明確地表達他們的觀點。非指導式倡議則是在需倡議者沒有能力告訴倡議者他們想要他們做什麼或無法為自己做決定時，倡議者會使用其他被認可的方法來與無法傳達他們想要的東西的人合作，以確保他們的生活選擇不會受到損害。倡議者的工作是代表需倡議者的最大利益，並不斷尋找機會進行指導式的倡議。

(三) 系統／政策倡議

　　系統／政策倡議是嘗試改變影響人們生活方式的政策、法律或規則，並透過地方或國家系統層面的長期改變來達成目標。此種倡議類型往往是為一群有類似問題或需求的人發聲，因為需要完成大量工作或特殊專業知識而需要額外支持或多個組織的合作，以影響那些擁有法律、組織、方案或法院判決等決定權的人。而要進行相關倡議活動，首先需找出目前政策或機構背後隱藏的信念、態度、錯誤訊息與意象等，然後提出新的思維來取代或改變，以消除或抑制原先想法的持續影響。

二、倡議的方法

　　Fielder（2000）認為倡議包含四種特質：(1)儘管會有潛在衝突，但須對於其服務對象保持忠誠；(2)倡議是為了尋求對於現狀的改變；(3)倡議代表的是個人與他人的合作協調；(4)透過倡議來修正或促進實際的問題。特殊兒童協會（Council for Exceptional Children）提出五項特教教師的倡議準則，包含：(1)努力促進有特殊需求者可獲得政府服務與資源；(2)與不同專業合作，確保特殊需求者可以獲得合適的服務；(3)對於不合宜的服務或資源能夠保持客觀並協助蒐集證據；(4)確保特殊需求者能夠有適宜的安置；(5)向聯邦或地方立法機關確保特殊需求者可獲得免費且合宜的公共教育（CEC, 2008）。由此可知，特殊教師如要成為一個合格的倡議者，首先應排除自己的專業權威與刻板印象，認同身心障礙學生及其家庭具備自我決定的能力，接納其對倡議議題的主張；其次應具備發覺對身心障礙學生不合理、不友善的政策或現實問題的敏感性；第三

需有擬定具可行性的倡議行動的能力；最後則需具備能與其他個人、團體或單位合作，透過集體的行動追求共同目標的能力。

　　不過很多學校人員（包含特教教師本身），可能對接受特殊教育需求學生及其家長的自我決定就有所懷疑，畢竟他們有很多在身體、情緒、權力、經驗、知識及資訊等各方面都處在不利的狀況，其所做成的決定也不一定是最佳或符合專業判斷的選擇。此外，他們自決所做的選擇項目也可能受到法令、政策、社會規範與既存資源等環境限制而無法實現。而更大的影響因素則是非指導式的干預很可能影響特殊教育目標的達成，如果放手讓特殊學生及其家長自決，很可能因無法主導干預或教育過程而使專業評估所定的教育計畫無法落實，影響教學或服務效能。事實上，以上這些因素正反映倡議的重要性。倡議之所以被需要，常起因於需求未被事先考慮，而在體制內對於特定弱勢群體產生壓迫，進而建構出不平等的現象。因此，特教教師應該以身心障礙學生的最佳利益為依歸，盡力為身心障礙學生及其家長的需求進行倡議，不過，尊重案主自決並非所有事情只能全由身心障礙學生及其家長自行決定，而是至少要做到告知同意。

　　至於倡議行動的實踐，韓意慈（2017）建議可以從個案倡議出發，擴展至為自己倡議及為他人的獨立倡議，並善用網際網路與社群媒體。較常用的倡議方法有很多（韓意慈，2017；Goldman & Burke, 2017; Kirst-Ashman, 2013; Trainor, 2010），筆者將其歸納為以下四類：

1. 理性說服：提供專業、可靠的資訊或諮詢服務，改變決策者的想法或理念，進而做出改變決策的決定。可採取的方法有：提供專業諮詢或正式場合的專家證詞；利用數據蒐集和分析或進行調查研究以提供令人信服的證據；舉辦研討會、講座、工作坊等邀請決策者參與，並發布相關資訊提供其他倡議者和團體使用。

2. 群眾壓力：宣傳相關理念以吸引和改變大眾態度，結合群眾力量，明確表達對問題的立場與解決方案，並傳達給決策者，製造其做決定的壓力以改變決策的方向。一般而言，人數愈多製造壓力的效果愈好。常見方法有：運用各種媒體宣傳（如報紙、電視、網際網路等）；名人代言；發動群眾寫信、發電子郵件或簽署請願書；與其他機構或相關社群團體結盟等。

3. 政治手段：除了上述比較平和的方法外，也可雇用個人或遊說機構與立法者溝通。還有較為激進的倡議方法也很常見，包括遊行、靜坐、抵制等和平抗議手段，但採取這些手段時，倡議者應該以人為本去規劃與掌控所有行動過程，盡可能降低行動所涉及的風險，注重所有參與者的安全。此外，特教教師也可自身成為政治人物，投身選舉活動，以親身參與立法決策。

4. 司法程序：採取法律行動進行訴訟，使議題引發公共注意，期能透過司法迫使決策轉變；但缺點是訴訟時間過長且所費不貲。

三、特教教師的倡議實踐

(一) 自我倡議

　　在現今社會強調人權及特殊教育強調融合和自我決策的氛圍下，特教教師除了增加了許多教學與行政事務外，很多家長的要求與壓力也多半落在特教教師身上，而學校行政人員卻可能置身事外，由特教教師獨自面對。不過巧婦難為無米之炊，特教教師要做好教學工作往往需要輔具和其他資源的介入與支持。國外特殊教育的倡議文獻較多的是特教教師的自我倡議，如 Murawski 與 Hughes（2021）認為特教教師不該只是默默地保持謙虛與低調，而是要挺身而出展現專業與需求。如果一個人不敢捍衛和爭取自己的權益，又哪裡敢為其他人爭取權益？因此特教教師需要的倡議首先就是為自己發聲，為自己的權益倡議。

(二) 為特殊教育需求學生倡議

　　特教教師需要為身心障礙學生進行倡議。當前社會期望提供身心障礙者一個支持性環境，給予最小環境的限制，尊重其個人權益和意願，促進他們參與社會的能力，也強調身心障礙者有權利為自己做出人生決定，不會過度受控於外在或他人的限制與影響。倡議之所以被需要，常起因於需求未被事先考慮，而在體制內對於特定弱勢群體產生壓迫，進而建構出不平等的現象。由於身心障礙兒童的脆弱性及易受傷害特質，使得倡議特別重要。首先，家長為了保護及照顧身心障礙兒童，經常扮演著守門人的角色，而兒童與成人間的不平等權力關係常使家長呈現過度控制的狀況，往往忽視學生的意願與自主權；同樣地，

學校亦可能在身心障礙學生行動不便或難以預期的刻板印象下，限制學生參與校園事務機會，使其成為受壓抑的少數群體（陳心怡、唐宜楨，2020）。Burke等人（2018）針對 47 位特殊需求孩子家長和學校專業人員的調查顯示，倡議對於特殊需求孩子有正向的結果。特殊教育教師可以依據學生特性，創造不同的意見表達的機會，讓學生在課堂、會議或生活中練習表達自我的意見，並且提升其自我決策和問題解決的能力，也需在其參與相關會議（例如個別化教育方案、轉銜計畫等）時，協助他們在未來的求學、生活、社區和職業中爭取自我權利，達到自我實現的目標。另外，針對疏忽或過度保護的家長，特教教師亦應對家長倡議，讓家長多傾聽孩子對未來（無論是求學選科系或職業選擇）的想法，尊重孩子的選擇，提供適時的協助和鼓勵，並讓孩子多接觸不同社會人士或工作職場，試探職業性向。

(三) 為家長倡議

　　特教教師需要為身心障礙學生家長倡議，其中最具體的作為是促進家長的積極參與。家長參與的具體方式包含：參與 IEP 的擬定、特殊需求學生家長出任家長會代表、家長陪讀或是家長志工服務、家長協助或配合教學、參與學校家長成長團體等。賴明莉（2000）的研究指出，影響身心障礙學生家長參與不夠積極的原因包括：沒有參與權的概念、對學校不信任、怕被取笑、時間無法配合、社會的偏差概念、子女的安置型態、家長的態度以及教師的態度等。在家長參與 IEP 會議的研究中可發現，家長對於自身在 IEP 會議中角色的認知多侷限在表面甚至有誤解，對於自己的定位往往是參與者和訊息提供者，而非決策者與擬定者（楊雅瑱，2006；劉曉娟、林惠芬，2003）。Turnbull 與 Turnbull（2000；引自唐榮昌、李淑惠，2011）認為家長參與的阻礙有交通的問題、如何處理與校方或老師意見相左時的問題、對學校系統不了解、對自己孩子障礙的不確定與不了解等原因。Wakelin（2008）則指出家長參與的問題有三項：(1)許多家長不清楚他們的權利，也不知道他們可以挑戰 IEP 團隊做出的決定，他們會懷疑自己做出教育決定的權力而選擇尊重教育者的決定；(2)大多數家長缺乏成功挑戰 IEP 決定的教育知識，不確定對於孩子的身心障礙來說，什麼是最佳的教學實踐；(3)家長會因各種原因而對為孩子倡導感到焦慮，亦擔心學校會

報復他們的孩子。

　　許多研究指出家長參與與家長的文化背景、社經地位有直接關聯；社經背景愈好的家長，參與能力愈強（江民瑜，2005；邱天助，2002；林俊瑩，2001；楊巧玲，2001；楊雅瑱，2006；鄭招興，2007；謝青儒，2002；Griffith & Smith, 2005; Lareau, 2003）。特教教師應釐清家長參與的困難與其背後的社會真實，並協助家長有效參與學校事務，尤其是 IEP 會議，以免使自身只服務少數族群、成為造成社會不平等的共犯（沈桂枝，2014）。而建立良好的親師關係，以家庭為中心，是促進家長參與的重要關鍵，其中首重教師的接納與態度（黃志雄，2007）。Swap（1993）指出真正的夥伴關係有四個組成要素：(1)教師和家長必須有雙向的溝通，共同討論學生的學習目標和教導方法；(2)教師與家長必須合作，加強學生在家裡與學校的學習；(3)互相提供支持，共同建立學習環境；(4)共同做教學的決策。因此特教教師應先反省自己對於家長本身和家長參與的態度，尤其是社經地位和價值觀與自己不同的家長，並與其建立良好的關係，然後了解家長的需求，協助其參與有關教學的決策，並能在此過程中充權家長。

(四) 學校及政策倡議

　　特教教師亦需要針對學校及相關政策（如《特殊教育法》）進行倡議。功能的障礙不會阻礙身心障礙學生參與校園學習，環境對學生障礙的不理解才會造成真正的阻礙。學校其他師生對障礙類別與障礙程度的不熟悉，經常阻礙身心障礙學生參與校園事務。學校是否為友善環境會影響身心障礙學生能否積極參與校園事務（陳心怡、唐宜楨，2020）。此外，Greenwood 與 Hickman（1991）的研究中指出，一些教師或是行政人員對於家長參與的角色抱持疑慮。劉曉娟、林惠芬（2003）調查中部地區國中特教班家長參與 IEP 會議的現況，發現學校端雖然有提供開會通知，但無法依據家長的時間或是需求開會，也未能針對家長的不了解提供進一步的說明，使得會議的效能大打折扣。Wakelin（2008）指出學校有責任與家長溝通他們法律上的權利，被期待「提供易於理解的文件」，邀請家長見面並提出問題，甚至舉辦研討會或培訓課程來告知家長。然而，學校並未向所有家長提供這些文件，特別是那些沒有受過正規

教育的家長。大多數教師和學校行政人員將 IEP 會議視為向家長宣導資訊的機會，而不是合作規劃孩子教育的機會。以上這些狀況顯示學校與教育政策有許多需要倡議的地方。特教教師往往需扮演學校行政人員、教師、學生、身心障礙學生與家長間的協調角色，特教教師如具備兒童參與權與社會倡議的知能，不但可以覺察身心障礙學生在學習情境上所面臨的參與限制，更能透過不同形式的倡議促進身心障礙學生的校園參與。

　　然而，國內融合教育環境下的相關文獻談及資源班教師對其自身的倡議角色功能，往往是「角色期待」高於「角色落實」。換言之，多數特教老師都認為「倡議」是特教教師的角色職責，但礙於特教老師的人力、時間、經費與資源上的有限，倡議大多難以實踐於實務現場（林佩欣，2007；卓曉園、詹士宜，2013；蔡佳伶、劉惠美，2013）。Cornelius 與 Gustafson（2021）指出特教教師要實踐倡議有四個關鍵做法：(1)與行政體系建立關係；(2)建立支持網絡；(3)善用特教專業知識（leverage knowledge）；(4)強調特殊需求學生的具體優良表現（leverage data）。善用專業，爭取支持，並提供具體證據是倡議成功的關鍵。Cohen（2009）則建議有效倡議的策略包含以下五項：(1)盡可能了解政治、心理學的氛圍：了解學校和學區的政治關係、理念及文化，例如學校管理階層對特殊教育及家長參與的態度；(2)正向的態度：盡可能避免衝突，開放誠實的表達意見，並經常感謝學校教職員工的努力；(3)建立內部盟友：盡可能與學校教職員培養關係，保持溝通並參與學校活動，傳遞自己了解學校教職員工所面臨壓力和挑戰的事實，以獲得支持；(4)建立聯盟：結合教師與家長，培訓家長，建立溝通系統，並選擇對特殊教育議題有敏感度的家長加入家長會；(5)持續發聲：會吵的小孩有糖吃，所以在問題解決前需運用各種倡議的方法，讓自己的聲音被學校管理階層，甚至校外有影響力者持續聽到，不要放棄。為了自己與特殊教育的發展，特教教師的倡議還有很長的路要走。

第四節　結語

在身心障礙者的服務上，特殊教育與社會工作是兩個有密切相關的專業領域，兩個領域的專業人員實應密切配合。不過，兩者的配合程度在目前階段仍有改善空間。就作者個人的了解，兩者在早期療育方面，彼此的接觸與配合較多，至於個案管理者則可能由社工員或特教教師擔任。

進到學齡階段，社會工作者在學校雖然已擴展服務到特殊兒童及其家庭，但主要並不是以服務特殊教育需求學生為主，因此特殊教育教師有必要學習個案管理的技能，擔負其個案管理者的角色，以提供特殊教育需求學生更完善的服務。此外，在當前強調人權與多元的社會氛圍下，特教老師也應開始熟悉並學習倡導的技能，為身心障礙學生及其家庭的權利與平等而努力。而過去研究亦發現，學校社工人員往往被學校及擁有較高職權者所束縛，工作內容主要在轉介資源及協助學生適應等維持現狀的工作（Link, 1991；引自 Allen-Meares, 1994），在領導與政策制訂內容的參與最低（Allen-Meares, 1994），可見學校社工人員在促進學校改變的作為不足，畢竟要改變學校系統較為困難。這是特殊教育教師與學校社工人員皆必須努力之處，致力於發覺及改善不合理的學校政策，確保每位學生受到公平的對待。

等到身心障礙者進入社會之後，往往由社會工作者協助其生活照顧及提供就業輔導等服務，並擔任個案管理者的角色。至於特殊教育專業人員除了在就學到就業之間提供部分轉銜服務之外，幾乎退出身心障礙成人與老年階段的服務，因此身心障礙成人的繼續教育，及失智和失能老人的生活訓練與輔具服務，可能是特殊教育專業人員在未來可以參與及發展的領域。

基本上，作者認為為了身心障礙者的最佳利益著想，各種不同的專業人員需要彼此合作，以提供其全面且完善的服務。雖然此目標不易達成，但期望大家朝此方向邁進，使所有身心障礙者皆能發揮個人的潛能，並享有不受限制的社會參與及良好的生活品質。

問題討論

1. 特殊教育與社會工作有何異同？
2. 你認為特殊教育教師與社會工作師如何建立良好的合作關係？
3. 試簡述學校社工實務模式的內容。
4. 在學校社會工作的實務模式中，你覺得哪一種在特殊教育的應用性較佳？理由為何？
5. 何謂個案管理？在教育體系中主要的工作領域為何？適合採用的模式為何？
6. 何謂倡議？特殊教育教師如何實踐倡議？

參考文獻

❖ 中文部分

于曉平、張靖卿（2015）。特殊學生課程與教學之要素的認識。載於侯禎塘（主編），身心障礙教材教法（第 2 版）（頁 1-21）。五南。

中華兒童福利基金會（1998）。學校社會工作理論與實務。中華兒童福利基金會。

中華民國智障者家長總會（2023）。推動融合教育，等於取消特教班嗎？取自 https://www.papmh.org.tw/services/1410

王天苗（主編）（2003）。特殊教育相關專業服務作業手冊。取自 https://special.moe.gov.tw/article.php? paid=237

王晴瓏、洪儷瑜（2021）。由身障學生的自我表達談特殊教育相關專業人員的服務思維。身心障礙研究，19（1-2），11-24。

王靜惠、林萬億（2004）。學校社會工作的理論與實務模式。載於林萬億、黃韻如等（著），學校輔導團隊工作：學校社會工作師、輔導教師與心理師的合作（頁 101-136）。五南。

王篤強（2009）。社會工作電子倡議的應用與省思。社區發展季刊，126，95-109。

江民瑜（2005）。**國小學生家長參與學校教育行為之影響機制探討**（未出版之碩士論文）。高雄師範大學。

邱天助（2002）。**布爾迪厄文化再製理論**。桂冠圖書。

安秋玲（2009）。論社會工作在我國特殊兒童教育中的介入。**中國特殊教育**，105，13-16。

李惟農（2018）。**異性戀社會工作者倡導同志權益之經驗探究**（未出版之碩士論文）。朝陽科技大學。

李增祿（主編）（1995）。社會工作概論（修訂二版）。巨流。

李麗日（1996）。台灣學校社會工作的實施與推展。**社區發展季刊**，73，23-29。

社團法人台灣障礙者權益促進會（2021）。「**身心障礙者權利公約第二次國家報告」2021 替代報告**。取自 https://www.tadr.org.tw/網站資料夾/crpd 第二次國家報告之替代報告

沈桂枝（2014）。誰來主導學校？現代家長與學校互動關係及啟示。**嘉大教育研究學刊**，33，55-80。

沈慶盈（1999）。個案管理應用於社區照顧適合性之探討。**社區發展季刊**，88，254-264。

周月清（2002）。身心障礙福利服務。載於呂寶靜（編），**社會工作與台灣社會**（頁 221-263）。巨流。

林俊瑩（2001）。**國小學生家長的子女教育期望、民主參與態度與學校教育行為關聯性之研究**（未出版之碩士論文）。台東師範學院。

林佩欣（2007）。從一個資源班教師的觀點　看普通學校實施融合教育的問題。**特殊教育季刊**，104，28-33。

林勝義（2015）。**學校社會工作概論：社工、心理、諮商的協作**。洪葉文化。

林萬億、黃伶蕙（2002）。學校社會工作。載於呂寶靜（編），**社會工作與台灣社會**（頁 446-486）。巨流。

林曉萍（2015）。**特殊教育學校社會工作師工作內涵及處境之探究**（未出版之碩士論文）。臺中教育大學幼兒教育系早期療育碩士在職專班。

卓曉園、詹士宜（2013）。高中職資源班教師角色知覺與角色實踐之調查研究。**特殊教育學報**，37，37-61。

徐恩容（2021）。學校處理不了的家庭與傷痛，讓社工師來解！。獨立評論。https://opinion.cw.com.tw/blog/profile/480/article/11584

徐震、林萬億（1983）。當代社會工作（二版）。五南。

教育部（2021）。教育統計 2021 年版。取自 110edu.pdf (moe.gov.tw)

唐榮昌、李淑惠（2011）。從特殊教育鑑定看家長參與的重要。雲嘉特教，14，1-4。

陳心怡、唐宜楨（2020）。特殊教育教師對身心障礙學生參與權實踐之研究。身心障礙研究，18（3-4），159-174。

張如杏（2006）。建構特教體系中專業社會工作——以台北縣為例。台灣社會工作學刊，5，191-222。

張秀玉（2009）。社會工作者在早期療育專業團隊中之角色探討。社區發展季刊，125，343-355。

張恆豪（2007）。特殊教育與障礙社會學：一個理論的反省。教育與社會研究，13，71-93。

曹玲玲（1998）。特教教師自早期療育中扮演的角色。特殊教育，66，1-3。

黃志雄（2007）。特殊教育需求學生家長參與的涵義與重要性之探討。取自 https://special.moe.gov.tw/periodicalInfo.php? guid=81814403-FF1F-473B-A0DF-1F717113936C&paid=1341&_g=10F99137-2343-4A84-A1D6-3D1AA5163407&_p=38&token=b21e0410bc56674859511821fc0317b1

楊巧玲（2001）。家長參與學校教育的社會學分析：英、美與台灣的教育改革策略之比較。教育學刊，17，199-217。

楊雅瑱（2006）。家長參與身心障礙學生個別化教育計畫相關問題之探討。特教論壇，創刊號，67-76。

蔡佳伶、劉惠美（2013）。公立高級中學身心障礙資源班教師角色期望與角色實踐之調查研究。特殊教育學報，38，83-111。

劉錦昌、黃澤洋、孟瑛如（2020）。國小資源班教師執行 IEP 個案管理調查研究。特教論壇，28，20-48。

劉斌志（2010）。論特殊教育中社會工作支持服務的拓展。中國特殊教育，120，13-17。

劉曉娟、林惠芬（2003）。中部地區國中啟智班家長參與個別化教育計畫會議之研究。特殊教育學報，18，1-19。

衛生福利部（2022）。（中文版）CRPD 第二次國家報告結論性意見中文版定稿 11111024 通過。下載自 CRPD 身心障礙者權利公約-國家報告及國際審查-身心障礙者權利公約（CRPD）第二次國家報告國際審查會議結論性意

見中、英文版 (sfaa.gov.tw)

鄭崇趁（1998）。教育計畫與評鑑（增訂版）。心理。

鄭招興（2007）。家長參與子女學習情形及其對學業成就影響之研究——以嘉義縣國中為例（未出版之碩士論文）。嘉義大學。

賴明莉（2000）。提升身心障礙兒童父母參與之途徑。教育實習輔導，6（3），16-20。

謝青儒（2002）。父母參與與子女性別角色概念、性格特質、幸福感及學業表現之相關研究（未出版之碩士論文）。屏東師範學院。

韓意慈（2017）。為曲高和寡的社會工作倡導提出整合取向的新途徑。台灣社會工作學刊，18，1-28。

顏秀雯（2001）。以教師為個案管理員的專業團隊運作：以一個國小為例（未出版之碩士論文）。台灣師範大學。

Ballew, J. R., & Mink, G.（1998）。個案管理（王玠、李開敏、陳雪真譯）。心理。（原著出版年：1996）

Oliver, M., Sapey, B., & Thomas, P.（2014）。身心障礙者社會工作（葉琇姍譯）。心理。（原著出版年：2012）

Webb, N. B.（2006）。兒童社會工作實務（黃瑋瑩、辜惠媺譯）。學富。（原著出版年：2003）

Zastrow, C.（1998）。社會福利與社會工作（張英陣、彭淑華、鄭麗珍譯）。洪葉文化。（原著 6 版，出版年：1995）

❖ 英文部分

Allen-Meares, P. (1994). Social work services in schools: A national study of entry-level tasks. *Social Work, 39*(5), 560-565.

Burke, M. M., Meadan-Kaplansky, H., Patton, K. A., Pearson, J. N., Cummings, K. P., & Lee, C. E. (2018). Advocacy for children with social-communication needs: Perspectives from parents and school professionals. *The Journal of Special Education, 51*(4), 191-200.

Center for Excellence in Disabilities (2023). *Types of advocacy*. Retrieved from https://cedwvu.org/resources/types-of-advocacy/

Chaskin, R., & Richman, H. (1992). Concerns about school-linked services: Institution-based versus community-based models. *The Future of Children: School-lin-*

ked Services, 2(1), 107-117.

Cohen, M. D. (2009). *A guide to special education advocacy: What parents, clinicians, and advocates need to know*. Jessica Kingsley Publishers.

Cornelius, K. E., & Gustafson, J. A. (2021). Relationships with school administrators: Leveraging knowledge and data to self-advocate. *Teaching Exceptional Children, 53*(3), 206-214.

Dupper, D. R. (2003). *School social work: Skills & interventions for effective practice*. John Wiley & Sons.

Early, T. J., & Poertner, J. (1993). Case management for families and children. *Focal Point, 7*(1), 1-4.

ERIC (2002). *Full-service schools' potential for special education*. Retrieved from https://www.hoagiesgifted.org/eric/osep/topical/fullsvc.html

Fiedler, C. R. (2000). *Making a difference: Advocacy competencies for special education professionals*. Allyn & Bacon.

Frey, A. J., Alvarez, M. E., Dupper, D. R., Sabatino, C. A., Lindsey, B. C., Raines, J. C., Streeck, F., McInerney, A., Norris, M. A. (2013). *School social work practice model*. School Social Work Association of America.

Greenwood, G. E., & Hickman, C. W. (1991). Research and practice in parent involvement: Implications for teacher education. *The Elementary School Journal, 91*(3), 279-288.

Griffith, A. I., & Smith, D. E. (2005). *Mothering for schooling*. Psychology Press.

Hardcastle, D. A., Wenocur, S., & Powers, P. R. (1997). *Community practice: Theories and skills for social workers*. Oxford University Press.

Kavale, K. A., & Forness, S. R. (2000). History, rhetoric, and reality: Analysis of the inclusion debate. *Remedial and Special Education, 21*(5), 279-296.

Kirst-Ashman, K. K. (2013). *Introduction to social work & social welfare: Critical thinking perspective* (4th ed.). Brooks Cole Publication.

Lareau, A. (2003). *Childhoods: Class, race, and family life*. University of California Press.

Larson, C., Gomby, D., Shiono, P., Lewit, E., & Behrman, R. (1992). Analysis. *The Future of Children: School-linked Services, 2*(1), 6-18.

Maryland State Department of Education. (1991). *Case management in Maryland's tomorrow*. Author. (ED 348534)

Mas-Expósito, L., Amador-Campos, J. A., Gómez-Benito, J., & Lalucat-Jo, L. (2014). Depicting current case management models. *Journal of Social Work, 14*(2), 133-146.

Murawski, W. W., & Hughes, C. E. (2021). Special educators in inclusive settings: Take steps for self- advocacy!. *Teaching Exceptional Children, 53*(3), 184-193.

Murry, F. R. (2005). Effective advocacy for students with emotional/behavioral disorders: How high the cost?. *Education and Treatment of Children, 28*(4), 414-429.

NASW (2023). *School social work*. Retrieved from https://www.socialworkers.org/practice/school-social-work

Obar, J. A., Zube, P., & Lampe, C. (2011). *Advocacy 2.0: An analysis of how advocacy groups in the United States perceive and use social media as tools for facilitating civic engagement and collective action*. Retrieved from SSRN: https://ssrn.com/abstract=1956352

Rothman, J., & Sager, J. S. (1998). *Case management: Integrating individual and community practice*. Allyn & Bacon.

Skidmore, R. A., Thackerry, M. G., & Farley, O. W. (1997). *Introduction to social work* (7th ed.). Allyn & Bacon.

SSWAA (2013). *School social work services*. Retrieved from https://www.sswaa.org/school-social-work

Swap, S. M. (1993). *Developing home-school partnerships: From concepts to practice*. Teachers' College Press.

The Adovcacy Project (2023). *Types of advocacy*. Retrieved from www.advocacyproject.org.uk/home/advocacy/how-we-work/types-of-advocacy/

Trainor, A. A. (2010). Diverse approaches to parent advocacy during special education home-school interactions: Identification and use of cultural and social capital. *Remedial and Special Education, 31*(1), 34-47.

Urbach, J., Moore, B. A., Klingner, J. K., Galman, S., Haager, D., Brownell, M. T., & Dingle, M. (2015). "That's my job": Comparing the beliefs of more and less accomplished special educators related to their roles and responsibilities. *Teacher Education and Special Education, 38*(4), 323-336.

Wakelin, M. M. (2008). Challenging disparities in special education. *Northwestern*

Journal of Law & Social Policy, 3, 263-288.

Wang, M. C., Haertel, G. D., & Walberg, H. J. (1995). Effective features of collabora-tive school-linked services for children in elementary school: What do we know from research and practice? *Publication Series #95-16.* (ED 399 309)

Wong, M. E., Kok, N., Chia, H., & Lim, B. H. (2015). A triple-D model of primary case management system for special education. *Asian Journal of Management Sciences & Education, 4,* 12-22.

國家圖書館出版品預行編目（CIP）資料

特殊教育理論與實務／王欣宜, 王淑娟, 吳亭芳, 沈慶盈,
林寶貴, 邱滿艷, 陳明聰, 黃志雄, 廖華芳, 蔣明珊, 簡明建
著；林寶貴策劃主編 . -- 六版 . -- 新北市：心理出版社
股份有限公司, 2023.09
面； 公分 . --（特殊教育系列；61035）
ISBN 978-626-7178-68-3（平裝）

1. CST: 特殊教育　2. CST: 教育理論

529.51　　　　　　　　　　　　　　　　112012724

特殊教育系列 61035

特殊教育理論與實務【第六版】

策劃主編：林寶貴
作　　者：王欣宜、王淑娟、吳亭芳、沈慶盈、林寶貴、邱滿艷、
　　　　　陳明聰、黃志雄、廖華芳、蔣明珊、簡明建
執行編輯：林汝穎
總 編 輯：林敬堯
發 行 人：洪有義
出 版 者：心理出版社股份有限公司
地　　址：231026 新北市新店區光明街 288 號 7 樓
電　　話：(02) 29150566
傳　　真：(02) 29152928
郵撥帳號：19293172 心理出版社股份有限公司
網　　址：https://www.psy.com.tw
電子信箱：psychoco@ms15.hinet.net
排 版 者：龍虎電腦排版股份有限公司
印 刷 者：龍虎電腦排版股份有限公司
初版一刷：2000 年 3 月
二版一刷：2008 年 9 月
三版一刷：2012 年 5 月
四版一刷：2013 年 8 月
五版一刷：2016 年 9 月
六版一刷：2023 年 9 月
I S B N：978-626-7178-68-3
定　　價：新台幣 750 元